现代写作学丛书
十一五规划教程

现代写作学引论

（第2版）

陈果安　著

中南大学出版社

现代写作学引论

第 2 版

陈果安 著

□ 责任编辑　何彩章
□ 责任印制　易红卫
□ 出版发行　中南大学出版社

社址：长沙市麓山南路　　　　　邮编：410083
发行科电话：0731 - 88876770　　传真：0731 - 88710482

□ 印　　装　长沙印通印刷有限公司

□ 开　　本　787×1092　1/16　□ 印张 21.75　□ 字数 548 千字
□ 版　　次　2008 年 8 月第 2 版　□2018 年 8 月第 4 次印刷
□ 书　　号　ISBN 978 - 7 - 81061 - 546 - 4
□ 定　　价　45.00 元

现代写作学丛书

《现代写作学引论》
《文学写作教程》
《实用写作教程》
《中文专业论文写作导论》

主　　编　　陈果安　　李作霖　　佘佐辰
编　　委　　申朝辉　　李作霖　　汪苏娥
　　　　　　张志华　　陈果安　　佘佐辰
　　　　　　易小斌　　高　静　　曹天喜
　　　　　　潘冬梅　　廖妍南　　戴小勇

《现代写作学丛书》修订说明

这套丛书自 2002 年出版以来，迄今已用了五年。在这五年间，几乎每年都重印一次，受到用书单位的欢迎及写作学界的肯定。丛书不仅被一些高校选作本科教材、研究生教材、远程教学教材，还被一些学校指定为考研书目、精品课程书目，其中《现代写作学引论》，还被教育部列为"十一五规范教材"。这对编写者无疑是一种鼓励；但就我们来说，感到的却是一种鞭策。我们不得不静下心来，更为审慎地审视丛书的编写思想，编写体例，以及每个章节的编写。

近几年，全国高校写作教学已呈现出可喜变化，随着教学与科研的深入，绝大多数高校，其写作教学已不满足于主题、题材、结构等基础知识的介绍或中学作文的简单重复了；一些综合性的大学，还开设了写作学硕士点，甚至博士点，写作教学已逐步摆脱随意性，走向学科化、体系化。审视这些变化，我们感到，这套丛书在高校写作教学的学科化、体系化上，仍不失为一种声音，一种努力。所以，此次修订，我们保持了原有的编写思想、编写体例，只是在个别章节上作了一些调整。

这套丛书是湖南几所高等师范院校写作教师通力合作的结果，原参编人员有湖南师大的陈果安、李作霖、王进庄、刘晓南、孙春祥、曹天喜，湘潭师院的陈靖武，常德师院的郭爱红、汪淑娥，岳阳师院的周森龙，衡阳师院的邓晓成，吉首大学的佘佐辰等。几年过去，有的同志已荣升，有的已退隐，有的则考博，改攻其他专业去了，此次修订，我们对编委作了一些调整。

一套教材的建设，绝非朝夕之功，我们希望通过编委的调整，能继续这套教材的建设。

陈果安

2008 年 1 月 10 日

《现代写作学丛书》编写说明

一、本丛书含《现代写作学引论》《文学写作教程》《实用写作教程》《中文专业论文写作导论》四本，是在近十年教学科研的基础上编写而成。1993 年，我写过一本《神秘的文心》，1995 年，我主编了一套教材，含《现代写作原理》《文学写作学》《文章写作学》三本。1997年，我们在此基础上又编写了一套实用写作教材，含《实用写作原理》《现代实用新闻写作》《现代实用文秘写作》《现代实用经济写作》《现代实用科技写作》《现代实用礼仪写作》《现代实用法律文书写作》。1999 年，鉴于论文写作理应成为大学本科生训练的一个重点，我们又先后编著了《大学文科毕业论文导写》《大学中文专业论文写作概论》。这些教材，经过多年教学检验，得到了不断的充实、提高。这套丛书就是在此基础上编写而成的。

二、如何编写一套实用、稳定、能代表写作学前沿水平的教材，是我们一直思考的问题。综观全国大学目前的写作教学，大致不离以下几种：(1)讲一讲主题题材结构等八大块知识，再加一点文体知识；(2)认为大学新生写作水平低，基础写作不过关，抓住议论文、记叙文、说明文等几种教学训练文体进行反复训练；(3)认为写作课主要解决的是写作技能的问题，抓住写作过程中的一些基本技能进行训练；(4)认为师范院校的学生要解决将来胜任中学作文教学的问题，主要讲理论知识；(5)认为大学的写作课要区别于中学作文教学，克服随意性、无序性，走向科学化。

经过对比分析，我们认可后一种做法。我们认为：(1)议论文、记叙文、说明文这些教学训练文体严重脱离写作实际，明显落后于时代的要求，已不适宜作为训练的主体；(2)只强调写作基本技能的训练而不重视基本原理的讲解；不利于从比较高的学理的层面提高学生的写作素养；(3)大学写作教学不应重复中学的作文教学，应显示出高等教育的特点来；(4)传统教学重知识讲授、范文分析、文体训练的模式不应简单否定，其中有许多地方暗契写作教学的规律；(5)定位泛泛，不如定位明确；(6)一般的写作教材，无论理论讲述，还是选取范文，往往限于篇幅，有简陋之嫌，既不好教，也不好学，不如编写得充分一点。

三、我们是这样确定这套教材的：(1)定位于师范院校中文专业本科的写作学教学：立足本科，强调了它较高的理论层次；立足师范，强调了它的规范、严谨、系统；立足中文专业，强调了它的专业特点；立足现实需要，强调了学生以后就业的特点和他们应有的优化的知识结构、技能结构。(2)本丛书把"基础理论"、"文体写作"、"论文写作"看做一个循序渐进的系列：《现代写作学引论》阐述了当代写作学的进展和现代写作的基本原理和技巧；《文学写作教程》含诗歌、散文、小说、戏剧、影视、文学评论的写作；《实用写作教程》含新闻、文秘、法律文书、经济文书的写作，突出了中文专业的特点，并考虑了学生以后就业的特点；《中文专业论文写作导论》则意在从更高层次培养学生的科研能力。这四本教材构成一个系列，力求给学生一个比较系统、优化的知识结构和能力结构。

四、本丛书强调写作学应有的学科尊严，并力图学科化。我们的构想是这样的：(1)追求自己的理论与体系，包容适当的深度和广度；(2)从现实需要出发，考虑为学生提供合理的、优化的、系统的知识结构和规范的训练；(3)体现现代教育的观念，把写作教学看做培养、开发、塑造人才的工程，强调综合素质的教育，强调精神超越性教育，强调潜能教育，强调研究型教育。(4)考虑到写作的综合性及传统教学的一些优点，把理论讲解、范文剖析、训练设计、推荐书目结合起来，把阅读欣赏和写作训练结合起来，克服技能训练或思维训练的单向度教学。(5)编写成开放性的教材，在保证教学需要的基础上，留下比较多的篇幅供学生自学、深造。

这套教材是湖南省几所高等师范院校写作教师通力合作的结果，参编的人员有湖南师范大学的陈果安、王进庄、刘晓南、李作霖、孙春祥、曹天喜，湘潭师范学院的陈靖武，常德师范学院的郭爱红、汪淑娥，岳阳师范学院的周淼龙，衡阳师范学院的邓晓成，吉首大学的佘佐辰。我们强调吸收当代写作学研究的最新成果，也强调执笔者自己的科研成果、教学体会，其中李作霖帮助主编作了部分统稿工作。

陈果安
2002 年 5 月 12 日

目　录

绪　论

【学习提示】本编主要帮助学生从整体的宏观的背景上了解现代写作学，教师可简要介绍，也可留待学生自学。

§1　写作学：一门新兴的正在建设中的学科

写作学是一门新兴的正在建设中的学科，它以人类写作行为为研究对象，研究人类写作行为的规律和方法。

自从人类有了写作，也就有了对写作经验的总结和对写作行为规律、特点、方法、技巧、原则的探讨，有了连绵不绝世代相承的写作教学。在长期的写作研究和写作教学中，人们也积累了相当丰富的写作学遗产。但是，长期以来，人们并没有明确的学科意识把写作学当作一门真正意义上的学科来建设。严格说来，把"写作学"当作一门学科来建设，还只是 20 世纪 80 年代以来的事。

自新时期伊始，随着各行各业对写作人才的急切需要，各大专院校纷纷开设了写作课。为了响应时代对于写作人才的迫切需求，各大专院校从事写作教学的老师们聚集起来，于 1980 年在武汉正式成立了"中国写作学会"。学会成立前后，学者们响亮提出了建设写作学的口号，于是，一门新兴的学科——写作学——开始了筚路蓝缕的创建过程。

"现代写作学"这一概念，最早见于《写作》杂志 1984 年第 4 期尹均生《智力发展与现代写作学科》。《语文导报》1986 年第 4 期发表了裴显生等《现代写作学六人谈》，从而把现代写作学的建设提到议事日程上来。但由于人们对"现代"一词的理解不同，人们在使用"现代写作学"时也赋予了不同的含义：（1）指时间意义上的写作学，即 20 世纪以来的写作学研究；（2）新方法意义上的写作学研究，主要指 20 世纪 80 年代以来运用系统论、信息论、控制论以及其他现代学科（如心理学、语言学、美学、思维学、传播学）的理论与方法的写作学研究；（3）指新观念意义上的写作学研究，相对于传统的以文章为研究中心的写作学研究，主要指"过程论""主体论""文化论""创造论""人本论""行为论"等写作学研究；（4）相对于经验描述式的写作学研究，主要指注重宏观整体把握、追求本质、规律、基本原理的写作学研究；（5）指研究反规范写作行为的写作学研究。

我们这里讲的"现代写作学"，则是从两层意义上加以限定的：（1）我们认为，真正学科意义上的写作学，是 1980 年以来建立起来的，我们描述的写作学也就是这种意义上的写作学；（2）我们研究的主要是现代写作行为，古代写作行为仅仅是我们的一个参照系数。

任何一门新兴学科的兴起，都有其历史的必然性，写作学的建设也是这样，它并不是几个人心血来潮的产物，而是感应着时代的需要，有着自身发展的必然性。我们可以从以下几个方面来理解现代写作学。

一、从写作行为在人类社会生活中的地位来看

可以毫不夸张地说，人类的写作行为与人类文明一样古老，当人类发明第一个文字的时候，写作行为也随之诞生了。随着人类文明的高度发展，写作在日常生活中也变得越来越重要，它全面、广泛地渗透到政治、经济、文化生活中去，不仅推动社会、政治、经济、文化、教育事业的发展，也构成了人类文明发展的历史进程。

人类是伴随着写作而一起"长大"的。古人早就指出，文章乃"经国之大业，不朽之盛事"。写作不仅仅是人类一种书面表达行为，而且也是人类组织社会生活、组织社会生产的一种重要行为。它不仅涉及到知识、精神财富的生产的基本机制，而且也涉及到人对自身的教育与生产；它不仅涉及文化的传承与创造，表征着人类的精神生产、精神生活，而且它还是一种重要的生产力。

人类自进入文明阶段以来，从某种意义上说就是靠文章来组织社会生产和社会生活的。写作渗透到了人类社会的各个领域，包括政治、经济、文化、教育、外交、军事以及日常生活、学习、娱乐、交往。对于人类这么重要的一种行为方式，我们完全没有理由不去重视它，研究它。

二、从时代发展需要来看

随着 21 世纪的到来，人类已走进"知识经济"的时代。"知识经济"的时代，实际上也就是"信息革命"的时代。美国教育家韦斯特曾非常形象地说，在信息社会里，"写作，包围着你！"这句话决不是耸人听闻，我们可以强烈地感受到，没有任何一个时代像今天这样需要写作！也没有任何一个时代像今天这样依赖于写作！人类社会已进入了真正的"写作时代"。

美国著名社会学家约翰·奈斯比特在《大趋势》一书中曾指出，在信息社会里，起决定作用的生产要素将不是资本而是信息知识，价值的增长不再通过劳动而是通过知识。他进一步指出："在这个文字密集的社会里，我们比以前更需要具备基本的读写技能。"

托夫勒在《前景与前提》一书中也指出："新的经济要求掌握符号形象抽象的技巧，要求合乎逻辑地说明问题和表达的能力，以及其他方面的能力。"他进而指出，"在可以预见到的时期内，所有这些技能和特征都必须伴随有最起码的若干基本技能"，如"阅读技能""写作技能"和"一些（未必是大量的）数学"。

社会学家们都强调写作能力是知识经济时代所必备的基本能力，这是因为，在知识经济时代，整个社会的本质就是信息的加工、创造、复制、交流、运用，社会劳动结构将产生急剧变化，大多数的就业人员将主要从事信息的加工、处理与创造，而信息的加工与创造根本就离不开写作。与此同时，在知识经济的时代里，物质生产与产品消费的全过程，都将伴随着"知识生产"，而"知识"的载体便是"文章"。例如，对一个企业来说，生产什么产品，需要对消费市场进行充分细致的调查研究才能确定；产品生产出来后又必须通过广告宣传以吸引消费者消费；确立怎样的企业形象，也需要科学的分析与论证，而这一切都需要思考，需要策划，都需要写作！

从某种意义上看，写作不仅仅是加工、创造信息的一种手段，而且成了物质生产的一种行为。一个国家国民的写作水平不仅仅反映了一个国家的思维、文化水平，同时也是一个国家综合国力的一个基本要素。只要看看近 20 年来社会各行各业对写作人才的迫切需要，我们就不难感受信息时代这一特点。

既然社会的飞速发展对写作提出了越来越高、越来越普遍的要求，停留于传统的经验式的写作教学就远难满足时代的要求，研究现代写作的规律、特点、机制、方法、技巧、原则也就势在必行，那么，建立一门科学的写作学也就是时代赋予我们的使命。

三、从写作行为的综合性来看

人类的写作行为具有高度的综合性。从写作的内容来看，它涉及人类生活的各个领域；从写作行为的操作来看，一切写作都是写作主体综合素质的运用；从写作行为的性质和作用来看，它涉及到政治、经济、文化、教育、外交、军事以及日常生活、学习、娱乐、交往各个领域，涉及到语言、文字、思维、心理、文化、意识形态、知识生产、生产方式、生活方式、教育方式各个方面，其高度的综合性内涵，是一切单向度的学科研究所不能比拟的。

四、从汉语言文学现有的学科分布来看

就高等院校汉语言文学教育专业来看，现有的学科主要有：（1）"语言学"，包括"语言学概论""古代汉语""现代汉语"；（2）"文学学"，包括"文学概论""中国文学""外国文学"；（3）"语文教学论"。这三门学科构成了大专院校汉语言文学专业的专业基础课。

"语言学"以语言为研究对象，它研究语言的本质、起源和发展规律，研究语言的文字、语音、词汇、语法、修辞及其演变规律，通常并不涉及写作。正因为语言学对"写作"缺乏应有的关注，所以，在 20 世纪 60 年代，国内的一些高等院校在"现代汉语"讲完字、词、句之后再增讲"篇章"的知识，以研究人们是如何运用语言构成文章的。北大中文系现代汉语组还组织编写出版了《写作知识》（1960）。进入 80 年代，语言学家张寿康先生在其专著《文章丛谈》（1983）中指出，"文章学"应该是语言学的一个分支，研究的是语段和篇的内容，它应该和语音学、文字学、词汇学、修辞学并立，排在修辞学之后。进入 90 年代以后，语言学家胡壮麟在其编著的《语篇的衔接与连贯》（1994）、黄国文在其所撰写的《语篇分析概要》（1988）中，都把写作学有关的研究成果纳入了语言学研究的视野。但是，我们可以看到，仅仅从语言表达的角度研究写作是无法真正深入揭示写作的基本规律的。写作不仅涉及到语言，它还涉及语言之外其他方面许多因素。

"文学学"以文学为研究对象：文学史研究的是文学的产生、发展、演变；文学批评研究的是作家、作品、文学运动、文学思潮；文学原理研究的是文学的性质、特点和一般规律。它们研究的是文学，对人类大量存在的实用写作并不关注。这一理论研究上的阙如所带来的局限是明显的。在 20 世纪 60 年代，西方就出现了所谓"泛文学批评"，批评家的兴趣早已不限于纯文学文本上，而出现了大量以话语和文本为客体的批评和批评理论，这一趋势也昭示了对人类写作行为进行研究的必要性。另外，文艺学的基本属性是"意识形态性"或"审美意识形态"，它的主要任务是文学理解、文学鉴赏、文学批评，这也就决定了它是一门知识性、符号性、解释性的学科而不是技术操作性的学科，其间文学理论虽然也研究文学创作，但它主要是对文学作品创作的本质、创作过程、创作原则作美学上的分析与解释，并不注重创作过程中的思维操作艺术。从某种意义上说，它非但没有研究实用写作，对文学创作也只是部分地揭示了某种规律与技巧，它显然无法全部承担指导人们进行写作的重任。

"语文教学论"研究的是中学语文的教学问题，虽然它涉及到"听""说""读""写"等语文基本能力的培养，但它着重研究的是"如何教"的问题，有关写作基本原理则不是它研究的重心。对写作行为缺乏最基本研究的前提下奢谈"如何教"的问题，是无法使写作教学科学化

的。目前中小学语文教学在写作教学上的贫乏无力，也就充分证明了我们对写作行为必须进行深入的研究。中国的学生，从小学到中学，写了十多年的文章还是写不好文章，这与"写作学"研究的阙如是有着直接关系的。另外，"语文教学论"研究的是中级语文教学的问题，对于培养高级写作人才就显得有些力不从心，对于飞速发展的社会来说，停留于初级、中级写作人才的培养是无法满足社会对写作人才的需求的。

从上所述，就现有学科专业的分布来看，无论是"语言学"，还是"文学学"，抑或是"教学论"，都无法直接承担培养学生写作能力的重任；在"语言学""文学学"和"语文教学论"之间确实缺乏一门综合性、沟通性的应用学科来沟通理论与实践之间的关系。

学科研究上出现空白和短缺是很正常的事，事物的发展总是不平衡的，科学的发展也存在着不平衡性。这种不平衡性，或出于事物发展本身的阶段性，或出于人们对其认识的不平衡性，或出于客观需要带来的研究力量投入的不平衡性，或出于研究布局所带来的疏忽。对于写作行为的研究也是这样。长期以来，人们认为写作不过是简单的文字操作，没有多大"学问"可言，正是由于这种偏见，写作学的建设长期无法提到议事日程上来。

§2　写作学研究的对象

每一学科的形成与发展都与它精确划分出自己的研究对象紧密相关，而每一学科的进展都会演示出它对自己研究对象渐次"逼近"的过程。当代写作学的研究是比较迅速地完成了这样一个"逼近"过程的。

一、以写作成品——"文章"为起点

20 世纪 80 年代初，当人们提出要把写作学作为一门正式的学科来建设，人们几乎一致地把写作成品——"文章"当作了自己研究的对象。当时的道理很简单，认为文章是一个直观的、可把握的对象，通过对它的研究，可以确保研究成果的科学性。当时人们通过对文章构成要素的分解，分析总结出"主题""题材""结构""表达方式"等"八大块"理论知识，并认为这就是"写作学"，通过它可以揭示写作的规律与技巧，提高人们的写作能力。这阶段出版的200 多种写作学教材，都是按这个认识和体例来编写的。它为写作学的建设提供了一个初步的基础，但随着人们研究的逐渐深入，其局限性很快也就显示出来：（1）它以文章构成为研究对象，基本上是一种静态的、封闭的研究，并未涉及文章的生成过程；（2）它过多地从文艺学、修辞学、逻辑学那里借来一些基本理论和基本知识，并未找到自己学科知识体系的内在联系；（3）由于研究视野的封闭性和理论的贫乏性，使写作学面临一种"山重水复疑无路"的困境。所以，人们很快地把研究视野由文章而转到了写作过程。

二、由文章向过程的转变

在中国写作学会成立之初，写作学究竟应以文章为研究对象，还是应以写作过程为研究对象，就曾有过热烈的讨论，当时人们觉得文章比写作过程更为直观、更好把握而更倾向于写作成品。随着研究的展开，人们发现以文章为研究对象并不能够完全揭示文章生成的基本机制，不能建设一门真正意义上的现代学科，于是人们很自然地就把研究的目光转向了写作过程。

1983 年，金长民首先发表文章，提出写作学应以写作过程为研究对象，之后立即得到裴显声、林可夫、林柏麟、刘锡庆等一批学者的响应。1984 年，便出现了一大批以写作过程为描述对象的写作学教材，如刘锡庆先生的《基础写作学》，路德庆先生主编的《写作教程》，林可夫先生主编的《基础写作概论》，吴伯威先生主编的《基础写作教程》，朱伯石主编的《现代写作学》。

当时人们把研究对象转向"写作过程"也有一个逐步深入的过程：

1. 首先，人们认为写作过程主要是一个表达过程，写作能力基本上就是表达能力，研究的也就是文章的立意、选材、布局、构段、开头、结尾、表达方式、语言；后来又认识到，除了表达，还有一个认识过程，认识是表达的前提和基础，它解决写作的内容；再之后，人们又认识到在"认识"与"表达"之间，还有一个"构思"，写作全过程是由"认识""构思"和"表达"所构成的。郭望泰在《试论写作学对象和方法的层次与系统》一文中曾这样概括当时的认识："写作学的研究对象是什么，近年来经过研究者的反复认识、深入探讨，学术界取得了比较一致的意见，这个看法概括地说就是，写作学研究的对象是主体对客观事物认识的规律，在认识基础上所展开的创造性思维的规律，以及最后将思维成果转化为书面语言形式的规律。写作学最终要解决的也就是围绕以上三个规律写作主体必须具备的各项智力、技能、素质修养的培养和获得的问题。"

2. 学者们对写作过程的研究也经由表层的技术操作、写作技能，逐步深入到写作心理和写作思维。起初，刘锡庆先生在《基础写作学》中把写作过程划分为"准备阶段""行文阶段""完善阶段"，这三个阶段又由"选材聚事""命题立意""谋篇布局""定体选枝""得其机遇""贯通文气""各种表达""遣词造句""讲求文面""修改润色"等环节所构成；路德庆先生在《写作教程》中把写作过程分解为"观察和调查""立意与选材""思路与结构""语言和文风""模仿与创新""起草和修改"，他们都着重阐述写作过程各个环节上的操作技术（他们的这一思路，使后来的"技巧论写作学"进一步精确化、细致化）。与此同时，有些研究者则比较注重写作者的技能，如林可夫先生，他在《基础写作概论》中认为，写作过程是由"摄取－构思－表达"这三个环节构成的，"摄取"，涉及写作者的观察能力、采集能力；"构思"，涉及写作者的感受能力、想象能力、开合能力、思索能力；"表达"涉及写作者的结构能力、修改能力，其教程的编撰，强调的就是各种基本技能的培养。再后来，一些研究者则把研究的重点转向写作心理，如金长民的《写作运思学》、吴思敬的《写作心理能力的培养》、陈果安的《神秘的文心》，都是研究隐藏在写作行为之下的心理运行与心理操作技术。

应该说，写作学将自己的研究对象转向写作过程，表现了一种眼光、一种勇气、一种胸怀、一种进步。它突破已有的思维定势，使写作学界在"山重水复疑无路"之后迎来了"柳暗花明又一村"的新局面：（1）以写作过程为研究对象，它更切近写作行为的内在生成，使写作理论的研究在"八大块"之后有了新的突破；（2）克服"八大块"拼凑的痕迹，开始寻找学科知识体系的内在联系，揭示了"双重转换"等写作行为的内在运行机制，为写作原理的编写提供了理论依据；（3）学者们开始运用心理学、思维科学、美学、语言学、系统科学的有关理论和方法，对写作行为的各个层面作了深入的研究；（4）学者们在研究写作能力的培养时，提出了"定性""定量""定时""定序"的观念，努力使现代写作教学走向科学化、体系化。

三、由过程转向主体

一般认为，写作学界把自己的研究对象转向写作过程标志着现代写作学的真正开端，它使写作学从潜学科状态中走出来，开始了真正意义上的学科建设，但它的局限也是明显的：
（1）人们所确认的"写作过程"基本上是一种狭义的写作过程，亦即从写作意图开始，到文章定稿为止。有人曾这样表述："作者的写作活动过程，应该从作者产生写作意图开始，到文章定稿为止。因为有了写作意图，从而进入写作状态，个体才能被称为写作主体。个体在产生写作意图之前的活动，尽管与写作活动有直接或间接的关系，如阅读、生活、认知能力的培养等，我们却不能把它包括在写作过程中。如果不把写作过程限定在一定的范围而将其无限地扩大，就难于确立研究对象，难于从写作的角度去研究我们过去所忽略的写作活动的'主体'。"从方法论上看，这样的"写作过程"是一种掐头去尾的"写作过程"，它把"写作过程"与人类"写作活动"割裂开来，与"文本论"没有本质上的区别，依然是一种封闭的研究，不可能真正揭示写作行为的发生机制；（2）强调写作行为的操作性，只看到"术"，忽略了"道"，不研究蕴涵在操作技术之中的社会、文化内涵，把写作行为视为一般的手工操作技艺。

当学者们把研究的目光投向写作过程之后，几乎是顺理成章地又把他们的研究推向了写作行为的主体，一时，"主体论""人本论""动力论""文化论""技巧论"等写作学思潮纷呈迭出。学者们由操作技术而追溯到写作的动力背景、写作主体、写作精神、写作文化，使写作行为博大深远的人文性精神性光彩耀人地呈现出来。

马正平最早提出了"动力学"写作学思想，他认为，人类的一切写作行为都有着它的动力机制，如果仅仅研究写作行为的操作技术而不研究写作行为的动力机制，这样的写作行为是一种无生命的、抽象的写作行为，它不可能真正揭示写作行为的内在规律。他这一思想，赢得了绝大多数研究者的认同。颜纯钧、王东成、陈果安等则明确提出应加强对写作主体的研究。颜纯钧极雄辩地指出："一个人的写作能力提高到何种程度，并不是纯粹由实践决定的，而是由大脑一定的准备状态来决定的。所谓准备状态，包括生活经验、思想修养、语言储备乃至情绪记忆等。在准备状态保持不变的前提下，即使是再多的训练也只能像机械动作停留于量的重复，写作能力的提高基本上还是一句空话。"他进而指出，要提高写作能力，"不能孤立地从能力本身去探索，只有通过各种途径——包括理论知识学习、鉴赏、实践等——使自己的准备状态得到改变，才可能相应地提高写作能力"（1987）。王东成则指出："写作学不仅是关于如何借助语言文字激发、促进、深化、纯化、控制、调整、条理化思维，如何选材、聚材、命意、运思、表达的科学理论和知识体系，而且也应是关于写作主体如何在生活中、实践活动中通过各种方式积学、养气、修德、炼才，培养良好思维品质和思维能力，形成最优的文化心理结构、认知结构和高尚人品的知识体系。"（1986）王东成这一认识第一次赋予了写作技巧以深厚的人文学科的内涵。后来陈果安等人又进一步把"主体论"写作学思想发展为"人本论"写作学思想。他们认为，文章写作是与人的生命紧密联系在一起的，一切写作行为的深层动机应该是人的生命自身，它是人的一种生活方式、生产方式、生存方式，它是生命的对象化、符号化，是人的生命意志的时空拓展，从某种意义上看，所谓写作学，也就是人类写作行为的发生。这一思想的提出，使孤立、静止、抽象的写作技术升腾起奔涌不息的生命激情。在此基础上，马正平又提出了"写作文化"的概念，把人类的写作行为推向一个更为波澜壮阔的背景。他提出："当我们朗诵秦文汉赋，吟咏着唐诗宋词的时候，我们除了了解作品所表现的历史生活、思想感情以外，我们还感觉到秦皇汉武唐宗宋祖时代的写作文化。当唐宋的古文运动、日本的'生活作文'运动、'五四'的白话文运动、延安整风（文风）运动潮涌大地，进行着一场写作革命的时候，当古典主义、浪漫主义、现实主义、存在主义、现代主义、后现代主义各种文艺思潮此起彼伏、各领一代风骚的时候，我们感受到了各种历史时期的写作文化。当玄言诗、宫体诗、西昆体、桐城派、杨朔式散文、朦胧诗、非非主义在各种时代放射着耀眼的光彩的时候，我们也感到了各个时代的写作文化。"马正平认为，写作文化"表现于文章体裁、文风、写作运动、文艺思潮、写作行为、技巧之中，但它并不是这些东西，写作文化是导致文章体裁、生成的人的主体性精神、心理状态和追求，是从风格、流派、运动、思潮中所感觉到的人们的各种心理状态、价值观念、行为准则、思维方式、智慧水平的总和"，"它既是写作活动的一种创造物，又是写作行为的思维方式，也是作者运用旧技法、创造新技法的主要依据"。马正平认为，从写作文化的角度来研究写作，才是一种历时性的、具体的、社会性的研究，而不是一种抽象化的、理想化的研究；从写作文化的角度来看，写作是人的一种文化建设活动，批判落后的写作文化，建立优化的写作文化心态和背景，正是当代写作学的任务。

"写作文化"的提出，使写作学研究的视野无比地开阔起来。我当时曾这样评价："写作文化的提出，从方法论的意义上说，是现代写作学的一次重大革命，它坚决地、自觉地否定了对写作行为（过程）的共时的、理想化的、抽象式的研究，将写作学研究导入了具体的、历史的、社会性的和现实性的研究，它使写作学更进一步地把握了自己的研究对象，使写作学从方法论上第一次真正获得了'现代'的意味，它带来了现代写作学研究方法上的一场自觉的革命。"（陈果安：《新时期现代写作学建设的一面镜子》，《中国写作学的当代进展》，新世纪出版社1991年版，第306页）正是在一种开阔的文化背景上，人们开始重新认识写作行为的操作性，从而达到一种共识：写作学既是一门"学科"，也是一门"术科"，兼具学科和术科的双重特性。

四、由主体走向整合

当写作学把研究对象由"文章"而追溯到制作文章的"过程"，由"过程"而追溯到操纵过程的"主体"，由"主体"而追溯到形成、规范、制约主体行为的"写作文化"；当写作学把自己的研究对象向着"过程""主体""文化"全方位地敞开，写作学的意义和意味前所未有地被凸现出来，写作学也进入了一种前所未有的令人怦然心动的境界。不过，无论是"过程论"，还是"主体论"，抑或是"文化论"，它们都还只是写作行为的某一个方面，还不是对人类写作活动的整体性研究，于是，寻找在更大理论视野上整合也就成了势所必然的事了。所以，进入20世纪90年代，学者们基本达到一种共识：写作学的研究对象，就是人类的写作行为。在这样一个演进过程中，研究者们以高度综合、发展、立体的理性思考，较快地完成了对研究对象的逼近，它不仅体现了理论认识自身的逻辑性、严密性，而且也反映了我们对研究对象日益深入、全面、科学的认识。当代写作学之所以能迅速由一般性的写作知识上升到学科的层面，这是与我们对研究对象日益深入的把握密切相关的。

§3　写作学的学科体系

学科体系是一门学科走向成熟的标识性建筑。随着当代写作学对研究对象的不断逼近，学者们也开始在不同层面构想写作学的学科体系。

一、关于学科体系的探索

马正平经研究后指出，科学史上任何一门学科的体系建设，似乎都经历了这样三个阶段：（1）平面无序；（2）平面有序；（3）立体有序。在第一个阶段，研究者们往往最关心的是这门学科中最显眼、最重要的东西，并由此而形成了它的研究对象。而且，这些研究对象往往是客体性的对象，并且多从表面来研究，从而形成一些分支学科。后来由于研究对象的拓展，又发现了一些重要的对象，如由客体而转向主体，于是又形成一些分支学科。但所有这些分支学科之间的关系是杂乱无章的，原因在于，这个阶段学科的产生和发展，是由研究者们的主观兴趣来决定的，他们凭主观兴趣来决定研究对象，而研究兴趣又是缺乏深层逻辑性的。进入第二阶段，学者们的研究进入理性阶段。这时，他们会有意识地按照某种模式去建构学科的体系，使各分支学科之间具有一种内在联系；这个阶段的方法论原则是追求客观事物本身的完整性、全面性，力图反映事物本身的全貌和规律。进入第三阶段，学者们不仅会把研究对象作为一个系统来考察，而且还会把这个系统放到一个比它更大的环境系统中加以考察，从而形成一种"立体有序"的学科体系。这是一种宏观、立体、系统的方法。现代写作学建构学科理论体系的过程，基本上也就是按照这一轨迹行进的。

（一）平面无序的阶段

1980～1984年，写作学学科体系建设基本上处于第一阶段。在这一阶段，学者们以文章为研究对象，所有的写作教材都是"主题""题材""结构""语言""表达方式"等"八大块"知识；后来虽然把研究对象逐步转向过程和主体，但学科体系的建设基本上处于一种平面无序的状况，学者们所构想的学科体系是：

　　文章写作基本理论、文体论、文章分析学、作文教学法（刘家骥，1980）
　　文章论、文章阅读论、文章写作论（张寿康，1981）
　　写作学概论、文体分类学、文章学、文学写作概论、文风学、阅读学（陈进波，1984）
　　写作原理学、写作心理学、写作美学、写作系统学、写作构思学、文体学、阅读学、写作工程学（杜福磊，1984）

从上可见，学者们所提供的种种构想，都是从自己的主观认识出发的，他认为某个方面重要，就构想一个分支学科，各分支学科之间并没有一种内在的联系，而且各分支学科的命名也带有很大的主观随意性，处于一种平面无序的状态。

（二）平面有序的阶段

1984～1988年，写作学的学科体系建设进入第二阶段。在这一阶段，学者们开始运用某种模式来构想学科体系。如，裴显生先生认为，写作学的学科体系应该由"文章原理、文体论、写作论、阅读论、风格论、发展论"构成（1983）；刘锡庆先生认为，写作学的学科体系应该由"写作学基本理论、文体论、其他专论（包括阅读论、鉴赏论、修改论、风格论、技巧论）、发展史（包括文章发展史、文体流变史、写作学史）所构成"（1985）。这样的构想虽仍不成熟，但他们已自觉运用"史－论"来建构学科体系。张春林先生认为，写作学科应该是由它的"基础理论（语言学）、技术科学（修辞学）、应用科学（作文教学法、写作工程学）"所构成的（1984），他开始有意识地运用钱学森先生所提出的"基础科学－技术科学－工程技术"的学科建构模式来规范写作学科。后来，裴显生、王东成又试图将"史－论"与"基础科学－技术科学－工程技术"这两种建构模式结合起来规范写作学科的体系。

（三）立体有序的阶段

1988年，综合已有的研究，马正平提出了"立体有序"的学科体系构想，他认为，写作学以整个写作活动为研究对象，既要研究它的内部结构，又要研究它的外部结构，只有把写作学的学科体系建立在一种立体的网络结构上，才可能揭示写作活动的全部品格和内涵，找到自己充足的理论依据。他的构想赢得了大多数学者的认同，我后来略作修改，把这一构想写入了我 1995 年出版的《现代写作原理》中，这一体系构想是这样的：

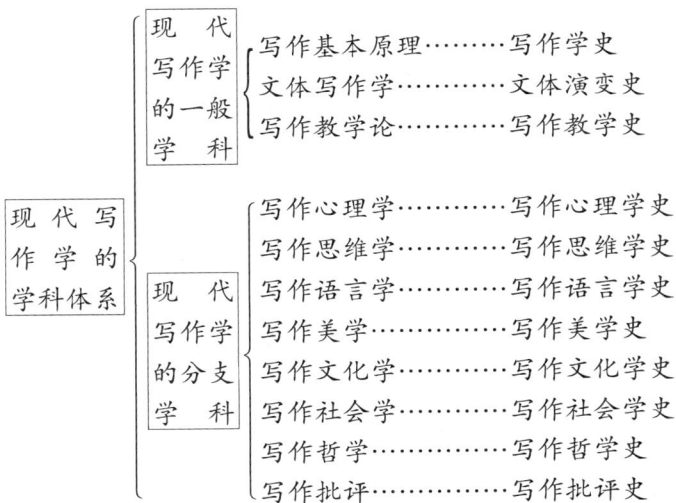

现代写作学的学科体系
- 现代写作学的一般学科
  - 写作基本原理…………写作学史
  - 文体写作学…………文体演变史
  - 写作教学论…………写作教学史
- 现代写作学的分支学科
  - 写作心理学…………写作心理学史
  - 写作思维学…………写作思维学史
  - 写作语言学…………写作语言学史
  - 写作美学…………写作美学史
  - 写作文化学…………写作文化学史
  - 写作社会学…………写作社会学史
  - 写作哲学…………写作哲学史
  - 写作批评…………写作批评史

经过"平面无序""平面有序""立体有序"的不同阶段，写作学界终于在"史－论"模式和"基础学科－技术学科－工程技术"的模式下构筑起了写作学的学科体系。这一学科体系不是表面现象的描述，不是主观随意的堆砌，而是有着严密的逻辑、标示了我们对学科内部各个构成要素及其内在联系的科学认识和科学规范；它不是由某个学者灵机一动想出来的，而是综合了几代人的研究成果，集中了集体的智慧，表现了写作学整体的学科面貌，同时也是我们进行写作学建设的蓝图。一个学科的学科体系，是该学科步入成熟阶段的标志，当我们现在说到写作学的时候，它终于不再是 20 世纪 80 年代初所说的"八大块"了，而真正具有了一种"学科气象"。

现代写作学的学科体系，基本上是以两翼展开的：一方面是它的一般学科，一方面是它的分支学科。现代写作学的一般学科主要包括"写作基本原理""文体写作学""写作教学论"；它的分支学科主要包括"写作心理学""写作思维学""写作语言学""写作美学""写作文化学""写作社会学""写作哲学""写作批评"等。写作学的一般学科和分支学科，既可作共时性的基本理论的研究，又可作历时性的历史考察。此外，还有专门研究写作学学科建设的"元写作学"。

二、写作学学科体系简介

（一）基础学科

着重于从整体上对写作行为进行研究，其中包括了"写作原理""文体写作学"和"写作教学论"，是写作学的基础学科、核心学科。

"写作原理"所研究的，是关于写作行为最一般的模型、机制、规律、特点、原则、方法。

"文体写作学"研究的是各类文体写作的特殊规律、原理、方法、技巧。

"写作教学论"所研究的是关于写作教学的规律、原理、方法、技巧。

这三者表现的是由理论到实践的序列,属于写作学的"基础科学－技术科学－应用科学",直接地、综合地指导着人们的写作实践。这三者紧密联系、相互制约,又是以"写作原理"为基础的。"文体写作学"要研究各类文体的写作规律,它不可能置写作行为的一般规律而不顾,它必须将"写作原理"所揭示的关于写作行为最一般的原理、规律、方法与各类文体写作的实际结合起来,才可能揭示各类文体写作的特殊规律、方法、技巧;而"写作教学论"又必须依据"写作原理"以及"文体写作学"所揭示的有关写作行为及各类文体写作的原理、规律、方法来探索写作教学的思想、方法、原理、原则、训练体系。后两者的开拓、进展,有待于前者研究的深入;反过来,"文体写作学"与"写作教学论"的深入研究,又可能推动、丰富"写作原理"的研究。

（二）分支学科

写作学的一般学科是对写作行为的整合的研究,写作学的分支学科则是从不同角度对写作行为进行"多点透视",是从不同方面对写作行为作"深度研究""专题性研究",它往往从某一个角度,对写作行为的某一个方面进行深入的研究。它与写作学的基础学科构成了相互制约、相互影响的关系。写作学的基础学科("写作原理"),是对写作行为的整体的研究,关注的是"各个方面的综合效用和内在联系";写作学的分支学科关注的是写作行为的"某一点","某个侧面"。从某种意义上说,没有"面"也就没有"点",如果对写作学研究的对象、任务、方法、体系、基本理论问题缺乏基本的了解,也就无法对写作行为进行"点"的研究;反过来,写作学的分支学科对写作行为进行不同角度、不同侧面的深入研究,也能丰富和推动"写作原理"的研究。

1. 写作心理学

写作首先是一个心理活动过程,写作能力主要表现为一种心理能力。为了探索写作过程和写作能力的科学规律,我们最适合对它进行心理学研究,这就形成了"写作心理学"。"写作心理学"运用心理学的原理、知识、方法,研究和揭示写作主体心理结构诸因素、诸能力在写作活动中的运行及规律,研究和揭示形成最优化写作心理结构和写作心理能力的途径和方法,研究和揭示不同心理类型、不同心理特点的写作主体在进行不同文体写作时的特殊规律。它从心理层次揭示写作活动的内部规律,为现代写作学的理论建设和写作教学的科学化提供新的视点、新的启示和新的科学依据。写作学的发展,在很大程度上将取决于写作心理学的研究水平和深度。

2. 写作思维学

在写作心理中,最重要的是思维,写作主要是一种思维活动,对写作进行思维学研究,就构成了"写作思维学"。"写作思维学"研究的是写作思维与人类一般思维的关系,它的特性与本质,写作行为的思维模式及运行机制,写作思维的特殊规律,不同文体的写作思维,写作思维训练等。

3. 写作语言学

写作是一种书面语言活动,写作的过程,也就是一种语符化的过程。从写作语言的生成来看,写作大致经历了以下几个阶段:(1)语言感知的内觉激活——前语词阶段。这个阶段包括了语言模式的生命感知、内觉体验的前语言存储、语言结构的冲动激活等。(2)内部语言的心理建构——心理语象阶段。在这个阶段,作者既要运用自己的语言能力去同化对象,又要运用自己的语言能力去序化对象，整合对象。（3）写作构思的语符实现——语言外化阶段。在这个阶段，作者必须将心理语象转化为文本语象。研究语言规律在书面写作活动中的表现及特殊性，研究写作活动中书面语言生成、发展、臻美的种种规律与技巧，也就形成了"写作语言学"。

4. 写作美学

写作同时还是一种审美活动，无论文学写作还是实用写作，"人都是按照美的规律来生产的"，写作的展开，无论构思、表达、修改、清誊，都是一系列具体的审美判断。把写作活动当作审美活动来研究也就构成了"写作美学"。"写作美学"研究写作活动的审美特性，研究写作活动内部各个环节的审美特性和审美规律，研究各种文体的审美特性和审美规范，研究写作文化中的审美特性与审美规律，研究文章的审美理想，研究写作主体的审美能力建构。

我曾指出，谈到写作，人们常常提及"文如其人"这个命题。其实，这个命题又对又不对。说它对，是因为文章确实反映了人的本质的许多方面；说它不对，是因为写作的主体与现实的主体并不是同一个概念。在现实生活中，人是一个很复杂的主体，进入写作，人总是自觉扬弃本身许多不好的东西、不健康的东西，努力表现自己最美好的一面。从这层意义上看，写作可以称得上一门真正意义上的美学，它是一门塑造美好心灵美好灵魂的学问。从这层意义上来研究写作，其意味是无穷的，也是令人激动无比的。这正是写作值得研究应该研究的重要原因之一。

5. 写作哲学

写作是什么？为什么写作？对人类写作行为进行哲学思考和终极追问，也就产生了"写作哲学"。当代学者唐代兴曾这样描述他心中的"写作哲学"："写作一旦进入哲学的视野，它也就不再是一个单纯的操作规则与技能的问题，而同时也变成了一个存在性的生存问题。有关写作的规则与技能问题，这是写作学所关心的基础对象和所力求解决的基本内容，而有关写作的生存问题和有关写作作为一个人的存在的问题那就只有由写作哲学来考察。具体地讲，这个存在的世界里为什么会有写作？为什么会创造出写作这样一种独特的形式？人为什么要写作？人为什么又能写作？人将在什么样的状况下、怎样的处境里才写作？还有，写作之于人和之于这个世界，它是什么？写作是一种存在吗？如果是，它作为一种存在是相对什么而言？写作这种存在与人的存在之间的关系又是怎样的？相对于人的存在来讲，写作又能怎样或可能怎样？人的存在始终是生存性，相对人的生存性来讲，写作又将能给它带来什么？或者说写作将可能给人的生存性带来什么影响？它可能给人的现实生活和历史性存在解决什么？它能够为人类的进步和人类的文明解决什么？诸如此类的问题，是需要写作哲学进行必要的解答和进行历史性的检讨的。"另一位写作哲学研究者张伟德说："写作与人的思维与语言活动之间的关系究竟是什么？写作是如何在人的思维与语言、主观经验与客观知识、阅读与写作、认识与表达之间实现综合的？在作为人的对象世界的客观世界、认识世界、经验世界、语言世界之间，是如何通过人们的写作活动来实现与关联的？再比如说写作与思维、写作与表达、写作与说话、写作与文学之间的关系，等等，都应该是写作哲学思考的问题。"

事实上，在中国古代写作理论中，就曾提出过"三不朽""明道""发愤著书""文章无穷"等写作哲学命题，当代写作学也曾提出过"生存本体论""语言本体论""书写本体论""秩序本体论"等写作哲学命题。这些命题把我们对人类写作行为的理解导入了更深的层次。

6. 写作文化学

19 世纪以来人类学家讲的"文化",是指人的群体或类的活动方式以及这种方式凭借的物质财富和精神产品,它是人的群体或类借以区别的依据。这个意义上所讲的"文化",具有超自然性,是对人的描述;具有超个人性,是对群体或类的人的描述。

《苏联大百科全书》(1997)认为,广义的"文化","是社会和人在历史上一定的发展水平,它表现为人们进行生活和活动的基本类型和形式,以及人们所创造的物质和精神财富";狭义的"文化","仅指人们的精神领域"。

美国著名人类文化学家林顿指出:"文化概念至少包括三个层次的现象:(1)物质文化,即工业产品;(2)动态文化,即外显行为(因为这里必然包含运动);(3)心理文化,即一个社会的成员所共享的知识、态度和价值。就我们目前的目的来说,前两个层次的现象可以合起来构成文化的外显方面,第三个层次的现象,即心理现象,则构成了文化的内隐方面。"

美国另一位著名人类文化学家克罗伯认为:"文化代表了人类群体的显著成就,包括它们在人与物品中的体现;它由外显的和内隐的行为模式构成。这种行为通过象征符号而获致和传播;文化的核心部分是传统地即历史地获致和选择的观念,尤其是它们所带的价值,文化体系一方面可以看作人类活动的产物;另一方面则是进一步活动的决定性因素。"

还有学者将文化分为物质文化、制度文化、心理文化、价值文化:(1)文化的物质层面,具体表现为物质财富,包括社会经济形态,生产力、生产资料和工艺技术的体系;(2)文化的制度层面,包括社会组织形态、人和人的社会关系网络,如亲属关系、经济关系,它具有实现社会化联结、社会凝聚、社会控制的功能,是因为这些社会关系网络是采取制度化形式组织起来的;(3)文化的心理层面,包括社会意识形态、精神产品,如宗教、科学、艺术等,它构成了社会的精神人格;(4)文化的价值层面,包括这个社会的价值规范体系、人们在内心对自我行为的约束观念以及作为社会要求的伦理规范,这具有创造社会价值规范、社会理想的功能。

对文化层次的划分还有各式各样的方法,比较简单的是把文化分为:(1)物态文化,包括物质财富和精神产品。理论、观念以及与之相关的宗教、科学、文学、艺术、法律、道德属精神文化、精神产品。不说精神财富而说精神产品,是因为有些精神产品并不一定是财富。(2)方式文化,包括生产方式、组织方式、生活方式、行为方式、思维方式、活动方式。方式文化既不属物质也不属精神,如古代的缠小脚,它既不属物质,也不属精神,只是一种社会化的行为,但它却是一种文化内容。(3)精神文化,主要是一个民族数代人积淀而成的心理习惯,它在人们心中形成了一定的观念定势、思维定势、价值标准定势。一般说来,物态文化是一种外显文化,它看得见、摸得着,方式文化和精神文化是一种内隐文化,它看不见、摸不着,但又确确实实存在;人们对处于文化表层的物态文化比较容易接受,对处于文化深层的方式文化和精神文化不太容易接受;外显文化是由内隐文化所决定、所引发的,内隐文化是生发和建构外显文化的内在生命力。

写作总要表现出一定的理想规范、写作心态、写作精神,总要表现出某一特定时代、特定社会、特定地域之内特定人群对于写作的时空情绪、价值取向、思维方式、写作态度,这些东西,是人们运用写作技巧的"中介",产生写作行为的根源,这是一种写作文化。研究这种写作文化产生、发展、演变的基本形态、基本规律以及写作文化与写作行为关系,研究写作文化的借鉴与预测,为写作者的写作行为、写作技巧、写作方法提供某种动力、依据,这也就构成了"写作文化学"。

　　马正平当年提出的写作文化，全面揭示了人类写作行为的文化内涵，使我们对写作行为技能技巧之中所蕴涵的人文性有了深入具体的理解，但也留下了许多问题值得我们进一步研究。例如，马正平在强调写作文化的同时忽视了作为个体的写作主体；在强调感悟当代写作文化的同时忽视了传统写作文化所可能具有的精华和当代写作文化所可能具有的糟粕；在强调精神层面的写作文化时忽略了物质层面的写作文化，这些都是有待进一步研究的问题。

　　任何人都是在一定历史条件下生存和发展起来的，他都有必要从前人那里继承思想文化、科学技术、习惯心理、情感方式、思维模式等。人之所以被命名为文化的人，是因为他的一切行为、一切活动都是文化的，他必须运用已有的文化成果去建设属于人所独有的文化。但人的生命活动又不仅仅表现于生存，同时它还表现为发展。人的全面素质是历史浇灌和现实超越相统一的产物。因此，人对文化的继承又是超越性的，创造性的，选择性的。

　　7. 写作社会学

　　写作同时又是人的一种社会实践活动，它具有社会价值和社会功能。它不但依赖于整个社会活动，反作用于社会活动，同时本身也就是一种社会性行为。研究写作的社会功能，研究写作的社会环境，研究写作与社会生产力的关系，研究写作的社会传播，对写作活动的作者、读者、出版、消费、控制、管理、预测等进行社会学的研究，也就构成了"写作社会学"。写作行为在人类生存发展中所具有的社会性及社会作用，那是其他任何一个研究角度所无法取代的。

　　8. 写作批评

　　依据一定社会的审美理想、写作文化、写作价值观，对社会写作现象、文章写作（包括文学写作和实用写作）的内容与形式（尤其是写作方法、写作技巧、写作观念）进行评价，从而高扬新的写作文化精神，批判落后的写作文化精神，以指导写作实践，也就构成了"写作批评"。人类已进入一种"大写作""泛写作"的时代，单纯的文学批评和文化批评在这样的时代已显得贫乏和无力，规范和建立起一种科学的"写作批评"已经是刻不容缓的事情了。

　　（三）"史"的展开

　　任何一门学科，都可以按照"史－论"的逻辑框架来建构自己的学科体系，如"哲学史"与"哲学原理""文学史"与"文学原理""美学史"与"美学原理"，都是这样。一门学科的理论形成，总有一个历史发展的过程。"论"是"史"的综合与概括，"史"是"论"的展开与发展；"论"可以为现象、历史提供解释的框架，而"史"又可以为"论"提供材料与依据。写作学无疑也可以这样来建构自己的学科体系。一个理想的"写作原理"，应该是整个写作理论史的浓缩、概括和提纯；同时，它又应该为我们整理、认识历史提供新的理论眼光和理论框架。

　　写作学基本理论的研究与历史考察既表现在它的基础学科上，也表现在它的分支学科上。就目前来说最重要的有"写作学史""写作史"和"写作教学史"的研究。

　　1. 写作学史

　　它研究的是迄今为止人类所留下的丰富的写作理论，其中也包括对潜学科形态的写作学的产生、发展、演变及其规律的研究。

　　我们说过，真正把写作学当作一门学科来建设，还是1980年以来的事，在此之前人们并没有明确的学科意识。但是，这并不意味在此之前人们对写作行为就没有研究。就西方来看，他们学术界并没有"写作学"这门学科，在英文中甚至连"写作学"这个单词也没有，但并不意味着他们对写作行为就没有研究。他们对写作理论的研究主要体现在"修辞学"上。在古希腊，亚里士多德的《修辞学》就开始了对演讲和论辩技巧的专门研究。亚氏给修辞学下的定义是："在每一件事上，发现可用的说服的手段和能力。"在他的心目中，"修辞学"是与"辩证法"对应的学科，而不是我们今天讲的"修辞格"。在这种修辞观的影响下，罗马时期的西塞罗将修辞学分为构思、谋篇、表达、记忆、语调五个部分，就非常接近写作学的研究。到近代，随着印刷术的传播，随着"口语社会"越来越让位于"文字社会"，以研究演讲为中心的古典修辞学逐步走向衰亡，修辞学将研究重点转向文学作品。"就文学作品来说，狭义修辞学可以指作品运用的各种技巧，广义修辞学则可以指对作品艺术特征的研究，相当于诗学。就非文学作品来说，修辞学的目的就是如何将文章写好。因此，修辞学常常与写作课联系在一起，今天，在英美许多高校中仍然是这种情形。于是在欧美许多国家，以研究写作为主的修辞学——在英美大学实现了学科化和机构化"（常宝昌：《西方修辞学概述》）。像美国一些大学，还设有"写作过程研究所"。

在中国古代，有关写作行为的研究在相当长的历史时期内一直是综合进行的，既包括了今天所说的文学写作，也包括了今天所说的实用写作。像曹丕的《典论·论文》、陆机的《文赋》、刘勰的《文心雕龙》、挚虞的《文章流别论》都是如此。在他们心目中，"词章之学"是一门专门的学问。他们开辟的这一传统一直持续到近代。在近代国人的心目中，"文学者，以有文字著于竹帛，故谓之文。论其法式，谓之文学"[1]。

在1910年~1915年前后，由黄人、林传甲、王梦曾、钱基厚、谢无量等人出的几部《中国文学史》，其"文学"仍然是指广义的文章。一直到20世纪20年代，西方和前苏联的"文学"概念传入中国后，"文学"这个概念才专指诗歌、小说、散文、戏剧等文体。

中国是一个"文章大国"，文章写作一直被视为"经国之大业，不朽之盛事"。中国古代在长期的写作实践中所形成的写作理论不仅汗牛充栋，而且是很具民族特色的，概括地说：(1)重视写作的价值与功能；(2)重视对文学和非文学写作的综合研究（这种综合性是契合当代写作的发展趋势的）；(3)重视"人－体－法"的一体化研究，重视写作主体人格、胸襟、学识与写作的关系，重视写作主体的修养，重视文章的体式，重视各种技巧技法的研究。但是，由于现代狭义文学观念的确立，人们在研究和整理中国古代写作理论时，注重的是文学创作的部分，对实用写作的有关理论则在有意无意之间忽略了。

在中国高等学府开设写作课，可追溯到20世纪初。在1900~1919年之间，曾出现来裕恂的《汉文典·文章典》、姚永朴的《文学研究法》、吴曾祺的《涵芬楼文谈》、林纾的《春觉斋论文》、黄侃的《文心雕龙札记》，它们既是高等学府的写作课教材，又是高质量的学术专著。《汉文典·文章典》曾被誉为是一部"示国民以程途"的写作理论教材；《文学研究法》是姚永朴先生任教北京大学文科所时编的讲义；《春觉斋论文》是林纾任教京师大学堂的讲稿；《文心雕龙札记》是黄侃先生在北京大学讲《文心雕龙》的用稿（据牟世金先生说，黄侃先生当时"主要是当作文章作法来讲的"）；而《涵芬楼文谈》作为教材，影响更是深远，到1933年，它已出到13版，新中国成立后的60年代初，中央党校语文教研室还曾把它印发给学员参考。这五部论著都有自己的体系：《汉文典·文章典》是"技法论－文本论－文类论－总论"；《文学研究法》是"总论－文类论－文本论－文品论"；《文心雕龙·札记》是"总论－文类论－文术论－文评论"；《涵芬楼文谈》是"作者论－创制论"；《春觉斋论文》是"体式论－创制论"。《汉文典·文章典》还集纳了16个中国古代写作理论范畴：性、情、质、理、意、思、度、骨、趣、机、势、采、调、笔、境等；《文学研究论》汇集了20个：神、气、势、骨、理、意、识、声、

---

[1]　章炳麟：《文学总略》，《国故论衡》，上海古籍出版社，2003年版。

韵、格、态、情、法、词、度、界、色等；《春觉斋论文》则汇集了 8 个：意境、识度、气势、声调、筋脉、风趣、情韵、神味。中国古代写作理论的精髓从中可见一斑。[①]

20 世纪 20 年代至 40 年代，中国的写作教学开始全盘西化，它基本摆脱了传统的写作理论，传统的"词章之学"不再受学术界的重视。这种"西化"可追溯到傅斯年 1914 年写的《怎样做白话文》，傅氏的思想主要有三点：(1)引进西方文体分类，把白话文分为形状文、记叙文、辩议文、解说文；(2)移植"西洋文的款式、文法、词法、句法"，以西方语法学、修辞学指导白话文写作；(3)"成就一种欧化用语的文学"，即"理想上的白话文"是"逻辑的白话文""哲学的白话文"和"美术的白话文"。以后林林总总的写作教材，基本上是按这一思想编撰的。如梁启超的《中学以上作文教学法》，共 7 个部分，讲的是文章的作用与分类、记叙文、记静态之文、记动态之文、记事文、论辩文、教授法。陈望道的《作文法讲义》共 12 章，讲的是文章的构造与美质、记载文、记叙文、解释文、论辩文、诱导文、语法学、选词、造句、分段等。叶圣陶的《作文论》，共 10 节，设引言、诚实的自己的话、源头、组织、文体与写作上的区别、叙述、议论、抒情、描写、修辞。夏丏尊、刘薰宇合著的《文章作法》共 6 章，设作者应有的态度、记事文、叙事文、说明文、议论文等。其他如胡云翼等合著的《新著文章作法》、胡怀琛等合著的《文章作法全集》、沈志坚的《文章作法》、顾震白的《文章作法》等也大体如此。这个时期的写作理论全部西化，并主要集中在文体知识上，虽然它在指导白话文的写作上起了一定作用，但学理性明显不够，基本上是一种普及性的知识。

20 世纪 50 年代至 70 年代，中国用以教学的写作理论基本上是前苏联文艺学"作品构成论"的翻版(俗称"八大块")。50 年代朱德熙为清华大学编写的写作教材《作文指导》，何家槐编写的《作文基础知识讲话》，60 年代复旦大学中文系语言教研室编写的《写作基础知识》，北大中文系汉语教研室编写的《写作知识》，70 年代刘锡庆、朱金顺编写的《写作基础知识》等，基本上是文章构成的普及性知识，比起传统的"词章之学"已面目全非。直到 80 年代，人们才开始了真正意义上的写作学学科建设。

从上面的简单回顾可以看到，中国古代的写作理论是非常丰富的，并形成了传统的"词章之学"，到现代，由于种种原因，这一传承被中断，取而代之的是西方的语法知识、修辞知识、作品构成知识，走的是一条日见式微的路子：一方面，随着社会经济文化的飞速发展而对写作人才提出了越来越高的要求，一方面，却是拼凑起来的写作知识无法满足社会的需要。所以，现代写作学的兴起也就成了势所必然的事了。

2. 写作史

它研究的是人类写作活动的发生、发展、演变过程及其规律，又可以分为"文章史"和"写作行为史"。"文章史"是写作行为史的物化、对象化形态。从文章形态的发生、发展、演变过程，可以窥见写作活动演变的情形。"文章史"不仅要研究文章"形态的演变"以及"演变的形态"，而且要研究促成演变的各种因素以及演变的内在规律。近代以来，林传甲的《中国文学史》、谢无量的《中国大文学史》，均是研究文章(包括文学和非文学文章)发展史的著作。当代程福宁的《中国文章史要略》则主要研究狭义文章的发展史。

对人类"写作行为史"的研究，关键是从杂乱无章的信息中找出一条分类的原则和描述的焦点，从而揭示人类写作行为的演进规律。对人类写作行为的研究，首先是人类的"写作形态"，其中包括写作群体、写作方式、写作话语、写作载体、写作规范、写作影响等；其次是

---

①　参见万奇：1998 年全国写作学会年会论文《20 世纪中国写作理论概论》。

研究这种"形态"的演进过程及规律，我们可以从历史、文化、美学、心理等不同的角度，揭示人类写作行为发生、发展、演变的规律，从而为现实人类写作活动服务。

3. 写作教学史

它研究的是人类写作教学的历史，包括教学思想、教学理论、教学体系、教材教法、训练体系等。写作教学在人类文明发展史上所起的作用，无论怎么形容也是不为过的。深入研究人类写作教学史，其意义决不止于写作教学本身，它还有助于我们更加深入地把握人类文明、人类文化、人类教育的进程与规律。

4. 元写作学

所谓元写作学，是对写作学本身的研究，它要研究写作学研究的对象、范围、方法论体系，以及写作学思潮、流派等，旨在为写作研究和写作教学服务。

§4　写作学思潮

"思潮"这个词用在这里也许过于勉强，但在找不到一个更为恰当的词之前只好从权。因为即便是现在，讨论写作学的诸多问题，各种各样的"思潮"依然无处不在且影响深远。

自20世纪80年代以来，写作学界的学术思想是非常活跃的，研究个性得到了充分发挥，学术争鸣非常热烈，各种学术思想构成了当代写作学颇为壮观的学术景象。回顾近20年来的写作学建设，人们对写作学研究的对象、性质、地位、学科体系渐趋认同，但研究者们对"写作学"的理解却不尽相同，只要打开纷繁迭出的各种写作学著作，我们就不难发现各式各样的"写作学"——有人强调语言，有人强调篇章，有人强调文本，有人强调过程，有人强调主体，有人强调文化……这些学术思想不仅有力地推动了写作学科的建设，而且还将继续影响到写作学的建设。

一、文本论写作学

"文本论写作学"是以写作成品亦即"文章"为研究中心的写作学。它的哲学基础是客体中心论，它主张通过对文章构成因素的分解来建构写作学的基本理论。"文本论写作学"思想可以追溯到20世纪60年代复旦大学出版的《写作基础知识》和北京大学出版的《写作知识》，当时学者们引进前苏联文艺学体系中文学作品的分析模式，形成了以"材料""主题""结构""表达方式""语言""文风""修改""文体"等"八大块"理论。进入80年代，由于刘锡庆先生所撰的《写作通论》作为全国电大的教材而产生广泛的影响，至今，许多人对写作学的认识还基于对它的了解。

"文本论写作学"是一种"见物不见人"的写作理论，它只讲文章构成和文体知识，对于写作主体和写作过程并不关心。应该说，"文本论写作学"在写作学的创建期是产生了广泛影响的，它对于指导人们的写作学习也起到了一定作用。但是，它对文章构成因素的分解，基本上属于写作学前学科和潜学科阶段的产物，它以文章构成因素为研究对象，不注重写作心理以及写作行为本身，基本上是一种静止的、封闭的研究方法。研究视野的局促，平面、静态的知识性描述，是其显而易见的弊病。就今天来看，"文本论写作学"以文章为研究对象，显然无法建构起现代写作学的理论体系，但是，"文本"始终是现代写作学研究的一个非常重要的方面。如果广泛吸收文体学、语体学已有成果，对文本进行研究依然有着广阔的前景。本书也就是在这一前提下增设了"写作文本"的有关章节。

二、过程论写作学

"过程论写作学"是对"文本论写作学"的一种反拨。在它看来，有关写作的原理和规律，只是部分地甚至是很少地反映到写作成品文章上，更多规律、原理则隐藏在写作者的行为过程中，只有通过对写作过程的深入研究，才有可能揭示写作的奥秘。他们同时还对"过程"作了界定：所谓过程，指的是从写作意图产生以后，经过构思、表达，到文章誊清这个阶段；至于此前和此后是写作学所无力研究的。

"过程论写作学"是金长民先生1983年率先提出的。他认为，写作学研究的对象不应该是文章而应该是写作过程。此后，写作学界研究的重点逐步转移到写作过程上来，学者们从技术操作、心理操作、思维操作等不同层面对写作过程作了多方面的研究，并出版了一批过程论的写作学教材，如刘锡庆先生撰写的《基础写作学》（1985）、林可夫先生主编的《基础写作概论》（1985）、朱伯石先生主编的《现代写作学》（1986）。

研究者一般认为，"过程论写作学"是现代写作学的真正开端，它把写作学从潜学科状态推了出来，使人们开始了真正意义上的学科建设。但"过程论写作学"的局限也是明显的，它虽然强调过程研究，但把研究视野限定在狭义的过程上，从本质上看它依然是一种封闭的静止的研究，无法真正深入写作过程，有时甚至把写作过程简单化了。如，有的学者将"主题"改为"提炼主题"，将材料改为"选取材料"，以为这就是过程研究，其实和"文本论写作学"并没有本质的区别。后来的学者，从不同角度深化了对写作过程的研究。

三、技巧论写作学

"技巧论写作学"以技能技巧作为研究中心，强调的是写作过程的技术操作，并以此来建构写作学的基本理论。代表作有李景隆先生的《作文法概要》、王志彬先生的《写作技法研究》、万奇的《技法与技巧》等。

由于写作具有明显的操作性、技巧性，习作者最渴望从写作学那里获得某一技能技巧，研究者也就把技能技巧作为了自己研究的重点，从某种意义上说它是对过程主义的进一步的精确化。"技巧论写作学"把写作看作纯技术的操作，特别注重对写作操作技术的研究，可称得上"技巧至上"论者。他们把写作过程抽象归纳为一套操作的程序和方法，认为习作者按照这些方法和程序进行一定的训练，自然而然就能提高写作能力。"技巧论写作学"强调操作和实用，在写作教学和写作学界具有广泛的影响，曾出版了大量专门讲述写作技法的教材和工具书。"技巧论"发展至极端，甚至以操作性来衡量一切，认为凡是具有操作性的理论才称得上真正的写作理论，否则就算不上写作理论。就研究趋势来看，"技巧论"从简单的技法归纳，到深入研究写作思维的操作模式，表现出日益深入的科学理性，在中国学术界普遍重"道"而轻"术"的学术背景下，具有积极意义。但他们片面地强调写作行为的操作性而轻视写作行为的人文性，终究难以洞察写作行为的全部内涵。但我们必须认识到，技法技巧应该是写作学研究的一个重要内容，如何深入则是我们所共同面临的一个问题。

四、动力论写作学

"动力论写作学"认为，写作行为的发生、写作行为的成败、写作质量的高低并不仅仅取决于技能和技巧，而主要取决于写作主体是否真正产生了写作感受以及由此而产生的不可抑制的写作冲动。"动机"是创造性写作行为的内在动力，有了它，写作主体才会自觉、积极、主动地投入写作，认真地进行构思和表达；才能创造性地运用技巧，并创造新的技巧。因而，缺乏动力机制的写作行为不是真正的写作行为，忽视动力机制的写作教学不是科学的写作教学。研究写作行为，应注重对写作动力(包括动机、冲动、写作欲望)产生的条件、规律、内在原因的研究。在"动力论写作学"学者看来，从某种意义上看，可以把"动力论写作学"看作"主体论写作学"的另一称谓，"主体论写作学"是从形态、结构上来描述写作行为的，而"动力论写作学"则是从功能上来概括写作行为的。"动力论写作学"的思想首见于《写作》杂志1988年第5期马正平的文章。这一思想的提出，把静态的、抽象的写作行为研究导入到一种动态的、具体化的研究，对现代写作学的建设产生了相当积极的影响，也是现代写作学理论建设中一种基本的指导思想。

五、文化论写作学

"文化论写作学"是以马正平为代表的一批中青年学者于1990年前后提出来的。在他们看来，写作行为首先是一种文化行为，作为个体的写作行为是在特定时代的写作文化背景下进行的。写作作为人的一种本质性活动，永远是一个生生不已的流动着的高级创作行为，要进行、完成这一创造行为，仅仅靠学习写作理论知识、仅仅靠训练，甚至于靠写作主体人格、修养的提高是不够的。写作者要完成创造性的写作行为，还必须感悟特定时代的写作文化，把握有关写作行为的价值取向和整体精神规范方能完成。特定时代的"写作文化"，是统帅、控制着写作者的技能技巧的。因此，他们主张从文化的角度去研究写作行为，揭示特定时代写作思维、写作心理、写作语言的时代特征，研究特定时代写作行为的思维方式、行为准则、价值取向。"文化论写作学"关注的是写作行为的文化精神，以及写作行为和文化机制，强调的是一种即时性的、具体化的写作行为研究。"文化论写作学"克服了共时性的、抽象的、理想化的写作行为研究，成功地揭示了写作行为运行的文化机制，但是，"文化"还只是写作行为的基本属性之一，完全从写作文化立论恐怕还是无法建立现代写作学的科学理论体系。

六、创造论写作学

"创造论写作学"是当代学者张士廉先生1986年提出来的。他认为，写作本质上是一种创造行为，因而主张借助创造学的原理和方法来研究写作的规律与技巧，并在研究中加强对写作主体创造规律、创造能力的研究。如创造的观念与课题选择，创造性思维，创造性技巧，创造的个性心理品质，创造的生理机制，创造的环境与机遇等。强调写作行为的创造性，是"创造论写作学"的基本特点。它实际上与"主体论写作学""动力论写作学""文化论写作学""人本论写作学""行为论写作学"有着许多沟通之处。它强调创造技巧与规律的研究，为写作学的建设提供了有益的启示。

七、主体论写作学

"主体论写作学"是对"文本论写作学""过程论写作学"的一种反拨。它认为写作学研究的对象既不是"文本"，也不是"过程"，而是写作主体。"主体论写作学"的思想，首先是由当代学者林柏麟先生提出来的。1986年，在上海举行的"写作教学现代化、科学化"讲习班上，他依据认识发生论原理，强调要重视写作主体的智能素养的问题，认为"主体智能"主要包括能力、技能、素质、修养四个层次，强调通过训练提高写作者的智能素养。这种"主体论写作学"的思想主要体现在由吴伯威任主编、林柏麟任副主编的《基础写作教程》(1985)和林可夫主编的《基础写作概论》（1985）等教材中，人们称之为"智能派主体论"。

"主体论写作学"把写作研究的重点转移到写作者上来是它的高明之处，但20世纪80年代前后的主体论写作学思想，主要停留在对写作主体基本能力的分解上，它把写作能力分解为各种各样的能力，却忽视了它的整体性。事实上，经过他们分解抽象出来的各种写作能力，并不像他们所希望的那样体现为一个有序的结构，在时间上依次地展开，相反，这种能力分解反而把写作行为、写作过程给模糊了，正因为如此，他们也无法建立起写作学的学科体系。此后，学者们提出，研究写作主体，还应研究他在生活实践中是如何通过各种途径、各种方法去积学、养气、修德、炼才，去培养良好的思维品质和思维能力，去形成优化的文化心理结构、认知结构、高尚的人品，改变头脑中的"准备状态"，从而使耽于智能分解的"主体论"走向了一种整合。

八、人本论写作学

"人本论写作学"思想是由王东成、陈果安等人提出来的。"人本论写作学"不同于"主体论写作学"的旨趣在于，它并不是孤立地强调对"写作主体"的研究，而着眼于对写作行为的整体把握。在他们看来，写作不仅仅是人的一种传情达意的表达行为，同时还是人的一种生产方式、生活方式、生存方式，它是人的一种生命行为，是人的一种生存方式，是人的生存、人的生命激情和生活欲望对对象世界的遮蔽性或无遮蔽性敞开，是人的心灵、智慧、思维、情感的"形式化"，是人的心灵时空的拓展和升华，是人的心胸、境界、风度的产物，是人对生命的一种自我扩张，是人的一种自我实现。人在写作中不仅要最大限度地实现自己的价值、尊严、能动性、创造性与潜能，同时也在塑造着人自身；写作活动的本体是写作者的主体性，写作者只有具有明确的主体意识、高尚的写作动机、健康的人格精神以及高度自觉的自我调节、自我建构的意识，才可能真正完成写作活动。他们把人文关怀贯彻到写作研究的一切细节之中，强调作文与做人的关系。他们认为，写作是人的生活方式、生存方式、生活内容、生存内容、生命本身的对象化、符号化；是人的生命意志时空拓展的对象化、符号化；研究写作过程不能见物不见人，写作学不仅仅是人类书写行为的"表达学"，而更应该是写作主体的"发生学"。

马正平认为，"人本论写作学"思想是一种初级的"文化论写作学"，而"文化论写作学"是对"人本论写作学"的一种深化，因为它更具社会学的情调。其实，强调人的主体性能动性并不意味着否定人的社会性。按照马克思主义的观点，人是一切社会关系的总和，脱离人的社会性去谈人的主体性能动性是不可能的。"文化论"与"人本论"的区别在于："文化"是非个体的，它着眼的是群体，是类，而"人本论写作学"思想所强调的是"人"，在注重它的社会性的同时也强调了它的个性；写作既是"类"的行为也是此时此地此种处境中特定个体的行为，如果仅仅强调类的主体而忽视作为个体的主体，便有可能导致对写作行为本质的一种疏离。

九、行为论写作学

"行为论写作学"以写作行为为自己的研究对象，研究人类写作行为的基本规律和方法。它强调写作是一种"行为"，"行为"是写作学研究的逻辑起点，而"行为"是由"动力目标"和"表达方式"共同构成的。它把"写作文本""写作过程""写作主体""写作文化"纳入自己的研究视野，把它们看作一个有机的写作行为系统，可以说是对各种写作学思想的一种大整合。

本书阐述的也就是这样一种行为论的写作学。如何吸收现代写作学的一切研究成果，进一步完善自己的理论体系，使客观存在迅速地成熟起来，是它面临的任务。

§5　写作学的当代进展

从 1980 年至今，在短短的 20 多年的时间内，当代学人以强烈的学科意识、科学务实的精神，初步确立了写作学的学科形态，但这一学科体系的建构并非是一种主观的玄想，而是基于坚实的研究。正因为有了这些科研成果，现代写作学才不是一个空洞的理论框架。

一、关于写作原理的研究

写作原理是现代写作学的基础学科，它是现代写作学的一块基石，整个写作学的理论基础是由它奠定的，它也从整体上体现了现代写作学的学科形象。当代写作学界对于写作原理的研究，在其理论框架、理论深度、理论内涵上都有质的突破。这些科研成果可以陈述的有：

1. 在写作行为内在运行机制的研究上，写作学界先后提出了"双重转换""三级飞跃""知行递变""线性与非线性""非构思""建构与解构"等许多重要理论，为写作原理的编撰提供了内在的理论凭据。

2. 文本研究方面，写作学界提出的"文章构成""文章源流""文章图式""文体思维""文章自生长理论"，把孤立的静止的文本研究有力地导入了动态的写作过程，不仅为当代写作教学提供了有力的理论依据，而且为写作行为的研究提供了一条新的理论思路。

3. 在写作过程的研究上，写作学界提出的"技巧技法""写作心理""写作发现""思维操作模式""动力性原则""思维场""写作时空""效果控制""写作策划""写作智慧""写作文化"等命题，对写作操作作了原理性的阐述，从而使技法研究达到前所未有的理论深度。

4. 写作表达的研究方面，写作学界曾先后提出"书面语言的转换机制""情境性运思""语段性运思""修辞性运思""时空美学""语感""文采"等许多重要命题，把静止的语言分析导向了动态化的描述。

5. 写作主体的研究方面，写作学界的"智能素养分解""写作主体的发生""写作主体的心灵建构"等，在理论上达到了一种有机的整合。

二、关于文体写作的研究

"文体写作学"是写作学的"技术学科"，无论写作原理的研究达到怎样的理论深度，对于写作者来说最终要落实到具体文章的写作。

近 20 年来，写作学界对文体写作的研究，更胜于对写作原理的研究，这方面出版的书籍之多，造成的声势之大，是有目共睹的，可谓声势浩大而成绩显著。

文体写作，分为文学写作和实用写作。

就文学写作的研究来看，由于写作学界的研究者大多在高校从事写作教学，对文学写作基本文体（如散文、诗歌、小说、影视文学、报告文学）及其写作技巧、写作规律作了多方面的研究，还出现了孙绍振《文学创作论》那样总论性的、原理性的论著。我们前面曾提到，文艺学、写作学都要研究文学文体的写作，但二者研究的旨趣是不同的。文艺学更注重文学创作的审美意识形态性，它更注重的是阐释、理解和欣赏；而写作学更注重的是操作及操作的规律。虽然写作学对文学写作的研究在整体上并没有达到文艺学研究所达到的水平，但至少在对"写"的技巧及规律的研究上弥补了文艺学研究的不足。

写作学界对文体写作研究的实绩更多地表现在它对实用写作的研究上，自李景隆先生的《实用写作》（1984）开其端，实用写作也就受到社会广泛的关注，这方面的书籍也就铺天盖地而来，内容涉及到新闻写作、秘书写作、科技写作、经济文书的写作、法律文书的写作、企业管理文书的写作、军事文书的写作、现代礼仪文书的写作等各个领域，并与香港、澳门、台湾的学者有了较多的交流机会。在满足社会需求方面，可谓声势浩大而成绩显著。

值得注意的是，写作学界对实用写作的研究，日益克服了"格式＋例文"的简单化倾向，对实用写作的本体及原理的研究也取得了丰硕的成果。特别值得一提的是中国写作学会的下属学会——"文章学会"的一批研究者，他们以张寿康、程福宁、曾祥芹、张会恩、王凯符等诸位先生为代表，对实用文章写作的历史、功能、社会规范、写作过程、生成模式、读写规律，都作了专门化的研究，这些研究合在一起颇为壮观。此外，裴显声先生主编的《现代实用写作学》（1996）、陈果安撰写的《实用写作原理》（1997），对实用写作作了学科化、原理化的研究。余国瑞先生主编的《经济写作系统与技法》（1990），提出来了"功能－结构"的实用写作原理，也是实用写作研究的重要理论收获之一。

三、关于写作教学的研究

"写作教学论"属于写作学的"应用学科"，它要将写作基本原理和文体写作基本原理运用于写作教学实践。写作教学不但要遵循写作的一般原理和原则，同时还有其自身的"教"与"学"的规律。

现代写作学基本上是响应现代写作教学的需要而建立起来的，因此，写作学界在这方面的研究也取得了斐然成绩。关于写作教学的研究主要见于以下三个方面：

1. 散见于各类写作教材之中，如林可夫先生主编的《基础写作概论》（1986）、吴伯威先生主编的《基础写作教程》（1986）、王东成主编的《新编写作学》（1989）、周德仓主编的《写作素质训练教程》（1998）、李白坚编写的《走向素质教育》（1998）、马正平主编的《作文导写导练》、陈果安的《现代写作原理》（1995）、刘赤符的《写作怎样成才》（1993）、魏饴的《写作论集》（1995）、周森龙的《现代写作论稿》（2000），这一类著作都表现了明确的写作教学思想、写作教学体系、写作教学艺术。

2. 来自中学语文教师中的大多数人并没有参加中国写作学会，也不认为自己是写作学界的人，但他们在教学第一线创造的作文训练体系，如"三级训练体系""模仿－创造训练体系""能力－技能训练体系""思维－语言训练体系""快速作文训练体系"等，这些训练体系和训练方法来源于实践又运用于实践，在中学作文教学中产生了广泛影响。

3. 写作学界对写作教学作的专门研究，如李保初的《作文教学法》（1984）、范守纲的《作文题类研究》（1986）、都本忱的《中学作文训练体系与方法》（1998）、成鲲、李白坚主编的《题型写作》（1994）、李白坚的《走向素质教育》（1998）、张明主编的《现代写作教学论》（1993）、唐代兴的《人类书写论》（1990）、马正平的《现代写作教学：原理与设计》（1995）、潘新和的《中国写作教育思想论纲》《中国现代写作教学史》（1997）。这些著作都比较集中地探讨了写作教学的规律、原理、方法、体系的问题。在这些研究中，我特别愿意一提的是有关写作教学思想、教学原理、训练体系的研究。

作为一个普通的写作教师，也许用不着奢谈教学思想，但把写作教学当作一门科学和事业来对待，就不能不注重教学思想。在上面所提及的著作中，我们是不难感受到编著者的教学思想的，不论我们是否赞同他们的教学思想，这种努力始终是值得肯定的。至于潘新和第一次对中国写作教育思想作出系统的研究，更是难能可贵。

有了先进的教学思想，还必须遵循写作教学的基本规律和原则。因此，要使写作教学学科化、科学化，就必须下力气研究写作教学原理。写作学界在教学原理的研究方面，曾先后提出"写作主体的发生机制""能力生长机制""技术生长机制""文本渗透机制""风范教育"等许多重要命题，他们深入到写作教学的内在机制中，对写作教学的内在规律有较精彩的描述。

对于写作训练体系的研究同样是写作教学研究的可圈可点之处。中国现代的作文教学长期处于一种主观随意的状态，教师临到上课时灵机一动想出一个题目来曾被视为美谈。这种主观随意性的作文教学越来越被否认，研究者们力图建立起科学的写作训练体系。学者们不仅对各种中学作文训练体系作了专题性的专门研究，而且在大学写作训练体系上也作了多方面的探索。

四、关于"史"的研究

一门学科的厚重感，与它的发展历史有着密切的联系。虽然明确提出将写作学当作一门学科来建设仅仅是 20 世纪 80 年代以来的事，但从先秦到现代，前人确实留下了丰富的写作学遗产。写作学作为一门新兴学科，除了要加强本身的理论建设，加强"史"的研究也是一个重要的方面。写作学界对"史"的研究也取得了相当的成果：

1. 在写作行为史的研究方面，马正平曾发表《关于〈中国写作史〉研究、编写的初步构想》等系列论文，此后又有赵雨非常厚实的《诗经：中国写作原论》作为呼应。

2. 对写作学史的研究，先后有王凯符先生主编的《古代文章学概论》、张会恩先生的《文章学史》、刘锡庆先生的《中国写作理论史》、王志彬先生的《中国 20 世纪写作学史》、程福宁先生的《中国文章发展简史》。此外，马正平的《人间词话》研究、陈果安的金圣叹小说理论研究、万奇的桐城派文论研究，都是从写作学切入的个案研究；林可夫、曾祥芹、陈果安、孙绍振等人追踪当代写作学研究动态的一系列述评也在有意无意地勾勒当代写作学的历史和走向。

五、其他方面的研究

写作学其他方面的研究涉及到写作心理学、写作思维学、写作文化学、元写作学等方面，也取得了令人瞩目的成绩：

1. 关于写作心理的研究

有金长民的《写作运思学引论》（1989）、《写作感知学引论》（1991）、金道行的《写作心理学》（1989）、刘雨的《写作心理学》（1990）、陈果安的《神秘的文心》（1993）。

2. 关于写作思维的研究

有高楠的《写作思维三题》（1990）、马正平的《人类广义写作思维原理论纲》（2001）。

3. 关于写作文化研究

先后有马正平的《写作文化论》（1995）、任遂虎的《文体文化学》（1994）、杨广敏的《文章文化学》（1997）、陶嘉炜的《写作与文化》（1998）。

4. 关于写作哲学的研究

有唐代兴、张伟德的系列研究，唐代兴还先后出版了专著《人类书写论》（1990）、《语义场论》（2000）。

　　5. 关于元写作学的研究

　　有马正平的《现代写作学：批判与建构》（1995）、杜福磊的《现代写作学原理探要》（1995）、徐江的《写作原理新论：批判与建构》（1999）。

　　以上的描述，主要限定在写作学界 1980 年以来的研究，虽然挂一漏万，但也体现了现代写作学的学科景象。

§6　广义写作学与狭义写作学

　　自 20 世纪 80 年代以来，写作学的建设实际上隐含了一个潜在的前提，那就是一切写作研究都为现实写作教学服务，学者们研究写作，总是自觉不自觉地把研究与教学结合起来。在一段时间内，甚至以"有用""没用"来评价一切研究成果，凡是能用之于课堂的，就被认为是"有用"的，否则则是脱离实际的无稽之谈。在这样一种观念支持下，人们构想的写作学，实际上也就是一种"教学写作学"。因此，我们称之为"狭义写作学"。

　　自 20 世纪 90 年代提出"写作文化"之后，写作学界的学术视野进一步开阔，于是引发了学者们进一步的思考：难道我们研究写作的全部意义就在于写作教学？除了写作教学，写作研究是否别有一番意义？是否能挣脱狭隘的写作教学功利目的，从更为开阔的人文背景上去审视写作行为，从而建立一门更为宽泛意义上的写作学？我个人也就持这样一种观点。

　　在我看来，人类的书写行为，不仅是一种传情达意的表达行为，也是人类生存发展、自我实现的一种基本形式；不仅是人类接受教育的一种基本途径，更是人类生产文化、知识、精神产品的生产方式。研究人类的写作行为，为现代写作教学提供科学的依据，这是理所当然的事情，但写作学研究的意义不能局限在写作教学上，它还涉及到人类文化生产、知识生产、精神产品的生产、人类思维原理乃至现代人学中人的行为活动原理。

　　当人类向文明社会发展挺进，人类的书写精神、书写行为、书写作品无疑凝聚了太多太多的历史文化内容，隐含了人类文化生产、知识生产、精神产品生产、人类思维、现代人学中许多重大的课题。对于人类写作行为的科学研究必将导致对人类文明发展机制的深入研究，导致对文化生产、知识生产、精神产品的生产内在机制、内在规律的研究，导致对人类的自我教育、自我塑造工程的审视与反思。人类书写行为与人类文明的密切程度以及人类书写行为的丰富性、复杂性、综合性从根本上决定了建立这样一门新兴学科的必要性。

　　人类书写行为所蕴涵的丰富性、复杂性、综合性，是值得我们充分认识和全力开掘的。为什么有了文艺学、语言学，我们还要建立一门写作学？这不仅仅是因为文艺学不研究实用写作也不担负写作教学，语言学不研究书面语言的篇章制作也不担负写作教学。为什么我们有了美学、哲学、文化学、心理学、思维科学，还要研究写作美学、写作哲学、写作文化学、写作心理学、写作思维学？这是因为其他任何一门学科都只可能是一种单向度的研究，而写作学则把各种因素都集中在人类写作行为上而加以综合性的考察，这样更有利于研究、揭示人类文化生长、生产、发展的机制、规律和工艺技术。以人类写作行为作为研究对象的写作学，将可能导致各门人文学科在各自为政的情况下找到一个共同的话题、共同的切入点而达到一种新的整合，从而达到一种新的研究境界。

　　以上当然只是一种认识，一种设想。我提出，现有的写作学基本上是一种"教学写作学"，认为现代写作学的建设应摆脱"写作教学"功利观的影响，并不意味着我反对从写作教学的角度去研究写作，也不意味着我对已有的科研成果持一种否认态度；相反，我对现代写作学的建设是持很高评价的。但我有理由相信，如果从更为深广博大的人文背景上去审视写作学，写作学将获得更广泛的注意和更为迅速的发展。

【思考与练习】

1. 请简要叙述现代写作学是怎样日益逼近自己的研究对象的。
2. 请简要叙述现代写作学的学科体系。
3. 试分析某本教材，看它是从什么角度建立自己的体系的。
4. 在诸多的写作学思潮中，你同意哪种思想？说说你的理由。

第一章　写作行为论

【学习提示】本章目的在于帮助学生从整体上理解写作行为的系统性、规律性，把握写作学习的基本环节，教师讲授可简明扼要，把大部分篇幅留给学生自学。学生不懂的地方，可安排一定时间集体讨论、答疑。

§1　写作行为的含义

现代写作学研究的对象是写作行为。写作原理所要揭示的是关于写作行为最一般的模型、机制、特点、规律、原则、方法。"写作行为"指什么？它与我们平时讲的"写作""写作过程""写作活动"有什么区别？它的内涵、外延应怎样界定？这是研究现代写作学首先要明确的问题。

一、关于"写作""写作过程""写作活动""写作行为"的语义辨析

我们先说"写作""写作过程""写作活动""写作行为"这些概念在语义上的区别。

"写作"这个概念，就字面讲，含有"制作、记写"的意思。《诗·小雅》云："作此好歌"，其中的"作"，即用心创造的意思；《韩非子·十过》说："子为我听而写之"，其中的"写"，是记写的意思；"写""作"二字连起来，指的是把用心创作的东西记写下来，用今天的话说，也就是"写文章"。

"写作过程"这个概念，通常指的是由写作动机萌发到文章修改清誊完毕这样一个具体的文章制作过程。"写作过程"是由许多的操作环节——"立意""选材""布局""表达""修改""清誊"等构成的，它是生产文章最直接、最显眼的阶段，通常称它为"显写作"。

在《现代汉语词典》里，"写作活动"与"写作行为"这两个概念互文见义，基本上没有区别。什么是"写作行为"？其解释是："写作主体为了写作目的所进行的一切活动"。什么是"写作活动"？其解释是："写作主体为达到写作目的而采取的行动"。按这样的解释，"行为"也就是"活动"，"活动"也就是"行为"。

然而仔细辨析起来，"写作""写作过程""写作活动""写作行为"这些概念还是有区别的。"写作"这个概念，更强调"写"的动作性，你拿起笔来"写"，不管你这篇文章写没写成，都可以说你在"写作"。"写作过程"这个概念，则强调一个比较完整的操作过程，强调一篇文章是怎样具体地被制造出来，它经过了哪些具体的加工制作环节。"写作活动"这个概念，则宽泛得多了，凡是与写作相关的行为，不管是个人的、集体的，都可视为"写作活动"。例如，组织作家下去体验生活，组织作者讨论某一个剧本，组织某一个专题的报道，组织某一个题材的创作等，都可视为"写作活动"。"写作活动"这个概念与"写作""写作过程"相比，它重在一般现象的描述。至于"写作行为"，它当然是一种"写作活动"，但从直观上，它更强调"写作"的行为性、操作性。

现代写作学将自己的研究对象确立为"写作行为"而不是"写作""写作过程""写作活

动"，是因为"写作行为"这个概念更逼近自己的研究对象。因为"写作行为"这个概念，既不像"写作""写作过程"那样局促，也不像"写作活动"那样宽泛；更重要的是，人们采用"写作行为"这个概念，还表达了对"写作""写作活动"的一些基本认识，暗示着要依据现代行为科学的一些原理、方法，去研究、揭示"写作活动"的一些基本规律和原理。

现代行为科学认为，人的行为，总是由目标导向行为（寻求、选择目标）和目标行为（完成目标）构成的，这是人类行为的深层心理结构。而"写作活动"，正是这两种行为不断运动、递变的结果。使用"写作行为"这个概念，正好强调了"写作"这种主体活动的实践性、过程性、目的性、意识性、操作性。所以，自 1985 年以来，写作学界都比较认同这个概念，把它确立为写作学研究的对象。

二、人们对"写作行为"的不同理解

尽管如此，写作学界对"写作行为"的理解目前还存在着很大的分歧。

首先是对"写作行为"外延的不同认识。

有人认为，"写作行为"应该以写作意图产生到文章清誊完毕为上下限。有人甚至认为，"写作行为"应自提笔始，至放笔止，也就是说，"写作行为"即"写作过程"，即"外部的写作动作"。这是对"写作行为"最狭义的理解。持这种观点的人认为，如果将"写作行为"的范围扩大了，就会模糊了我们的理论视野，把写作学弄成空而无当的东西。

广义一点的理解是，"写作行为"固然包括了"写作过程"，但还应包括这种写作行为产生之前，作者为了文章写作所进行的采访、调查、收集资料、体验生活等目的性活动；包括作者为了文章写作而进行的读书、阅世、研究、炼思等活动；还应包括文章写好之后读者的阅读接受活动。持这种观点的人，将"写作过程"称为"显写作"，将"写作过程"之前进行的写作行为称为"前写作"，将读者的阅读接受称为"后写作"，认为一个完整的"写作行为"，应该由"前写作""显写作""后写作"构成。研究"写作行为"，重点当然是"写作过程"，但不能孤立地研究它，应该研究它的前后联系，从而更科学地揭示它的运行机制。如果掐头去尾，孤立地研究"写作过程"，很难深刻地揭示"写作过程"的运行机制。

由于以上的分歧，所以写作学界产生了两种不同的"写作学"：一种是广义的"行为论写作学"，一种是狭义的"过程论写作学"。

另外的分歧则来自于对"写作行为"内涵的不同理解。

有人认为，"写作行为"主要是一种书面表达行为，因而"写作能力"也就是书面语言的表达能力。研究"写作行为"，关键是研究作者如何"积字成句""积句成章""积章成篇"的，研究作者如何驾驭文体的，因而形成了侧重于"文本"的"文本论写作学"。

有人认为，"写作行为"主要是一种技能技巧的操作行为，操作的表层是表现技巧、表现方法的运用，操作的深层是各种智力因素的运用。持这种观点的人，特别注意技法的研究、智能的分解，因而形成了一种侧重技术描述的"技巧论写作学"。

有人认为，"写作行为"说到底是人的一种行为，如果"见物不见人"，只看到技能技巧，只看到文体，只看到语言，不研究从事写作的活生生的人，这样的"写作行为"不是真正的写作行为。因而，在这样的认识基础上，产生了一种"人本论写作学"。

有人认为，"写作行为"主要是一种"创造行为"，写作的本质就是"创造"，写作学应着重研究创造的过程、方法、原则、规律，研究创造的心理品质、知识结构、观念准备、思维特点、创造机制。只有从"创造"的角度来研究写作，才可能真正揭示写作行为的规律，因而在此基础上形成了"创造论写作学"。

有人认为，"写作行为"主要是一种"文化行为"，因为人们在书写活动、言语活动中，无论"选材立意""布局谋篇"，还是"言语运用""技巧运用"，它们都体现了本民族深厚的社会文化心理结构，表现了本民族的生活方式、思维方式、情感方式、时空情绪、价值观念、心理状态、智慧水平，而这些，正是一个作者从事写作、运用技巧的深层依据。写作学不研究这些，就无法揭示"写作行为"之所以这样运行而不那样运行的内在机制，因而在此基础上形成了"文化论写作学"。

三、怎样认识写作行为

面对以上分歧，我们应该怎样理解呢？

在"写作行为"的外延上，我们认为不宜对"写作行为"作过分狭窄的理解。

诚然，从写作动机的产生，到文章的最后清誊，这个过程，是"写作行为"最核心最基本的内容，离开了这个中心环节，整个"写作行为"也就不复存在。然而，最重要最基本的，并不意味着就是全体、全部。就像一个人，他之所以成为一个活生生的生命，他的大脑，他的心脏，无疑是最重要的。一个人要是没有大脑，他就不能意识到他的活着。一个人的心脏停止了跳动，他的生命也就停止了。但是，一个人毕竟不能等同于一个大脑或一个心脏。他除了大脑、心脏，还得有其他部分，才能共同组成一个活生生的生命。事实上，文章制作行为之所以能够进行，之所以这样运行而不那样运行，它是受制于其他因素的。在我们萌发写作意图、写作冲动之前，离不开对生活的观察、体验、思考，离不开对基本技能、技巧的学习和训练，离不开对写作的期盼和积累，否则，"文章制作过程"就成了无源之水、无本之木。同时，文章写成之后的传播、接受，看上去与写作行为无关，实际上它投影于写作过程之中，并直接影响着作者的写作。当我们拿起笔，意识中马上就会对文章读者、读者要求有一种预测，并根据这些预测决定着写作怎样运行；文章写出之后，读者的评价也会直接影响到作者的下一次写作。因此，我们理解"写作行为"，不宜过分地狭隘，既要看到制作文章的直接行为（"显写作"），也要考虑到与文章制作相关的间接行为（"前写作""后写作"）。只有这样，才能比较好地认识文章行为的运动机制。

另外，我们也不能把"写作行为"仅理解为外部书写动作，认为"提起笔"便是"写作行为"，"放下笔"便不是"写作行为"了。事实上，无论是"显写作"阶段，还是"前写作""后写作"阶段，每个阶段上的写作行为都可以分为两类：一类是外部可以直接看到的动作行为，一类是外部无法直接看到的心理行为。前者如动笔书写、修改、清誊，后者如隐藏在这种外在行为之下的心态、思考、推敲、运思等。

关于"写作行为"的内涵，我的看法是，把"写作行为"理解为"书面表达行为"，或是"技能技巧行为""写作主体行为""创造行为""文化行为"……又对又不对。说"对"，是因为它们都深刻地揭示出了"写作行为"某一方面的本质；说"不对"，因为它们各执一端、不及其余，不免主观片面。

我们知道，客观事物往往是由多种因素、多个方面构成的复杂系统，它往往存在着若干层面、若干要素、若干联系、若干特点，仅仅从某一点、某一个方面去揭示客观事物的发展规律、本质特征，是很难做到全面、深刻的。像"写作行为"，它的内涵更是丰富、复杂，想从一个角度、一个层面"一言以蔽之"，是很难做到的。说它是一种"书面表达行为"，固然不错，难道它不是一种"技能技巧行为""主体行为""创造行为""文化行为"吗？诸多的说法，实际上强调的都是"写作行为"的某一个侧面，而不是全部。

这里，我们也要给"写作行为"下定义。我不想陷入诸多观点的纷争，而倾向于寻找一个能统摄诸多观点的概念。我们的定义是："写作行为"是人类一种特殊的社会实践活动，是写作主体所进行的一种有明确目的指向性而又艰巨复杂的精神产品的生产过程，它以语言文字为工具，以精神产品的生产为核心。在这个定义里，我们有意强调了它的社会性、实践性、主体性。我们知道自人类进入文明社会以来，写作的目的，就是通过文章去组织社会生产，影响社会生活，重在交流、传达、沟通，它确确实实是人类一种特殊的社会实践活动。但我们也不想忽视写作行为其他方面的属性——它以技能技巧为手段；它以语言文字为工具；它以精神创造为核心；它以民族文化为规范——它就是这样一种特殊的以精神产品的生产为核心的社会实践活动。

§2　写作行为的特点

写作行为作为一种精神产品生产的劳动与一般的物质生产既有共同之处也有特殊之处：作为一般的物质生产只要劳动者本人能够驾驭和使用劳动工具，作用于劳动对象（客体），就可以生产出劳动果实，并且，劳动的成果一旦被定型或公认之后，以后的劳动则可以"依样画葫芦"，进行批量、重复的生产。这种劳动虽然具有创造性，但以合作性、集体性为前提，其技术开发程度越高，其生产文明程度越高其分工也就越细，合作程度也就越高。而写作作为一种精神产品生产的劳动则是以个体活动的方式进行的，它是一次性的，独创的，不能重复和批量生产的，这种特殊性，也就构成了它的基本特点。

一、个体性

写作行为具有明显的个体性。所谓个体性，可以从下面几方面理解：

首先，写作活动的全过程，主要地是以个体活动的方式进行的，是一种纯粹的个体化的劳动，这一点明显地区别于一般的物质生产。在写作活动中，虽然社会、他人有时也能给作者以某种促进、启发、影响，甚或提供某种思想、某些材料，提出某些要求（如秘书写作中所经常遇到的），但是，这些观点、材料、要求等，必须通过个体化的作者"我"理解、消化，变成"我"的东西，然后以个人的行为方式付诸实践，才能实施。不然，这种独特的精神产品生产便无法进行。

其次，从写作活动的全过程来看，无论是材料的感知、吸取，还是文章的孕育、构思、表达，整个过程无不渗透着作者鲜明的个性特点，其异如面，各不相同。例如对事物的感知、体验，"岁有其物，物有其容，应物斯感，形诸舞咏"，"悲落叶于劲秋，喜柔条于芳春"，自然免不了一些共同、相通之处；然而，"观则同于外"，"感则异于内"，外在的事物虽同，接受事物的人，其心情心境，其阅历知识，其兴趣认识，其才情秉性，往往是不同的，因而，自然也就带来了思想认识情感情绪上的个性差异。又如构思、表达，由于每个作者的经历修养、思维方式、审美习惯、文字功夫、艺术技巧、写作经验的不同，写出的文章也不会相同。由于写作过程主要是由个体实现的，其过程和成果，势必也就会打上作者鲜明的个性特点。徐迟、黄纲同是采写科学家李四光，他们写出的报告文学《亚洲大陆的新崛起》《科学之光》，其主旨提炼、材料选择、布局安排、行文表达就各不相同。写作行为的这种个体性，不仅在现实中存在，得到大家的允许和承认，而且得到读者的鼓励、作者的强化，使它成为写作者一种可贵的品质。

二、创造性

写作行为又具有创造性。这种创造性，是由写作行为本身所规定的。既然写作是一种独特的精神产品生产过程，其产品，其劳作，也就必须具有创造性。如果停留在模仿、抄袭和重复的阶段，也就无法提供新的精神产品，也就意味着取消了写作行为本身。

美国符号学家、美学理论家苏珊·朗格在《艺术问题》一书中说："艺术家的工作，习惯上称之为'创造'"，而"对于砖瓦、铝壶、牙刷等东西，人们通常也不是说被'创造'出来的而说被'制造'出来的"。——她这段话，可以说是对写作创造性最好的揭示。她明确指出了精神产品生产不同于物质产品生产。如果一个作家忽视了对独创性的追求，在某种意义上说也就取消了自己的艺术生命。

写作不仅不能模仿、抄袭、重复别人，同时，也不模仿、抄袭、重复自己。美国写作学家威廉·W·韦斯特在《提高写作技能》一书中对这一点曾有很好的阐释。他说：

> 所有的写作都是创造性的。
> 所有的写作都包含一种新的表达的"起源、发展、形成"的过程，即使你使用的是旧的思想和第二手材料，你也为它们创造着一种新的而且是惟一的表达方式。你产生出一些完全新的，一些认真的、完全表达出你的性格和才能的东西。

威廉·W·韦斯特指出，即使主题、材料相似，已被他人或自己写过，当你决定重新写一篇文章也必须追求一种创造，找到自己的创作方式。这意见无疑是正确的。我们很难设想，一个作者总是在重复着自己的文章，总是在"炒剩饭"，一辈子只写一篇文章或几篇文章。

三、综合性

写作不同于一般物质产品生产之处的，还有它的综合性。

叫一位车工去车零件，决定他生产效率和产品质量的是什么呢？主要的是加工的材料、加工的工具、本身的工作态度和技术。这几个条件上得去，其生产的质量、数量也就上去了。叫一位作者写文章，决定其生产的质量和数量会如此单纯吗？肯定不会。除了他本身的态度、技巧，还有许多因素决定了写作的成功与否。

首先是加工的材料。一般物质产品生产的材料，是由外界提供的，数量、质量、规格都有一定的保证，各人所接受的材料不会有大的区别。而写作，其材料主要是由个人"仓库"提取的，各人的"仓库"不同，其库存的材料不同，而且材料的提取也会随时随境因各种因素的作用而产生出各种各样的变化。

其次是对材料的加工、生产。作为物质生产，一般来说，一个工人只负责其中一道或几道工序，很少负责全部生产过程；即使是负责全部工序过程，其工序也是按一定规定进行的，加工的次数越多，加工的程序也就越熟练，其工人的工艺技术也就会由此而逐渐提高。而写作，作者必须负责整个生产过程，这个过程没有统一的加工程序，作者必须一边加工一边设计。其程序的设计与加工很少是完全相同的，而且除了技术本身，还涉及到作者的思想修养、生活阅历、才情秉性、知识、文化水平、思维方式、审美追求、个人兴趣等一系列因素。

再说表达。作为物质产品生产，其加工的程序完成了，其产品基本上也就完成了。而写作，作者的心灵对产品的设计、加工往往还只是产品的一个"粗坯"，要将"产品"完美地表现出来还有一个外化、物化的过程，这个过程受更多因素制约。

对于写作行为的综合性，古往今来的作家、理论家，都有很好的认识和论述。如清代诗歌理论家叶燮在《原诗》中指出："大凡人无才，则心思不出；无胆，则笔墨畏缩；无识，则不能取舍；无力，则不能自成一家。"清代另一位学者方东澍在《昭昧詹言》中则指出："有文通而理不通者，是学上事。有理通而文不通者，是才上事。文与理俱清通而平滞，无奇妙高古惊人，是法上事。然徒讲义法而不解精神气脉，则于古人之妙，终未领会悟入处，是识上事。"鲁迅说："作家固然需要精熟的技工，但尤需要有进步的思想和高尚的人格。他的制作，表面上是一幅画或一个雕像，其实是他的思想和人格的表现。"①

四、实践性

写作活动作为人类生产活动之一，当然也就具有实践性的属性，但跟其他生产活动比较，它的实践性又具特定的含义。

首先，任何写作的材料，都必须通过个人的社会实践去获得。写作的材料包括两个方面，一个是客观外在事物，一个是作者内在的思想感情。客观外在事物不是无缘无故进入作者的心灵视野的，它只有通过主体的社会实践，才能为主体所掌握；作者内在的思想、感情也不是无缘无故产生的，它也是作者社会实践的产物。离开了社会实践，写作的材料也就无法获得。

其次，写作技能的获得，必须通过实践。人不是一生下来就会写作的，必须通过后天反复地学习、实践，方能学会和掌握写作；任何文章，都有自己的体裁样式、文体特征、组织构造、文字风貌、行文格式，以及各自所需要的具体技法，这方面的知识，可以由他人传授和指点，但传授和指点只能给人以方圆，给人以规矩，并不能使人"巧"。要由恪守规矩到游刃有余，驾轻就熟，出神入化，就必须经过反复的、多次的实践。任何一种技能的掌握，既不能脱离实践，又不能一蹴而就，它必须经历一个由生到熟、由熟生巧的"历练"过程。

另外，写作不仅生产着精神产品，也培养着、塑造着作者本身，这一点比起其他物质产品的生产，也体现得更全面、更深刻。一位工人生产一种产品，其生产活动对生产者本身的生产，其意义是明显的，但写作活动对写作主体的"再生产"则要全面得多，充分得多。它不仅涉及到作者的知识阅历、为人处世，还可以磨砺思想、锻炼思维、开发智力，还涉及到培养作者的观察力、感受力、理解力、想象力、综合创造能力等。对写作者个性来说，每一次认真的写作，都在更新着自我，创造着自我，提高着自我。

五、社会性

人类自从进入文明阶段以来，就是靠文章写作来组织社会生活和社会生产的，写作实际上渗透于人类社会生活的各个领域，包括政治、经济、文化、军事、教育、外交以及日常生活、学习、娱乐、交往等各个领域。信息的沟通，情况的交流，成果的总结，知识的普及，真理的张扬，谬误的批判，路线、方针、政策的贯彻，个人与周围世界的联系……无不靠写作来实施和实现。整个写作活动的意义，最终要落实到社会性上来。前苏联作家阿·托尔斯泰曾作过一个假设：如果把一个作家流放到一个杳无人烟的荒岛上，他今生今世再也看不到一个

---

① 鲁迅：《随感录·四十三》，《鲁迅全集》第 1 卷，人民文学出版社，1981 年版。

人，而且他写的文章永远也不会有人看到，在这种情况下，作家还会不会再写文章呢？阿·托尔斯泰回答说，在这种情况下，作家肯定不会再写。这个假设非常形象地说明了写作活动只有在社会流通中才可能发生。

写作行为的社会性还体现在写作的人和写作的文章上。写作的人，是社会的人，他的一切思想、愿望，只能产生于社会丰腴的土壤上，他不可能脱离社会生活，"不食人间烟火"，与世完全隔绝；写作的文章，无论它反映的内容是如何地光怪陆离，隐晦曲折，都总是或多或少或直接或间接地反映出一定社会生活的内容。这正如鲁迅所指出的："天才们无论怎样说大话，归根结底，还是不能凭空创造：描神画鬼，毫无对证，本可以专靠了神思，所谓'天马行空'似的挥写了，然而他们写出来的，也不过是三只眼，长颈子，就是在常见的人体上，增加了眼睛一只，增长了颈子二三尺而已。"①

§3　写作行为系统

作为一种特殊的实践活动，写作行为以语言文字为工具，以精神产品的生产为核心，表现出不同于一般物质生产活动的特点，但它和物质生产活动也有共同之处：它们同属生产实践活动，都是由生产主体借助一定工具对客观事物进行加工、改造并且生产出满足主体需要的产品来。作为人类的生产实践活动，必须具有"生产主体""生产客体""生产资料"等基本要素，"没有它们，任何生产都无从设想。"②写作行为的正常运转，势必也涉及这样一些基本要素，如果孤立地、单独地研究其中某个要素，显然不可能揭示写作活动的全部规律。

写作作为一种生产活动，它是由哪些基本要素构成的呢？它是由"写作主体""写作客体""写作载体""写作受体"等四个基本要素构成的一个行为系统。

一、构成写作行为系统的四个要素

（一）写作主体

所谓"写作主体"，粗略地说，也就是从事写作的人、作者。当然，如果深究，这个概念不会这么简单。主体是相对客体而言的。严格意义上的写作主体，应该具备什么条件呢？真正的主体应该在认识、实践活动中表现出充分的自觉性和能动性，因此，真正的写作主体应具有以下的条件：（1）有明确的写作主体意识；（2）能够自主地驾驭写作行为。

很明显，"写作主体"在整个写作活动中起着非常重要的作用。首先，一切写作行为都必须由写作主体来实施：作者要为整个写作行为确定方向和目标，要创造性地加工客观材料，要赋予客观材料以生命和灵魂，要在写作过程中不断地调整、控制着写作行为。离开了写作主体，写作就无法进行。另外，写作主体的认识能力、业务水平、道德修养、文字表达能力，都影响到写作的质量、作品的效益。因此，写作的人，是整个写作行为系统中最重要的因素。

（二）写作客体

关于写作客体，写作界有种种界定：有人认为，"写作客体是独立于写作主体主观意识之外的种种客观外在事物"；但也有人认为，"写作客体是主体视野所及的种种客观外在事物以及由此引起的主体的思想、感情、观念、愿望、要求等"。这两种界定都有其意义。

---

① 鲁迅：《叶紫作〈丰收〉序》，《鲁迅全集》第6卷，人民文学出版社1981年版，第216页。
② 《马克思恩格斯选集》第2卷，人民出版社1971年版，第88页。

　　前一种界定，实际上是把"写作客体"看作"客观世界"。"客观世界"是文章写作的本源，是我们取之不尽用之不竭的宝库。它属尚未被发现、尚未被开采的原始矿藏，它是一种潜在的写作信息。但"客观世界"这一写作客体，对写作有着终极的意义。写作，说到底就是不断地从客观世界中去发掘、探究潜在的、未被发现的写作信息，只有努力开掘客观现实这一生活矿藏，写作才可能永葆生命的活力。

　　对所有的写作者来说，"客观世界"是公正的、客观的。它客观地存在着，时时欢迎着作者的开采。为什么我们从中开采的材料不同，写出的文章有别呢？原因是我们开采的点不同，我们的学识、阅历不同：开采点不同，所取得的材料就不同；学识阅历有别，所收集的材料就会有别。因此，对每一个写作者来说，都应努力加强自己的学识道德修养，不断地深入客观实际。

　　后一种界定，实际上是把写作客体等同于"写作材料"。任何生产活动都需要生产资料，写作也需要生产资料。写作的生产资料也就是写作材料。"写作材料"不是纯粹的客观，它是主体、客体相互作用的产物。这一层意义上的"写作客体"，实际上是渗透了作者的认知、情感的，它是作者从矿藏中开采到的矿石。客观世界摆在我们面前，但它还构不成写作的材料，客观世界只有被我们意识到，才能作为写作材料进入我们的写作过程。作者所开采到的"矿石"是由作者的态度和眼光所决定的。作者开采的态度越认真，越投入，他开采的矿石就越多。作者开采的眼光越高，他所采集的矿石的品位就越高。

　　（三）写作载体

　　"写作载体"主要指作者进行写作活动的工具，以及写作成果的凝聚物，亦即语言文字符号以及由语言文字符号和篇章结构外化而成的"文本"——文章。

　　写作最直观的工具是纸和笔。从写作发展史的角度来看，这些工具对写作的作用是不可忽视的。中国在东汉之前，文章要刻写在甲骨、金石、简牍上，这些载体既笨拙，刻写也不容易，所以那时的文章都写得简约，文章的读写层也很狭窄。从春秋战国到西汉，文章的书写稍有改进，毛笔得到普遍的使用，字体也由篆书演进为隶书。从东汉开始，写作开始使用木质纸，这既避免了简牍的笨重，也免除了缣帛的昂贵；书写字体又先后改为章草和行书，这不仅带来了读写的便利，读写层的扩大，更重要的是带来了写作思维方式的变革。到近代，报纸杂志的兴起，现代印刷术的发展，钢笔的普遍使用，又进一步扩大了文章的读写层，变革了作者的写作思维方式，扩大和加强了文章的社会作用。到当代，电脑进入家庭，运用于写作。以往使用钢笔、铅笔写作，每天写上三五千字已很辛苦，而现在运用电脑每天写上几千上万字不是很大的问题。电脑写作无疑将进一步地变革人们写作的思维方式，推动写作活动的发展。

　　语言是思维活动的工具、载体。人们认识客观事物、进行思维活动和交流，都得靠语言。因此，语言文字是写作更为重要的载体。自人类发明了文字，有了写作，便有了口头语言和书面语言的区别。书面语言虽然是在口头语言的基础上发展起来的，但它有别于口头语言，一个明显的例证是：一个人生下来，只要他的器官发育正常而又生活在一定的语言环境中，他很自然就掌握了口头语言，学会了说话，但他并不见得就能写作。一个人必须通过系统的学习，掌握书面语言这套符号系统及其运用，才能写作。与此作为佐证的是，现实生活中，有的人能说会道，但并不见得会写；有的人会写却不会说，可见书面语言和口头语言的表达能力是有区别的，这里蕴涵了"写"的规律与技巧。

　　写作另一个重要载体是在语言文字基础上形成的"篇章结构"和"文体"。

　　文章是具有"篇章结构"的，"结构形态"是人们组织语言、组织材料、组织思路的基本方式。人类最初的写作并没有"篇章结构"的概念，现实生活怎么样，客观事物怎么样，人们就按照事物发展的时空顺序写下来，由此形成了原初状态的时空结构。随着写作的发展，社会写作水平的不断提高，才逐渐形成"篇章结构"的概念，并有了种种不同的"结构形态""结构艺术"。

　　"文体"也是逐渐形成的。人类最初写作，也没有"文体"概念。我国最早的一部文章总集《尚书》，列有典、谟、训、诰、誓、命六种体裁，其实只有内容上的不同，并没有体式上的区别。随着写作的发展，某些适合社会交际需要的文章样式在写作中反复出现，被人们逐步意识并加以自觉地规范和运用，才形成了"文体"。文体一旦形成，它就作为一种规范相对固定下来，它往往担负着特定的功能，在特定的领域、范围内使用，并且在用语、选材、篇章结构方面有着相应的要求，写作者必须自觉遵守。

　　（四）写作受体

　　"受体"指文章的接受者，包括文章的把关人（如编辑、领导）和广大的读者。

　　真正意义上的写作活动并不终止于"写"。当我们写完文章的最后一个标点，当我们对文章作了最后一笔修改润色，并不意味着写作的最后完成。生产的目的是投入市场、投入社会，写作也要将产品投入社会，以期达到预定的目的。文章写成之后的传播、接受看上去与写作行为无关，实际上它投影于写作过程之中，并直接影响着作者的写作。当我们拿起笔，意识中马上就会对文章读者、读者要求有一种预测，并根据这些预测决定着写作怎样运行；文章写出之后，读者的评价也会直接影响到作者的下一次写作。写作受体还涉及一个更深的情感因素，它往往引导作者忘我地投入到写作境界中去。如，贾岛在自己的诗作中曾写下这样的注释："二句三年得，一吟双泪流。知音若不赏，归卧故山秋。"司马迁也直言不讳地说，希望自己的著作能"藏之名山"，"传之后人"。司汤达谈到自己的创作时，也曾说过，他的书要待几十年以后才有读者。他们在创作中都表现了与读者交流的倾向、感情。至于伏契克在牢房里写《绞刑架下的报告》，方志敏在狱中写《可爱的中国》，他们之所以能置生死于不顾地投入到写作中去，与其归之于信仰，不如说是与读者交流的激励机制更符合写作实际。因为正是在与读者的感情交流中，他们才能真切地体会到自己所从事事业的神圣感、道德感、责任感以及一切美好的情感，他们才不惜为之献出一切。

　　"写作受体"体现在以下几个方面：（1）指定读者、特定读者、一般读者、批审读者。"指定读者"，指文章所指定的读者，它一般是某一个具体的人，或某一具体的群体。如日常书信的写作，它的读者是收信人；报请一类公文的写作，它的读者是自己的上级；通知决定一类公文，它的读者是自己的下属；规章制度一类文书的制作，它的读者对象是单位、组织的每一个成员。"特定读者"，指读物所限定的"消费者"，它不是指向某一个人或某一个具体的群体，而是指向"某一类"。如，科技文章的写作，它的读者是研究相关问题的专家和专业技术人员；少儿读物，它的阅读对象是青少年；"经济消息"，它的读者是从事经济工作的有关人员。"一般读者"，指读物所广泛适应的"消费者"，读物对他们的年龄、性别、职业、文化程度、身份都没有要求，只要具有一定的阅读能力，并且有这方面的阅读兴趣，就可以拿来读。"批审读者"，主要指文章的把关人，包括单位领导人、报刊杂志以及出版社的编辑等。作者写作，通常会考虑编辑是否同意的因素。一些特殊的文体，如公文，还得考虑领导的意志。（2）基本读者、可能性读者、理想读者、非理想读者。"基本读者"指自己读物所应拥有的读者。"可能性读者"不在基本读者之列，但由于种种原因，有些读者可能会读到自己的文章，成为自己的"可能性读者"。"理想读者"是指完全能理解自己的写作意图、能接受自己独特的表达方式的读者。"非理想读者"与此相反，是在理解自己写作意图及表达方式方面存在一定困难的读者。"基本读者""理想读者""非理想读者"是作者写作中考虑比较多的问题。一个作者写文章，不能不考虑文章的"基本读者"。如果脱离了"基本读者"，写起来就没有对象感。如果读者的条件很好，阅读期待很高，作者写作中就会避开一般性的常识，单刀直入直接讨论比较高深一些的问题。如果读者在阅读理解方面存在一定的困难，作者就要深入浅出，力图使文章写得明白易懂。

二、各要素之间的关系

（一）"客体"与"主体"

在"写作客体"与"写作主体"之间，存在着一种双向作用过程：一方面，是作者对于客体的积极认识；另一方面，是"客体"对"主体"的浸染和培植。

"写作主体"离不开"写作客体"，"写作客体"也离不开"写作主体"。离开了"客体"，写作就成了无本之木、无源之水，无法进行。但纯粹客观的外在世界是无法进入写作过程的，如果写作成了完全意义上的客观记录、客观摹写，写作也就不成其为一种精神产品的生产活动。所以，"客体"要进入写作过程，必须经过"主体"的认识、整合、编码，经过"主体"的心灵化，才能成为写作的生产资料。与此同时，外在客观世界并不是纯粹作为一种写作材料而等待着作者去收集的，而是积极地反作用于写作主体，它往往通过潜移默化的浸染或急剧动荡的震撼，改变着写作主体的心灵状态，孕育和培植着主体的思想、情感、人格、胸怀、理想、信念、追求、知识，从而从更深的层次影响和规范着主体的写作行为。

（二）"主体"与"载体"

在"写作主体"与"写作载体"之间，也存在着一个双向作用的过程：一方面是"主体"自觉地操演着语言文字符号、篇章结构、文本；另一方面，"载体"又以其自身的规律，规范和制约着写作主体。写作离不开"主体"，因为一切写作行为都要写作主体去操作，写作主体的基本状态，包括它的人格、胸怀、胸襟、认知、知识、智能以及技巧的运用，无不随时随地地制约着写作行为，并且决定着这个精神产品生产的质量和效益。但"载体"也并非是一个随意接受"主体"摆布的客体：一方面，无论是语言文字符号、篇章结构还是由它们组成的"文本"，都蕴涵着其自身的规律、规则、特点，对写作行为作了内在的规定，如果完全漠视或脱离这些规范，写出的文章也就不成其为文章，写作也就不成其为写作。另一方面，"主体"对"载体"——语言文字符号、篇章结构以及文本的掌握又可以转化为"写作主体"的一种基本技能，甚至转化为一种创造力，从而使写作主体更加完美娴熟地实施写作行为。

（三）"载体"与"受体"

"载体"与"受体"之间也存在着一个双向作用的过程：一方面，是"载体"对"受体"的引导、暗示和规范；一方面，是"受体"对"载体"的期待、选择与批评，"受体"从更内在的层次，参与了写作主体的创作。

作品是写给读者看的，任何作品，都会给读者以规范、暗示与诱导，都力图感染读者、感动读者、启迪读者，让读者完完全全地接受文章的内容；但"受体"也并不是完全被动地等待着"载体"的引导、规范与暗示的，它往往会通过自己的选择、评价等积极反馈的形式，影响和左右着"载体"的制作。

（四）"受体"与"客体"

"受体"与"客体"之间，也存在着一个双向作用的过程：一方面，"受体"在接受作品、评价作品和参与作品再创造的过程中，无论作品属哪一类文体，还是属何种创作方法，他都会自觉不自觉地把客观现实生活作为评判作品、参与作品创造的一种潜在的标尺，以断定作品价值的高低好坏以及产生共鸣的程度；另一方面，广大读者接受作品的阅读过程、阅读现象，很自然地又构成了一种社会现象、客观现实生活，从而使"主体"开始新的写作行为。

三、沟通各要素的中介

我们不妨顺着思路再进一步地追问下去：由"写作主体"到"写作载体"，由"写作载体"到"写作受体"，由"写作受体"到"写作客体"，由"写作客体"到"写作主体"——在这样一个双向交流的过程中，其中起关键作用的中介环节又是什么呢？

（一）"阅历"

可以看到，由"写作客体"到"写作主体"，其中尽管存在着"主体"对"客体"积极的摄取和"客体"对"主体"的塑造，它们并不是散漫无序地进行的。实际上，无论是"主体"对"客体"的摄取，还是"客体"对"主体"的塑造，其中的核心环节是主体的"阅历"。

事实上，无论是材料的获得、思想的形成、人格的造成、知识的积累，一切都是围绕着作者本身的"阅历"而进行的。我们从大量的写作现象可以看到，"写作主体"正是以自己的"阅历"为核心，形成自己的知识结构、情感结构、思想结构。如果脱离作者"阅历"这个关键的环节，"客体"固然无力加入"主体"的心灵塑造，"主体"也不能有效地去摄取"客体"。因而"写作主体"与"写作客体"的中心环节是写作主体的"阅历"。

（二）"写作过程"

由"写作主体"至"写作载体"的中心环节又是什么呢？无疑应该是"写作过程"。没有"写作过程"这个中心环节，写作主体既无法掌握语言文字、篇章结构、叙述描写等方面的技巧，也不可能有文章成品、文章"载体"的产生。

（三）"阅读"

由"写作载体"到"写作受体"的关键环节是什么呢？是"阅读"。无论是作者对读者的引导、暗示、期待，还是读者对作品的期待、参与、批评，都必须通过"阅读"来实现。没有阅读，既没有所谓的"受体"，也没有写作行为的最后完成。

（四）"评价"

由"写作受体"到"写作客体"，其关键环节则是"评价"。作为"写作客体"的客观现实生活，由于读者评价的欲望和需要而渗透为一种阅读背景；而读者的评价，又逐渐地形成一种客观现实生活，离开了"评价"这个中心环节，两者也就无法有效地沟通。

为了简明起见，我们可以把写作行为系统绘成下图：

通过上面的分析可以看到，写作作为人类一种特殊的社会实践活动，作为一种具有明确目的的指向性的精神产品生产过程，它是由"主体""客体""载体""受体"四个基本要素构成的一个行为系统。这四个基本要素，构成了写作行为的全部的内在运行机制，写作行为离开了这四个基本要素中的任何一个，都无法进行。所谓写作，说到底就是环绕并处理好这四个要素的关系，让这四个要素通过关键的中间环节构成一个有机的整体。

```
            操作制作过程
┌─────────┐  ──────────→  ┌─────────┐
│ 写 作 主 体 │  ⟨写作过程⟩   │ 写 作 载 体 │
└─────────┘  ←──────────  └─────────┘
   │   │      制约规范过程      │    │
 认识│ 孕育                   规范│  期待
 体验│ 培植                   引导│  反馈
 过程│ 过程   ⟨阅历⟩    ⟨阅读⟩  过程│  过程
   │   │                     │    │
   ↓   ↓      介入阅读背景过程     ↓    ↓
┌─────────┐  ──────────→  ┌─────────┐
│ 写 作 客 体 │  ⟨评 价⟩     │ 写 作 受 体 │
└─────────┘  ←──────────  └─────────┘
            形成客体过程
```

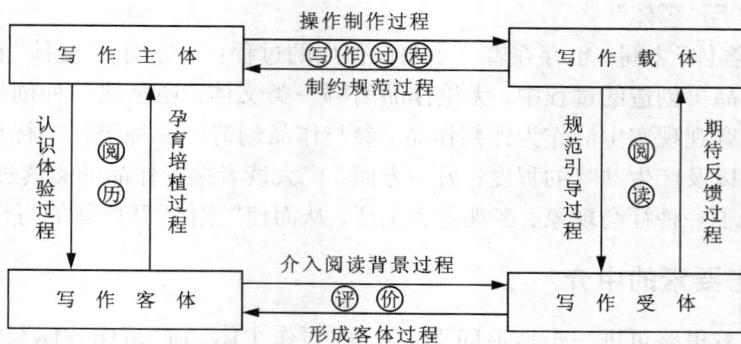

需要说明的是，写作"主体""客体""载体""受体"构成了写作行为系统，而其中任何一个要素，又可以把它看作一个"子系统"。譬如说"写作客体"，如果从构成要素看，可以把它看成由自然环境和社会环境构成的系统，其自然、社会环境，又可以分为历史的、现实的、未来的等。又譬如说"载体"，可以把它看作由语言文字符号、篇章结构、文体构成的子系统，其语言文字符号又可以分为书面语言、口头语言等。因有关的知识下面还要陆续谈到，这里就不赘述。

§4 写作行为的规律

写作行为的规律，通常简称为写作规律。规律是客观事物发展过程中各个阶段间的本质联系和必然趋势，它具有普遍性、重复性、客观性和指导性。

客观事物由一阶段发展为另一阶段，再发展为最后的结局，并不是偶然的、任意的，它的阶段与阶段之间，存在着内在的、必然的联系；它的事物内部蕴涵着事物发展的必然趋势。把事物发展的必然趋势及事物发展阶段间的内在联系揭示出来，即事物发展的客观规律。事物发展的客观规律，是蕴涵于事物发展过程中的"内在形式"，它一旦被揭示出来，就具有广泛的覆盖性，是一种"普遍性的形式"，毫无例外地作用于事物发展过程。规律是对事物本质特点的一种揭示。它揭示的总是事物之所以成为这一事物而不是另一事物的东西。因而，它揭示的事物发展过程各阶段间的"本质联系及其必然趋势"也就具有重复性，它总是在同一事物上反复出现，不断重复。这种带规律性的重复性，也就使规律具有很强的指导性。人们一旦掌握了客观事物的发展规律，也就能更加主动、自觉、有效地从事实践活动。

规律是不以人的主观意志为转移的普遍客观存在，人们只能自觉或不自觉地认识它、掌握它、运用它、适应它，而不能创造它、改变它、否定它、违背它。如果无视客观规律，也就要受到客观规律的惩罚。规律不是主观臆造的，人们必须尊重客观事物，从客观事物出发，通过对客观事物进行深入细致的研究，从而概括揭示出客观事物的有关规律。谁要是脱离客观事物主观武断、主观臆造，谁就要受到客观规律的惩罚。因此，探讨写作规律时，我们要特别注意尊重客观事实，从客观事实出发，不能凭主观意愿随便"创造"。

写作是一种十分复杂的精神产品的生产劳动，它本身包含了多个方面、多个组成部分、多个发展阶段。因此，写作规律在不同范围内就有着不同的内容。宏观地把写作视为一个整体，它有一般规律，或称基本规律；微观地把写作分解为不同的方面、不同的组成部分或不同的发展阶段，它又有若干具体规律，或称特殊规律。基本规律与特殊规律之间，以及诸种特殊规律之间，既是相互联系，又是相互区别的。因而，写作规律既是复杂的，又是丰富的。

谈到写作规律，还必须在思想上把它与"写作特点""写作原则""写作方法"区别开来，不要把非规律性的东西混杂到"写作规律"中来。

"写作规律"与"写作特点"，既有联系，又有明显的区别。"写作特点"所揭示的，是写作活动区别于其他实践活动的特殊之处——特殊的征象和标志，"写作规律"却要反映出构成写作特点的内在诸因素的本质"写作联系"。"写作特点"是对写作实践活动特殊性的理性概括，而"写作规律"则包容着写作活动发展的必然趋势和有序层次。

"写作规律"与"写作原则"也有区别。从科学意义上讲，"写作规律"应该是提出种种写作原则的客观依据和理论基础，"写作原则"则应当是遵循写作规律进行写作的标准和规则。但在实际中，"写作规律"与"写作原则"并不都是和谐一致的。例如，古代的八股文写作，其"规则""标准"就不太符合写作的基本规律。"写作规律"是一种客观存在，"写作原则"则是主观上的一种认识、意愿。任何人都不能违背规律，但不同的人，不一定都要遵守同一写作原则。

"写作规律"与"写作方法"也有区别。写作方法是写作活动的手段，它是具体的、表层的、千变万化的。写作规律是写作活动的主宰，它是抽象的、深层的、相对稳定的。"写作方法"可以任人挑选，有取有舍，"写作规律"却没有任人挑选的余地，人人都必须遵循。

人类自产生写作行为以来，为了能够更加自觉、有效地从事写作活动，早就开始了对写作规律的探讨。时至今日，人们已经从不同方面、不同角度，揭示出了写作行为的许多规律。这些规律的揭示已构成了现代写作学基本理论最重要的构成部分，下面先介绍写作行为的一些外部规律。

我们之所以称之为外部规律是基于这样一个前提：我们把写作行为当作一个外在的、直观的对象，在不深入它的内部的前提下先从外部去考察它，看它重复出现的，带普遍性、规律性的特点，将这些普遍存在的、带规律性的特点总结、概括出来。

一、物我交融转化律

所谓"物"，指客观事物（包括自然、社会、人生），亦即我们前面讲的写作客体。所谓"我"，指的是作者，即具有自觉意识的写作主体。所谓"交融转化"，是指"写作客体"与"写作主体"的相互作用，有机交融，并且通过转化与交融产生一个"非物""非我"的第三者，亦即文章这个产品。

王国维在《文学小言》中曾指出："文学中有二原质焉：曰景，曰情。前者以描写自然及人生事实为主，后者则吾人对此种事实之精神态度也。故前者客观的，后者主观的也。"在《人间词话乙稿序》中，他又强调："文学之事，其内足以摅己，而外足以感人者，意与境二者而已"，"二者常互相错综，能有所偏重，而不能有所偏废"，"苟缺其一，不足以言文学"。他说的是文学，其实一切文章都是由宽泛意义上的"景与情""境与意"（或称"物与我"）相互作用、相互交融、相互转化而成。

文章的写作过程，实际上也就是写作主体和写作客体各自显示其功能，发挥其作用，最后达到完美统一的过程。在这个过程中，始终充满着一种双向的、反复的矛盾运动：一方面，是"对象的主体化"，客观事物经过作者的加工、改造，产生质变，不再是纯粹自然的东西；另一方面，是"主体的对象化"，写作者将自己的思想、感情、认识、情感、理想、愿望、情趣、情操等寄寓到对象上去，使客体在一定程度上表现自己、象征自己，成为自己的一种"形式"。

　　值得注意的是，在这一过程中，主客体在相互融合时都产生了新质，"感性的东西经过心灵化了，而心灵的东西也借感性化而显现出来"，但主客体并没有因此而消失。所谓"对象主体化"，不是由主体取代了客体，所谓"主体对象化"，也不是由客体取代了主体。它们在相互交融中都获得了新质，各自在自身中映照着对象，同时也保持着自己的特点，在交融中并没有消失自身，而是由它们组成了具有新质的"第三者"——并同时向文章转化。

　　写作内容向写作形式转化的过程，其实也是一个矛盾运动的过程：一方面，写作内容自身生成的过程，也就表现出一定的组织化、有序化，使它具有了表现形式的雏形；另一方面，形式也具有它自身的特点，制约着写作者对写作内容进行必要的调整和变更。一方面，一定的写作内容呼唤着与之相应的写作形式（例如，一个动人的事迹不一定能写成学术论文）；另一方面，"形式"本身也在"裁剪"着写作内容（如用诗的形式来表现动人事迹，就会不同于记事散文）。在这个过程中，"内容"要交融于"形式"，"形式"也要融入"内容"，这可以说是另一层意义上的"物我"交融。所以说，"物我交融转化律"是写作的一条重要规律。

二、博而能一综合律

　　进行写作，必须调动作者各方面的因素。刘勰在《文心雕龙》中指出："积学以储宝，酌理以富才，研阅以穷照，驯致以怿辞，然后使玄解之宰，寻声律而定墨；独照之匠，窥意象而运斤，此盖驭文之首术，谋篇之大端。"刘勰所说的"首术""大端"，可作为规律来理解。

　　从事写作，作者必须具备多方面的素质、修养和能力。所谓素质，主要指主体的机体方面先天的解剖生理方面的特点，它是能力、个性形成发展的自然基础，是一种禀赋。所谓修养，主要指写作主体后天的修养，其中包括思想修养、生活修养、知识修养、语言修养以及艺术修养等具体内容。其中也包括写作主体的性格、意志、情感、气质、兴趣、习惯、操守、信仰、伦理、道德观念等多种因素。所谓能力，主要指写作主体在社会生活中有效地表现出来的实际智能，它包括观察、感受、记忆、思维、想象、理解、表达、决断等多项内容。

　　实践表明，一切写作活动，都是写作主体各方面素质、修养、能力"综合运用"的结果。不同的写作主体，不同的写作对象，不同的写作形式，有着不同的"综合"。多有多的综合，少有少的综合，深有深的综合，浅有浅的综合。离开了各方面因素"综合"就不会有写作活动。像《红楼梦》那样的巨著，作者"披阅十载，增删五次"，写成之后，书中涉及到的诗词、方言、灯谜、酒令、典章、制度、宗教、信仰、建筑、艺术以及医药、食谱、服饰等方面的知识竟然编成了一部上百万字9300多个词条的大辞典，这固然是一种"综合"；像一首小诗，一则消息，一件公文，一封书信，也离不开作者多方面因素的综合。当代作家茹志鹃曾深有体会地说："我在写一篇东西的时候，哪怕是一篇很短的散文，我都在调动我的一切储备，好像这篇写完了以后，别的东西不准备写了似的。是的，我在写每一篇东西的时候，我都在翻箱倒柜，把所有的储备，只要能用的都使用上来，哪怕并不是用在文字上。"[1]

　　写作一方面需要作者调动各方面因素，调动各方面的储备；另一方面，它并不要求作者漫天铺开，平均用力，而是要把力用在"点"上，用在"刀刃"上，做到"博而能一"。刘熙载在《艺概·文概》中指出："物无一则无文，盖一乃文之真宰，必有一在其中，斯能用夫不一者也。"他这段话是很精辟的。各种事物，各种知识，杂乱地堆砌在一起，并不能构成文章。只有将各类事物、知识统一于某一主旨，这样杂乱的材料才能形成一个有机的整体，构成文章。

———————————

　　① 茹志鹃：《漫谈我的创作经历》，湖南人民出版社1983年版。

而文章正因为有了统一全篇的主旨，各种材料也就能得到巧妙的运用。刘熙载这段话用来解释写作活动中的综合运动也是很合适的。就某一次写作而言，作者必须充分调动自己的一切因素，包括素质、修养、能力各方面的因素，但这些因素并不是"分头出击""各行其是"，它必须都聚集、统一到作者所要写的这一篇文章上来，才能构成一个有机的整体。也就是说，作者各方面的修养、储备，必须要统一到某一具体的文章中来，而文章的诸多要素，又要统一到文章的主旨上去，如此这般的层递综合统一，才能最后形成文章，才能"以一用不一"，生产出文章这种精神产品。这中间就有一个凝练、集中的问题：一方面是尽可能地调动，将自己的心智、认识、积累全都调动出来，以至调动到"尽"的极处；"翻箱倒柜"，好像材料都用尽了；"耽思旁讯"，好像自己的心力都用尽了。另一方面则是除繁去冗，有的东西用，有的东西不用，有的东西是不用而用，最后将自己的心智、才识、修养都凝聚到文章这个"点"上去，达到"万取一收"，"一以见万"。

从上可见，实际上写作就是由诸种因素综合而达到整一的过程。在这个过程中，"博"与"一"相互依存，相互制约，对立统一，相互为用。"博"是写作主体赖以综合的基础和条件，"一"是写作主体进行综合的目标和结果；"博"和"一"的矛盾运动最后统一于"一"，"一"又以其自身折射出"博"，写作由此而生成。

三、法而无法变通律

"法"指的是写作的技巧、方法。写作作为一种精神产品的生产活动，势必涉及到各种各样的"法"。技法对于写作是不可疏略和忽视的，高尔基曾指出："懂得一件工作的技巧，也就是懂得这一工作的本身。"[①]

写作有一定的"法"。如果不懂得一些基本的方法、技巧，写作也就无法进行。然而，"法"又无"定法"，不能把它绝对化、教条化，拘泥死守、生搬硬套。为什么说写作有一定的"法"，又没有固定不变的"法"呢？

首先是社会发展所致。"文变染乎世情，兴废系乎时序。"[②]每一时代，每一特定的历史时期，都有其特定的社会生活内容，特定的读写要求。作者为了反映特定时代的社会内容，满足特定时代的读写需求，势必要寻找和发现与之相应的种种写作技法。随着时代的发展，作者要表现要反映的对象产生了变化，读写的要求也产生了变化。作者为了适应时代的需要，势必要对传统的写作技法进行调整、更新，或是淘汰一些旧技法，或是改造一些旧技法，或是发现一些新技法，或是引进一些新技法——产品的规格、品种、要求不同了，制作产品的工艺势必跟着产生变化。例如，当代公文的格式，已不同于古代公文的格式；当代的"意识流"手法，已不同于托尔斯泰笔下的"心灵辩证法"；当代小说的叙述，已不同于传统小说全能全知的叙述了；当代的象征手法，已不同于古代的"比兴""托物言志"了；当代的典型化手法，已不同于古代的类型化手法了；当代的诗歌技巧，已不同于《诗经》的"赋""比""兴"了……这些都是显见的事实。倘若墨守成规，食古不化，写作也就尚停留在结绳记事的阶段。

另外，各种写作技法只是实现目的的一种手段，要实现某一目的一定要运用某种手段。比如说"开头"，任何文章都要一个开头，开头的目的是启引正文，吸引读者，至于说到"开头"的技法那就太多了，什么"设疑法""陈述法""描写法""引弄法""开门见山法""抛砖引玉

① 高尔基：《谈谈〈诗人丛书〉》，《高尔基论文学》，广西人民出版社1980年版。
② 刘勰：《文心雕龙·时序》，中华书局1980年版。

法""就题破解法"等，举不胜举。在写作中究竟选用哪种方法并没有硬性的规定，要靠写作者灵活变通地运用，如果把它教条化、绝对化，拘泥死守、机械套用，就不会有成功的写作。

§5　写作行为的"内在运行机制"

一、写作行为的"内在运行机制"

写作行为的"内在运行机制"指的是隐匿在写作行为之下的"内隐形式"以及这一"内隐形式"各个部分之间的动力性联系。

如果我们深入到写作行为的"肌体"内部，从深层的心理活动上去分析它的运行，就会涉及到写作行为的内在运行机制。

前面说过，客观事物由一个阶段发展为另一阶段，再发展为最后的结局，并不是偶然的、任意的，它的阶段与阶段之间，蕴涵着事物发展的必然趋势；事物发展的规律是隐含于事物发展的"内在形式"之中的，一旦这个"内隐形式"揭示出来，它就具有广泛的覆盖性，作为一种"普遍性的形式"毫无例外地作用于事物发展过程。写作行为也是如此，它由一个环节发展到另一个环节，有着它的"内在形式"和"必然趋势"，把这个"内在形式"和"必然趋势"揭示出来，即我们所说的"内在运行机制"。"内在运行机制"也就是写作行为的内部规律。

研究写作行为的"内在运行机制"，对写作学的建设来说是非常重要的，因为它能使我们从事物的外部走向事物的内部，从一般性的外部特征的描述走向对事物内部本质规律的揭示，从而为现代写作原理的编写提供一种理论依据，它是写作研究学科化的必经之途。

自 20 世纪 80 年代以来，人们不满足对写作行为作一种直观性的、外在的描述，就一直致力于探讨写作行为的内在运行机制，先后提出了"双重转换""三级飞跃""知行递变"等原理性命题。

（一）双重转换律

双重转换律是刘锡庆先生在《基础写作学》中提出的，所谓双重转换，是指任何一篇文章的写作，都必须经过一个双重转换的过程，亦即由客观事物转化为作者的认识，再由认识转化为表现。

关于写作行为双重转换规律，人们早就有所认识。如，我国魏晋时期，陆机在《文赋》中就提出了"恒患意不称物、文不逮意"的命题；刘勰在《文心雕龙·物色篇》也提出了"情以物迁，辞以情发"的观点。他们都认识到，从根本看，写作表现为"物－意－文"的行进秩序。前苏联学者 A·科瓦廖夫在其《文学创作心理学》中，更是把它作为一条规律来概括。他指出：

> 任何创作过程都包括两个方面，这就是：第一，个体在反映现实过程中积累生活印象，舍此，任何创作都是不可思议的。第二，对这些印象进行创造性的加工和把这项工作的成果用语言表现的形式投射出来。换句话说，创作过程不是别的，而是双重过程的变换过程。就是：第一，把外部刺激的能量变换成知觉的显示或现实的形象；第二，把形象变换作为形象客观化、物质化的体现和文学描写。

陆机、刘勰、科瓦廖夫的论述侧重于文学创作，但它对一切文章的写作都是适应的。任何写作，如果没有这样一个双重变换，就不可能产生文章。因此，刘锡庆先生认为"物－意－文"的双重转换是写作的一条基本规律。

"双重转换"所揭示出来的写作行为"由物内化为意""由意外化为文"的运行模式，反映出写作行为"各个阶段的本质联系和必然趋势"，从某种意义上看，它揭示了写作行为的基本奥秘。

生活是写作的本源。然而，从生活到文章还隔着"千山万水"。生活必须经过作者的心灵化，才有可能成为文章。因而，由生活向心灵的转换，无疑是写作中最基本最重要的转换，离开了这一重转换，写作就无法进行。在客体向主体转换的过程中，我们可以看到：一方面是客体以其原生客观信息，或强或弱，或明或暗，或潜移默化，或强烈震撼于作者心灵；另一方面，作者又以其能动的主观精神、明确的目标意识、已有的认知"格局"，积极地摄取、整理着客观信息。在主客体交互作用的过程中，客体既以自身的丰富性丰富了主体，主体也以自身的丰富性改造了纯客观的原生态信息。正是主客体在某一点上奇妙地"耦合"，从而实现了"生活的心灵化"。"心灵化"以后的"生活"，一方面固然保持了原有的一部分特点，另一方面，它又融注了作者的需求、兴趣、欲望、感觉、知觉、情感、思维、注意、记忆、直觉、想象、性格、意志等心理要素，由纯客观的物质生活、物质世界变成了"心理生活""心理世界"；由社会、集体所共有的客观世界变成了作者所独自发现、独自把握的"世界"，而写作所具有的一切丰富性，便由此产生。

对写作来说，由"物"向"意"的转化是极为重要的，生活单薄，思想贫乏，不善于观察，不长于想象，缺乏"发现"能力，这是写作的"致命伤"。但是，只有这一重转化，就能把文章写好吗？不一定。要顺利地完成写作，还必须实现第二重转化，即心灵向文字表达的转化。作者将生活心灵化后，还必须遵循"表现论"的原则，将心灵的东西，"有理""有物""有序"地表达出来。值得注意的是，表达的过程，并不仅仅是将心灵的东西简单地、轻而易举地"誊录"出来。传达的过程，仍是一个创造的、艰难曲折的过程。作者在"馨澄心以凝思，眇众虑而为言，笼天地于形内，挫万物于笔端"的过程，仍需耗尽心智，用尽功夫，费尽推敲。

首先是文体的酌定。作者在动笔之先，就必须根据内容，选定合适的体裁，如果用抒情散文的形式写请示，以微型小说的格式写消息，用学术论文的表达方式写小说，以起诉状的笔调写总结，就会"牛头不对马嘴"。其次是思路的清理。思路不清，传达就会梗阻。凡是有点写作经验的人都不乏这样的体会：明明觉得要写的东西已经明确了，可执笔写作时又陷入窘迫；有时候，仅仅是文章的一个开头，就得写好几次。有时候，好不容易写了文章的开头，但没写上几句，就写不下去了，究其原因，就是没有在逻辑上真正理清传达的思路。再就是语言文字的运用，"吟安一个字，捻断数茎须"，"二句三年得，一吟双泪流"。在传达中，为了寻找一个准确传达内心意思的词语，作者往往要费尽心思。

然而这一切还只是初步的功夫。构思的进一步丰富、具体化，表达的即兴发挥，各种表现技巧的灵活运用，还涉及到更为复杂的心理机制。没有熟练的表达技巧，没有扎实的文字功夫，没有表达的综合能力，写作仍然只是一句空话。

从上面的分析可以看到，写作行为主要是由两个阶段、两重转化构成：一个是生活的心灵化，一个是心灵的文字化，前者是写作的基础，后者是写作的归宿。构成两者之间必然联系的，是作者的心灵；形成两者之间发展的必然趋势的，是写作活动本身的性质。写作实际上是作者感受能力与表现能力的综合运用，二者之不可分割，就像鱼和水不可分离，片面地强调某一个方面，也就违背了写作的基本规律。

刘锡庆先生提出的"双重转换"规律，标明现代写作学对写作规律的探讨已由写作行为外部自觉地走向写作行为内部，由外部特征的抽象概括转入到对写作内在运行机制的探讨，由一般技巧的描述转入到对写作行为内在运行机制、运行模式的探讨，它为写作原理的编写提供了理论依据，也为进一步的探讨开辟了道路。但它对"物"是如何转换为"意"的，"意"是如何转换为"文"的，阐发还不够具体。郑燮在《题画》中谈及自己作画经验，曾说过这样一段话：

> 江馆清秋，晨起看竹，烟光、日影、露光，皆浮动于疏枝密叶之间。胸中勃勃，遂有画意，其实胸中之竹，并不是眼中之竹也。因而磨墨展纸，落笔倏然作变相，手中之竹又不是胸中之竹也。总之，意在笔奉者，定则也，趣在法外者，化机也。独画云乎？

郑燮非常深刻地认识到，由"眼中之竹"转化为"胸中之竹"，再由"胸中之竹"转化为"手中之竹"，这是文章写作的定则，是谁也违背不了的。但是，在这种转化过程中，没有固定的一成不变的模式，全凭作者的灵活变通。文章的"趣"，文章的创造性，也就存在于这种具体的变通中，要靠作者去体悟，去心领神会。郑燮这段话，可用来补充说明双重转换规律，懂得"双重转换"规律之后，我们要特别注意去感悟郑板桥所说的"化机"。

（二）三级飞跃律

"三级飞跃"是朱伯石先生主编的《现代写作学》所提出来的。他认为，一篇文章或一部著作的诞生，是由"感知"—"内孕"—"外化"三级飞跃所产生的，"感知"－"内孕"－"外化"的三级飞跃，构成了写作行为的基本模式和规律。

"三级飞跃"认为，写作作为一种特殊的精神劳动，它既同于人类一般的认识活动，又不同于人类一般的认识活动。就一般认识活动来说，人们必须遵循"由实践到认识，再由认识到实践"的基本模式，实现"由实践到认识，再由认识到实践"的两个飞跃。写作基于此，但又不能止于此。它有不同于一般认识活动的运行方式：一般的认识活动，人们根据同一对象，可能得出相同的认识；但人们根据同一对象写出的文章，一万个人就有可能有一万个样子。与此可以互证的是，如果牛顿写"万有引力"的论文，他在遵守"两个飞跃"的认识论原理之外，还必须遵循"三级飞跃"的创造论原理，先得把自己的认识在自己的头脑中孕育成一篇论文的形态，然后再外化为一篇文章，否则他的认识永远只能是认识，不能变成文章。倘若叫另外的人去写"万有引力"的论文，他们写出的文章也不会与牛顿的文章一模一样。这也就是说，就一般认识活动来说，它可以止于认识，而写作除了认识之外，还需要创造。一般的认识活动，它往往最后得出一个一般性的、共同的结论。写作则要由一般性的结论创造丰富无比的文章世界。

"三级飞跃"指出：人类一般认识活动的"两个飞跃"出入于认识者的头脑，在与客观世界的观照中完成，最后回到实践；写作行为的"三级飞跃"连续递进在作者的头脑，主要在作者的主观世界中完成，最后外化成产品，这种产品，既不是简单"验证""再现"客观对象，也不是简单的"变换""转换"，由"感知"－"内孕"－"外化"的每一次"飞跃"都产生了一种质变，都提供了一种新的东西，如果仅仅把写作看成是对生活的一种再现，也就忽视了写作行为的创造本质。

"三级飞跃"还指出，实现由"感知"到"内孕"再到"外化"的飞跃，主要是写作主体基于认识基础上的创造活动，"正是作家、艺术家的心灵和智慧，赋予了日常生活、日常经验与体验以崭新的艺术生命。"①

一篇文章或一部作品的产生，首先要实现由客观外物向写作主体即作者头脑的"飞跃"。当客观外界的现象通过人的眼、耳、鼻、舌、身等官能反映到自己的头脑中来，便开始形成感性认识。这种感性认识的材料积累多了，就会产生一个"飞跃"，变成理性认识，这就是思想。这种由客观外物升华为作者内识的过程，即作为第一级的"感知飞跃"。"感知飞跃"是整个写作活动的基础，一切写作动机和写作意图都在这里产生。

继"感知飞跃"后，随着写作动机和意图的产生，作者的认识（包括观念、情感）在动机的支配下，会同时向两个方向运动：一是向多种内在的物象投射，一是向某种内在的形态聚合——这时，正如黑格尔在《美学》中所指出的，作者不仅尽可能地利用着"自然界丰富多彩的形形色色"，而且还会用"创造性的想象去另外创造无穷无尽的形象"，从而形成一个由心灵产生或再生的、基本完整或完整的心灵产品，这便是第二级的"内孕飞跃"。"内孕飞跃"是整个写作行为的核心，一切作品的"胎儿"都在这里形成。

继"内孕飞跃"之后，孕育在作者头脑里的内在形象，必须以文字符号的形式向外在形态转化，使整个写作劳动凝聚、化合为精神产品——文章，这便是作为第三级的"外化飞跃"。

关于"三级飞跃"，前人也有所认识，例如陆机在著名的《文赋》中，曾以三段文字，分别描述这三个阶段的情状与特点。

关于第一阶段，陆机写道：

> 伫中区以玄览，颐情志于典坟。遵四时以叹逝，瞻万物而思纷。悲落叶于劲秋，喜柔条于芳春。

在陆机看来，一个人要想写文章，要么聚精会神，伫立于天地之间，细致入微地观察万物，要么就收心敛性，陶醉于"三坟五典"之中。这样做了之后，自己的知识、情感丰富了，遇到外物的兴衰更替，就能打动自己的心，从而产生写作的欲望和动机。

关于第二个阶段，陆机描述道：

> 其始也，皆收视反听，耽思旁讯，精骛八极，心游万仞。其致也，情曈昽而弥鲜，物昭晰而互进。倾群言之沥液，漱六艺之芳润。浮天渊以安流，濯下泉而潜浸。于是沈辞怫悦，若游鱼衔钩，而出重渊之深，浮藻联翩，若翰鸟缨缴，而坠曾云之峻……

陆机认为，产生写作冲动之后，接着便是"内孕"——构思。开始构思时，作者必须将视听收回心底，让心灵驰骋八极，沉浸到一种创作境界中去。随着构思的逐渐深入，内心的情志就会由朦胧而变得清晰，内心的物象也就会生动如在眼前，这时，你就会上下求索，动用世间一切精美的语言、精美的表达方式，来描述内心孕育的"奇景"，赋予这个"胎儿"以完整的生命。

关于第三阶段，陆机写道：

> 抱景者咸叩，怀响者毕弹，或因枝以振叶，或沿波而讨源，或本隐以之显，或求易而

---

① 王蒙：《也说主体》，《光明日报》1985 年 9 月 19 日。

得难，或虎变而兽扰，或龙见而鸟澜，或妥帖而易施，或岨峿而不安。罄澄心以凝思，眇众虑而为言，笼天地于形内，挫万物于笔端……

陆机认为，当写作进入考辞外化阶段，作者所要考虑的，就是如何尽形尽色地将构思完美地表现出来。这个阶段，有难有易，有逆有顺，作者必须凝神聚意，梳理万绪：一方面，因枝振叶，沿波讨源，安排好传达的顺序、思路，一方面，则要精心推敲辞句，做到妥帖而心安。

"三级飞跃"所描述的三个阶段，看上去与"双重转换"有相似之处，不过在"生活心灵化"与"心灵文字化"之间新增加了一个"内孕构思"，使之更完整、更具体。但二者还是有区别的："双重转换"所强调的是写作行为的过程；"三级飞跃"所强调的是每个阶段的递进都是一种"质变"；"双重转换"所关心的是"物""意""文"如何达到统一；"三级飞跃"所强调的是写作行为的创造性本质。

（三）知行递变律

"知行递变"是马正平提出来的，[①] 旨在从行为科学的角度揭示写作行为的内部运行规律。

马正平指出，现代行为科学认为，任何一种活动，有两个基本的阶段是必需的，即提出任务（目的）和解决任务（实现目的）。如果没有"目的"这个动力性因素，一切活动都无法得到解释。如果仅有"目的"而没有实现目的的行为，一切活动也就无法成立。这也就是说，任何行为，首先是一种意向，一种心理性行为，然后才是实践活动；任何一种行为，都是由目标性意识（"知"）和手段性行为（"行"）所构成的。写作作为一种行为或活动，同样如此。从比较宏观的角度看，人们为什么要从事写作？不外乎要表现客观社会，反映客观世界，这就是"知"（目的）。为了要实现这个目的，作者必须深入实际，认真观察，深入体验与思考，从整体上去把握客观社会，这就是"行"。如果从某一次具体的写作行为来看，作者萌发了某一写作动机之后，为了实现这一写作动机（知），他必须采用相应的体裁、材料，确立一定的主题、结构去实现它，这也就是"行"。写作行为就是由这样的"知"和"行"构成的系统。倘若从动态的角度考察，从确立写作的整体目标到文章的具体写作，从萌发写作冲动到文章的最后完成——其中还有若干"中介"：以宏观意义上的写作行为为例，作者为了实现反映客观世界的目的，必须深入生活；深入生活形成对生活的基本认识之后，必须找到足以传达自己认识的写作目标；找到自己的写作目标之后，必须实施具体的写作过程；作者实施具体的写作行为之后，最后必须形成文章或作品。以狭义的写作行为为例，作者获得某一具体的写作动机之后，必须找到合适的文体；酌定要写的文体之后，必须考虑要传达的具体内容（包括主题和材料）；作者明确了传达的具体内容之后，要考虑内容的组织（安排结构）；作者组织好传达的内容之后，要考虑如何表达；作者初步表达以后，还要进一步地修改、清誊，写作才算告一段落。

这些步骤是如何相互联系而最终统一于一个完整的写作行为的呢？马正平认为，整个写作行为，是由一系列的"知-行"递变机制所构成的，当作者把"目的"变成一种"行为""方式"之后，这个"行"马上又变成了新的"表达目的"；当新的"表达目的"（知）产生后，为了表达它，又必须采取新的写作行为……整个写作行为，实际上就是由这种连绵不断的"知-行"递变构成，狭义的写作行为可以作如是观，广义的写作行为也可以作如是观。例如，当我们萌发一种创作冲动（知）之后，为了将自己的冲动传出来，需要找到一种合适的体裁：是写小说好，还是写

---

① 马正平：《论知行递变》，《四川大学学报》1987年第4期。

散文好？经过斟酌，我们决定写散文。选定散文，这是为了实现写作冲动（知）的行为（行）。当我们关注的中心转到"散文"上来了，"散文"就成了我们的"目的"。怎样实现写好一篇散文的目的呢？最先考虑的当然是内容：确立什么样的主旨？选择什么样的材料？确立主旨、选择材料无疑正是实现"写一篇散文"的手段、行为。当我们明确了散文的内容之后，我们最关心的是什么呢？最关心的是内容的梳理和组织；而内容的组织，既是实现上一阶段目的的手段，又是开展下一步活动的目的。这也就是说，写作活动的本质，就是把各个层次、各个阶段的目的变换为行动，只有把写作者的全部目的变成具体的表达方式，物化为具体可感的书面语言，文章写作过程才算完成。

"知行递变"从另一个角度成功地揭示了写作行为"各个阶段的内在联系和必然趋势"，它为写作行为抽象概括出了"知行递变"的运行模式。在它看来，整个写作行为是由一系列的"知－行"递变机制所构成的：当写作者把"目的"变成一种"行为"之后，这个"行"在下一阶段又变成了"新的目的"，当"新的目的"产生后，作者为了表现它，又必须采取新的写作行为……写作活动的本质，也就是把各个层次、各个阶段的目的变换为行为，只有把写作者的全部目的变成具体的表达方式、物化为具体可感的书面语言时，文章的写作过程才算完成。

"知行递变"对写作行为的操作环节作了更为具体的描述，它强调的是流动的目标意识，强调的是各个层次、各个阶段上的目标意识是推动写作运行的动力，强调的是写作是一种合目的的行为。它给我们的启示是：

首先是流动目的意识的确立。既然写作表现为一系列的"知行递变"的过程，我们在写作中，要善于把一定的"目的"变为"手段"，又将"手段"在一定的条件下递变为"目的"。只有树立明确的流动目的意识，写作才会成为一种更为自觉的行为。

其次是要重视"知"的建构。从"知行递变"的过程看，"知"是起点，是动力，也是基础，没有"知"，也就不可能有写作行为。从宏观的、深层的、最终的层次上看，我们应该注重写作主体的思想修养，提高自己的审美眼光，热爱生活，深入观察自然、社会，广泛吸收知识信息，这样才能言之有物，不至于流于空泛。从以上递变的层次看，每一阶段、每一层面的"目的"越明确，采用的行为、手段也就会越自觉，不至于下笔千言，茫然无绪。

此外，我们要注重"行"的规范性。从"知行递变"的过程看，"行"是"知"的落脚点，是写作行为的终点。在写作中，我们应千方百计地寻找合乎"目的"的"手段""方式"，注意"行"的规范性。不然，我们的写作就会落空。

二、写作行为的"运行模式"

所谓模式，通常被理解为隐匿于现象、组织后面的一种格局、框架，或一种普遍遵循的规范。就写作而言，人们往往能从各个不同的层面抽象概括出各种不同的模式，这里所说的写作运行模式是就整个写作行为而言的，亦即我们对隐匿于写作行为现象之后的操作程序的一种结构性描述。

现代写作学所揭示的这三条"内在运行机制"，是写作学界所公认的写作行为的内部规律，它在揭示写作行为内部规律的同时，也勾勒出了写作行为"物－意－文"的运行模式。无论"双重转换"，还是"三级飞跃"，抑或是"知行递变"，它们对写作行为过程的结构性描述尽管有详实简约之别，但整体上并没有突破"物－意－文"的基本模式，不过强调的重点不同而已。在"双重转换"，强调的是生活是写作的本源，强调的是写作者如何发挥主观能动性以真实、准确地反映客观生活；在"三级飞跃"，强调的是写作者的主体性、能动性、创造性，强调的是写作从本质上看是一种创造性行为；在"知行递变"，强调的则是写作行为的目的性和合目的性。

人类个体的写作行为，基本上是在一条历时性的轴线上完成的，从一个操作环节到另一个操作环节，它有着先后等级秩序和一定之规，对这个操作秩序及这一秩序各个操作环节之间的内在联系的结构性描述，也就是我们这里所说的写作运行模式。写作运行模式的建立，对初学者来说是有意义的。一个人学习写作，首先是从老师、他人或书本上获得一些写作的知识，形成对写作的一些初步认识，如文章有开头、中段、结尾；文章有主旨、材料；文章是社会生活的反映，要写好文章，必须深入生活等。并从这些初步认识中，逐步获得写作的一些模式和程序。这些程序、模式虽然是初步的、粗糙的、轮廓化的，但习作者正是依据这些程序、模式，反复训练，从而掌握写作。因此，习作者对于写作运行的基本模式，还是应该有所了解的。

从已有的人类写作行为史来看，写作的基本模式是恒定的，不变的，任何人写作，都不可能挣脱"物－意－文"这个基本模式。从某种意义上来看，它是写作的一个基本路径。但是，必须承认，这个路径是非常简略的，仅仅是写作行为的"形"，而蕴涵在这个形式结构中的动力、规范、目标、手段、运行规律才是它的"神"。从形式上把握这个写作模式并非难事，把这个运行模式合理地运用于写作实践，并对这个运行模式的全部内蕴有着深切的理解才是最重要的。

合理的运行模式是在理论与实践的结合中建立的，写作学所概括揭示的种种模式，是对人类写作行为高度抽象化、理论化的概括，而习作者必须通过适当的学习与训练，获得对运行模式深切的理解，将它转化为某种贴近实践、便于运用、便于操作的基本程序和技能，才能达到对整个写作行为的有效控制，从而提高整体的机能、提高写作水平。

建立一定的写作运行模式并不断地完善它、体认它，既不同于纯粹的理论思辨，也不同于具体的写作操作，而是在理论与实践之间建立起一个有效的"中介"，通过它去控制写作、指导写作。在日常生活中我们可以看到，一个主要通过实践提高了写作水平的人，他并非通过实践建立了一套严密的写作理论，而是通过实践形成了比较合理的写作模式；而一个主要通过理论学习提高了写作水平的人，其写作能力的提高也并非由于他掌握了高深的写作理论，而是因为在学习和训练中建立起了比较合理的操作模式。

§6　写作技巧

"写作运行模式"只是对写作程序的结构性描述，它着重揭示的还只是各程序之间的内在联系和特点。落实到每一道程序，就涉及到方法和技巧的问题。

有人把写作技巧看得很简单，认为一看就懂，一学就会。有人把写作技巧看得很神秘，认为一旦掌握了写作技巧，就能妙笔生花。有人认为，写作技巧是很皮毛的东西，没有什么理论内涵，不值得过分关注。有人认为，写作技巧至关重要，学习写作，也就是学习写作技巧。这些观点都失之偏颇。写作技巧是写作学习不容忽视的内容。如果一个人连起码的写作技巧都不懂，他怎么能进行写作呢？但我们又不能孤立地看待写作技巧。决定一篇文章质量的不仅仅是写作技巧，除了技巧还涉及到主客观多方面的因素。如果我们仅仅盯在写作技巧上，而不顾及其他方面的因素，很容易步入"惟技巧"的歧途。

技巧其实既简单又复杂；说它简单，因为它毕竟只是一些操作上的方法，用不着把它说得高深莫测；说它复杂，是运用好它并不容易。技巧并不是一件触目可见拿来可用的工具，它是与写法紧密结合在一起的一种思想方法、策略手段和策划能力，不考虑写作技巧本身所负载的审美内容，不讲求技巧的内在的生存本质，盲目模仿和描述，孤立地看待它的操作性、形式性，都失之肤浅，会使它变成一种无生命、无动力的呆板的制作行为。

一、技法、技能、技巧的基本含义

写作的"技法""技能""技巧"这几个概念是有所区别的。

所谓"技法"是指存在于写作活动和文章中的各式各样的方法。写作有一定的操作方法，文章有一定的表现方法，把它从写作过程和文章作品中抽象概括出来，即人们常说的"技法"。作为一种方法和手段，技法是客观存在的，但离实际运用还有一段距离。"写作技法"这个概念，是对各种方法、手段的静止的描述，通常不包含实际运用的内涵。譬如我们谈到"对比"这一技法，通常涉及到横向对比、纵向对比、内外对比；此外还有对比观察、对比体验、对比调查、对比阅读、对比描写、对比论证、对比抒情、对比说明等，这些方法固然存在，但我们能否灵活地运用，则属另一个问题。

所谓"技能"，是指写作主体运用、掌握各种技法的能力。写作主体学习、理解、掌握了各种各样的写作技法之后，在写作实践中加以反复的运用、反复的实践，做到熟练操作、运用自如，这时，各种方法手段便会内化成写作技能。但是，这个阶段的"技能"还只是一些基本的、一般性的能力，作者还必须在写作实践中对这些技能作创造性地运用，才能将一般性的技能升华为创造性的技巧。

所谓"技巧"，也就是对技法、技能的创造性的运用。

二、写作技法概观

写作存在着一定的"法"，这些"法"表现在哪些方面呢？实在是难以"一言以蔽之"。有人试图对这些"法"作全面、系统的整理，这方面也出了不少的辞书、著作，但很难穷尽这些"法"。

倘若从写作过程来看，主要涉及写作的准备阶段、构思阶段、表达阶段。

从准备阶段来看，写作必须有材料。材料的获得，要通过"观察""体验""调查""采访""阅读""生活实践"；作者积累材料，要通过"心记""笔记""咀嚼""整理"，这诸多方面，都涉及各种各样的方法。

从写作构思来看，作者产生动机之后，要展开构思：一方面，他要调动材料、选取材料、整合材料；另一方面，他要进一步明确主题、提炼主题、深化主题。在深化主题、整合材料的同时，他还要进一步将构思导向文章实体，这里面包含各种各样的方法和技巧，如提炼主题、选择材料、组织情节、塑造人物、展开论说，便有许多技巧。

进入表达阶段，为了将构思完美地表现出来，又必须运用各种各样的手段，这些手段包括前面所讲的字法、句法、章法、篇法，此外还有其他许多方法，如：写文章要保持良好的心境，写文章最好要"一气呵成"，写文章要"热"中写"冷"中改，以及各种表达方式的运用等。

以上只是举其大端，如果再扩大一点，写作主体"积学以储宝，酌理以富才，研阅以穷照"的过程，也可以看作一种技巧。中国古代历来就强调"诗外功夫"，把"读万卷书、行万里路"视为写作的根本大法。如果再细致一点，所举各法之下又可以繁衍出更多更具体的技法来，如立意一项，或避或犯，或即事而抒情，或借题而发挥，或以小而寓大，或依实而摹写，或言在此而意在彼，或以实而衬虚，或沿波而讨源，或振木而求叶……实举不胜举。

以上分门别类的罗列，仅仅是个大概，很多的技法是贯穿于写作的各个层面的，如"对比"一法，既可以把它看作字法、句法、章法、篇法，也可以把它归之于认识方法、聚材方法、构思方法、表现方法。

以上说明，写作是有一定的"法"的，如果不懂得一些基本的"法"，也就无法进行写作。

三、如何认识技巧

(一)技巧与训练

种种的"技法"，都是从写作过程和写作成品中提炼、概括出来的，这些方法，基本上是外在的，还不一定为我们所掌握。譬如，我们从辞典或教科书上熟读了种种技法的定义，还不一定会运用，只有在实践中加以反复的运用、细心的揣摩，做到烂熟于心、运用自如，这才算获得了某种"技能"；如果在实践中能巧妙地、创造性地加以运用，才称得上"技巧"，这个过程，除了反复的练习之外是别无他法的。叶圣陶先生说得好："所谓能力不是一会儿就能够从无到有的，看看小孩子养成走路跟说话的能力多麻烦。阅读跟写作不会比走路跟说话容易，一要得其道，二要经常的历练，历练到成了习惯，才算有了这种能力。"又说："大凡传授技能技巧，讲说一通，指点一番，只是个开始而不是终结。要待技能在受教的人身上生根，习惯成自然，再也不会离谱走样，那才是终结。"①

要真正获得写作技能技巧，必须通过写作者长期的、反复的、刻苦的练习，通过自己的咀嚼、消化、体味、揣摩，心领神会，熟而生巧，才能把知识、道理和技法转化为自己的一种熟练的技能。只有通过反复的训练，使之熟练化、自动化，沉入人脑而成为一种近乎本能的东西，才可能为我所用。如果缺乏亲身的体悟与确认，书本是书本，知识是知识，写作的技能技巧并不能在自己的身上生根。

(二)技巧与知识

技能、技巧具有很强的操作性，但不能只看到它的操作性而忽视了它的知识性。所谓技能，是主体运用知识、经验去完成某一活动的行为方式，它以一定的知识、经验为基础，以实际操作为表征。前苏联心理学家鲁宾斯坦曾指出："任何能力的发展都是以知识为手段，以螺旋式的运动的形态完成的。某种水平的能力所提供的可能性的实现，为高水平能力发展开辟了可能性。"②有关写作的理论知识虽然不能直接转化为写作技能，但写作技能的获得却无法离开写作理论知识的指导。理论知识的意义就在于使我们避免盲目性、自发性，节省时间，提高效率，巩固成果，从自发走向自觉。失去理论依托的实践无论如何是走不远的，忽视写作理论知识去"瞎折腾"，是难以有效地获得写作技能技巧的。有的习作者忽视写作理论知识，认为那是"纸上谈兵""不切实际"，不值得去关注，埋下头只管写，写来写去收效并不大，却空耗了许多精力。书本上讲的，老师讲的，只要是正确的，就决不是可有可无的。看了、听了这些知识虽然不能"文思大进""下笔成章"，至少可以点化我们的写作，避免实践的盲目性。

(三)技巧与文化

以今天的观点看，任何写作技巧都是一定时代文化心态的对应物，都活生生地表现了一定时代人们的心理状态、价值观念、思维方式、时空情绪等。在写作中，作者选用某一技巧，不用某一技巧，排斥某一技巧，吸收或创造某一技巧，都是由一定时代人们的心理状态、价值观念、思维方式、审美追求所决定的。写作技巧的实质即一个时代写作文化心态的表征。从写作发生学的角度来看，作者自我意识中如果没有一定的写作文化的内隐形式，也就不可能正确使用各种技巧。从这层意义上看，各种写作技巧的操作形态只是"形"，而蕴涵在各种写作技巧下面的

---

① 《叶圣陶教育文集》，人民教育出版社 1994 年版。
② 鲁宾斯坦：《心理学的原理和发展道路》，三联书店 1965 年版，第 130 页。

价值追求、审美理想则是写作技巧的"神"。如，中国古代小说多用全知全能的叙述视角，而现在的小说用的往往是限知性的叙述视角，为什么会产生这种变化呢？关键是当代写作文化心态发生了变化，从而产生了不同的选择与追求。王蒙曾指出："技巧也是一种文化，没有文化最多只能有类似手工业的技巧。现代文学技巧时时受到各种科学知识（如电脑知识、公众传播技术、心理学、教育学、逻辑学）的冲击和充实，只有充分吸收和运用最先进的文化积累，才能创造出真正高水平的文学技巧，才不会满足江湖术士式的雕虫小技。"作为一个作家，王蒙意识到，对于技巧的感悟，是对文化的不断感悟，如果肤浅地理解技巧，为技巧而技巧，则可能流于江湖术士式的雕虫小技。

（四）技巧与思维

把写作技巧局限在外观上是一种肤浅的认识，真正的写作技巧都是融注于写作者的整体构思之中的，并不是外加的。茅盾在谈到写作技巧的时候曾以作家和批评家的双重身份告诫我们说，艺术技巧并不是什么外在的东西，而是作家形象思维的一个有机的构成部分。这话是很深刻的。不论是文学写作还是实用写作，所有的技巧都是作者构思的一个部分，并不是作者构思好了之后再加上去的。一个作者如果把技巧看作脱离整个构思之外的东西，可以随手填塞的东西，就不可能真正把握写作技巧。

（五）技巧与形式

平时谈技巧、技法，往往把它归之于形式的范畴，认为它的运用和意义全取决于内容，所谓"法由意生""内容决定形式"，说的就是这个意思。这样说也不算错，但如果孤立地看待它的操作性、形式性，而不考虑写作技巧本身所负载的审美内容，就难免肤浅。因为内容与形式并不是割裂的，在生气贯注的作品中，技巧决不是简单的、死板的表现形式和操作程序，它在配合内容的表现过程中，不仅将内容整合为审美形态，最大限度地呈现作品的内容，其本身也成为一种"有意味的形式"，表现着作者对生活的理解与评价。如《水浒》，小说着重描写的是一百零八条好汉是如何被迫走上反抗道路的，但小说一开篇，却写的是破落户高俅是如何变泰发迹，由一个流氓无赖当上了朝廷命官的。这一人物出场安排的本身，就表现了作者"乱自上作"的思想。明末清初著名小说评点家金圣叹在评点《水浒》时就指出："一部大书七十回，将写一百八人也，乃开书未写一百八人，而先写高俅者，盖不写便写一百八人，则乱自下生也；不写一百八人，则是乱自上作也。"

（六）技巧与创造

在写作者的心理结构中，技巧是具有可习得性的，学习技巧，必须重视借鉴，一切能够真实反映社会生活、符合人们审美要求的技巧，是人们在历代写作实践中积累和丰富起来的，是人类共同的精神财富，是值得我们学习的。但如果把它理解为一种机械的操作程序或公式加以简单地模仿，十有八九是要失败的。盲目的模仿是没有创造性的，其结果必然导致像机器人似的操作。高尔基曾忠告习作者说："要向大家学习——但不要模仿任何人。各种各样的忠告都要倾听——可要按自己的方式写作。要对自己说，我有自己的特色！这种特色是要加以珍惜的。"马克思在《致斐·拉萨尔》的信中曾批评那些专事模仿的诗人说："我们的专事模仿的诗人们除了形式上的光泽就再没有别的什么了。"在《致恩格斯》的信中，他又批评消极浪漫主义诗人沙多勃里盖说："虽然用了一切人工的技巧，却时常显出一种虚伪来。"

对于写作技巧的学习来说，简单的模仿是没有出息的。写作技巧不同于一般物质产品生产加工技术之处，就在于它与作品的内容总是紧密联系在一起的，与作者的思维方式总是紧密联系在一起的，与作者的审美认识、价值追求总是紧密联系在一起的，与作者的创作个性总是紧密联系在一起的。它没有"定法"与"成规",没有"模式"与"教条",全凭作者心灵的妙运。它需要作者在"避与犯""张与弛""疏与密""藏与露""多与少""详与略""常与异""断与续""离与合""抑与扬""取与舍"等诸多矛盾对立中把技巧运用得恰到好处、恰到火候。

一个人的写作学习,大致包括三个阶段:无法阶段、入法阶段和出法阶段。首先是无知或知之甚少,接着是有知而知之甚多,最后则是"出",把它积淀在心灵深处达到不假思索也能灵活自如地运用。在写作中如果过多关注技巧就会构成活动时的一种心理障碍而影响到作者的思维。

（七）技巧的非自足性

技巧对于写作来说不是可有可无的,《红楼梦》写林黛玉魂归离恨天,偏偏要写薛宝钗出阁成大礼;《儒林外史》写胡屠夫把范进骂了个狗血淋头一钱不值,偏偏又要写他提着七八斤肉、四五千钱去贺喜;鲁迅写华老栓买人血馒头给儿子治病,偏偏又要写夏瑜的牺牲;张洁写《爱是不能忘记的》,偏偏要把一段完整的爱情故事剪成碎片。中外写作实践都证明,写作技巧对于写作来说决不是可有可无的,无足轻重的。肤浅的内容虽然不能因技巧的改变而得到改善,但深刻的内容却会因恰到好处的技巧而得到丰满的表现。

但是,写作领域并不是一个自给自足的世界,单纯的技巧训练并不能保障写作者成为一个写家。法捷耶夫曾指出:"重要的艺术技巧问题是要依赖作者人生观的深度和他包罗生活现象的广度来解决的。"在《红楼梦》里,黛玉是一个悲剧人物,多愁多病的身体,极其敏感的诗人气质,构成了她的悲剧性格,在大观园中,她几乎过着以泪洗面的生活。哭,是她对生活折磨的强烈反应,也是她内心痛苦的直接发泄,悲剧性格的反映形式。她的哭曾以强烈的生活内容震撼了读者的心灵。但到了林黛玉焚稿断痴情的时候,作者却一反常态写了她的笑:听了贾母无用的安慰,她微微一笑;听了由衷同情她的紫鹃的谎话,她也是微微一笑。她的笑,比她的哭更加震撼人心,这意味着她对痛苦生活的猛醒,表现了她彻底绝望和视死如归的复杂感情。这里作者用了"反常"的手法,这一手法的运用是与作者对林黛玉悲剧性格、悲剧命运的深刻把握分不开的。

技巧是不能与作者人生观的深度及他的生活经验的广度割裂开来的。在写作中,技巧并非能决定一切,任何圆熟的技巧都代替不了生活,补救不了思想的贫乏。如果不从根本上解决问题,仅仅在技巧之间跳来跳去,是很难提高写作水平的。

§7 写作行为的线性和非线性特征

一、"非线性"的提出

对于现代写作学的建设来说,20世纪90年代是一个非常活跃、非常繁荣的时代。当人们深入研究写作行为的内部规律、内在运行机制,并初步建立起写作学的学科形态的时候,立即有人提出了写作行为的非线性问题。当时福建师范大学的颜纯钧写了《写作主体对非线性、非稳态行为的控制》《"非线性和非稳态"问题再谈》等系列论文,把对写作行为的内在运行机制的探讨导向了深入。

他指出:"非线性和非稳态是关于事物发展和演变的概念。长期以来,科学对待自己的研究对象一直持有一种简单性的原则,它导致这样一种思路,即把原本复杂性的事物化约为一些基本的单纯的关系来研究。除了内部关系的化约之外,还有外部关系的理想化。"

他认为，写文章并不一定非得按聚材→构思→表达这样的先后顺序层层推进，写作行为中任何一个因素的变动都可能造成各个环节的重组，甚至造成质变。他从以下几个方面论证了写作行为的非线性非稳态特征：

（1）写作实践作为在时间上绵延的过程，毫无疑问有其历时性的因果递进特性。但它之所以不能简单地看作完全线性的，就因为有写作意图作为初始的"因"其本身同时还包含着作为写作目标的"果"，于是写作实践就不是简单地由因及果，而是有目的的"为果求因"。于是在历时性的线性过程的每一阶段，写作目标作为"果"都表现为一个共时性的结构随时影响着、干扰着其线性的发展。这种共时性结构中各种因素之间的相互关联，决定了这些因素的生成不可能展开一个线性的秩序，不可能在不同的实践阶段按先后顺序各自独立地完成。写新闻不可能在采访完全结束后才考虑主题，而是在采访的过程（甚至在这之前）就产生了主题的猜测，这种猜测反过来又成为进一步采访的导向。同样，写小说也不可能完全想好人物再考虑情节，抑或反之。

（2）一旦动笔写作，实践都只能是特定形式和内容的实践。内容和形式既然是矛盾的统一体，写作实践也就是二者从矛盾走向统一的过程。在这一过程中，不可能分别独自地处理内容和形式。因为内容是特定形式的内容，形式又是特定内容的形式。又由于只有矛盾才会有统一，冲突便又成为写作实践另一个必然的本质的特征。冲突是互相的冲突，冲突也就不可能表现得如此线性和稳定。由于内容和形式都是特定的，冲突的性质、特点、发展过程、解决方式都会随着这一特定性而呈现出千变万化的情况，表现在写作实践中的冲突也根本不可能事先预料和作出安排，这正是造成写作实践过程非线性和非稳态的又一个重要原因。如在小说等叙事作品的创作中，有一条为许多人认可的经验，构思要从高潮想起，它正说明在某种情况下形式是如何干扰了内容的构思的展开；但也正因为它并非普遍有效，更说明了内容和形式的矛盾不可能整理出一个线性和稳态的秩序。

（3）写作实践作为一个过程，无疑是有始有终的，从初级状态到终极状态，展开为一个时间上的连续过程。但问题却在于，尽管写作的终极状态都表现为产生一篇文章，但激发写作行为的那个初级状态往往却是随机的。以小说创作为例，资料告诉我们：它可以是看见的一个人物、场面，或梦中，或想象，或看到一个画面，也可以是或想象或听到的一个故事，还可以是自己熟悉或在脑中活起来的一个人物，甚至可以是一种编排的技巧，一个思想或一个意念，等等。但不管从哪种初级状态开始，都可以达到写成一篇小说这个终极状态。这就意味着在那个很不相同的初级状态到这个相同的终极状态，各种构成要素的生成顺序和生成状态是异态纷呈的。

（4）每一个作者的写作都是处于一定的文化传统、政治动向、社会心理的包围之中的。这个大环境构成了一种特定的写作背景，它影响到作者兴趣中心、表现角度、写作技巧的选择和运用，影响到写作实践的进行和结果。当然，它并不是在同一时间、以同等的分量、通过同样的方式施加影响的；在每一次具体的写作实践中，由于内部环境的特定性，由它所诱发的外部环境的因素以及这些因素反过来对内部环境的影响是很不相同的。进一步，这些影响因素可能作用于写作实践的哪一阶段更是没有一定之规的，它有时候在写作之前就潜在地发生作用了，有时则是以偶然干扰的方式不期而至，突然闯入，从而导致写作实践改变其进程或结果，在这种情况下，写作行为就不可能完全按照既定的步骤、预先的设想那么线性、稳态地向前发展了。

（5）写作实践中，作者的写作状态同时还受到自身以及周围各种因素的影响。他的心境，他脑海中某一个毫不相关的闪念，他的睡眠，他与家人的关系，朋友的来访，编辑、出版商、读者的意见……每个作者都不得不接受来自各个方面的干扰。就每一个具体的干扰而言，都带有偶然性；就所有可能的干扰而言，又带有必然性。由于干扰的时机、性质、程度各不相同，它对写作实践的影响也不可能从理论上给出线性的、稳态的描述。

颜纯钧最后指出，写作实践本质上就是非线性的、非稳态的，它是可以由主体来控制的。要建立一种不脱离实践的写作理论，就必须改变把实践过程按线性的发展来划分阶段的思维定势。

颜纯钧所提出的写作行为的"非线性"问题，立刻引起了写作学界相当热烈的讨论。我在《现代写作原理》一书中曾这样论述写作行为的"非线性"："提出写作行为的非线性问题，是写作基本原理研究方面一个重大的突破，它开拓了我们理论研究的视野，使我们的研究更接近写作实际。在写作实践中，特别是文学创作活动中，写作行为的非线性确实表现得比较明显。但是，我们注意到写作行为的非线性方面，是不是就一定得否认写作行为的线性特征呢？在线性与非线性之间，究竟哪一种是写作行为最主要的特征呢？这些问题的确值得进一步思考。我的初步认识是，写作行为确实具有线性与非线性，但线性是最主要的，线性是它的常数，非线性是它的变数，没有常数也就没有它的变数，不掌握它的常数也就无法掌握它的变数。"若干年后，我依然持此看法。如果承认文章是社会生活的反映，那么，"物－意－文"之间的转换始终是存在的，写作作为一种在历时性线轴上完成的实践活动，就其本质来说无疑依然是具有线性特征的。我们固然要研究写作行为的"非线性"一面，但"线性"的一面同样值得我们研究。没有"常数"，也就没有"变数"，不掌握它的"常数"，就无法掌握它的"变数"。特别是对于写作学习者来说，如果不从一些"常数"入手，根本就无法登堂入室。作为一门行为科学的写作学，不能不对写作行为操作技术给出一定的常规性的描述。常规化的描述，并不是对写作行为"非线性"的否定。相反，我认为，要特别注意写作行为的"非线性"。写作有一定的"理"，但没有机械的、一成不变的"模式"。这有点像学武术，师傅传授给你一套拳脚，上阵全凭自己的灵活运用。倘若上阵的时候，只会演绎师傅传授的"套路"，那是不能克敌制胜的。这又有点像下围棋，不懂得棋理棋道，你无法深造、提高。倘若你真正懂得棋理棋道之后，可以随心所欲，不越规矩，下一千盘棋，便会有一千个样，不会盘盘相同，一成不变。我相信，写作行为的规律，很大程度上就体现在"变"与"不变"的矛盾运动上。

马正平认为，颜纯钧第一个研究了真实状态的写作行为（非线性非稳态的写作行为），代表了写作学界当时对写作行为研究的最高水平。但他经过研究以后认为，写作复杂性只是一种表面的现象，只是一种假象，在它背后有高度的简单、秩序、决定论，那就是写作思维的分形模型，即他所提出的"写作生长论"。马正平所提出的"写作自生长理论"（我们谈文章自生长理论时会有所介绍）其实并未脱离他提出的"知行递进"，我当时曾指出，试图对写作行为概括出一种精确的、固定不变的操作模型，是危险的，譬如说"知行递变"，写作难道就铁定地表现为一系列的"知行递变"？除了"知行递变"是不是还有"知行逆变""知行叠变""知行跳跃"？这是值得进一步研究的。

二、"非构思写作学"的提出

马正平经多年潜心研究之后，于2001年全国写作学会第11次学术年会上又提出了"非构思写作学"的问题，并把他的学术主张贯彻到他新近主编的《当代写作思维训练教程》之中。

他认为，所谓"非构思写作"是指作者在立意之后，对写作内容有一个大致了解但不确知、细知的情况下，运用一系列写作思维操作模型对文章内容（形式）——结构、材料、语言——的自由自动生成、生长的写作行为。①

"非构思"不是不"思"，而是不"构"，它是写作者经由自在到自觉再到自为、自由的一种写作状态，强调的是写作的生命性、动态性、变化性。"非构思写作就是指运用一整套写作思维操作模型来控制性生成文章立意、文章结构、文章材料、文章语言的自觉化生长过程。"

"非构思写作"意味着"一种动态的生长的写作行为观，即写作生长论。它的核心是写作内容不是选择、拼凑、组合、制作出来的，而是通过一定的写作思维操作模型、技术分析、自组织生长出来的。

"非构思写作"是一种不进行直接'构思'（结构的思考）的直接写作，但是，并不反对在心中对作品的酝酿、思考。"它力图消解静态结构的物化压迫，回归动态的"随心所欲而不逾矩"的心灵自由。

"非构思写作"的终极目的是，"用文字建造自己理想中的思想秩序、精神秩序、思维秩序、情感秩序、符号秩序"。

马正平认为，"写作是人类运用书面语言文字创造生命生存自由秩序的建筑的行为"，从本体论上看，文章就是秩序体，这个秩序体既包含语言秩序，又包含精神价值秩序。"非构思写作"就是要消解静态结构的物化压迫，通过一定的写作思维操作模型、技术分析，让文章自组织生长出来的。

马正平提出的"非构思"，无疑开拓出写作学研究又一崭新的境界，龚盖雄对马正平的"非构思写作学"曾有一大段激情洋溢的评论，偏激之中不乏精到的见解，我将他的要点摘引于下，以期引起对"非构思写作学"的关注：

　　"非构思"抓住了"立意－行文－修改"环节之中贯穿于写作的最本质最主导最直接最具行文原动力的持续的思维分形之流、意识混沌之源，以及语言的自组织、自生长、自纠缠、自参照的精神生命胚胎进程，展现、描绘、揭示了写作过程的魔变奇迹和人化心痕，彻底解构了"逻格斯中心主义"，这正是西方学者德里达最为神往、最为羡慕的东方诗意。马正平以亲身实践的思维范式展示了写作生长真正"不在场"的想象力的灵悟参与。由于马正平的"非构思"来他对写作思维模式全方位的演化，因此，他的理论超越了克罗奇的"直觉即艺术"的混沌概念，在强大秩序感的创造中，它指向了写作者身心自由的语言运动。

　　中国古典写作学最看重的主体本身的胸襟气度、学养抱负、人格修炼、身心参悟、读万卷书行万里路的沧桑阅历、事事洞明人情练达的事物触媒。这种重道而轻器的写作观导致了中国绘画、书法、戏剧、武术等都重大写意、大襟怀的人格表达。这种诗意人生与诗意的贯注，使一个作者当达到一定境界，打开胸怀就是妙笔，触及万物就是灵性，举手投足即是道，一举一动都是功。马正平的"非构思"正好还原了中国古典写作理论中最人性、最智慧的部分，同时契合了现代人争取独立精神独立人格的时空美感的高级需要。

　　"非构思"最美妙地把创造的触须探及"无知"对人类永远的诱惑：在成文之前，作者不

---

① 马正平：《"非构思写作学"宣言》。

甚了然于怎样成文，作品本身内在的生成力以及综合生态、心态、背景、语境的暗中介入，对作者无疑是一种挑战和诱惑，"非构思"终于触及写作艺术挑战人类既定文化"无中生有"的创造因果。

马正平从强调"写作即思维""写作即思维模式操作"到"非构思预定""非思维预定""无目的的合目的性"，其哲学品格正显示了人类对自我执迷的单向目的性、僵化目的性的消解和警惕。

人类思维总是要打破僵化程序既定体制对自己的束缚，以全新灵动的创意取代先行板结的指令，音乐中的"无调性"，戏剧、电影中的无剧本即兴拍摄，演讲的无底稿即兴发言，文学创作中的超现实、意识流，都演示出"非构思"的特点，因此，"非构思"写作理论可以看作20世纪人类世界最先锋写作试验的中国汉语原创总结和哲学智慧揭示。（龚盖雄：《21世纪中国写作学原创理论与知识分子使命》）

应该说，马正平对整个写作行为的描述是非常完美的：写作的终极目的也就是"用文字建造自己理想中的思想秩序、精神秩序、思维秩序、情感秩序、符号秩序"。这个"秩序"表现在空间上就是"境界"；表现在时间上就是"节奏"。要创造这个个秩序，作者在大致明确要表达的"意"之后，用不着结构性思考，可通过一整套写作思维操作模型来控制文章立意、文章结构、文章材料、文章语言的自觉化生长，而他所说的文章自生长，又是按着混沌分形——不断变换尺度的重复与对比进行的。

描述是美妙的，但带给我们的迷惑也多：诚如正平先生所言，写作的终极目的也就是"用文字建造自己理想中的思想秩序、精神秩序、思维秩序、情感秩序、符号秩序"，但这个"秩序"是否就是表达的"秩序"呢？即便是同一个概念，那么，他说的"秩序"——表现在空间上的"境界"，表现在时间上的"节奏"——是否可以通过训练得来？另外，他说的"思维操作模型"就是否一定就科学？即便科学，那么，中国古代的一些非构思写作，并没经过这些训练，它又从何而来呢？是否另有其途呢？

我们承认，文章写作是有自组织的现象存在的，如写小说，人物按自身的性格逻辑活动；写古典诗词，形式感会提醒我们自组织材料……但这个"自组织"，是否存在一切文体的写作之中？是否就一定按照分形原则，不断地变换尺度重复对比？还有，结构性思考是否就一定压迫写作者？按非构思的操作就一定解放人的天性？

疑虑实在太多了。

我这样说，并不是反对"非构思"，相反，我认为马正平的研究是卓有成效的，"非构思"的现象在写作中是存在的，我只是想说，不能用"非构思"取代一切写作。

诚如颜纯钧所说："长期以来，科学对待自己的研究对象一直持有一种简单性的原则，它导致这样一种思路，即把原本复杂性的事物约化为一些基本的单纯的关系来研究。"这一状况并非只有写作学存在，其他学科也在所难免。毫无疑问，在时间这条线轴上，写作行为的展开，完全可能是非线性、非稳态的，其中任何一个或多个因素在某一个阶段的介入都可能影响到写作行为的运行，它可能是递进的，也有可能是跳跃性的、螺旋式的。它既可能向同一性的方面转化，也可能向创造性的方面飞跃。与此同时，其各个环节各个阶段也不可能是一种完全线性递进的关系，它们是相互作用相互影响的，行为的结果从一开始就可能蕴涵于行为的动因之中，在"物"中可能蕴涵着不同形态的"意"与"文"，在"意"中又可能蕴涵不同形态的"物"与"文"；在"物－意－文"之间，完全可能存在着重合、逆变、螺旋式发展等关系。但我们不能忘了，在强调写作行为的"非线性""非稳态""非构思"一面时，是否意味着要否定写作还存在着"线性""稳态""构思"的一面呢？

关于写作行为"非线性""非稳态""非构思"等问题，是写作研究中非常复杂的一个问题，如果有志于写作研究，是值得深入研究的。

【思考与练习】

1. 在写作行为的内涵和外延上，人们还存在着不同理解，你赞同哪种理解？说说你的理由。

2. 请谈谈你对写作行为系统四要素、四要素之间的关系及其沟通中介的认识。

3. 请谈谈你对写作行为规律与写作行为内在运行机制的认识。

4. 请谈谈你对写作行为运行模式的认识。

5. 请谈谈你对写作行为特点的认识。

6. 请谈谈你对写作技巧的认识。

7. 你以前是怎样理解写作行为的，通过本章学习又是怎样理解的？如果整体地、宏观地把握写作行为，能给你的写作学习带来启发吗？如果能，带来哪些启发呢？

8. 如果你对写作行为的非线性问题感兴趣，试搜集有关资料，写一篇研究报告。

9. 读下面的文章，然后以"作文的回忆"为题写一篇文章，谈谈你对写作的认识。

我与写作

我想，我还是属于那种和作文比较亲的人的，从我学会写第一篇全是单句且点缀几个嬉皮的错别字的短文，到后来能写几个多重复句且穿插一些诸如"古人云"或"西方先哲说"的作文，再到渐渐有了自己的风格，浸染了某几种标志性的情绪，作文于我已成为一种不能释怀的感动，成为一种和吃饭睡觉一样平常的事，不值得炫耀但足以顾影自怜，自得其乐。

日记

遇有呼之欲出的情绪和心绪，我诉诸文字，这个时候的作文叫"日记"。它盛载花季的花，雨季的雨，陪你哭伴你笑的同时它已沉淀成一块膏，一粒咀嚼有味的糖，沉淀成一方窗棂，镶着我的喜怒哀乐，画着我的微笑和蹙眉。虽然写日记是一种作者、读者都只有我的寂寞的文字，可它同时也是一种天地间最逍遥自由的文字，不要违心的话语，不付任何责任。我尽可以满纸荒唐言，一把辛酸泪，到最后笔锋急转说"我心情又好了"。这种别人哭笑不得的文字是自己心思的倾诉，字里行间看得到心的暗花与火花激涌碰撞，再度读起足以让自己潸然泪下。

信笺

好多人喜欢收信不喜欢写信，我则二者兼而有之。收到信有共鸣就鼓动着自己赶快回信，平常萌生的强烈感受也忙不迭要和朋友一道分享，快乐悲伤一并咂摸，友谊的分量沉淀在几张信笺中，那感受真是别样的好。写信速度很快而且情绪饱满，极少字斟句酌，但确实是用心在写。幽默常是不自觉的流露，给朋友以莫大的欢喜。很多次，我读着，觉得正儿八经写的文章，倒不如一封信的文字空灵、律动、有活力。写信就好比同朋友谈心，有手势，有眼神的交换，有丰富的表情，一切自在自然，从不乏味。所以写信也是我喜爱的一种写作，它造成的效果往往是虽只有一个你预先知道的读者，但却"才下眉头，长在心头"。

命题作文

这是从小到大对你不离不弃的老朋友了。学前班、小学、初中、高中直到我坐到中文科班的教室里。虽然我喜欢自由的文字，但我也"爱吾师"——所以，在从小到大的语文老师眼里，我都是乖学生。每一篇命题作文，在人家搔首、咬笔杆、发牢骚时，我早已正襟危坐，开始构思了。我常想，写得好命题作文，才不愁写不命题的作文。蓦然回首，虽一碰到《春天》这样的题目我就不免要写"鲜红的杜鹃花，婉转歌唱的小鸟"；一遇《秋天》就情不自禁地抒写"啊，金黄的稻田，沉甸甸的果树"，但我还是伴随着命题作文的模式一步步成长起来。我书写速度一步步快起来，心一年年多愁善感起来，笔杆子也一次次地坚韧起来。直到高三写的一篇命题作文《母亲的手》在市报发表并广为流传，我才倏地发现，命题作文不正就是母亲的手？它手把手地教你写第一笔，第一个句子，第一篇文章，待到你渐渐成熟后，就趁你不发觉渐渐松开手，在背后静静地观望。

闲来练笔

这是不同于日记的一种写作，它庄重得多，我将畅游的思绪深置一点，开始最难耐的酝酿。这个时候，我体会到文人、作家所说的"内心如岩浆般地翻腾燃烧"，"真是甘苦自知"啊。好多次，我的心里难受得厉害，想半途而废。有的坚持了，有的放弃了，放弃了的，心里总是一个疙瘩，在某个时候来搔你的脑袋，撩拨你的心弦，让你拾之不愿弃之又不甘，譬如，这次看了一部《香草的天空》，好想写一篇影评，但内心千言万语要喷发却不知从何说起，终于放弃。所以，闲来练笔，心却是不敢偷闲的，它好像在小心翼翼地创造一部乐曲或雕塑一尊石像，让你心中有一种既恬淡又神圣的感觉。

第二章　写作主体论

【学习提示】本章讲的是技巧之外的"大技巧",讲的是如何从根本上提高我们的写作能力,让学生懂得如何从根本上提高写作能力,让学生获得终身教育的观念,通过"讲"达到"不讲",通过"课内"有效指导"课外"。重点是"写作主体的含义""写作主体及发生机制""主体修养""写作主体的人格知识智能结构""写作能力发生机制""写作主体的建构"。

在写作行为论一章,我们曾谈到,在整个写作行为系统中,"主体"起着非常重要的作用:首先,一切写作行为都必须由写作主体来实施,作者要为整个写作行为确定方向和目标,要创造性地加工客观材料,要赋予客观材料以生命和灵魂,要在写作过程中不断地调整、控制着写作行为。离开了写作主体。写作就无法进行;另外,写作主体的认识能力、业务水平、道德修养、文字表达能力,都影响到写作的质量、作品的效益。因此,写作主体,是整个写作行为系统中最为重要的因素。研究写作,我们先要从写作主体入手。

§1　写作主体的含义

从反映论的角度看,大家都承认写作是以文字形式反映客观现实的创造性的精神活动,它一端连着五光十色、丰富多彩的现实生活,另一端连着作品或文章,在由生活到文章的生产过程中,主体扮演了一个极为重要的角色。

首先,一切写作行为,都必须由主体来具体实施:作者要为整个写作行为确定方向和目标,要创造性地加工客观材料,要赋予客观材料以生命和灵魂,在写作过程中要不断地调整、控制写作行为,离开了作者这个主体,写作就无法进行。另一方面,写作顺利完成以后,写作的成品——文章,却成了文章主体的"表征"。作家蒋子龙说:"小说是作家灵魂的自白,多么高明的作家也不能用笔墨把自己的灵魂和人格包藏起来。"[①]其实,在其他体裁中也是这样,作者的灵魂、人格必然要在文章中显现出来。"文品出于人品""文格出于人格",是中国传统的命题。如刘勰在《文心雕龙·体性》中就指出:"夫情动而言形,理发而文见,盖沿隐以至显,因内而符外者也。然才有庸俊,气有刚柔,学有浅深,习有雅郑,并情性所铄,陶染所凝,是以笔区云谲,文苑波诡者矣。故辞理庸俊,莫能翻其才;风趣刚柔,宁或改其气;事义浅深,未闻乖其学;体式雅郑,鲜有反其习;各师成心,其异如面。"陆游在《上辛给事书》中也指出:"君子之有文也,如日月之明,金石之声,江海之涛澜,虎豹之炳蔚,必有是实,乃有是文。夫心之所养,发而为言,言之所发,比而成文。人之邪正,至观其文,则尽矣,决矣,不可复隐矣。爝火不能为日月之明,瓦釜不能为金石之声,潢污不能为江海之涛澜,犬羊不能为虎豹之炳蔚,而或谓庸人能以浮文眩世,乌有此理也哉?使诚有之,则所可眩者,亦庸人耳。"

一方面是写作行为有待主体实施,另一方面是写作的成品又表征着写作主体,可见写作主

---

① 蒋子龙:《内功与外功》,《蒋子龙文集》第 8 卷,华艺出版社 1996 年版。

体本身的"质量"也就决定了写作行为的质量、写作成品的质量，写作的一切技巧都应该从这里开始。研究写作行为，首先要研究的就是"写作主体"。

什么是"写作主体"？

我们平时讲"主体"，是相对"客体"而言的，指的是实践活动、认识活动中的人。那么，写作活动中的人，便是写作主体吗？那么，拿起笔来进行写作便是写作主体，放下笔来便不是写作主体了吗？如果这样机械地提出问题，等于什么问题也没有提出。

主体应该是自觉的、能动的。

在我看来，衡量一个人是否成为写作主体，有两条最基本的标准：一是看他是否具有明确的写作主体意识；一是看他是否能主体性地驾驭写作行为。

有的人写了一辈子文章，可他从来没有意识到有一个作为写作主体的"自我"，他在写作活动中永远是消极的、被动的。他或是湮没在文字之中噩噩无知，或是放弃自己的主体地位去进行近乎游戏的文字活动，他的一切写作行为都是外在的，附加的，都不是发自生命本体。这样的人是不能算作主体的，虽然他也经常写点什么。

能否意识到自身精神的主体性，实质上是对自己意志、能力、创造性、能动性乃至人格、尊严、价值的确认。只有确认了自己作为写作主体的意志、能力、创造性、能动性乃至人格、尊严、价值，写作才可能成为一种真正的、充满生命乐趣和创造激情的行为，而不是一种外在的、强制性的、游离于生命意志之外的、毫无生机与乐趣的行为。一个人只有意识到自身精神的主体性，他的写作才可能逐渐走向自觉。

主体地进行着写作行为，是主体意识确立后对写作行为的具体实施。

主体地进行着写作行为，首先意味着作者具有进行写作的聪明才智。他应该是一个熟练的、优秀的、善于创造性地运用写作技巧的人，应该是写作活动的真正的主人，而不是一个拙劣的、无能的、依样画葫芦的手工操作者。

主体地实施着写作行为，还意味着他主动地、自觉地认识自己的写作活动，他不但是写作活动的施行者，而且他还把自己的实践活动作为自己的认识对象，他随时都在自觉地认识着、反省着、调整着、控制着自己的写作行为，写作在他是一种高度自觉的、能动的、选择性的、目的性的行为。

主体地实施着写作行为，还应包括写作主体对自身的认识和调整，他应该自觉地把自己当作认识的对象，通过对自身的认识，更为自觉、更为内在地把握着写作活动。

也许有人会认为，上述的界说太严格了，如果按照这个标准去衡量，放眼写作实际，又有几个人够得上写作主体呢？但是，如果把写作主体下降到能够造句行文的水平，提出写作主体这个概念又有什么意义呢？

主体是在实践中建立起来的概念，它的核心在于能动性，即写作者能按照自己的意志、能力，创造性行动。强调主体性，也就是强调人的能动性，强调人的意志、能力、创造性与尊严，强调写作者在写作活动中的价值与地位。人是可以自我完成、自我实现、自我塑造的。黑格尔说："自然界的事物只是直接的、一次的，而人作为心灵却复观他自己，因为他首先作为自然物而存在，其次他还为自己而存在，观照自己，认识自己，思考自己，只有通过这种自为的存在，人才是心灵。"[①]在客观世界所提供的一定的条件下，人是可以最大限度地发挥自身的调节能力和创造性的，对于写作教学来说，教学的最大奥秘也就是充分调动学生的自主意识和积极性；

---

① 　黑格尔：《美学》第1卷，商务印书馆1978年版，第38页。

对于写作学习来说，习作者最根本的方法也就是强化自己的主体意识，自觉地完成对于自己的塑造。也许写作学的真正意义，写作学令人着迷的意味，也就在于它能造就许许多多优秀的写作主体。

当然，写作主体是一个发展的、动态的概念。写作主体只能是在写作实践中产生，人的写作行为是发展着的，每个人都是从不会到会，从知之不多到知之甚多，从不太会写到能写得甚好，因此，写作主体意识的确立，人对写作行为的主体性操作，都只能是一个动态的过程。与此同时，人的写作实践又是变化着的，他可能从写得不太好到写得很好，也有可能从写得很好变得才思日益枯竭。他可能大器晚成，也可能英才早慧，他可能立志很早，也可能半路出家。他可能一生如潮，也可能大起大落。因此，主体这个概念，总是相对于具体的写作实践而言的，脱离写作实践的写作主体是不存在的。

还需要指出的是，"写作主体"这个概念，不能等同于现实生活中的人。虽然我们平时说"人格就是文格"，"文品出于人品"，"要学作文先要学做人"，但写作主体与生活中的人并不是一个完全等同的概念，它们有相关的一面，也有不同之处。生活中的人，有着人的全部的丰富性，他有着作为人的最优异的一面，也有着人最复杂的一面，恩格斯就说过，人一半是天使，一半是魔鬼，这不是贬低人，而是在给人下定义。但人的主体性反映到写作中来，人总是把自己最优秀的一面向着人类社会敞开，他努力表现的是自己卓越的人生见解，自己最为美好的情感愿望，自己美好的道德修养，自己卓越的才华，他总是自觉淘汰自己不优秀、不健康的一面，他总是不断超越着自我，向着最为美好的精神境界升华，因此，我在前面曾强调过，就人类写作活动这种特性来说，写作乃是一门人的真正的美学，它是人类塑造自己美好心灵的一门令人着迷的学问！

§2　写作主体的发生

写作主体从何而来？当然不是从空而降，按鲁迅的说法，即使是最伟大的天才，生下来的第一声啼哭也不可能是一首诗。写作主体的诞生还有待社会的实践提供的契机和锻炼。

我们知道，一个人生下来的时候，他基本上是"混沌"无知的，他的意识水平和动物的意识水平差不多，他不知道说话，不知道认字，更不知道写作。只是随着年龄的逐渐增大，他才慢慢地学会了说话、认字、写作，向着真正人的意识水平上升。人处在这一阶段，写作对他来说，还只是一种社会的、外在的行为，写作还不属于他个人的、内在的行为。他对写作更不会有一种自觉的主体意识。

人上学以后，老师教他认字、写字，告诉他造句，写简单的作文，并告诉他有关作文的一些基本知识。这个阶段，人们逐渐掌握了写作的工具（语言、文字），开始了简单的写作。这时，外在的、社会的写作行为会慢慢地向个体渗透，逐步内化为写作者个体的行为。如果没有这种习得性的写作实践，对个体来说，写作行为永远是外在的，他一辈子也不可能掌握写作这种人类社会实践活动方式。但这种"由外而内"的"内化"，还只是初步的，表层的。习作者是否把写作行为这种外在的形式内化为自己的，属于自己生命本体的一种形式，还很难说。很多人在学校阶段还经常写一写作文，离开学校之后便再也难得提笔，便是明证。为什么会产生这样的结果呢？因为在这一阶段，写作对习作者来说，还不是一种"心心相印""欲罢不能"的形式，写作对他来说还是一种"若即若离"的东西。

写作这种行为，是很难由外界强塞给作者的。哪个老师不希望自己的学生都能写好文章呢？哪个父母不希望自己的子女能妙笔生花呢？事实上，如果一厢情愿的"强塞"，非但不能提高他们对写作的兴趣，反而适得其反，会使自己的学生或子女一听到"写作"就头痛。这也就是说，要实现"由外而内"的"内化"，关键是习作者内心对写作行为的"认可"，从内心萌动一种对写作行为的体认、追求和期待。

值得注意的是，这种"认可"并不是一种纯理性的认识，倘若认为对学生讲清写作的重要性，使学生意识到这种重要性，写作行为就可以成为学生的一种"内在形式"了，这还是一厢情愿。很多老师不厌其烦地讲写作的重要性（这诚然需要），很多学生自己也认识到了写作的重要性，但他们对写作还是提不起"神"来。

那么，使学生从内心"认可"写作，自觉或不自觉地将"写作行为"内化为像手、像脚、像五官、像大脑一样的东西，内化为自己生命意志、思维方式、生活方式的一部分，其关键是什么呢？无数写作实例告诉我们，其关键是习作者对于写作行为的一种肯定性情绪体验。

无数作家、文章家在回顾自己成长过程时都提到，他们之所以迷上写作，走上写作之路，终生以写作为业，是出于很偶然的机缘：或是，他在学校的作文写得不错，经常受到老师的表扬，便迷上了写作；或是，他周围的一些人，文章写得不错，他很崇拜他们，觉得写作很神圣，从而迷上写作了；或是他的一篇文章，偶尔发表了，从此一发不可收，迷上了写作……如果仔细分析这些事例，就可以发现，尽管其表现形态各异，其实质都是他们在写作行为上获得了某种肯定性的情感体验，从而唤醒了他潜在的生命意识。

我们不妨这样描述：当写作者一旦发现写作这种形式在某一点上最能体现自己的本质力量的时候，他本身的价值能够在写作行为上得到某些印证的时候，他的心中自然会体会到一种肯定性的情绪体验，当这种肯定性情绪积淀到他的内心，写作这外在的形式也就会慢慢融入他的血肉，转化为他内在的形式。

我们也可以从反面找到内化理论的例证。有人一提到写作就头痛，就厌恶。如果寻找他心灵深处的原因，就会发现，这往往与他在写作上遭受挫折、损伤的否定性情感体验相关。在写作方面自尊心遭到严重的损害，常常可以使习作者终生放弃写作，使他从潜意识里认定自己不是一块写作的料——写作这种形式不属于他本质力量的对应物——从而终生放弃写作。

当然，这种肯定性情绪体验的深刻程度决定了写作行为的内化程度。不妨以鲁迅先生作一个例证，鲁迅在《二心集·做古文和做好人的秘诀》一文中，曾幽默地谈到他幼年学习作文的情形。他说：

> 从前教我们作文的先生，并不传授什么《马氏文通》《文章作法》之流，一天到晚，只是读，做，读，做，做得不好，又读，又做。他却决不说坏处在哪里，作文应怎样，一条暗胡同，一任你自己去摸索，走得通与否，大家听天由命。但偶然之间，也会不知怎么一来——真是"偶然之间"而且"不知怎么一来"——卷子上的文章居然被涂改的少下去，留下的，而且密圈的处所多起来了。于是学生满心欢喜，就照这样——真是自己也莫名其妙，不过"照这样"做下去，年深月久之后，先生也就不再删改你的文章了，只是在篇末批些"有书有笔，不蔓不枝"之类，到这时候，即可算着"通"。

作为一篇杂文，鲁迅先生这里当然另有所指。不过，这里确实留下了他学习写作的痕迹。刚开始，他是谈不上什么主体意识的，完全是糊里糊涂的，像是在一条暗胡同里摸索。

经过反复的写作，反复的阅读，反复的模仿，"文章居然被涂改的少下去，留下的，而且密圈的处所多起来了"，于是"满心欢喜"——在写作行为上获得了一定的肯定性的情绪体验，写作行为也开始转化为他内在的形式——不过，这种转化，还只属于表面的、肤浅的，真正深刻、深层的转化，还是他后来去日本留学弃医从文的决定。当他发现写作这种行为方式与他拯救国民的理想、抱负、力量更为合拍时，他毅然选择了写作。他这种深层的情绪体验，终于促成了他对写作行为更深层的内化，写作几乎就成了他的生命，他的生活方式，思维方式。

促使写作行为"内化"的直接原因是写作者在写作实践中所获得的"肯定性的情绪体验"，那么，促使这种转化的深层原因又是什么呢？促使这种转化的更深层的原因，是潜藏在习作者心底的"自我实现的需要"。

写作究竟是什么？从不同的角度，有不同的回答。有人提出，写作是"人的形式化"，这个有悖于传统观念的命题乍一听很玄，细想是不无道理的。写作作为一种实践活动，本质上就是借助一定的工具、资料，将自己的意志、情感、智慧凝聚到自然事物上去，使它成为一种人化的自然。"人化的自然"不仅是人类自身的需要品，而且是人类自身的观照物，它象征着人类一定的自身，人类从它身上看到了自己，人类也从它身上实现了自己。

促使人们从事写作的动机确实是很复杂的，有把写作当作敲门砖的，有把写作当作谋生手段的，有把写作当作交流工具的，有把写作当作自己一种精神享受的，有把写作当作一种神圣事业的，有把写作作为一种战斗武器的……无论其动机的高尚卑下，无论其表现的纷繁复杂，隐藏在现象下面，最深层、最本质的原因，与人类自我实现的需要是分不开的。屈原在《离骚》中，无论是对现实的表白还是神奇的幻想，所要求的还是人们对他的理解；司马迁忍受奇耻大辱，"究天人之际，通古今之变"，耗尽了自己终生心血所聊以自慰的是"藏之名山"，"传其后人"；李太白"仰头大笑出门去，我辈岂是蓬蒿人"的自信，就完全依赖于他对作为诗人自我的高度自信；白居易把他的诗作抄写三份分而藏之，惟恐的是死后的湮没无闻；乃至方志敏在狱中写下自己的表白，伏契克在绞刑架下写出自己的报告，他们的动机、理想、价值观念、人生态度虽然不同，但他们进行写作无一不是为了得到他人的理解、承认，为了实现自我的人生价值。关于这一点，曹丕早在一千多年前就曾直截了当地表白过："盖文章，经国之大业，不朽之盛事也。年寿有时而尽，荣乐止乎其身，二者必至之常期，未若文章之无穷。"①

值得注意的是，"自我实现"是促使写作行为"内化"的根本原因，却不是直接原因。按马斯洛的观点，每个人都有自我实现的需要。但是，并不是所有的人都将写作视为"实现自己"的一种方式。对很多人来说，写作始终是一种外在的、工具性的东西。还有很多人，写作在他生命中并不具有任何意义，他甚至终生不考虑"写作"这个字眼，他们并没有把写作当作本质力量对象化的一种形式。相对整个人类社会来说，将写作视为自我实现形式的毕竟是少数，这是为什么呢？这是因为处于人类意识最深处的"自我实现"愿望，它还只是一种"潜能"，它还需要在社会实践中，寻找各种机缘释放出来，它还需要在社会实践中获得自己的形式，而人的社会实践是异常丰富多彩的，并非限定了"写作"是人类自我实现的惟一形式。比方说，一个人在写作中多次受挫，但他一展歌喉却能满座皆惊，他在写作中感到无法实现自己的价值，就有可能朝歌唱的方面发展，将演唱当作自我实现的一种"形式"。这也就是说，"自我实现"的需要必须通过"肯定性的情绪体验"找到实现自我的"形式"。

---

① 曹丕：《典论·论文》，郭绍虞《中国历代文论选》（一），上海古籍出版社1979年版。

不过，我们又不能忽视"自我实现"的需要，这是将写作行为内化为一种生命意志最根本的原因，一个习作者，如果没有"自我实现"的潜在意识，他就不可能由自为走向自觉，真正将写作行为转化为一种内在的生命意志行为。我们平时可以看到，很多人在习作中受到表扬，也曾"满心欢喜"，但最终并没有确立自己的写作主体意识，其根源也就在此。

关于写作主体的发生机制，我们不妨作如下的概括：写作主体形成的最根本的原因，是人类自我实现的需要。有人选择了写作，有人没有选择写作，其机制是看他在社会实践中能否将外在的写作行为，内化为属于自己的行为。实现内化的关键，是他在写作活动中所获得的对于写作行为的肯定性情绪体验。

§3　写作主体的修养

写作主体之所以成为写作主体，能够自觉地、能动地从事写作行为，是因为他本身具备了从事写作活动的一些基本条件、基本修养。从前我们谈主体修养，常概言之以"生活、思想、技巧"。古人讲主体修养，则强调"才、德、学、识、胆"。这些概括自然是准确的，但太笼统，不免失之空泛。我们再作一些具体的阐述。

所谓修养，主要指主体在知识、思想、技能、技巧等方面所表现出来的一定的水平，它主要是后天实践所致。写作主体的修养表现在哪些方面呢？除了基本的写作知识和写作技能，我认为，主要表现在知识、心灵、智能等几个方面。

一、知识构成

"无知是智慧的黑夜，是没有月亮、没有星星的黑夜。"古罗马哲学家西塞说的这句话对写作同样是适应的。从事写作生产必须有材料，主体所摄取、库存的材料如何，直接影响到主体的生产。与此同时，一个人的知识的程度（包括广度和深度）还决定了他对客观事物认识的程度。

写作生产不同于一般物质生产之处，在于这个材料不是由别人提供的，而是需要主体从客观世界中去摄取、储存。对于写作者来说，客体都是公平的，客观地存在着的。为什么各人的写作水平有高下之分呢？原因之一，就是各人所摄取、储存的知识、信息不同，这里既有量的不同，又有质的区别。这区别是由不同的阅历、学历所造成的。

若将知识、信息作一个大致的划分，它可以分为社会人生知识和科学文化知识两个方面。前者包括自然、风土、人情、人类社会活动、关系等，后者包括基础文化知识和专业知识等。

个体关于社会、人生的知识，总是与他独特的人生体验联系在一起的。这类知识不是从课堂上、书本上学来的，或主要不是从课堂上、书本里学来的。它主要来自于作者的阅历、社会实践。作者必须深入社会、独立生活、深入感受、切身体验，才能获得关于社会、人生的具体、真切的知识，否则就会流于肤浅和抽象，缺乏对社会人生的感性认识，不能把握社会、人生的血肉之躯。

大体而言，一个人童年时期最初的感知、活动、交往，往往会形成他最初的精神结构、感知方式、感受方式、思维方式、表达方式及其他行为方式的心理基础。这最初形成的精神结构、潜在心理基础，往往是以后发展的基础。一个人以后的经历，如在升学、就业、恋爱、婚姻上的种种顺利或不顺利的经验，都会在此基础上形成作者对社会、对人生的独特的认识、理解和感受。

关于科学文化知识，则主要来自学历，它是从课堂上、书本上学来的。一般说来，基础文化知识是在基础教育中获得的，专业知识是在受完基础教育后在高等学校接受高等教育所获得的。一个人学历的高低，往往决定了他的基础文化知识和专业知识的深度、广度，并影响到他对外部世界的感受和理解。

很显然，一个人的经历、学历，很自然地影响到他的知识、信息系统——而在现实生活中，每个人的经历、学历是不可能绝对一样的：即便是从小学一同读到大学，各人的自觉精神不一样，注意中心不一样，下的功夫不一样，知识构成也不会一模一样。从这一点讲，有多少个写作主体，也就具有多少个各具不同特点的知识系统。写作主体的能动性，首先体现在他对客观世界的能动把握上，正是这种能动的把握，为写作提供了无穷无尽的可能性。而缺乏这方面的修养，也就难以胜任写作行为。

一个人要从事写作，他首先要具备起码的科学文化知识，对社会、人生具有起码的了解，然后再在此基础上作横向的扩展，纵向的挖掘。对写作者来说，科学文化知识和社会人生知识都是必要的。不能设想，一个作者，只具有社会人生知识或只具有科学文化知识，就能顺利地从事写作，写出优秀的篇章。社会上，具有丰富阅历的人并不少，可并不是每个人都能开掘"生活的宝藏"；而缺乏必要的社会人生方面的知识，书本上的种种知识未必就能化为作者自己的"血肉"。究其所以，一切书本上的知识，它都需要感性生活的印证、消化，而生活的种种"实感"则需要文化科学知识的"梳理""熔炼"与"升华"。用培根的话说："学问锻炼天性，而其本身又受经验的锻炼；盖人的天赋有如野生的花草，他们需要学问的修剪；而学问的本身，若不受经验的限制，则其所指示的未免过于笼统。"[1]

尽管社会人生、文化科学方面的知识对写作者来说都是需要的，但从事不同文体的写作，对知识构成的要求是不同的。不同的经历学历，其知识结构的特点是不同的，对写作的影响、制约也是不同的。《英国社会科学》1981 年 9 月号上一篇文章作过一个很有趣的统计，它比较了出生于 1835 年至 1940 年间诺贝尔文学奖与科学奖获得者的早年生活：文学奖获得者 30% 以上早年家庭发生过混乱，至少失去了双亲中的一个（由于死亡或遗弃），或者经受了父亲破产、困顿；而成功的科学家往往来自上升稳定的家庭，较少遭受这样的悲剧困顿。这说明，不寻常的、动荡的生活经历，有利于形成社会人生知识方面的优势结构，有利于从事文学方面的创作；而优裕的生活环境，良好的教育条件，有利于形成科学文化知识方面的优势结构，有利于从事科学文化方面的写作。

当代学者宋耀良曾根据中国科学院文学研究所编的《外国名作家传》上、中集 293 名作家，作过一个统计，他统计的结论是：

（1）科技队伍，受过高等教育的占绝对优势。与此相反，作家不一定要受过高等教育，作家中没受过高等教育的占 52%，但真正从底层出来，几乎没有受过教育的又很少，只占了 0.04%。

（2）受过高等教育的作家人数在增长。18 世纪以来，受过大学教育的作家占全部受过大学教育的作家的 87%，且越到近代比例越高，在当代美国文学家中，几乎都受过高等教育。但非文学本科毕业的占总数的 44%。这说明，随着人类整个文明的提高，对作家的要求也在逐步提高，受过高等教育的人，对各种事物的感受、概括和表述等，毕竟要比其他人强，但文

---

[1] 《培根论说文集·论学问》，商务印书馆 1997 年版。

学本科的专业知识在文学创作中仍不起决定性作用。

（3）最能出作家的职业数当兵和记者，大大超过了其他任何一项职业，两者合计比例达25.5%。许多有世界声誉的作家不是当过兵，就是做过记者，具有丰富的人生阅历。[①]

他这些研究表明，文学创作对作家的知识结构有特殊要求：没有丰富的社会阅历，没有独到的人生体验，没有认认真真地读"社会人生"这本书，要想在文学创作方面有所作为基本上是不可能的。对于文学创作来说，不平凡的生活经历就是作家的一笔财富，"苦难有可能就是作者的才华""文章憎命达""诗穷而后工"是普遍规律，贪图生活的享受是不可能在创作上有大作为的。清赵翼就这些还写过一首诗："诗解穷人我未穷，想因诗尚未曾工。熊鱼自笑贪心甚，既要工诗又怕穷。"

但是，科学文化知识的获得，始终又是文学创作中一个大问题。没有深厚的科学文化知识，就会"发而无力""行之不起"。古今中外，卓有成就的大家，哪一个不是学识渊博、功底深厚？一个作家，他也许没有上过大学，但这并不意味着他在接受科学文化知识方面没有进行过严格的训练。倘若我们考察一下中国古代、现代的作家，更能说明问题。中国现代文学史上的作家，一个个学贯中西、淹通古今。中国古代作家们在接受"文""史""哲"的传统训练上，绝不比今天的一个大学本科生差。

宋耀良在该文中还指出了一个有趣的现象：科学家积累材料是纵向深入的，他可以围绕某几个专题或某一个专题展开；文学家积累知识则是横向拓展，他今天写了个战争题材，下一次也许写密林探险，再下次呢？连他自己也不知道。这个现象也是很有意思的。科学家的知识积累，可以在比较平稳、安定的条件下进行，可以集中力量攻其一点，可以围绕某一点作横向的扩展和纵向的深入。文学家的知识积累，却必须是"百科全书"式的，要"全面出击""广泛打捞"；他必须与社会保持广泛的接触，不能"幽居静处""独守一隅"。他需要在活生生的现实生活中，来拓展和形成自己的知识结构。

除了知识构成、积累方式方面的区别，我们还可以看到，在写作质量的稳定性方面，科学写作与文学写作也是有区别的。一个作家，他写出一部成功之作，并不能保证下一部作品就一定成功。而一位科学家、一位学者，他的写作则可以维系在比较稳定的状态，不会出现大的波动。之所以出现这种情况，与他们知识构成的特点有着紧密的关系。

从以上可以看到，写作主体营建自己的知识结构，确实是存在着许多"诀窍"和"奥秘"的：它一方面取决于作者的主观能动性，另一方面还有许多客观因素在起作用。甚至，它还涉及到作者的人生理想、价值追求。一个人耽于安静平稳的生活，他大概不会像文学家那样去"折腾"；一个愿意献身于艺术的人，他大概不会惮于生活的艰辛；有些人本无意于创作，可"社会"把他造就成了作家；有的人忘情于文学创作，可始终没有大成；有的人只适宜于在某一块窄小的园地内耕种；有的人却能在多个领域驰骋……这些都可以在知识构成方面找到原因。

二、主体心灵

写作不仅仅是客观事物的反映。任何客观材料，都必须经过写作主体心灵的浸透、整合，才有可能进入写作过程。王蒙谈到创作时曾指出："生活并不能直接化为创作，只有经过作家心灵的汲取、选择、消化、感应、酝酿、裂变、升华、飞跃，变成作家心灵的一种负载、力

---

① 宋耀良：《文学家的智能结构》，《上海文学》1981 年第 1 期。

量、火焰以后，作家才有可能进入创作过程。""正是作家、艺术家的心灵和智慧，赋予了日常生活、日常经验与体验以崭新的艺术生命。"①王蒙说的是文学创作，其实实用写作也如此。

主体有哪些方面的因素影响着写作呢？主体的思想、感情、胸怀、视野、文化品格、道德精神、对现实生活的洞察力、创造精神、美学修养、意志等，对写作的影响是决定性的。

客观事物作用于作者的头脑，作者不仅仅是把客观信息接受下来，而且还会形成自己对客观事物的认识、评价，产生相应的情绪体验。作者关于客观事物的思想、情感，不仅会作为材料，直接或间接地反映到文章中去（作者认识的深度、力度，观念的正确与否，情感的醇厚、真挚、宽广、深沉、丰富、细腻、敏锐、鲜明等，很自然地要影响到作品的品质），而且它还会在更深的层次塑造主体的心灵，形成主体对社会、人生的总的看法（世界观），形成主体的胸怀视野、道德精神、文化品格等。这些与"知识"有关，但又不同于"知识"，它们是"知识"的升华，是一种主体"精神"。

王东成在《生活与艺术人格》一书中曾指出：

> 人类的精神财富是一个巨大的金字塔：其最底层是知识，拥有较多知识的人是学问家（中国最不缺乏这种"学富五车"的学问家）；知识之上是理论，理论是对知识的概括和抽象，具有较多、较深理论的人是理论家（相对说来，中国是一个缺乏理论家的国度）；理论之上是思想，思想是对知识、理论更高度的概括和抽象，具有较广阔、较深邃的思想的人是思想家（中国极其缺乏目光如炬的思想家）；思想之上是精神，精神是知识、理论、思想的升华与超越，是人类永恒的财富、荣耀，永恒的智慧之灯与生命之源，具有至大至深的精神的人是精神大师（这种精神大师无论在中国还是在西方都是寥若晨星）。
>
> 从根本上说，思想不是标量，而是矢量。进步、正确的思想立场与倾向和深邃、独特的思想眼光与头脑，是一个人具有某种价值、魅力和风采的重要原因之一，也是整个人类具有某种尊严、光荣和权力的根据之一。帕斯卡尔说过，作为"一棵软弱的苇草"的人类，其全部尊严都源于有思想，"思想形成人的伟大"，"努力好好地思想"是人类的"道德的原则"（帕斯卡尔：《思想录》，商务印书馆1985年版，第157～158页）。进步、正确的思想立场与倾向和深邃、独特的思想眼光与头脑，是优秀的文学作品具有某种精神（思想的、审美的）穿透力与提升力的内在原因之一。同样描写中国人，鲁迅的作品就能比别人的作品更准确、更深刻、更犀利地刻画出国民的魂灵，发掘出国民性和传统文化的深刻内涵与底蕴；同样反映俄国的社会生活，列夫·托尔斯泰的作品就能比许多人的作品写得更真切、更深入、更独到，成为"俄国革命的镜子"；同样阅读一篇普通的桃色案件的新闻报导，司汤达就能从中透视出法国革命的风云与命运，写下享誉世界文坛的史诗般的《红与黑》。之所以如此，原因之一，就在于他们不仅仅是伟大的文学家，同时是伟大的思想家，他们具有一般的创作主体难以与之相比的进步的、正确的思想立场与倾向和深邃的、独特的思想眼光与头脑。伟大的、杰出的作家、诗人、艺术家往往是别具风采和特色的伟大的、杰出的思想家，这是被文学史、文化史一再证明了的事实。

真诚地表达真实的情感，是写作的一个基本原则，是主体素养的一个重要内容，也是作品价值的一个重要根据。真正意义上的写作活动，都是从"情有所动"开始的，文艺理论家钱

---

①　王蒙：《也说主体》，《光明日报》1985年9月19日。

谷融曾这样概括：

> 一个作家总是从他的内在要求出发来进行创作的，他的创作冲动首先总是来自社会现实在他内心所激起的感情的波澜上。这种感情的波澜，不但激动着他，逼迫着他，使他不能不提起笔来，而且他的作品的倾向，就决定于这种感情的波澜朝哪个方向奔涌的，他的作品的音调和力量，就决定于这种感情的波澜具有怎样的气势和多大的规模。

不仅是文学创作，实用写作同样需要情感，朱光潜谈到说理文的写作时就曾指出："文章如说话……首先是说话人对所说的话不能毫无感情，其次是说话人对听众不能没有情感上的联系，爱或是恨。这些情感色彩都必须在声调口吻上流露出。这样的话才有意义，才能产生期待的效果。"[①]费尔巴哈谈到自己的写作体会也曾指出："只有在问题激起我的热情，引发我的灵感的时候，我才能讲演和写作。"[②]

但情感是有广度、深度和力度的，没有真切的体验，即使是很富有想象力的大手笔，也无法创作出富有真情实感的作品来。作者的内心应充满着光明、正义、同情、悲悯与爱，无论写什么、怎么写，都应该从他们的文章里听到对虚伪、邪恶、丑陋、卑劣、黑暗的抗议与批判，对真诚、善良、美好、高尚、光明的歌颂与呼唤。王东成指出：

> 当代社会生活中的一个严峻问题，就是人的情感的"沙化"和人的意志的"软化"。在一定意义上说，这种"沙化"和"软化"比自然界的沙化和人类身体缺钙的情况还严重，后果还可怕。人们可以看到，现实生活中，许多人（其中包括儿童和少年）的心变得越来越硬越来越简陋：他们越来越少同情心、正义感，越来越少浪漫、幻想，相反，却越来越"实际"，越来越"功利"，越来越"理智"，越来越没有诗意。许多人的心变得越来越浮躁和脆弱：他们越来越缺乏耐心、专心和定力，越来越缺乏吃苦耐劳、甘于寂寞的精神，相反，却越来越趋炎附势、朝秦暮楚，越来越虚娇、萎缩、禁不住失败与挫折。人的情感的"沙化"和意志的"软化"，是人的精神退化，是真正令人忧虑的"人的危机"。这种人的情感的"沙化"和意志的"软化"，体现在文学创作中，就是"为情而造文""诗缘情而绮靡""修辞立其诚"等创作原则的被冷落和被遗弃，就是"心非郁陶""为文而造情"的文风的流行，就是情感的浅陋化、鄙俗化、单调化、商业化，就是浅尝辄止、见异思迁、哗众取宠、追星逐月的风气的大炽。

写作作为一种创造性的精神劳动，最终追求的是要有序地表达一种高远的人生境界、卓越的人生见解。因此，它不仅要求思想的光芒，对现实生活十指连心的情感，它还需要作者具有高远的人生境界、广阔的胸怀视野和对现实的深刻洞察力。他应该将广袤的宇宙、人生、民族、国家纳入自己的心胸，而不应该是为了一己的利益而奔走呼号。他应该生活在广泛、合理的参照系里，而不应该是一叶障目的井底之蛙。他应该对现实保持着新鲜卓越的识见，而不应该是浮在现实生活的表层。

构成主体心灵的还有他的道德精神和文化品格。

写作是人类精神中最情感化、道德化的一个领域，它直接诉诸人的情感与良心，伟大的、

---

① 《朱光潜谈说理文》，《新闻业务》1962 年第 2 期。
② 《费尔巴哈著作选》下卷，商务印书馆 1984 年版，第 504 页。

杰出的作家常常被誉为社会的良知与良心。叶燮在《原诗》中说:"我谓作诗者,亦必先有诗之基马。诗之基,其人之胸襟是也。有胸襟,然后能载其性情、智慧、聪明、才辩以出,随遇发生,随生即盛……不然日诵万言,吟千首,浮响肤词,不从中出,如剪彩之花,根蒂既无,生意自绝,何异乎凭虚而作宝也。"对写作来说,高尚的道德精神,是作者写作优秀作品的重要的人格资源。严肃的、有品位、有追求、有道德精神的作者,没有一个是轻视生活、冷漠生活、脱离生活的。他勇于承载历史苦难与重负,终生以赤子之心体验着人民的哀乐,谛听人民的呼声,触摸生活的脉搏,探索人生的真谛。如果一个作者具有高尚的道德精神,他就不会在社会邪恶、人民苦难面前装聋作哑、默不作声,更不会因为一己私利而怯懦、媚权、媚俗、违心、诛心。如果一个作者具有高尚的道德精神,他就决不会粗制滥造。

一般说来,文化气质与文化品格是主体人格的"底色"和"韵味"。王东成说:"文化知识素养决不仅仅意味着创作主体所具有的具体的文化知识的数量与质量,它更意味着创作主体所具有的文化气质与文化品格。也就是说,不能仅仅用拥有文化知识的多少、深浅等来判定一个创作主体的文化知识素养的高低;一个创作主体身上弥漫着、散发出的文化气息与文化品格,虽然比较模糊、比较空灵、比较潜在,但是,它在根本意义上制约着创作主体的文化意趣、文化层次、文化风格,对于创作主体的文学创作时时地、长久地发生着悠远、深沉的影响。其实,不要说作家、诗人、艺术家这种特殊的人,就是一个普通的人,如果他还没有把学到的文化知识内化、升华为自身挥之不去的文化气质与文化品格,即使他已经当上了教授、博士,他还可能仅仅是一个文化'菜农'(身上没有了山区老农的质朴、诚实,染上了一种某些郊区菜农的市侩与狡黠)。"我非常赞同他的观点。写作主体的文化气质、文化品格高,其作品的艺术品位也常常比较高,这是一个不争的事实。与读世间这部"无字活书"一样,读书最根本、最重要的价值在于它能够潜移默化地建构、陶冶创作主体的人格、素养,尤其是塑造创作主体的文化气质与文化品格。

写作作为一种创造性的精神劳动,它最需要的是创造性。写作主体应该是充满创造激情和创造力的人。他应该对生活充满时时常新的激情,并且能从中得到鼓舞、喜悦和力量。他应该保持着旺盛的创作激情和创造力,不但尽可能地吸收人类已有的精神财富,而且敢于接受未知事物、敢于探索未知事物,而不应该是人云亦云因循守旧。

作者的美学修养主要包括审美理想、审美趣味。高尚的审美理想是作者追求美的出发点,它在非常高远的意义上规定和指导着作者的写作行为,指导着作者对社会人生的理解,作者对生活的感应、判断,以及随后的构思、行文。审美趣味标志着作者对生生不息的自然界、纷纭变幻的社会生活、丰富多彩的文学艺术审美性质所达到的独到体验、理解和评价,直接影响到作者对事物的感受力。作者对事物的感受方式、重点、方向、力度不同也就直接影响到他的写作。因此,陈旧、过时、低级的审美趣味是一个作者时时都应该防范的。

写作作为一种独立的、艰苦的劳动,要求主体具有坚强的意志和勇气。作为一种创造性的精神劳动,写作是异常艰苦的。曹雪芹写《红楼梦》,增删数载;托尔斯泰写《复活》,前后修改达 11 年之久;歌德写《浮士德》,几乎耗尽了他整个生命。即便是短章小札,贾岛也有过"二句三年得,一吟双泪流"的感叹。没有坚强的意志,很难相信人们能够坚持不懈地进行写作。

另外,写作作为一种相对独立、创造性的精神劳动,对环境具有一定的独立性。这就意味着有可能受到打击、排斥、剥夺、挫折、磨难等,这也需要主体具有超人的意志和勇气。主体的意志品质,如独立性、果断性、坚持性、自制力以及大胆无畏、勇敢等,无不保证着、制约着作者的写作行为。实践一再证明，在人获得某种成功的各种因素中，志气比才气重要，意志比智力重要，一个人缺乏志气，缺乏良好的意志品质，即使再聪明，再有才华，再会算计，也可能无大作为或无所作为。如果主体意志品质薄弱，没有挺拔的意志和良好的品质，大都做不成什么事情。用王东成的话来说，写作主体必须有"心如枯井读诗书，蓬头垢面著文章"的甘于寂寞的精神，"咬定青山不放松，立根原在破岩中；千磨万击还坚劲，任尔东西南北风"的独立不移的艺术定力，"吟成五字句，用破一生心"的一丝不苟的写作精神，"结庐在人境，而无车马喧。问君何能尔，心远地自偏"的抗干扰能力，以及"不问收获，但问耕耘"的写作习惯和"板凳要坐十年冷，文章不写一字空"的艰苦扎实的写作态度。这种意志素养，是在长期的、屡战屡败、愈挫愈奋的生活实践和创作实践中逐渐形成。它是大作家、大诗人及其作品的砥石和摇篮，许多伟大、杰出的作家、诗人就是仰赖它成长起来的。

以上就主体心灵（精神）方面分别论及了主体思想、感情、胸怀、视野、文化品格、道德精神、对现实生活的洞察力、创造精神、意志等对写作的影响，我们可以把这些因素概言之以"人格"。"人格"是人之所以为人的那种"精神"。"人格"对于写作的重要不仅在于人格的一切都将或隐或显、或多或少、或直接或间接地反映到文章中去，与读者进行一种"人格"上的交流，而且更重要的是，写作主体的一切写作行为也是一种"人格控制"，它都需要凭借作者的人格修养来完成。歌德说："在艺术和诗里，人格确实就是一切。"在中国，更是强调"做人"与"作文"的关系，认为"文格出于人格""诗品出于人品"，要做好文，首先要做好人。王国维曾一言以概之："无高尚伟大之人格，而有高尚伟大之文章者，殆未之有也。"①

三、写作智能

写作的聪明才智主要表现为作者的智力和能力，敏锐深刻的观察力，优良持久的记忆力，丰富新颖的想象力，缜密深邃的思考力，灵活变通的应变力，以及立意选材、布局行文的表现力，都是写作所不可或缺的。这些，都是作者在先天的禀赋、气质之上经过后天的历练形成的。

所谓禀赋，指作者先天的生理因素。生理因素对写作是有一定影响的，要一个先天的弱智者成为写家，恐怕有一定难度，但禀赋对写作的影响不是决定性的，写作不像搞艺术和运动，先天条件至关重要，对写作来说，只要具备基本的生理条件，就完全可以学习和掌握写作。

比起生理条件来，气质对写作的影响要大一些。

按现代心理学的观点，所谓气质，是人的高级神经活动类型特点在行为方式上的表现，是个人心理活动的动力特征，它主要表现为：（1）心理过程的速度和稳定性，如知觉的速度、思维的灵活程度、注意集中时间的长短；（2）心理过程的强度，如情绪的强弱、意志努力的程度；（3）心理活动的指向性特点，如有的人倾向于外部事物，以外界获得新印象，有的人倾向于内部，经常体验自己的情绪，分析自己的思想和印象等动力方面的特点。

气质是在人的生理素质的基础上，通过实践活动在后天条件影响下形成的，并受人的世界观和性格等控制。人的气质的问题，很早就为心理学家注意和研究。早在公元前 5 世纪，古希腊学者就已经注意到人的不同心理特点，并根据人体的四种体液（血液、黏液、黄胆汁、黑胆汁）的不同比例，将气质分为多血质、黏液质、胆汁质和抑郁质。进入了 18 世纪，巴甫

---

① 王国维：《文学小言》《人间词话》，人民文学出版社 1980 年版。

洛夫关于人类高级神经活动类型的学说又为气质提供了自然科学的基础。巴甫洛夫根据高级神经活动的兴奋和抑制过程的不同特点，将高级神经活动划分为四种基本类型，并且指出，这四种基本类型，是和传统所说的四种气质相符合的：多血质相当于强而平衡灵活型；黏液质相当于强而平衡不灵活型；胆汁质相当于强而不平衡型；抑郁质相当于弱型。巴甫洛夫又"纯粹"着眼于人类，将人的气质分为思维型、艺术型和中间型。巴甫洛夫所划分的三种气质类型，与写作有一定关系：思维型的主要特征是科学抽象，它往往是以概念、判断、推理等手段去揭示生活的普遍本质，它往往善于从零乱的材料背后揭示出条理和隐秘联系。因此，思维型的作者，往往长于说明与议论，适合在逻辑思维的领域里开辟他的天地；艺术型的主要特征是艺术知觉，对于客观事物的完整知觉是人人皆有的，但是艺术型的人显得更灵活、敏捷。他更善于从艺术的角度去感知事物。艺术知觉属于一种审美知觉，又是一种情感知觉，它能从外在的动作去想象潜在的感情变幻，能对感性的性质、程度做出准确的估定乃至预测，它能够在感情的诱导和思想的制约下产生奇妙的联想和变幻，创造出新的艺术形象，它往往能将生活的思考和情感的体验和谐地统一起来，因此，艺术型的作者，往往擅长于描写与抒情，适合于在形象思维的天地里发挥作用；中间型的作者，往往兼有艺术型和思维型二者之长，既擅长于抽象思维，又擅长于形象思维，成为写作上的"多面手"。但禀赋和气质，始终只是一个写作者从事写作的基础。

通常认为，一个人的智力的核心，是他的感知力、记忆力、想象力、思维力。一个人的智力水平与他的先天素质有一定关系，但绝大多数的智力水平是由后天的社会实践所形成的。如感知力。很多材料都证明，人的感知力是可以通过训练培养的。人初生时，他只有感觉而没有知觉，几个月后，幼儿的知觉才飞速地发展起来，但在 3 岁之前，还停留在直观的感性阶段。随着年岁的增长和语言的日趋完善，随着逻辑思维和形象思维的加强，知觉才变得更加广泛、丰富、深刻起来。从不同的实践结果看，感知力通过一定的实践、训练，也可以得到提高。例如，一个普通人，比起品酒师、从事印染技术的工人，他们在味觉、视觉方面，就存在着明显的差异。又如对想象力的培养。黑格尔曾把想象称作艺术家最杰出的本领。英国物理学家廷尔曾把想象称作"自然科学理论的设计者"，马克思曾把想象看作"人类最伟大的天赋"，爱因斯坦指出："想象力比知识更重要。因为知识是有限的，而想象力概括着世界上的一切，推动着进步，并且是知识进化的源泉……是科学研究中的实在因素。"可见，想象力丰富不丰富，想象力发达不发达，无疑是智力水平高下的重要标志。而想象力并非与生俱来，也是可以通过训练培养提高的。现代心理学认为，在一般情况下，人们只动用了想象力的15%，通过特定训练，完全有可能开掘和提高人们的想象力。又如对思维力的培养。恩格斯曾明确指出，抽象思维能力是衡量一个民族智力水平的重要标尺，可见它在社会实践中所起的重要作用。一个人抽象思维能力差，就很难透过现象看到本质，很难有新思想，更不会有发明创造。而思维能力，也可通过训练培养提高。

一般把诸种心理能力在具体实践中的具体运用称为能力。

通常讲的能力，是指人顺利完成某种活动的心理特征，它作为心理能量保留下来，成为人们完成活动，掌握知识、技能不可缺少的条件。能力形成是建立在对多种事物分析、综合的基础之上的，它具有概括性，譬如观察能力、记忆能力、思维能力，一旦成为人的个性特征，在新的情况下，它就能广泛迁移，同一种能力，可以掌握若干种知识和技能。但这个意义上所说的能力，还只是心理学意义上的能力，并不是写作的能力。心理学上所说的观察能力，指的是对事物进行全面和细致的分析的能力，主要指直接的知觉能力；所说的思维能力，指的是对事物进行分析、综合、抽象和概括的能力；所说的记忆能力，指的是对信息进行识记、保存、再生、再认的能力（心理学把有意去记叫"识记"，把记着叫"保存"，把正确提取保存的信息叫"再生"，把有意的提取叫"想起"，把无意中想到最近发生的事叫"回想"，把一时想不起但最后又想到叫"再认"）。这些能力并非写作所独具，从事其他活动也同样需要。属于写作的能力只能在写作中形成，在写作活动中体现。

在写作活动中，作者对信息的接受力、储存力、组合力、创造力，就依赖于他的感知力、记忆力、想象力、思维力；作者只有通过感知，才能收集材料；只能通过记忆，才能积累材料与经验，巩固技能与技巧；只有通过想象与思维，才能对零散的原始材料进行梳理、归类、分解、组合、推导、概括、选择、判断、加工、开掘、提炼，它们是从事写作活动不可缺少的心理能力，是在长期的实践活动中逐渐形成起来的。

写作能力又表现出"技法""技能""技巧"等不同的层次。所谓"技法"，是指存在于写作活动或文章中的各式各样的方法。所谓"技能"，是指写作主体掌握和运用各种技法的能力。所谓"技巧"，是指写作主体对写作技能的巧妙运用。各式各样的"技法"，是我们从写作行为、写作成品中抽象、概括出来的。它作为一种方法、手段，是客观存在的，但离我们的实际运用，还有一段距离。写作主体学习、理解、掌握了各种各样的写作技法后，在写作实践中加以反复的运用、反复的实践，做到熟练操作、运用自如时，各种手段、方法就会内化为作者自己的方法、手段——这个时候，写作技法就会衍变为作者的写作技能——到这个时候，写作者也就具备了从事文章写作的一些基本能力。不过，这些写作技能还只是一些基本的、一般性的能力，作者还需在写作实践中，对这些技能进行创造性的运用，才能将一般性的技能，上升为创造性的技巧。技巧的综合运用，也就构成了我们平时所说的写作能力。

写作主体在后天的写作实践中，由于历练、个性和审美趣味不同，也就会形成不同的智能结构。

四、语言能力

在写作活动中，作者的语言能力是最重要的一个方面。在现代语言观看来，语言不是障碍我们生存的异己之物，更不是遮蔽我们行为、认识的屏障，它是沟通我们与对象世界的通道，是人的心灵、情感、智慧、欲望、视野的形式化；人创造了语言，反过来他又受到语言的制约——人生活在语言之中，他不能离开语言而直接面对客体——语言是客体之外的另一种现实，成了人和客体之间的唯一中介；语言同时又是一种文化功能，它既能再现社会现实状况，又能再现社会的语言状况；它不仅仅是交际的工具，同时也是人类的家园、人类存在的依据，"想象一种语言就是想象一种完整的社会生活"。人的思维模式和文化心理，主要依靠语言传递下来，当我们从前人那里学习语言的时候，也学到了一种思维模式和对世界万物的评价。对于写作来说，并不是先有了意义，然后才用语言使之物化，从本质上说，文章就是在语言中生成的，是由语言构成的。语言不是简单或次要的工具，而是创造意义的东西。语言在文本中具有双重功能，它既表达意义，又构成意义的一部分；它在表达意义的同时，也使自身显示出意义，是一种"有意味的形式"。语言能力，特别是书面语的表达能力，是一切写作者必须苦心经营的。

§4　写作主体的"人格知识智能结构"

以上我们从四个方面简约谈及了写作主体的基本修养。为了整体考察的方便，我们不妨将写作主体的修养视为"人格知识智能结构"，再总约地谈谈这个"结构"的特点。

写作主体的"人格知识智能结构"具有哪些特点呢？

一、差异性

写作主体的"人格知识智能结构"主要是在后天实践的基础上建立起来的，由于各人的阅历、学历及其他实践环节的不同，带来了知识、人格、智能方面种种的差异；"人格知识智能结构"上的种种差异，表现在写作行为上，每个人在写作中的得力点就不一样：有的人得力于生活，有的人得力于学历，有的人得力于技巧，有的人得力于语言修养，有的人适合于文学创作，有的人则宜于从事其他写作，像大家所熟悉的别林斯基，他在读书时喜欢写诗，一连写了好几年，可是都写不好，那些写成的或未写成的诗稿，都只好积压在抽屉里。他爱好戏剧，一度又想当演员，可是连一点演戏的才气也没有。最后，他发现自己有一种识别天才的非凡才能，尤其擅长于抽象思维，于是开始评论普希金，评论果戈理，终于成了一位伟大的天才文艺理论家。

二、变易性

不同写作主体之间的"人格知识智能结构"存在着种种差异，同一写作主体的"人格知识智能结构"则有着变易性，它时时在产生质的或量的方面的变易。这种变易，首先表现在年龄上，生理上。有人对一些作家进行过调查统计，发现他们写作的最佳年龄大约在30～35岁之间。其中：47位最有名的小说家平均最佳创作年龄是35岁，[①]41位抒情诗人最佳创作年龄为27岁，82位悲、喜剧作者的最佳创作年龄是35岁，25位哀歌诗人的最佳创作年龄是30岁，102位散文家的最佳创作年龄是42岁。最佳创作年龄与生活有关，与材料积累、情感积累有关，与写作主体生理机制的衰退也有关。如抒情诗人、哀歌诗人最佳创作年龄偏小，这与人的情感活动规律有关。对正常人来说，情感活动的高峰大多在青年期，这时最好写抒情作品，以后逐渐老成，激情减退，激情就会淡化，就会转向叙事体裁写作，写小说、剧本。到了老年，再转向写回忆录、小杂感、怀旧性散文一类的文体，这些写作文体的转移，说明写作主体"人格知识智能结构"的某些变化。另外，写作主体的"人格知识智能结构"的变易也与环境、生活的变化有关。外在条件的改变，往往会使作家心理发生整体性的变异。例如，"江郎才尽"，"庾信文章老更成"便是典型的例证。

三、稳定性

对一个作者来说，写作活动在客观效果上表现得很不平衡，有时好，有时差，但只要大脑的工作能力正常，而且客观条件允许，他的写作活动总要持续一段时间，甚至延续到晚年，像歌德，他在逝世前不久才完成了《浮士德》第二部书稿。巴尔扎克、福楼拜、屠格涅夫几乎在写作中度过了一生。高晓声停笔二十多年，平反时甚至连有些字都不会写了，但从他平反

---

① 徐师曾：《文体明辨序》，人民文学出版社1982年版。

后的作品看，与其早期写的作品，在感知方式、感知习惯、感知兴趣、想象特点、表达特点等方面，都有一定的相似性。拿王蒙后来写的《春之声》与他早年写的《组织部新来的年轻人》相比，表面上看，面貌迥异，骨子里却也有着一脉相承的东西。这些例子说明，写作主体的基本修养一旦形成，就具有一定的稳定性，它不但保证了作家能够坚持长期的写作，而且决定了作家长时期的创作在总体上体现出某种共同的东西，使创作打上了主体的印记。如鲁迅，他虽然用了很多笔名，但细心的读者马上会想到作者到底是谁。写作主体"人格知识智能结构"上的稳定性，不但保证作家创作的持续性，而且一旦得到发展和升华，就可能形成作家的风格。

四、可塑性

写作主体的"人格知识智能结构"除具有差异性、稳定性、变易性，同时又具有可塑性，他可能通过社会实践，及时地调整自己、丰富自己，从而塑造自己。以高尔基为例，高尔基原来叫阿辽沙，他起初爱好戏剧，干完一天活后就到集市上去看戏，有时还上台扮演不说话的跑龙套角色。他热心地学习表演，盼望能演些重要的角色，演不平常的戏，结果不成。他又想当一名马戏演员，把自己的身骨练了很久，到马戏团投考，但那里的人却说："你来晚了，你的岁数太大，骨头硬了。"后来他又瞒着人偷偷写诗，写下了一厚本诗稿，送给当时住在尼日尼的作家柯洛连梅看。柯看后批道："我觉得你的诗很难懂。"阿辽沙很难受地将诗稿撕碎扔到了火炉里。之后，阿辽沙漫游了几千俄里，在一个城市的铁路上工作，遇到一个流放来的革命家卡留日乃，他关心阿辽沙，阿辽沙也常对他讲自己流浪生活中的遭遇，有一次讲到遇见吉普赛人的情形，卡留日乃就站起来抓住他的肩膀，领他到另一间屋里去，说："阿辽沙，你把你说的故事写下来，写不好，我不放你出去。"阿辽沙感到很困难，但还是写了。第二天，送到《高加索报》的编辑部，老编辑看了连连说："好吧，好吧！但你还没有署名呢，你是谁?"阿辽沙踌躇了一会，坚决地说，"好吧，就这样署名：高尔基，玛克辛姆·高尔基。"这是他的第一篇小说，从此伟大的高尔基就诞生了。令人感到奇怪的是，早年的高尔基，写诗不成，演戏不成，写剧本更是可望而不可及，可是到他晚年，却成功地写了《底层》《小市民》等剧本。这是为什么呢? 这与他早期对戏剧的喜爱、关注有关，也与他后来多方面的创作实践有关。正是由于他坚持不懈的努力，调整丰富了自己的"人格知识智能结构"，从而逐步成了剧本写作的"料子"。

§5　写作能力的发生机制

"主体修养"属静态考察，"写作能力"则属动态考察。

谈到"写作"，"写作能力"是最具诱惑力的一个概念了，几乎所有的写作教科书，都把"写作能力"当作了自己的旨归，所有的习作者都盼望能够迅速提高自己的"写作能力"。但我们不能简单停留于对"写作能力"的顶礼膜拜，需要对它作一些理性研究。

我曾提出这样的疑问：一个作家，呕心沥血，一下出了一本轰动社会的优秀之作，他的写作能力可谓高矣。可是为什么他以后出的书，一本比一本差，有的甚至令人不忍卒读呢? 如果说是他创作态度方面的问题，可他主观上是尽心尽力、一丝不苟的呀! 为什么前一部书写得好，后面的书就写不好呢? 难道他的"写作能力"在一瞬间就消逝了吗? 如果说"写作能力"极易消失的话，那么这个极易消失的"写作能力"又是怎么一回事呢?

有的写作教师指出："写作技能"是一个"硬件"，"写作能力"是一个"软件"，前者看得见、摸得着，后者看不见、摸不着。在写作教学中，教师只能通过一些训练，使学生获得一部分写作的基本技能，至于"写作能力"，实在是力所难及。

这个令人迷惑的"写作能力"究竟是什么呢？我曾找来许多写作学著作研究，结果发现，写作学界对"写作能力"的理解是异常纷乱的：有人把写作能力等同于文字表达能力；有人把它视为书面语言的运用能力和文面处理能力；有人把它看作文字表达能力、思考能力（即对客观事物的理解及用文字来传达的能力）；有人把它看作立意、布局谋篇、驾驭语言的能力；有人把它看作感知力、构思力、文字传达能力；有人把它看作立意、选材、布局、语言的能力；有人把它看作叙述、描写、议论、抒情、说明的能力；有人把它看作记忆力、想象力、思维力、发现力（观察力）；有人把它看作采集力（包括感受、观察、体验、阅读、采访、调查研究等能力），立意能力，结构能力，叙述、描写、议论、抒情、说明能力，书写能力，修改能力，文体驾驭能力，文面处理能力……诸多说法，不胜枚举。这些说法表面上尽管不同，但有一点却是共同的，他们都认为：按照一定的操作程序进行训练，使习作者对这些操作程序烂熟于心，熟练操作，也就提高习作者的写作能力了。这种理解，实际上把"写作能力"等同于某些"技能""技巧"了。写作能力的提高虽然离不开技能、技巧，但决不止于技能、技巧。因为掌握了技能技巧，并不能保证写出高质量的作品，而写作能力通常指的是能创作优秀作品的那种能力。

以上种种诘难的结果，使我们不能不认识到，"写作能力"不同于"写作技能"。写作技能具有一定的稳定性，只要经过一定的训练熟练掌握后不会轻易消失，而写作能力则具有不稳定性，波动起伏变化很大。"写作能力"也不等于种种"写作技能"的相加，它是写作主体各方面因素综合调动起来后所进入的一种创造性的"生命状态"。所谓提高"写作能力"，关键是写作主体经过各方面的努力，积极主动地进入这样一种创造力高涨的"生命状态"。而这种工作，既不能由别人代替，也不是由某个因素所决定。

"写作能力"是写作主体创造力高涨的一种"生命状态"，是主体诸多因素所形成的一种"综合效用"。那么，构成"综合效用"的诸多因素有哪些呢？

马正平在《论写作能力的内在机制》一文中，曾对写作能力的内在机制作了较为深入的探讨。他指出个体进行写作行为、活动，本质上就是"做功"。所谓"能力"，本质上就是主体进行活动时所需或所付出的能量和力量。外在动作性活动，主要是一种物理能（体力）。内在思维性活动，主要是一种精神能（心力）。人在进行行为活动时，只有具备了这种物理能和精神能，他的活动才能顺利有效地完成。同时，任何能力都不可能是一个独立存在的实体，它必须在运作中才能表现出来。而人的操作行为，都是由动力系统和运转系统构成的一个大系统。动力系统是个体有效进行、顺利完成活动的推动力。运转系统则表现为行为的具体实施。这二者相互关联，相互作用，保证了行为的顺利进行。如果二者缺一，就不可能有行为的顺利进行。

那么，作为写作行为的动力系统，是由哪些因素构成的呢？它主要包括动机和意志。动机既指具体的某一写作动机，也指写作主体从事写作活动的整体动机。前者常常表现为写作冲动，后者表现为写作主体对写作活动的兴趣、信念、理想、意向及定势等。这二者是相互依存的。没有整体性的写作动机，就不可能自觉产生具体的写作冲动。而没有具体的写作冲动，主体就不可能进入具体的写作行为。写作动机是表层的动力性因素，更深层的动力因素则是个体的意志。意志是进行活动的心理保障，个体的意志品质如独立性、果断性、坚持性、自制力以及大胆无畏、勇敢等，无不保证着、制约着作者的写作行为。意志和动机构成了写作行为的动力系统，它们给写作行为以推动力。这种"力"，也就部分地表现为写作能力。人们平时说"意志是一种很强的精神力量"，"稳定的兴趣是人产生能力的一种条件"，其道理也就缘于此。

作为写作行为的运转系统，则包括四种因素："知识""技术""智力""人格"。这四种因素，保证了写作行为的运转，构成了写作行为的运转系统。

知识是形成技术、智力、人格的前提，是从事写作的材料。离开知识，写作就无法进行。知识的广度、深度特点，既影响制约了人格、技术、智力，也决定了写作的效果。因此，知识也表现为一种能力。培根说"知识就是力量"，正道出了知识的能力性品质。

写作需要技术。技术更是一种"能力"。人们通常就称它为"技能"。

写作同时离不开"智力"。智力通常表现为观察力、记忆力、想象力、思考力、判断力、应变力等。智力是更高一个层次的能量。心理学家认为能力的核心是智力。所以，人们通常将智力称为智能。

人格的思想修养、文化修养、道德修养、美学修养、价值取向、行为规范、思维方式，更是控制着写作操作运转，为它定向、定性，决定了写作行为以及写作行为最后成品的特色与质量，它是更深一层的能量，所以人们通常说，人格是一种"力量"。

以上诸多因素，在某个阶段、某层意义上都表现为一种"能力"。但这种"能力"还不是我们平时所说的能卓有成效地写出某一部作品、某一篇作品的那种"写作能力"。我们所说的那种能卓有成效地写出某一部某一篇作品的能力，不取决于其中的某一因素，或几个因素，而是取决于这诸多因素的综合效应，其中某个因素上去了，其他因素没有上去，构不成我们所企盼的那种创造性的"生命状态"。要提高自己的写作能力，首先是通过"动机""意志"等动力性因素，将写作运转系统的其他因素全部调动起来，进入一种状态。没有动力，也就谈不上写作能力。消极、应付的写作，不可能具有真正的"写作能力"，也不可能写出好的作品。从根本上说，要培养、提高自己的写作能力，要全面培养自己的人格、知识、智力、技巧、意志、动机，努力提高它们的品格，形成自己的特色，而这个工作，是在社会实践中日积月累，逐渐提高的，不能寄希望于某一次的训练、学习。

§6　写作主体的建构（一）

一、主体心灵建构的含义

写作主体不是一个静力学上的概念，它始终是能动的、贯穿作者一生的过程，它是一个不断的实践和建构的过程。

在写作行为论中我们曾谈到，"写作行为"这个概念，有狭义与广义之分，狭义的写作行为，以写作意图的产生到文章清誊完毕这个阶段为上下限；广义的写作行为则包括了"前写作""显写作""后写作"，写作学既要研究"显写作"，也要研究写作意图萌发之前，写作主体"积学以储宝，酌理以富才，研阅以穷照，驯致以绎辞"的过程；同时还要研究写作的传播、接受。

无论写作学习还是写作研究，都是不能忽视"显写作"之前的"准备阶段"的。前者固然重要，后者更为重要。因为，"写作过程"不是凭空而来的，它是在一定的条件和准备状态下产生的，这个起始条件和准备状态影响和制约了写作过程，如果忽视了写作过程产生之前的准备阶段，写作过程也就成了无源之水，无本之木。因而，就这一点看，真正的写作主体，他永远实行着两种行为：一是写作心灵的建构行为，一是文章制作的表达行为。

中国是一个"文章大国"，古人在人类历史长河中，曾以他们的聪明才智创造了灿烂非凡的古代文明，创造了我们至今犹叹为观止的不朽篇章。古人在总结他们的写作经验时，曾提出"诗内功夫"与"诗外功夫"这一对范畴，并且从不同角度，用不同术语，反复阐明了"诗外功夫"对写作是如何重要。例如韩愈在《答李翊书》中，曾提出著名的"气盛言宜"说："气，水也，言，浮物也。水大而物之浮者大小毕浮。"他认为为文的关键是"养其根而俟其实，加其膏而希其光。根之茂者其实遂，膏之沃者其光晔"，一个写作者应自觉地"行之乎仁义之途，游之乎《诗》《书》之源，无迷其途，无绝其源"。陆游则更加明确地告诉他的儿子："汝果欲学诗，功夫在诗外。"

真正意义上的写作主体都十分注意自己心灵的建构。司马迁为了写《史记》，不但博览群书，打下了坚实的知识基础，而且在20多年的时间里东游会稽、禹穴、姑苏、泰山，南历江淮、庐山、沅湘、九嶷、邛、笮、昆，西至崆峒、巴蜀以南，北经龙门、长城内外等地，足迹遍及黄河、长江和粤江流域，几乎走遍了全国。宋代散文家苏辙在《上枢密韩太尉》一文中则更加明确地描述了自己的建构行为："辙生十有九年矣。其居家所与游者，不过其邻里乡党之人，所见不过数百里之间，无高山大野，可登临以自广。百氏之书，虽无所不读，然皆古人之陈迹，不足以激发其志气。恐遂汩没，故决然舍去，求天下奇闻壮观，以知天地之大。"像大家所熟知的巴尔扎克，他为了充当"巴黎上流社会的书记官"，也曾用了10年左右的时间来做准备。

主体的心灵的建构行为较他的文章表达行为，对主体来说更为重要。一个写作主体，他也许可以中断一段时间的表达行为（如歌德之写《浮士德》），但他丝毫也不能中断他的心灵建构行为。他只有不断地调整、充实、丰富、提高他的心灵建构，才有可能不断地写出优秀的文章来。如果忽视或中止了写作心灵的建构行为，就意味着写作主体的失落。中国文学史上江郎才尽的故事，就是一个著名的例子，写作主体的创造能力诚如逆水行舟，不进则退，容不得半点懈怠与取巧。

二、主体心灵建构的内容

写作主体的心灵建构，涉及到许多方面的问题，其中最重要的，是心灵建构的内容和基本途径。我们这里先谈心灵建构的基本内容。

（一）努力提高自己的"人格知识智能结构"的质量

写作主体的心灵建构，首先就是自觉地通过各种途径、各种方法，提高这些方面的修养、素质。

歌德曾说，在诗和艺术里，"人格确实就是一切"。沈德潜说："有第一等襟抱，第一等学识，斯有第一等真诗。"[1]王国维说得更加直截："无高尚伟大之人格，而有高尚伟大之文章者，殆未之有也。"[2]人格是个体之间在思想、道德、尊严、自尊、意志等方面行为风格的差异，是指人之所以成为人的那种"精神特质""精神质量"。一个人要有力量，有能力，就必须

---

[1]　沈德潜：《说诗晬语》，人民文学出版社1982年版。

[2]　王国维：《文学小言》《人间词话》，人民文学出版社1980年版。

具有健康的人格。

对于写作来说，高远的人生境界、广阔的胸怀视野、深刻卓越的人生识见、充沛旺盛的创造激情、坚忍不拔的意志勇气，乃至独特优美的个性气质，是理想的人格修养。

写作作为一种创造性的精神劳动，最终追求的是要有序地表达一种高远的人生境界、卓越的人生见解。因此，它要求作者具有高远的人生境界、广阔的胸怀视野和对现实的深刻洞察力。他应该将广袤的宇宙、人生、民族、国家纳入自己的心胸，而不应该是为了一己的利益而奔走呼号。他应该生活在广泛、合理的参照系里，而不应该是一叶障目的井底之蛙。他应该对现实保持着新鲜卓越的识见，而不应该是浮在现实生活的表层。

写作作为一种创造性的精神劳动，它最需要的是创造性。写作主体应该是充满创造激情和创造力的人。他应该对生活充满时时常新的激情，并且能从中得到鼓舞、喜悦和力量。他应该保持着旺盛的创作激情和创造力，不但尽可能地吸收人类已有的精神财富，而且敢于接受未知事物、敢于探索未知事物，而不应该是人云亦云因循守旧。

写作作为一种独立的、艰苦的劳动，作为一种创造性的精神劳动，是异常艰苦的。没有坚强的意志，很难相信人们能够坚持不懈地进行写作。另外，写作作为一种相对独立、创造性的精神劳动，对环境具有一定的独立性。这就意味着有可能受到打击、排斥、剥夺、挫折、磨难等，这也需要主体具有超人的意志和勇气，这种意志素养，是在长期的、屡战屡败、愈挫愈奋的生活实践和创作实践中逐渐形成的。它是大作家、大诗人及其作品的砥石和摇篮，许多伟大、杰出的作家、诗人就是仰赖它成长起来的。

广博深厚的知识对写作来说同样是需要的，将宇宙、社会、人生纳于眼底，将社会人生、科技文化、思想理论知识蕴涵于心中，将历史、现实、未来蕴涵于眉睫，融广博与精深于瞬间，这是写作主体知识结构的理想品质。孤陋寡闻，不学无术，始终成不了气候。没有第一等的"学识"，也就没有第一等"真诗"。

(二)对自我不断挖掘

写作主体的心灵建构，还意味着对自我的不断挖掘，不断发现。

在写作领域，一个作者，想要十八般武艺样样精通，每种文体都有所成就，基本上是不可能的。在通常情况下，一个作者，只能依据自己的条件，找到几种切合自己的文体，以施展身手。为什么？这是因为每个作者的情况不同，某种文体对其创作主体的要求不同。

早在魏晋南北朝，曹丕、刘勰等，就意识到"文体"与"主体"之间存在着一种"双向选择"：一方面，是"夫文本同而末异，盖奏义宜雅，书论宜理，铭诔尚实，诗赋欲丽"，非通才鲜能备善；另一方面，是作者"才有庸俊，气有刚柔，学有浅深，习有雅郑"，只宜在适合自己的文体上施展才华。因此，一个自觉的写作者，在写作实践中，应不断地发现自己，设计自己，开掘自己，认识自己的才能，找到自己的"得力点"。像俄国作家克雷洛夫，年轻的时候写过诗，翻译过剧本，搞过喜剧，都不成功。后来又写滑稽剧本，70年后才出版。只待他翻译了法国拉·芳丹的3篇寓言后，才被一位老作家看出了才华，对他说："这就是你的体裁，你找到了它！"那时他快40岁了。于是他潜心写寓言，共出了9个寓言集，150篇寓言，成为世界著名的寓言大师。又如小说家屠格涅夫，刚从事文学创作时，主要是写诗，虽然受到好评，却并没有达到自己预期的效果。他常常怀疑自己的创作才能，一度想放弃文学创作。1847年，屠格涅夫在动身去巴黎之前，给《现代人》杂志留了一篇故事《霍尔和卡里内奇》，作为向文艺界的最后献礼。这篇小说以热情而真实的笔调，描写了在农奴制度压迫下农民的优美品德和超人才干，在他之前，还没有人这样描写过。小说发表后，受到了舆论界广泛的重视和好评。他在国外收到了别林斯基写给他的信："您自己还没了解,《霍尔和卡里内奇》到底是篇什么样的东西……根据'霍尔'来看,您的写作前程无量……找出自己的道路,了解自己的地位——对一个人来说这就是一切。这就是说明他掌握了自己的未来。"——"找出自己的道路",正是屠格涅夫长期探索的问题。别林斯基从他的步履下看到了并且及时地指示给他,于是,最后的献礼就成了他扬帆远航的信号,屠格涅夫又满怀信心地投入了文坛,并成为世界最优秀的小说家之一。

这些例子说明,写作主体在建构自己心灵时,在各种契机中"发现自己,找到自己"是如何重要。不过,"发现自己,找到自己",并不意味着朝秦暮楚,见异思迁,而要建立在科学的分析、把握之上。就写作成才的情况看,各人机缘和得力点确实是不一样的:有的是功在不舍,有的是功成于勤;有的是训练有素,有的是多难兴才;有的是得益于学识,有的是得力于生活;有的是重点突破,有的四面铺开;有的是擅长于感觉与想象,有的得力于缜密与理智——其中莫不有一个"寻找自我、发现自我"。"寻找自我、发现自我",是写作主体能动性、自觉性的一种表现。写作主体的心灵建构,意味着人在写作活动中的自觉性、能动性、目的性、选择性、超越性。他不仅仅是作为写作行为的主体力量,还直接参与了自己人格的塑造和命运的设计。一个作者,如能充分地意识到自身是一个具有无限创造力的自我调节系统,自觉地建构内心雄伟的调节工程,最大程度地调动和发展自己的创造才能,就有可能达到前人尚未达到的彼岸。

§7 写作主体的建构(二)

"阅历"是写作主体建构心灵的基本途径,它对于廓开主体胸襟,形成主体思想,提高主体学识,形成主体个性、气质有着重要的意义,同时也是写作的基本保障。任何文体的写作,无一不基于作者对社会对人生的了解与把握。"世事洞明皆学问,人情练达即文章",说的就是这个意思。阅历越丰富,写作的本钱也就越多,越厚实。个人的生活实践、生活感受对写作者来说始终是重要的,厚积于内,薄发于外,见识卓然,机杼独具,斐然成章,才可能有高质量的文章。如果目之未瞻,身之未到,妄想揣摩,硬写硬挤,东拼西凑,勉强为之,只可能是浅薄无聊之作。

"阅历"这个词,含两种意思:一个是"历",一个是"阅"。前者指作者的亲身经历,后者指对社会人生的观察、体验。怎样看待"阅"与"历",怎样丰富自己的"阅历",是每个写作者都应认真考虑的。

一、"历":作者的亲身经历

我们先从"历"亦即作者的亲身经历说起。

一个人生下来,他就在生活着、经历着。他要经历各种各样的人和事,体验着各种各样的欢乐与痛苦。大体而言,一个人童年时期最初的感知、活动、交往,往往会形成他最初的精神结构、感知方式、感受方式、思维方式、表达方式及其他行为方式的心理基础。这最初形成的精神结构、潜在心理基础,往往是以后发展的基础,以后的经历,如在升学、就业、恋爱、婚姻上的种种顺利或不顺利的经验,都会在此基础上形成作者对社会、对人生的独特的认识、理解和感受。

但人与人的经历是不同的,有的人经历单纯,有的人经历复杂;有的人一帆风顺,有的人历尽坎坷，不同的人生经历，也就有了不同的人生经验。

对写作来说，一个人的人生经历越复杂越好。特别是文学创作，丰富的生活积累，独特的感情体验，乃是一个作家的理想素质。一个成功的作家，他的经历往往是丰富的。像海明威，他一生经历了两次欧战，身上带有 100 多块弹片；曾两次飞机失事而幸免于难，有着生与死的充分体验；他曾在巴黎斯坦因夫人的沙龙里风雅过，又曾去过西班牙战场冒险；他周游了大半个世界，斗牛、拳击、钓鱼、酗酒，什么都干过。所以说，一个作家、写作者，应尽量扩大自己的生活面。

丰富的经历固然是令人羡慕的，但它又是非决定性的，有些作家的生活经历不是很复杂、很丰富，同样写出了优秀的作品。像福楼拜、契诃夫，他们的经历并不复杂，可同样写出不朽的杰作，相反，有的人见的世面多，经历的事情多，并不一定对生活就有深刻的理解，并不一定能写出好的作品。这里的原因当然很多。但其中一个原因是明显的。复杂的经历，还只是生活的"面"，"面"固然重要，但更重要的，是要"沉入"到生活中去，去把握生活的"血肉之躯"，这样的生活，才是实实在在、扎扎实实的。

"沉"入到生活中去的关键又是什么呢？那就是义无反顾地、全身心地介入到生活的矛盾中去，介入到生活的漩涡中去。

中国有句古话，叫作"诗穷而后工"，"文章憎命达"。为什么说坎坷的遭遇，不幸的经历，是写好文章的条件？相反，太顺利了，太美满了，反而写不好文章？其原因是，不幸的遭遇，往往使你自觉不自觉地处于生活的矛盾之中，使你能够深刻地体会生活的酸甜苦辣。而生活的本质就体现在各种矛盾之中——这使你对社会生活的本质，有了具体的、有血有肉的把握。而一个人太顺利，太美满，什么都安排得舒舒适适，什么矛盾都找不到他头上来，他对生活就缺乏深刻的理解。有的人在生活中，看见矛盾就绕道走，事不关己，高高挂起。这样的人，要获得深刻的人生体验，同样是不可能的。

能介入到生活中的矛盾中去，就能获得深刻的人生体验吗？也不一定。

生活中的矛盾，无论是个人与环境、个人与集体、个人与家庭、个人与社会、个人与个人之间的矛盾，还是大矛盾、小矛盾，更小一点的矛盾，从本质上说，它都反映出一定的社会内容，人生内容。但是，一个人遇到矛盾，惟一关心的是个人的喜怒哀乐、个人的利害得失，他同样不能深刻地把握生活。一个人要深刻地把握生活，一方面，这一切矛盾都要与他休戚相关，"十指连心"；另一方面，他又要将自己的心扉向社会、向人类、向他人真诚地敞开。当他能够从自己的喜怒哀乐、利害得失读到社会人生的内容时，他才算真正地读懂了生活。不然，他尽管终日长吁短叹伤心落泪，仍然逃脱不了肤浅与平庸。

从上面的分析我们可以看到，一个作者的经历，一方面取决于他的"面"，一方面取决于他的投入程度。"面"固然是重要的，要尽可能地扩展它；但我们也不能一天到晚幻想着"地震""飞机失事""世界大战""到处流浪"。比较具体可行的是，扎扎实实投入到眼前的生活中去，认真体会发生在生活中的种种矛盾，从而获得丰富而深刻的人生体验。

个人的生活经历、生活经验非常重要。作者对社会、对人生的整个理解，就是在这个基础上展开的。而这个经历、经验，不是从书本上读来的，不是他人传授的，完全要靠自己全身心地投入，全身心地感受。因此，一个写作者要丰富自己的经历、经验，就不能贪图安乐，贪图享受，要全身心地投入，自觉地付出，自觉地吃苦。付出得越多，苦吃得越多，人生的经验也就越丰富。

二、"阅"：作者对社会人生的体察

再说"阅"。

一个作家的经历再丰富，也是有限的。除了本身的经历，还要多"看"。要睁大眼睛"阅尽人间春色"。要在"看"中增加自己的见识，扩大自己的生活面，增强自己对社会、对人生的了解。古人强调"读万卷书"，同时还强调"行万里路"，其要旨就缘于此。

"看"也是大有讲究的。走马观花似地看，漠不关心地看，它永远浮在生活的表层。不动心思地看，没有开掘地看，依然一无所获。有的人看别人吵架，津津有味地一看就是半天。问他看到了什么，他问答说："他们吵架吵得很凶，男的很凶，女的也很凶。"问他还看到了什么。他再也说不出个子丑寅卯来。这样的"看"，是"白看"。

作者观察社会、观察人生，要善于将他人的生活、外在的社会生活，内化为自己的生活，内心的生活。外在的生活，他人的生活，要像发生在自己的身上一样，一个作者才能从"看"中真正地体味人生。王东成在《生活与艺术人格》一书中曾指出：

> 作为生活素养的一个重要内容，一个人所具有的将外在的社会生活（自己的，别人的；现实的，书本上的）内化为自己的心理体验、心理现实的意识和能力，是更为重要、更为宝贵的。这种意识和能力，是一种具有极高价值的视力、识力、感受力、理解力。具有这种意识和能力的人，善于读自己，读别人，善于把自己的、别人的、现实中的、书本上的生活在自己心灵的舞台上重新上演，在自己的故事和别人的故事中流下由心田淌出的泪水，尤其善于从那些在别人看来司空见惯、平淡无奇的事物和现象中，发现、挖掘、提炼出独特、新颖、有价值的东西来。这样的人，就是有心人，就是眼睛长在心上的人。
>
> 一个人所具有的将外在的社会生活内化为自己的心理体验、心理现实的意识和能力，之所以比他所既有的人生阅历和生活积累还重要、还宝贵，道理似乎是不言自明的。人生在世，不可能事事亲历。一个人的阅历再丰富，再复杂，再开阔，若与广阔无垠、丰富无比的社会生活相比，也是极其简陋、极其单调、极其狭窄的。所以，一个人若要较多地获得人生体味和生活经验，除了尽可能地扩大自己的直接生活范围和加深对自己的"生活基地"的开发外，就是要努力增强自己的内化意识与内化能力。这点，对于作家、诗人、艺术家来说，就更为重要。在相似相近的社会环境与人生经历中，有的人颇多发现、体会和收获，而有的人则甚少发现、体会和收获，一个重要原因，就是人与人的内化意识与内化能力不同。实际上，一个人只有具有了相当的内化意识和内化能力，他才可能把自己的人生阅历变成自己的生活积累，变成自己的精神财富，否则，连自己的人生阅历也不属于自己。这就叫"白活"。所以说，内化意识和内化能力是一个人真正提高自己的、直接的人生阅历的价值，并且从别人的、间接的社会生活中汲取滋养和借鉴的内在因素，是一个人生活素养水平的重要标志。优秀的作家、诗人、艺术家由于具有很强的内化意识和内化能力，所以他们能够从野史逸闻、传说故事、新闻报导、街谈巷议等中汲取间接的生活经验，丰富自己的生活积累，提高自己的生活素养，创造出优秀的文学作品。优秀的作家、诗人、艺术家大都是"耳功""道听途说"之功极强的人，大都有一颗极为敏感、极善吸纳的心。

前苏联文艺理论家赫拉普钦科指出：

> 伟大的作家有时是有伟大经历的人，有时却不是。果戈理、契诃夫的生平都不是以充满着外部重大事件见长的。不是这些外部事件决定着他们的精神生活的强度，而是那种对于现实的深刻感受使一些卓越的作家从微小平凡的日常事物中看到伟大与不平凡的东西。

除了"阅"中要有"体察"，"看"中还要有"悟"，作者观察社会、人生，要有所体悟，要将他人的生活、外在的社会生活，来印证、丰富、加强自己的人生感受，或用他人、社会的生活来纠正、补充、提高自己的人生感受。这样地看，才能真正有所收获。

§8　写作主体的建构(三)

阅读对于写作主体的形成与建构是非常重要的。可以毫不夸张地说，离开了阅读，任何写作主体都不能够形成，写作莫想成才。

阅读对主体有哪些意义呢？

首先是"语言材料""语感""写作技巧""文章图式"以及"知识"的获得，必须通过阅读。

写作需要语言材料。"夫人之立言，因字而生句，积句而成章，积章而成篇"。"言之无文，行之不远"。语言材料的核心是词汇。不论多么优美的语句，多么动人的表述，都离不开一个一个的"词"。词相当于"思维"中的"概念"。没有足够的"概念"，你就很难进行判断、推理并得出结论。丰富的思想，一定表现为语言词汇的丰富；相反，词汇贫乏，语言干巴，其思想也一定十分贫乏。另外，词汇的贫乏，也导致了文章语言的平淡、板滞。没有丰富的词汇，就难有周密、严谨、生动的表达。冰心说："一块积木摆不出东西来，两块就有了对立面，三块就可以搭个过门，四、五、六块就更好，可以摆个比较复杂的东西了。拿词汇来说，你没有积累到相当多的话，就没法挑选，因时因地制宜地把它放在适当的地方。"她又说，词汇就像自己的存款折子，"存折上的财富愈多，你手头就愈宽裕，用起来就方便了"(《谈点读书与写作的甘苦》)。丰富的词汇从哪里来？绝大部分要从阅读中来。

"语感"是建立在词汇基础上的一个更为"玄妙"的问题。所谓"语感"，是指作者运用语言时，对语言所持有的特殊的敏感。它似乎看不见，摸不着，但又确确实实存在着。就如"乐感"。一个"乐感"强的人，一张嘴就中腔中调，一迈步就合节合拍。一个乐感不强的人，一张嘴唱歌就跑调，一入舞池就显得笨手笨脚，"手不是手"，"脚不是脚"。一个"语感"强的人，他对词语在音、形、义、感情色彩方面的微细区别，能一目了然；他对每一个字词句式的运用，都凝聚着自己独有的情感体验；他对每一个语境的特定含义，能够以心相应，了然于心。一个"语感"不强的人，他对语言的精彩微妙"徒识皮毛"，反应迟钝；对语言的运用，往往粗糙、马虎、缺乏神韵。"语感"从何而来，也只能通过细心的、大量的阅读培养。

技巧的获得，也是这样。我们通常谈技巧，总是一个一个谈的，这样谈，很容易造成一种误解，好像技巧是外在于作品、文章之外的一个东西，一看就明白，一拿来就可以用。其实细心体会一下，就可以发现，并不是这么一回事。要真正地理解技巧，除了一般的、抽象的讲述，更需要结合具体文章去感受。如果脱离了文章的具体阅读，如果不是从作品本身去理解技巧，种种写作技巧，就成了一种无法了解、把握的东西。

　　阅读在磨砺主体思想，增长作者才识，开阔主体胸襟，培养作者气质，锻炼作者思维，开发作者智力等方面，有着更为重要的意义，古往今来的写作者，无不从中得益，杜甫总结自己的经验是"读书破万卷，下笔如有神"。韩愈认为自己能做到"器大声闳"，"气盛言宜"，主要得力于阅读："口不绝吟于六艺之文，手不停披于百家之编。记事者必提其要，纂言者必钩其玄。贪多务得，细大不捐。焚膏油以继晷，恒兀兀以穷年"（《进学解》）。清李沂在《秋星阁诗话》中指出："诗须识高，而非读书则识不高；诗须力厚，而非读书则力不厚；诗须学富，而非读书则学不富。"英国唯物主义哲学家、散文家培根在《论学问》一文中，也曾总结自己的经验说："人的天赋有如野生的花草，他们需要学问的修剪……史鉴使人明智；诗歌使人巧慧；数学使人精细；博物使人深沉；伦理之学使人庄重；逻辑与修辞使人善辩……学问变化人的气质……精神上的缺陷都可以由相当的学问所补救。"这些论述，都从某一个侧面，强调了阅读对于主体心灵的塑造，胸襟学识的培养。

　　在一定意义上说，写作就是"做学问"，因此，主体应该是很有学问、很有知识的人。而基础文化知识、思想理论知识、专业知识不但为写作提供了思想、观点、知识，它还将形成主体的文化品格与气质，影响到主体思想理论的眼光和头脑，开掘主体的心智与能力，塑造写作主体的心灵。基础文化知识，思想理论知识，有关的专业知识，主要来自学历、课堂、阅读。——阅读的全部意义也就在这里。至于写作中时时要引用、运用书本的知识，写作中时常要查阅有关的资料，这是每一个写作者所常遇到的。

　　阅读不是泛泛地看，它有它的原则和方法。一个人如果一辈子沉溺在"武侠""言情"之类的书籍中，不会有多大的收获。作为主体建构的一种途径与方法，它本质上是主体对自己的一种自觉的设计与塑造，它有明确的目的性和选择性。阅读既是主体心灵建构的一个重要途径，也是聚材的一个重要途径。作为一个写作者，应该将平时的积累性阅读与临时的搜寻性阅读很好地结合起来。阅读的原则是：

一、有所选择

　　据有关方面的统计，现在全世界的图书已有3000多万种，并且以每年60万种的速度在增加。此外，世界上每年还要出版10多万种杂志，400多万种资料。如果一个绝顶聪明的人，拿到什么书都可以读懂，一小时读一本，一天读10个小时，一年365天从不间断，也大约要花165年才能把全世界每年出版的60万种书读完，而这是绝对办不到的。

　　人生有涯，知识无涯，如何在有限的生命中迅速掌握前人所总结的知识，并加以创造性的发展呢？作为一个有时代感的现代人，就需要结构性的眼光，在最短的时间内，从书籍中选择、吸取和制作他所需要的知识，形成自己最优化的知识结构，以适应社会发展的需要。

　　应该选择什么样的书读呢？王东成在《生活与艺术人格》一书中，曾有一段很好的论述，他说：

　　　　一是基本的书。这类书是一个人建造自己精神大厦的基石，是喂养自己文化生命的"母乳"。人们就是在这种精神大厦的奠基中，在这种文化"开口奶"的吮吸中，为自己的人生抹上第一层"底色"，形成影响自己一生的文化"童子功"的。最基本的东西（包括最基本的知识、观念等）往往是最根本、最具有制约力、最具有战略意义的东西。中国近现代史上那些"两脚踏东西文化，一心评宇宙文章"的大作家、大学问家，为什么有那么强的文学和文化创造力，能够耸起一座座文学、文化的高山和一片片文学、文化的高原？

一个重要的原因，就是他们的文化"开口奶"吃得好，文化"童子功"练得好：自小便"子曰诗云"，打下了良好的国学根底；进入青年时代，恰逢"欧风美雨"东渐，打下了良好的西学基础……

二是经典的书。这类书是人类精神天空中的恒星而不是流星，是人类文化大海边的礁石而不是沙砾，它们可以被时代的潮汐淹没，但绝不会被历史的海浪冲走。它们是宏伟的"卢浮宫""金字塔"和"都江堰"，而不是遍地的"卡拉OK厅"和粗俗、低劣的仿制赝品；是人们喝了它们以后什么样的酒都能对付的"陈年佳酿"。读书当有"精品意识"。要把有限的、宝贵的精力和时间投入到阅读文化精品上，而不能随便抛掷在阅读那些知识秕糠或者品位很低的书籍上。"登东山而小鲁，登泰山而小天下"，"会当凌绝顶，一览众山小"，"曾经沧海难为水，除却巫山不是云"。读那些经典的书，就是"登泰山"，就是"凌绝顶"，就是"经沧海"，就是观"巫山之云"。有了它们在胸中，就可能"小天下""览众山"，就可能具有云水襟怀，就可能拥有"雄兵百万"。

三是源头的书。这类书是人类最早开拓、耕耘的精神土地，最早创造、生产的文化产品。它们凝聚着人类最初的梦想和智慧，蕴藏着人类文化的"遗传基因"和"原型"。这些梦想与智慧、"基因"与"原型"，并没有完全属于历史，它们正在以各种各样的方式给人类的现实与未来以深刻的影响。在一定意义上说，它们是我们人类在艰苦跋涉中频频回首的精神"家园"与文化"老屋"。读了这类书，人们常常有寻到了"家园"、寻到了"根"的感觉……一个现代文化的耕耘者、创造者，直接与"源头"对话，直接与那些至今还俯瞰着人类生活的精神大师对话，从中汲取智慧和启迪，该是怎样要紧的一件事，同时又是一个多么明智的选择！

四是前沿的书。这类书是人类精神文化领域中的最新成果，常常是被人类刚刚发现的"新大陆"和刚刚开拓的土地。读这类书，往往使人的精神、思想比较新锐、敏感、富有生气、与时代一起前进，而避免陈腐、迟钝、僵化、与世隔绝。一个创作主体，不一定时时都立于思想文化的潮头，但是，他必须耳聪目明，眼观六路，耳听八方，关注人类精神文化的最新进展和最新趋势，而不是闭目塞听，不见云卷云舒，不听风声雨声，委顿和湮没在历史的尘埃中。

五是历史方面的书。一个创作主体，最好读一点历史，读一点自己民族、自己国家和整个人类的历史。读一点这方面的书，创作眼光可能变得比较开阔、清澈、深邃。

二、目的明确

阅读对象作为一种信息载体，它既是"公开"的，又是"隐蔽"的，它不像观察对象采访对象那样具有直观性和可感性，它需要读者去查找、辨识和破译，不保持高度自觉就会遗漏，图轻松省事就会自欺欺人。怎样形成高度的自觉性？这与一个人的目的密切相关，阅读目的越明确，阅读的自觉性也就越高。一个人应该怎样确立自己的阅读目的呢？(1)围绕自己的人生追求、学业要求而阅读；(2)围绕自己的专业工作和科研课题而阅读；(3)围绕自己的兴趣爱好、审美追求而阅读。

三、广博与专攻相结合

博览是成才的重要条件，也是造就人才的肥沃土壤，孤陋寡闻、坐井观天，必然没有大的发展。一个从事写作的人，举凡文学、哲学、历史学、政治学、经济学、社会学、文化学、风俗学、心理学、教育学、语言学、文字学、美学、传播学、现代企业管理、法学、地理学、宗教学、自然科学、科学史等，都应有比较广泛的涉猎，不应局限于本身的专业、本身研究的问题，什么都要翻翻，以形成自己合理的知识结构。

要获得高深的知识，成为学有专长的人，光博览还是不够的，鲁迅曾一针见血地指出："读书浏览是重要的，但光浏览不行，那样会成为杂耍，是不会有成就的。应该在浏览的基础上，然后抉择而入于自己所爱的较擅长的一门或几门。"①由此可见，在博学的基础上，"由博返约"，精修一两门，乃是读书、治学、成才的基本条件，这正如有人形容的：博是弓，专是箭。只博不专，弓便无用；只专不博，箭射不远；既博又专，才能弓响箭飞，准确中的。

博览的目的是扩大知识面，它不要求强记和细钻，只求大致地理解和了解。在每个领域，每个学科，选择一两本基础书读，是迅速"博"起来的有效途径。我国著名数学家华罗庚曾指出："在同类书中，你只要攻读一本，其余的在看的过程中就会发现，这部分我已十分明白了，那部分实际上和第一本讲的完全一样等等，其中新的、需要学习的东西就剩下那么一点点，读起来必然快多了。"

专攻的目的在于深、在于透、在于精。一个人能有一两门擅长且能有所专攻，是终生受益无穷的事，要专攻，就要精心选好书籍，按照专攻的目标、方法，循序渐进，读深读透。阅读时要一丝不苟地读，逐字逐句地读，逐章逐节地读，要细嚼慢咽，熟读精思，触类旁通，闻一知十。有些书，作者还要能做到"出口成诵"。

通过博览与专攻所建构起来的知识结构，就像一个金字塔，基础的社会科学文化知识构成了塔底，其次是自己的专业基础知识，塔尖则是自己专攻的门类。就这个知识结构来说，没有博就没有专，只有博而没有专，也不利于成才。相对说来，早年读书，当宽阔些，驳杂些，巨大些，可更多地采取"开卷有益""多多益善""一目十行""不求甚解"的态度和做法。而走出"初级阶段"，读书就当收敛些，单纯些，精粹些，可更多地采取"任凭你弱水三千，我只取一瓢饮"的态度与做法，进行深入的钻研。与此同时，应注意形成自己的特点和形成优化的知识结构。

四、知"出""入"

南宋陈善说："读书须知出入法。始当求所以入，终当求所以出。见利亲切，此是入书法；用利透脱，此是出书法。盖不能入得书，则不知古人用心处；不能出得书，则又死在言下。惟知出知入，乃尽得读书之法。"②王夫之说："欲除俗陋，必多读古人文字，以沐浴，而膏润之。然读古人文字，以心入古文中，则得其精髓；若以古文填入人心中，而亟求吐之，则所谓道听途说者耳。"③刘熙载说："陶渊明为文不多，且若未尝经意，然其文不可学而能，非文之难，其胸次为难也……后世学子书者，不求诸本领，专尚难字棘句，此乃在误。须知神明过人，穷极精奥，斯能托寓万物，固浅见深，非光不足而强照者所可与也。"④谢章铤说："稼轩是极有性情人，学稼轩者胸中须先有一段真气、奇气，否则，虽纸上奔腾，其中俄空焉，

① 鲁迅：《两地书》，《鲁迅全集》第11卷，人民文学出版社1981年版。
② 陈善：《扪虱新话》上集，卷四，齐鲁书社1995年版。
③ 王夫之：《姜斋诗话》卷二，人民文学出版社1962年版。
④ 刘熙载：《艺概》，上海古籍出版社1978年版。

亦萧萧索索如牖下风耳。"①

五、学习与创造结合

读书不能像蚂蚁，单单是为了收集；不能像海绵，什么都吸收，挤一挤，流出来的东西原封不动，甚至还脏些。读书要像蜜蜂，既采集花粉，又酿制蜂蜜。

强调学习与创造相结合，往往有利于阅读的深入理解。梁启超在《治国学杂话》一文中曾指出："先辈每教人不可轻言著述，因为未成熟的见解公布出来，会自误误人。这原是不错的。但青年学生斐然当述作之誉，也是实际上鞭策学问的一种妙用。譬如同是读《文献通考》的钱币考各史，食货志中钱币项下各文，泛泛读去，没有什么可得，倘若你一面读一面打主意做一篇中国货币沿革考，这篇考做得好不好是另一个问题，你所读的自然加倍受用。"又说："譬如阅读一部《荀子》，某甲泛泛读去，某乙一面读一面打主意做部荀子学案，读过之后，两个人的印象深浅，自然不同。所以，我很奖励青年好著书的习惯。至于所著的书，拿不拿给人看，什么时候才认为成功，这不是你的自由吗？"

强调学习与创造结合，是符合我们阅读本意的。说到底，阅读也就是为了创造。如果读书是墨守成规，迷信书本上现成的结论，没有一点创造精神，完全用古人的知识结构代替了活生生的现实和自己的思维结构，苦读一生，充其量不过是古典知识的收藏家赏玩家而已。

强调学习与创造相结合，也是符合人们认识客观实际的。书本的知识，是别人研究的成果，总结了别人的认识。但人的认识的真理性是相对的，认识不可能一次完成、绝对正确。即使是真理，也还需要发展。如果我们的阅读都是盲目的而没有一点批判、创造的精神，人类的科学文化事业就不能发展。

阅读中要做到学习与创造相结合，最要紧的是破除迷信，敢于质疑，敢于提出问题。质疑往往是创新的起点，对某一事物怀疑的本身，就标志着对它的进一步思索。朱熹曾说："读书无疑者须教有疑，有疑者却要无疑，到这里方是长进。"爱因斯坦说："提出一个问题，往往比解决一个问题要重要，因为解决问题也许仅仅是一个数字上或实验上的技能而已，而提出新的问题，新的可能性，从新的角度去看旧的问题，却需要有创造性的想象力，而且标志着科学的真正进步。"当然，质疑所提出的问题，必须建立在对读物充分理解之上，是经过反复的比较、思考、分析之后提出来的。

§9 写作主体的建构（四）

"器大者声必闳，志高者意必远"，学写作的人，应从修身养性入手，不能徒然劬劳于章句之间；但并不是说，技巧的学习与训练就可以忽视，就无足轻重。

写作主体之所以称为写作主体，就在于他有写作的聪明才智、技能技巧。一个人不具备基本的技能技巧，他就无法从事写作活动。写作技能技巧从何而来？除了反复的、自觉的练习，此外别无任何方法。

宋代大文学家苏东坡在《文与可画篔筜谷偃竹记》一文中，曾提出一个著名的"心手相应"的观点。他介绍自己的经验说，他跟大画家文与可学画竹，对于文与可所讲的画竹的道理，他完全领会，但具体画起来，却不能达到文与可所说的境界。这是为什么呢？"夫既心识

① 谢章铤：《赌棋山庄词话》，唐圭璋编《词话丛编》中十二卷，中华书局1986年版。

其所以然，而不能然者，内外不一，心手不相应，不学之过也。故凡有见于中，而操之不熟者，平居自视了然，而临事忽焉丧之，岂独竹乎？"苏东坡认识到，自己心中懂了，但手中无法表现，这是不学的缘故。平时不经过反复的训练，创作时就不能做到心手相应，不仅画竹子是这样，做其他事情也是这样。苏东坡的话，对我们是有启发的，平时，我们对写作的一些基本道理也懂得，谈到主题的提炼，结构的安排，语言的运用，也能说出个一二三四来。但及待动手写，又是另外一回事了。为什么产生这样的结果呢？关键是我们平时训练太少了。技能的获得，必须靠反复的训练。如果没有反复的、自觉的训练，要想掌握一定的技巧，多练笔是必须的。清唐彪说："谚云：'读十篇不如做一篇。'盖常做则机关熟，题虽甚难，为之亦易；不常做，则理路生，题虽甚易，为之则难。"姚鼐说："大抵文字须熟，熟则利病自明手之所至，随意生态；常语滞义，不遗而自去矣。"

一个习作者应该怎样去练笔呢？撮要言之，有如下几点：

一、由易而难，自近而远

练笔要由易而难，自近而远。

比起议论文，记叙文要容易一点。一个人的认识，总是由具体到抽象，由感性到理性的。思维能力的发展，恐怕也是"形象思维"先于"逻辑思维"。一个小学生，一个初中生，让他写一件事，记一个人，恐怕要比抽象议论一类的文章容易上手。所以叶圣陶说："练习写作，最好从记叙文入手。"[①]比起长篇巨制，短小篇幅要容易得多。长篇巨制涉及的面广，构思纷繁复杂，习作者即算有丰富的生活积累、知识积累、思想积累，一上手就写长篇大作，无论是写作经验、写作能力，都难以驾驭。短篇的文章，虽然也难得写好，但相对于长篇，又容易驾驭些。因此，练笔最好从短篇开始，不要一开始就写几十万字的鸿篇巨制，徒然劬劳心力。但练习又不能止于简易，一个人要是总在写简易记叙文，就不可能有大的进步。掌握了简易记叙文，就要练习复杂一点的记叙文。掌握了复杂的记叙文，就应学习复杂一点的议论文、说明文。掌握了短小篇幅的写作，就要有意训练大一点的篇幅。练习的过程，既不能妄想"一口吃成个胖子"，也不能停滞于基础。要不断给自己增加难度，由易而难，才有收获。

写作还要由近而远。所谓"近"，也就是从自己的身边写起，从自己的所见所闻所历所感写起。写自己经历的事，写自己身边的事，写起来感受真切，容易上手。但一个人又不能止于写身边的事，写自己经历的事。有些人一辈子止于写自己的事。一涉及到他人的事、其他领域的事，就感到无从下笔，无法驾驭，全然没有一点"王者气象""开拓意识"，这也是写作能力不强的一种表现。一个习作者，应该从身边的事写起，逐渐扩大自己的写作领域，由近而远，才有可能真正有所收获。

二、注重基础，磨砺习惯

写作应该从基础做起。"万丈高楼平地起"，离开了坚实的基础，就砌不起高楼大厦。这个道理谁都明白，可是一进入写作实际，很多人就糊涂了，只想"连跑带飞"，"一步登天"，其结果是事倍功半，费力不讨好。

什么是"基础"呢，实难一言尽之。

从理论知识的角度看，写作者要熟悉和掌握写作的基本规矩。要善于从静态上洞悉文章

①　叶圣陶：《中学国文学习法》，《叶圣陶教育文集》第 3 卷，人民教育出版社 1994 年版。

的构成，从动态上知晓写作的过程，从个别性把握不同文体的写作特点和要求。这些写作知识也是基础，没有这个基础，心中没有写作的程序和目标，瞎摸乱闯，也是没有"基本功"的表现。

从写作技能看，虽说每个人由于先天和后天的因素，各有所长，得力点各不相同。但一些基本的写作技能却是都要掌握的。譬如说记叙、描写、议论、说明、抒情的基本技能，就都要有所历练和掌握。有些人只重视记叙、描写，完全忽视议论、说明，逻辑思维能力差，即使搞创作，也难得有所突破。有的人只重议论、说明，认为记叙、描写是作家们的事，连一个基本事实也叙说不清楚，要写好议论文，也是很难的。基础就如人的五官，缺一不可。倘若缺了其中一个感官，就会"鼻子不像鼻子"，"眼睛不像眼睛"，带来一损俱损的结果。一般说来，写作课、写作学所讲述的一些技巧，都是基础的、基本的技巧。习作者都应该有所掌握，有所体会。

倘若从写作的效果看，基本功的一个标准是"通""像样"。叶圣陶谈到写作训练时指出，训练要以"像样"为目标。什么是"像样"呢？"记事物记清楚了，说道理说明白了；没有语法上的毛病了；没有论理上的毛病了；这就是像样。至于写得好，那是可遇而不可求的。"①叶老这段话，是很有道理的。文章要写得好，取决于各方面的因素，不能仅靠技巧。因此，不能奢望在训练中，每篇文章都写得好。但是，要写好文章，必须具有基本的技能，离开了基本技能，好文章就无从说起。那么，用什么标准衡量一个习作者已经掌握了基本技能呢？那标准便是"通""像样"。有些人文章都没有写通，文章写出来不像个样子，就幻想着一鸣惊人，一步登天，这就是忽视基本功的表现。

刘锡庆先生在《基础写作学》中曾指出，"写作习惯"这个东西，是很"厉害"的一个东西，在写作中很起作用。好习惯养成了，终生受用不尽；坏习惯染上了，改起来也很难。这是恳切之谈。"习惯"是长期养成的。你习以为常，反复地加深、巩固，以至到了不加思索就能如此的程度，这就是习惯。写作总是按习惯进行的，总是表现着某种习惯。从这个意义上讲，习惯本身就表现为某种能力。所以，一开始就养成良好的写作习惯非常重要。例如平素注意积累材料的习惯，认真构思谋篇的习惯，事先拟制提纲的习惯，写后反复修改的习惯，写作不怕干扰的习惯，每天都要动笔的习惯，讲究文面、书写的习惯，这些都是一个习作者良好的素质。

三、起始模仿，渐臻创造

由模仿而创造是写作学习一条重要的规律。写作学习总是从模仿开始的。老师念一段话，让我们模仿着写一段话；老师念一篇文章，叫我们模仿着写一篇文章；或是我们看到了一篇喜爱的文章，模仿着写一篇文章。在这个模仿过程中，我们逐渐地熟悉了一些基本技巧，逐渐掌握了文体的基本特征，慢慢地，也就能独立地写作了。"模仿"在写作学习中是不可缺少的一个环节。文章要写得像模像样，起始离不开模仿。这就有点像小孩学说话，大人讲一句，他跟着学一句，久而久之，他自然就懂得用语言来表达自己的思想感情了。但是，要提高写作技能，又不能长久地停留在模仿的阶段。写作的本质，就是一种创造。模仿的目的，是为了更好地进行创造性的写作。如果长久地模仿，没有独立创造的意识，就有违写作学习的目的。如果走出课堂踏入社会，还去模仿别人的文章，并试图发表出来，这就叫剽窃

---

① 叶圣陶：《中学国文学习法》，《叶圣陶教育文集》第3卷，人民教育出版社1994年版。

或抄袭。剽窃和抄袭是一种不道德甚至违法的行为，因为它偷窃了别人劳动的成果。因此，一个习作者，应该迅速地由模仿走向独立性的创造。

由模仿迅速走向创造，是迅速提高写作能力的有效"法门"。因为独立创造的过程，是由规矩而巧的过程，是由习得性写作转向创造性写作的过程。在这个过程里，已经没有了演习和操练的意识，一切都得来"真格儿"的。在这个过程里，它不再用老师衡量学生作文的标准来衡定作文，它将以社会的、广大读者的标准来要求作文。在这个过程中，作者把他的意识真正转向社会，转向实践，转向写作的本质，他的写作动机已由学习性动机，转向了独立的创造性动机，作者的写作兴趣更浓厚，动力更大。同时，写作的要求也更严格，对习作者的锻炼也更全面。积极地练与消极地练，其效果是大不一样的。每一个有志于写作的人，都应自觉地、尽早地由习得性、模仿性的写作，进入创造性写作，在"真刀真枪"中来提高自己，历练自己。

四、持之以恒，追求不懈

有写作经验的人都懂得，写作靠的是"日积月累""水滴石穿"。它不能"一蹴而就"，不能奢望一次两次、一天两天就解决问题。每个有写作经验的人都能体会到，写作是"不懈的追求"，它不能"一劳永逸"。不能奢望努力一个阶段，就轻轻松松"万事大吉"。它要像韩愈所说的，"无诱于利势，无望其速成"，"焚膏油以继晷，恒兀兀以穷年"，持之以恒，追求不懈。然而，"持之以恒，追求不懈"，说起来容易，做起来太难。有许多习作者，一开始满有信心，我要怎么样怎么样，及待做起来，却免不了"三天打鱼，两天晒网"。

写作需要自觉地练，长期坚持不懈地练。要做到这一点，习作者的兴趣和意志就非常重要。有的人把写作当成"包袱"，当成"苦差事"，一听写作就头痛，"硬着头皮"去写，应应付付地写，这种状态，很难学好写作。要学好写作，先得"迷"上写作。哪个作家不是由迷上写作，迷得如醉如痴，迷得废寝忘食而获得成功的呢？兴趣是写作成才的起点，也是写作学习最好的教师。要保证长久不懈的历练，首先得有"兴趣"，自觉自愿。所以，心理学家说，"能力总是伴随着兴趣而来"。

要将自己的努力维持在某一个目标上，仅仅靠兴趣还不行，还要靠意志。意志是人自觉调节自己的行动去克服困难，以达到目的的活动的心理过程，是人的意识能动作用的表现。意志的自觉性、果断性、坚持性、自制性和独立性，是实现目的性行为的根本保证。勤奋是获得知识才能永不枯竭的源泉，毅力是发展才能的风帆。学习写作，还要通过意志的努力，去克服内在的、外在的困难，以达到既定的目的。

从心理学看，兴趣、意志属非智力因素。这些非智力因素，对写作成才有着重要的作用。美国心理学家特尔曼作过这样的对照研究。他在 800 个智力超常者中抽出成就最大的 20%与成就最小的 20%，研究他们在智力因素和非智力因素方面的差异。结果，他发现这两组人最明显的差异并不在智力因素而在于非智力因素方面。成就大的人在非智力因素方面大大强于成就较小的那一组人。科学家这一研究的成果告诉我们，在历练过程中，培养自己的兴趣，培养自己的意志，是何等的重要。鲁迅说："我有一言应记取，文章得失不由天。"[1]郑板桥说："精神专一，奋斗数十年，神将相之，鬼将告之，人将启之，物将发之。不奋苦而求速

---

① 鲁迅：《别诸弟三首》，《鲁迅集外集拾遗补编》，《鲁迅全集》第 8 卷，人民文学出版社 1981 年版。

效，只落得少日浮夸，老来窘隘而已。"①福楼拜当年收莫泊桑做学生，告诉他的第一句话就是："坚持不懈就是才气。"他们的这些告诫，是每个习作者所应记取的。

五、志存高远，继往开来

学习写作也有一个立志的问题，"志不立，天下无可成之事"。从心理学看，人的志向是意志的重要部分，一个心理健全的人，他的一切有目的的活动和行为都是意志活动，意志可分为五个阶段："意向、需要、愿望、目的、行动"，目的性是意志最重要的特征，"立志""行动""成功"是人类活动的三大要素。

立志也存在着不同的境界。李翊向韩愈请教作文之道，韩愈在回信中提出的第一个问题是："抑不知生之志，蕲胜于人而取于人耶？将蕲至于古之立言者耶？"②取境的高低，实际上决定了成就的大小。

首先得"取法乎上"。古语云："取法于上，仅得其中，取法于中，仅得其下。"如果没有一个高的标准，没有一个广泛的参照系数，鼠目寸光，坐井观天，以为"天下文章，老子第一"，或是欣欣然满足于些微的一点成绩，写作要达到一个高的层次，达到一个较高的境界，是很难的。有些人对古今中外一切优秀之作不闻不问，只是埋头苦写，写来写去，始终是那个样子，不能有所提高，就是眼界太狭窄了。

学习写作还有一个人生境界的问题。写作是一种高尚的精神劳动，不是追名逐利的工具。总想着通过写作捞些名，捞些利，人生境界很低，写来写去，总免不了小家子气。

【思考与练习】

1. 试述写作主体的含义。
2. 试述写作主体的发生机制。
3. 试述不同知识类型形成的特点及其对写作的影响。
4. 试谈谈写作主体人格知识智能结构的特点及对你的启发。
5. 试谈谈你对写作能力生成机制的认识。
6. 试谈谈你对主体心灵建构行为的认识。
7. 如果要你写一篇"与屈子一道行吟"的文章，你觉得，你该作哪些准备？该怎样构思？并从写作主体的角度，谈谈你已具备的条件和尚欠缺的条件。
8. 为什么而写作，不同的人有不同回答。试比较他们所说的相同之处和不同之处，并说说你的认识。

　　我国著名作家丁玲说："我诞生在20世纪初，因家败父亡，我成了一个贫穷的孤女，而当时的中国又处于半封建、半殖民地的黑暗时代，人民在水深火热中熬煎，这些痛苦不能不感染着我，使我感到寂寞、苦恼、愤懑。我要倾诉，要呐喊，要反抗，因此我拿起笔，要把笔作为投枪。我追随我的前辈鲁迅、瞿秋白、茅盾……为人生、为民族的解放，为国家的独立，为人民的民主，为社会的进步而从事文学写作。"

　　我国著名作家巴金说："人为什么需要文学？需要它来扫除我们心灵中的垃圾，需

---

① 郑板桥：《郑板桥集·题画·靳秋田索画》，上海古籍出版社1979年版。
② 韩愈：《答李翊书》《韩昌黎文集校勘》，上海古籍出版社1957年版。

要它给我们带来希望，带来勇气，带来力量。我为什么需要文学？我想用它来改变我的生活，改变我的环境，改变我的精神世界。"

英国著名作家萨门·拉舍迪说："我写作：因为我爱虚构，好撒谎。这正体现了最奇妙的反论：借以非真实揭示出真理的新线索来；因为我喜欢孤独，一个人呆在屋子里；因为我喜爱某种书，尽管这些书尚未出世，但我想总有一天会见天日的；因为我至今仍未找到一种办法，这就是怎样才能够不写作；因为我还不能找到一个美妙的方法表现自我和外部世界。尤其是这个世界的面目已被有意或无意地涂抹，为了形成如今正在努力重新形成的其本来面目的"我"；因为只有写，我才能说出我的所思所想；因为同所有侨居者一样，我应该全部创造出来：我、我的世界、一切；因为还在我孩儿时，有人就告诉我，要拥抱书籍。是否由于我不当心，刚才我还把书失落在地上（而他人仅仅拥抱的是书本和面包）；因为有话要对他人讲，有事要同他人讨论。写作，其部分使命是对某些事物提出不同的见解；因为我从来不知道为什么写作，除非我正在写。"

英国著名作家威廉·博伊德这样说："我写作，因为我乐意写。许久之前，还在我十四五岁之时，就萌发了想当一名作家的强烈念头。甚至还没有成为一名小说家而写出了一个字之前，我就已经如此妄想了。不过，长期以来，我一直怀疑这雄心是否能得以实现。这些年来，我总不相信我具有写作能力，仅仅是梦想罢了。所以说，首次发表作品，使梦想一下子变为现实，这是多么的重要。在我发表作品之后的一段时间内，促使我写作的因素则有所变化。当一个人写作出了名，有了自己的读者，也同时有了他应尽的责任。这时应当认真考虑的。我认为，写作的真正原因，并不在已成为作家的声言中，而存在于其青春时代的梦幻中。"

加拿大著名作家玛格丽特·阿特伍德说："为什么写作的问题，我认为很复杂。为回答这个问题，我不妨在此提出另一个问题：'为什么大家不写作？'可以肯定，写作，这种语言叙述的巧妙安排，是另一种形式的艺术活动，它为人类所独有，也是区别人同其他动物的标志之一。在这里，我想引用帕斯卡的一句话：'我思则我存。'并赞同萨特所说的写作乃是自我确定的一种形式。我写作就是建造能容纳我和动物，混乱与分裂的建筑物。我自认为是探索者，从事那些先人尚未进行的语言试验，或者创造出一些新的语言形式，使读者摆脱那些神灵鬼怪，至少也要创造出某些意境来；或者，我还是个道德家，比较'是'字和与'应该'这个字所相关的字。因为在小说这种体裁中，这样的比较是含蓄的……或曰，我是个享乐主义者，我喜欢享受。写作同样是一种娱乐游戏。倘若美国电视台的'问答比赛'节目请我参加，我肯定能赢得许多钱回来，这是一条唯一像样子的理由。老实说，每一种解答都有各自的方式。不过，没有一个能说到点子上。事实是，我不知道为什么写作。所有提问都是无休止的，并且在每个提问的背后，都有新的'为什么'出现。以致人们可以提出这样的问题：'为什么宇宙会存在？'我想，作家写作很可能就是为了弄清楚为什么写作这个问题的。因此，他们永远不会停止写作。"

南非著名诗人马齐齐·库内内说："写作是我生活的内容之一，是一项不能停止也不愿停止的工作。当我第一次试着写诗的时候，我便觉得被一种超人的力量抓住。这种力量使我无法言状。那时，我只是单纯为写作而写作，并没意识到我的整个身心已被写作完全占据。当时我很年轻，每当写作时，我便感到某种意志在支配着我，我甚至想弄清楚文字或灵感所要表达的是什么内容。老实说，我拼命地写，以便使灵感在我头脑中消失之前抓住它。我认为，我那首引以自豪的题为《数十日之歌》的长诗使我变得更成熟些。在我动手写这部用当时具有的知识和理解力写成史诗时，还有许多东西不甚了解。然而，在我完成叙事史诗《夏卡大帝》之后，我的感受比以往更加深刻。诚然，在沉思并获取创造性的灵感之前，我对主题的认识有限。我写诗，如同有话非讲出来不可。犹如两个挚友交谈，一人在屋外，另一在室内。屋外人述其所见所闻，室内者则洗耳恭听，想象着屋外人发现与观察到的事物。同样，室内人也要叙述其感受到的一切。就是说，他们交谈正是笔下写出的东西。对我来说，真正的创作需要同时用脑用心，二者相辅相成。有人说，大凡写作全凭心。我认为这会导致犯错误，是狂热与幼稚的表现。唯有理智才能把握人的头脑，及其思维和行动。显然，理智指导一切，高于一切，具有观察千变万化的宇宙之慧眼。"

南非著名作家纳比娜·戈迪默这样说："也许问题应该这么提问更好：'你为什么开始从事写作这项工作？'因为一旦动机有所改变，那么最初的尝试就会像基石一样永远留在那里不动了。我初习写作时还只是个小孩子。那时候，我想当一名古典舞蹈家。可天有不测风云，我的舞蹈课停止，又似乎被一种激情所控制，便拿起笔来开始写作。这种激情可以翩翩起舞，流露于笔尖，跃然纸上。这是对生活的赞叹，一种活生生的再创造。因为我是活生生的人……而我步入成年时，情况就有所不同了。我需要在生活中找到某种生存的意义，在繁忙与舒适之中建立自己的生活秩序。在生活中，我的激情也表现在不测风云给我造成的困境中。种族主义——我的国家政治体制的基石，对生活在南非的人来说是天经地义的；这不是一个简单的政治或社会问题，也并不是人们所抱有的或遗弃的偏见。南非人对这种政治制度体会最深，我作品中的人物自然如此。我不愿写带政治色彩的文章，以前也从未写过。只有政治宣传，纲领，传单，声明对于人类活动所产生的物质和精神的后果才会使作家感兴趣。在我的小说《比尔热的女儿》一书中，主人公是一个反对种族隔离的革命者之女。他们两代人的生活，无论是家庭生活和两性关系，无不服从于政治；他们的生活本身就是政治。我早已决定不再用政治小说过于简单的'客观'的内在联系和结构写政治小说。我写的一篇小说是用私生活和爱情去体现政治。原因既简单又可恶：在南非，政治完全干涉了人们的私生活。作为一个记者，写文章总是要提供事实与数据，而作为一名小说家，则应该揭示隐藏在事物背后的或由此总结出的以及由于事物的变幻所导致的东西来。这就是我要写作的原因所在。还有一点是我和其他名副其实的作家所共有的，这就是我写作是为了探索文字的奥秘，为了罗兰·巴尔泰斯所讲的'最重要的行为'范围内，对书面文字及其运用与估价，就其异常困难的可能性进行研究。"

9. 下面是培根的《论学问》，读后，请你谈谈学问与写作的关系。

论学问

培根

读书为学底用途是娱乐、装饰和增长才识。在娱乐上学问底主要的用处是幽居养静；在装饰上学问底用处是辞令；在长才上学问底用处是对于事务的判断和处理。因为富于经验的人善于实行，也许能够对个别的事情一件一件地加以判断；但是最好的有关大体的议论和对事务的计划与布置，乃是从有学问的人来的。在学问上费时过多是偷懒；把学问过于用作装饰是虚假；完全依学问上的规则而断事是书生底怪癖。学问锻炼天性，而其本身又受经验底锻炼；盖人底天赋有如野生的花草，他们需要学问底修剪；而学问底本身，若不受经验底限制，则其所指示的未免过于笼统。多诈的人渺视学问，愚鲁的人美慕学问，聪明的人运用学问；因为学问底本身并不教人如何用它们；这种运用之道乃是学问以外、学问以上的一种智能，是由观察体会才能得到的。不要为了辩驳而读书；也不要为了信仰与盲从；也不要为了言谈与议论；要以能权衡轻重、审察事理为目的。

有些书可供一尝，有些书可以吞下，有不多的几部书则应当咀嚼消化；这就是说，有些书只要读读他们底一部分就够了，有些书可以全读，但是不必过于细心地读；还有不多的几部书则应当全读，勤读，而且用心地读。有些书也可以请代表去读，并且由别人替我作出节要来，但是这种办法只适于次要的议论和次要的书籍，否则录要的书就和蒸馏的水一样，都是无味的东西。阅读使人充实，会谈使人敏捷，写作与笔记使人精确。因此，如果一个人写得很少，那末他就必须有很好的记性；如果他很少与人会谈，那末他就必须有很敏捷的机智；并且假如他读书读得很少的话，那末他就必须要有很大的狡黠之才，才可以强不知以为知。史鉴使人明智；诗歌使人巧慧；数学使人精细；博物使人深沉；伦理之学使人庄重；逻辑与修辞使人善辩。"学问变化气质。"不特如此，精神上的缺陷没有一种是不能由相当的学问来补救的，就如同肉体上各种的病患都有适当的运动来治疗似的。"地球"①有益于结石和肾脏；射箭有益于胸肺；缓步有益于胃；骑马有益于头脑；诸如此类。同此，如果一个人心志不专，他顶好研究数学，因为在数学底证理之中，如果他底精神稍有不专，他就非从头再做不可。如果他底精神不善于辨别异同，那末他最好研究经院学派底著作，因为这一派的学者是条分缕析的人。如果他不善于推此知彼，旁征博引，他顶好研究律师们底案卷。如此看来，精神上各种的缺陷都可以有一种专门的补救之方了。

① 地球：这里指一种体育运动。

培根(1561～1626)是哲学史和科学史上划时代的人物，马克思称他为"英国唯物主义和整修现代实验科学的真正始祖"，他的随笔形式短小，风格活泼，善于以一些精妙的格言警句，提炼、概括深刻的人生哲理。黑格尔说："培根拥有丰富的阅历、高度的想象、有力的机智、透彻的智慧"，"他的著作充满最美妙、最聪明的议论"，这篇文章主要论述了学问的用途、读书治学的目的、方法，论述简要明达，用语洗练精当，说理形象生动。

第三章　文章目标论

【**学习提示**】经验和已有的研究告诉我们，文章虽然是写作行为最后的成品，但从一开始它就作为一个潜在目标而存在于我们的头脑之中，并影响、制约、引导着我们的写作。本章从文章目标的静态考察逐步深入到文章的生成过程，"文章含义""文章构成""文章规律""文章图式"是本章学习的重点。教师应联系学生的写作体验来阐述形式目标的重要性，强调"文章图式"对于写作的意义。

在写作行为论中，我们谈到，在"写作主体"与"写作载体"之间，存在着一个双向作用的过程：一方面是"主体"自觉地操演着语言文字符号、篇章结构、文本；另一方面，"载体"又以其自身的规律，规范和制约着写作主体。写作是一种目的性行为，如果没有目的，"脚踩西瓜皮，滑到哪里算哪里"，也就没有我们所说的文章。写作的目的性是写作主体自觉性、能动性的具体表现。写作的目标是什么呢？从写作的最初动因看，是作者的"写作动机"。每个作者动笔之前都会有一定的写作意图：他或是为了传播信息，或是为了交流感情，或是为了发表主张，或是为了说明某个问题……写作就是由这样的写作意图启动的。不过，作者的写作意图还只是他主观上的一种愿望。要实现这一愿望，达到预期的目的，他还必须采取一系列的文章行为，通过具体的文章来实现他的愿望和意图，这样，文章就成了作者实现愿望、意图的载体，成了他实现目标的目标。经验和已有的研究告诉我们，文章虽然是写作行为最后的成品，但从一开始它就作为一个潜在目标而存在于我们的头脑之中，并影响、制约、引导着我们的写作。

本章让我们从文章目标的静态考察逐步深入到文章的生成过程。

§1　文章(广义)含义

"文章"一词，古今含义有很大的变化。最早，"文章"指的是颜色。《周礼》上说，"青与赤谓之文"，"素白为质，兼青赤黄黑五色皆备，成其文章"。《楚辞·橘颂》中说"青黄杂糅，文章烂兮"，其"文章"指的都是颜色、色彩。另外，先秦还将"文章"解释为"礼乐法度"，如《诗·大雅·荡序》中说："厉王无道，天下荡荡，无纲纪文章。"

"文章"一词具有今人所理解的意义，大约从挚虞的《文章流别论》开始，他解释道："文章者，所以宣上下之象，明人伦之叙，穷理尽性，以究万物之宜也。"

现在所说的文章，是写作行为最后的成品，是以文字组成的书面语言整体。《辞海》的解释是："今通称独立成篇的，有组织的文字为文章。"这个定义是广义的，兼指文学文体和非文学文体。狭义的文章指非文学的实用性文体。这里讲的文章是广义的文章。

"文章是有篇章的、有组织的文字"，这涉及到构成文章的两个要素：一是"有一定的篇章"，一是"有一定的组织"。

一、"有一定的篇章"

"篇章"指的是比句段更大的语言单位。刘勰说："夫人之立言，因字而生句，积句而成章，积章而成篇。"从他这段话中我们可以看到，"篇"是由字、词、句、段构成的一个更大的语言单位，所谓"篇章"也就是从这层意义上说的。

"篇章"的概念，是人们在长期的写作实践中形成的。考察人类写作史，人们最初并没有"篇"的概念。前苏联著名文字史专家伊斯林特在其巨著《文字的产生和发展》一书中通过大量文字史实的分析表明："文字的产生和演变的逻辑序列是：句意字→表词字→词素字→表音字→音素字。"所谓"句意字"，又称"综合文字"，"这种书写符号或图形（包括象征符号甚至约定符号）表达整个信息，但字形——几乎不分解为单个的词"。这也就意味着，人类最早的写作也就是写一个"句意字"以表达一个完整的意思。《易·系辞》说"圣人立象以尽意"，也透露出这层意思。但是，以一个"综合文字"来表达一个完整的意思毕竟受到许多限制，后来便发展为"句"，从甲骨卜辞中还可以看到，当时人们的写作就是以"句"为单位的。"句"以后又发展为"章"，大致相当于我们今天所说的"语段"，我们在《论语》《孟子》中还可以见到这种痕迹。"语段"再加以扩展，便发展为"篇"，"篇"就成了比语段更大的表意单位。

"篇"要完整地、完美地表达一个意思，字、词、句、段必须有机地组织起来，"字意统一于句意，句意统一于段意，段意统一于篇意"，于是一篇文章便有了开头部分、中间（主体）部分、结尾部分，之后又有了标题，有的还有了尾署。

从写作发展史看，人类早期的写作是没有标题的，写作者最初并没有预先给文章定一个"题目"，后来由于传播的需要，人们就以文章开头的几个字作为篇名，如我们现在所看到的《论语》《孟子》；再后来，人们才精心为文章定一个标题。

对于现代写作来说，文章的"开头部分"，是文章的胚芽和逻辑起点，它昭示着文章切入的角度，决定着整篇文章的基调。文章的"中间部分"是文章内容的具体展开，是文章的主体部分。文章的"结尾部分"，则是文章的收束、完足，它浓缩了文章的整体信息，并将文意延伸、直接导入读者的心灵，产生回荡、迂萦的效果。

文章的标题，是一门"艺术"，它是文章的"眼睛"，暗示着文章内质、材料、外形、风格的可能性空间，能够"一以总万""画龙点睛"，成了文章一个有机的构成部分。另外一些文章如合同、书信等，还有尾署，那也是文章不可或缺的一个部分。这样，也就构成了我们今天所讲的"篇章"，一篇文章如果缺少开头、缺少结尾、缺少标题、缺少必要的尾署，如果字意不能统一于句意，句意不能统一于段意，段意不能统一于篇意，也就构不成一篇完整的文章。

二、"有一定组织"

"有一定组织"强调的则是文章内容要素和形式要素的有机统一。

文章作为一个完整的客体系统，它和世界上万事万物一样，是由一定的因素构成的。这些要素包括内容和形式两个方面：内容方面的要素有"主题"与"材料"，形式方面有"结构""表达方式"和"语言"，这些概念也是在长期的写作实践中逐渐形成的。

人类早期的写作，基本上是记载性的，写作者想把什么记写下来就记写什么，并没有"主题"和"材料"之分，它们都统一于写作需要、统一于写作者的写作意图。后来才逐渐意识到，一篇文章要集中表现某一个东西；要集中表现某一个东西也就涉及到材料的取舍，这才逐步有了"主题"和"材料"的意识。

　　"结构""表达方式""语言"则是更后一点形成的意识。"结构"不同于"篇章","篇章"讲的是文章语言的组织形态,"结构"讲的是文章内容上的安排。早期的写作,客观事物是怎么样的,也就照它写下来,谈不上有什么复杂的结构;后来要记写的事物复杂了,还需要一定的条理性,而不同顺序的内容安排对于表达有着重要的意义,这才形成了"结构"的概念。为了实现写作者的意图,作者必须采用一定的语言手段,这才形成了"叙述""描写""议论""说明""抒情"等基本的表达方式,才有了"炼字""炼句"等概念。进入现代,西方的标码分段、标点符号等被引进来,它们也成了文章不可缺少的表意单位。

　　文章的内容和形式,是按一定原则组织起来的,这些原则大致包括:

　　(1)主题原则。文章的各种形式和各种要素,都必须服从于主题表达的需要。
　　(2)主次原则。各种要素的组织安排都必须主次分明,重点突出。
　　(3)演进原则。文章内容的形式化展开,必须符合逻辑的必然性和审美价值的递增性,有序地展开。
　　(4)复杂多样原则。文章内容的形式化展开必须复杂多样,而不是呆板、一成不变。
　　(5)平衡原则。文章各个要素和形式部分必须符合相对均衡的原则,例如,文章不能头重脚轻、尾大不掉等。
　　(6)节奏原则。文章的内容和形式必须有节奏地展开。
　　(7)循环原则。文章的主体部分通常要求首尾相应。

§2　文章(广义)规律

　　这一节讨论文章本体规律。之所以称"文章本体规律"是基于这样一个前提,这些规律的揭示只是着眼于"文章"本身,我们暂时地、比较地忽略了它产生的背景、作者以及制作过程,也忽略了它的读者及其传播效果,把文章当作一个独立的整体来看待。如果把"文章"看作一个自我完备、相对封闭、独立自在的整体,它的每一个组成部分都在维护和支撑着它们所赖以生存的主旨。一篇文章,它的字、词、句、章(段)、篇之所以能协调一致,次第组合到一起,充分显示出文章本体的功能,完美地传达出作者的思想感情,是因为这些字句章篇的连接、组织及其连接组织的必然联系,这些"必然联系"也就是我们讲的"本体规律"。

　　文章本体规律主要的有:层次推进律、有序衔接律、循环统一律、整一变化律、言语合体律。

一、层次推进律

　　"夫人之立言,因字而生句,积句而成章,积章而成篇。"文章本体作为一个自我完备而又相对独立的客观实在,它是由字、词、句、章(段)组成,表现一定主旨的有机整体。

　　文章的字、词、句、段、篇是怎样生成的呢?

　　从内容上看,它自然服从于作者传情达意的需要,服从于作者表意的脉络和轨迹,"意"跑到哪里,它也就跑到哪里,诚如杜牧所说的:"文以意为主,以气为辅,以辞彩章句为兵卫。""苟意不先立,止以文采辞句绕前捧后,是言愈多而理愈乱,如入阛阓,纷纷然莫知其谁，暮散而已。"①

从字词句段本身来看，它又有其自身生长的特点：它只能在一维时空的线轴上展开；在这条线轴上，它只能一字字地推进，一句句地铺开，不能像图画或荧屏那样将许多事物在一个平面上同时推出、敷设。语言本身的这种特点也就决定了它与"内容"对立统一的关系：一方面是"文以载意"，文字必须贴近和负载起作者要表达的"意"；另一方面，文字又"挟意以行"，不论作者要表达的内容是如何丰富，作者的内心是如何地思绪万千，传达时作者必须符合言语生成的本身规律，将所要传达的意思逐层逐点地表达，逐字逐句地传达，不能"一口气吃成一个胖子"，将自己的意思"一股脑儿"地堆出来。这也就构成了文章本体第一条规律："层次推进律"。就文字本身来说，它必须由字而句，由句而段，由段而篇，由一点向整体生长；就内容来说，它必须由一点而及另一点，由一层意思而及另一层意思，最后成篇；就其整体来说，它必须表现出事物发展的阶段性和人们认识的阶段性。很多初学写作的人，往往不懂得这个道理，试图一下子说明许多问题，结果是层次紊乱，语意纠缠，写出的文章也就不成篇什。

二、有序衔接律

文章是由字词句章构成的，是由许多相对独立的意义单元构成的。这些意义单元，字词句章，虽说是逐层敷衍，但也不是随手设置，它们都必须摆在其必然的位置上，前后上下之间有着照应和承接。如果东一句，西一句，天上一句，地下一句，读者也就莫知所云。例如下面五句话：

> 乌鸦们把老鹰赶跑了
> 一只乌鸦做了一只窝
> 乌鸦找了许多乌鸦来帮忙
> 一只老鹰要强占它的窝
> 许多乌鸦一起打老鹰

我们可以把它看作相应的五个句子、句群、段，它们是逐一写来的，整个句子也表现了相对独立的意思，但把它们随手这么堆在一起，谁也不会明白作者要说什么，也构不成一篇文章。如果我们将它重新组织一遍：

> 一只乌鸦做了一只窝
> 一只老鹰要强占它的窝
> 乌鸦找了许多乌鸦来帮忙
> 许多乌鸦一起打老鹰
> 乌鸦们把老鹰赶跑了

经过组织，事情的前因后果就明白了，作者写的是乌鸦赶老鹰的故事，说的是团结起来力量大的道理，再加一个题目，也就构成了一篇文章。前面五句话，是散乱的、无序的、相互

---

① 杜牧：《答庄充书》，《樊川文集》卷十三，上海古籍出版社1978年版，第194页。

之间无关系的。后面五句话，是有序的、相关的、衔接的。从上面的例子可以看到，有序和衔接是将文章各个意义单元及字、词、句、段凝聚起来的一根纽带，它体现了各个部分之间的必然联系。如果缺乏这种必然联系，文章也就难以构成一个有机的整体，这也就是说，文章写作既要逐字逐句逐段地来，表现事物发展的阶段性；同时也要表现出认识的发展，各个部分之间要紧密关联。

文章本体各个部分之间的关联，同时也是一种"表意的语言"，构成了一种"有意味的形式"。其中词与词之间，句与句之间，段与段之间，只要稍微改动一下次序，表意功能就可能改变。例如曾国藩给皇帝上奏折，其中有"臣屡战屡败"一句，他的幕僚觉得不好，给他改为"臣屡败屡战"，虽然两句所表达的都是事实，其传达的意味却大相径庭，前者难免无能之嫌，后者却极尽效忠之意。又如，我们写两个特写镜头：一个是秘书挑灯写报告，一个是领导把报告漫不经心地扔在茶几上，如果按现有的顺序安排，传达的意思是下级的报告没有得到领导应有的重视。如果把两个镜头的前后顺序颠倒一下，其传达的意思则可能是领导不满意这份报告，秘书只好又重新起草。由此可见，文章的有序衔接，不仅要服从于事物和认识的发展，而且深层地指向了文章整体的表意功能。文章的各个部分，只有按照文章的整体表意功能有序衔接起来，才能构成一个有机的整体。不然，各个部分就会"各行其是"，散漫无章。这也就是说，文章逐层展开，有序衔接，是以整体为表意单位的，其各个部分之间的"有序"，一方面要体现人们认识或事物发展在一定时空中的系列运动；另一方面，各个部分之间的联系又要服从整篇文章的表意功能。只有将两方面紧密地结合起来，才能使相对独立的部分构成一个有机的整体。

三、循环统一律

文章由字词句章构成，它们逐层推进，有序衔接，直指文章的整体表意功能。那么，字词句章在文章中又是怎样"各司其职"、相互作用的呢？

字词与句子之间，是一种相互为用、对立统一的关系。

如果把文章本体作为一个系统来考察，段落是其中第一大层次，句子是其中的第二大层次，组成句子的字词是其中最小的单位，属于文章本体最基础的砖石，它在系统中的地位和作用，正像细胞之于动物一样，细胞组成躯体，最终组成动物本身。

语言的模式，从根本上说是一种时间中的系列运动，它表现为一种线性伸展的序列。任何一个字词和它之前之后的其他字词，都有一种排列上的横向联系和意义上的纵向联系，它的"意指"功能大部分是从这种纵向联系和横向联系中显示出来的。比如说"丹青"一词，其原意是指两种矿物和两种绘画的颜色，但在具体诗文的句子中，其意义就远不是这么简单了。《晋书·顾恺之传》中的"尤善丹青"，指的是"绘画艺术"。《文选·阮籍咏怀诗》"丹青著明誓，永世不相忘"，这里的"丹青"又成了"坚贞不渝"的意思。由于特定的上下文的关系，句中的字词产生了一种与其本意相关而又相异的意义。这也就是说，任何字词的意义都只能在句子中得到说明，每个字词都是通过与其前后字词的有序衔接生成句的。

从另一方面看，句子也以自己的整体序列形式界定和创造了字词。如："我收藏了好几本鲁迅的著作"，这个句子中"著作"一词，就是随着句子前面其他词语的次第排列获得它的意义的。只有前面的词语一个个不断地对它说明、界定之后，它的意义才最终被确定下来。如果变更、添加、空缺其中任何一个词语，或是颠倒任何部位的次序，如改为"鲁迅的著作，我收藏了好几本"，其"著作"的含义也就起了变化。

词生成了句，句也界定和创造了词。在词与句相互为用、对立统一的过程中，词是最终统一于句的，它在构成句子的过程中，要排除自己的独立性，使自己服从于句的表意功能，"句之精英，字不妄也"。① 如果句子精美漂亮，字词的意义也就不会发生讹错。这也就是说，字与句之间，字意要流向句意，服从于句意。

词与词相连构成了句，句与句相联形成了章(段)，句与段之间的关系又是怎样的呢？它们也是一种相互为用、对立统一的关系。正如句的句意是其字词的灵魂一样，章的"章旨"也是其句的灵魂，句必须在前后句的关系中获得确切说明，每个句子的意义必须在整章完成时才能完整地显示。如张养浩《山坡羊·潼关怀古》的前三句"峰峦如聚，波涛如怒，山河表里潼关路"，这是小令的第一层。在这一层里，每个句子都是在前后句的关系中获得说明的，每个句子的意义都是在整个层次完成之后得到完整显示的："峰峦如聚"写的是山，跟下来因为有了第二句"波涛如怒"，我们才明白山不是孤立的山，除了山之外，还有河。再接下来，因为有了"山河表里潼关路"，我们才进一步明白，这里写的是潼关的山，潼关的河，并且是行走在潼关路上作者所看到的山和河。在这短短的一章(段)中，我们可以看到：诗中的每一句，都有独立而实在的"能指"功能，而其"所指"功能都是从它所依存的语言环境即一章(段)的范围内产生的；并且，每句都根据其前后各句的展开而发生了意义上的变化、更易，直至整章完成，每个句子的意义才得到完整显示。也就是说，句子承上启下构成了段，而段又从整体上界定和创造了句的含义。在句与段的相互为用、对立统一中，句意流向章旨。在造句营段的过程中，句子逐渐消失了自己的独立性，而服从于章(段)。

章与篇的关系也是这样。章与篇是相互为用、对立统一的。章与章之间的承上启下，构成了篇，而篇又从整体上界定和创造了章。以马致远的《天净沙·秋思》为例，小令分两层(章)，"枯藤老树昏鸦，小桥流水人家，古道西风瘦马"是第一层，"夕阳西下，断肠人在天涯"是第二层，这两层都有其确切实在的"能指"功能，但其"所指"功能则是在两层的联系及整篇最后完成之后才充分显示的：因为有了第二层，我们才明白前面所述乃是游子在夕阳中的所见；因为有了第一层，我们才明白后面是游子的触目伤怀；因为有了整篇的最后完成，我们才明白，其中的字词句章所要传达的是游子饱尝羁旅行役之苦，倦于天涯漂泊的深沉愁怀。

由上可以看到，从最小的字词要素到较高层次的章节成分，一方面是由小到大的繁衍组构，字意统一到句意中，句意统一到章旨中，章旨统一到篇旨中；另一方面则是由大到小的规范界定，篇意贯注于章意中，章意贯注于句意中，句意贯注于字意中，让它们各自找到最佳的位置，发挥最好的作用，处于不可更替、不可颠倒的位置。这种循环统一的关系，既可顺推，也可逆溯，从而使文章构成了一个完美统一的有机整体。对于这一规律，前人是有深刻认识的。如，刘勰《文心雕龙》中就指出："篇之彪炳，章无疵也；章之明靡，句无玷也；句之精英，字不妄也。"清刘大櫆在《论文偶记》中指出："既要于大段中看章法，又要于章法中看句法，句法中看字法。"

四、整一变化律

文章以字词句章繁衍成篇，最后统一于文章的整体表意功能，是否文章的全部意义就在于它的整体表意功能呢？也不尽然。如果文章的全部意义就在于它的整体表意功能，那么，

---

① 刘勰：《文心雕龙·章句》，中华书局 1980 年版。

作者一下笔，直接明确地把文章主旨写出来就是，何必呕心沥血，精心设计，精心推敲，精心修改，写出洋洋万言、数十万言的文章呢？这也就是说，文章本体的意义固然在于它的整体表意功能，但又不仅仅止于此。甚至可以说，文章本体的意义，更在于它显示文章整体表意功能的过程与技巧，更在于它展现过程的感染力、说服力，更在于它展示过程的艺术性与巧妙性。

那么，文章展示整体表意功能过程的感染力、说服力、艺术性、巧妙性来自哪里呢？其关键在于一个"变"字，它要在"变化"中求整一，在整一中求"变化"，如果过分的整一，就会流于呆板，就无巧妙可言。所以，整一多变，是文章本体构成的又一条重要的规律。

明末清初的金圣叹，在研究小说戏剧写作技法时，曾提出一个带规律性的"挪辗"说。他指出，在《西厢记》的许多表现技巧中，最根本、最有特色、最有普遍意义的就是"挪辗"：《西厢记》三十六章，每章只有一两句写题正位，其余便是"前后摇之曳之"。他详细分析了其"前侯"一折，指出：前侯一折，写的是红娘去给张生送信，倘若直接写正题，一两句话就写完了，作者正是运用挪辗之法，将这一枯淡窘缩的题材写成一篇灿灿然的文字。金圣叹为了说明挪辗，曾打了一个形象的比喻："如狮子滚球相似，本只是一个球，却教狮子放出通身解数。一时满棚人看狮子，眼都看花了，狮子却并没交涉。人眼自看狮子，狮子眼自射球。盖滚者是狮子，而狮子之所以如此滚，如彼滚，实都是为球也。"这也就是说，对于所要写的人、事，对于要传达的意，既不要放脱，也不要和盘托出，而要前后摇曳，尽力腾挪，极求变化。金圣叹认为："诚察题之有前，又察其有前前，而于是焉先写其前前，夫然后写其几几欲至中间，而犹为中间之前，夫然后始写其中间。至于其后，亦复如是而后。信题固蹙而吾文乃其舒长也，题固急而吾文乃其纡迟也，题固直而吾文乃其委折也，题固竭，而吾文乃其悠扬也。如不知趣之有前有后诸迤逦，而一发遂取中间，此譬之以橛击石，确然有声则遽已耳，更不能多有余响也。盖挪辗与不挪辗，其不同有如此。"金圣叹明确地意识到，写文章倘若一下笔便直奔主题，没有曲折腾挪变化，就像以木击石，一响之后，便没有了余音，没有艺术感染力。

金圣叹这段论述，主要是从艺术构思的角度讲的。后来的刘大櫆，则把它作为文章本体构成的一条规律来加以揭示。他在《论文偶记》中给文章下定义说"文者，变之谓也"，特别强调了文章的变化组合律。他又说，一篇文章应该"一篇之中段段变，一段之中句句变。神变、气变、境变、音节变、字句变"。中国古代所强调的"起、承、转、合"，更是给文章的变化作了一个模式的规定。

清刘熙载在《艺概》中谈到文章时说，好的文章，应该"约之则为一言"，"扩之则为千万言"，所谓"约之则为一言"，实际上就是说，文章的各个组成部分，都要统一到文章的整体表意功能上去。所谓"扩之则为千万言"，说的是文章的整体表意功能必须通过字词句章的巧妙组合来实现，"扩之为千万言"是为了"约之为一言"，而"约之为一言"又必须依靠"扩之为千万言"，要成功地"扩之为千万言"，则离不开字变、句变、章变，并且万变不离其宗。

五、言语合体律

字词句章统一于文章本体，而文章在实际运用中是有"类"有"种"的。文章在特定领域的运用中往往形成了相应的类（如新闻类、文学类、公文类），其"类"下面往往又分化出许多"种"（如新闻类中又有消息、通讯等）。这些"类"和"种"往往担负了不同的功能。要实现这些功能就必须具有其相应的特点。这些特点对那一类那一种文体的构成势必形成特定的要求和规范，这些规范和要求势必体现在内容与形式两个方面：从内容上看，它对各类各种文章的"立意""选材"有着特定的要求；从形式方面看，它对字词句章以及语体、文风都起着制约作用。

关于语言合体，古人也早有认识。曹丕在《典论·论文》中就指出："夫文本同而末异，盖奏议宜雅，书论宜理，铭诔尚实，诗赋欲丽。"自曹丕之后，历代对于文章的体制都有所强调。如颜之推指出，自古执笔为文者，"但使不失体裁，辞意可观，遂称才士"。① 刘勰指出："才童学文，宜正体制。"②唐僧遍照金刚指出，夫文人之作，"先看文之大体，随而用心，遵其所宜，防其所失，故能辞成炼窍，动合规矩"，"制作不依此法，纵令合体，所作千篇，不堪施用"。③ 宋倪思指出："文章以体制为先，精工次之，失之体制，虽浮声切响，抽黄对白，极其精工，不可谓之文矣。"④明徐师曾认为，"文章之(有)体裁犹宫室之有制度，器皿之有法式"，"苟舍制度法式，而率意为之，其不见笑于识者鲜矣"。从上所引，可见古人早就认识到了文体对于文本构成的规范。言语合体，乃文章本体构成的一条重要规律。

§3　文章(广义)分类

在我国，文章分类的历史，可以追溯到很远的古代。《诗经》将诗分为"风""雅""颂"三部分，《尚书》在书中分别标上"誓""命""训""诰"等不同篇名，可以说是我国古代文章分类的滥觞。在理论上，根据文体的不同特征自觉作出分类的，要算曹丕。他在《典论·论文》中本着"文本同而末异"的原则，将文章分为四科八体，并解释说："奏议宜雅，书论宜理，铭诔尚实，诗赋欲丽。"其后的陆机，本着"体有万殊，物无一量"的认识，在《文赋》中进一步将文章分为五科十体："诗缘情而绮靡，赋体物而浏亮，碑披文以相质，诔缠绵而凄怆，铭博约而温润，箴顿挫而清壮，颂优游以彬蔚，论精微而朗畅，奏平彻以闲雅，说炜烨而谲诳。"其后，李充的《翰林论》、挚虞的《文章流别论》进一步论述了文章的分类及源流演变。梁代的刘勰则在前人的基础上进一步发展了文章的分类理论。他在《文心雕龙》中将文章分为"有韵""无韵"两大类，对35种文体作了分析与介绍，创立了我国第一部文体分类写作学。唐宋两代，文体日益增多，各种文体也有了不同程度的交叉融合，"骈文""散文"的区别也日益明显。到了明代，吴纳在其《文章辨体》中已将文体分为59种；而徐师曾在其《文体明辨》中所收的文体已达127种。到清代，人们进行文章分类的目的进一步明确起来，清桐城派的代表人物姚鼐为了突出以体分类、以文示范、有益揣摩、指导写作的文章分类功能，在编纂《古文辞类纂》时，依据各种不同的选本，删繁就简，将古文分为13类，即：论辩、序跋、奏议、书说、赠序、诏令、传状、碑志、杂记、箴铭、颂赞、辞赋、哀祭，在写作实践中产生了重要影响。

综观古代文章分类的历史，大致经过了由简到繁，再由繁及简的过程。这个过程，一方面反映了古代文体发展的实际，另一方面也表现了人们对文体日益深入的认识。至近代以来，社会生活发生了巨大变化，人们的写作实践、写作要求有了巨大的变化，文体分类工作也得到进一步深入，关于这方面的论述，更是灿若星河。

文章是由多种因素形成的系统，存在着若干层次。从任何一个因素或层次入手，都可以

---

① 颜之推：《颜氏家训·文章篇》，王利器《颜氏家训集解》，中华书局1993年版。
② 刘勰：《文心雕龙·附会》，中华书局1980年版。
③ 遍照金刚：《文镜秘府论》，王利器《文镜秘府论校注》，中国社会科学出版社1983年版。
④ 转引自吴纳《文章辨体序说·诸儒总论作文法》，人民文学出版社1998年版。

确立一个分类标准。因而，文章分类，最是纷繁复杂。为了使读者对文章分类有个大致的了解，现将一些常见的分类方法介绍如下：

1. 根据文章语言：分为文言文和白话文。

2. 根据文章句式：分为"骈文"和"散文"。"骈文"的句子，"上四下六"，两两对称，讲究文采声韵。"散文"的句式可长可短，参差错落。

3. 根据文章是否押韵：分为韵文、非韵文。

4. 根据文章的篇幅：分为长篇、短篇、中篇。

5. 根据文章的语体：分为公务文体、政论文体、科学文体、艺术文体。

6. 根据文章的目的：分为叙事性文章、抒情性文章、说理性文章、释物性文章、告启性文章、记载性文章。

7. 根据文章的内容：如把小说分为惊险小说、科幻小说、战争小说、爱情小说、讽刺小说；把诗歌分为山水诗、田园诗、边塞诗、爱情诗、爱国诗、故事诗、哲理诗；将实用文分成管理类文体和信息类文体等。

8. 根据文章的风格：如，根据文章的整体风貌，分为简约体、繁丰体、刚健体、柔婉体、平淡体、绚烂体、谨严体、疏放体；根据作品所呈现的时代风貌，分为建安体、永明体、齐梁体、盛唐体、大历体、永和体、晚唐体等；根据作者创作的整体文体风格，分为冰心体、周作人体、朱自清体、杨朔体、秦牧体、刘白羽体等。

9. 根据文章语言的功用特征：分为艺术体和实用体。

10. 根据文章所采用的主要表达方式：分为记叙文、议论文、抒情文、说明文、描写文（这是为教学、训练需要而形成的一种教学文体）。

11. 根据文章的体式特点：分为诗歌、散文、小说、消息、通讯、报告文学等（也就是我们平时说的"体裁"）。

12. 根据文章担负的功能：分为文学类、实用类（非文学的实用性文章，人们往往称之为狭义的"文章"）。

13. 根据文章的应用领域：分为文学类、新闻类、文秘类、财经类、司法类、科研类等。

以上罗列了13种常见的分类。如果深入探讨下去，每种分类都有它的优势、特点；每种分类，都有它的局限和不足。如果坚持用一种分类标准对文章进行分类，很难对文章作出具体的类型描述。如果用多种分类标准进行分类，则难免各种类型的相互包容、杂糅。

本书也要对文章进行分类，在分类之前，我们首先想确立两个原则：一是"大体性"原则，一是"适用性"原则。

文章分类，"大体则有、定体则无"。类别的划分和描述，始终只能相对于主要特征而言的，它不可能精细到每一篇文章，如果不明白这个道理，一味地求全求细，必然导致繁琐、细碎，反而失去了分类的本意。例如，中国古代，自萧统选编了《文选》之后，很多人在编选"文苑""文鉴""文汇""文钞"时，一味地"有文必类，按类选文"，结果使文章分类显得繁琐不堪，反而失去了分类的意义。

文章分类，还必须从实际出发，考虑对写作实践的指导意义。不能为分类而分类。有些分类，繁而又繁，可和写作实际相距甚远，这是我们不取的。

考察目前国内形形色色的文章分类，有三种基本的分类影响最大。

首先是按表达方式的分类，表达方式中分描写、记叙、议论、说明、抒情。根据文章所采用的主要表达方式，将文章分为描写文、记叙文、抒情文、议论文、说明文：

记叙文：消息、通讯、报告文学、特写、速写、游记、传记、史书、年谱等。

描写文：小说：叙事小说、抒情小说、哲理小说等；戏剧：话剧、歌剧、舞剧、戏曲等。

抒情文：诗歌：叙事诗、抒情诗、哲理诗等；散文：叙事散文、抒情散文、哲理散文等。

议论文：社论、宣言、学术论文、评论、杂文、随笔等。

说明文：说明书、广告、解说词、教科书、科学小品等。

由于在写作实际中，"记叙""描写""抒情"经常综合在一起运用，"记叙文""描写文""抒情文"很难分得泾渭分明；再加上一些应用文，往往是多种表达方式综合运用，难以把它归入某一类。所以，有人将上面的分类作了调整，将"记叙文""描写文""抒情文"合并为一类，并加上一类："应用文"。这个分类，是目前流传很广的分类，中学作文教学基本上就是按这个分类进行的。但也有着明显的局限：（1）它无法解决文章制作过程中多种表达方式综合运用的矛盾；（2）将"应用文"作一类列入，与"议论文""说明文"相互包容、杂糅。事实上，"议论文""说明文"也是一种应用文；（3）它将"教学训练文体"与日常运用体裁混杂在一起，模糊了日常运用文体的基本特征。如，它将一般的消息、通讯、散文、小说、戏剧都列为一类，实际上模糊了这些体裁在写作上的巨大差别。

"议论文""说明文""记叙文"这些文体概念，是根据教学需要、训练需要提出来的，是一种教学文体，训练文体，目的是为了帮助学生掌握写作表达的基本技能，除了在学校里，课堂上，很少被现实的写作活动所采用。一个人走出课堂，很少会去写纯粹的"记叙文""议论文"，而是写各类日常运用的文章体裁。在中学作文教学中，为了使学生掌握各种表达技巧，从日常运用体裁中选一些记叙性较强、议论性较强、说明性较强的文章作为范文，这是"方便法门"，不得已为之，硬要将日常运用文体归属到教学训练文体中去，其逻辑上的混乱势必难免。不过，这种分类，对于初等、中等语文教学还是有一定价值的，不能断然否定。

另一种影响较大的分类，是对日常运用文体的分类。这种分类，着眼于实际运用的文体，实际运用的范围，写作实践的实际需要，目标盯在实际运用性上，如下面的划分：

文学类：诗歌、小说、散文、戏剧、报告文学、杂文等。

新闻类：消息、通讯、新闻评论等。

文秘类：公文、机关事务文书等。

经济类：市场调查报告、市场分析报告、审计报告、市场预测报告、合同、协议等。

法律类：诉讼状、辩护词、调解书、公证书等。

科研类：专著、论文、教材、学术信息、辞典、科学实验报告等。

军事类：命令、通令、指示等。

外交类：协定、协约、条约、宣言、声明、通牒、备忘录等。

生活类：书信、日记、笔记、札记、杂记、条据、悼词、讣告、贺词、碑文等。

　　传志类：传记、回忆录、地方志、行业志、厂史、村史、家史等。

　　这种分类，尊重各个行业、各个领域文章写作的特点，没有把某一体裁人为地归属到两种不同的类中去，多用于高等写作教学。

　　还有一种很有影响的分类，是文章体裁的归类。"体裁"是社会所公认所通用的"类"，它在形式、结构、语言上都有其自己的特点。中国古代的文章分类，从曹丕、陆机、刘勰到吴纳、徐师曾、姚鼐，实际上都是一种"体裁"的确证和梳理。在文章分类中，对体裁的研究是非常重要的，说夸张一点，对各种文章体裁研究透了，其他各种分类即便没有也没有多大关系。

　　对文章的分类，我们不想求全求细，只想抓住基本的、常用的。虽然"体有万殊，物无一量"，但"文末异而本同"，抓住最主要的，对于一般的写作学习也就够了。另外，我们讲的"体裁"，是社会日常运用的体裁。很多体裁，如古代的"奏议""诏令"等，过去很兴盛，现在不用了，或少用了，我们不论。对于"议论文""记叙文""说明文"等教学文体（体裁），也不论。我们对于文章分类，主张两极走向：一是将各种文章体裁，归属于更大的类，让它们有类可依；一是对各种体裁进行更细致一些的划分，使写作教学能够举例方便，有益揣摩。

　　我们作如下的分类：

　　　　文学类：诗歌、小说、散文、戏剧、影视文学、杂文、报告文学等。
　　　　非文学类（亦即狭义的文章）：
　　　　新闻类：消息、通讯、新闻评论等。
　　　　文秘类：通用公文、机关事务文书等。
　　　　经济类：市场调查报告、市场分析报告、市场预测报告等。
　　　　法律类：诉讼状、辩护词、调解书、公证书等。
　　　　科研类：学术论文、工作研究等。

　　将文章分为文学、非文学两大类，这是根据其负载的社会功用划分的。文学文体，担负的主要是审美愉悦功用。非文学文体所担负的，主要是社会实际应用功用。由于它们所担负的功用不同，它们在材料、运思、结构、表达方式、语言方面，就有着明显的区别。实用类文章的材料翔实、准确、确凿无误，遵守事态真实性的原则；文学类文章的材料虽然也源于生活，但是却经过了艺术加工，允许综合、虚构、夸张、移接。实用类文章主要运用的是逻辑思维，利用的是事物表象活动中抽象性、概括性的方面，因而常常靠数字、图表、概括性的叙述、逻辑论证的方式说话；文学类文章主要运用形象思维，利用的是事物表象活动中具体性和个别性的方面，往往靠生动、鲜明、栩栩如生的形象描绘说话。实用性的文章，诉诸读者的是无可辩驳的事实道理；文学类文章诉诸读者的是形象和情感。实用性的文章，往往采用稳定的、常见的、通用的甚至是规定标准的结构与格式，比较倚重思维的定势功能和效应；文学类文章最忌结构的程式化、凝固化，十分强调个人的独创性，即使用了实用文体中的某些固定的格式如书信体、日记体、公文体，也只是文体独创性的一种表征，并非每篇作品都应用这样的方式。实用性文章的语言要求明确、凝练、平实；文学类文章要求含蓄、生动、多彩多姿。概而言之，文学和狭义的文章，走的是两条路子，写作中不能把套路搞错了。

　　"类"下分"种"，将文学分为诗歌、散文、小说、戏剧、影视，将文章（狭义）分为新闻、文秘、法律、经济、科研诸类，这是尊重既定体裁基础上依据应用领域的划分。

诗歌、散文便于抒发，小说重再现，戏剧、影视着眼于表演。新闻主要运用于新闻界。文秘类文体主要是政府机关、人民团体、企事业单位的文秘人员写作。经济、法律、科研类文体也分别运用于经济界、司法部门或与法律有关的人员以及科研人员。写作总是与社会生活紧密相关，"术业有专攻"，"隔行如隔山"。从事不同领域的文章写作，必须具备相应的专业知识。没有相应的专业知识也就无法从事某方面的"专业写作"。这一级的划分，意在提醒习作者在写作学习中，必须具备和掌握有关的专业知识。

再往下，"文学类"各种体裁下还可作进一步的类型分析，"文章类"下各种体裁之下也可作比较具体的类型分析。比如说，"散文"可以分为记叙性散文、抒情性散文、议论性散文。记叙性散文可以分为"写人""记事""纪游"；抒情性散文可分类"托物言志""借景抒情""即事抒情"；议论性散文可分为"随笔""杂感"等。由于进一步的分类比较繁复，这里没有一一罗列。不过需要提请大家注意的是，每种体裁的学习，应特别注意从基本类型入手，掌握了某一体裁的基本类型，才谈得上对某种文体有了基本的了解。如果对文体的基本类型不了解，写作起来会感到无从入手。

§4　文章(广义)体裁

一、体裁的含义

文章体裁简称为文体。

体裁是对文章形态类型的一种描述，它是作者写作的一种形式规范，也是文章呈现在读者面前的一种具体样式。它是在长期的写作实践中逐渐形成的。体裁在最初形成之际是不完备的，只是随着写作的发展和人们认识的不断深入，才在实践中逐步完善起来。一旦形成，它就具有相对的稳定性和示范性，影响、制约着人们对文体特征的认识和写作。

中国古代对体裁的界定，主要是从"体式—功用"上着眼的。各类文章的写作都有一定的功用、范围；要实现其特定的功用就需要采用一定的"体式"；这种"体式"是实现文章功用的最佳的形式载体，并在与"功用"协同的过程中形成了类的特点——把相类的文章综合归类，也就形成了"体裁"的概念。像《尚书》中的典、谟、训、诰、誓、命，曹丕《典论·论文》讲的"四科八体"，陆机《文赋》讲的"五科十体"，都是着眼于文章"体式—功用—特征"的一种形态类型学的划分和描述。这种文体划分虽然繁复，有细碎之嫌，但"体式—功用—特征"的形态类型学描述却比较切合写作实际，为人们所接受，并在写作实际中起着形式规范的作用。

西方对文体的划分注重的则是作家塑造形象、反映生活的方式。早在古希腊，文学艺术就取得了辉煌的成就，与这种文学发展相适应便形成了古希腊文学分类的思想。亚里士多德是西方文体分类的主要奠基者，他首先把文学的本质定义为对"生活的模仿"，然后根据模仿的方式，把文学分为三类：

　　假如用同样的媒介模仿同样的对象，既可以像荷马那样，时而用叙述手法，时而让人说话，可以始终不变，用一个人的口吻叙述下去，也可以使模仿者用动作和活动来模仿。

　　这就是著名的"三分法"。亚里士多德把文学文体分为"叙事""抒情""戏剧"三类：他所说的"像荷马那样"指的是叙事类；他说的"用一个人的口吻叙述下去"指的是抒情类；他说的"用动作和活动来模仿"指的是戏剧类。"三分法"由此而得到确立。

　　在亚里士多德之后，尽管文学有了很大的发展，但西欧一些著名文学批评家如贺拉斯、波瓦洛，甚至歌德、雨果等仍然采用了这种分类。之后，有黑格尔、别林斯基对"三分法"作了进一步的发挥。之后，西方文艺理论还出现过许多其他文体分类的方法，但并没有从根本上动摇或改变"三分法"的性质和原则。

　　"三分法"主要是根据作品反映生活的方式来划分文体的，严格说来，它考察的是文学文体反映论意义上的类型学特征，并不是对文章体式的考察。它的优点是从比较宏观的方面来考察文学体裁，分类标准统一，有相当的概括性。但它不关注文章本身的体制，将"抒情诗"与"叙事诗""抒情散文"与"叙事散文"这些具有明显共同特征的文体割裂开来，让它们分属于"抒情类"和"叙事类"。它有利于我们把握文章的审美特性，但不便于我们把握文章体式上的特征。所以，西方的"三分法"传入中国后，被改造为注重文章体式、体制、形态的"四分法"——把文学文体划分为诗歌、小说、散文、戏剧—这固然因文化传统不同，但也确实有助于我们对文体特征的把握。

二、体裁的特点

（一）稳定性

　　体裁一旦形成，它就具有相对稳定的形式规范与法则，对文章的语言、结构、篇幅、容量、内容构成等方面有着特殊的要求，并作为一种具体的样式长期存在，对写作起着形式规范作用。尽管不同历史时期的文章（包括文学和非文学文章）在其所反映的社会生活上，在其所传达的思想感情的性质上，以至于在文章的外在形式上已产生了很大变化，但它们依然会保持体裁特征中最稳定的一些特点。例如，古代的诗歌和今天的新诗、古代的小说和今天的小说、古代的书信和今天的书信、古代的公文和今天的公文，它们在内容和形式上已产生了非常大的变化，但它们在"体式—功用—特征"方面依然保持了诗歌、小说、书信、公文最基本的规范，依然不失之为诗歌、小说、书信、公文。体裁的稳定性与它的历史继承性有关。

　　前苏联文艺理论家巴赫金说，"文学体裁就其本质来说，反映着较为稳定的、'经久不衰'的文学发展倾向"，"在文学发展过程中，体裁是创造性记忆的代表"。文学写作如此，实用写作也如此。在人类写作史中，每种体裁都有其发生、发展的过程，都经历了由不成熟到成熟、由不完善到完善、由简单到复杂的演变，它们在不断演变的同时仍然会保持作为一种体裁的某些标志性的稳定特征。一些体裁应反映社会生活的需要而产生，它就具有了与之相应的某些特性，并在后世的写作实践中顽强地绵延着这些特征，例如，中国古代的诗歌由《诗经》的四言诗，经魏晋以后的五言、七言诗，到唐代达到形式的高度完美，每一次演变都使诗歌这一体裁的特征更为明晰完备，虽然句式变了，格局变了，但作为抒情诗的抒情本质和音韵节奏等特点却稳定地被保留下来。像公文、法律文书、日常事务文书也是这样。

（二）变异性

　　倘若用一种动态的、历时性的眼光来观察，文章体裁又是处于发展变化之中的。

　　任何一种体裁，都是一定社会生活的产物，都可以从当时的社会政治经济制度、科学技术发展、科学文化政策等背景中找到依据。它们都反映着当时社会的需要。因此，随着社会的发展，随着人类写作行为自身的发展，总有一些旧的体裁被淘汰，一些新的体裁不断地涌现出来。例如，随着生产力的发展和现代社会的到来，作为远古时代最主要的文学体裁神话、传说、史诗等便逐渐消亡，取而代之的是报告文学、影视文学以及现代报章体裁等。

体裁的变异性一方面由社会历史条件所决定，另一方面又与写作自身的创新要求密切相关（这一点在文学创作中尤为突出）。对文学创作来说，体裁不是一种僵死的框框，决定作品艺术魅力和艺术价值的创新原则对体裁同样起作用。对一个作家来说，他对体裁的把握和运用决不意味着在体裁上做着简单重复的工作，每一时代的文学，每一位杰出的作家，他总要给原有的体裁注入新的因素。以小说为例，在中国，它主要经由了六朝笔记、唐传奇、宋元话本、明清章回、现代白话小说，直到形形色色、各式各样的当代小说，每一次发展和变化，都意味着"传统的写法被打破了"。这些小说就体制而言当属同一，但在具体形态上却相去甚远。就西欧而言，小说经由了由神话到英雄故事，到史诗，再到中世纪骑士小说、流浪汉小说，再到近代日常生活小说，到被称为"文体大爆炸"的西方现代派小说，其变化之大也远非原有小说体裁的尺度所能界定。巴赫金曾指出："一种体裁的生命力，就在于它在各种独具特色的作品中能不断花样翻新。"克罗齐也指出："每一个真正的艺术作品都破坏了某种已成的种类。"文学创作是这样，实用写作也是这样，随着社会的发展和需要，各种实用体裁也需要作相应的调整。

（三）相对性

体裁具有类型学的意义，但这种"类型"是相对的。

首先，所有的体裁都只能是对过去的一种归纳和概括，它不可能涵括未来所可能出现的新样式；即便是对过去的归纳和概括，也不可能巨细无遗穷尽一切。

其次，从方法论的角度来看，我们也无法坚持一个惟一的标准对体裁作穷尽的划分。体裁的界定是建立在分类和比较的基础之上的。科学的分类应坚持一个惟一的分类标准，但我们目前对体裁的划分更多是出于一种约定俗成，无法坚持一个惟一的标准。任何文章，它都是由多种因素多个方面构成的复杂系统，存在着若干要素、若干联系、若干特点，这也就意味着我们可以截取其中任何一个要素作为分类标准。例如，我们可以根据其语言把它分为文言体或白话体；根据它的句式整散分为骈文或散文；根据其是否押韵分为韵文或非韵文；根据其篇幅分为短篇、中篇和长篇等。另外，从文章具体样式出发，还可以逐级划分，如诗歌之下还可以分出抒情诗、叙事诗，旧体诗、新诗，自由诗、格律诗，山水诗、田园诗、哲理诗等，这种划分更多情况下考虑的是现实的需要，正如古人所说的"大体则有，定体则无"。

另外，各种体裁虽然各有其规范，但并不排斥它们相互之间的渗透，例如，小说、散文可以诗化，诗也可以散文化；我们可以运用书信的形式来写小说，也可以运用对话体来写论文。当然，这种情况多见于文学创作，实用写作相对要少些，但也说明了体裁的划分是相对的，我们不能把它绝对化。

三、体裁的意义

体裁不仅仅是文章归类和文章名称的问题，它一旦形成就获得了相对的稳定性，作为一种形式规范对文章写作、文章阅读、文章批评具有重要的意义。

对于写作来说，当作者萌发了某一写作冲动，产生了某一写作需要，就必须选用适当的文体来完成自己的写作任务。例如，作为一级单位向上级机关请求批准，就应该选用"请示"；作为个人向机关、团体请示批准，则应用"申请"，不能用错。当体裁一旦确定下来，作者的思维就必须在在文体的规范下展开，我们不能用抒情的笔调去写公文，也不能用小说的笔法去写新闻，否则就要犯"立言不得体"的毛病。

体裁对于文章阅读和文章批评同样具有重要意义。首先，无论是阅读还是批评，都必须遵守文体的规范，不能"文体错位"，不能用读诗歌的方法和标准去读小说，也不能以文学的标准去要求新闻；另外，对文章体裁掌握的多少和深入了解的程度也会影响到阅读和批评的质量。

四、文体的继承与发展

对于各类文体，我们既不能蔑视传统，又不能拘泥死守。

每种文体，一旦形成，就具有了一定的稳固性、习惯性，对当代或后代的写作实践产生着巨大的影响。在某种程度上说，它是集体的一种智慧，是社会约定俗成的一种法则，它是人类精神文明的一种表征。对于其中优秀的东西、精华的东西，人们总是自觉不自觉地继承下来了。比如，古代记叙类文章的"实录"传统，至今仍是当代散文的基本特征之一；古代的论理性文章，自先秦诸子发展到毛泽东的论文，经久不衰；古代的山水游记，虽历经漫长的岁月，至今仍属文章之林璀璨的明珠。我们目前所学习的种种体裁大都是前人的创造，无视前人所创造的种种文体，不依此"登堂入室"，要想提高写作能力无异于痴人说梦。但我们对种种文体又不宜拘泥死守，把它看成一种僵死的、一成不变的东西。

任何一种文章体裁都是一定社会生活的产物，都可以从当时社会政治经济制度、科学技术发展、科学文化政策等背景中找到依据，它们都呼应着当时社会的需要。例如唐代"以诗取士"，诗歌这种体裁就得到充分发展。宋元都市经济得到发展，就逐步形成了话本小说。随着近代大工业的发展、机器印刷术的出现、报纸的诞生，出现了新闻文体。随着社会生活的发展，符合社会需要的各种文章体裁就有可能被继承下来，不符合社会需要的就有可能被淘汰。一些新的文章体裁、文章样式有可能被创造出来。所以，明代李贽谈到文体的发展时，曾非常深刻地指出："诗何必古选，文何必先秦。降而为六朝，变而为近体，又变而为传奇，变而为院本，为杂剧，为《西厢曲》，为《水浒传》，为今之举子业，大贤言圣人之道皆古今至文，不可得而时势先后论也。"（李贽《童心说》）另外，每一种体裁形成之后，其本身也在丰富发展。例如，小说最初由"生活的故事化"发展为"人物的性格化"，再发展为"内心的图景化"，小说的体式、类型、手法都有了发展，这种发展既是文体本身发展的需要，也是社会生活发展的需要。我们既不能忽视传统，认为只有"意识流"才称得上真正的小说，"朦胧诗"才是真正意义上的诗，也不能无视文体本身的发展，认为"意识流"根本不是小说，"朦胧诗"根本不是诗歌，而应对文体本身的发展，持一种客观、公正的态度。还有，文体、体裁的划分，只是相对的、大体的划分，"大体则有，定体则无"。每一种体裁，每一类文体的划分并不排斥各种文体相互之间的渗透，并不排斥一种文体向另一种文体学习。例如，报告文学这种体裁，在写作实践中，就广泛吸收了诗歌、散文、杂文、小说、戏剧、电影、电视、科研论文等诸多文体的写作技巧。因此，在写作学习中，我们既要注意文体的基本规范，又应在不违背文体基本规范的前提下作灵活的、创造性的发挥。

§5 文章(广义)图式

一、文章图式的含义

经验告诉我们，在进行有意识的文章制作活动之前，写作主体的意识中早就存在着一个"文章样子"，它在作者的心灵深处暗暗地制约着作者的写作行为，使主体的写作行为逐渐地朝着这个目标靠近。可以说，主体的全部写作行为都是这个"目标"的物化。这个"文章样子"就是我们所讲的"文章图式"。

在现代图式理论中，"图式"这个概念一般认为是由德国心理学家巴特利特(Bartlett)在1937年提出来的，在他的理论中，这个词是"指一种对于过去反应的积极的组织，也可以叫做过去的经验，这种经验在有机体的反应中，总是经常起作用的"。巴特利特还进一步认为，"图式是由过去的经验组成的"。从理论渊源上看，图式理论还可以追溯到更早的年代，因为格式塔心理学与现代的图式理论之间也存在着非常密切的关系。"格式塔"意译为"完形"，它所指的是形、式样或结构。广义地说，它的意思就是组织结构和整体。美国心理学家鲁墨哈特(Rumelhart)认为，图式理论基本上是一种关于人的知识的理论，"也就是说，它是关于知识是怎样被表征出来的，以及关于这种对于知识的表征如何以其特有的方式有利于知识的应用的理论"，"图式就是积集在一起的知识单元，是认知的建筑模块"。皮亚杰也说："图式是指任何理论、观念对学习材料的拼合方式。"鲁墨哈特还提出了图式的几个特点：(1)图式具有变量；(2)图式可以被包含于另一个图式之中；(3)图式可以在各种抽象的水平上表征我们的知识；(4)图式所表征的是知识而不是"概念"；(5)图式的活动是一种主动的过程；(6)图式是一种认知的手段，它的目的在于评价对于它所加工的材料的适合性。

图式理论出现后被用之于研究阅读、理解等心理过程，都取得了令人耳目一新的成绩。不过，我这里提出的"文章图式"，并非受图式理论的直接影响，而是来自自己学习写作的体会。我在学习新闻写作时曾涉及有关文体理论，这些理论在写作上并没给我太大的帮助。当我阅读一定新闻作品之后才感到对新闻写作了然于怀。由此我感受到，在写作之前，在我们的头脑里是有一个"文章样子"预先地存在着的，是它直接引导着我们的写作，这促使我作了进一步的思考。

马克思在《资本论》中讲到人的目的性、对象性时说过一段有名的话："蜜蜂建筑蜂房的本领使人间的许多建筑师感到惭愧，但是，最蹩脚的建筑师从一开始就比蜜蜂高明的地方，是他在用蜂蜡筑蜂房以前，已经在自己的头脑中把它建筑成了，劳动过程结束时得到的结果，在这个过程开始时，就已经在劳动中的表象中存在着，即已经观念地存在着。"前苏联学者季莫菲耶夫在《文学原理》中论及文学创作过程时也曾指出，作者最初的"构思"是"一种最初的表象，这种表象应当包括未来的作品"。前苏联文艺心理学家尼季伏洛娃在《文学创作心理学》中论及文学创作时也指出：作者的最初构思应包括"有关未来作品体裁的预先观念"或"表象"。他们这些论述，都涉及或论及我们从事创作之前头脑中存在着的"表象"。这个"表象"，即我所感觉到的"文章的样子"。

"文章的样子"是通过大量具体文章的阅读积淀在我们头脑中的，正如我们平时看到的各式各样的凳子、椅子，看过之后，慢慢地，在我们心目中会形成关于椅子、凳子的一般表象。这种表象既朦胧，又具体。说它"朦胧"，因为它是关于"一般"的表象，并不具体指某一把凳子、椅子。说它"具体",因为它毕竟是关于"类"的表象,我们不会把"凳子""椅子"混同于"桌子""床铺"。文章表象也是这样,我们头脑里获得诗歌、小说或消息的表象之后,虽然它并不指向某一篇具体的诗歌、小说、消息,但也不会把消息与诗歌混淆起来。它是朦胧的、泛化的、一般的,同时又是具体的、可感的。

表象是心理学的术语,我这里借用"图式"这个概念,所谓"文章图式",也就是指存在于作者心中的关于文章的样子,关于文体种类的表象,作者心中关于文章的理想规范面貌。

"文章图式"是作者心目中有关文章的样子,从这种"具体可感性"出发,我们可以把"文章图式"理解为一种"感性的形式"。这种"感性性"意味着文章图式并不是把文体种类的表象抽象成干巴巴的模式或者概念,而是把文体的感性形式从具体的言语作品中提取、积淀为看得见、摸得着的要素,这些具体可感的要素包括:

(1)文体特点和文体知识,即某类文体的"质"的规定性;

(2)文体结构规律和用语特点;

(3)文体的综合表现技巧。

但这些要素不是剥离的,当言语作品作为整体进入我们的视野和心灵时,它们作为一种"类"的特点保存下来了,并以一种"格"的方式积淀在主体的心理结构中,形成为一种稳定的认知结构。从心理语言学的角度看,文章图式是一种心理定势,是作者心目中对于"这一类"文章的外在表象的稳定的心理态势。从本质上说,文章图式是言语主体"内化"文章的表象,也是"类化"文章的范式。

文章图式对于写作的规范和引导作用是不可轻视的,它内在地、隐秘地规范和引导着我们的写作,既是我们整合客观信息的一种内在形式,也是我们运思、表达的一种规范。鲁迅先生谈到自己的小说创作时曾说,什么"小说做法"之类,他一部也没有看过,短篇小说倒是看了不少,他写《狂人日记》,"大约所仰仗的全在先前看过的百来篇外国作品和一点医学上的知识,此外的准备,一点也没有"。① 古人说:"熟读唐诗三百首,不会吟诗也会吟。"说的正是这方面的道理,只不过没有用"文章图式"这个概念罢了。

经验告诉我们,一个人学习写作,首先是从老师、他人或书本上获得一些写作的知识,形成对写作的一些初步认识,如文章有开头、中段、结尾,文章有主旨、材料,文章是社会生活的反映等,并从这些初步认识中,获得写作的一些模式与程序。接下来,他便在他人的指导和帮助下,开始动手练习写作,经过反复的训练,把一些写作程序变成自己的某种技能,在这个过程中,他往往由于某些肯定性的情绪体验,对写作产生浓厚的兴趣,逐渐把写作行为内化为自己的写作行为。接下来,随着写作行为的日益内化以及写作主体意识的确立,在写作者的心中,会逐步积淀许多文章的图式、样子,并以此引导和规范着自己的写作。一个有较强写作能力的人,并不一定有很高的写作理论修养,但一定有正确的写作模式、文章图式,当我们考虑应该这么写而不应该那么写的时候,也许不一定受理论的支配,但一定有意无意地在运用着写作模式、文章图式。

头脑中必须具有某一类文章的表象,才能从事某一类文章的写作,这是一般的常识。叫一个从来没有读过新诗的人去写新诗,即便才高如李白,也无从下笔。叫一个没有读过消息

---

① 鲁迅:《我怎么做起小说来》,《鲁迅全集》第 4 卷,人民文学出版社 1981 年版。

的去写消息，哪怕学富如曹雪芹，也写不出消息。

我们平时积累写作素材，其实也是在种种文章表象的规范下进行的。比如，搞文学创作的，头脑中贮存的主要是文学文体的"表象"，当他看到动人的情景、生动的细节，他会非常敏锐地，几乎是下意识地识记下来，至于新闻题材、抽象数据、论文资料，他可能就轻轻放过去了。为什么会产生这样的情况呢？因为他接触到客观信息时，会自觉或不自觉地用头脑中贮存的"文章表象"去衡量，看这些信息能不能整合到"文章表象"中去。如果头脑中没有新闻、论文的"文章表象"，他通常会觉得这些材料没有用，把这些信息放过去了。又如，我们上街，看到一对男女在打架。写新闻的人，往往会用心中有关新闻文体的图式来整合这一事实，看它是否能写成一条消息。写小说的人，则会用心中有关小说的形式规范来整合人物语言、行动、性格及双方的矛盾，看能不能写成一篇小说，能写成一篇什么样的小说。至于写诗的人，则可能把打架这件事轻轻地放过去，因为打架这件事，在一般情况下，不可能形成一篇优美的诗，也不可能形成诗的冲动。

"文章表象"又是作者处理素材，进行构思、表达的规范。素材积累到一定程度，作者发觉它足以写成一篇文章时，就会产生一定的写作冲动，试图把它写出来。当作者确定用某种体裁写时，他就会按照头脑中所具有的某种体裁的"样子"来处理素材，进行构思和表达。例如我们经历了一件不平凡的事，想把它写下来，是把它写成诗，还是把它写成散文或小说呢？我们所选定的文体不同，我们所作的加工、处理也就会不同。如果写成散文，我们只需把最动人的片断写下来就行了。如果写成小说，我们就要抓住其中的矛盾冲突，将之提炼为比较完整的故事情节。我们为什么会作这样的处理呢？关键就在于我们头脑中的文章图式。我们就是按照头脑中有关文章的样子来进行操作的。

就一个作者来说，他心中积淀的"文章样子"越多，越有个性特色，他的写作也就越自由，越有特色。相反，作者心中的"文章样子"越少，越缺乏特色，他的写作也就受到了相应的限制。例如，一位作家小说写得很好，但他却不会写公文，这就是因为他心中没有公文的"样子"所致。

由于作者心目中关于文章的样子内在地、隐秘地规范和引导着作者的写作，它既是作者整合客观信息的一种内在形式，也是作者运思、表达的一种规范。

二、"文章图式"的种类

"文章图式"是存在于作者心中的关于文章的"样子"，是关于文体种类的"表象"，是作者心目中关于文章的理想规范"面貌"。因为文章种类是繁多的，"文章图式"的表象也就繁多。概而言之，"文章图式"可分为"文章体裁图式""文章类别图式"和"文章审美图式"。

"文章体裁图式"即我们心中关于文章体裁的表象，如消息、通讯、诗歌、散文、小说之类；议论文、记叙文、说明文。"文章体裁图式"要解决的是我们基本的文体感的问题。如果没有"文章体裁图式"，写出来的东西就会非驴非马。

"文章类别图式"是文体特征的具象化图式。一般说来，每种体裁之下，又有一些基本类型，如散文，就有记叙散文、抒情散文、议论散文之分；各类之下又有一些类别，我们掌握"文章体裁图式"之后，一般要进一步掌握基本类别图式之后，才能运用这种图式进行具体的文章写作的。

"文章审美图式"则是我们心中所认为的、最理想的文章表象。如，我们心中积淀了许多小说的表象：有情节小说、性格小说、氛围小说、意识流小说、问题小说、哲理小说等。我们进行写作时，往往会依照我们自己最喜欢的某一种或几种小说图式来进行写作。"文章审美图式"是在"文章体裁图式"和"基本类别图式"基础上形成的，它往往凝聚了作者的审美理想与个性追求，甚或发展成为自己的创作个性。例如当代作家汪曾祺写的小说，大多是一种散文体的小说。作者愿意按照这一图式写而不按其他图式写，其中就具有作者的审美追求。"文章审美图式"是作者的个性选择。

"文章体裁图式""基本类别图式"和"文章审美图式"，共同构成了文章图式的"金字塔"结构，一般说来，我们也就在这种图式结构的引导下，由"入门"走向"具体操作"，由"具体操作"走向"个性化创作"。一般说来，作者心目中积淀的"文章图式"越多，他的写作也就越自由，越有特色。相反，作者心中的"文章图式"越少，越缺乏特色，他的写作也就受到了相应的限制。例如，一位作家，小说写得很好，但他却不会写新闻、公文，这就是因为他心中没有相应的文章图式所致。

三、"文章图式"的获得

"文章图式"是主体在大量阅读言语作品的基础上，通过主体内在的情意化，将文章表象"简化""定型"，从而形成主体心灵世界中的关于"这一类"文章的范式。它是主体把文章表象提取后在内心中形成的一种意识，这种意识是主体自觉自愿地在长期的阅读实践中积淀而成的，它实际上也是主体对文体种类外在表象"共性"提取的结果，它包括了"压缩"和"选择"：一方面，主体阅读时不可能将每一篇具体的言语作品都记住，而是将其外在表象留下，将其余的"统统放行"；另一方面，这种接受必然经过大脑的筛选、拼合、修整，成为具有新"质"的表象，从而使其更具有普遍意义。"文章图式"既是主体根据文章"类"的表象特点筛选而成，同时也是文章表象"类"的特点在适应主体认知结构的"双向选择"下不断整合完善的结果，"定型"之后经过强化，"文章图式"才在主体的意识中"永久居住"。

"文章图式"不是简单的几条文体知识，也不是机械的几种文体结构套路，而是主体建立在文章内容与形式诸要素基础上的整体认知模式。它是一种认知的手段，更强调主体对生活（主要指那些能构成文章内容的"材料"）"加工的适应性"，即整合作用。当客观生活触动某个感应点，结构的自适应性就会促使主体的认知结构自动提取相应的信息予以"聚焦"，这种"有效接纳"实际上就是直接感知或者叫直觉。

"文章图式"是在长期的阅读实践中，将文章范式"内隐"为言语主体的较为稳定的心理模式，究其实质，是在一个言语接受过程中，言语作品在主体神经组织的有关部位建立起暂时联系，在神经组织中留下的"心理痕迹"。这种"心理痕迹"有一个逐渐变化过程，也有一个逐渐强化的过程。可见，要建立文章图式，必须经过大量的反复阅读，需要同类言语作品若干次地强化这种心理联结，才能不自觉地形成一种"动力定型"。

文章图式是通过大量的作品阅读而积淀于作者心中的。没有大量的作品阅读，只记住几条抽象的文体特征，无法形成具体的文章表象——"文章图式"。《笑笑录》曾载一个笑话："某乡某生，沉酣制艺，腹若琉璃，阔步摇摆，书意盎然，而于诗学，一步不窥。既晚，就学于友，友求用韵平仄之法，居然谓利三昧，即诌成曰：'吾人从事于等途，岂可苟焉而已乎？然而正未易言也，学者其知所勉夫！'艺林捧腹。"

阅读还涉及到定时、定量、定质等问题。形成文章图式需要一定的阅读量。一般的写作教材，由于篇幅的限制，常常在讲清文体基本知识后，取几篇例文作示范，这是不得已而为之的"方便法门"。要形成正确的"文章图式"，靠那么几篇例文是远远不够的，有志于写作的同学，在认真阅读例文的同时，还应找大量的同类体裁的文章阅读，只有这样，才有可能形成正确的"文章图式"。一般说来，在一定的时间内集中阅读，有利于文章图式的形成，如果零敲碎打，难以形成深刻的印象。与此同时，在学习文体知识和阅读作品时，善于比较各种文体的异同，特别是它们之间的细微差别，才能获得正确的文体感和文章图式。

文章图式质量的高低，还取决于所读作品的质量，选取一些优秀的作品，能事半功倍。

我们强调大量的阅读积淀，并不否认理论指导的作用。没有一点写作的基础知识，缺乏起码的文体意识，茫无目的地泛泛读去，即便是大量的阅读也不一定能在较短的时间内形成正确的"文章图式"。"文章图式"是伴随着理性的感性形式，这种理性思维需要理论引路，并在理论指导下不断内省、修整，才能"完形"。没有理论的引导，就如同在黑暗中穿行，难以形成正确的文章图式。我曾看到一位学生，私下里认为只有"朦胧诗"才是诗，读诗歌也只读"朦胧诗"。他并不乏才华，但一口气写了十来年的"朦胧诗"并没有什么收获，这就是缺乏理论指导所致。因此，要形成正确的"文章图式"，一方面靠大量的、扎扎实实的阅读，一方面也不能忽视理论的指导。一般习作者应尽可能多积淀一些"文章图式"，尽可能地获得一些基本的"文章图式"。不能单凭兴趣，过分狭窄。过分狭窄，只限定在一两种文体上，一方面影响我们写作基本技能的发展；另一方面，由于眼界过于狭窄，缺乏比较，也难以形成正确的"文章图式"。

§6　文章（广义）自生长理论

文章自生长理论是马正平提出来的，这也是现代写作学取得的重要成果之一。

马正平的文章自生长理论，一方面来自自己的写作体验，一方面受分形理论的启发。分形理论是从两个领域独立研究出来的：一是国外的混沌理论，一是中国学者提出的全息理论和相似论。20 世纪 70 年代，我国学者张颖清教授在研究生物时发现一个有趣的现象：生物体的整体与相对独立的部分生物学特性相似，于是提出了"生物全息律"的著名学说，在国内外影响极大。"生物全息律"认为，生命机体的整体与部分之间具有相似性和对应性，生物体每一相对独立的部分的化学组成都与整体相同，是整体比例的缩小，部分具有整体信息的机理，其发生演变过程也是整体系统的缩影，整体是部分的放大，整体与部分对应，从部分可以推视整体的性质。80 年代后期，张颖清又提出了"全息胚"学说，认为由于 DNA 的半保留复制和细胞的分裂，每一个体细胞都是具有与原初级受精卵相同的一整套基因。"全息胚"学说以大量的观察资料，有力地描述了生物发育的一般图像——生物体是由若干层次等级上全息胚组成的系统。而在分形论者看来，那翻滚的朵朵云彩，那缭绕的缕缕青烟，那弯弯曲曲的海岸线，那起伏蜿蜒的山峦，那碎瓷上的无限裂纹，那显微镜下金属材料的断面与表面，那无限交叉的树枝分丫，那大至只有从人造卫星上才可看到的大地裂缝，小至从显微镜下才能观察到的岩石的微裂裂缝系统，在这些极不规则的奇形怪状里存在惊人的"自相似性"。所谓自相似性，是指一个系统的局部和整体、始态与终态在结构、信息、功能上的相近与相像乃至相同。如我们从远处看见一棵很大的黄桷树，可以发现这棵黄桷树在所有层次上的分枝形态都是极为相似的"V"字形，这便是结构、空间上的自相似性。马正平在这些理论的启发下，提出了"文章胚胎""尺度变换""文章分形""文章自生长"等概念。

马正平认为，与写作行为同步而行的是文章胚胎发育——文章的自组织或分形过程。他指出："外在事物、对象、信息一旦被我们感受、激动，它就成了后来的文章的'胚胎''胚芽'，完美的文章之'树'正是从这个'胚芽'上生长出来的，雏形文章的这种新生魅力，于是构成了写作方向性运动，作者便从中看出了未来大好文章，于是完成了真正的动机。"并指出，写作动机与文章动机是"同步""同向""同构"的，文章胚胎发育的内容、材料、信息的自组织，就是以文章胚胎的性质、情感、思想等主题信息为核心所形成的主题、性质关系，这个过程，形成了文章内容相似的分形，而分形表现形态是"重复"和"对比"。从文章胚胎发育生长出来文章材料的生命体本质上是一个重复、复制的问题，一句诗的开笔把我吸引住了，把我身心上的某种信息、情调、节奏、韵律调动出来了，于是含有这些信息、情调的语言也就被吸引出来，调动起来，复制出来了。每一次吸引，每一次复制就形成一个情调、内容性质的尺度层次，文章分形就这样形成。在开笔生长过程中，一方面是文章材料、内容、主题、情调方面的重复和对比，一方面是文章非内容方面即传达中遣词造句、词汇、句子的语气、韵律、节奏、风格等调子之间的重复与对比，当这两种情调关系处理得十分和谐的时候，文章的语言之流就会哗哗地流出，一切都是那样自然和符合逻辑。这种逻辑的自然生成不是靠理性和认识、思考，而是靠强大的感性的情绪、情感、情调的力量触发起来的，这样把空间的情调关系变成时间性的语言之流，从而达到内部语言向外部语言的转化。如果说在构思中文章胚胎的生长时调动材料的自组织（重复与对比）形成的文章材料中的主题、内容、情调，运用的是内容方面的性质思维的话，那么，在传达阶段文章开笔中，调动材料、语词的自组织（重复与对比）依靠语言词汇、句子的语气、情调、节奏、韵律、态度，便是形式方面的性质思维，而两种性质都是一种分形行为。他认为，外在事物、对象、信息一旦被我们感受、激动，它就形成了后来文章的胚胎、胚芽，文章之树正是从这个胚芽上生长出来的，文章正是在这一主要红线的贯穿下完成的方向性运动。文章是初始信息无穷的自我引用、重复。在时间的链条上，每一个阶段的终态对初态都有着敏感的依赖，它是一个个性，又是一个全体。文章的起承转合，起承是重复，转是对比，合是重复，在对比与重复之中，文章的平衡感、稳定感、秩序感也就出现了，重复基本上是写作的个性的载体，重复是一种策略、一种引人注意的预谋，也是自身的需要。

§7 文体（广义）思维

一、文体思维的提出

与"自生长理论"同步，20 世纪 90 年代人们提出了"文体思维"这个概念。

我曾指出，文艺学认为作家运用的是一种形象思维（或艺术思维），这说法是不太准确的，它并没有揭示文学创作的特质。如，一个作家、一个画家、一个作曲家，他们创作时都要运用形象思维，其运用的形象思维是不同的；我们平时讲一个故事也要运用形象思维，但与写故事也是不同的，只有写作，才需要运用文体思维。不仅仅是内容选择着体裁，体裁同时也规范着想象、思维：写处理日常事务的文章，为了说明问题，办事快捷，遵循一定的格式，直截了当就行了；写传授知识的文章，说理要明白、条理纲目要清晰；写供人欣赏的文章，就要做到有吸引力；写说理的文章，就要准确、明白、逻辑性强——思维着的内容、情调、特点与思维所要制作的文体必须相契相谐，才能真正进入写作思维。例如，写一则消息，通常采用倒金字塔结构，其标题、导语、新闻背景等各个部分都有相应的要求，我们的思维就必须在这个形式规范之下进行。又如写一篇推理小说，推理小说最起码的规范就是强化推理的歧途，掩盖推理的正途，强化悬念的危机感，如果不遵守这些规范就不能发挥这种文体的特有功能。我在《现代写作原理》中曾这样写道："当写作载体一旦确定下来，作者的思维就必须在一定文体的范围内展开，它以一定文体的形式、精神、色彩、情调为思维的条件和内容，制作文体的思维和思维所要制作文体必须在内容、形式、特点上达到一种水乳交融的契合，才可能真正写出文章来。"

二、高楠的思维场理论

1990 年，高楠曾发表过一篇《写作思维三题》的长篇论文，这篇论文虽然迄今为止尚未得到应有的重视，但依然不失为高质量的论文，它真正揭开了文体思维研究的序幕。

高楠指出，写作思维既不同于日常思维，也不同于科学思维：日常思维的目的在于理解日常生活中的现象和解决日常生活中的问题，它的过程表现为不规范性、零乱性与跳跃性，特别是它具有基于现实环境和以往经验的大量思维空白，这种空白对于思维主体具有不言而喻性、模糊性和瞬间跃过性；科学思维则是以解决学科课题和探寻学科新知为目的，它旨在发现，于无知处求知，它的过程是严密的逻辑推导、久经训练的有序化以及致力追求的明晰性；写作思维不同，究其本质它是一种表述加工性思维，"它不以解决课题为目的，而以对课题思维的成果予以文章的表述、加工为目的。它只是思维着如何组构一个文章之形"。它不同于课题思维的独特性就在于"它是工具性的"。接着他研究了写作思维的动力触发、动力定向、动力模式、写作思维元素的加工与联组、写作思维场等一系列问题。

（一）写作思维的动力触发

高楠认为，写作思维的动力触发，体现为一种心理紧张，这种紧张感涌动于胸，必发之而后快。不过，这种紧张感不同于课题思维后形成的紧张感：后者基于求知欲，它指向主体经验结构之外的求知世界，是向外的心理冲力；前者基于表现欲，它指向主体经验结构本身，是向内的心理冲力。它的内视是为了外达，在这种动力的推动和引导下，思维是一个双向展开的过程：向内，是为了使经验、体验按照写作表述的需要而有序化；向外，是为了对经验、体验进行有序化的写作表述，这种双向展开互促互动，互相完成，使得写作既可以提炼、精确、升华经验，经验又必然制约着写作表述。

高楠认为，写作思维的动力触发，可以分为来自外部的动力触发和来自内部的动力触发。

来自外部的动力触发主要缘于挤压性条件、诱导性条件、激励性条件。

挤压性条件具有一定的强迫性，它借助于主体的使命感、责任感、自尊心及生存需要发挥作用，如领导的指派、杂志的约稿、考试的命题、社会的期待以及为了生活需要对稿酬的考虑等；诱导性条件主要依据主体自尊心和心理学家马斯洛所说的归属需要，主体希望通过写作以自证，从而为环境所承认；激励性条件基于自我确证与自我实现的心理，这是对外部肯定与奖励的积极反应。

来自内部的动力触发则是心灵的自我发动，它又可以分为原初触发和经验触发两种。

原初触发指主体发之于胸的第一次写作冲动，当某种强烈的情感在主体胸中涌动不已、找不到其他宣泄途径时，便可转化为写作思维的动力触发，这是原初途径的自身发现，它的意义在于主体自觉自愿地打开了写作这条能量的宣泄途径，形成一种持久性的宣泄途径的动力触发。经验触发则是一种习惯性的动力触发，它见于经历了原初触发并经常写文章的人，这种写作动力的不断触发，便形成了动力触发模式，从而使这种动力触发成为一种自动化的反应，心中稍有所感便可以转化为写作思维的动力。

（二）写作思维的动力定向

高楠认为，写作思维动力具有定向作用，动力定向功能在于提出思维预决目的，催动思维相关材料，促使思维定向展开。

动力定向能提出思维的预决目的，预决目的不同于具体目的，它只是指示出终点的方向性，只是一个空旷的目的，一个不具内容的目的，它是一个预先置于终点的目的之筐，至于这目的的具体内容，则需要由思维推展到终点时才能由思维全程去充填。这和课题性思维不同，课题性思维只有解决问题这一总的目的，没有具体思维过程的预决目的，它不可能把目的的空筐预先置于终点，因为它根本无法预知终点在何处；写作思维能为思维展开提供一个预决目的，在于它的工具性，它思维着的是经由课题思维所有了的大体内容，它的任务是把这些内容形成一个文章表达的序列，亦即把它引入文章的"铸模"，这个"铸模"也就是"空筐"。预决目的虽然只是一个空筐，但它对写作思维的展开却具有制约力，写作思维只有在它的方向上展开。

储存在人的记忆中的材料是数不胜数的，但它们绝大多数处于沉睡状态，只有极少数处于活跃状态。因此，任何思维都不是全息的，大脑全息只能是思维的背景，能够催动的材料越多，思维也就越自由越活跃。课题性思维催动的是与课题相关的材料，写作思维则是由写作表述——加工的总目的——预决目的唤起相关的材料，"文思泉涌"往往是由动力定向的强烈程度所决定的。但是，写作思维的动力触发并不是一次性的，一时兴起的捉笔行文往往因为写作处处都是坎坷而很快耗尽，写作的展开需要继发性动力，继发性动力则来自思维过程每一个阶段上的成果以激起新的动力。

（三）写作思维的动力触发模式

高楠认为，写作思维的动力触发和动力定向在反复运用中便形成了大脑皮层上的反射模式，动力模式一旦形成，写作思维就有了自动化和定型化的倾向，这对于写作主体利弊兼有，利的方面在于主体由此可以灵活自如地进行表述加工的思维操作，久而久之，表述的技巧模式、趣味模式这类写作思维的副模式便可形成，惟有此时，"风格"才得以形成。弊的方面则在于它可能导致刻板化、僵化、狭隘化，主体会因倾向于、热衷于这种习惯了的思维角度、思维路数而拒斥其他思维的可能。因此，只有彻底了解写作思维的动力模式才能自觉地扬利抑弊。

写作思维的动力触发模式又由以下五个子模式构成：

文体思维操作模式。写作总是具体化的文体写作，因此，思维操作模式也就有了文体定性，文体定性又规定着写作思维对材料的催动和运用。

审美趣味模式。写作主体不同的审美趣味总是要渗透到写作思维中去，并影响着写作思维的展开，因此，随着写作思维动力触发的模式化，渗透于写作思维中的审美趣味也会随之模式化，审美趣味的模式将影响到主体对材料的态度和加工。如，对同一材料，不同的审美趣味模式可能产生下意识的拒绝、会心的共鸣及敏感、迟钝等不同反应；又如，趣味在于和谐主体，就很难对材料作怪诞的加工，趣味在于婉约的主体就很难对材料作豪放式的处理。

语言模式。在思维过程中，不同的主体对语言运用往往有着不同的经验与习惯，从而形成不同的语言模式，语言模式在写作思维动力模式的激活下往往经验地进行着语言选择与组合。

意象模式。写作思维的一个重要内容是进行意象材料的选择、合成、加工。不同主体具有不同的文体模式、审美趣味模式、语言模式，意象的思维加工受制于上述模式，于是形成了与它们相关的意象模式。意象模式使主体倾向于某些意象，并对它进行经验性加工。

技巧模式。写作思维同时又是运用技巧的思维，于是，在写作思维的动力触发中，技巧模式也就随之而形成了。技巧模式规定着主体的技巧倾向和技巧风格。

以上五个子模式彼此关联不可分割，在课题性思维提供的不同结果下，主体在运用这六个子模式中会出现不同的倾斜、侧重，从而使文章在大体统一的风格下各有差异。同时，这六个子模式又是可变的，学习、影响、诱导都可以引起它们不同程度的变化，一个或几个模式的变化，可以使作为母体的动力模式产生较大的变化。

（四）写作思维元素的加工与联组

高楠认为，写作思维是一个具有预决目的的动力触发与推展过程，除了从结构学的角度研究它的动力模式，还要从功能学的角度研究它的思维操作，研究它的思维元素和元素加工。

高楠认为，写作思维的元素是双重的：一是它的意象元素，一是它的语词元素。作为写作思维的意象元素具有形象性和情感性，它可以分为三类：情感意象、感受意象、认知意象。作为写作思维的语词元素具有多应性（同一个词对应的内容往往很复杂，如中国哲学史中"道"这个词，就对应着不同的含义）、意识性（指语词元素不经由意象而直接引起认识、情感等综合心理活动的语词特征）、唤象性（指词语触发主体联想、想象而唤起的意象特征）。

高楠认为，写作思维对思维元素的加工是在整体性原则亦即预决目的的制约下进行的，在整体原则之下，对应原则、侧重原则、变形原则同时发挥着作用。以朱自清的《荷塘月色》为例，这篇抒情散文所抒发的感情是承接日常生活思维的，作者在生活中遇到了一些不顺心的事，感到压抑和苦闷，抒发这种压抑与苦闷之情也就构成了这篇文章的预决目的。作者写作中首先要解决依照这一预决目的的整体规定选择、加工能够表现自己苦闷之情的思维元素。就这篇散文来看，其情感可分为以下七个阶段：苦闷情感的外显——欲求解脱——苦闷的缓解——苦闷向着虚幻的轻松飘移——轻松幻境的渐醒——现实苦闷的回归——更为沉重的苦闷。这七个阶段是一个情感流动之环，这个环呈上升的螺旋形，两端在苦闷这一点上相会，后者更为沉重。作者在写作思维中首先要确定的就是对应这七个阶段的思维元素，于是便出现了这样的情况：

　　　　昏沉的院子里的乘凉——苦闷的初显
　　　　月光疏淡的小煤屑路——寻求解脱
　　　　荷塘边的独处——苦闷的缓解
　　　　光影变幻的荷塘美景——向着轻松飘移
　　　　蝉声与蛙声的热闹——轻松感的逝去
　　　　采莲趣事的回首——向苦闷回归
　　　　走入妻儿沉睡的家门——更为沉重的苦闷

高楠认为《荷塘月色》的成功首先就在于作者为七个阶段的感情找到极为贴切的对应元素。

高楠指出大多数的"象"，都是由多种形式因素组成的，客观地看，这些形式因素无所谓虚实侧重。写作思维是主体在一定心境下的思维，尽管它是表述性的，但主体没有必要把思维元素丝毫不露地展现在思维面前，也不必像表达时那样追求意象与词语的确切对应关系，只需从"象"中抽取某一个特征，他就完全清楚这个特征所代表的"象"的全部。在写作思维中，作者往往根据预决目的的需要，对"象"的多种形式因素进行侧重处理，突出或减弱某些因素。写作思维的侧重原则有助于思维过程的简洁性和深刻性。与此同时，作者在进行思维元素的加工时，还进行着有意无意的变形。有意的变形，如"飞流直下三千尺"之类，作者有意突出和放大了"象"的某些形式因素，使其与一定的思维内容相融，以强调自己独特的感受。无意的变形则是不自觉的变形加工。

高楠认为，思维元素的联组可分为情感性联组、性格性联组、因果性联组、逻辑性联组，它们在不同程度地运用着。写作思维元素联组类似于遣词造句。遣词造句有一定的语法规则，尽管人们并不是按照语法说话，但说出的话却符合于语法，这是因为语法规则已潜移默化地构入语言模式之中。写作思维元素的联组也有其规则，思维元素的联组不仅有利于对既有思维材料的梳理、有序化，同时还可以使主体获得巨大的思维能动性。

（五）写作思维场

高楠指出，最先把物理学中"场"的概念引入心理学的是格式塔心理学派，他们始终坚持心理活动的整体性原则，认为个别行为和心理现象不过是心理整体组织的结果，心理活动是整体性的动力作用过程；整体性影响、制约和规定着这一整体组织中任何的局部和单元。我们也有理由把"场"的概念引入到写作思维的研究中来。写作思维场强调的是写作思维的整体性。就写作思维来看，它是一个使思维材料达到文章有序化的加工过程，它具有明显的自律性。当写作主体绞尽脑汁地进行一篇文章的构思和表述时，他对材料的加工、主题的确定、间架的安排、技巧的运用，他的遣词与造句，似乎都处于一种以文章惟上的封闭状态；然而，从更广的心理过程去考察，就会发现这种"封闭"实质上是一种"河床"式的封闭，思维的河床早被周围的"地势"所规定。这一写作思维"地势"预先规定，一方面直接为写作提供动力与材料，另一方面则以非直接的方式给予思维以整体性的影响与制约。作为一种潜在的，或先在的影响与制约，"写作思维场"是整个生活经验的心理结晶，是主体的整个人格结构，它的功能主要表现在理解、联想、审美、语言、灵感等方面，它对写作思维是一种潜在的背景控制。

三、马正平的写作思维操作理论

自高楠之后，马正平写了篇论文《广义写作思维原理论纲》(1999)，这是一篇研究写作思维极重要的论文，后来他把他的研究成果贯彻到了他主编的《当代写作思维训练教程》之中。马正平运用科学和人文融合的统观方法论，探讨人类写作思维的基本概念和基本原理，企图以此作为广义写作活动的美学哲学基础。他认为，人类思维的作用、功能不仅在于反映、认识，同时还包括了设想、结构、赋形、应对(策略、计谋)。因此，写作思维也就包括了立意思维、赋形思维和应对思维，它们各有其一套操作模型(思维逻辑)。研究写作思维，不仅要从认知走向建构，实现写作思维的操作性、技术性，还要从写作思维的技术研究走向智慧研究。他认为，如果从动态来观察，广义写作思维的动态结构是由一系列的"知－行"递变内在机制所形成的，写作活动的本质就是把各个层次、各个阶段上的写作目的递变为行为。广义写作思维"知－行"递变的主要层面和环节是：

目的：立意思维；
　行为：赋形思维；
　　行为：文本思维；
　　　行为：应对思维。

（一）立意思维

马正平讲的"立意思维"是从两个层面说的：如果相对于课题思维提交的认知成果，这个"立意思维"实际上也就是"赋形思维"，它不过是为已有的认知成果赋予文章表述之形；如果相对于以后对于主题的渲染、宣泄，它是认知，是狭义写作行为的起点（知）。马正平指出，从表面上看，"立意"只是写作者对某种现象、问题提出新颖、深刻的认识、感受、观点；如果从本质上看，最终目的则是为了达到高远空阔的精神境界。马正平就此提出了 10 种立意思维的操作技术：

"深刻"性立意思维操作技术（模式）——原因分析、背景分析；

"深远"性立意思维操作技术（模式）——功能分析；

"高远"性立意思维操作技术（模式）——超越性综合；

"高妙"性立意思维操作技术（模式）——自相似综合、他相似综合；

"奇特"性立意思维操作技术（模式）——角度变换、时机变换；

"生僻"性立意思维操作技术（模式）——结构分析；

"新颖"性立意思维操作技术（模式）——比较思维。

马正平对"立意"有着自己独特的理解，其立意思维的操作技术也就有着独特的认识。就一般而论，我认为他提出的原因分析、背景分析、功能分析、结构分析、比较思维等是常用的思维操作模式，其他则显出烦琐、拼凑的痕迹。如，对比思维就仅限于"新颖"？结构分析就一定"生僻"？"深刻"与"深远""高远"与"高妙""奇特"与"新颖"之间，其微妙的区别在哪里？我们立意难道会分得这么精细吗？

（二）赋形思维

马正平所说的赋形思维就是高楠所说的表述加工的思维，就是对主题进行渲染、宣泄的思维操作技术与过程，就是对"意"的进一步实现。因此，在他看来，赋形思维的第一步就必须在"立意"确定之后产生强烈的渲染、宣泄的意识，让它成为赋形思维的直接推动力。马正平认为赋形思维最基本的操作模型是重复和对比。所谓重复的赋形思维操作模型，就是在主题的展开过程中（包括材料生成，结构生成，起草行文），选择哪些和文章立意在信息、性质、情调、意思上相同、相近、相似的文章因素——材料、结构单元、段落、语段、句子、词汇进行谋篇、结构、构段、造语、行文，以增强文章的感染力、说服力、说明性程度。这里讲的"重复"，不是简单的同一，而是指形式不断变化中所保持的内容性质、情调、意思上的协调、统一、有机，如马致远的《天净沙·秋思》，这首小令中的"枯藤""老树""昏鸦""古道""西风""瘦马""夕阳""断肠人"。重复是对主题感觉化程度的强调，每重复一次，文章的主题、意思、情调、信息、色彩，就可能更鲜明、更浓郁，使文章达到感人、服人、明人的效果，重复的度则需要作者凭经验控制。所谓对比的赋形思维操作模型，是指主题展开过程中选择哪些与自己文章立意在信息、性质、情调、意思上相反、相对、相背的文章要素——材料、结构单元、段落、语段、句子、词汇进行谋篇、结构、构段、造语、行文，以增强文章的感染力、说服力、说明的清晰度。对比同样是为了让文章的主题、意思、情调、色彩、信息强化，不过它是通过反差来实现的。

（三）文本思维

在赋形思维阶段，思维的主要任务是主题的展开，亦即材料生成、结构生成，当赋形思维完成主题复制之后，接下来便是高度秩序化的文本思维。

马正平指出，文本思维是"话语流"的生成，文本思维的操作模型是"渐进"与"平列"。所谓"渐进"的思维操作模型，是指文章的结构单位在内容上保持一种前后相续不可逆转的逻辑关系、时间关系、空间关系、程度关系。所谓"平列"的思维操作模型，是指文章结构单位在内容上保持一种平行的不可逆转的空间关系。文本思维的基本思维操作技术虽然体现为平行与渐进两种思维操作模型，但就文本思维的语言本质来说这还只是一种现象，因为一旦进入写作行为的语言转换阶段，语言之流决不允许平列思维的存在，而只允许时间性、逻辑化的渐进思维了。

（四）策略性思维（应对思维）

策略性思维其实是贯穿于立意思维、赋形思维、文本思维过程之中的，它是对思维结果（效果）的一种预测和控制，它体现的是写作思维的具体性、现实性、情景性、可行性。它争取的是最佳效果。在策略性思维中，首要的因素就是思维目标，所谓策略就是为了最为有效地实现这个目标；其次是思维背景，作者要实现文章总目标，常受到种种限制，分析种种限制及采取相应的手段，也就是策略，作者通常采用"协调""对抗"或"戏仿"这三种策略以实现自己的思维目标，通过角度变换、口气改变、措施调整、观念修订、增补材料、修订措辞等方法实现。

四、简评

当我们介绍高楠、马正平对写作思维的研究，说实话，对一般初学者来说，未免有些繁琐、难懂，但我还是愿意说，这是我目前所看到的真正意义上的写作思维的研究。他们的研究是深刻而卓有成就的。

高楠的贡献，在于他首先界定写作思维是一种表述加工性思维，并真正贴近了这种表述加工性思维，他对写作思维的动力触发、动力定向、动力模式、写作思维元素的加工与联组、写作思维场等一系列问题的研究，揭示了写作思维运行的机制，其整体的功能把握与具体的结构分析，十分贴近写作思维的实际。但他把写作思维界定在表述加工的范围之内，与我们平时的写作体验并不全然符合。事实上，写作思维除了表述加工，也还具有认知的内涵，把写作思维限定在表述加工之内，多少显得片面。

马正平对写作思维的研究，最精彩之处是他对人类思维的原理性思考，他非常雄辩地论证了人类思维除了认知的功能，还具有赋形、应对的功能，并对写作思维的复杂性作了原理性的思考。至于他对思维操作模型的研究可以看作他从写作思维中抽象、剥离出来的训练模式，虽然对写作思维能力的训练有一定的指导意义，但至少在我看来显得机械、简单。要了解他对写作思维的研究，还必须综合考察他的"知行递变""自生长"和"非构思"理论。他讲的"知行递变"，把写作行为理解为一系列的"知""行"递变过程，其中"知"是目的，"行"是手段，虽然在具体的描述中显得机械，但确实不失为原理性的猜想。他的"自生长理论"把文章生成看作一个自组织的过程，其中"文章胚胎"是原型，是动力，不同尺度的重复和对比是手段。当他把写作行为最初的"知"（写作动机）和文章自生长的"文章胚胎"综合起来考察时，写作行为的"行"也就演化为重复、对比等具体的思维操作技术。由于他所借鉴的混沌分形理论主要是研究非线性的理论，所以他在研究中也就接触到写作思维非线性、非稳态的现象，随着他研究的不断深入，很自然地也就进入了"非构思"的写作思维境界。实事求是地说，马正平对写作思维的研究是相当科学并卓有成效的，但他在编写《当代写作思维训练教程》时简单地从中抽取出一些思维操作技巧，反而丧失了理论的丰富性。

　　另外还必须指出的是，高楠、马正平对写作思维的研究，主要是就文学写作说的，若用之于实用写作，多少有些"隔膜"。

§9　文章（广义）之美（一）

　　"人总是按照美的规律来生产的"，写作过程的动机、立意、构思、表达、清誉，都是一系列的具体的审美判断，这一系列具体的审美判断、审美追求反映到文章中来，也就构成了文章之美。美不仅表现在以审美愉悦为主的文学文体上，也表现在以实用为主的实用性文章上。人们追求文章的美，不外以下三个原因：首先是自我欣赏的需要。"爱美之心，人皆有之"。只要是自觉写作的人，没有哪一个会甘心于自己文章的丑陋，他们都会想把文章写美点，都想从自己的文章中得到美的慰藉。其次是赢得读者的需要。文章写出来，总要给人看。读者也是审美的主体，他们在阅读过程中也会自觉不自觉地按照自己的审美标准对文章进行评审、取舍。丑的文章，是不可能赢得读者的。因此，凡读者意识比较强的人，都会对文章美有所追求。其三是扩大传播的需要。文章写出来后，它的物质性、客观性、社会性，就使它在时间上、空间上具有延续扩散的可能。谁都希望自己的文章能够为社会广泛接受，并传之久远。"言之无文，行而不远"，无论是共时性的空间传播还是历时性的时间传播，对文本的取舍都离不开审美尺度。因此，凡有传播意识的作者，会将文章尽可能地写美一些。

　　然而，追求文章美是一回事，能否写出美的文章又是另外一回事。要将美的愿望变为美的现实，除了作者具有必需的写作技巧、美学修养，在写作中还必须遵守一些基本原则。

　　首先是要处理好文章美与生活美的关系。文章美不是生活美的复制，而是生活美的反映。它是生活美在具有审美意识的作者头脑里的产物，没有作者审美意识的烛照和艰辛的劳动创造，就没有文章美的存在。文章美要"高于生活"，"精于生活"，比现实生活"更高、更强烈、更有集中性、更典型、更理想"，同时又必须"基于生活、源于生活、反映生活"，如果离开生活美孤立地去追求文章美，那只能是舍本求末，缘木求鱼。

　　同时还要处理好内容与形式的关系。美在于内容与形式的和谐统一。内容与形式具有相对的独立性，但又是不可分割的，追求文章美，不能将内容与形式分割开来。有人说："一篇论文，只要占有翔实的资料，具有独到的见解，形式不那么美，也不失为一篇有价值的论文。"这话不能说错，但只有好的内容没有美的形式，不能创造文章美。有人说："实用性的文章，主要表现在它的形式上，表现在它的结构上，它的语言的音乐性、形象性上。"这更是一种错误的认识。内容美始终是文章美的灵魂，失去了内容美也就失去了文章美的灵魂。忽视形式美不对，片面地追求形式美也不对。片面地追求形式美，就像在一个丑妇脸上拼命地涂脂粉，其脂粉抹得越多，越见其丑。

　　其三是注意文体的规范性，"得体"才称得上美。文学与非文学文体，在立意、选材、结构、表达方式、语言等方面，是有其特定要求的，用文学的笔法写公文，用论文的笔调写小说，在论文中追求意境，在抒情散文中讲逻辑论证，其结果必然是南辕北辙。

文章美是有层次的，正如一个人，他的发式美、衣饰美、姿态美、容貌美、仪表美、语言美、气质美、情操美、心灵美、性格美分别表现在不同的层次上。文章美主要表现在三个层面上：一是文章的一般审美要求；二是文章美的基本审美范畴，如"文气""意境""典型"；三是文章的最高审美范畴——"风格"。

文章的一般审美要求，是基础的美、基本的美，是一般文章应尽可能具备的美。陈望道说："文章在传达意思的职务上能够尽职的就是美。"①所谓"基础的美"，就是"尽职的美"。

文章要"尽职"，首先是内容上的"尽职"。内容要真实、深刻、正确地表现社会生活、客观事物。文章的内容，不是社会生活、客观事物的"照搬"，而是经过作者选择、熔铸了的，渗透了作者思想感情、审美情趣的。前者只有"自然质"，后者才具"功能质"。检验一篇文章美不美，首先是看文章内容所具有的"功能质"，看它是否正确反映了社会生活、客观事物的"自然质"。如果文章内容不能正确反映客观事物，我们就会认为它失真、不美。

文章的内容，大致划分可以分为客观事料和主观情感两个方面。客观事料在不同文章中，或保持了现实生活的具体形态，或被抽象概括为概念逻辑关系；作者的主观情感，一方面表现为作者的认识、意念，另一方面表现为情感、情绪。它们最终凝聚统一到文章的主旨上。

作品所包容的事实、概念、情感、意念往往具有不同的品格，文章的主旨的表达，往往也具有不同的特点。它们往往以自己不同的美学品性折射出生活的美、客观事物的美。因而人们在审评一篇文章的内容时，一方面看它是否忠实于客观事物，一方面也在品味着它本身所具有的美质，并且同时将二者对应起来，看看文章在内容方面是如何巧妙地"尽职尽责"的。

文章内容方面的美，可以归纳如下：

文章内容——主旨
表现生活的真实、正确、深刻……
表现生活的个性特色、含蓄、蕴藉、深厚……

文章内容——题材
事象系列：表现形式上的构图美、色彩美、生动美……
表现内涵上的真实美、丰厚美、个性美……
概念体系：表现形式上的明晰美、生动美、严谨美……
表现内涵上的精确美、精深美、卓识美……
观念意念：表现形式上的含蓄美、机警美、形象美……
表现内涵上的正确美、深刻美、学识美……
情感情绪：表现形式上的诚挚美、恬淡美、自然美……
表现内涵上的健康美、纯洁美、深厚美……

文章内容是依附于、附着于文章形式的。没有形式的内容是不存在的。要让文章的内容能够"尽职地"反映生活，还要让文章形式"尽职地"表现文章内容。文章形式通常包括结构

---

① 陈望道：《作文法讲义》，河南教育出版社1989年版。

和语言（表达方式放在语言一起说，文面这里不论）。文章形式美不美，首先是看它能否准确、生动地传达文章的内容，同时看它们在传达文章内容时是否具有本身的美质。

文章的形式美，可归纳如下：

文章形式——结构：
结构在达意功能上的完整、连贯、自然、严谨之美……
结构在自身形式上的恢弘、精致、纵横、开阔之美……

文章形式——语言：
语言在达意功能上的准确、精练、生动、自然、和谐、畅达之美……
语言在自身形式上的参差、对称、和谐、节奏、反复、对比之美……

§10　文章（广义）之美（二）

人们在长期的写作实践中，特别是文学创作实践中，先后形成了一系列丰富而独特的审美范畴，如"兴象""神韵""情韵""风骨""风力""文气""意境""典型"等。这些范畴，是人们审美创作活动发展到一定阶段的产物，同时又有力地支持和指导着人们的写作。了解这些范畴，有利于我们的写作。下面仅标举"文气""意境"两个审美范畴使大家对此有所了解。

一、文气

古人论文以"气"，认为"文以气为主"[1]，"文者气之所形"[2]，"为文必主养气。气与天地同，苟能充之，则可以配三灵，管摄万汇。不然，则一介之小夫尔。"[3]古人在长期的创作实践与批评实践中形成的"文气说"，既不能简单地等同于文章的气势，也不能等同于作者的禀性、才气，它是散文领域里特有的，一个与诗歌意境对应的审美范畴。

古人所说的"气"，就作者主观方面来说，主要指作家的精神、气质、个性。具体地说，既包括通过学习和交游而培养的个性、气质，也包括先天的禀性与才气；既包括经过道德修养培养出来的气节、情操，也包括在一定社会条件下产生的精神个性。在中国古代写作理论中，第一个赋于"气"以美学意义的是曹丕。他把"气"与"文"联系起来，首倡"文气说"，提出了"文以气为主"。曹丕以"气"论"文"可以说是建安时代重视作家个性的时代精神在写作理论上的具体表现，同时也可以说是对建安文学创作经验的总结。可见，"文气说"一开始就是以深厚的实践经验为基础的。那么，什么是曹丕所说的"气"呢？他说"气之清浊有体，不能力强而致"，"虽在父兄，不能以移子弟"，"引气不齐，则巧拙有素"。从他这些话可以看出，他说的"气"，主要指作者天赋的气质、个性。在曹丕之前，孟子提出了著名的"知言养气"说。他提倡一种"充塞于天地之间"的"至大至刚"之气。孟子所说的"气"，也是一种精神气质，但这种精神气质却不是先天的，而是"集义所生"，是经过道德修养培养出来的、具有

①　曹丕：《典论·论文》，郭绍虞《中国历代文论选》（一），上海古籍出版社1979年版。
②　苏辙：《上枢密韩太尉书》，郭绍虞《中国历代文论选》（二），上海古籍出版社1999年版。
③　宋濂：《文源》，《宋濂全集》，浙江古籍出版社1999年版。

政治道德内容的精神气质。①孟子所说的气，虽然不是为文而说，但在文气说的形成发展过程中同样产生了巨大影响。以后的苏辙提出"为文养气说"，继承了孟子的"集义养气说"，认为要加强作者的道德修养，同时又认为"百氏之书虽无所不读，然皆古人之陈迹，不足以激发志气"，要像司马迁一样，周览四海名山大川，交游赵燕豪俊，以陶冶自己的精神气质，获得为文的一股"奇气"。他所说的"奇气"，指通过学习交游而培养出来，表现在文章中的一种不同寻常的气质个性。②

以上是我们常提及的。还有一些不常提及的，如黄宗羲在《谢皋羽年谱游录注序》中认为，文章是"天地之元气"，这种"元气"，平时"和声顺气"，"无所见奇"，但"在厄运危时，则鼓荡而出，拥勇郁遏，岔愤激讦"。因此，他认为"文章之盛，莫盛于亡宋之日"。可见，他所说的"文气"，乃是指一种时代情绪；他所说的"拥勇郁遏，岔愤激讦"之气，乃是民族矛盾十分激烈的情况下爆发的一种强烈的爱国情绪。也可以说，是在一定社会条件下产生的具有一定社会意义与社会内容的精神个性。又如贺贻孙的"胆气说"。他在《皆园集序》中提出："孟、庄两贤之书，其言养气皆谆谆矣，而独无一语及胆者。胆周一身而有相，气塞两间而无形。孟、庄惟能养其无形以其有相故能藐大人卑万乘而无挠。籍令气不足以充其胆，则虽以十三岁杀人之秦舞阳，及其气夺于秦王，即震恐色变，并其平日市井嘿龁之胆，一胆失之，又况选愞怔怯喔咿嚅睨之徒哉？"贺生于动乱之际，有着国破家亡的沉痛之感与大气凛然的民族气节，因此，他的"胆气说"更侧重于作家精神、气质、个性中的气节。又如廖燕的"愤气说"，他认为天地间有一种"愤气"，"天地未辟，此气尝蕴于中，迨蕴蓄既久，一旦奋迅而发，似非寻常小器足以当之，必极天下岳峙潮回海涵地负之观，而后得尽其怪奇焉"。如果做文章，就要表现出这种"愤气"。③ 他并且认为："凡事做到慷慨淋漓激宕尽情处，便是天地间第一篇绝妙文字。"④廖燕的"愤气说"，使人想起司马迁的"发愤著书说"和李贽的"童心说"。廖也生于国破家亡之际，具有强烈的民族感情和绝意仕进的高风亮节。他强调掣雷走电、淋漓激宕的"愤气说"，也传达出具有一定社会内容和社会意义精神、个性。从以上简述可见，古人说的"气"，就主观方面，是指作者的精神、气质、个性。

作家的精神、气质、个性物质化了，见诸文字，音节化了，也就是我们所说的"文气"。

作者的精神、气质、个性反映到文字的哪些方面，才构成"文气"呢？概而言之，要反映在文章的气势、内在逻辑力量、内在情感力量、才思和音律五个方面，才能形成"文气"。

首先是行文的气势。单纯说"气"，比较抽象，一落实到"势"上，就比较具体了。古人说："论气不论势，不备。"⑤曹丕论气，从主观说，讲的是"虽在父兄，不能以移子弟"的体气，从文章说，则是指文章的"气势"。他说"徐干时有齐气"，讲的是语气的舒缓，他说"公干有逸气"，讲的是语气的奔放。⑥ 以后韩愈的"气盛言宜说"，魏了翁的"辞根于气说"、方孝孺的"气畅辞达说"，也多落实在行文的气势上。

"文气"还表现为一种内在的逻辑力量。以孟子的《鱼我所欲也章》为例，文章不长，纯是说理，层层设喻，步步深入，一气贯注，"如决江河，而莫之能御"。只要细细体会一下，我们

---

① 《孟子·公孙丑上》，《孟号正义》，中华书局 1987 年版。
② 苏辙：《上枢密韩太尉书》，郭绍虞《中国历代文论选》（二），上海古籍出版社 1999 年版。
③ 廖燕：《刘五源诗集序》，《廖燕全集》，上海古籍出版社 2005 年版。
④ 廖燕：《山居杂谈》，《廖燕全集》，上海古籍出版社 2005 年版。
⑤ 刘大櫆：《论文偶记》，《刘大櫆集》，上海古籍出版社 1990 年版。
⑥ 参见郭绍虞《中国文学批评史》，上海古籍出版社 1979 年版。

就能感受到，这里的"文气"，主要表现为一种环环相扣的、内在的逻辑力量。说"逻辑力量"自然是今天的语言，但"理直气壮""理丧气衰"却几乎是古人一致的看法。

孟子论气，一开始就与"集义"联系起来，认为离开了理义，就谈不上"气"。孟子之后，关于气与道、气与理的探讨，更是广泛。如刘勰在《檄移》中说："事昭而理辩，气盛而辞断"；柳冕《与杨中丞论文书》说，"文不及道则气衰"；梁肃《补阙李君前集序》说，"道能兼气"；李翱《答朱载言书》说，"理辩则气直"；吕南公《与汪秘校论文书》说，"由道以充气"；魏禧《论世堂文集序》说，"理不实则气馁"；方孝孺《与舒君》说，"道者，气之君；气者，文之师也。道明则气昌，气昌则辞达"。这类论述，俯拾即是。他们都认为，道明则气昌，气昌则辞达，理实则气充，气充则辞盛。

"文气"还表现为一种内在的情感力量。作者的思想感情与气质特点，实际上是紧密联系在一起的：一定的气质、个性，要表现为一定的思想感情；一定的思想感情，必表现出一定的气质个性。以韩愈的《祭十二郎文》为例，作者以琐屑之事写呜咽梗塞之感，于凄切沉痛之情中有着一种浩荡流转之气。因此，古人说"情与气谐，辞共体并"[1]"情至之语，气贯其中"[2]"风情耿耿曰气"。[3]

"文气"还表现为一种汩汩涌出的才思。"气"并不同于"才"，但作家的精神、气质、个性要表现于文字，体现为"文气"，却必须经过作者的才思。刘勰在《时序》中谈到建安文学"梗概而多气"的原因时就曾认为，除了作者"志深"和"世积乱离，风衰俗怨"外，还与作者的"笔长"有关。所以，古人谈"文气"，往往"才""气"并提，认为"才卑则气弱"[4]"才多而养之，可以鼓天下之气"。[5] 古人评价具体作家、作品时也把泉涌浪奔般的才思看作"文气"，如魏禧《论世堂文集序》说："世之言气，则惟以浩瀚蓬勃、出而不穷、动而不止者当之，于是苏轼氏乃以气特闻。子瞻自言曰，'吾文如万斛泉涌，不择地皆可出，在平地一日千里无难，乃其与山石曲折，随物赋形，而不自知也，行乎其所当行，止乎其所不得不止，而乃以气特闻。"从魏禧这段话可以看出，把浩瀚蓬勃的才思看作"文气"并不是一两个人的看法。

"文气"最终表现为文章语言的音律。罗根泽先生在他的《中国文学批评史》中就曾指出："文气是最自然的音律，音律是最具体的文气。"这是因为，文章的气势、逻辑力量、感情力量、才思最终或最主要地要通过音律表现出来，才构成我们所说的"文气"。

最早提出"气"与音律的关系的是沈约。他在《宋书·谢灵运传》中认为，芜杂的音律会妨碍文气的条贯，提出了"芜音累气"的概念。接着刘勰在《附会》中提出了"宫商为声气"，在《章句》中提出了"改韵从调""节文辞气"的论述。韩愈在《答李翊书》中进一步把"气"具体为"言之短长与声之高下"。李贽在《焚书·读律肤说》中则把音律与人的个性联系起来："盖声色之来，发乎情性，由乎自然……故性格清彻者，音调自然宣畅；性格舒徐者，音调自然疏缓；旷达者自然浩荡；雄迈者自然壮烈；沉郁者自然悲酸；古怪者自然奇绝。有是格，便有是调，皆情性自然之谓也。莫不有情，莫不有性，而可以一律求之哉？"再下来，刘大櫆在《论文偶记》中又作了进一步的发挥："盖音节者，神气之迹也"，"神气不可见，于音节见之"，"一句之中或多一字，或少一字，一字之中，或用平声，或用仄声；同一平字仄字，或用阴平、阳

---

①　刘勰：《文心雕龙》，中华书局 1980 年版。
②　祁彪佳：《远山堂剧品》，《中国古典戏曲论著集成》（六），中国戏剧出版社 1980 年版。
③　皎然：《诗式》，《诗式校注》，人民文学出版社 2003 年版。
④　吕南公：《与王梦锡书》。
⑤　柳冕：《答杨中丞论文书》。

平、上声、去声、入声，则音节迥异。"又说："积字成句，积句成章，积章成篇，合而读之，音节见矣；歌而咏之，神气出矣。"于音节求神气是桐城派论文的一个特点，可谓搔到了"文气"的痒处。

"文气"实际上是朗读文章从语言音律具体感受到的作者呈现于作品中的气质、精神、个性及其给予读者的美感。在作者，它须"养而致"；在读者，它须"诵而知"。

古人论"文气"，开始是诗文并论的，以后虽然也提及诗歌，但更多倾向于散文方面，即所谓"文要养气，诗要洗心"。"文气说"经过韩愈等古文家及桐城派作家的努力，逐渐发展为散文领域所特有的、一个与诗歌中"意境说"并行的重要美学范畴。

"文气"与"意境"相比较，有着自己鲜明的特点。"意境"所强调的，是将作者的主观情感与作品中描绘的客观景物融合起来，形成一个具有强大审美力量的境界；"文气"则强调作者在写作时将自己的精神、气质、个性通过气势、逻辑、情感、才思等外化为具有自身气质、个性并能给人以美感的音律；"意境"主要作用于读者的想象，让读者通过想象去感受"象外之象""景外之景"；"文气"作用于读者的"知觉"，让读者在朗读文章时通过音律的起伏变化去感受肌肉、心灵、情感的内在运动，通过"内模仿"去体悟作者的气质、精神、个性；"意境"限于文学作品，"文气"则不限于文学作品，一般实用性文章也可以有"文气"。

古人在长期创作实践中对"文气"提出了一些具体要求：

（1）气盛。

"文章最要气盛"①。什么是"气盛"？大概包括三个方面的意思：一是要有真实的内在感受与强烈的创作激情："当其元气所鼓动，情绪所发，亦间有其不能自主之时……此一时也，虽对以爵禄不肯移，具以斧钺不肯止。"②二是要坚持、信守和突出自己的个性特点："方其搦翰，气倍辞前"，"缀虑裁篇，务盈守气。"③三是"不可力强而至"④，须"平日养气极壮，临风沛然而下，不袭气而合注之"。⑤

（2）气脉。

吴子良《序簣窗集续集》云，文"有气脉"。方植之《答傅求论古文书》也说："古今之文不同，同者气脉也。"什么叫气脉？气脉指的是作者的"气"在文章中行走的一种内在的脉络、形迹。作者写作时，在他一定的精神、气质、个性的支配影响下，其感情、肌肉和心灵必然要进行一系列的内在运动。这种内在运动，必须要形成一种内在的节奏。这种内在的节奏，经过外化，反映到文章中，必然要留下行走的脉络、形迹。这脉络、形迹即气脉。气脉"形乎荣卫之中，不见其条理，而自不相失"。⑥ 气脉的要求首先是条贯，"总而持之，条而贯之"⑦，"湮畅百变而常若一气"⑧"屡迁光景，莫不有浩气鼓荡其机"。⑨ 气脉的第二个要求是要富于变化："于一气行走之时，时时提起。"⑩ 李德裕在《文章论》说，"气不可以不贯，不贯则虽有英

---

① 刘大櫆：《论文偶记》，《刘大櫆集》，上海古籍出版社 1990 年版。
② 魏禧：《答计甫草书》，《魏叔子文集》，中华书局 2003 年版。
③ 刘勰：《文心雕龙》，中华书局 1980 年版。
④ 曹丕：《典论·论文》。
⑤ 恽敬：《答耒卿书》《大云山房文稿》。
⑥ 王夫之：《古诗选评》，上海古籍出版社 1980 年版。
⑦ 叶燮：《原诗》，人民文学出版社 1979 年版。
⑧ 唐顺之：《董中峰侍自福文集序》，《重刊较正唐荆川先生文集》。
⑨ 沈德潜：《说诗晬语》，人民文学出版社 1982 年版。
⑩ 刘大櫆：《论文偶记》，《刘大櫆集》，上海古籍出版社 1990 年版。

词丽藻，如编珠缀玉，不得为全璞之宝"，"势不可以不息，不息则流宕而记忘返，亦犹丝竹繁奏，必有希声窈渺，听之者悦闻。如川流迅激，必有回洑透迤，观之者不厌"。

（3）气格。

裴度《寄李翱书》："故文之异，在气格之高下，思致之深浅。"谢榛《四溟诗话》："诗文以气格为主，繁简勿论。"什么是"气格"？刘熙载认为："气有清浊厚薄，格有高低雅俗，诗家泛言气格未是。"①可见，"气格"是对文气的一种质的鉴别和要求。"体气说"论气，气有刚柔清浊，强调的是"刚"，是"清"，所谓"文以气为主，非天下之刚者莫能之。"②"养气说"论气，气有邪正崇卑，强调的是"正"，是"高"。"秀才不脱俗，谓之头巾气；和尚作诗不脱俗，谓之酸馅气；咏闺阁过于华艳，谓之脂粉气"③；"苟道不明，气虽壮，亦邪气而已，虚气而已"④；"品高虽被绿蓑青笠，如立万仞之峰，俯视一切；品低即拖绅措笏，趋走红尘。"⑤

"文气"是古代为文的一个重要审美范畴，可惜在现代作文未被充分重视。叶圣陶、夏丏尊在《文章讲话》中曾指出："文气是近代文章上所忽略的一个方面。"他们认为，近代文章忽略文气的一个重要原因在于只是用眼看，"用口念诵的真是极少极少"。

二、意境

"意境"是古代诗歌创作实践中所形成的一个重要的审美范畴。一般认为，最早提出"意境"这个概念的是王昌龄的《诗格》。《诗格》说：

> 诗有三境。一曰物境。欲为山水诗，则张泉石云峰之境，极丽绝秀者，神之于心，处身于境，视境于心，莹然掌中，然后用思，了然境象，故得形似。二曰情境，娱乐愁怨，皆张于意而处于身，然后驰思，深得其情。三曰意境，亦张之于意而思之于心，则得其真矣。

后人怀疑《诗格》是他人伪托，但《新唐书·艺文志》载王昌龄《诗格》二卷，《文镜秘府论》中也有引注，它们都是唐时的著述，《诗格》即或不是王昌龄所著，当属唐人观点无疑。

中唐皎然的《诗式》也曾提到诗歌创作中的"取境"问题。他说："诗人之思初发，取境偏高，则一首举体便高；取境偏逸，则一首举体便逸。"皎然把自然景物、人生境遇统称为"境"，认为"境"是诗的本原。"境"本身有具体的审美特性，采用什么样的"境"，往往也就决定了作品的风格面貌。这些看法已接触到意境创造的方法和规律。刘禹锡的《董氏武陵集纪》则对意境作了很好的说明："诗者其文章之蕴耶？义得而言丧，故微而难能，境生于象外，故精而寡和。""义得而言丧""境生于象外"这两句话是对意境内涵的最早界说。唐末司空图在《与王驾评诗书》中指出"长于思与境偕，乃诗家之所尚"，正式把意境视为作家创作的理想境界。他的《二十四诗品》既是对二十四种风格的描绘，也是对二十四种不同风格意境的描述。南宋严羽的《沧浪诗话》是意境理论发展的又一个里程碑。严羽以"兴趣"论诗，"兴趣"一词实为"意境"的同义语。他描绘"兴趣"说："诗者，吟咏情性也。盛唐诸公惟在兴趣，羚羊挂

---

① 刘熙载：《艺概》，上海古籍出版社 1978 年版。
② 王十朋：《蔡端明文集序》，《王十朋全集》，上海古籍出版社 2001 年版。
③ 李东阳：《怀麓堂诗话》，《历代诗话续编》，中华书局 1983 年版。
④ 王柏：《题碧霞山人王公文集后》，郭绍虞《中国历代文论选》（二），上海古籍出版社 1979 年版。
⑤ 薛雪：《一瓢诗话》，人民文学出版社 1978 年版。

角，无迹可求，故其妙处，莹彻玲珑，不可凑泊，如空中之音，相中之色，水中之月，镜中之象，言有尽而意无穷。"这段话对"兴趣"的发生、特点和作用作了精彩的描述。明清时期，王夫之、王士祯、刘熙载、叶燮等对意境的探讨更加广泛、深入，王国维则在前人的基础上提出了一套完整的意境理论。他曾很自负地说："然沧浪所谓'兴趣'，阮亭所谓'神韵'，犹不过道其面目，不若鄙人拈出'境界'二字，为探其本也。"①

何谓"意境"？《辞海·文学分册》的解释是："文学作品中的艺术境界。"这个定义基本上是对的，但对一般初学者还宜作一些具体说明。

"意境"作为独特的艺术形象，是明显区别于一般艺术形象、意象的。一般艺术形象、意象，指的是单个的、具体的形象，而意境，它虽然离不开单个的、具体的形象、意象，但它着眼的是整体画面，是一个具有审美意义的整体空间。从语义学的角度考察，"境界"这个词，无论用于客观现实还是用于佛学、诗学，都具有一种区别于单个物体、意象的空间特征。

"境界"这个词，最早见于《新序·杂事》："守封疆谨境界。""境界"指的是疆域、领土，后来翻译佛经的人借这个词用以表示某种抽象的思想意识或想象、幻想的持续状态，如《杂譬喻经》"神是威灵，振动境界"；《无量寿经》"斯义宏深，非我境界"；《华严梵行品》"了知境界，如幻如梦"，含义虽然从客观过渡到主观，从实体过渡到抽象，从界限明晰过渡到模糊，却明显地区别于单个的思想、意象，表现出空间特征。

最早把境界一词引入诗学的唐人，一开始也把"象"与"境"区别开来，托名白居易的《金针诗格》指出："象谓物象之象，日月山河虫鱼草木之类是也。"王昌龄的《诗格》、皎然的《诗式》，则把构成意境的形象称"境象"，以区别于"境界"。刘禹锡则明确提出了"境生于象外"。② 以刘禹锡的《乌衣巷》为例："朱雀桥边野草花，乌衣巷口夕阳斜。旧时王谢堂前燕，飞入寻常百姓家。"这首诗里有许多意象：朱雀桥、野草花、乌衣巷、王谢堂、旧时燕、百姓家等。这些单个的、一个一个的意象，是谈不上什么意境的。只有将诸多意象有机地统一起来，形成一个完整的生活画面，才有可能构成一个优美的意境。"意境"是一幅整体的生活画面，是一个具有审美意义的整个空间。但并不是所有的生活画面、整体空间就是"意境"。作为"意境"的生活画面、整体空间，还必须具备以下几个特点：

（1）情景交融。

"意境"是情和景的交融。没有情与景的交融，就谈不上意境。以李白的《静夜思》为例："床前明月光，疑是地上霜。举头望明月，低头思故乡。"诗一气贯注地写了一个完整的行动过程，仿佛是一种单纯的叙事。但单纯的动作记述决不可能形成意境。这首诗之所以千百年来震撼着读者的心灵，就因为诗的末句含有一个曲折，将前面三个客观化的动作巧妙地导入思乡愁苦的心绪之中，从而使物与我、情与景达到一种有机的融合。"意境"是抒情文学所绽开的仙葩，它重在主观情思的表现。诗人的表现可能含蓄，也可能比较显露，但却需要"情"与"景"的交流，"意"与"象"的契合。如果没有主观感情的浸透熔铸，纯粹客观的物象不能形成"意境"。例如，有一首写雪的打油诗："江山一笼统，井上一窟窿。黄狗身上白，白狗身上肿。"这首诗形象还是很形象的，也表现出人物的观察活动，但通常并不认为它有意境，关键就在于它只有客观事物的记录，没有作者主观情感的浸透。

"意境"是情与景的融会。它的"景"，不是一般的"景"，它的"情"，也不是一般的"情"，

---

① 王国维：《人间词话》，人民文学出版社 1980 年版。
② 刘禹锡：《董氏武陵集纪》，郭绍虞《中国历代文论选》（二），上海古籍出版社 1979 年版。

都经过了作者高度审美情趣的观照、过滤。它的"情"，健康优美，经过了"理"的渗透与净化；它的"景"，符合"自然的法则"，"形""神"兼备。所以王国维在《人间词话》中总结意境的创造经验说，"大家之作，其言情也必沁人心脾，其写景也必豁人耳目"，"故能写真景物、真感情者，谓之有境界。否则谓之无境界"。"诗人对宇宙人生，须入乎其内，又须出乎其外。入乎其内，故能写之；出乎其外，故能观之。入乎其内，故有生气；出乎其外，故有高致。"

（2）"象外有象"。

王国维评价姜夔说："古今词人，格调之高无如白石，惜不在意境上用力，故觉无言外之味，弦外之响。"因为无"言外之味、弦外之响"便断定他"不在意境上用力"，可见含蓄蕴藉是意境又一个重要的审美特征。意境的含蓄蕴藉，不是一般意义上的含蓄蕴藉，而有其特定的审美内涵。首先是诗人所写的直接的生活画面必须包孕深刻，"精义内涵"，"含虚蓄实"，"其旨遥深"，"句中有余味，篇中有余意"，"诗已尽而味方永"。要达到这个目的，诗人创造意境时，必须选择具有丰富生活内容的生活场景而加以刻画。如："君家住何处？妾住在横塘。停船暂借问，或恐是同乡。"这首小诗，王夫之称它"墨气四射，四表无穷，无字处皆其意也"。① 这首诗之所以能达到这个效果，关键在于它取"景"的典型。看上去，诗人截取的仅是现实生活中的一句极平常、极简单的对话，展示给我们的却是一个极有情趣的小故事，一幅极有生活内涵的水上泊舟人物画。我们仿佛看到，一个风和日丽的春天，在碧波万顷的长江上，两条小舟停泊在江心。只见一条船的船头站着一个女子，她正在向另一条船上的人问话。这位女子为什么要向一位素不相识的男子问话呢？她为什么要作主动的自我介绍呢？她为什么要和对方攀"同乡"呢？这一切显示了什么样的社会内容和思想感情呢？这一切，作者没有说，又确确实实通过这一段问话表现出来了。诗人创造意境，就是这样"一以见万""以少总多、情貌无遗"的。如果形象不包含耐人深思的内涵，也就不可能创造出优美的意境。

努力营建好包孕丰富的、可直观的审美对象，是创造好意境的基础。许印芳在《〈与李生论诗书〉跋》中指出："功候深时，精义内含，淡语亦浓；宝光外溢，朴语亦华。既臻斯境，韵外之致，可得而盲，而其妙处皆自现前实境得来。"袁枚也说："味内味尚不能得，况味外味乎？"②现今许多人写文章，追求所谓的"意境"，不把功夫放在选取"现前实境"上，一味凌空蹈虚地去"生发"，其实是违背意境创造的规律的。

除了努力营建包孕丰富可直观的审美对象，诗人为了让意境含蓄隽永，还在刻画直接审美对象的时候，努力规范出一定的范围、方向、路线，使形象之外，还具有通过联想、想象才能体验到的间接审美对象——"象外之象""景外之景""味外之味"，把自己的感情，通过更深更远的形象画面表现出来。如王之涣的《凉州词》："黄河远上白云间，一片孤城万仞山。羌笛何须怨杨柳，春风不度玉门关。"诗描写了这样一幅图画：征人渡过黄河，来到关外，往前看，山高城小，一片荒寒；往后望，黄河远在天边，家乡更远了。于是，有人用羌笛吹出了哀怨的思乡曲——《折杨柳枝》。诗的后两句，写得特别含蓄："杨柳"在诗里本是乐曲名称的节缩，又暗暗关含着杨柳树的含义。"春风"指的是自然界的风，又暗指皇恩。诗人正是通过含蓄的表达方式，表现出情思的层层推进→《折杨柳枝》→凉州的杨柳→玉门关外无杨柳→玉门关外无春风→玉门关外无君恩，一旦把"君恩"这层意思加到作品里，诗的思想光芒立刻显

---

① 王夫之：《姜斋诗话》，人民文学出版社 1961 年版。
② 袁枚：《随园诗话》，人民文学出版社 1982 年版。

露出来，诗所暗藏的"征人凄苦"和"皇恩寡薄"也就如在读者眼前，从而构成了苍凉凄怨而又雄浑壮丽的境界。

古人创造意境，特别注意诗歌所蕴藏的"景外之景""象外之象"，讲究"含虚蓄实"，通过直观的生活画面，引出间接的，读者通过联想、想象可以具体感受到的相关的生活画面，并把这看作是意境的重要特征。所以，我们今天谈意境，不仅把它看成一个情景交融的生活画面，而且还认为它是具有"象外有象""景外有景"的生活画面。又因为意境所蕴含的"象外之象""景外之景"主要是在阅读中通过读者的联想、想象实现的，它有待于读者欣赏时由隐而显，由藏而露，由少而多，由虚而实的创造性的发挥。而在欣赏过程中，由于读者其经历、思想、学识、文学素养、审美情趣、审美经验不同，虽然同读一首诗，其感受到的"象外之象""景外之景"往往不同，其获得的美感也往往不同。因此，人们谈到意境，往往觉得各得于心，其妙处难以言说，认为它如"空中之音，相中之色，水中之月，镜中之象"，"莹彻玲珑，不可凑泊"。①

（3）"不隔"。

王国维谈意境，还曾提出"不隔"的概念，认为要形成优美的意境，还必须做到"不隔"。所谓"不隔"，即表达形象生动，无雕琢、无晦涩，"无矫揉妆束之感"，"语语都在目前"。意境的这个特点也是值得充分重视的。意境的欣赏，必须由文字而"身入其境"，如果形象不生动、表达不自然、语言很晦涩，就会造成读者领略上的隔膜，无法形成感人的意境。时人不识，往往于雕琢晦涩处求意境，甚至认为雕琢晦涩就是意境，恰恰曲解了意境。"意境"是古代诗歌创作中形成的一个审美范畴，现为广大读者所接受，很多作家在诗歌、散文、小说、报告文学、戏剧、电影、电视的创作中往往追求意境。学习写作，对此不能不知。

§11 文章（广义）之美（三）

"风格"是指通过文章内容形式所表现出来的具有鲜明特色的审美风貌。有人写过很多文章，但无法在文章中形成独特鲜明的审美风貌。只有比较成熟的作者，才能使自己的文章具有一定的"风格"。所以我们将文章风格放在文章之美的最后一节来讲。

一、风格的含义

通常认为，"风格"主要表现在文学创作中，非文学的实用文体谈不上什么风格。这说法有对的一面，"风格"确实更多地表现在文学文体的创作中，但也不尽然。写得比较好的实用文体，也还是有"风格"可言的。如同是写议论文，苏轼的文章一泻千里，苏辙的文章则一波三折。同是写政论文，毛泽东的文章气势浩荡、雄伟开阔，周恩来的文章则平实亲切、缜密周到。

讲"风格"，通常涉及到"作家风格"和"作品风格"。这两者自然是紧密相关的，谈"作家风格"，不免要论及"作品风格"。论"作品风格"，也难免要涉及到"作家风格"。我们这里主要把它作为文章所追求的美学范畴来看待。

"风格"是文章所表现的一种整体的风貌，它有时通过文章整个表现出来，如我们平时说，某某某的文章如"惊涛拍岸，气象万千"，某某某的文章如"静夜萧长，韵味悠远"。有时

---

① 严羽：《沧浪诗话》，人民文学出版社 1983 年版。

候，文章的风格则是由文章内容、形式的某一个方面主导地表现出来，如立意的深远、识见的高超、胸襟的博大、情感的深沉、题材的丰富、学识的渊博、结构的开合、论证的坚实、描写的生动、语言的况味等。关于这一点，茅盾曾有很好的论述。他在《1960 年短篇小说漫评》中指出：

> 所谓风格，亦自多种多样，有的可以从全篇的韵味着眼，用苍劲、典雅、俊逸等形容词概括其基本特点，有的则可以从布局、谋篇、炼字、炼句着眼，而或为谨严，或为逸宕，或为奇诡，等等不一。

风格是作品美的主导特征。具体的风格千姿百态，千差万别，这就需要具体地辨析和品评。评论家把文章所包孕的、独异的美学境界加以集中、提炼、概括，用高度简约的文字，寥寥几笔，将其风貌特点神情毕肖地表述出来，就是具体文章的风格。真确的风格品评，话虽不多，却可能发露、肯定和提高文章的审美价值。这正如给物起名号，如果名号起得贴切传神，"名号一出，就是你跑到天涯海角，它也要跟着你走，怎么摆也摆不脱"。①

对风格的表述，通常是用抽象概括的方法，以简明、生动、准确的审美概念表达。如说某某作品雄浑、某某作品豪放、某某作品清新。其方法的好处是言简意赅，鲜明突出，便于揭示其本质特征。其局限是比较抽象，不太具体。因此，人们采用抽象概括的同时，还采用"比况形容""具体解说""比较说明"等方法以作补充。

"比况形容"。如明谢榛在《四溟诗话》中评论初唐盛唐诸家诗风说："有雄浑如大海奔涛，秀拔如孤峰峭壁，壮丽如层楼叠阁，古雅如瑶瑟朱弦，老健如朔漠横雕，清逸如九皋鸣鹤，明净如乱山积雪，高远如长空片云，芳润如露蕙春兰，奇绝如鲸波蜃气。"又如郁达夫评鲁迅杂文的风格："鲁迅的文体简练得像一把匕首，能以寸铁杀人，一刀见血。"

"具体解说"。如杜牧在《李长吉歌诗叙》中解说李贺瑰奇谲怪的风格，从"情""态""格""色"等方面作了说明："云烟绵联，不足为其态也；水之迢迢，不足为其情也；春之盎盎，不足为其和也；秋之明洁，不足为其格也；风樯阵马，不足为其勇也；荒国侈殿、梗莽丘垅，不足为其恨怨悲愁也；鲸呿鳌掷、牛鬼蛇神，不足为其虚荒诞幻也。"又如茅盾评价《红旗谱》的风格说："《红旗谱》的笔墨是简练的，但为了创造气氛，在个别场合也放手渲染；渗透在残酷而复杂的阶级斗争场面中的，始终是革命乐观主义的高亢嘹亮的调子，这就使得全书有了浑厚而豪放的风格。"

"比较说明"。如古人描述李白、杜甫的诗歌风格说："太白以气为主，以自然为宗，以俊逸高畅为贵；子美以意为主，以独造为宗，以奇拔沉雄为贵。"②"李才高气逸而调雄，杜体大思精而格浑"，"李如星悬日揭，照耀太虚；杜若地负海涵，包罗万汇"。③

文章风格多姿多彩，综观中西对"风格"研究的历史，西方侧重于抽象的本质追问，中国则重在风格的具体品评。中国古代诗文家、批评家对于风格的品评，其精审独到，常常是几字一下，着尽风流。文章风格看似抽象虚玄，实则具体可感。初学者不要在概念中打滚，而应在文章的品读中具体感受。

---

① 鲁迅：《五论"文人相轻"——明术》《鲁迅全集》第 6 卷，人民文学出版社 1981 年版。
② 王世贞：《艺苑卮言》，齐鲁书社 1992 年版。
③ 胡应麟：《诗薮》，上海古籍出版社 1979 年版。

二、文章风格的形成

文章风格的形成，概而言之，要注意以下四个方面：（1）加强自身的人格修养；（2）强化自身的审美情趣；（3）加强技巧的训练；（4）发挥自身的优势。虽然作者的人格与文章的风格不能等同，但作者的胸襟、气度、学识、情感、经历、文化修养、文化气质，确实与文章风格有着密切的关系。形成风格，首先应在自己的人格修养上下工夫。风格是一种审美风范，如果没有明确的审美情趣，自觉的审美追求，就不可能有风格的形成。风格最终是通过文字表现出来的，是一个写作者逐渐走向成熟的标志，没有娴熟的文字写作技巧，就不能够谈"风格"。刘勰论风格："然才有庸俊，气有刚柔，学有深浅，习有雅郑，并情性所铄，陶染所凝，是以笔区云谲，文苑波诡者矣。"①认为风格的形成缘于作者才、气、学、习、情性五个方面，每个人由于其先天的禀赋、后天的实践不同，也就带来了这五个方面的不同特点。有意识地强调自己的特长、优势有助于风格的形成。

§12   文章(广义)作风

一、文章作风的含义

文章作风，简称文风，它是通过文章全部内容和形式所透露出来的一种写作精神、写作态度。文风既体现在个人写作上，也表现在一定的社会、集团写作的普遍倾向性上。每个作者、每个时代、每个流派、每个文学团体，在写作中，总是持一定的写作精神、态度。这种精神、态度反映到文章中，也就是文章作风。例如，某公作文，总喜欢马马虎虎，敷敷衍衍，全不以文字为意，这是文风。又如，20世纪二三十年代，一些浅薄的资产阶级小资产阶级知识分子，只懂得背诵和照抄外国的公式，不会切实地运用理论去解释实际问题，还动不动装腔作势吓人，他们逐渐发展和形成一种新的"洋八股"，这也是文风。文风是一种带倾向性、普遍性的东西，在社会，又被称为"风气"。

文风看似很抽象，其实，只要我们拿起文章细心地读一读，就能具体感受到。一篇文章的作风，主要地表现在以下三个方面：（1）写作态度：有的作者写作非常严谨、认真，有的则十分的马虎、潦草；有的精益求精，文章从不轻易出手，有的则粗制滥造，只求能变成铅字；有的把写作看得神圣，有的则视写作为儿戏；有的把写作看作"经国之大业"，有的则把它看作谋取名利的工具……凡此种种，都表现为一种文章作风。（2）作者对读者的态度：有的视读者为知己，有的视读者为"阿斗"；有的民主公正，平易近人，有的居高临下，盛气凌人；有的推心置腹，以心换心，有的矫揉造作，言不由衷；有的目中无人，有的迎众媚俗。凡此种种，都表现为文章作风。（3）作者对待生活、认识生活、反映生活的方式、态度、原则：有的以离尘远世为"原则"；有的以关注现实为宗旨；有的以民族、国家为己任；有的以风花雪月低斟短唱为"情怀"；有的"有实事求是之心，无哗众取宠之意"；有的则指白为黑、不辨玄黄；有的以昂扬清俊为"风骨"；有的以轻靡柔弱为"精华"。凡此等等，表现为文章的作风。

---

① 刘勰：《文心雕龙·体性》，中华书局1980年版。

二、文章作风的优劣

文章作风与文章风格是两个不同的概念。文章风格是指作者在长期的写作实践中所形成的比较固定的艺术个性，是一个作者思想、艺术技巧成熟的标志。文章作风是指通过文章全部内容形式所透露出来的写作精神、写作态度。文章风格没有优劣之分，正如松、竹、兰、菊各有特色，不能分出孰优孰劣。文章作风则有好坏优劣之别。好的文章作风，利人利己利国利民，坏的文风、恶劣的文风，大而言之影响到整个国家、民族、时代的文明进步，小而言之，破坏文章的美感，影响了文章的社会效用。

三、文章作风的培养

写作实际中，文章作风形形色色：求真与作假、"尚实"与"务虚"、认真与马虎、严谨与草率、自然与诡异、质朴与奢靡、新鲜与陈腐、精审与敷衍、故作艰深与深入浅出、生动活泼与僵硬死板、精简与繁冗、含混与鲜明、装腔作势与实事求是、媚俗钻营与高拔超绝……凡此等等，与时尚有关，与流派有关，与师承有关，与个人的思想作风、工作作风、生活作风有关。

一个人的文风，在总的倾向上，总是受时代文风的影响、制约。每个时代、时期的文风倾向，总会影响一批人，使这些人成为这种文风的追随者。即使无意追随，也会随潮流的裹挟，或多或少被时文习气熏染。一个人的文风，往往与他所崇尚的流派有关。如中国历史上的乾嘉学派，其考证求实的治学方法，就影响了一代又一代的学子，"山水诗""田园诗"也曾熏陶了一代又一代的诗人。一个人的文风，还与他的师承有着重要的关系。"严师出高徒"，好的老师，不仅是给学生讲解知识，他还以自己的治学态度、治学精神、治学方法、人格力量影响着学生，塑造着学生，甚至影响到学生终生。一个人的文风，最终取决于他本人的思想作风、工作作风、生活作风。一个人特别注意调查研究，他就不会在文章中信口雌黄。一个人注意联系群众，在文章中就不可能盛气凌人。一个人爱憎分明，在文章中就不会态度暧昧。一个人严于律己、原则性强，写文章就不会马虎、敷衍、不负责任。一个人有自己的独立人格，就不可能趋鹜时尚、随波逐流。

形成好的文风，反对不好的文风，主要靠三个方面的努力：

（1）领导者的提倡

明太祖朱元璋讨厌当时奏议冗长，大臣茹太素的一个奏折写了17000多个字，当他听到6370个字时还没有听出一个所以然来，便命令停念，当着文武百官给茹太素一顿廷杖，这一打，打出一个简练务实的文风。

（2）依靠一代文章大家开一代风气

韩柳欧苏开唐宋文风，桐城派影响晚清文风，五四文学革命的先驱开现代文风。

（3）加强作者个人的思想、道德修养

对于一般习作者尤为重要。

【思考与练习】

1. 试述文章的含义。
2. 试述文章的规律。

3. 试述文章分类的情况。

4. 试述文章体裁的含义。

5. 试述文章图式的含义及作用。

6. 试述追求文章美应遵循的原则。

7. 试述文章一般之美表现在哪些方面。

8. 试述"文气"的含义及基本特征。

9. 试述"意境"的含义及基本特征。

10. 试述"风格"的含义及描述风格的方法。

11. 试述"文风"的含义及文风的培养。

12. 一般而论，文章写作，首先应该"得体"，这就涉及到"文章体裁图式"的获得；然后是自己的选择与追求，这就涉及到"文章审美图式"的形成；再就是自己的写作精神与写作态度，这就涉及到"文章作风"——你在这些方面做得如何？试作分析，写一篇学习心得。

13. 你如果对"文章自生长""文体思维"这些理论感兴趣，试搜集有关资料写一篇研究报告。

14. 下面这篇文章对当前一些现象提出了批评。你同意他的观点吗？读后请你谈谈，应该确立什么样的"文章目标"？

轻松的写作与不轻松的阅读
——近年小说阅读感觉
周兴华

在众声喧嚣的时代，小说创作与小说写作已渐渐出现了截然的分别。小说创作是一种有技巧又不纯然依靠技巧的智性劳动，是一种用真诚铸造生活的过程，其中不仅融会着作家的血肉筋骨，也蕴涵着作家的人格和心胸。小说写作则是一种以技巧取胜的故事或文字联缀，它或者靠伪饰的情感有条不紊地慢慢煽起读者的情绪反应，或者用一种做作的冷漠把一个没有什么深意的事件装扮得莫名其妙从而显得深奥无边。内在真诚的隐退，使小说的写作成了一种轻松的技巧展示，只要能编织一个巧妙的或凶杀或变态或多角恋爱的奇特故事，自可引来大批以此为乐的普通读者；只要在小说观念上翻出点新花样儿，又可让不少诚诚学人在字缝中猜谜，看支离破碎的句子中隐藏着如何玄奥的形而上，看迷离恍惚的生活事件如何被消解成一个故事平面。

现在是写作多于创作的年代，技巧被玩于股掌之间，惟独失去了生活的质感。轻松的写作带着不掩饰的媚俗和故作的清高，煞有介事地游戏于文坛之中，又借包装的喧闹制造着虚假的繁荣。一套数本的"布老虎"把众多名家汇集在一起，编织着一个又一个赚钱的通俗故事，另有许多贴着醒目标签的作品拒绝故事而游走于商业运作、让位于形式技巧、让位于个人趣味，展现在读者面前的不再是作家坦诚的心灵，而只是一个在做着媚笑或者故作漠然表情的躯壳。在写作多于创作的情况下，阅读却成了并非所有的人都感到轻松的事情。媚俗的作品逃避开创作的艰辛而编织着一个又一个轻松逍遥的故事，但轻松的阅读带来的并非也是轻松的感觉。短暂的愉悦之后，读者的心中会迅速地消褪作品内容留下的最后印迹，又从另一个角度升起了一丝久久挥之不去的惆怅。作为文学圣地中一个家族，那些只能用"畅销书"来命名的作品，并非毫无存在的价值，但是看到有那么多曾写出人生百味的可敬作家，如今纷纷加入畅销书作家的阵营，并以此作为炫耀的资本，这不能不使人在心中感到一份沉沉的重量。在赫赫有名的作家的笔下，往昔醇厚的意味品不到了，见到的却是一张皮笑肉不笑的尴尬容颜。我们当然可以用商品经济解释这一切，也可以设身处地地理解作家必须如此的理由，但是这种心灵被外在形势所左右的悲哀却无论如何不能让我们以轻松的态度接受这些轻松的写作。一部作品展示给读者的，绝不仅仅是一个诱人的故事，它还展示着作家的灵魂与境界。当那些曾让人敬佩的作家抛开精神去俯就世俗，利用自己的声望来促销，又用畅销来证明自身价值的时候，写作者实际已经让自己真正的灵魂远离了自己。我们且不说这种做法是否是在无谓地浪费着他们的艺术生命，单就其艺术地位而言，这种做法所产生的颠覆性作用也是毫无疑义的。一个作家纵使不去追求千古流芳，但总应珍惜自己现世的清名，当他用自己的灵魂和热血终于在公众面前塑造出一尊可敬的形象，然后又毫不犹豫地抛弃灵魂和热血而将自己的塑像打得粉碎的时候，他破坏的，不仅仅是他自身的价值，更有读者心中对文学的一片期望。拒绝故事的作品更让人感到不轻松。虚无缥缈的历史情境，不加理智过滤、单纯表现琐碎的个人感觉，取消作品深度而只去展示故事平面，偏执于某种形而上的精神层面而摒弃小说的故事性……一系列的手段虽完成了小说的陌生化处理，但作家主观倾向的有意识退出却使作品与读者之间发生了明显的间离。作家写作的目的似乎不是为了让读者阅读，而是与读者玩一种智力游戏。那故作的冷漠、那莫测的叙事方式，考验着读者的智慧，也考验着读者的耐性。对许多作品，人们只能说它也许蕴藏着极为深邃的真理，也许隐含着了不起的体验，因为读者在阅读过程中不要说去把握作品意义的终极，恐怕连意义的边缘都很难抓到。依照自己的想法去书写历史的作品，不仅因其与当时特定的时代氛围相悖而使历史呈现出怪诞的面貌，而且还因作者那种冷漠超然的态度而使读者根本无法把握其意义何在。过分沉湎于个人内心感受的作品，因崇尚个人化的写作而使文学与自身生活过分接近，从而消融了作家评判生活的界限；而取消作品深度的笔法，又让读者在平面化的故事面前愕然于意义的消失，惊异于文学创作目的的颠覆。更有一些难以说出所以然的作品，除了让人在惝恍迷离之中感到作者是在津津有味地玩弄着某种叙事技巧，并以这种极端的方式进行着自我的伸张以外，便再也无法对作品本身作一步的说明。期待与文本之间过分遥远的距离，致使读者既无法按惯例去解读，又不能很快找到新的阅读规范，于是阅读便在一片惊愕与迷惘之中失去了本应有的趣味而陷入一种"磨难"。形式阻拒所带来的意释困难，造成了写作者并非轻易为之的假象，但实质上，他们是在用这种阅读的不轻松掩盖他们抛开文学内容而尽情追求形式技巧的轻松感。拒绝故事的作者明显地表现出不愿意迎合读者以至于完全不顾及读者的企图，他们不考虑可读性而把广大的读者抛在脑后，这种情形正表明了作者是在避开文学的社会责任之"重"而成就自我表现之"轻"。形式技巧的"阳春白雪"完成了自我标榜的潜在愿望；但却以舍弃文学的社会性作为代价。我们不否认小说的陌生化体式常靠形式的变革来实现，也不否认它所具有的不可抹杀的积极作用。但如果这种追求走入一种极端——文坛上到处挥舞着的"陌生化"旗帜，只是作为顺利进行自我表现的一种手段存在时——我们看到的却是作家真诚之心的隐退和文学意义的遮蔽，此时过分沉湎于形式技巧的创作便与玩弄技巧的写作没有了区别。这种情形给我们带来的绝不仅仅是阅读本身造成的不轻松感，它还让我们在与作品世界的隔膜中产生了一种被捉弄的怨怼。明白如话的通俗作品与意义晦涩、讲求形式的作品看起来属于文学世界的两极，它们所造成的不轻松感也属于不同的层次，但不同的外表下却拥有着相同的实质——作家对社会责任感的漠然与疏离。前者的迎合读者、后者的漠视读者，都表明作者感兴趣的只是自我价值的实现——经济的或者是精神的——而不是与社会责任相关的问题。迎合读者的，总是为获得可观的经济效益而沾沾自喜，以为金钱确证了自己的"崇高"价值，至于是否为此而生成了一副媚俗的嘴脸，是否因此降低了文学及自身的品位，则都不在他的考虑之列；漠视读者的，注意的是能否博得少数研究者的青睐，以为"曲高"者必然"和寡"，只有如此才能显示出自身的超凡脱俗，至于其孤傲之态导致的绝大多数读者的敬而远之，致使文学的意义无法实现的现实情景则根本没有走入他们的视野。他们似乎忘了这样一个众所周知的事实：文学的价值只有在阅读当中才能够实现。离开了读者，纵然你对人类境遇有极为深刻的洞察，也只能是处在自我玩赏之中而最终无法进入共鸣的天地，没有读者的参与，自我又从何得到确证？不考虑文学的内涵，一味地编织媚俗的故事，可以说是对自身生命与才能的一种浪费，而不考虑读者，只是一味钟情于玩弄文字技巧，实际上在消解文学的价值与意义的同时，也是在浪费自己的生命与才情。一部作品若无法开启读者的灵魂而只能赚来钞票或自我陶醉，那么它只能表明创作的定位出现了偏差。严肃的创作不是去迎合读者肤浅的阅读趣味，但不迎合读者并不等于抛弃读者，它总要以思想的深邃和形式的新颖引领读者进入意义的圣地。它不是反复地重复自己，也不是一味地标新立异，它是在尊重文学规律基础之上的对旧有规范的自觉超越。一个有责任感的作家，不论是面对金钱的诱惑，还是面对艺术形式的探索，他都不会忘记自己承担的历史使命，他会努力使创作包含丰厚的生活容量，也会努力使作品拥有一个有意味的形式。如果一个作家因俗态媚骨而让读者把其作品称为"低劣的港台三级片"，或者因为孤傲而把自己悬置空中，让读者无法进入他作品世界，那么悲哀的，绝不仅仅是作家自己，更是整个文学世界。

（选自《文艺评论》1998 年第 4 期）

第四章　写作聚材论

【学习提示】材料是提炼主旨的基础，文章的血肉，也是写作的动力。没有材料，任何文章都无法创制，任何写作热情都无法巩固，任何写作信心也无法树立。与此同时，材料越充分，写作越自由，材料品格越高，写出的文章越好。从这种意义上说，"材料"也就是作者的知识功底、生活功底、思想功底、文化功底，也就是作者的才气、才华、能量。本章要解决的是学生感到没有东西可写的困惑。重点是"材料的生成""感受的积累"，其他可留待学生自学。

在写作行为论中，我们曾谈到，"写作客体"（包括社会生活、大自然、人类书面知识）是写作的本源，是我们取之不尽用之不竭的宝库。但它属尚未被发现、尚未被开采的原始矿藏，是一种潜在的写作信息，写作，说到底就是不断地从客观世界中去发掘、探究潜在的、未被发现的写作信息，只有努力开掘客观现实这一生活矿藏，写作才可能永葆生命的活力。

对所有的写作者来说，"客观世界"是公正的、客观的。它客观地存在着，时时欢迎着作者的开采。为什么我们从中开采的材料不同，写出的文章有别呢？原因是我们开采的点不同，我们的学识、态度不同。开采点不同，所取得的材料就不同；学识有别，所收集的材料就会有别；开采的态度越认真，越投入，开采的矿石就越多；开采的眼光越高，所采集的矿石的品位就越高。

§1　聚材的认知格局

粗略地看，聚材就是去看，去听，去问，并把自己所看的、听的记下来。但是，我们看到了一些什么？听到了一些什么？心理学家说，我们看到的"是我们倾向于看到的东西，是看到了我们已经知道的东西"。

美国科学哲学家汉森曾指出："看东西的是人，而不是他们的眼睛。摄影机的镜头和眼睛是瞎的，试图把我们所熟悉的所谓'看'的功能局限在视觉器官内，那是徒劳无功的。'看'的功能涉及到眼球以外的因素。"[1]

瑞士著名心理学家皮亚杰曾提出一个著名的观点："一个刺激要引起某一特定反应，主体及其机体就必须具有反应刺激的能力。"他认为，人的认识并不是单向的，不是一有刺激就立即引起反应的过程（即 S→R 公式），而是双方的，刺激与反应相互作用的过程。人的大脑并不是完全被动的，一定的刺激（S），只有主体同化于认识"格局"（sheme，又译为"图式"）之中，大脑才能相应地作出反应。当外来的刺激不能与主体的"格局"同化时，就可能产生不正确的反应，以至不产生反应。所以，皮亚杰将 S→R 公式改为 S⇌R 公式。

那么，个体是如何对刺激作出反应的呢？主要是通过"同化"和"应顺"两种方式。所谓

---

[1]　汉森：《观察——观察渗透着理论》，《发现的模式》，中国国际广播出版社 1988 年版。

"同化"，即个体把刺激纳入原有的"格局"之中，就好像消化系统吸收食物一样。所谓"应顺"，即个体受到刺激后，不能用原有格局同化这个刺激，于是部分地调整原有格局，以适应外界环境。皮亚杰认为，个体正是通过"同化"与"应顺"促进认识结构不断发展，以适应新的环境的。

那么，是哪些因素构成了我们的认知格局呢？

一、聚材的认知格局

（一）"注意是一座门"

俄国民主主义教育家乌申斯基谈到"注意"时，曾生动地比喻说："注意是一座门，凡是外界进入心灵的东西都要通过它。"现代心理学大师詹姆斯曾这样阐述道：

> 在一个由我们的心灵的勤勉选择而加以个别化的对象世界内，所谓我们的"经验"几乎完全是决定于我们的注意的习惯的。一件事物可能在一个人的面前出现一百次，如果他执意不注意它，那么它就不能称为进入了他的经验……在另一方面，一生只碰过一次的一件事物却会在记忆中留下难以磨灭的经验。假设有四个人在欧洲进行一次旅行。一个人只会带回一些生动的印象——服装和颜色，公园和风景以及建筑工事、图画和雕像。对另一个人来说，所有这一切都不存在，他认为存在的乃是距离和物价，人口和井水设备，门窗的插销，以及其他有用的统计数字。第三个人则会详细地叙述剧院、饭店和公用大厅，此外则一无所有。而第四个人也许会如此地沉溺于主观思索，以致仅能说出少数他所经过的地方和名称。每一个人都从所呈现的同一对象集团内，选择了那些合乎他的私人兴趣的东西，并由此形成了他的经验。（转引自杨清《现代西方心理学主要派别》，辽宁人民出版社1980年版，第142页。）

詹姆斯这段话，非常清楚地说明了注意对于我们聚材的影响。"注意"所及，便是我们看到的。注意力不集中，我们的耳目五官是死的，心思也是散的。影响我们聚材的，首先便是注意。

注意又有审美注意和认知注意之分。

一切文学聚材都基于审美注意。审美注意又基于作者的美学修养。

一切实用聚材都基于认知注意。认知注意又基于作者的专业修养。

"注意"是认识的开端，认识的基础。注意所指向的东西，便是我们所认识到的东西，没有"注意"，也就没有了认知。然而，问题又不这么简单，很多作家都谈到，他们有意观察到的东西不一定构成写作材料，倒是在日常生活中无意注意到的一些东西成了写作材料。我们写论文也有这样的体会，有时，在专题范围之内我们费尽心思搜集的材料没用，倒是无意之中碰到的一则材料对我们帮助很大。这是为什么呢？当高度的注意在我们头脑皮层形成兴奋中心之后，其他的东西往往会被我们忽略，漏掉有用的材料，这就要求我们形成比较持久而广泛的"注意"。

（二）需要与兴趣是聚材的动力，并为之定向

与"注意"密切相关的是"需要"和"兴趣"。

一般认为，"注意"基于"兴趣"，"兴趣"缘于"需要"。也可以反过来推：是"需要"产生了"兴趣"，"兴趣"调动了"注意"。"需要"和"兴趣"是"注意"的内在动力，作者需要什么，

他就会对什么感兴趣；他对什么感兴趣，便会把自己的注意投向哪一事物。譬如一个口渴难当的人，他在强大的内驱力的策动下对任何一滴水的知觉都要比一般人强得多。表现在写作上，从事不同文体的写作往往有其特定的需要：作家最关心的是人物、性格、形象、细节，理论工作者关心的则是带普遍性、倾向性的一般现象，他们往往对自己所关注的对象形成一种持久性的注意，因而他们对某一方面的材料具有一种特殊的敏感。

需要与兴趣不仅是聚材的驱动力，而且还直接控制着作者的目标指向。物质世界是丰富多样的，即使是单个的事物，也具有多个层次，多个方面属性。聚材中，不同的主体，往往根据自己的需要，选择着不同事物或同一事物的不同方面不同层次，作为自己的认识对象。庖丁解牛，目无全牛；方九皋相马，不辨玄黄。而这一切，很大程度上取决于主体需要。主体关注着某一方面，对某一方面的观察就会细致一些，敏感一些，充分一些。对于不太关心的，则迟钝一些，粗略一些，随便一些。不过，需要注意的是，"需要"对于观察的影响不一定都呈正值：一方面，我们因"需要"，对所关心的材料特别敏感；另一方面，则可能将"需要"之外的有价值的其他材料漏掉。因此，对于写作聚材来说，一方面，要目的明确；另一方面，又不能过于急功近利。

（三）知识和经验是聚材的基础，决定认知的深度和广度

我们是凭以往的知识和经验来认识客观事物的。如果我们对客观事物一无所知，结果也就一无所获。如果对客观事物知之甚多，结果也就知之甚多。叫一个不谙医道的人去看心电图，看到的只是几道弯弯曲曲的波折线，叫一个不懂艺术的人去欣赏齐白石的画，他无法感知到艺术形象的丰富内容。这也就是马克思所说的："对于不辨音律的耳朵来说，最美的音乐也毫无意义，音乐对它说来不是对象。"[①]

经验和知识还影响到认知的敏捷与速度。每一事物，都有很多方面的属性，这需要我们运用各种感觉器官去感觉，然后对这些感觉材料加以组织、整理，以形成关于这些事物的完整映象。这就是知觉。当我们第二次第三次观察这一事物时，就不再需要各种感觉器官感觉了，只要运用一两种感官，凭借以往的经验，就能形成这一事物的完整映象。许多资料证明，主体感知的情况并不是瞬时感觉的简单总合，它往往包含一些细节——这些细节当时并未出现在视网膜上，而是人们在过去的经验上似乎看到的，如，我们用速示器在十分之一秒的时间内呈现一些卡片，如果卡片上是一些不常见的、不成句的单字，人们一般能看到 4～6 个字。如果让这些单字组成句子，人们一眼能看到 8 个甚至更多一些的字，这些资料都说明经验和知识可以提高感知的速度。

（四）思想、观念与情感给聚材以巨大影响

知觉具有理解性。观察作为高度发展的知觉，不仅具有理解性，还能对感知对象进行价值判断。在聚材中，作者总是用自己的世界观、人生观和各种文化观念来审视、评价客观对象，可以说，没有哪一个作者是纯客观地认识客观对象的。他的眼睛，不仅是感觉器官，而且是反射弧的效应器官，它根据大脑的指令去观察周围事物。他接受什么，排斥什么，喜欢什么，憎恨什么，都受他的身世、教养、生活方式等所形成的思想意识的操纵。他的思想意识总是影响着他的认知的结果。明代冯梦龙《古今谭概·佻达部》记载了这样一个故事："丘琼山过一寺，见四壁俱画《西厢》，曰：'玄门安得有此？'僧曰：'老僧从此悟禅。'丘问：'何处悟？'答曰：'是怎当他临去秋波那一转。'"面对美人的秋波，张生心向神往，想入非非，而

---

①　马克思：《1844 年经济学—哲学手稿，人民文学出版社 1979 年版》。

老僧却从中悟禅，破除了尘世的执著。托尔斯泰在他的作品里塑造了俄罗斯各社会阶层众多的人物形象，但没有一个壮大起来了的工人阶级形象。他自己也感到遗憾，于是在莫斯科工人集中居住区买了一所房子，以便在日常接触中观察他们。但众所周知，他的努力并没有获得预期的效果，他至死也未能写出一个可以跟他笔下其他人物媲美的工人形象。托尔斯泰之所以未能达到预期目的，主要是他思想、观念方面的原因。托尔斯泰"宗法式的天真的农民观点"，使他在观察农村时表现出天才的观察力，只要看到一个农奴后脑勺的轻微抽动，他就知道他在哭泣，并且知道他是受了很大痛苦才这样伤心的。可是他这个思想观念与他要观察的工人阶级却格格不入。

情感、情绪对聚材也有着重要的影响。现代生物学研究告诉我们，人的大脑有一千亿的神经元，它们组成了信息输入的树突纤维和轴突纤维。信息的输入、处理、输出，都是树突纤维与轴突纤维相结合的结果。但这个结合，是非常复杂的。当电脉冲释放化学化合物而接通传入和输出的联系时，这种化学上的神经传感剂和感受剂可以起阻止、改变、增强信息的关键作用。在这个化学反应过程中，又有几种神经肽在发生作用，使得人的心理当即发生种种变化。而人的情感、情绪因素则是促使大脑释放化合物的关键心理因素。而大脑中化学反应的结果又反过来促使了人的情感、情绪发生更大的变化——这种情感情绪循环反复的作用，使得某些信息得到几千倍的扩大，某些信息被阻止或改变。文学史上有一个著名的例子。十月革命胜利后，新生的苏维埃国家面临着巨大的困难，这使高尔基思想中原有的一些不健康的东西膨胀为对新生活十分厌倦的情绪，列宁尖锐地向他指出，正是由于这种情绪，"在这里，无论是部队里的新事物，或是农村里的新事物，或是工厂里的新事物，你作为一个艺术家，都不可能进行观察和研究"。① 高尔基后来克服了这种厌倦情绪，才重新焕发了一个作家的创造力。

情绪、情感的常态是心境。心境是一种比较微弱、平静而持久的情感体验。这种常态的情感、情绪，对观察的影响不像激情那样强烈，但它往往给对象蒙上一层情感色彩。

（五）思维程度给聚材以深刻影响

聚材是在人的思维参与下对某种认识对象有目的、有计划、比较持久的知觉过程，主体的思维程度，明显地影响着他的感知。如屠格涅夫，他在列车上遇到了一个外省的年轻医生。医生谈吐不凡，使屠格涅夫对他产生了强烈的印象。但屠格涅夫一开始"并不能透彻地了解他"。于是，他就聚精会神地倾听和观察着他周围的一切，分析着他所看到和听到的一切，通过长期的观察和思考，终于发现，这位杰出人物体现了那种刚刚产生、还在酝酿之中，后来被称为"虚无主义"的因素，从而更深刻地把握了他的对象。要是他满足于一般的、浮光掠影似的观察，就不可能创造出"罗亭"那样杰出的典型形象。

（六）心理定势给聚材以潜在的影响

所谓定势，即未被意识的对一定活动的准备状态，这种准备状态，影响或决定了继起的心理活动。定势这个概念，是由德国心理学家 E·缪勒等于 1889 年首次提出来的，后来又衍化出心理定势、认知定势、思维定势等概念。定势是由于某种情境反复出现而逐渐形成的。有的心理学家曾作过这样的试验；让被试用的一只手摆弄大一点的球，用另一只手摆弄小一点的，这样重复 10～15 次后，用两个同样大的球把它们换下来，这时被试的手便对相同的两个球产生了不相同的错觉。定势在许多场合下不知不觉地决定着人的整个生活态度。比如，

---

① 《列宁选集》第 4 卷，人民出版社 1974 年版，第 60 页。

当我们去提放在地上的空水壶，往往用了很大的力气，直到提起才发现水壶是空的，即受了"水壶装水是重的"的固有定势的影响。又如，一提到青年与老年，就与办事不牢靠和保守联系起来，这也是不自觉中定势影响所致。

以上这些因素互相联系，互相制约，共同制约和影响着我们的认知。

二、聚材的认知方式

聚材工作也就是在这个"格局"的规范和范围之内进行的。

"认知格局"一方面决定了认知范围，在聚材中，如果对象完全离开了这个"格局"，外来信息就不能被原有格局"同化""应顺"，我们对外来信息就可能视而不见，听而不闻，或是反应迟钝、反应错误；另一方面，原有格局在"同化""应顺"外界信息时，也相应地决定了我们反应的正误、深浅。如果用无用的知识、保守的观念、奢侈的追求、卑下的情欲、僵死的教条塞满了心胸，对客观事物就不可能有正确的反映。

三、怎样做好聚材工作

（一）要努力形成持久而又稳定的"注意"

聚材是在一定的目的和任务支持下，按一定计划进行的知觉，目的越明确，任务越具体，就越有效果。而聚材的目的是通过"注意"来实现的。注意是观察的大门，一切客观事物，都要通过"注意"这座大门，才能进入人的头脑。平时说"注意"，总是针对着某一次具体的观察来说的。其实，对写作来说，材料聚集是长期的工作。因此，我们在某一次具体观察中固然需要集中"注意"，在日常生活中，更应保持稳定、持久的注意。

（二）努力营建好自己的"认知格局"

需要、兴趣、思想、情感、知识、经验等，共同构成了聚材的"认知格局"。要把聚材工作做好，就要努力建构好这个"格局"。

福楼拜曾说："观察的第一个特质，就是要有一双好眼睛。如果一种坏的习惯——一种私人利害迷乱了眼睛，事物就看不清楚了。只有一颗严重的心，才能大量产生才情。"[①]

鲁迅说："大可以看看各样的书，即使和专业毫不相干的，也要泛览。譬如学理科的，偏看看文学书，学文学的，偏看看科学书，看看别个在那里研究的，究竟是怎么一回事。这样子，对别人、别事，可以有更深的了解。"[②]

古人说："有第一等襟抱，第一等学识，斯有第一等真诗。"

他们所强调的侧重点不同，其实都涉及到认知的"格局"。一些优秀的作家，在写作实际中也十分注意调整和建构自己的"格局"。如徐迟在采写《哥德巴赫猜想》时，面对陌生神秘的数学王国和新时期面临的一些问题，就及时地研读了马克思主义经典著作和有关数学的专门著作。理由在采写《扬眉剑出鞘》时，由于不懂击剑运动，他不但向内行请教，而且还亲自拿着剑去比画体验。

（三）进行积极的思维

认知过程的大敌是现成观念和现成图景，它可能像一座山一样将作者与生活隔绝，造成视觉瘫痪症。朱光潜在《文艺心理学》中曾指出："一般事物对我们都有一种常态，所谓'常

① 福楼拜：《包法利夫人》，人民文学出版社1959年版，第388页。
② 鲁迅：《读书杂谈》，《鲁迅全集》第3卷，人民文学出版社1981年版。

态',就是糖是甜的,屋子是居住的,女人是生孩子的之类的意义,都是在实用的经验中积累的,这种'常态'完全占住我们的意识,我们对于'常态'以外的形象便视而不见,听而不闻,经验日益丰富,视野就日益狭窄。所以有人说,我们对事物见的次数愈多,所见到的也就愈少。"因而,我们不能满足于现成的、已有的答案,必须动用我们的全部心思,去发现别人没有发现的东西。

老舍说:"观察事物,必须从头到尾,寻根追底,把他看全,找到他的'底'。"①朱自清说,对万事万物,都要"拆开来看,拆穿来看。无论锱铢之别,淄渑之辨,总要看出而后已,正如显微镜一样;这样可以辨出许多新异的滋味,仍是他们独得的秘密!"②许多时候,我们不仅要用眼去看,还要用心去"看"。如,鲁迅在《祝福》中写到祥林嫂在贺老六死后回到鲁镇时,单独写了一行:"大家还叫她祥林嫂。"作者为什么单独写出来呢?因为他从这叫声中听到了超感官的信息:祥林嫂嫁给贺老六,本应该改改称呼了,但习惯心理是这样强大,以致大家想都没有想仍然认为她要属于第一个丈夫——认知就应该这样去思索。

§2　材料的生成机制

所谓材料,是指作者用以形成、提炼和表现文章主旨的事实和观念,它包括事实现象,也包括了理论观念。不论写进文章还是未写进文章,都属材料。所谓聚材,也就是通过各种途径各种方法去收集、积累材料。在写作过程中,聚材有两种基本形式,一是平时积累,一是临时采集。临时采集一般是指写作动机产生之后,为了某一具体文章写作的需要而采取的行为,具有明确的目的性、针对性、时限性,它要求作者在限定的时间之内迅速收集到所需要的材料。平时收集则没有具体的写作目标,没有特定的时间限定,可以从容不迫,从长计议。这两种采集材料的方式都很重要,因不同的写作任务而各有侧重。文学写作,讲究的是生活积累,而新闻写作则要求迅速出击。一般说来,平时收集的材料越充分,临时采集也就越便利,前者是后者的坚实的基础。材料收集要尽可能的多,尽可能的广,尽可能的全面、具体、深入、细致,尽可能有自己的发现。其中发现最为重要,因为写作冲动的形成,文章主旨的提炼,与作者的发现紧密相关。没有发现,材料是材料,主体是主体,材料就不具有"膨胀的生命力"。

对于写作聚材来说,一方面,我们要通过认知格局的同化和应顺,把外界对象摄取进来;另一方面,又要把摄取进来的东西,化为写作的材料。很多初学者,一拿起笔来就感到没东西可写。其实,他并不是没东西可写,而是不知道哪些东西可写——也就是说,他还没有把那些东西,化为自己的写作材料——这也就涉及到材料生成的问题。客观事物是怎样转化为文章材料的呢?主要基于以下几个方面的因素。

一、心灵化

生活万象纷呈,纯粹客观的事物无法构成材料,只有经过作者对生活的选择、消融、沉淀、简化、组合,转化为审美意识,再经过理性的梳理、安排与调整,才能转化为特定的表达对象。

---

① 老舍:《多练基本功》,《出口成章》,作家出版社1964年版。
② 朱自清:《山野掇拾》,《朱自清散文全编》,浙江文艺出版社1995年版。

心灵化最基本的特征是情感化。在整个写作活动中，情感的作用，表现为以情感物，以情取舍，以情完形，以情变形，以情评价，以情而作，以情运思，以情动人。只有经过情感的渗透与熔铸，客观事物才能真正进入作者的心灵。

作者的聚材实际上是一个心物交流的过程，在这个过程中，或是情因物起，物以情观，或是移情于物，物我一体，始终都离不开情感。巴尔扎克在《人间喜剧·前言》中不无感叹地说，热情就是整个人类。因此，他把《人间喜剧》称作"人类情感的历史"。屠格涅夫认为，对创作来说，"冷漠会成为平庸无奇"。孙绍振先生在《文学创作论》中曾指出："即使你生活经历很丰富、生活领域很宽广，如果没有相应的丰富的感情，那你很可能感觉不到生活有什么可贵之处，你还不能以艺术家的心理角度去鉴别生活的价值。"

心灵化还包括想象与移情。

维克多·雨果认为，艺术家是以两只眼睛进行观察的，"他的前一只眼睛叫做观察，他的后一只眼睛叫做想象"，"想象就是深度。没有一种精神机能比想象更能自我深化，更能深入对象，这是伟大的潜水者"。高尔基指出："想象要完成研究和选择材料的过程，并且最终地使这个材料成为活生生的，具有肯定或否定意义的典型。"别林斯基说过："忠实地复制事实，仅靠博识是不行的，还得有想象。"

美学家科林伍德在《艺术原理》中曾非常具体地说明这个道理：

> 当用日常话说我们在想象某个时，我们所想象的东西并不总是"实际上并不存在"的那种东西。我面前放着一只火柴盒，它的三面向着我，这三面是我实际上看到的惟一东西。但是我想象另外的三面，一面黄中带黑，一面是蓝色，一面是棕色的。我又想象盒子里面装着火柴，想象摸火柴时的感觉，想象那棕色一面涂的一层磷化物发出的气味。这些东西都确实存在，和我想象它们的完全一样。此外（这是康德作出的论断），只有在我想象它们的情况下我才能真正意识到作为完整物体的火柴盒的存在。一个能实际看却不能想象的人，他将看不到一个物体的完整世界，而只是看见（如贝克莱所说的）"各式各样排列的各式各样的色彩"。因此，正如康德所说的，对于我们认识围绕我们的世界来说，想象是一种"不可或缺的机能"。

其实，聚材中的想象并不限于一般的认识意义，不管作者的想象在什么程度上贴近生活，积极的想象总是引导作者向生活的本质意义方面发展，向人物的心灵深处发展，向人物的性格、命运的核心方面开掘。谁能想象到，在生活中，一个小官员在看戏的时候一不小心给前排座上将军的脖子上溅了点喷嚏沫而被吓死了呢？契诃夫想到了，而且是世界上第一个想到的。听起来可笑，看起来却可信。他靠想象深入到小官员奴性心理的深处，靠想象推测出小官员的命运不只是怕和赔情，而是死。通过一个喷嚏写出俄罗斯19世纪充斥着奴性的整个社会，想象在这里表现的洞察作用，几乎是一切刻板的观察所无法想象的。它没有停留在具体的事物上，而是追踪事物之间的联系，借助生活提供的已知推测未知，由现在推测过去、将来，由点推测面，由现象深入到本质，从而更深刻地把握本质。积极的想象不仅帮助作者认识生活，也帮助作者不断地积累素材。有时候，遇到一个契机，就能写出作品来。

诗人艾青写过一首叫《回声》的诗：

你喊她，她喊你

你骂她，她骂你

千万不要和她吵嘴
最后一声总是她的

回声作为一种自然现象，平凡得很，艾青却从平凡中看到了不平凡，通过想象，把她与生活中某种专横、刁泼的社会典型联系起来，从而赋予回声以深刻的社会生活内涵，这首诗基本上就孕育于观察中的想象。观察中的想象既是对生活的一种积极的认识，同时也是对生活的一种积极的整理。通过想象，作者可以从更大的生活范围，从更深的生活底蕴，从更积极的审美感知上去把握对象，把自在的对象，变为自己的对象，变成自己的发现。

"移情"是西方影响很大的美学理论，西方的美学家把它比作生物学中的"进化论"，把移情说的主要代表立普斯比作美学上的达尔文。立普斯说的移情究竟指什么，对此他们颇多争论，但基本内涵是一致的。立普斯说："移情作用所指的不是一种身体的感觉，而是把自己'感'到审美对象中去。"移情说的另一代表费肖尔说："人把他自己外射到或感入到自然界的事物里去，艺术家或诗人则把我们外射到或感入到自然界的事物里去。"十分明显，他们所说的移情，就是把自我移入到宇宙人生之中，从而达到"物我为一体"的境界。立普斯在《论移情作用》一文中曾反复阐述这一观点："移情说的作用就是这里所确定的一种事实：对象就是我自己；也就是说，自我和对象的对立消失了，或者说，并不曾存在。"这正如象征派诗人波德莱尔所说：

你注视一棵身材亭匀的树在微风中荡漾摇曳，不过顷刻，在诗人心中只是一个很自然的比喻，在你心中就要变成一件事实：你开始把你的情感和哀愁一齐假借给树，它的荡漾摇曳也就变成你的荡漾摇曳。你自己也就变成一棵树了。同理，你看到在蔚蓝天空中回旋的飞鸟，你觉得它表现"超凡脱俗"一个终古不磨的希望，你自己也变成一只飞鸟了。

从写作聚材看，移情有两种形式：一是由我及物，即主体登山则情满于山，观海则意溢于海，自觉不自觉把自己的感情外射到自然景物上去；一是由物及我。吴乔在《围炉诗话》中指出："情能移境，境亦能移人。"金圣叹在《鱼庭闻贯》中曾说："人看花，花看人。人看花，人到花里面去；花看人，花到人里来。"无论哪种情况，都是物我交感、生命与宇宙之间的回还震荡，通过移情，外物已不再是外物自身，而染上了一层感情色彩；情感也不再是情感自身，成了融合了一定理解、想象的现实，这也就是古代文论中所说的情生景、景生情、情景交融。

移情不是纯粹客观的观察，朱光潜在《文艺心理学》中解释道："比如观赏一棵古松，玩味到聚精会神时，我们常常不知不觉把自己心中的清风亮节的气概注于到松，同时又把松的苍劲的姿态吸收于我，于是古松俨然变成一个人，人也俨然变成一棵古松……我没入大自然，大自然也没入我，我和大自然打成一气，一块生活，一块震颤。"自然景物在人的意识中能产生移情作用，就其客观性来说是由于自然景物的特征与人的性格、感情、活动存在着某种相似或相近之处。当人以饱含感情的态度去观察自然景物时，自然景物会引起人对类似情感、动作的联想，并形成条件关系的泛化。在这种条件关系泛化和类似联想中，由于情感的作用，使得事物之间有了更大的必然联系，并因此而消失其联想过程、联想的独自内容，使自然景物的形象性与人的感情、意识、活动在意识中完全融为一体，自然事物因此而有了感情。

对于写作学习来说，理解移情活动是非常有益的。例如杜甫的两句诗"感时花溅泪，恨别鸟惊心"，表现的是一种很典型的移情现象，可有人不理解移情，按生活逻辑去理解，把它解释为"感时见花而落泪，恨别闻鸟而惊心"或"感时花像人一样落泪，恨别鸟像人一样惊心"。这样去理解，从字面讲倒是通了，可一点诗意一点独特的感受也没有了。

心灵化的过程是客观外物逐步走进我们心灵的过程，是客观事物让我们的情感与理智彻底浸透的过程。文章不是作者感官对客观刺激物的简单反映，他的思想、感情、生活经验和气质都在起着作用。作者对材料的把握不仅要用眼耳鼻色身，更多情况下要用脑、用心灵去感受。

二、感觉具体

感觉粗糙是障碍材料生成的另一道屏障。新闻写作强调的是新闻敏感，具有职业写作的特点。论文写作重视的是论据性，对论据性材料的把握需要学识水平。秘书写作需要的是行政管理能力和政策水平。经济写作、法律文书的写作也具有专业性。这些文章的聚材只要经过一定的专业训练都不是难题。比较特殊的是文学写作，文学写作强调的是审美价值，虽然文学作品与我们最为接近，但我们对于文学材料的敏感远不及对文学作品熟悉。当我们面对客观世界时，感觉总是显得过于粗糙。粗糙的感觉对文学创作来说是致命的。

对文学材料的捕捉要具体，要有真切的细节，要在声、光、色、形、味方面抓住特点，要细腻化。巴尔扎克说过，搞文学的人应该具有"蜗牛般眼观四方的目力，狗一般的嗅觉，田鼠般的耳朵，能看到、听到、感到周围的一切"。杜勃罗留波夫指出，当"生活的阳光落到我们所有人身上，然而它刚刚触到我们的意识，就立刻消逝了。紧接着它的后面，又从别的物体上射来了别的光华，但它们却又同样迅速地消逝了，几乎不留一点痕迹，全部生活就是这样过去的，它只是在我们的意识表面上滑过去。艺术家就不是这样，他能够在每一种事物上，捕捉一种跟他的心灵十分接近而又亲切的东西，善于摄住其中有什么特别打动他的一瞬"。

我们试看朱自清在《绿》中是怎样描写从岩上飞溅而下的水花的：

> 那一朵朵小小的白梅，微风似的纷纷落着……轻风起来时，点点随风飘散，那更是杨花了。——这时偶然有一点送入我们温暖的怀里，便倏地钻进来再也寻它不着。

在现实生活中，有谁会注意几点倏地不见的小水花呢？作家却不失时机将它们捕捉住，并把它写进文章，读来叫人感到特别的真切。再看屠格涅夫是怎样进行观察的：

> 在就寝之前，我每天晚间都要在庭院里散一会儿步。昨天，我站在桥上，仔细静听。我听到各种各样的声音：耳鸣声和呼吸声；树叶的沙沙声簌簌声；蚱蜢嚓嚓声，一共四只，栖在庭院的树上；鱼儿在水面上发出细微的宛如接吻一样的声响。一枝树丫被折断了，是谁折断的呢？……这是什么？走路的声音吗？这不是人的低声细语吗？突然间，又在我的耳边响起了蚊子的尖叫声……

屠格涅夫对形象的捕捉能力可谓惊人，在寂静的夜里，他不仅能准确地捕捉各种各样的声响，在第二天还保持着真切、鲜明的记。

古人云："五官生五觉，五觉出文章。"事物的属性、特点，是非常丰富的，能否开放五官，关系到是否能丰富、具体、全面地把握事物的属性、特点，并把它生动地再现出来。例如下面这段文字：

> 乳白色的雾，从山谷中汩汩溢出，缓缓地漫上山坡，散成一片轻柔的薄纱，飘飘忽忽地笼罩着整个山村。那五彩的坡，乌蓝的路，错落有致的近峦，清丽淡雅的远山，全都遮隐在迷蒙之中，什么都看不见了……
>
> 天地间只有白茫茫的雾，灰蒙蒙的雾，湿漉漉的雾，凉丝丝的雾，掬一把，软绵绵，吸一口，甜津津，踏一脚，轻悠悠。雾从眼前飘过，睫毛上挂起一层细细的珍珠，雾在身旁浮沉，身子摇摇晃晃像飘在九重云霄之中。

大家品味一下就可知道，作者正是充分利用视觉、听觉、味觉、嗅觉，才把晨雾写得这样多彩多姿，如见如闻的。在材料的采集中，作者就必须非常具体地把握事物的情状，解剖其构成的要素，了解其情境和环境，把握其内部和外部的联系，追溯其过去、现在和将来，把握具体的细节，把握事物的声、光、色，以及进行必要的综合、挪移、摘要、图解，写作时才会感到有东西可写。如果只是粗轮廓地把握客观事物，就无法构成写作的具体材料。

三、有所发现

汉森说过："典范的观察者并不是只会观看和报道通常观察者都能看到并报道的事物，而善于从熟悉的对象中看出前人从未看到的东西。"罗丹说："所谓大师，就是这样的人，他们用自己的眼睛去看别人见过的东西，在别人司空见惯的东西上能够发现出美来。"《金蔷薇》的作者巴乌斯托夫斯基指出："只有那种能向你们叙述新的、有意义的事情的人，只有那能够看见许多别人觉察不到的东西的人，才能成为作家。"契诃夫和文学青年谈创作时也强调："一切都是题材，到处都是题材啊。您瞧这堵墙，似乎它连一点有趣的地方都没有，可是您凝神看着它就会在那里面有所发现，找到别人以前还没有注意到的东西，那您就可以把它写下来了。我向您担保，好小说是会因此写成的。又例如月亮，虽然已经是很老的题材，可是仍旧可以用它来写成好东西，而且会写出有趣味的东西来。不过当然也得注意观察月亮，得到自己的发现，而不是别人的、已经陈旧的东西。"

就写作来说，"发现"是多方面的，发现事物的本质，发现某一问题，发现某一规律，发现某一新奇的细节，发现某一特点，都是发现。发现的要义在于发现前人还没有看到的东西，发现属于自己独特的东西。

四、价值判断

究竟什么样的材料才构成写作材料？如果我问，一个小女孩踩死了一只小甲虫这样的小事能不能写成文章，我想你的答案一定是否定的，可有个五岁的小女孩就写出了这样一篇文章：

> 今天我从楼上下来，看见树叶上有一只非常漂亮的小甲虫，我见它很可爱，就伸出

两个手指，把它轻轻地捏起，放到我的手掌里。小甲虫在我的手掌中爬来爬去，我把嘴里的口香糖吐出来，搓成细细的长条，去逗它。小甲虫围着口香糖团团地转，后来它急了，狠狠地咬了我一口，我一吓，把它往地下一摔，一脚就把它踩死了。

唉，今天我又杀死了一个小生命。

可是，谁叫它咬我呢？

这是一个五岁小孩写的日记，读了这样的日记，我想你也会为这样的文章叫好的。而这样的材料，在平时通常是不会进入我们的视野的。

再看成人的一篇文章：

女儿十岁，好用比喻，令人啼笑皆非。

去年的一天，女儿悄悄地对她妈妈说：“在我们家里，爸爸是老虎，妈妈是狐狸，我是小白兔，尽受欺负。”我问此话怎讲，她解释道：小白兔做错了事，老虎就恶狠狠地追来，抓到后，一口“吃”了；这“吃”，就是打。狐狸呢，叽叽咕咕劝慰，到头了还是说我错了，让人挨了批评还够舒服，你说像不像狐狸狡猾。

家里杀鸡宰鸭，妻喜吃头，我爱食脚，女儿偏爱吃翅膀。今年7月我生日那晚吃鸭，当妻和我分别夹走自己的嗜好时，女儿又笑着比喻说：“妈妈吃头，是家里的头，‘嘎嘎嘎’发号施令；爸爸吃脚，是家里跑腿的，听到妈妈‘嘎嘎嘎’地叫，就像鸭子摇摇摆摆跑过来，做妈妈安排的活儿。”我们忍俊不禁，哈哈大笑。笑后，妻佯作嗔怪，极力否认自己是头儿之后，我与妻同时反问：“你是什么？”

“我当然是翅膀啦，将来远走高飞。”瞧她刚找到一块翅膀的得意样儿，仿佛满脸志向呢。（瞿春林：《女儿的比喻》）

文章所写的事，也许就发生在你身边，你是否意识到它可以写成文章呢？

天底万事万物，均可入诗入文，重大的题材固然可写，身边的琐碎小事也可写，关键看你是否意识到。意识到了，顺手拈来，触处皆是妙笔；意识不到，搜肠刮肚无所作为。

对材料的把握首先是一种价值判断，我们总是以当代人的文化精神、文化追求，当代人的学术眼光、胆识、水平去比较、选择、扬弃、整合，得在思想上掂量一下，看它是否可以写进文章。这是一种整体的直觉的瞬间的带有模糊性和猜测性判断，作者依据自己的知识、眼光、观念、认识对其评定然后将它深深地印入心中。这价值包括审美价值、实用价值、科学价值。巨大的审美价值、实用价值、科学价值固然可贵，毫无意义的琐碎小事确实难以成文，但在“巨大”之外有一些题材，只要它们在真、善、美方面有一些意味，能给读者以有益的启示，同样有它存在的理由。写作的误区之一就是片面强调题材的重大和主旨的重大，把可写的题材挡在视线之外。像上面两篇文章，初学者通常不会注意它，也就因为它们的题材不够重大，主旨不够深刻。

五、作者修养

对材料的体认、感知、发现、判断，又是与作者的修养紧密相关的。

文学聚材，缘于作者的审美修养。有一年，我陪一位朋友去看竹海。看到漫山遍野的竹子像波涛一样扑面而来，把整个胸心都染得葱葱翠翠，我心中的诗情立刻被搅动起来，不想那位朋友在身边说:"这么多竹子啊,砍一根回去挂蚊帐!"一个诗情画意的场面立刻被他破坏了。这样的笑话,并不少,如,有位妻子去北京看丈夫,丈夫是诗人,看到妻子非常高兴,刚好是中秋节,丈夫一定要陪妻子去赏月。丈夫在前面说:"今天的月亮真圆。"妻子在后面说:"这有什么好看的,还没有我烙的烙饼圆呢!"又如,一位女科学家,有人给她介绍了一个朋友,这人对她一见倾心,立刻写了一首诗表达心中的爱意:"春蚕到死丝方尽,蜡炬成灰泪始干",女科学家看了之后说:"这诗不通,蚕吐丝之后,并没有死。"文学材料的生成,与作者的美学修养有关。作者的美学修养包括审美理想、审美情感、审美趣味以及审美创造能力等几个方面的内容,它是一个多层次的开放性的知识系统,直接影响到作者对材料的感应和取舍。作者的审美理想,是美学修养的中心。高尚的审美理想,是作者追求美的出发点。作者对材料的感应、判断,以及随后的构思、行文,都与作者的审美理想直接相关。只有具有高尚的审美理想,才可能避免平庸、浅薄、低级趣味。对写作本质的理解,如文以载道说、缘情说、模仿说、为人生说,都与作者的审美理想有关。审美理想不等于政治理想,不等于具体的创作方法,也不等同于作品的主题思想。它是一种精神,一面美学旗帜,它在非常高远的意义上规定和指导着作者的写作行为,指导着作者对社会人生的理解。充沛、饱满的审美情感,是作家区别于非作家的一个重要标志。它是写作的动因,也是产生写作灵感的源泉。审美情感产生于作者对现实生活的审美认识,同时又受审美理想的制约。作者个人的经历,生活感受,学习和掌握的人类审美遗产,以及经过长期审美实践所积累的渗透了作者审美理想的情感(如喜悦、愤怒、悲哀、欢乐、忧愁等),构成了作者较为恒定的持续性审美情感。作者较为恒定的持续性审美情感,是多种因素组成的集合体,既有生理的心理的因素,也有个性心理的因素(兴趣、爱好),同时还有时代、环境的因素。这部分情感,是作者通过高度灵敏的非理性意识(下意识)从现实情景、事件、因果关系中抽象出来的,它在作者那里变成了"近乎本能、近乎习惯"的情感反应方式。它是作者的情感基础,如果缺乏,作者对现实生活的反应就会显得迟钝、麻木。突如其来的打击,意想不到的成功,前所未遇的事件,触目惊心的世态人情,长期压抑的心愿理想,在一定的条件下激起作者巨大的感情波涛,则构成了作者的突发性情感。这部分情感比较单一,它常常是作者写作的直接动因,平时所说的"灵感""感兴""闪念",大致属于突发性情感。作者的审美趣味,是作者美学修养的一个组成部分,它标志着作者对生生不息的自然界、纷纭变幻的社会生活、丰富多彩的文学艺术的审美性质所达到的独到体验、理解和评价。审美趣味既是作者所处时代人们审美实践的产物,也是人类精神文明的积极成果。审美趣味直接影响到作者对事物的感受力。作者对事物的感受方式、重点、方向、力度不同,也就直接影响到他的写作。因此,陈旧、过时、低级的审美趣味,是一个作者时时都应该防范的。作者的审美创造能力,主要表现为艺术构思能力和纯熟的语言表达能力,它不仅体现在具体文章的写作上,而且还直接影响到作者对材料的接受和理解。具有一定的美学修养,作者在心物的交感过程中,才可能"心有灵犀"。否则,作者的感觉和思想都将十分迟钝木讷。

实用聚材,缘于作者的专业修养。

实用写作的聚材不同于文学聚材,它有以下几个特点:

实用写作的聚材,目标明确,针对性强。它不像文学创作聚材那样"从容不迫""从长计议",不像文学创作那样"全面出击""广泛打捞","全景式""百科全书式"地采集。它具有明确的针对性,写某一篇文章,就围绕某一篇文章收集材料。写某种类型的文章,就只着眼于事物的某一方面。它带有很强的专业性,其中有些材料的采集,得受过专门训练的人员才能进行。如法律文书中的"勘验笔录"。"勘验笔录"是侦查人员在办案过程中依法对犯罪分子作案的场所和有关的痕迹、物品、人身、尸体进行勘验、检查，或人民法院审理民事案件对现场或物证进行勘验时所作的客观记录，"材料采集"非受过有关专业训练不可。实用写作聚材还应客观、严谨、科学，采集的材料，必须是生活中曾有的事情，其人物、事件、时间、地点、原因、结果，乃至其中的某个细节、某个数据都不能错。如果采集的是理论材料，也必须有明确的出处，不能"虚构假指"，也不能"掐头去尾"，"断章取义"。"新闻的生命是真实"。"法律文书的制作要以事实为依据"。"一切科技写作都要建立在严格的科学性上"。实用写作聚材如果不具有客观性，整个实用写作就无从谈起。

实用写作的聚材，还涉及到作者的工作态度和业务水平，没有严肃认真的工作作风，没有扎实的专业知识，要做好聚材工作颇为不易。

§3　聚材的途径：观察

一、观察的含义

在《福尔摩斯探案集》里，有这样一个情节：当华生同福尔摩斯争论谁的眼光敏锐时，福尔摩斯随手指着门外的台阶问华生有几级，华生无言以对，这时，那个著名的大侦探告诉华生有十三级，并且对他说："我们俩都注意那里有台阶，但是，我是观察，而你不过是看看而已。"柯南道尔通过这个大侦探之口告诉我们，观察不仅仅是看。在日常生活中，那种粗疏的、肤浅的、零碎的、随便的、即兴式的走走看看，是谁都会的。真正懂得观察，有一定观察能力，必须懂得观察的有关知识，经过认真、长期的观察训练。

观察是有目的、有组织地去认识某一对象的知觉，这与平时那种随意的、情绪性的、轮廓性的走走看看区别开了。通常，客观事物作用于我们的感官，我们便会产生相应的感觉，比如靠近火炉，会感到灼热；踏进雪地，会感到寒冷。但这些感觉都是被动的，只要人进入某一环境，便会自然产生，这不能算作观察。观察不同于简单的反射式的感觉，它有能动性，观察是根据某种需要——拿写作来说，主要是写作需要——有目的、有意识地进行的。它是自觉的、主动的，不是被动的、盲目的。

观察有着明确的认知目的，这一特点决定了它始终是和有意注意结合在一起的。主体为了认识和把握特定事物，为了保证知觉过程的顺利进行，必须把自己的注意力集中和保持在观察对象上，以保证观察的顺利进行。

观察又是多种分析器的综合活动。

观察要用眼睛，视觉分析器起着主导作用。观察以视觉分析器的活动为主，但并不限于视觉。为了把握对象的多种多样的属性，往往需要多种分析器的联合活动。除了视觉之外，还有听觉、嗅觉、味觉、触觉等。这五种器官各司其职，分别反映事物各种不同的属性。视觉主要反映事物的大小、形状、色泽。听觉主要反映音响、音调、节奏、旋律。嗅觉主要反映事物的气味。味觉反映着事物的酸、甜、苦、辣。触觉主要反映着事物的冷热、干湿、软硬等。

视觉、听觉曾被人称作高级感觉，它们反映事物，不需与事物直接接触，所受的限制就少了一些，反映的范围就大些。据心理学研究，眼睛向深处和广处所观察的空间，远远超出了近距离上起作用的触觉、味觉，也超出了嗅觉的范围。人们所获得的信息，有65%是通过视觉获得的。听觉也比触觉、味觉、嗅觉少受限制，人们从外界获得的信息有 25% 来自听觉。由于它们不直接与实物接触，诱发的常常是人的精神性反应，与人们的理性紧密联系，是一种认识性的感官。因而达·芬奇说："被称为灵魂之窗的眼睛乃是心灵的要道，心灵依靠它才得以最广泛最宏伟地考察大自然的无穷作品。耳朵则居次位，它依靠收听肉眼目击的事物才获得自己的身价。"①嗅觉、味觉、触觉在反映客观事物属性时则必须直接接触客观对象，不用舌头去尝尝，就不知道酸甜苦辣，不用手去摸摸就不知道物的干湿软硬冷热粗糙平滑。它们反映事物的范围相对狭小，由于它们直接接触客观事物，引起的常常是实用或生理性的反映，所以人们把它们称作低级感官。五种感官虽然各司其职，各有特长，但在反映客观事物时又是不可或缺的。心理学证明，失去视觉和听觉的人，如果不借助特殊教育就会感到对象不可理解。如果失去触觉、味觉就会缺乏最直接的感性经验的确证，感到对象似乎是一种虚幻的存在。在观察中，我们总是积极地调动各种感官去感知客观事物，这是因为，客观事物具有多种属性，要正确反映客观事物，就必须综合运用各种感觉器官。例如，我们去观察一个苹果，如果不调动各种感官，就很难全面了解它的大小、形状、颜色、空间位置、香气、滋味、平滑度、硬度、湿度等。因而，观察不仅是看，而是多种分析器的综合活动。

　　观察与思维还有着密切的联系，它是一种"思维的知觉"。一般地看是每一个健全的人乃至动物都有的，但积极的思维只有在观察中才有可能进行。观察着的人，总是思考着的人，他总是试图通过积极的思维活动，去把握事物的特征与本质。柯南道尔在《福尔摩斯探案集》中，也曾借福尔摩斯之口，把观察中的思维活动特别地强调出来。柯南道尔曾写了这么个情节，大侦探与华生第一次见面，就立即说："你是刚从阿富汗回来的。"华生简直惊诧不已，问福尔摩斯是怎么知道的。福尔摩斯回答："由于长久以来的习惯，一系列的思索飞也似地掠过我的脑海，因此，在我得出结论时，竟未察觉出结论的步骤……但是，这是有步骤的……推理的过程是这样的：这位医生具有医务工作者的风度，却是一副军人气概，那么，显而易见他是个军医。他是刚从热带回来，因为他脸色黝黑，但是，从他的皮肤黑白分明来看，并不是原来的皮肤。他面容憔悴，这就说明他是久病初愈而又历尽艰苦，并且臂部负过伤。当时英国只有在阿富汗有战争……自然只有在阿富汗了。这一连串的思想不到一秒钟。"

　　恩格斯说："鹰比人看得远得多，可是人识别东西却远胜于鹰，狗比人具有更敏锐得多的嗅觉，可是它不能辨别在人看来是各种物件的特定标志的嗅味的百分之一。"人之所以比动物更能识别事物，关键它是思考着的。对于观察，尤其是这样。

　　对写作来说，作者的观察又是与词语紧密结合在一起的。词语是观察的工具，没有词语的概括、分解作用，观察所得的印象只是混沌一片。观察与语言的关系，不仅在于观察的结果要通过语言表达。更重要的是，通过语言的有意识的介入，可以使观察更趋充分、精确、深入。从人类个体的发展看，语言对知觉能力的形成、发展起着重要的作用。人类正是通过学习掌握了语言，建立了第二信号系统，才能运用概念进行抽象思维；并通过第二信息系统指挥和支配着第一信号系统的活动，从而使人的知觉充分地发展起来。就某一次具体的观察来说，词语对于知觉对象的理解也有着重要作用。人在观察客观对象时，由于客观对象一般都有其名称、概念、属性，人在观察时不可能置这些概念于完全不顾。当词的联系传递到第一信号系统时，它便唤起第一信号系统的有关联系，使知觉更迅速，印象更完整，认识更完善。它能帮助作者有效地组织感知所获得的感觉、印象。正因为如此，当福楼拜教莫泊桑观

---

① 《芬奇论绘画》，人民美术出版社 1979 年 11 月版，第 21 页。

察时，就要求："当你走过一位坐在他门口的杂货商的面前，一位吸着烟斗的守门人的面前，一个马车站的面前的时候，请你给我画出这个杂货商和这个守门人的姿态，用形象化的手法描绘出他们包藏着道德本性的身体外貌，要使得我不会把他们和其他的杂货商、其他守门人混同起来。还请你只用一句话就让我知道马车站有一匹马和它前前后后五十来匹马是不一样的。""对于所观察的任何事物，都只能用一个名词来称呼，只能用一个动词来表现，只能用一个形容词来描绘，决不能用似是而非的概念和模糊不清的语言来应付搪塞。"很显然，这种要求首先是针对观察而言的。在众多的名词、形容词、动词中选择一个惟一合适的名词、形容词、动词，这本身就标志着观察的不断深入。后来莫泊桑深有体会地说："在世界上没有两粒沙、两个苍蝇、两只牛、两只鼻子是绝对相同的，所以他一定要我用几句话就把一个人或一件事表现得特别分明，并且同其他的人同其他的事物有所不同。"①

二、观察的类型与方法

（一）根据观察对象，可以将观察分为人物观察、环境观察、场面观察

观察对象是包罗万象的，这个划分也只能是相对的。

人物观察是观察的核心。人物观察又可以细分为肖像观察、行动观察、语言观察、心理观察等。作为练习，自然可以单项训练，就观察活动而言，一般是综合进行的。人物观察的中心是人物的性格、思想、感情。作家艾芜曾指出："观察生活要重在人物性格。我们下去时，不要找故事，而是要研究人物的性格。生活是多样的，但研究人物性格是最重要的。"②老舍指出："有些人常说，'我有一肚子故事，就是写不出来'。这是怎么回事呢？你若追问他，那些故事中的人都有什么性格？有哪些特点？他就回答不上来了。他告诉你的尽是一些新闻，一些事情，而没有什么人物。我说，他并没有一肚子故事。尽管生活在工厂里、农村里，身边有许多激动人心的新人新事，可是他没有仔细观察，人与事都从他身边溜走了；他只记下了一些破碎不全的事实。要想把小说、剧本等写好，要先从练习写一个完完整整的人、一件完完整整的事做起。你要仔细观察身边的老王、老李是什么性格，有哪些特点，随时注意，随时记录下来。"③人物观察应该是长期的。因为人本身就是丰富的、复杂的、很不容易把握的。人的性格是一个很复杂的系统，在它的世界里，存在着正与反、肯定与否定、积极与消极、善与恶、美与丑等各种性格力量的相互对立、相互渗透、相互制约。它的表现形态和运动形式是无限丰富的。要善于从外而内地观察。要善于从外在的行动、语言，窥见内心与外在的统一表现——性格。要善于捕捉各式各样能表现人物性格的细节。

环境观察是相对人物观察而言的。环境指围绕人物的一切外在条件，它包括自然环境和社会环境。社会环境是由人与人的活动所形成的情境，包括一定的社会政治背景、风土人情、生活习惯、习俗、城镇街道、乡村农舍、车间厂房、部队营地、医院学校、监狱牢房、文化古迹、家庭陈设等。社会环境的核心是人与人之间的关系。比如，小弟弟只有五岁，既没有到过上海，也没有上过北京，怎样放在广阔的社会背景中去描写他呢？只有放在他与叔叔阿姨老师小朋友的相互关系中，才有可能揭示较广的社会生活背景。社会环境是"自然＋社会"，除了自然界所具有的丰富性，还要加上社会的复杂性。观察社会环境，要善于分析人与

① 莫泊桑：《"小说"》，《文艺理论译丛》1958 年第 3 期。
② 艾芜：《生活·人物·故事》，《谈短篇小说的创作》，解释军文艺出版社 1959 年版。
③ 老舍：《多练基本功》《出口成章》，作家出版社 1964 年版。

人之间的关系，善于分析人物之间的矛盾冲突及其包含的社会内容，善于把握一定社会历史时期总的发展趋势。自然环境主要指人物所在地的自然景色、自然现象，包括日出日落、月缺月圆、风霜雨雪、电闪雷鸣、河流湖泊、高山平川、树木花卉、鸟兽鱼虫等。观察自然环境，一般要讲究观察的位置与角度，讲究观察的精细与准确，挖掘其独特的美学意义。观察自然环境，还要注意揭示自然环境与人的关系。

场面指的是在一定的时间空间里人们进行某项活动的面貌。场面观察不同于人物观察，也不同于环境观察。它限于一定的时间、空间，总是要同时观察着许多人。场面观察既有物，又有人。写好场面，是记叙性文体很重要的一项基本功。场面观察一般要以人为主，以物为辅。在观察人时，既要顾及全体，又要突出重点。同时，场面观察要注意整个场面的气氛，要注意分析特定场面中人与人之间的关系，要注意场面活动的基调和层次。

（二）据观察的性质，可以把观察分为科学观察、实用观察、审美观察

科学观察把对象当作科学认识的对象，它以严密的客观性为宗旨，以知识判断作为感知事物的前提和标准。在科学观察的过程中，主体总是尽一切可能地把主观因素所可能造成的人差影响缩小到最低限度，以期获得一个惟一的、可以反复验证的正确结论。科学观察不管由什么人在什么地方用什么方法，只要它是真正严格的科学观察，对于同一对象只能得出基本一致的观察结果。

实用观察把对象当做一个功利对象，判断事物、感知事物的标准是"它对我有没有用？能作多大用？"它完全以实用功利的观点去观察事物，观察者具有与对象实用性特征对应的目的指向性，在这个基础上所发生的知觉的综合，实际上是对象的诸多实用性方面的特征。正是在这个知觉综合的作用下，才产生观察者对对象使用价值、功利价值的把握。

审美观察以审美的眼光去感知事物。审美感知不仅不排除主观性因素的渗透，而且还强调主体审美情感、审美理想的投入和映照。审美感知的结果不是把主体引向生理实用的满足和纯粹的理性认识，而是把主体引向精神的愉悦和审美。波兰哲学家 R. 英伽登曾以巴黎罗浮宫收藏的希腊大理石雕像维纳斯为例，对审美感知（观察）这种特性作过详细的分析。他认为，如果我们把这尊大理石雕像当做"一块真实的石头"，那么，我们的感官就会准确地感觉这种大理石的许多实在的属性，如鼻梁上的一块污痕、胸脯上的许多粗斑、空穴、水乳等，这种感觉是感官对对象特质实在性的感受。同样，如果我们把这尊石像看作"一个真实的女人"，那么，我们的感官也会准确地感觉到她的断臂而产生某种不快。而当我们把她作为一件艺术品来看时，在知觉中，实际情形是，"我们既不能说自己根本看不到这些残迹，也不能说自己看得一清二楚"，而是在不知觉中"忽略了这块大理石的这种特殊性质，好像根本没有看它们"，而且还"在一种特殊的知觉反映中补充了对象的这些细节，使其在给定的条件下有助于造成审美印象的最佳条件。"[①]从英伽登的分析中可以看出，审美观察不以知识判断、实用功利为目的，它追求的是审美价值。在审美观察中，一方面，客体向主体提供了各种各样的信息，把许多图景印入他的心中；另一方面，主体又把属于自己的东西如情感、愿望、理想乃至气质投射到对象上去，甚至幻化到对象上去。

（三）写作观察

很多人认为，写作观察，特别是作家的观察，主要是审美观察，这其实是不对的。把写作观察等同于审美观察，容易产生一种误解，以为诗人、作家可以不食人间烟火，整天乐陶

① M·李普曼：《当代美学》，光明日报出版社 1986 年版，第 286 页。

陶地去审美。这样做的结果，必然导致作者对生活的一种疏远与隔离。不可否认，我们在写诗歌、写游记时，用的常常是审美观察。如果没有审美的眼睛和耳朵，往往写不好这类文章。但对整个写作活动来说，作者对生活的把握，首先是一种实用的、功利性的观察，其次才是审美观察。这个道理说白了很简单，如果一个作家总是站在现实生活的圈子之外，总是以一个局外人的身份去观察现实生活，不是休戚相关地去感受生活，那么，现实生活总是与他隔着一层，他既不能真实地感受到生活，现实生活也不能真正进入作者的心灵。即便是对现实生活有一点了解，也不深不透。王国维说："诗人对宇宙人生，须入乎其内"，"入乎其内，故能写之"，"入乎其内，故有生气"。王国维说的"入乎其内"，指的就是作者以一个现实的人的身份，去深入生活，感受生活，把握生活。倘若现实人生中的一切喜怒哀乐与我无关，又何能写之？曹雪芹没有自己半生的亲见、亲闻、亲历，又怎么能写出巨著《红楼梦》来？但是写作观察又不能止于实用性、功利性。王国维说："诗人对宇宙人生，须入乎其内，又须出乎其外。入乎其内，故能写之。出乎其外，故能观之。入乎其内，故有生气。出乎其外，故有高致。"[1]诗人观察生活，必须抱着现实生活中的功利目的去感受生活。他应该有一个现实人的喜怒哀乐、切身感受。但他的观察又不能止于此。他必须将自己的观察，迅速升华为一种艺术的观察。而升华的关键，便是由"入乎其内"转入"出乎其外"，由一个利害相关的当事人，转变为一个审美观照的人，抛开患得患失的个人的是非标准，用公正的是非之心，用高尚的审美情趣，去审视、咀嚼、消化自己所感受到的、观察到的生活。当然，这个过程是比较复杂的，常常因人而异，因不同文体的写作而异。对于文学创作来说，这个过程要长点。例如契诃夫谈到自己的创作说："我不能写我当前经历的事，我得离印象远一点才能描写它。"他在意大利旅行时，有人约他写一篇外国题材的小说，他回答说，这样的作品只有回到俄国才能写。他说："我只会凭记忆写东西。"[2]对于新闻、报告文学、调查报告之类的写作，这个过程则要短得多。但无论这个过程是长是短，有一点是共同的，那就是：站在更加客观、全面、更高的理论高度，或是从审美的角度，重新审视、观察这一段生活。例如，我们当年准备高考那一段时间，功课既重，生活又差，尤其是精神压力之大，压得人喘不过气来，真是苦不堪言。当时，我们曾百般地诅咒它，但事隔多少年后，我们也许又会怀念它了，觉得那段时间虽然苦，但过得很充实，有意义，甚至想动笔，写篇文章去歌颂、赞美当年的生活——为什么会产生这样的变化呢？主要是随着时间的推移，我们自觉不自觉地改换了观察事物的角度，由功利相关的当事人，变成了没有直接功利目的的审美者。于是，现实生活便在审美观照之下升华为写作的材料。

对大多数的写作观察来说，其机制是这样的：没有实用、功利性的"入"，对现实生活的把握就会流于一般和肤浅；没有超功利的"出"，观察到的材料便难以进入写作，难以见出深刻与"高致"。对于写作观察来说，必须把两者很好地结合起来。

三、观察的基本要求

对于写作聚材来说，观察是最重要的。不但写作材料大部分要通过它来积累，而且，它还是其他聚材途径、手段的基础。所以人们说，如要写作，首先须学会观察。

观察的基本要求可概括为以下几点：（1）选好角度；（2）掌握思路；（3）开放五官；（4）捉

① 王国维：《人间词话》，人民文学出版社1980年版。
② 《契诃夫论文学给某杂志主编的信》，人民文学出版社1958年版。

住特征；（5）身心投入；（6）深入、细致、全面。

所谓角度，既指空间位置上的角度、时间推移中的角度，如远近高低、阴晴四季等，也指认识上的角度，如文化的、经济的、政治的、道德的，等等，不同的角度往往会给我们带来不同的启示。

所谓思路，指的是观察的顺序。观察不仅要眼观六路，耳听八方，而且要掌握一定的思路。试想，人的眼睛一天要完成十万次的跳动，要是这些跳动是彼此无关的，混乱的，没有组织的，我们就很难获得完整的印象。观察环境，一般要遵循"面—点—面"的思路，首先观察事物全貌，然后观察各个局部，再把局部放到整体中来考察。观察人物，要遵循"表—里—表"的思路，先观察人物的容貌、表情、服饰、言语、举动、生活习惯，进而了解人物的经历、处境、性格、兴趣、爱好，再进一步把握人物的外部特征。观察事物的发展一般要遵循"现在—过去—将来"的思路，把握事物变化的各个层次及其因果关系。寻找事物特征，一般要遵循"此—彼—此"的思路，通过对比发现事物异同。事物总是互相联系的，构成事物的各个因素总是相互影响的。弄清思路，掌握顺序，也就是揭示事物内部或事物之间的联系，由表及里、由此及彼地认识事物。

事物有内部特征也有外部特征。事物的内部特征是十分深刻丰富的，事物的外部特征是极其独特、具体、生动的。捉住特征，既指捉住事物的本质特征，也指捉住事物的外部特征。

§4 聚材的途径：体验

从观察到体验，实际上是对客观事物从外入内的一个认识过程。观察是体验的基础，体验是观察的延续和深入；如果将观察与体验结合起来，通过这双重目的的认识，主体便和客体产生了一种精神交流，从而能在对象的更大底蕴上把握对象。

观察和体验，是作者感知客观事物的两条主要途径。观察看到的，是客观事物外部的形状、外部的特征。体验所"看"到的，是客观事物内部的、内在的丰富性。观察是从事物外部特征去把握和认识事物的本质特征、精神活动，体验则是从事物内部的丰富性出发，去把握事物外在行动和外部特征的内在根据。观察所感知的，是外在的、看得见摸得着的东西。体验所感知的，是内在的、看不见摸不着的东西。只有通过体验，我们对事物的把握才可能真切、深刻。

一、体验的含义与类型

体验是从内在性方面去把握事物，带有心理和生理实践意味的认识事物的方法。作为认识事物的一种方法，体验有两种基本类型：一种是直接体验，一种是间接体验。

直接体验，即身体力行的体验，它的特点是亲身经历直接感受。想知道梨子的滋味吗？不妨亲口尝一尝。想知道劳作之后的腰酸腿痛吗？不妨累死累活地干一天。我们平时说的体验生活，就是从这种意义说的。直接体验主要是通过外部感官和内部感官的感知、记忆、联想等来实现的。例如，我们想体验一下挑六十斤和挑一百斤的感觉，我们把担子逐一挑起来试一试，担子的重量刺激着我们肌肉内的感官，感官把相关的刺激反映到大脑，在大脑皮层留下相应的知觉表象，以后，当我们看到一百斤柴火或六十斤的煤炭，我们便会联想起以前的感觉，唤醒记忆里的有关表象，我们马上就会回想起一百斤或是六十斤的担子压在肩膀上，我们的肩、腰、腿的种种感觉，明白一百斤、六十斤压在肩上是什么样的滋味。

间接体验是一种设身处地的体验。它是作者在观察、把握某一对象时，设身处地地把自己置身于人物的处境，以自己的全部身心，去揣摩人物的思想、性格、情感，把自己化做人物，从而获得对对象的真切的、内在的把握。用作家张天翼的话说，"就是我观察你的时候，完全设身处地地替你想，我不是我，而变成了你"。间接体验主要是通过虚拟性想象实现的。巴尔扎克在小说《法齐诺·加奈》中曾生动地描述他在观察中的体验。他说：

> 有时候，在夜晚十一二点光景，我会遇上一个工人和他的妻子从安古比剧院出来。我就好玩地尾随着他们，从白菜桥大街一直跟到包马晒大街。这对忠厚的人起先总是谈论着他们刚才看到的那出戏，接着东拉西扯，话题就转到他们的家事上去了。母亲一手牵着她的孩子，任孩子们埋怨也好、问东问西也好，她都不瞅不睬；两口子开始计算着他们第二天将赚到多少钱……听着这些人的谈话，我就能深深体会他们的生活。仿佛自己身上就穿着他们那破败不堪的衣服，脚上就穿着他们那双满是窟窿的鞋子，他们的欲望，他们的需要，这些都深入我的心灵，我的心灵与他们的心灵融而为一了。（转引自《西方古典作家谈文艺创作》第 309 页）

巴尔扎克开始仅仅是跟着他们走，听着他们的谈话，看着他们的行动，这是观察。渐渐地，"仿佛自己身上就穿着他们那身破败不堪的衣服，脚下就穿着他们那双满是窟窿的鞋子，他们的欲望，他们的需要，这些都深入我的心灵，我的心灵与他们的心灵融而为一了"，这便是在观察的基础上，并且在观察中进行的体验。很明显，观察中的体验与直接体验是不同的。生活体验，是作者亲自参加某项活动，通过身体力行的实践活动，去获得某种特定的、切身的感受。

观察中的体验是一种间接体验，它通过设身处地的想象去获得特定对象在特定情境下的特定感受。在观察中，作者不妨有他自己的思想、个性。在体验时，他必须把自己的个性、思想、感情暂时撇开，把自己想象成自己的观察对象。他必须把观察对象的利益想象为自己的利益，将他的痛苦想象为自己的痛苦，将他的个性想象为自己的个性，将他的遭遇想象为自己的遭遇。他必须在想象中，真实地、身临其境地把自己置身于观察对象所处的特定环境，他必须在想象中，以观察对象所特有的思想、感情、脾气、个性与感应着他所处的特定环境，以获得观察对象在特定环境中所特有的心理和生理的反应。这种体验，具有一种自我挖掘的性质，巴尔扎克说："就我所知，我的性格最特别，我观察我自己像观察别人一样，我这五尺二寸的身躯，包含一切可能的分歧和矛盾。"

直接体验与间接体验是一对对立统一的矛盾，它们相互支持，相互发挥。

首先，直接体验是获得真切认知的基础。客观事物作用于人体所引起的实际感觉，人物内心深处复杂的情绪情感，在很多情况下，是语言难以传达、无法间接获得的，只有通过直接的、亲身的体验才能留下真切具体的记忆表象。正因为如此，陆游总结他一生的经验告诉他的儿子说："纸上得来终觉浅，绝知此事要躬行。"直接体验同时又是间接体验的基础。朱光潜在《文艺心理学》中曾指出，知觉都是凭以往的经验解释目前事实的。如果不凭自己的经验去推测，人和物的感情是无法了解的。他举例说："我们不知道鼠被猫追捕时的情感，但是记得起自己处危境的恐惧；我们不知道一条线在直立着和横排着的时候有什么不同，但是记得起自己站着和卧着时的分别。以己测物，我们想象到鼠被追的恐怖；同理，我们也想象在直立时和我们站着时一样紧张，在横排时和我们在卧着时一样弛懈安闲。"从这段话可以看到，离开了直接体验的经验，间接体验也不可能进行。

然而，仅仅有直接体验又是不够的。直接体验有它的局限性，它受一定时空、条件的限制。世上三百六十行，我们不能样样都干到，仅仅依靠直接体验而写作，注定要发育不良。间接体验恰恰可以弥补直接体验的不足。我虽然没有"一夜之间成为巨富的经历"，但我可能通过设身处地的想象来体会那难以言传的惊喜。我虽然不是"北京拾煤渣的老婆子"，但我可以通过间接体验来感受她"身受的辛酸"。

间接体验的意义还不仅仅在此。作为写作活动，它本身还表现为一种重要的、创造性的才能。对于写作活动来说，直接体验是基础，但一个人囿于直接体验的樊篱，不敢大胆发挥，大胆创造，是绝不可能写出好作品来的。列夫·托尔斯泰曾指出："我比较强烈地感觉到的，常常不是我实际上所体验到的，而是我所写的以及我和那些被我描写的人物所共同体验到的"。① 我国作家孙犁等人也认为，写作是"把不同时间不同情景下的体验，近于奇妙地结合起来，成为一个新的生活感觉"。②

二、体验的特点

（一）体验是真历性与假想性的统一

用最通俗的话讲，体验就是亲身经验。无论直接体验还是间接体验，都是作家自觉不自觉地创造条件，以进入亲身经历、经验的境界。其间，作者不是旁观者而是亲历者，他或是将特定人物的生活经历、思想感情以自己的名义经历一遍，或是将自己的生活经验、思想感情以人物的名义重演一遍，使自己与对象融为一体，不仅与对象声息相通，情意相应，而且对对象所处的环境也历历在目，从而获得特定人物的真知真觉，真情真感，并作出真切的描写。

体验的这种真切程度，简直到了匪夷所思的地步。福楼拜谈到《包法利夫人》的创作时说："爱玛就是我。描写爱玛·包法利服毒的时候，我自己口里仿佛有了砒霜气味，我自己仿佛服了毒，我一连两天消化不良，当时我连饭都吐了。"③罗曼·罗兰谈到《约翰·克利斯朵夫》的创作时说："请相信我，其中每一卷都使我的头发变白了，我的主人公所经历的一切危机把我震得像他一样——甚至比他更厉害，因为我的身体不如他。"④然而，体验在很多时候又是以假想为前提的。巴尔扎克写《高老头》，写到高老头死去时，他内心难受极了，曾一度昏迷过去。可巴尔扎克毕竟还是巴尔扎克。又如，我们为了体验一个营业员、一个银行家的生活，下到银行、商场一住就是半年，看上去是"同吃、同住、同劳动"，其实多少也带一种扮演性质，常常需要从观察对象的角度出发，去体验一切。所以说，体验是假想性与真历性的统一。它以假想性为手段，以真历性为目的，是二者和谐的统一。

（二）体验是内省性与外察性的统一

体验，从某种意义上说，就是要找到特定对象在特定环境下的感觉，包括生理的和心理的感觉。而这种感觉，又常常是隐秘的，看不见，摸不着，只可意会，不可言传。这就要求作者在体验的时候，要有敏锐、细致的内部知觉，能迅速、具体地感觉和捕捉体验过程中所产

① 《西方古典作家谈文艺创作》，春风文艺出版社 1980 年版，第 534 页。
② 《孙犁文集》第 4 卷，百花文艺出版社 2002 年版，第 183 页。
③ 李健吾：《福楼拜评传》，湖南人民出版社 1981 年版，第 71 页。
④ 《外国名作家传》中册，中国社会科学出版社 1979 年版，第 32 页。

生的心理内容和生理内容。例如，王蒙小说《杂色》中描写主人公曹千里在饿极之下喝了三大碗马奶后的感觉：

　　果然，他的胃一阵痉挛，火辣辣的剧痛，似乎胃正在被搓搓，被浸泡，被拉过来又扯过去，好像他的胃变成了一件待洗的脏背心，先泡在热水里，又泡在碱水里，又泡在洗衣粉溶液里，然后上了搓板搓，上了洗衣石用棒捶打……

　　曹千里挪动了一下身体，他本以为改变一下姿态可以减轻一点痛苦，缓和一下肚内的局势，谁料想刚把身子往左一偏，就觉得许多液体在胃里向左一涌，向左一坠，然后他向右一偏，立即，液体涌向了右方，胃明显地向右一沉。胃变成了若干负荷的口袋了！往后仰一下试试，稍稍好一点，但好像有什么东西压迫着、阻挡着呼吸。往前更不好了，现在只要一个小指头在肚子上压一下马奶就会从口鼻、七窍喷射出来……也就在这个时候，出现了一丝转机，一丝亮光，一丝希望。这是一种轻微的晕眩，一种摇摇摆摆的感觉，从胃里慢慢上移。这和骑在马上饿得发晕时的感觉颇有不同，那时的晕是一种心慌，而这时的晕却是一种安宁的信息，是肠胃痛苦的减轻……

　　这一段对人物内部心理流程和内部感觉的追踪，不管是作者把自己的体验挪用给了笔下人物，还是设身处地的间接体验，没有准确、敏锐的内省力，是绝对写不出来的。

　　体验同时又具有外察性。直接体验离不开观察。作为一种实践活动，作者首先得有实践的时间、空间、对象，离开了对客观事物的感知，就根本谈不上体验。间接体验看上去以虚拟性想象为前提，但是，他要体验特定对象在特定环境下的特定感受，他首先必须对对象有深入的了解，明白他的身份、地位、兴趣、爱好、思想、性格、经历、遭遇；他还得把握对象所处的特定环境，明白他与环境的关系，然后才能在此基础上展开想象。

　　体验的外察性，可以说是体验的基础，任何体验都是在观察的基础上进行的。而体验的内省性则可以说是外察性的延伸，是它把观察导向了深入。

　　（三）体验是主观性与客观性的统一

　　说它是主观的，因为它是有目的、有意识、带有实践意味的生理过程和心理过程。在这一过程中，作者发挥极大的主观能动性，他凭借自己"精神的视线"，深入到对象的精神底蕴之中。他不但理解着对象、把握着对象，同时还在自己的心灵屏幕上出神入化地表现着对象，以达到不知对象之为我、还是我为对象的地步。但体验又不是绝对自由的，它不是随风飘荡的风筝，风把它吹到哪里就飞到哪里，它有一定的客观制约性。作者的体验，既要以客观现实、客观对象为基础，为出发点，同时它又要以现实为依归。客观性是它的基础、规范，一切主观性，只是为了更深入、更具体、更丰富地把握客观，把握客观性。

三、体验的意义与要求

　　体验的意义，首先在于它是沟通主体与对象之间关系的一个重要环节，走进对象必经的途径。茅盾在谈到观察时，曾郑重提出："须要慎防或有意或无意地把自己和被观察的对象对立起来，而后成了旁观者的态度。应当使'我'融合于'人'的生活中，忧人之所忧，乐人之所乐。在生活上，'我'虽然是第三者，但在情绪上，'我'和他们不分彼此。换言之，'观察'

虽然是客观过程，但必须以主观的热情走进被观察的对象。"①

体验在把握对象内在丰富性的方面又是不可替代的。客观世界是无比丰富、无比复杂的，人的内心世界是无比丰富、无比复杂的。外在的东西我们可以通过观察、通过实践去把握。而心头的、精神上的东西，它有时溢于言表，有时候深潜内心深处，幽微莫测，很难用感官、理论技巧去把握，只有通过精神来把握。例如，我们看到一个吝啬的人，有一天突然被一群好朋友拉进了酒馆，非要他请客不可。他若是个狡猾的人，自然有足够的办法来应付，可他生性缺乏心机。他想推辞，又觉得有损面子。倘若忍痛大请一顿，心里又十分难受。在观察中，我们能看到他十分尴尬的神态，能看到他请或是没请，能看到他脸上红一阵白一阵，怎样的言不由衷。可他复杂的内心活动却是无形的、看不见、摸不着的。我们要把握内在的具体的丰富性，只有借助体验，把自己想象为他，置身于他的处境，具体地去体会他那既委屈又心痛，既恼怒又无可奈何的心理，去感受他那耳热心跳很不自在的特定感受。正是在这一点上，历代理论家、作家都强调体验。黑格尔说："艺术家不仅要在世界里看得很多，熟悉外在的现象，而且还要把众多的东西摆在胸中玩味，深刻地被它掌握和感动。"②车尔尼雪夫斯基指出："人类行为的规律，情感的变化，事件的交错，环境和社会关系的影响，我们可以通过仔细的观察而加以研究，但是，如果我们不去研究极其隐秘的心理生理的规律——它们的变化只有在我们（自己）的意识里才能公开地展示在我们的面前——那么，通过观察别人的途径而获得的一切知识，就不能深切确切。"③高尔基则说过一段著名的，为人广泛引用的话："科学工作者在研究牝绵羊的时候，没有必要把自己想象成公绵羊，而文学家作为一个慷慨的好施的人，却必须把自己想象成吝啬鬼，作为一个大公无私的人，却必须感到自己是个自私自利的勒索者，作为一个意志薄弱的人，却必须令人信服地描写意志坚强的人。"④

体验又是写好人物、环境的基本保证。无论什么样的材料，作者必须对它有切身的体验，对它留下深刻难忘的情绪记忆表象，才有可能写得血肉丰满、形象生动。歌德曾说："依靠体验，对我就是一切。"⑤契诃夫说："为了在七百行文字里描写偷马贼，我得随时按他们的方式说话和思考，按他们的心理来感觉。"⑥钱钟书在《管锥编》中指出："史家追述真人实事，每须遥体人情，悬想事势，设身局中，潜心腔内，忖之度之，以揣以摩，庶几人情合理。盖与小说、院本之臆造人物、虚构境地不尽同而可相通。"⑦作家描写人物，不论是什么人物，都需要深入体验每个人的内心生活。他必须从人物特定的角度出发，从人物独特的感觉出发，去寻找人物的情感、意识的合理性和具体性，去体会人物的喜怒哀乐和人之常情，去找到人物所感觉到的氛围、气氛、环境。没有体验，写起来往往就会缺乏一种生动、感人的力量，有时候，虽然详尽地写了人物的服饰、肖像、动作、声音，刻画了他的事迹、形状、习惯、爱好，甚至把他的家庭出身、社会关系、政治面貌也叙述了，但人物总是显得单薄、苍白、干瘪、死板、活不起来，总是少了一点重要的东西，总是缺少人物活的灵魂。

体验的要求，可概括为要真、要细、要深、要广。

① 《中国文化》第 1 卷第 2 期，延安版。
② 黑格尔：《美学》第 1 卷，商务印书馆 1978 版，第 359 页。
③ 《古典文艺理论译丛》第 5 期。
④ 《高尔基论文学》，人民文学出版社 1978 年版。
⑤ 《歌德谈话录》，人民文学出版社 1978 年版。
⑥ 《契诃夫论文学·致苏沃陵》，人民文学出版社 1958 年版。
⑦ 钱钟书：《管锥编》第 1 卷，中华书局 1986 年版，第 164 页。

体验要真。如果不真，也就失去体验最基本的意义。真有两层意思，一是真情实感，一是符合对象的客观实际。体验很多时候是以虚拟性想象为前提展开的，虽然是一种想象，但也要真切如历。如果半心半意、半真半假、半投入半不投入，就会与对象若即若离，貌合神离。体验要符合特定对象在特定环境下的客观实际，符合对象特定的思想感情、性格、遭遇、经历、兴趣、爱好和环境。体验不能把人物想象成自己的样子，而应把自己想象为人物的样子，只有这样，体验才具有创造性的认识作用。

体验要细。体验有人物体验、环境体验等，但大多是对人物内心世界的探幽索微。而人物的内心世界，是最丰富、最复杂的。它充满着矛盾、运动、冲突、危机，有着思维认识的矛盾运动、情感性格的冲突变化，有着其他一些更细致、更微妙的生理、心理细节，生理、心理过程。人的心理流程如同一条河流，时而潜入地底，时而冲决堤岸，时而缓慢凝滞，时而急转直下，时而纡萦曲折，时而一泻千里。它变幻无穷，层次复杂，稍纵即逝。体验时，不能蜻蜓点水，不能浅尝辄止，不能简单化，不能粗轮廓，要尽可能地精细、具体。

体验要深。要从本质上去把握对象，抓住本质的东西。以屠格涅夫创作《木木》为例，《木木》取材于真实的故事，其结果是哑巴安德烈被迫杀死爱犬以后仍留在女农奴主那里，照旧愚忠。然而屠格涅夫从安德烈"爱犬惨死后，他从来没有摸过一条狗"的真实细节出发，体验到"哑巴的心底隐藏着一个永不愈合的创伤"，从而虚构了盖拉新"肩头上扛了一个背包，手里捏着一根长棍，急切地不停步顺着公路向家乡走去"的结局。屠格涅夫的体验正是透过生活现象而深入到事物本质，从而深刻地反映了那个时代被压迫者的痛苦与愤怒的。

体验要广，广即广泛。托尔斯泰曾告诫我们说："千万不要过一种自私自利的生活，而应该深入到一般人的生活中间去。"[①]我们除了努力扩大自己的生活范围，加强自己对社会人生的体验外，还要尽可能地跨越自己原来的个人生活范围，去观察、体验、研究、分析一切人，一切生活现象。一个人如果仅仅局限在个人的生活经验上，是写不出什么好文章的。

§5 聚材的途径：阅读

阅读对于写作的意义，可以说是非同小可的，会写文章的人，没有一个不是能读、善读、读得多的人，我们这里仅从写作聚材来谈阅读。

一、阅读的含义及特点

阅读是一种从书面语言和其他书面符号中获取意义的行为，是读者在感知文章语言符号的基础上，凭借自己已有的知识和经验，通过思维把握文章思想内容的精神活动。阅读是由作者——文本——读者这三者构成的。作者是发出信息的一方，读者是接受信息处理信息的一方，而文本，这个在作者称之为作品，在读者称之为读物的东西，正是信息的载体。在阅读活动中，文本是基础，读者是阅读行为的发动者和操作者，从始至终决定着阅读的目的、任务、方式、效果，他始终处于一个积极主动的地位，成为阅读过程的主体。读物作为认识和把握的对象，只有在阅读展开的过程中才获得意义。阅读具有明显的实践性。阅读不仅是人们能动地认识客观事物的一种精神活动，而且，从特殊的意义上，阅读又是人们能动地改造主观世界的一种物质活动，因为人脑是一种物质存在的形式，阅读正是这种物质形式的一

---

① 列夫·托尔斯泰：《艺术论》，中国人民大学出版社 2005 年版，第 19 页。

种特殊活动。阅读中，人们把读物从一种密码式的符号系列转化为一种具有意义的东西，不仅获得了知识，而且还改造了阅读者本身。阅读同时具有明显的创造性，现代阅读理论强调，一部作品的价值与意义，不只是作者所赋予或作品本身所蕴含的，而且还由于读者在阅读中给予了增添、丰富和再度创造。有的学者已尖锐地指出，阅读是对文本的"瓦解和再构"：在解读过程中，文本所展现的，是作者的视野；读者所持的，是自己的文化视野；解读的结果，是两种视野交叉融合，构成了一种新的视野；另外，阅读的情感体验，一方面依附文本，一方面超出文本，形成了客观经验与主观经验的交互融会。由此可见，阅读不仅是消极的吸收，而且是积极的创造。

二、阅读的类型和方法

（一）阅读的类型

阅读的分类繁多，与聚材密切相关的有积累性阅读、专题性阅读和搜寻性阅读。

积累性阅读是以打基础为目的的阅读。积累性阅读又有狭义广义之分：狭义的积累性阅读，指的是语文学习中以积累感性语言材料为目的的阅读，它一般以经典语言作品为材料，强调精读和熟读，强调字句篇章的理解与记忆。广义的积累性阅读泛指一切知识和文化心理积累阶段的阅读，它的阅读方式多种多样，可以是不确定阅读材料的自由阅读，也可以是有选择的阅读，可以是紧密结合自己写作、学习、生活的阅读，也可以有针对性地积累与自己专业有关的专业知识。积累性阅读几乎包括了全部基础的阅读技能，它强调基础知识的积累，强调通过熟读熟记来进行字句篇章及社会科学、自然科学基础知识的积累，有时候，它也强调通过浏览来扩大自己的知识面。

专题性阅读是一种以一定课题为中心、多部或多篇作品相互参照的综合性阅读。一般指为论文写作搜集和整理材料所进行的、有特殊要求的阅读。专题性阅读的最突出的特点就是它的选择性。由于它的目的非常明确，目标常常限制在一个不太大的范围内，读者在阅读中，总是淘汰那些不重要的部分，只挑选有关的内容来读。它的第二个特点是客观性，它必须依据课题的需要尽可能全面、详尽、准确、客观地获得所需要的知识，不允许主观任意的取舍，有时甚至要采取"竭泽而渔"的笨办法，围绕一个课题，阅读占有迄今为止的全部材料。专题性阅读的第三个特点是它的综合性，它通常将不同著作中的相关部分联系起来作对比研究，从而得出某种结论。专题性阅读不同于积累性阅读。积累性阅读以知识获得作为阅读的终点，而专题性阅读把知识当做进一步思考的起点。

搜寻性阅读是为了查找某一方面的资料而进行的阅读。它一般不通读整部著作。它通过快速的浏览和跳读，寻找自己所需要的材料。

（二）阅读的方法

搜集资料的阅读主要通过浏览和跳读实现。

浏览是大略地看，泛泛地看。它具有随意性，可以扫描式的，一目十行，迅速通读全文或全书，也可以随便翻翻书名、目录、标题、插图。它不求甚解，只要大致了解读物就行了。浏览作为一种阅读方法，通常是从以下三个方面去了解读物的：（1）推敲篇名，通过琢磨篇名（包括书名），初步了解文章的基本观点、论述范围、主要内容。（2）浏览序言、目录、提要、索引等。自序常常说明了著作的宗旨、撰写经过、编写体例，有时还简要阐述了书中的重点、难点。他序常常对作者、作品作了介绍和评论，或对书中的观点作了引申和发挥，浏览序言可以了解书中的内容。目录是全书的纲要，从目录、章节的大小标题中，可以了解到全书涉及了哪些问题，大致把握全书的轮廓。内容提要是有关读物内容和特点的简介，从中可以了解全书的内容和特点。索引一般作为附录出现，从中可以了解全书的主要资料来源。(3)浏览正文的开头部分、中间部分、结尾部分。开头部分作为文章的"引子"，作者在这部分提出了论题、论点、意义、目的等，了解这些有助于对后面内容的判断。结尾部分，作者往往简明扼要地总结了全书论述的问题。浏览正文的部分章节，可以看出作者论述的深入程度和精彩程度。三个部分对照起来，一般能获得比较全面的印象。浏览的速度快，浏览比泛读更节省时间。在一定时间要使用许多书而又不能把它一一细读的情况下，可泛泛浏览一遍。阅读与自己专业无关的书，通常也是泛泛地浏览一遍。

在阅读中，把不太重要的句子一扫而过，把不太重要的章节一下子翻过去，甚至把无用处的部分一下子跳过去，这就是跳读。跳读又可分以下几种：(1)以标题、重点语、图表为主要对象的跳读。书大都列有章节标题，有的书还以黑体字突出定义、结论等，有的书还在每章前后用方框框出要点……这些地方往往是全书、全章、全节的主旨所在。通过跳读把这些重点连贯起来，就构成了这本书的"浓缩本"。(2)以首尾句为主要对象的跳读，只读每个自然段的第一句和最末一句。一般说来，以说明、议论为主的科学著作，每段的首句往往是提纲挈领的一句，末句是承上启下的一句，中间则是推理、补充、例子之类。运用首尾句跳读，一般可以迅速抓住全书发展的思路。(3)以中心词为主要阅读对象的跳读，即只读与自己需要有关的，同特定主题有关的词语，而略去其他词语。这种跳读往往用于查找资料。(4)以语法词为主要对象的跳读，全力贯注于句中的结构词(如连词)，段落中的结构词(如"由此可见"等)，根据这些词来探寻有意义的句段，把握文章的文理脉络。(5)随意跳读，完全根据自己的兴趣和思路寻找阅读的注意点，它主要用于寻找资料。

以上这些跳读方法，常常是混合在一起使用的，并且往往与其他读法结合起来。例如，在跳读中间，发现跳读到书的后半部已经不太好理解了，就可以暂停一下，把前面的关键章节细读一下。或一边跳读，一边做记号，读完之后把作了记号的要点抄录下来，看看要点之间有什么内在联系，然后再进行必要的补读。

从形式上说，跳读是读一部分舍一部分，从本质上探究，是一种"提要钩玄"。合理的跳读，不但不是漏掉要点的阅读，而且是一种为了更好地、从整体上把握全书要点的阅读。因为任何一种跳读，都强调抓住读物的中心词、关键词、重点句，而这些中心词、关键词、重点句，正好体现了文章的要点和章节之间的内在联系。

三、文献检索的方法

就写作聚材而言，总免不了要查阅有关的资料。到哪里去查阅，怎么查阅，当然可以请教有关的专家、内行；如果没有人请教，也就只能靠自己去查了。因此，要做好阅读聚材的工作，还要掌握文献检索的基本技能。

文献检索的工具有目录、索引和文摘。

目录有国家书目、馆藏书目、专题文献书目、个人著述及研究书目、书目的书目。索引有篇目索引、内容索引。文摘有报道性文摘、指示性文摘。

文献检索的基本步骤是这样的：(1)明确查找的目的与要求；(2)确定检索工具；(3)确定检索的途径与方法；(4)根据线索查阅原始文献。

检索文献的基本途径有形式途径(书名、篇名、著作、序号等途径)、内容途径(包括分类途径、主题途径等)。我们应熟悉文献检索的工具和途径，逐步掌握文献检索的方法。

§6 聚材的核心：感受

"感受"这个词既可用作动词也可用作名词。用作动词，指全身心地去接受、感应事物。用作名词，指客观事物作用于我们，我们生理、心理上所产生的种种生理、心理活动。

在写作聚材中，感受是非常重要的，客观事物摆在我们面前，如果没有生动具体的深刻的感受，它还不是对象。而强烈的感受性，则是作者重要的才能之一。

在现实生活中，各人感受客观事物的特点常常是不同的：有的人感受敏捷，有的人感受迟钝；有的人感受深刻，有的人感受肤浅；有的人感受丰富，有的人感受贫乏；有的人善于依靠语言，从理性上去感受客观事物，有的人善于依靠形象，从情感上去感受生活；有的人以感受外部重大事件见长，有的以善于感受日常平凡细小的事物见长……这些个性差异，构成了感受力的强弱高低和感受的不同特点。

感受力的强弱高低主要体现在以下几个方面：（1）感受的敏锐性，不同主体对同一事物或不同事物的反应常常是不同的，有的人感受敏锐，并能迅速捕捉住自己的感受，有的却反应迟钝，捕捉不住自己的感受。（2）感受的独特性，独特的感受，非但不重复别人，也不会重复自己，而感受力不强的人则难免人云亦云，显得平庸、一般。（3）感受的丰富性，"诗人感物，联类不穷，""既随物而婉转，亦与心而徘徊"——这里说的就是诗人感受的丰富性，它不是局限在某一点上，不是空白的、干瘪的，而是具体的、无穷的。感受力强的人，感受丰富，而感受力低的人，他的感受则常常显得贫乏、拘束。（4）感受的深刻性，同是感受着某一事物，有的感受深刻，能够深刻反映和把握事物的本质，有的感受肤浅，只能蜻蜓点水似的停留在事物表面上，不同层次的感受反映出感受力的强弱高低。（5）感受的强烈性，在感受过程中，有的感受强烈，"影响所及，全部思想机能和神经机能都受到震动"。[①] 有的却像隔靴搔痒，不痛不痒。感受的强弱不同也常常反映了主体感受力的高低。

感受的核心是客观事物引起的作者主观上的波动、情感，作者赞成什么，反对什么，关心什么，不关心什么，喜欢什么，不喜欢什么，爱什么，恨什么……很自然地制约着主体的感受。对某一事件十分关注，他的感受相对说来就比较深刻，对某些事漠不关心，最动人的事情擦肩而过也会无动于衷。对事物抱有成见、偏见，引起的往往是否定性的感受，对事物热爱、喜欢，引起的往往是肯定性的感受。作者的思想深刻，感受往往会深刻。作者的思想肤浅，感受往往肤浅……作者的思想、倾向、情感、情绪就像一个温床，一切感受之苗，都要从这里生长、发芽，它很自然地影响和制约着作者的感受。试看泰戈尔的《花的学校》：

> 当雷云在天上轰响，六月的阵雨落下的时候，湿润的东风走过荒野，在竹林中吹着口笛，于是一群一群的花从无人知道的地方突然跑出来，在绿草上狂欢地跳着舞。
> 妈妈，我真的觉得那群花朵是在地下的学校里上学。他们关了门做功课，如果他们想在散学以前出来游戏，他们的老师是要罚他们站壁角的。雨一来，他们便放假了。

新奇亲切的想象，出自作者独特的感受，只有与宇宙生命共同生活的人，只有保持了一颗纯真的童心的人，才会有如此亲切的感受。一个冷漠乏味的人，不可能有这样的感受。

---

① 丹纳：《艺术哲学》，天津社会科学出版社 2004 年版。

作者的阅历也影响和制约着他的感受。不同的阅历有着不同的人生体验，不同的人生体验对客观事物产生不同的感受。面对的同是菊花，由于生活经历不同，陶渊明、李清照、杨万里的感受就截然不同。陶渊明痛恨官场的腐朽、黑暗，向往着纯朴、静美的田园生活。他从腐朽、黑暗的官场抽身出来，投入到向往已久的大自然的怀抱，所感到的是"久在樊笼里，复得返自然"的自然之美，因而他有"采菊东篱下，悠然见南山"之叹。李清照早年生活优裕，和丈夫一起过着美满幸福的日子，南渡之后，丈夫逝世，国破家亡，她饱受离乱、贫困、孤单之苦，早年幸福美满的生活与晚年离乱漂流的寂苦在她心中刻下了永远也难愈合的创伤。面对菊花百感交集，她自然就唱出了"满地黄花堆积，憔悴损，如今有谁堪摘"之声。穷途潦倒的诗人杨万里，他对郊外的野菊和青苔却另有一番感慨："野菊荒苔各铸铁，金黄铜绿两争妍。天公支与穷诗客，只买清愁不买田。"

比较一下毛泽东与陆游的《卜算子·咏梅》，也很能说明阅历对感受的影响。我们先看陆游的《卜算子·咏梅》："驿外断桥边，寂寞开无主，已是黄昏独自愁，更著风和雨。无意苦争春，一任群芳妒，零落成泥碾作尘，只有香如故。"驿外断桥边寂寞开放的梅花，成了备受打击、排挤，终生失意而又矢志恢复中原的诗人形象。同样是梅花，毛泽东的感受却截然不同："风雨送春归，飞雪迎春到，已是悬崖百丈冰，犹有花枝俏。俏也不争春，只把春来报，待到山花烂漫时，她在丛中笑。"这样的感受，不仅来自伟大的胸襟和抱负，也出于作者在长期斗争中树立的必胜信念。

对事物的理解、认识（知识）的程度也影响着作者的感受。京剧表演艺术家梅兰芳在《谈杜丽娘》一文中曾讲到他学演《牡丹亭》中"游园""惊梦"的经验。刚开始，觉得戏里的曲子好听和身段好看，但限于文化水平，他对汤显祖所写的那些唱词和宾白不能全部理解。后来，他请人逐字逐句讲解了唱词、宾白，加上自己反复玩味，才渐渐领会了唱词，并对女主角杜丽娘的思想性格有了较好的理解："她生在生活优裕的家庭里，父母对她十分钟爱，她是美丽而且淹通诗书的才女，她希望有一位品貌兼优的书生而又是能够理解她的人作为终身伴侣，同时她也知道父母对女儿的婚姻大事是不会草草的，但是理想的人是可遇而不可求的，因而有着寂寞、空虚、彷徨、抑郁的心情，不免游春伤感。"在读懂唱词宾白和正确理解人物思想的基础上，梅兰芳才深刻地感受到"游园"一出戏中"良辰美景"在杜丽娘感情深处引起的触动特别具有尖锐性："作者把环境写得越美越显得杜丽娘在'惊梦'里奔放了的内在情感更有力量。"从梅兰芳这段经验之谈看，对事物的理解、认识（知识），是直接关系到主体的感受的。对事物所知甚少，作者的感受就难免肤浅一般。对事物所知甚多，感受相对说来就不同一般。

作者的兴趣、修养也影响着作者的感受。1981年，作家冯骥才去北京开中篇小说授奖会，在车上看到一对夫妻，丈夫个子很矮，妻子个子很高。由于这违反了习惯常规，全车厢人都侧目而视，觉得别扭。但这两个人相敬如宾，虽然在旅途中，也显得那么情深意长。这两个人之间这种诚挚深厚的情感，把全车厢的人都说服了，原来看着他们觉得别扭，后来都觉得顺眼，而且越来越觉得他们合适。冯骥才对这件事感触很深，到北京后把这件事告诉了王蒙，并据此写成了短篇小说《矮个子丈夫与高女人》。王蒙看到这篇小说以后深有感触地说："他的故事同样触动了我，我曾想过，如果是我，我也许会如实地记述这么一件事……我会相当尖酸刻薄地挖苦一下我们的好管闲事、好干涉旁人的私生活的同胞。看到一个高个子女人和一个矮个丈夫在一起就如坐针毡，这只能说明不安者的野蛮，讽刺一下这种野蛮，不是没有现实意义的，但同时我要写爱情本身的说服力，它的启迪人、教育人、改变人的野蛮心理的力量，这也就是美的力量，美战胜野蛮，这将是我这篇小说的主题。应该说，我与他的思路不是没有接近的地方，但他的构思出乎我意料，与我遐想完全不同。除了其他原因以外，我想，第一，他比我更年轻，更温存，更富有某种伤感的气质。第二，他是画家，善于构想和写出一种非常鲜明的，也许是惊心动魄的视觉形象。而这是我所最不擅长的，与画面相比，我宁愿写音响、旋律、节奏。与肖像相比，我宁愿写人的扑朔迷离的内心。"①

　　作者的先天禀赋对感受力也有影响。别林斯基曾这样论述过："诗人本身是什么样的人呢？——他是一种富有感受的、易受刺激的、永远积极活跃的有机体，只要和外界稍微接触一下，就会迸发出电火来，他比别人承担更多苦难，享受更多欢乐，爱得更火热，恨得更强烈；总之，富有更深刻的感受……"②据现代心理学研究，艺术家几乎无一例外的是一些感受特别强烈的人，他们的神经系统的感觉区对外界的刺激特别敏感，具有超出常人的特殊敏感性和反映性，他们的感情特别丰富，一般人感觉淡漠或认为不过尔尔的事情，在他们身上，往往会掀起感情的巨澜。例如，杰克·伦敦在他的自传性小说《马丁·伊登》中，曾描述即将成为作家的主人公的内心：

　　　　他这肌肉发达的身子里，是一团打着哆嗦的、感觉敏锐的神经，哪怕外界对他的知觉稍微一碰，他的思想、感觉和情绪就会像明灭不定的火焰似的跳动、摇曳起来。

我国作家叶文玲也曾这样谈过自己：

　　　　有人说通过血型能断定一个人的气质。至今，我还没有化验过血型，不知自己是 A型、B 型、O 型还是 AB 型，更无法断定自己属于胆汁型还是黏液型，但有一点我有自知之明：敏感而多愁善感，是我从小就有的毛病，泪窝子也好像特别浅，别人看得很平淡的事，我却常常为之动情。记得看电影《红楼梦》时，我曾不止一次掏手绢，而第一次冒出泪花，就是黛玉进府时唱的两句："记住了，不可多说一句话，不可多行一步路……"在编者，这是这个高洁少女此时复杂的心情和今后多舛的命运的写照和初次展示，似乎还不到哭的时候；可是，这两句重复的"不可"，配上那一声洞箫，却引得我凄然泪下……

　　　　看电影《蝴蝶梦》，连看两遍，虽然记不清人物许多对话，但其中的一个细节和女主人公的一句话却教我再也忘不了。德文特夫人来到曼德林，来到她敬慕的丈夫的家，进入豪华的大厅时，因地板过分光洁而差点跌倒，惶惑已极的德文特夫人慌忙向路过的管家怯生生地申辩："啊，我滑了一下！"……看到这里，我的鼻子竟异常地酸了起来……我总是对这种别人也许认为微不足道的细微末节十分动心，上心而刻骨铭心，这一点我是积习已久的！不光是生活中的苦难和不幸特别引我动情，人性中美好、善良、朴素和真诚的东西尤其能拨动我的心弦。生活是创作的源泉，但作家的素质却决定了他(她)对生活的感应和取舍。（叶文玲：《艺术创作的视角》，百花文艺出版社 1985 年版，第26 页。）

---

① 《王蒙谈创作》，中国文艺联合出版公司 1983 年版，第 58 页。
② 《别林斯基选集》第 2 卷，上海译文出版社 1979 年版，第 330 页。

杰克·伦敦对作家内心的描绘和叶文玲关于自己内在感受的表述，虽然涉及到影响感受的其他原因，但我们还是不难看出，作者的禀赋是影响作者感受的一个重要的因素。

感受的核心是一个"情"字，它形象地说明了作家是以整个心灵去感应社会生活的，离开了情感和情绪的作用，就谈不上感受。我们平时说的"写作材料"，实际包含了两个方面的内容：一是偏重客观存在的各式各样的客观材料；一是偏重主观认识的各种各样的认识和感受。这两个方面的内容，都是不可忽视的：偏重作者主观方面的认识、感受，是材料积累的"核心"，有了这个"核心"，其他方面的材料才能"活"起来，才能形成作者的写作冲动，进入下一步的写作。否则，其他材料都将是松散无序而没有凝聚力的。而偏重客观世界的种种材料，则是形成和表现作者认识的基石，没有这个基石，作者的认识和感受既无法形成，所写的文章也没有说服力和感染力。就这一点看，感受比观察重要。

前苏联作家爱伦堡说："如果作家的艺术在于善于观察人，那么医生和侦察员、教员和列车员、党委会的书记和统帅就是最优秀的作家了。但是并非如此。因为作家的艺术在于善于观察自己。"①高尔基1912年写信给斯坦尼斯拉夫斯基说："我确信，每一个人都有艺术家的禀赋；在更细心地对待自己的感觉和思想的条件下，这些禀赋是可以发展的，摆在人人面前的任务是我自己，找到自己对生活、对人的、对既定事实的主观态度，把这种态度体现在自己的形式中、自己的字句中。"当代诗人雁翼也指出："诗人的一生，是获取感受和处理感受的一生。诗人的全部工作，是如何接受感受和处理感受。"②

一、感受的含义

就材料的积累来说，所谓感受，指的是由"感"而生发的"想"，由"感"而生发的"情"，以及在"感"和"情"作用之下对客观事物的主观把握。它不是初始的知觉，不是客观事物的"复写"。它是在感知、观察之上形成的一种复杂的心理活动，它超越了原始的、生理的和物理的层面，带上了作者鲜明、独特的主观色彩，是客观事物所引起的精神反映，是主体对对象的情感性把握。感受是不同于一般的感知的。一般的感知，是作者对外界各种客观现象。如形、色、音响、气味、滋味、冷暖、干湿的感知，它侧重于客观方面，着眼于客体的具体形象和本质，侧重于对象。而感受，是在感知、观察上形成的一种较为复杂的心理活动，侧重于作者主观方面，侧重于作者的感情层次、感情变化和对事物的主观评价，侧重于主观的情，它超越了原始的、生理的和物理的层面。具体说来，感受包括以下的内容：

（一）对客观事物的主观把握

如斯诺在《西行漫记》中对周恩来的描写：

> 他个子清瘦，中等身材，骨骼小而结实，尽管胡子又长又黑，外表仍不脱孩子气，又大又深的眼睛富于热情。他确乎有一种吸引力，似乎是羞怯、个人魅力和领袖的自信的奇怪混合的产物。

对周恩来外貌、身材的描写，停留在一般客观的层面，还属一般的感知、观察，后面对周恩来的主观评价，则属我们说的感受了。

---

① 爱伦堡：《人·岁月·生活》，花城出版社1991版，第2卷，第64页。
② 雁翼：《珍惜感受吧，那是诗人惟一的财富》。

（二）作者在情感作用下所产生的关于外物的幻觉

如残雪在《山上的小屋》中写道："我"从窗上看到被人用手捅出数不清的洞眼；"我"感到父亲格外沉重的鼾声使瓶瓶罐罐从碗柜里跳起来；"我"看见小妹的眼睛竟然一只变成了绿色；"我"感到母亲盯着我的眼神竟使"我"的头皮发麻并肿起来。作者对日常庸俗、丑陋的事物异常厌恶，在这种强烈的感情作用下，作者的感觉和知觉发生变异，超越了原始的、生理和物理的层面，形成自己独特的感受。

（三）作者在外物作用下所产生的联想、想象

如张抗抗在《小说创作与艺术知觉》一文中谈到的：

> 我在西双版纳温暖如春的密林里，曾感到时间好像在这里凝固了。我在夜晚的景山顶上，看到北京城灯火辉煌，街道怀抱中的黑沉沉的长方形的紫禁城，曾感到像是一块几千里封建皇权的化石，我在欣赏一幅江南春雨的水彩画时，感到自己也像是被淋湿了。我在一次痛苦的选择中，感到周围世界像一堵高墙，虽然到处是门，门上却布满铁锁……

这些独特的感受是外物作用之下的联想、想象。

（四）在外物作用下所产生的独特的内心活动

张洁在《白玉兰》中写她第一次见到白玉兰，首先心中油然产生一种高兴，但是"高兴之余，不知道为什么有点幽怨，好像难得地遇见了一位可爱的朋友，遗憾着为什么没有早点儿认识她。活到这一把年纪，才知道有这么美的花，我有点可怜自己，我的心情忽然变得暗淡"。作者看到白玉兰先是高兴，继是幽怨，感叹着相见的迟暮，这一段内心活动，正渗透着作者独特的人生感悟。

（五）在外物作用下的情感体验

如冰心在《往事二之六》中所写：

> 乡愁麻痹到全身，我掠着头发，发上掠到了乡愁；我捏着指尖，指上捏着了乡愁。是实实在在的躯壳上感着的苦痛，不是灵魂上浮泛流动的悲哀……痛定思痛，我觉悟了明月为何千万年来，伤了无数的客心！静夜的无限光明之中，将四围衬映得清晰浮动，使她彻底的知道，一身不是梦，是明明白白的去国客游。一切离愁别恨，都不是淡荡的，犹疑的；是分明的，真切的，急如束湿的……

又如散文《有一个小镇》，写"我"与二秃子的一段交往。二秃子是个孤儿，因为是秃子，三十好几的人了，还孑然一身。他忠厚老实，十分厚道，当要他为"我"这个大城市下放的大姑娘理发时：

> （我）只得横下一条心，硬着头皮坐上二秃子家那张绝无仅有陈年旧月的破理发椅。我把双眼闭得铁紧，大有要被送上断头台之势。连我自己都不晓得是怎样强撑着捱过那段难捱的时刻的。我只觉得，二秃子的手非常轻，还轻轻颤抖。当大表婶告诉我剪好了，叫我睁开眼时，我见到可怜的癞痢头正擦着满头的大汗呢……

这类描写，着重描写了作者在外物作用下所引起的内在情感体验，描述了作者内在的情感体验，是作者身感心受的感受。

由上可见，感受，是客观事物所引起的作者的精神性反应，是主体对对象情感性的把握，是主体对客观信息的选择和同化。感受虽然因物而起，但它带有很大的主观性，它不是客观实体的外在的复写，而是主体对对象能动地、动情地反应与把握。

二、感受的类型

(一)感知型感受和感想型感受

在具体的感受中，作者既可以侧重于把握和评价客观对象，也可以偏重于主观情感的抒发。试看下面两段描写：

> 一个金红色的圆边冒出来，世界变得清晰了；那圆边升腾着、扩展着，变成大半个金色的圆；于是，大海被煮沸了，火球在升腾，她要剥离和跳出大海的母体，飞向广阔的天穹。大海母亲恋恋不舍地拥着这个刚刚分娩的婴儿不放，于是这金红色的圆球的下半部被拉长了，变形，像一个巨大的、站立着的金卵。最后的粘连剥离了，那伸长的下体渐渐收拢，脱离了母体，腾地跳向空中，骤然射出万道金光。（邓刚《迷人的海》）

感到太阳"腾地跳向空中"，这是作者独特的感受，属偏重于对客观对象的把握。再看：

> 黄河之水天上来，奔流到海不复回！君不见，高堂明镜悲白发，朝如青丝暮如雪！（李白《将进酒》）

这里，作者表述了他对黄河之水天上来的空间知觉和对人生易老的时间知觉，属偏重于主观情感的感想型感受。

(二)投射型感受和感应型感受

感受是一个心物交流的过程，在心物相应交流、相互作用的过程中，或是情因物起，物以情观；或是移情于物，物我一体，心物交流的流程是不一致的。作者心有所思、情有所注，遇到客观事物，心有所动，以我观物，以情观物，这属投射型感受，如鲁迅的《秋夜》：

> 我不知道那些花草真叫什么名字，人们叫他们什么名字。我记得有一种开过极细小的粉红花，现在还开着，但是更极细小了，她们在冷的夜气中，瑟缩地做梦，梦见春的到来，梦见秋的到来，梦见瘦的诗人将眼泪擦在她最末的花瓣上，告诉她秋虽然来，冬虽然来，而此后接着还是春，蝴蝶乱飞，蜜蜂都唱起春词来了。她于是一笑，虽然颜色冻得红惨惨地，仍然瑟缩着。

这里对小花草的描写，完全是作者平时所积累的思想感情的外射，属投射型感受。再看下段：

> 有着红色太阳和红色太阳光线的日本国旗，在吴淞的尸体之上飘动着。中国人在退走之前，他们将炸药放在军火的贮藏室，塞进大炮的装置中，把机钮一按，一个地震埋

掉了炮台。现在,许多弯曲的、残缺不全的大炮钢管留在那里。日本旗帜上的太阳像是一个圆的创伤,从那上面,鲜血向四周流出。(基希《秘密的中国·吴淞废墟》)

看到日本旗帜,感到日本旗帜上的太阳像一个圆的创伤,鲜血向四周流出,作者独特、深刻的感受,完全是日军烧杀掠抢的侵略行为所引起的,属于因物起情的感应型感受。

(三)审美感受和日常感受

作者对待事物时,态度有所不同,有时,作者"置身局内","生息相关"。有时,作者又可以"超然物外","不计利害"。由于作者审视客观事物的态度不同,常常可以获得不同感受。瑞士学者布洛(1880~1934)在《作为一个艺术中的因素与美学原理的"心理距离"》一文中,曾举例说明了感受的这种差异性。他指出:

> 人们乘船在大海航行,遇到漫天大雾,乘客们都感到心神不安,因为呼吸困难,路程被耽搁,而水手们惊恐紧张的行动,警钟的响起,周围的一片喧闹,更加剧了航船随时出现撞坏沉没的危险气氛。但是,如果换上另一种态度,浓雾却是一幅绝妙的美景。你暂时且不去看实际上的不舒畅,它耽搁的航程,你且去看看这种现象:四周是轻烟似的纱幕,一切事物若隐若现,弥漫在四周的空气像是有着不寻常的浮力,你仿佛一伸手就可以捉摸到跃在半空的美人鱼。你如果此刻留意一下那奶油一般的平滑的水面,你就觉得自己似乎是遗世独立,安享着脱离人间烟火的宁静。

同样是海雾,人们可获得两种决然不同的感受:或是恐惧,或是安宁。感受的差异完全由于审视事物的态度不同。审美感受,它不挟实用、功利的目的。日常感受,往往渗透着功利、实用的目的,而朱光潜在《文艺心理学》中曾谈到:"一个海边农夫当别人称赞他的门前海景美时,常会羞涩地转过身来指着屋后的菜园说:门前虽然没有什么可看的,屋后这一园菜地却还不差。"——农夫听到别人夸奖他门前海洋的美丽而不注意他的菜地,从而产生一种羞愧的内心感受,这种感受完全就是从功利、实用的目的出发的。

三、感受在写作中的作用

(一)感受是将客观化生活转化为心灵化生活的重要环节

写作是一种创造性的精神劳动,它不是机械地、简单地摹写生活,而是积极地、能动地反映生活。要能动地反映生活,作者必须全身心地投入生活,感应生活,将生活心灵化。作者对于客观事物的感知,只有突破原始的、生理的、物理的层次,才有可能真正认识生活、把握生活。说感受是将客观生活转化为心灵化生活的重要环节,就在于"它比较恰当地说明了作者接受客观事物不是冷静的,而是动情的。就是说,作者大脑这片土地,是通过感情来接受社会现实生活的'耕种的'。"[1]"没有所感,就成了单纯的记录"。[2]

(二)感受为写作积累素材

要写好文章,必须对现实生活有深切的感受。清代诗人沈德潜说:"胸无感触,漫尔抒

---

① 雁翼:《生活感受与创作》。
② 邓拓语,转引自林帆《杂文与杂文写作》,福建人民出版社1985年版。

词，纵办风华，枵然无有。"①雁翼谈到自己的体会时也指出："一个从事文学创作的人，他可能接触了、了解了许许多多的生活材料，但只有那些对他感受最深的才有用。记在记录本上的材料，如果没有在他的大脑中留下感受，往往没有用处。"②写作实际确实也是这样，对生活缺乏感受，常常会感到没有东西可写，无从动笔；即算勉强敷衍成篇，也没有真情实感，缺乏血肉，缺乏生气，缺乏感人的力量。因为，没有感受，纯粹客观的材料还不构成写作的材料；没有感受，生活只不过是一个存在发展着的客观实体，还没有进入写作过程。

（三）感受往往引发写作冲动

写作冲动是写作主体在各种因素作用之下所产生的一种不可遏止的勃发性的情感冲动，它促使写作主体实施写作行为。而感受，往往是引发写作冲动的因素。可以说，写作往往是因感受而起的。毛泽东读《人民日报》，看到余江县消灭了血吸虫的消息，立刻"浮想联翩，夜不能寐"，写下了著名的七律《送瘟神》二首——这是感受直接引发的写作冲动。托尔斯泰躺在沙发上午憩，忽然，在他面前出现了安娜。托尔斯泰说："她好像用她那忧郁的目光恳求式地凝望着我。幻想消失了，但我已经不能再摆脱这个印象，它白天黑夜追逐着我，我应该想办法把它体现出来，《安娜·卡列尼娜》就是这么开始的。"③——这是感受长期积累所引发的创作冲动，托尔斯泰在产生创作冲动之前，曾耳闻目睹了许多类似安娜的妇女的生活经历，其中尤其是一个叫比比可娃的女人，因为和丈夫争吵，卧轨自杀，托尔斯泰曾赶到出事地点，目睹了这幕悲惨景象，内心非常激动。内心的感受经过积累，孕育，终于产生了《安娜·卡列尼娜》的创作冲动。在写作活动中，当生活现象和客观事物作用于主体时，其信息沿着传入神经进入脑中枢，其刺激能量产生的脑电波，一部分直接产生主体的感觉和知觉，一部分旁及作者的情感记忆，形成作者的生活积累，引发作者强烈的情感体验，这时，就极易产生强烈的创作冲动。

（四）写作往往就表现为感受发生、发展、深化、组合的动态过程

从某种意义上说，写作的过程，就是感受不断深化的过程。作者在现实生活中，为某一事物打动了，捕捉到了某一深刻、独特的感受，这个感受往往就成了某篇文章的内核，甚至奠定了整个作品的基调，这就是感受的发生。

严格地说，主体发生感受时，对事物的扬弃也就悄悄开始了：作者为什么对这一事物有感受而对其他事物没有感受？作者为什么特别注重这一感受而忽略了其他感受？这是作者在感受发生时所进行的有意无意的选择、扬弃。但是，从写作实践看，仅有这样的筛选与扬弃还是不够的。作者获得独特的感受后，往往要将这感受放在心里，加以反复、仔细的咀嚼，要将它充分地酝酿、发酵、升华。这就是感受的孕育、深化。作者在孕育、深化这一感受的过程中，往往要调动自己有关的积累，将这一感受强调出来、丰富起来，这就是感受的组合。这个过程，联系作家创作实践看，就很明确。

1951年秋天的一个傍晚，冰心从日本回国。正当她准备登船的时候，她看见离船不远的水面上，漂着一只木屐。"这本是件小事，但是我总是忘不了"，她最初的感受，就在这一刻发生了。冰心获得这一感受后，内心非常激动，想把自己的感受写出来，但几次动笔，却写不下去——作者弄不明白，自己为什么对这个东西念念不忘，她抓不住中心思想。她只好将

---

① 沈德潜：《说诗晬语》，人民文学出版社1979年版。

② 雁翼：《生活感受与创作》。

③ 康洛穆诺夫：《托尔斯泰传》，天津人民出版社1981年版，第192页。

这只木屐搁置起来，让它在自己的头脑里漂流。这只木屐在作者的脑海里一直漂流了十五年。十五年后，在一次座谈会上，冰心谈到她在东京常常失眠的情景，才突然想到："这只木屐为什么对我有那么深的印象，因为我在东京失眠的时候听到木屐的声音，那就是无数日本人民从我窗户前走过的声音，也正是有着这种声音的日本劳动者的脚步，给我踏出了一条光明的思路来！"经过15年反复咀嚼、酝酿、孕育，作者终于找到了自己感受的"内核"，将自己的感受升华到一定的理性高度。作者将感受深化以后，接着就是怎样表达这个感受的问题。表达的过程，其实也就是调动自己的生活积累，丰富、组合原有感受的过程。我们看《一只木屐》的原文：

> 淡金色的夕阳，像这条轮船一样，懒洋洋地停在一块长方形的海水上。两边码头仓库的灰色大门，已经紧紧地关起来了。一下午的嘈杂的人声，已经寂静了下来，只有乍起的晓风，在吹卷着码头上零乱的草绳和尘土。
>
> 我默默地倚伏在船栏上，周围是一片的空虚——沉重，时间一分一分地过去，苍茫的夜色，笼盖下来。
>
> 猛抬头，我看见离船不远的水面上，漂着一只木屐，它已被海水泡成黑褐色的了。它在摇动的波浪上，摇着，摇着，慢慢地往外移，仿佛要努力摇到大海上去似的！
>
> 啊，我苦难中的朋友！你怎么知道我要悄悄地离开！你又怎么知道我心里丢不下那些把你穿在脚下的朋友！你从岸上跳进海中，万里迢迢地在船边护送着我！

据作者《谈点读书与写作的甘苦》一文介绍，文章的第1、2自然段，写的是作者离开日本时内心的真实感受，文章的第3、4自然段，那天看到木屐并没有想出来，是等中心明确后生发出来的。为了强调、突出、深化自己对木屐的感受，作者对有关感受作了重新的组合、凝聚。

贾平凹创作短篇小说《满月儿》，则表现了"感受"动态发展的另一种形式。他说：

> 满儿和月儿，最早是我的两位本家姐姐，在我才从初中毕业，回家当农民的那阵，我是个体质孱弱、腼腆喜静的少年。而我的本家姐姐，却是天真烂漫。在一个偌大的家庭里，她们从来没有忧愁，从来不能安静，一件平常的新闻，能引起她们叽叽喳喳嚷道几天，一句普通的趣话，也会使她们笑得俯在炕沿上起不来。于是，大人们就骂她们"瓜笑"而夸奖我的"安分"了。然而，我却十分爱我的姐姐，至今还能记起她们笑声中那种不同音调。
>
> 后来，认识了我的爱人和她的一位朋友，她们几乎有我两位姐姐一样的性格，都天真无邪，但一个丰满，一个苗条，一个是那么文静，说话从来低音，笑声总是从半启的嘴唇里颤出，一个是那么活泼，故意说反话，当面戏谑人……后来，我们分开了，长时期不见一面，但一闭上眼睛，她们就站在那里了，那睫毛在眨动，那微笑在闪现……
>
> 终于，在一九七七年的冬天，我到一个大队搞社史的时候，我心中的人物被触发了，她跳出来，逼使着我动笔描绘了。
>
> 那时候，我着手采访这个大队农业科学研究站。这个站事迹太丰富了，我走进他们的试验室，看见了从未看见过的房间(满儿的房间我是一笔不敢漏地那么写了的)，看见了小麦和燕麦远缘杂交出来的新品种，新品种虽然还不够理想，但成绩已经十分突出，

我决意要写这个育种试验了。

当天晚上，我躺在床上，突然间我激动起来了，写我心中的人吧，让她们来搞培育吧；既然人物的性格早已在心中成熟，又获得了远缘杂交中的一些感人事迹和大量知识性的东西，就让这两个人来活动啊！哈！怪得很，根本不需要编什么离奇故事了，只要把她们两个放在培育良种的每道工序里，每一件事情中，她们就按她们的性格发展下去了，很快我就有了新的故事梗概。

我把新的故事梗概赶快写在本子上。

我尽量搜集着本家姐姐的、爱人的、爱人的朋友的那些生活细节，越想越多，我不管在这篇作品中有用无用，反正我是这么收集……

于是，我开始整理、构思，我是这么想的：

写两个姑娘，性格要有明显区分，甲就是甲，乙就是乙，不光是长相和脾气，而是一切，每一个动作，每一句话，两个人物要糅起来写，以"我"来穿线，不要露出脱节痕迹；三个人物，一会儿单写甲，一会儿单写乙，一会儿甲乙合写，一会儿甲乙丙聚写，写一个，不要忘了其他，写两个姑娘，不要忘了我这第一人称，尽量做到分分合合，穿插连贯，虚虚实实，摇曳多姿。

名字也要体现全文的特点，糅合一体，满月儿；

一出场要自然，要有场景，以形象抓人，时时写进生活情趣，使故事丰腴；

让月儿和满儿活动，力避"我"来死板介绍，发议论；

描绘要细腻，叙述要抒情；

产生诗的意境；

调子要柔和，语言不要出现成语和歇后语一类太"土"的话，节奏音响要有乡下少女言谈笑语式的韵味；

结尾要电影式的"淡出"，淡得耐嚼。[1]

贾平凹创作《满月儿》不同于冰心写《一只木屐》。在冰心，她是敏锐地捕捉住了自己的感受，并且紧紧抓住这个感受，反复咀嚼、品味、酝酿、升华。贾平凹的那些感受，则是经过长期的积累、过滤、发酵，最后受生活的某种启示脱颖而出。在写作中，这两种形式都是最常见的。

（五）独特的感受，往往赢得作者不可代替的个性

在写作实际中，我们看到的客观事物常常是相同的，但我们对客观事物的感想、认识，往往不一样。正因为我们对现实生活有着我们独特的感受，所以才会写出千变万化的各具特色的文章来；即使写同一题材，同一生活事件，因为各人的感受不同，也绝不会雷同。所以明代诗人谢榛曾指出："情景有异同，模写有难易，诗有二要，莫切于斯者：观则同于外，感则异于内。"（谢榛《四溟诗话》）当代作家刘心武也深有体会地指出："所谓独特，就是基于我个人的生活经历和生活感受……我越从自己的独特经历和感受出发，我的作品就越不会与别人雷同，也就越可能具备特点。"[2]

我们看莫言是怎样通过自己的感受去肢解一个完整而迅速的动作的：

①　转引自《新时期作家谈创作》，人民文学出版社1983年版。
②　刘心武：《我掘一口深井》，《文艺研究》1987年第1期。

父亲的手缓慢地举起来，在肩膀上方停留了三秒钟，然后用力一挥，响亮地打在我的左腮上。父亲的手满是棱角，沾满成熟小麦的焦香和麦秸的苦涩。六十年来劳动赋予父亲的手以沉重的力量和崇高的尊严，它落到我的脸上，发出重浊的声音，犹如地球爆炸……我感到猝然发出的狂欢般的痛苦感情在胸中郁积，好像是我用力叫了一声。(《爆炸》)

在有意放慢的镜头中，作者对事物过程的表现几乎是不可重复的。

§7　材料的积累：识记

一、积累的内容

积累材料，首先我们在思想上应明确积累些什么。

大致说来，积累材料，包括主观和客观两个方面，主观方面，主要是我们在现实生活中，在观察实际中的感受、思想、情感体验；客观方面，包括现实生活材料和书面材料。主观感受、思想感情的积累，是材料积累的"核心"，有了这个"核心"，其他方面的材料才能"活"起来，才能形成写作冲动，进入下一步的写作。但仅仅是主观材料又是不够的，要将思想、感情表现出来，还必须依靠大量的客观材料。

主观材料，往往表现为独特的情感体验，奇妙的认识、闪念，这些材料，具有不稳定性，极易消逝，极易随着时间的推移而淡漠，必须及时地"记"下来。否则，很多独特的感受、认识就散落了。记这些材料，应随时随地地进行，不能一拖再拖，让自己新鲜独特的感受"泛化""冷却"。这些材料应尽可能具体一些，不能只记一个梗概，以后复读，自己也不知道自己写了一些什么。除及时、具体地记写自己的主观感受，还应时常展读以再现和重温自己的感受，咀嚼和升华这些感受，特别是对于那些独特的、新颖的、深刻的、具有丰富内涵的感受，要经常放在心里玩味、咀嚼。

客观材料包括现实生活材料和书面材料。

现实生活方面的材料，往往是具体的，形象的，具有自己鲜明个性特点的，记这些材料，是不能仅凭"心记"的，还必须"笔记"。因为心记的材料，不确切，不"保险"，及待用时没有把握。比如，我们游了一趟岳阳楼，很想写一篇游记。如果游的时候没有把一些具体的事实记录下来，等到动笔，一些具体问题就来了，岳阳楼的位置，岳阳楼的历史，有关的诗词题刻，有关的传说，游历的路径，等等，都必须一一落实。如果没及时记写下来，一提笔就遇到困难，难以落笔，很可能把想写的欲望就打消了。这类材料的积累，应尽可能地细一点，具体一点，准确一点，尽可能地多一点、广一点，很多材料，虽然当时用不着，说不定日后急需。如果平时做一些笨功夫，写作起来也就会运用自如。

书面材料的积累也是材料积累中的一项重要内容。书面材料包罗万象，除了自然科学和社会科学的一般常识、原理，还涉及到政治的、经济的、文化的、教育的、历史的、地理的、军事的、宗教的等方面的情况、变革、传闻、典故、诗词、故事……书面材料的积累，应有一个大致的方向，应有一定的广度。有些重要的、常用的资料，还应做到出口成诵。书面材料的积累，应力求准确，除了以"卡片""札记""笔记"的方式积累，写作者还应有一些藏书，以便随时翻阅。必要的藏书，可以为写作提供许多方便。

二、积累的方法

一是"心记"，一是"笔记"，这两种方法各有特长。"心记"是我们积累材料的基本方法，不可缺少。以前对它强调得不够，这是不对的。为什么呢？因为，我们收集材料、使用材料的时候，任何材料都要从记忆层面浮现出来，如果脱离了意识层面，任何材料也无法收集、无法运用。因此，积累材料一定要心记，不能有任何投机取巧的想法。然而，"心记"又有它的局限性，它不太牢靠、稳定，容易遗忘，容易出差错，为了弥补"心记"的局限，通常又加以"笔记"。

"笔记"的特点是准确。只要不遗失，记录的材料总是在那里，不会凭空消失，不会因为时间的推移而出现误差。同时，人们在"笔记"材料的时候，自觉不自觉地对材料进行了加工、整理，加深了对材料的印象，因此，人们都推崇"笔记"。在聚材中，"笔记"是不可或缺的。采访要作采访笔记，读书要作读书笔记，观察要作观察日记，这是起码常识。譬如新闻采访、调查研究，光凭"心记"就绝对不能保证事实精确。科研论文之类的写作，要把全部资料都"心记"下来也不可能。"笔记"的准确性、稳定性是"心记"所不能比拟的，多做"笔记"，既可以减少差错，也可以避免不必要的"死记""硬记"，增加效率。所以清人章学诚说："札记之功，必不可少；如不札记，则无穷妙者，皆如雨珠落大海矣。"

购买有关的书籍，剪贴、复印有关的文章，也是积累材料的方法，但从整体上看，它们都不能代替记录。

"笔记"贵在有恒，它需要"集腋成裘"。梁启超曾指出："大抵凡一个学者平日用功，总是有无数小册子、单纸片；读书看见一段资料，觉其有用者，即刻抄下（短的记全文；长的摘要，记书名、卷数、页数）。资料渐渐积得丰富，拿眼光来整理分析，它便成一篇名著。"元末的陶宗仪，家贫无钱买纸，就用树叶记见闻，装在瓮中。十年之后，加以分类整理，利用树叶资料编成了《南村辍耕录》，共三十卷，对后人研究文学、艺术、文物、建筑等都有参考价值。鲁迅的《小说旧闻钞》，是从九十余种，一千五百多卷书中，一点一滴搜集起来的资料集。他们所取得的成功，都不是一朝一夕之功。

"笔记"还要准确。如果记得不准、不全，等于没记。譬如摘抄一段书面材料，这材料符合不符合作者的原意？是否断章取义？这材料是否抄漏了？是否错了字？错了标点？这资料摘自何书？作者是谁？是由哪个出版社在哪年出版的？这则资料摘自哪页？倘若摘漏了，摘错了，抄的某个字认不清楚了，用的时候不敢用，又得重新抄过，费时费力，有时候找不到原书，只好舍弃。记录的方式，主要有摘录、索引、提纲、摘要、批注、札记、感言等。

摘录。即直接抄录文献资料的论述、论点、典型材料、难得数据等。

摘录要完整准确，符合原意，不能断章取义。摘录一般用卡片或活页纸，便于资料的调配使用。例如，研究一个有争论的问题，可以把各家各派对这个问题的不同看法摘记下来，做成卡片，再把这些卡片排列在一起，反复比较，从而发现问题，提出优于各家之说的新看法。进入具体写作阶段后，卡片更具有灵活性，准备选用哪些资料，可以通过卡片分类来处理。学者们都喜欢用卡片来摘抄资料，我国著名历史学家吴晗，就曾谈到过做卡片的好处。他说，他在清华大学历史系求学的时候，很爱读书，也常常作笔记，每当发现有价值的资料，就随时摘抄在本子上，后来，记得多了，发现有个问题，就是这种摘抄眉目不清，很紊乱，等到使用某个资料时，费了九牛二虎之力也找不到，很费时间，后来吸取教训，改用卡片，就方便多了。他日积月累，积累了几万张卡片，正是在这些珍贵卡片的基础上深入研究，他才提出了那些高超的学术见解，为历史学的发展作出了重大贡献。治学，应学会做资料卡片。现在复印很方便，很多同学搜集资料时不愿动笔，依赖复印，其实，复印是取代不了卡片的。

索引。作记录也可采用作索引的方法，只记文献资料的名称、作者、出版者、出版日期、卷号、页码等，如果手头有书，或资料暂时还用不着，可采用这方法。

提纲。在阅读书籍或篇幅较长的论文时，对全文的总观点、每个部分和每个层次的观点以及说明观点的主要材料，可把它们依次排列出来，写一个能反映读物基本结构的提纲出来，也可以根据具体情况，作内容的提纲，如作品的情节提纲、人物提纲等。作提纲也是常采用的记录方法。

摘要。读完文献，可根据需要，简要概括文献的内容作摘要。摘要是作者在通晓原文的基础上抓住原文重点，删除枝叶所写的一段完整的话。写摘要，要准确无误地概括文献的内容，抓住关键要点，不要加进自己的看法。

批注。即在文献资料上作记号与批语。批注在我国古代十分盛行，古籍批注本几乎遍及经史子集各类图书，特别是明清小说的批注评点，内容非常广泛，从政治观点到美学价值，从写作技法到人物刻画，无不涉及，有的还借题发挥，表明对现实人生的看法。这种笔记形式的优点是边读边记，十分方便，对重要的著作作反复、深入、具体的研读时，可用批注。但批注只适宜自己的书籍，且资料的运用不太方便，有时还要对批注重新整理。

札记。即将文献有关内容与自己的认识心得集合在一起写的一种笔记形式。写札记的目的多种多样，有时是探讨、商榷、争论，有时是引申发挥，有时是解惑、释疑、批谬、辩理，有时是仲裁、评判。但札记不能离开阅读的内容信笔抒写，那样写，写得再好也不是札记。写札记，必须把文献的内容、要点吃透，然后融进自己的学识、经验、体会，或同现实生活联系起来，写下有关心得。札记可以是一篇文章，也可以是一部著作。有时，好的札记本身就是很有价值的论著，如恩格斯的《自然辩证法》、列宁的《哲学笔记》就是札记。

感言。采用比较灵活的方法，记述自己在材料搜集过程中的所感所惑，就是感言。感言的写法很自由，或赞同，或商榷，或批评，或补充，或引申，或质疑，或记自己的心得感受体会，或记自己遇到的疑惑、难点、问题，或三言两语，或敷衍成篇。感言对课题研究和论文写作具有重要的意义，比较系统的感受、质疑，可加工成为一篇论文。

材料积累不是目的，积累的目的是展开下一步的工作，写出好文章来，有的人平时看似积累了很多材料，及待写时还是觉得没有材料。他不是没有材料，而是材料"活"不起来。他的材料是死的。这样的材料积累没有意义。

积累材料，应该让材料形成一个生机勃勃的具有生命力的"场"，让它随时萦绕心头，一触即发。不能材料是材料，作者是作者。

作者要真正地占有材料，使材料"活"起来，应该让材料时常萦回心头。比如说，围绕着一定的课题，一定的问题积累材料，材料常常是活的；围绕某一个动人的细节，某一段难忘的经历，回味以前的生活，材料是活的；常常读读自己的笔记，唤醒自己的情感记忆，材料是活的；经常分类整理自己积累的资料，材料是活的。这些方法，不一而足，全靠作者自己去摸索。要使积累的材料"活"起来，最关键的是作者心中必须有时时翘首以待的"写作期望"，时时盼望着和寻找着各种写作契机。只有具备这样的自觉的写作意识，材料才可能真正地"活"起来，随时"整装待发"。

【思考与练习】

1. 试述聚材的格局。
2. 试述材料生成的机制。
3. 试述观察的含义特点与类型。
4. 试述体验的含义特点与类型。
5. 试述阅读的含义特点与类型。
6. 试述观察与体验的区别。
7. 试述写作观察的含义。
8. 试述感受的含义特点与类型。
9. 试述材料识记的基本方法。
10. 谈到写作，我们总感叹没生活，没东西可写。我国著名作家史铁生，19 岁双腿就瘫痪了，可他依然写出了许多优秀作品。下面是关于史铁生创作的一篇评论。读后请谈谈你的感想。

独语时空中的生命感知
——浅析史铁生的散文独语
崔凯璇

　　独语是鲁迅先生的散文诗《野草》所开创的一种话语方式，是作家"径直逼视自己灵魂的最深处，捕捉自我微妙的难以言传的感觉(包括直觉)、情绪、心理、意识(包括潜意识)，进行更高、更深层次的哲理思考"，表现着作家在孤寂的生命之境中与自己灵魂的对话。它是主体在特定时空结构下，基于"外在生存性裂伤"的触动和撩拨，沉入心灵深处的冥思，是对自我存在的反身回顾和灵魂审视，是拒斥倾听者的自言自语。当代作家史铁生在他的散文中，以自身的独特遭遇为基点，呈现给我们一个独特的独语世界。在他的独语中，周围世界远退、陷落，心理时空却因精神的内敛而格外彰显，并同自我心灵世界构成了一个封闭的空间；同时，在这特定时空中，折射出主体的深层生命体验和了悟，反之，也正是主体灵魂深处的体验和了悟照亮了特定的时空。

　　一、时间独语中的生命表达

　　"没有时间，就没有生命，就没有生命的存在形式。人的从生到死的生命过程，就是一个从过去到现在再到未来的时间链条上，有序地逐级展开的过程。生命存在于时间之中。"但是，人在通常情况下对生命和时间意识是懵懂无知的；时间和生命之流在平庸碌碌的日常生活中消隐，而毫无知觉。只有当外在的契机触到了心灵之痛时，才会对生命和时间有所知觉，才会正视生命的存在状态不过是无谓的循环和单调的重复，而时间带给生命的又不过是有限性和迫切感，以及匆匆滑过溜走的虚无。这生命的无目的和时间的无情流逝相交织而产生的紧张和焦虑，甚至绝望，就是人在独语状态下对时间和生命最深切的体验。对史铁生来讲，他的独语，他的时间意识就缘自19 岁那年双腿的忽然残废。他从一个"生龙活虎的小伙子"坠入轮椅的生涯，身体的残疾无疑是史铁生进入独语的通道："十五年了，我还是总得到那古园里去，去它的老树下或荒草边或颓墙旁，去默想，去呆想，去推开耳边的嘈杂理一理纷乱的思绪，去窥看自己的心魂。""记不清都是在它的哪些角落里了，我一连几个小时专心致志地想关于死的事，也以同样地耐心和方式想过我为什么要出生。"(《我与地坛》)他的独语和时间意识很大程度上凝聚为对生命和存在的体验与思考，或者说，他把自己的生命感知投射、融化在了对时间的感知中："在满园弥漫的沉静光芒中，一个人更容易看到时间，并看见自己的影子。"行动的限制带给他的是无休止的思考和冥想，成年累月地坐在园中，死的解脱、生的意义、活的支撑、灵魂的阴暗、心灵的崇高以及人性的污浊，都是他思考追问的范畴，自然、人事、终极都有他揣摩思索的痕迹，有时轻松快乐，有时沉郁苦闷，有时优哉游哉，有时栖惶落寞，有时平静而自信，有时则软弱而迷茫。因此说，地坛的一草一木，虫飞鸟唱，人事纷纭实际上是他各种心魂的投影。"以园中的景物对应四季，春天是一径时而苍白时而黑润的小路，时而明朗时而阴晦的天上摇荡的串串杨花；夏天是一条条耀眼而灼人的石凳，或阴凉而爬满了青苔的石阶，阶下有果皮，阶上有半张被坐皱的报纸；秋天是一座青铜的大钟，在园子的西北角上曾丢弃着一座很大的铜钟，铜钟与这园子一般年纪，浑身挂满绿锈，文字已不清晰；冬天，是林中空地上几只羽毛蓬松的老麻雀。"(《我与地坛》)他在公园里对四季景色的感受，对人事景物的感知，很大程度上是孤独寂寞的生命境遇的外化。四季是短暂的，四季中的风物也是短暂的，或转而凋零，或转而就被遗弃，随着另一个季节的到来而销声匿迹。而生命却在这年复一年的重复中慢慢消磨去了很多，作家正是在这孤独中感受到时间的流逝，在落寞中体味到生命的消陨和怅惘，在季节的变化中深感存在的虚无和哀伤。

二、空间独语中的生存感知

"人在空间中"是个哲学命题。它以人与自身和周围世界的关系体现出作家的生存感知和精神脉息。一个人对自己所处空间结构的意识问题，也即人与空间结构的关系：紧张或者和谐，是主体对所处的现实性生存空间的投射和反映，也体现主体的精神向度和思想深度。

史铁生的生存空间，小而言之是残疾的局限，他被限制在轮椅的狭小空间中，不能自由行动；大而言之是地坛，是心魂，他在地坛和自己的心魂中游走、低语、思索。然而，虽是残疾和局限，他身处地坛的空间感知，却在灵魂独语中呈现出融入的和谐状态。他说，"一进园门，心便安稳。有一条界线似的，迈过它，只要一迈过它便有清纯之气扑来，悠远、浑厚。于是时间也似放慢了速度……人便不那么慌张了，可以放下心来把你的每一个动作都看看清楚，每一丝风飞叶动，每一缕愤懑和妄想，盼念与惶茫，总之，把你所有的心绪都看看明白。"(《想念地坛》)像是只要走进地坛，心便熨帖；在地坛的角角落落里，在与上帝对话、与古柏对话、与墙对话，与自己的灵魂对话中，为精神的平衡寻觅支点，为现实存在思索精神的支撑，为生存寻找可靠的理由。在此过程中，他与地坛已融为一体，"我已不在地坛，地坛在我"，"不必再去地坛寻找安静，莫如在安静中寻找地坛。"(《想念地坛》)这已颇有禅宗的味道了。在人与自然，人与所处空间的"物我合一"中，心魂不为外在的东西所束缚，精神不为空间所压迫纠逼，心灵的内在之声是率性而为的，也正是在主体与存在空间——我与地坛——的"天人合一"和谐状态中，史铁生以优裕从容的心态展现了自己的心魂。

人与空间结构的和谐融入状态——自我生存感知与空间选位，具有互动关系：自我生存感知照亮了空间，生命意义也只有在空间中才能得以存在。空间指自我生存感知中的周围世界，它是由人的生命活力开拓出来的；生命就像一盏灯，照亮了它周围的世界。

生命照亮了这个空间，同时也被这个空间所规定。所以，空间既是自我生命的表现，也是自我生命的一种基本存在形式。史铁生的独语中，"我"之于"地坛"的空间选位中就有着深层的生命联结，我的一切生命体验是在地坛中获得的，在地坛中我获得了灵魂的澄澈和精神的和谐，同时，我以我的生命感知照亮了地坛中的一切人事物象，把我对生命的感知投射到小女孩，喝酒的老头，歌唱者，长跑的人，古柏，锈蚀的铜钟，寂寞的蝉蜕等等意象上。地坛中的"一切，包括其他人物在内，都通过'我'被感知"，从而获得了生命的灵动和韵味。

史铁生在《我与地坛》中说，"地坛在我出生前四百多年就座落在那儿了，而自从我的祖母年轻时带着我父亲来到北京，就一直住在离它不远的地方——五十多年间搬过几次家，可搬来搬去总是在它周围，而且是越搬离它越近了。我常觉得这中间有着宿命的味道：仿佛这古园就是为了等我，而历尽沧桑在那儿等待了四百多年。它等待我出生，然后又等待我活到最狂妄的年龄上忽地残废了双腿……十五年前的一个下午，我摇着轮椅进入园中，它为一个失魂落魄的人把一切都准备好了……"在史铁生的独语世界中，地坛在风雨中站立了四百多年，只是为了等"我"，等我在一个下午摇着轮椅走进去。在此之前，地坛的存在对于我像是一个虚空，没有实际的意义，直到我走进去，"在满园的弥漫的沉静光芒中"，"看到时间"，"并看见自己的身影"；我以个体生命的形式参与到地坛中来，将我的生命意识投射到地坛中一切人事风物中，地坛才在不间断的时间之流——心中，具有了生命和活力，建构起自己的意义。在此意义上，是自我的生存感知照亮了地坛这个空间，自我生命及意义只有在空间——地坛中才得以存在和彰显，它成为自我生命的一种表现形式。也就是说，空间是时间链条上的空间，仅仅有"空间"是没有任何意义的，没有生命意识的空间是空洞无物的，只有自我的生命意识投射到空间的人事物象中，空间才具有了独特的意义和韵致。史铁生以生命存在在空间上的敞开性，超越了生命存在在时间上的有限性。他对地坛世界里的草木人事的关注、关情和关心，便是这种观念的表现。在他的眼中，雨后雨燕的鸣叫、檐头的风铃、参天的古柏、寂寞的蝉蜕、揉皱的旧报纸、过往的行人，都充满着生命的温情，他在这种空间的敞开性中消融了孤独与隔离、痛苦与欢悦、生与死的鸿沟，建构了一个澄澈明亮的本我世界。

此外，时空意识又具有交叉融合的特征。凡是在空间中呈现出来的东西，越是能随着时间的变化而不发生变化就越有自己的实体性，越有自己存在的价值和意义，它就表现为自己的永恒性。空间的意义在一定程度上是由时间赋予的。也就是说，时间是不间断地变化的，但它体现着永恒；空间是不变的，但它体现着刹那。空间只有在瞬息万变的时间链条上不发生变化，它才具有自己的永恒性，才有自己的价值。譬如，史铁生笔下的地坛、古柏树、铜钟或檐角的风铃，他们经历了无数历史的风雨却依然生机勃勃地存活着，在特定空间中的时间链条上无限地绵延着，它们体现着时空的永恒性。而我，我的生命则犹如过客，匆匆地来，匆匆地又去；刹那的、有限的生命，在无限的时空结构中感到自己是如此渺小无力，如此孤独寂寞，就像是地坛中的那些"不明白为什么要来这世上的小昆虫"。"蜂儿如一朵小雾稳稳地停在半空；蚂蚁摇头晃脑捋着触须，猛然间想透了什么，转身疾行而去；瓢虫爬得不耐烦了，累了，祈祷一回便支开翅膀，忽悠一下升空了；树干上留着一只蝉蜕，寂寞如一间空屋；露水在草叶上滚动，聚集，压弯了草叶轰然坠地摔开万道金光。"（《我与地坛》）在这里，作家赋予了自然界生命以飞扬的生命灵性，荡开日常心理认知中的对昆虫的存在及其生命熟视无睹的心理，而是赋予了它们以"人"的情状。我们通常认为，昆虫的生命是脆弱的，卑微的，不足以挂齿的；它们懵懵懂懂来到这世间，在人类不经意的侵袭和动物界的弱肉强食中稍不留神就可能丧命，它们遵循四季的规律走完短暂的生命旅程。但是，它们却有着自己的生命乐趣，在自己构筑的世界中，顽强地享受着自己短暂的生命。史铁生在陷入自己无能为力的困境中，把自己与昆虫相类比，首先，这是在特定的心理时空结构中感到生命的脆弱和无力，这是个体生命意义萌动和觉醒的体现；其次是对自身存在的思考和探源，正如他自己所说，"园子荒芜但并不颓败"。(《我与地坛》)这既是对自然界生命活力的深切体验，又是自我心境的暗示，虽然身染残疾但并不颓废，还在不懈地寻找着生命的意义。正是在地坛，在独特的心理时空下，他由昆虫们的"生存状态"联想到自己的生存处境，把心魂的时空感知投射到地坛的大时空中，把自我的生命感知和对时空中人事物象的生命感知组成了一幅重叠繁复的生命图景。

（选自《陕西教育》2006 年第 2 期，此处略去了摘要和参考文献）

第五章　写作构思论

【学习提示】本章内容较多，其中"构思的含义""动机的获得""主旨的提炼""材料的取舍""结构的安排"是构思的基本知识基本技巧；"召唤结构与写作决策""思维时空与思维方式""思维模式的建构与消解"是涉及构思质量好坏更高一层的理论问题；"想象"与"思维"讲的是写作心理操作技术，教师可根据需要选择。

构思是文章写作一个极重要的阶段，一切文章都孕育于这个阶段。让我们从静态描述逐步深入以考察构思过程的思维操作。

§1　构思的含义及特点

一、构思的含义

这里说的"构思"，指的是从萌发写作动机开始到文章基本酝酿成熟的心理操作过程，其中不包括表达。在写作中，虽然有的人一边构思一边形诸文字，但大多数人在拈毫开笔之际，还需要一个"凝心结想"的过程。另外，将"构思"与"表达"分开来讲也便于我们对构思作一些深入的探讨。

构思一般是由三个阶段构成的：首先是"动机的获得"。它是构思的起源和发端，是变无意思维为有意思维的逻辑起点。在获得动机启动触发的那一瞬间，沉睡在作者意识中的材料全"醒"过来。接着是"构思的展开"。思维被激活之时，主体形成了强烈或朦胧的写作欲望，要实现这个欲望，往往需要一个孕育的过程，需要调动材料，开拓主题，经营结构，为写作动机找到一个合适的"载体"。这个阶段非常重要，一切作品都将在这里形成。这个阶段或长或短，或快或慢，但都充满了艰巨性。作者要通过"广泛的出击"，选择、整合一个有机的"单一"，"万取一收"，"一以见万"。最后是"成熟定型"。作者通过一系列创造性的思维，选定一个自认为最理想、最优化的"形式"，然后进入下一阶段的表达。

二、构思的特点

（一）构思是一种表述性加工思维

"三级飞跃"认为，写作作为一种特殊的精神劳动，它既同于人类一般的认识活动，又不同于人类一般的认识活动。就一般认识活动来说，人们必须遵循"由实践到认识，再由认识到实践"的基本模式，实现"由实践到认识，再由认识到实践"的两个飞跃。写作基于此但又不能止于此。它有不同于一般认识活动的运行方式：一般的认识活动，人们根据同一对象，可能得出相同的认识；但人们根据同一对象写出的文章，一万个人就有可能有一万个样子。与此可以互证的是，叫牛顿写"万有引力"的论文，他在遵守"两个飞跃"的认识论原理之外，还必须遵循"三级飞跃"的创造论原理，先得把自己的认识在自己的头脑中孕育成一篇论文的形态，然后再外化为一篇文章，否则他的认识永远只能是认识，不能变成文章。倘若叫另外的人去写"万有引力"的论文，他们写出的文章也不会与牛顿的文章一模一样。这也就是说，就一般认识活动来说，它可以止于认识，而写作除了认识之外，还需要创造。一般的认识活动，它往往最后得出一个一般性的、共同的结论。写作则要由一般性的结论创造丰富无比的文章世界。高楠认为，写作构思是"不以解决课题为目的，而以对课题思维的成果予以文章的表述、加工为目的。它只是思维着如何组构一个文章之形"。马正平认为，人类思维的作用、功能不仅在于反映、认识，同时还包括了设想、结构、赋形、应对（策略、计谋）。因此，写作思维也就包括了立意思维、赋形思维和应对思维。他们都从不同角度指出了写作思维不同于一般认识活动的特点。

我认为，把写作思维定位于思维成果的表达肯定是不对的，仅凭我们日常的写作经验我们也可以知道，写作构思依然是一个认识不断深入的过程。但构思确实有它的表述性加工特性，它的目的就在于将自己的写作意图近乎完美地表达出来。在这样一个过程中：一方面，作者进一步地认识着客观事物，品味、咀嚼、体验着客观事物，将客观事物升华为自己的情思意愿、认识，将它们升华为心灵的、精神的东西；另一方面，他又将自己的情思、意愿、认识等心灵上的东西，借助外物，物化为"形象系列"或"概念系列"，形成一种具体的表述。这个过程始于作者的写作意图，终于写作意图的完美表达，同时要考虑到面对的读者，在主题、文本、读者的整体规范下尽量出新。在这个过程中，表述什么？怎么表述？向谁表述？这些思维要素是清晰可见的。

（二）构思是一种文体思维

由于构思是一种表述加工性思维，它必须寻找着自己最合适的载体，而且，载体一旦确定下来，作者的思维，就在文体的一定的范围内展开。它以一定文体的形式、精神、色彩、情调为思维的条件和内容，制作文体的思维与思维所要创造的文体，在内容、形式、特点上，要达到一种水乳交融的契合。非文学文体的写作，如论文、公文、司法文书、经济文书等，它们以实用性为目的，它所提供的是一种理性的逻辑认识的体系。因此，这类文体的运思，主要是逻辑的抽象思维。它运用抽象了的概念进行判断推理；它表现为鲜明的逻辑推理走向；它的叙述不包含文学的生动性、描写性，没有情态、细节的渗透和原本的显现性。文学文体的写作，如诗歌、散文、小说、戏剧、影视文学等，它们以审美性为目的，它所提供的，不是纯然理性的逻辑认识而是生动逼真的形象体系。它要表现的是生活的全部丰富性、复杂性，它要表现的是被理性巨筛筛去的那些生活中的不纯粹部分。因此，这类文体的运思，主要是用形象思维（想象）。它运用的是生动具体的表象；它主要表现为一种生活走向和情感走向；它的叙述渗透着情态、细节、原本显现性，具有鲜明的生动性和描写性。以上是就两大类说的，落实到具体文体，构思上也表现出明显的差异。

（三）构思是一种创造性思维

构思的目的在于生产创造性的精神劳动产品，这产品应该是新颖的，鲜活的，独创的，构思才算成功。因此，作者在构思中，总是充满着强烈的创造意识，总要求自己"独有奉献"。这种意识，必然在他的手段上、思维上反映出来。从整体上看，写作思维不是求同思维而是一种求异思维。古人论构思，认为有两个基本的方法，一是"避"，二是"犯"。所谓"避"，就是人之所言，我所不言。严羽在《沧浪诗话》中说："学诗先除五俗：一曰俗体，二曰俗意，三曰俗句，四曰俗字，五曰俗韵。"元代陈绎曾在《文说》中指出："凡作文发意，第一番来者，陈言也，扫之不用；第二番来者，正语也，停之不可用；第三番来者，精意也，方可用之。"清黄宗羲在《论文管见》中说："每一题必有庸人思路共集之处缠绕笔端，必剥去一层，方有至理可言。"他们都强调在构思中应避开别人的思路，独出机杼，在立意、选材、布局、语言方面见出新意。所谓"犯"，就是在构思中明明知道某一事物别人已经写过，我偏知难而上，力争超之胜之。明末清初的小说理论家金圣叹在评点《水浒》时，曾特别指出："吾观今之文章之家，每云我有避之一诀，固也。然而吾知其必非才子之文也。夫才子之文，则岂惟不避而已，又必于本不相犯之处，特固自犯之，而后从而避之。"清诗论家薛雪在《一瓢诗话》中指出："诗文家最忌雷同，而大本领人偏多于雷同处见长。若举步换影，文人才子之能事，何足为奇？惟其篇篇对峙，段段双峰，却又不异而异，才是大本领，真超脱。"无论是强调"避"，还是强调"犯"，最后的落脚点，都落在独辟蹊径、独树一帜上。也就是说，写作构思中的思维，它是以求异思维为主的，它不是求同去异，循规蹈矩，把自己的目标指向既有认识对象的相似性、同一性方面，而是一个人独立地思考，独立地发现问题、分析问题、解决问题，提出有异于前人或别人的新颖观点、独特见解，它不迷信，也不盲从。它往往不满足现成的方法和答案，不满足已有和已知，在思维中表现出果断、坚定、自信等特征。如，我们平时帮人整一份材料，也会力求出一点新意，不会全然成为"文抄公"。

不过，谈到创新，我还想多说几句。构思中的创造，一般是以作者的阅读背景为基础的，所谓"避"，所谓"犯"，都与作者的阅读量有关。如果没有一定的阅读量，也就谈不上"避"和"犯"了。

（四）构思是一种由散到整的思维

古人论构思："夫神思方运，万涂竞萌，规矩虚位，刻镂无形。""其始也，皆收视反听，耽思傍讯，精骛八极，心游万仞。"而构思的结果，则要"万取一收"，"一以见万"。随着写作动机的产生，作者接下来就要进行构思。写作构思的基本任务包括：（1）发展写作意图，加强和明确文章的各种构成因素；（2）清理思路，将零散纷乱的思绪组织化，建立完整的组织框架；（3）缩小可能性空间，加强确定性，走向明确化，选择文章最佳方案。这个过程，也就是由散到整的思维过程。

三、构思的条件

（一）陶钧文思，贵在虚静

所谓"虚静"，是指作者不受任何主客观因素的干扰，专心致志的精神状态，是指作者能够沉下心来构思的一种良好的写作心境。虚静是进行构思的一个基本条件，刘勰在《文心雕龙·神思》中指出"陶钧文思，贵在虚静"。苏轼在《送参廖师》一诗中也说："欲令诗语妙，无厌空而静。静故了群动，空故纳万境。"构思有了良好的心境和专心致志的精神状态，作者才能静下心来，"耽思旁讯"。如果一个人心烦意乱，浮念丛生，他就不可能静下心来，进行深入的思考，就不能进入一种念兹在兹，"入迷""会神"的创作境界。如果你刚坐下来半小时，就接了五个电话，任你是何等的天才，也无法进行构思。刘勰认为，要达到虚静，应该"疏瀹五藏，澡雪精神"。加强自己的思想境界，提高自己的道德修养，对作者构思也是很重要的。一个人心胸太狭小，他就无法超脱一些不愉快的琐事。一个人名利杂念太多，一些细小的事情也会破坏他的心境，使他内心难以平静难以把构思进行下去。

（二）激活心智、调动积累

一个人的构思是否顺利，与他平日的积累有关，一个人如果产生了良好的写作动机，但他平时没有这方面的材料积累、思想积累、情感积累，要实现自己的写作动机也是很难的。

相反，一个人如果知识全面，贮备丰富，构思起来，就会得心应手，左右逢源。因此，有人认为，构思的成功，是"得之在俄顷，积之在乎日"。

然而，在材料积累大致相等的情况下，为什么有的人构思敏捷，下笔成文，有的人却困阻窘迫，无从下笔呢？这就与"激活心智、调动积累"相关了。

任何一次构思，只要是自觉的构思，它都是一次"材料积累"的"紧急动员"，它要"翻箱倒柜"，把能够用的，与写作动机相关的材料，毫无保留，一个不剩地"倒出来"，要做到像茹志鹃所说的，"好像写了这篇文章，下次就不再写文章似的"。只有做到这个程度，构思也才真正可能达到自己的水平和质量。所以陆机、刘勰谈到构思，都强调"思纷"，强调"精骛八极，心游万仞"，"观古今于须臾，抚四海为一瞬"。

那么，怎样才能"观古今于须臾，抚四海为一瞬"呢？关键就在于作者的联想、想象。"是以诗人感物，联类不穷，流连万象之际，沉吟视听之区。写气图貌，既随物以婉转；属采附声，亦与心而徘徊。"（刘勰《文心雕龙·物色》）刘勰说的"联类不穷""与心徘徊"，也就是联想、想象。所以，要能够积极主动地调动自己的一切积累，关键是"激活心智"，调动自己的联想和想象。

然而，我们的心智，我们的联想和想象并不是俯首帖耳，招之即来的。它不像电灯，一按开关，灯就亮了。它好像有着自己的主动性、自主性，它愿意来就来，愿意去就去，全不听你的招呼。陆机在《文赋》中，曾很有感触地描述思路顺利或不顺利的两种情形："方天机之骏利，夫何纷而不理，思风发于胸臆，言泉流于唇齿。纷葳蕤以驰逐，唯毫素之所拟。文徽徽以溢目，言泠泠而盈耳。及其六情底滞，志往神留，兀若枯木，豁若涸流。览营魂以探赜，顿精爽而自求，理翳翳而愈伏，思轧轧其若抽。"这段话的意思是说，当你思维活跃的时候，你会觉得文思如风发于心中，文词似泉流于唇齿，思绪纷至沓来，使你应接不暇。可当你思维活跃不起来的时候，你的文思会呆若枯木，竭若涸流，你越是试图去捕捉文思，文思离你却越来越远了。从陆机这段话可以看出，心智的活跃程度不是全凭理智所控制得了的，并不是你要它怎样，它就怎样的。

那么，促使心智活跃的关键在什么地方呢？关键就是情感的介入，只有感情的介入，才能引发作者身心以赴的写作活动，才能淋漓尽致地激发作者的才情。刘勰在《文心雕龙·神思》中指出："夫神思方运，万途竞萌，规矩虚位，刻镂无形。登山则情满于山，观海则意溢于海，我才之多少，将与风云而并驱矣。"王夫之在《姜斋诗话》中指出："含情而能达，会景而生心，体物而得神，则自有灵通之句，参化工之妙。若但于句求巧，则性情先为外荡，生意索然矣。"高尔基在 1901 年《致沙勃连柯》的信中也曾指出："感情丰富，是达到顺利写作的最好手段。"写作实践表明，即使你生活经历很丰富，知识面很广，如果没有相应的丰富情感，你既体会不到生活有什么可贵之处，也无法激活自己的全部心智。

真正意义上的写作动机，都是从"情有所动"开始的，表现为一种情感性的推动力。只有情感的介入，才能引发作者身心以赴的写作活动，只有"情动于衷"，才能淋漓尽致地激发作者的才情，才能写出具有真情实感的作品。在平时，我们出于某种理性的目的或需要，如想成名，如参加升学考试，理性的睿智像神话中的魔杖支配得我们团团转，可正像大家所知道的，文人墨客在名利场上并没有写出杰出的文章和诗篇，缺乏情感止于理智的写作动机往往不能将作者推入真正的写作过程。

（三）百折不回，锲而不舍

构思是异常艰巨的，这种艰巨主要有矛盾的两个方面原因：一方面，作者产生写作动机后，已基本上明确了思维的方向，头脑处于高度兴奋的状态，他急切需要围绕着自己的写作意图，博采旁征，广泛"打捞"，寻找到最合理、最理想的材料，最深切的认识和最佳的表达效果；另一方面，主体所拥有的一切，从主旨到结构，从材料到语言，都还处于一种模模糊糊、朦朦胧胧的状态，一切难以定型，一切难以把握。这时，作者的头脑中，还不时会跳出一些零星的、片断的、不成系统的思想、情节、细节、想法，这种情况往往使作者感到困难窘迫，举步维艰，各种尝试，各种取舍，各种难以圆满的周折往往会使作者感到焦急、烦闷、痛苦、彷徨，甚至灰心丧气。例如，福楼拜谈到《包法利夫人》的构思时，几乎绝望地说："艺术！艺术！你究竟是什么恶魔，要咀嚼我的心呢，为了什么呢？"托尔斯泰谈到《安娜·卡列尼娜》的构思，也发出过同样的感慨："我感到悲哀，什么也没有写，痛苦地工作着。您简直想象不到，我在这不得不播种的田野上进行深耕的准备工作，这对于我是多么困难，考虑，反复地考虑我目前这部篇幅巨大的作品的未来人物可能遭遇到的一切，为了选择其中的万分之一，要考虑几百万个可能的际遇，真是极端困难。"

构思尽管是极端困难的，艰巨的，然而作者又必须跨越过去，他必须从"山重水复疑无路"，找到"柳暗花明又一村"。因此，构思对一个写作者来说，是一种意志的考验，作者必须以坚强的意志，百折不回的精神，锲而不舍，上下求索，最后闯过难关。在这里，任何投机取巧和懈怠懒惰都不可能取得成功。

§2　"召唤结构"与"写作决策"

一、写作的"召唤结构"

"召唤结构"这个概念是从接受美学那里借来的，这里主要用于描述主客观因素对写作行为的一种规范、引导和要求。

写作看上去纯属作者个人的行为，但特定的时代、社会、读者、文体总是对写作者有着特定的、或明确或潜在的要求。例如，时代要求我们弘扬主旋律，新闻写作要求关注新闻热点，秘书写作要求服从长官意志，学术论文的写作要求突出科学价值，文学写作要求讲究审美价值——这些也就构成了写作的"外召唤结构"。

写作的"外召唤结构"可以分为"正召唤"和"负召唤"："正召唤"主要是一种正面引导、需求；"负召唤"则是对某些写作题材、写作主题、写作形式的抵制、禁忌，如在一定的时事背景、政策背景、文化背景、经济背景、道德背景、民族背景下，有一些东西就不能写。作为一个写作者，他对时代的召唤、社会的规范、群众的呼声，不能不顾；对写作禁忌也不能置之不理。高尔基谈到自己的写作时就说："我在提笔之前，总要给自己提出三个问题：我想写什么，如何写以及为什么写。"他同时提醒习作者："你是为谁和为什么写呢？你必须好好思考一下这个问题。"①这也就构成了写作的"外召唤结构"。

写作者的"写作目的"则构成了写作行为的"内召唤结构"。写作是人的目的性行为，作者在动笔之前，有着明确的"目的意识"。当作者萌发写作冲动并试图将自己的写作冲动形之于笔墨，他首先就必须明确自己的写作目的——我为什么要写？通过写作我要达到什么目的？"写作目的"是主体一种理性的审视与追求，它表层是写作者出于社会生活中的某些功利

---

① 高尔基：《给初学写作者》，平明出版社 1953 年版。

性目的，深层则是为了实现写作者个人的价值与尊严——这也就构成了写作的"内召唤结构"。大多数的写作动机，通常都要接受写作目的的理性审视，只有把写作冲动与写作目的统一协调起来，才能推动写作者进入下一步的写作构思。

写作行为的"内召唤结构"通常服从于作者的需要。马斯洛认为，人的需要是分层次的，它们由低至高依次表现为"生存""安全""归属""尊重""自我实现"。这五种需求表现五种不同的精神境界，如：

　　就"生存"而言，有人"著书只为稻粱谋"，有人则"著书不为稻粱谋"；

　　就"安全"而言，有人敢于直面人生，有人则明哲保身；

　　就"归属"而言，有人有着极强烈的民族意识、集体意识，有人却是极端的个人中心主义；

　　就"尊重"而言，有人特别珍重自己的尊严，有人却可以不要自己的人格；

　　就"自我实现"而言，有人能把自我价值的实现与社会、集体统一起来，有人却把它们对立起来……

二、"写作决策"

以"写作冲动"为核心，它一头维系着写作者的"内召唤结构"，一头维系着社会的"外召唤结构"，在二者之间作出平衡、取舍并作出最佳选择，这就是写作决策。

一般地说，"内召唤结构"—"写作冲动"—"外召唤结构"是处于一种平衡状态的，写作者只须进行大致的估衡便能顺利地进入下一步的构思，但它们也有矛盾的时候：

首先是"写作冲动"与"写作目的"之间的矛盾，譬如说，某个作者产生了写一篇杂文以针砭时弊的强烈冲动，但出于个人得失、利益的考虑他又不愿意得罪某一权贵，这时他就面临非此即彼的选择——他或是牺牲个人利益而犯颜直谏；或是为了个人利益而忍让放弃；或是采取迂回战术而二者兼顾——当他作出决断，这是写作决策。

其次是"写作冲动"与"外召唤结构"之间的矛盾。譬如说，一个作者产生了强烈的写作冲动，但他的写作冲动与时代弘扬的主旋律并不合拍。又譬如，一个作者试图表达他的某一学术见解，但他的见解并不为当前的学术界所见容，这时候他的"写作冲动"与"召唤结构"也就产生了矛盾，他也面临非此即彼的选择。这样，写作主体就必须根据特定的目的、身份、对象、场合采用适当的体式、措辞和方法，以求得体、得当。

写作决策也就是决断。

作者通常要考虑的是：

　　(1)表现对象本身的价值，包括审美价值、实用价值、科学价值，看值不值得自己写；

　　(2)写作行为将产生的影响及社会价值，看对社会有没有用；

　　(3)写作行为对作者自身的价值，看写作将给自己带来什么。

这是一种价值判断，它是主体对自身与外界、对自身的内在状态和自身行为的一种综合性评价。他不仅要考虑自我与外界的关系，而且还要预测自己写作行为的后果。马克思曾指出："'价值'这个普遍的概念是从人们对满足他的需要和外界物的关系中产生的。"

正确的决断，取决于作者审时度势的胆识——"胆"，指的是作者能坚持真理；"识"，指的是作者能够认识真理、富于智慧。构思，也就是作者有胆有识的一种生存化展开。

三、写作策略

当作者决定要写之后，他一般要考虑通过什么样的方案什么样的手段才能取得最佳效果。策略是作者对预期效果的一种谋略，一种整体控制，如叙述策略、论辩策略、诉请策略等。

采取什么样的写作策略，一般基于作者对已有作品的了解和对读者的了解。

我们平时讲创新，都是针对已有作品而言的。所谓"人所易言，我寡言之，人所难言，我易言之"；所谓"避与犯"，都是这样。平时我们讲创新，往往忽略了这个基础。像中学生，平时读的作品少，讲创新，谈何容易！他根本就不知道从何而避，从何而犯。

采取什么样的写作策略，还要对读者接受心理、接受习惯、接受能力、接受背景有所了解。写任何东西，首先得读者定位，我写给谁看？如广告文案，首先就得读者定位，读者定位之后，还要了解读者的阅读水平、阅读兴趣、阅读需要、阅读背景。

从信息论的角度看，文字符号是信息的载体。整个写作过程，实际上就是作者根据所要表达的信息，将一定语义内容与相应的文字符号组织起来，组成一个负载信息的符号系统传播给读者。读者拿到文章后，在阅读、理解的过程中，他必须认得文字符号，有理解这些文字符号的知识准备，具有一定的阅读技能。具备以上三个条件，他才能进行正常的阅读。而这三个条件，人与人是不同的，也就表现出阅读能力、阅读水平的不同。不了解读者的阅读能力与水平，作者与读者就不能进行正常的沟通。

兴趣是人对客观事物爱的一种情绪与倾向，在阅读中，读者会对某方面的内容及其表现形式感兴趣。了解读者的阅读兴趣也是十分重要的。因为在阅读中，除了一些指定性的文章（如公文、教科书）读者必须阅读外，读者更多的时候是根据自己的兴趣来挑选读物决定阅读的。因此，作者写作中往往选取群众感兴趣的话题、题材，采用群众喜闻乐见的形式来写。

与兴趣紧密相关的是需要。一般说来，读者需要什么，他就对什么感兴趣。但他兴趣所致，并不一定是他需要的。例如，一个人对体育新闻很感兴趣，但他并不一定是体育工作者或新闻记者，他可能全然出自兴趣。但读者需要的，他一定会感兴趣。需要是比兴趣更内在的动力。一个人如果感到自己需要什么，他会尽一切努力去实现它。像实用性的文章，读起来并不一定有"味"，但因为需要，读者仍会手不释卷地读下去，这就是需要促动的缘故。

读者通常有求知心理、猎奇心理、逆反心理、寻求感官刺激的心理等。

求知心理、猎奇心理是健康的阅读心理。逆反心理、寻求感官刺激的心理，是不正常的。由于种种原因，有的读者形成了一种逆反心理，他的价值判断往往是反向的，你说好的作品他不屑一顾；你说有问题的作品他趋之若鹜；你说对的地方他要说错；你说错他要说对。有些读者，寻求感官刺激，他阅读作品不是为了寻求知识，而是追求低级庸俗的感官刺激。

阅读过程心理，如长时间读严肃的读物，他需要轻松一下。一味追求轻松的作品，又需要来点严肃的东西。一味的紧张，需要舒展。一味的舒展，他又需要紧张。在作者与读者之间，实际上也存在着一些矛盾需要处理。其间，主要是"精神定位"——在"精神"上，作者把自己摆在一个什么样的位置——他或是超越读者，或是贴近作者，或是低于读者。

在"精神"上超越读者，又有两种：一种是处于一种引导或启蒙者的位置，如革命领袖，那些大思想家、大哲学家、大学问家，他们高远的人生境界，卓越的人生见解，勇于为真理献身的精神，是远远超越于一般读者的；一是处于一种自命不凡、自命清高甚至是与民众敌对的位置，他们或是出于一种优越感，俯视着芸芸众生，或是出于某种卑劣的目的，欺骗、愚弄读者。

在"精神"上贴近读者也有两种：一种是本着民主平等的精神，与人交流或商榷，或是想读者之所想，言读者之所想言，成为广大读者的代言人；一种是无原则地媚俗、讨好读者，迎合读者。

在"精神"上将自己摆在低于读者的位置，也有两种：一种是出于正常的人际关系，如晚辈对长辈、下级或上级的问候、请示、虚心向人求教等；一种是在人格上低人一等，袒露并欣赏自己思想、生活中最不健康的东西，如那些专门从事色情写作的作家等。

从某种意义上说，写作也就是一种精神交流。人的精神是有层次的，因此，无论处于一种什么样的定位，都是可以理解的，但出于卑劣人格、卑劣目的的精神定位，无论如何是有违写作之道的。它或许能哗众取宠于一时，终究将为人所不耻。

四、写作的显性控制与隐性控制

写作构思受到表层的显性的策划意识控制，也受到深层的隐性的人格控制。作为写作决策，是一种显性控制，它是作者在构思当中有意而为之的，浮现在意识层面之上的。这种控制，从心理学的角度来说，意味着运用理智和意志的力量去指导、协调自己的写作行为。理智的控制，往往通过深思熟虑而选取有效的方式去实现自己预期的目的。人格是作者对自己个性、价值、尊严、胸怀、能力、情操的一种自我体认。它对写作的影响是无所不在并且是下意识的。一个人格高尚的人，见别人遗落了一块手表，他不但不会据为己有，而且会千方百计地寻找失主；而一个人格卑下的人，他一见左右无人就可能把手表装入自己的兜中。人格对文章的潜在影响也是这样。文章是人的思想感情的表现，作者在抒情写怀、辨事论理之时，必然要明是非、识善恶、断美丑、寄理想——其忧国忧民的沉思，济世安邦的抱负，个人奋斗的雄心，无不跃然纸上。因此，对于写作的控制，最终是一种人格的控制。人格不仅仅是个性的卓绝与张扬，它同时还包括了识大体、能宽容、有气度、有内涵，但这不是装出来的，而是一种天性的自然流露。人格对写作的控制，是一种潜控制；优秀的人格修养，能在写作中表现出一种不着意追求也能如此的大智慧。

§3　"思维时空"与"思维方式"

构思是否能充分、自由地展开，是建立在思维时空之上的。"神思方运，万途竞萌"，"寂然凝虑，思接千载；悄然动容，视通万里"，"精骛八极，心游万仞"，"观古今于须臾，抚四海于一瞬"，这类描述，都涉及思维时空。

一、"思维时空"

空间有一定的广度，时间有一定的长度，它们直观地体现了思维的时空容量。

一般说来，体裁及体裁的篇幅，对思维时空有一定的要求。如，长篇小说，通常投影在宏大的时空框架上：时间的纵向延伸要足以表现历史的进程；空间的横向扩展要足以再现宽广的社会人生画卷；时间的长度和空间的广度要适当地均衡。如果时间截取过于短暂，洋洋数十万字的小说只能向横向扩展，小说就难免拖沓和没有历史纵深感；如果截取的空间过于狭窄，小说停留在少数几个有限的场景中，就会显得局促，难以展现广阔的社会人生画面。如果没有时间的纵向推进只有空间的横向扩展，小说就会停滞不前而显得异常沉闷。短篇小说的时空截取则限定在一个不太大的空间和一个不太长的时间段里。如果时空截取过长过泛，小说就容易写成长篇或中篇的梗概。因此，短篇小说截取的时空通常都很集中，像契诃夫的《苦恼》《万卡》《变色龙》《胖子与瘦子》，就是在一个比较单一的场景中横向展开，时间和空间都很集中。鲁迅先生的《药》，要表现的是辛亥革命以来的历史教训，这无疑是一个很大的主题，具有很大的时空包容量，但作者用短篇小说来表现，时空截取就很精当：在时间上，不取革命全过程，只取夏瑜牺牲前后；空间上，只集中在茶馆、刑场与坟地这三个点上，便产生了阔大而不空泛、精简而不狭窄的效果。当然，这也不是绝对的。像福纳克的《喧嚣与骚动》，小说空间定位于密西西比河流域美国南方那个神秘的县城约克那帕塔法；小说时间仅仅是四天，而这四天又分别与基督受难的四个主要日子相关联，康普逊家在每个特定日子发生的事情，与基督传说里同一天发生的事相联系，小说就在这一明一暗的双行轨道上展开。小说所截取的时间虽然是四天，但在整体上仍然达到了一种均衡。莫泊桑的《一个女雇工的故事》，写了女雇工历尽苦难的一生：年轻时如何初恋，如何受骗遭抛弃，如何生下孩子，如何为养孩子而拼命干活，如何被主人占有，如何因不能再生孩子而备受打骂。高晓声的《李顺大造屋》，写了主人公几十年来屡次造屋不成的遭遇，以及在相当长的一段历史时期内农民的命运以及由此涉及的众多的社会历史内容。

以上讲的是作品中的时空，还不是真正意义上的思维时空。这里说的思维时空，是一种"心理现实"，它不一定直观地反映到作品中去。

空间是一种横向的扩展，时间是一种纵向的延伸，在时间纵向延伸的线轴上，有"远古""过去""现在""将来"；在空间横向扩展的线轴上有"家园""国家""世界""宇宙"。写作思维的时空域也就体现为时间线轴上的长度、空间线轴上的广度。虽然说，时间和空间总是融合在一起的，世界上不存在没有时间的空间，也不存在没有空间的时间；时间是空间的潜在形态，空间是时间的外在表现，但写作思维的时空容量并不一定是均衡的。有时候，作者立足于当前，却可以抚四海于一瞬；有时候，作者居守于一隅，却可以观古今于须臾。

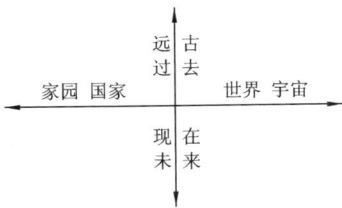

```
                远 古
                过 去
   家园 国家           世界 宇宙
                现 在
                未 来
```

依据民族构思特色，这个坐标还可绘为：

思维时空是由物理上的范围、材料的性质以及思维的新颖来保证的。写作构思中对时空的态度，会形成文章的境界。在此时此地——彼时彼地的两极：固守自己一方热土，将表现出强烈的现实精神和乡土之情；由己而推及社会、人生、宇宙，是一种博大的人文关怀和高远的人生境界；由此在而追溯旷远的历史，是一种深厚的文化心胸；由此在而着眼于将来是一种高瞻远瞩的发展眼光……当写作者把自己的人生态度与思维时空结合起来，也就熔铸了作者的胸怀和文章的境界。

```
           往 世
           今 生
     地狱  人 间  天上
           来 世
```

从技巧上说，不断拓展自己的思维时空，是保证自己构思的一种保障。

在写作构思中，作者总是试图将不同时间不同地点的材料调集起来，从这一点来看，廓大思维的时空域限，也就是加大了思维的能量。如，我们写一篇评论，固然可以就这篇作品评这篇作品，但如果能把古今中外相关相似的作品联系起来考察，思维的质量就是另一种景观；又例如，我们写一篇总结，固然可以就事论事，如果我们能考虑以前是怎么样的，其他单位是怎么样的，思维有了参照系数，思维的质量在无形之中也就得到了提高。

思维时空的不断廓大体现在由此及彼联想与追问上。由此时此在推及它的过去和未来，由此时此在而推及社会、宇宙，这体现的是物理时空的廓大。思维时空也体现在思维性质上，由现象而推及本质，由经验世界而追溯超验世界，这也是一种时空域，或者说是更为重要的思维域。试以"路"为例：

> 由"路"而联想到——我家门口的那条小路，晴天的路，雨天的路，铺满雪花的路，长满青草的路，泥泞的路，平坦的路，早上的路，晚上的路，寂静的路，热闹的路，大路，小路……这些经验现象的简单堆积严格说来并没有实质性的意义；
>
> 由"路"而联想到——屈原上下求索的路，陶潜归隐田园的路，陈景润艰苦攀登的路，华罗庚自学成才的路，中国加入世界贸易组织之路，姚明踏入 NBA 之路……这些材料的性质显出差异就见出思维的层次和丰富；
>
> 由"路"而联想到——人类文明进展之路，中国改革开放之路，求学之路，人生之路，个人奋斗之路，国家富强之路……这类联想往往是我们提炼主题的基本思路，一般说来它是对的，但如果缺乏特色，开阔的思路也会见出局促；
>
> 由"路"而联想到——你明净如水的眼睛是我走入你心灵的坦途，你会心的一笑是架设我们友谊的桥梁……这类联想虽然局促，但因新颖别致而见出思路开阔。

二、思维方式

通常把思维分为宏观思维和微观思维、求同思维和求异思维、发散性思维和收敛性思维，它们与写作构思都有着十分密切的关系。对写作来说，最好是将两两对应的思维方式结合运用。

（一）宏观思维与微观思维的结合

宏观思维是一种注重整体的思维，它以开阔的视野和恢宏的气势，通过整体把握局部，通过"森林"以观"树木"。微观思维是一种注重局部的思维，它把部分当做整体，注重的是精细的局部透析。反映到文章中，便是史诗般的鸿篇巨制和玲珑剔透的断章小诗，洋洋洒洒的长篇论著和短小精悍的短小文章。二者兼备，作者既能写好短章小札，也能掌握长篇大作。如果二者不能兼备，作者在篇幅的制作上便出现了局限，如，有的人能写好长篇巨著，却写不好短章小札，有的人能写好短小文章，却无法掌握比较大的篇幅。

宏观思维强调的是整体把握的能力和庞大的结构能力，微观思维强调的是局部的透视能力和精巧的剪裁能力。宏观的魅力在于以大见小，林中观木，给人一种开阔的整体感；微观的魅力在于精微具体的透析，给人一种晶莹剔透的深入感。前者高屋建瓴、纵览全局、气度恢宏，开拓的是广度；后者目光专注、细察局部，开拓的是深度。其实，这两种思维方式对写作者来说都是不可或缺的。以文学评论的写作为例，缺乏博大的宏观观照，作者的审美视野、理论视野都非常狭隘，他常常只见树木不见森林，既无法从广阔的文化文学背景中去理解作品，发现文学创作的一般规律和特殊规律，也无法科学地判断作品的思想价值和艺术价值。任何"小"的角度，都是建立在对事物的宏观观照基础之上的，如果没有宏观的观照，我们就根本无法选择那些有利于突破的"小"角度；而且，任何一个"小"的角度，只有纳入宏观观照的范围中才会有意义。如，我们选择鲁迅的《狂人日记》来做研究，这个口子算是比较小的了。为什么要选择这篇小说来研究呢？就一般而言，一篇短篇小说是构不成一篇学术论文的选题的。这就离不开宏观观照，只有从人类发展史的广阔背景上深刻地感受了鲁迅创作所具有的巨大的思想文化价值，才可能真正意识到这个选题的意义。但是，仅仅有宏观观照又是不够的，缺乏具体的微观剖析，思维就无法深入。我们平时写文章，讲究"大中取小，以小见大"，思维也就是在宏观与微观之间转换。所以，对写作来说，无论写短篇小札还是鸿篇巨制，都要将宏观思维和微观思维结合起来。

（二）求同思维与求异思维的结合

求同思维倾向于认识的同一性方面、相似性方面；求异思维则倾向于认识的差异性方面、个别性方面，它总是终止原有思路另辟蹊径，对既定性质和看法提出质疑，提出相反的意见并试图使自己的看法立得住脚。因为写作强调的是创造，所以人们常常贬"求同"而褒"求异"。其实，它们对写作来说同样是不可或缺的。大千世界，复杂万端，如果每个人都坚持自己独立不羁的看法，那么人类的知识就无法整理、叠加、积累、流传；后人在纷乱如麻的知识遗产面前也会手足无措。事实上，我们总是大量延续着前人的思想，只是在少数地方对前人有所修正、补充、丰富和发展。在前人开垦的土地上精耕细作不见得就毫无意义，滚一滚前人滚过的雪球同样还有值得做的工作。如，写文章要讲究一定的章法，要有开头和结尾，要讲究主题的提炼，要讲究材料的充实，要追求意境和风格，这都建立在求同思维的基础之上。

消极的求同思维是丧失自己判断能力的从众思维，是循规蹈矩的保守思维，积极的求同思维总是与求异思维结合在一起的，我们总是在充分认识事物相同之处后发现它们的相异之处，在充分认识它们相异之处后发现它们的相同之处，以便看到"同中之异"和"异中之同"，这种积极意义上的求同思维实质上也就是一种求异思维。

在写作构思中，要加强自己的求异思维，善于发现思维的盲点，勇于坚持自己的创见。试看王希杰的文章《笑话的非笑话性和非笑话的笑话化》（原载《语文导报》1986 年第 2 期）：

　　面对着一位登门求教，一再请我赐给他一些论文题目的青年人，一向以为题目多得很、到处皆是、任何人一辈子也做不完的我，便一口气说了几十个题目，如：

　　论真话和谎话的区别

　　论笑话和非笑话的界限

　　论吹牛拍马的本质、起源和发展

论鸡毛蒜皮和非鸡毛蒜皮的区别

论鸡毛蒜皮和学术研究的关系

论吹毛求疵在科学中的地位

论想入非非在文学创作中的作用

论好逸恶劳在学术研究中的价值

论异想天开和人类的进步。

并以《论笑话和非笑话的界限》为例，同他大谈一番方法和方法论原则。

请问笑话是什么？如何定义？权威的《现代汉语词典》1260 页中说：

[笑话] xiào huà(儿) 能引人发笑的谈话或故事；供人当作笑料的事情。这就是大可非议的；引人发笑的谈话或故事就是笑话么？不见得。据说，外国一家大剧院失火了，一个小丑走到前台通知观众："现在剧院失火了，请观众火速离开剧场！"全场哄堂大笑。他这番话难道是一个笑话么？有时说的人当笑话来说，以为听众一定发笑，但听众偏偏不发笑，也不认为是一个笑话；有时说的人一本正经，以为是科学、学问，如日本一位学者在专著中用中国人好吃笋来证明中国人好色，因为笋像男根。鲁迅把这看成一个笑话。发笑不发笑，这取决于多方面的因素，同一个人的出身、经历、阶级地位、文化教养、兴趣爱好等大有关系，一个笑话能叫十亿人、三十亿人同时发笑也是很难的吧？听众中有百分之多少的人发笑就可以称之为一个笑话呢？

再说，笑话固然有笑话性，但也具有非笑话性，非笑话固然有非笑话性，但也有可能笑话化，笑话和非笑话是对立的，但又可以互相转化。

……

原文是一篇杂文，未免嬉笑怒骂皆成文章，但作者运思的过程却是相当清晰的：作者因青年的登门求教，一口气联想到几十个题目；又从《论笑话和非笑话的界限》这个题目，迅速联想到笑话的定义，与笑话定义不相符的事实，非笑话的笑话化……由于作者运用了求异思维，也就在人们习以为常、不以为然的地方发现了新义。

（三）发散性思维和收敛性思维的结合

前面曾说过，博而能一综合律反映到构思上，也就是发散性思维与收敛性思维的巧妙运用。所谓发散性思维，是指作者有目的地围绕某一点，将思路四面八方扩散开去的一种思维方式。发散性思维，其引发点可以是形象的，也可以是理念性的。发散性思维所及，既可以是材料性的，也可以是认识性的。如，我们由一个细节，想到他种种的言行，想到他的一生，想到与他相关相似的人，想到与他相反的人，这是形象性的、材料性的。由一个苦学成才的先进事迹，想到业精于勤，想到勤能补拙，想到一勤天下无难事，想到勤能出智慧、出成果，想到勤是一种美德，想到我们最大的敌人就是懒惰，这是理念性、认识性的。在写作中，材料性的发散思维，主要用于调动材料，调动积累，我们通常在纵横、点面、正反、抑扬、虚实、远近、开合、层递、因果、类比、类似等关系上展开。认识性的发散思维，主要用于提炼主旨，以便我们在多种认识中找到最新颖、最深刻的思想认识。它们通常在不同角度、不同层次、不同方法上展开。它们都应做到尽可能地全方位地发散。所谓收敛性思维，是指作者依据一定目的，将"杂多"归于"单一"的一种思维方式。收敛性思维也可以分为两种：将众多的分论点统摄于一个总论点，将众多的认识逐一筛选为自己要集中表达的某一个认识，这是认识性收敛；将众多材料统一于一个核心材料，将众多人物统一于一个核心人物，这是材料性的收敛。收敛思维是由不定向向定向的收缩，通过收敛性思维，作者的思维回到最能体现写作意图的方向上来。作者通过筛选、抉择、梳理、归纳，最后将纷繁、复杂的"众多"整合为一个有机的"单一"，从而孕育出一篇完整的文章。这个过程，也就是古人所讲的"万取一收""一以见万"。在写作构思中，发散性思维与收敛性思维是交织运行、循环反复的。构思要放得开，收得拢，就取决于这两种思维方式的运用。对写作构思来说，无论是立意还是选材，首先是要"放"得开，其次才是"收"得拢。"放"不开，构思就无法充分。"收"不拢，文章就无法成形。整个写作构思其实也就是在"万取一收""一以见万"中完成。对于初学者来说，"放"字更为重要，古人论构思："作文之体，初欲奔驰。"①"作文必须放，放之如野马，踢跳咆嗥，不受羁绊，久之必自厌而收束矣。"②他们都强调"放"。

（四）一维思维与多维思维的结合

人们依据思维的维度，通常还把思维分为"一维思维""二维思维""三维思维""四维思维"。维度的多少决定了思维的层次。通常认为，"一维思维"是最低级的思维方式，它纵向地、线性地思考问题。持有这种思维方式的人，往往注重传统的延续性，注重经验的有效性，注重记忆回忆，注重历史类比，对外来的东西持有一种本能的反感。这是一种重在再现的落后的思维方式，思维节奏缓慢，思维视野狭窄，思维缺乏个性和创造性。"二维思维"能够在纵向发展和横向比较中思考问题，思维具有纵向和横向两个维度，比起"一维"思维来，由于它有了横向的比较和扩展，扩大了思维视野，但它仍然是一种平面的思维。"三维思维"是一种立体的、纵横统一的思维方式，它不仅具有纵、横两个维度，而且纵、横两个维度是有机统一的、运动发展的，它是一种立体网络式的思维方式，我们常提到的系统思维，即属于这种方式。而"四维思维"则是一种时空统一的、螺旋式的、相对的、互补性的思维方式。这是一种高级的思维方式，当今能运用四维思维的人并不是很多的。最早提出"四维"的是德国数学家、物理学家闵可夫斯基；爱因斯坦、海森堡、普里高津、马斯洛、杨振宁、李政道等人，对四维思维的运用作出了杰出的贡献。在"四维"的基础上，还有人提出了"超四维"思维。所谓"超四维"，即在四维的基础之上再加上新的维度——人，加上了人的直觉、人的顿悟、人的选择、人的审美……这种超四维的方式，早在易经八卦、黄帝内经中就显示过它的功能。作为一个现代人，当然需要建立起立体的、系统的思维方式，但有时也不要忘了一维思维的好处。例如，我们有时候抓住某个问题深入追究下去，也会显得显赫惊人。

§4　"思维模式"的建构与消解

一、思维模式的含义

思维模式是对思维操作步骤的一种结构性描述，它通过固定的思维要素和要素之间的关系把思维操作步骤固定下来。从讲解的角度讲，思维操作模式是对思维操作步骤的结构性描述，从心理学的角度来说种种模式则是一种动力定型。在一定顺序和一定强度的反复刺激下，大脑皮层按顺序形成的巩固的暂时联系，也就是动力定型。

思维模式是在写作实践中形成的，如杨朔的散文：我要到香山看红叶，没有看到，却看

---

① 欧阳修：《与渑池徐宰》《欧阳修全集》，中国书店出版社1986年版。
② 王筠：《教童子法》，中华书局1985年版。

到了一位老向导，他是真正的香山红叶；我要到泰山看日出，没有看到日出，却看到了人民公社，它是真正的泰山日出；我要去看海市蜃楼，没有看到，却看到了渔民新村，它是真正的海市蜃楼……这种模式就是由不断重复自己的构思所形成的。由于写作学习大多是从模仿入手的，所以许多教师喜欢给学生提供一些操作模式，这些模式包括构段的模式、构篇的模式、构思的模式等。

综观新时期以来的写作学研究，人们对写作思维模式的研究由分散走向了集中，由表层走向了深层，由零散走向了系统，这方面的代表人物是马正平，他的《广义写作思维原理论纲》，就试图建立起贯穿于整个写作思维过程的系列化操作模式。由于很多人热衷于思维模式的讲解和训练，认为思维模式能够解决写作中的一切问题，我们不得不花些篇幅来讨论这个问题。

二、思维模式的建构

首先我想说，写作是离不开基本的模式的，譬如开头结尾之类，也就是一种模式，我们必须掌握。对于初学者，建构一些基本的模式，也是有意义的。写作技能技巧的形成，一些程式化极强的实用写作，需要强化这些动力定型。熟悉和掌握一些基本的思维模式，对我们的写作会有帮助。但是我们要看到，人们所总结出来的各种模式，往往处于不同的层面，有的科学，有的则是不科学。如，有些中学老师为中学生所提供的议论文的结构模式："引－立－论－联－结"，这个模式就不科学，它的不科学之处，就在于它没有引导学生对具体事物作具体分析，长此以往，就会形成学生思维上的惰性、麻木、盲从。我曾看过一本叫《议论文论据资料》的书，编有爱国主义、精神文明、尊师、交友等26个部分，每一部分都由名言语录和名人故事等方面的材料所组成，此外还附有诗词、名句、名言辑录、思想火花、中外谚语等内容，学生遇到相应的题目，只要把相关的材料引到既写的思维框架之中而加以排列组合就行了。这类模式，是格式化的，处于记忆表层的，学生作文时只要记住了这个模式，几乎可以不动心思把材料往里填就行了。有的则属于思维深层，具有普遍功能，如马正平所总结的一些思维操作模型："平列""递进"等构置语段的思维模式；"重复""对比"等赋形思维的操作模式；"因果分析""功能分析""结构分析""程度分析"等思维的操作模式，则是我们写文章所常用到的，具有普遍意义的。所以马正平认为，"操作来自模型"，"写作的基本原理就寓含在这些模型之中"，写作思维操作能力的培养就是要通过训练，让学生建构起感觉化、心灵化的思维操作模型。① 所以，我们进行思维模式的训练时，一定要甄别，建立起科学有益的思维模式。

三、思维模式的消解

我们暂且不说那些处于极表层的种种模式（面对那些模式，即便是始作俑者的一些中学老师，也是有所保留的），就是那些比较深层的、极具科学理性精神的操作模式，我们也不免产生一种担心：整个写作思维过程果真如此吗？按照这些模式写作出来的文章会不会千篇一律呢？除了这些模式，还有生命激情呢？还有创造激情呢？还有活生生的生活感受呢？还有鲜活鲜活的思想呢？我一点也不想否认必要的模式，但是，这些东西都是"大体则有，定体则无"的东西，都是一种"变数"，一旦把它凝固化、程式化，它就成了一种脱离生命激情的东

---

① 马正平：《技术渗透理论，操作来自模型》，《写的智慧》第4卷，西南师大出版社1995年版，第1339页。

西，甚至成了扼制生命激情的东西。在一次学术交流会上，我曾对正平先生说，对写作教学来说，我们不可过高地估计了模式的作用，一方面，我们应通过讲解和训练帮助学生建构起种种模式，另一方面，我们随时随地又要帮助学生解构这些模式。写作是很灵活的东西，学了十八般武艺之后，上阵不能一招一式地套用。我至今仍然坚持这种认识。

种种动力定型有好也有坏。从好的方面讲，写作基本技能技巧的形成，都基于动力定型，一些程式化极强的实用写作也需要强化这些动力定型。从坏的方面讲，模式总是属于大众化的、缺乏个性的、具有思维惰性的、与自己的生活感受和创造激情有着一定距离的，如果让自己的创作个性俯就于种种模式，让种种模式剥离了鲜活的生活感受，让自己的写作智慧在种种模式之下无所作为，模式也就成了写作的一种障碍。因此，当我们建构起种种模式的同时，也就要有意识地解构各种模式，不要让种种模式束缚我们的思维。

解构思维模式的最好办法有三个：

一是真实于自己的生活感受。

真实于自己的生活感受是解构种种思维模式的最好办法。我这里有一份训练设计，设计者的目的是让学生建构起散文写作的思维模式。这个训练设计是这样的：

《落叶》
时间：信息点——无边落木；冬叶；秋叶；夏叶；春叶……
用途：住处点——烧饭；做药；做肥料；做书签；提炼维生素……
人事：信息点——诗词；名言；品德；教师……

设计者提示学生，作一篇标题为"落叶"的散文，可先列出"时间""用途""人事"三条坐标线，在这三条坐标线上标出信息点，构思中把有关的信息点串联起来，便是一篇散文。如：由落叶声想起"无边落木萧萧下"的诗句——由诗句想到落叶的用途——由用途想到人事；如自己的某位老师——由老师想到他具有一种落叶精神——由落叶精神而抒发自己的感情。

不能说这个训练设计对启发学生的思路就毫无用处，但它实在谈不上高明，它最不好的地方是引导学生为文造情，没有真情实感而瞎编。对付这一类模式，最好的办法就是忘掉它，从自己真情实感写起。

二是打破思维常规。

人一生下来，便立刻落到一个现成的生活方式之中：怎样吃饭，怎样穿衣，怎样说话，怎样与人相处，什么叫大，什么叫小，什么叫甜，什么叫苦，这是干什么的，那是干什么的……这些既定的认识帮助我们尽可能快地学会了生活，但也给我们思维造成了一种错觉，好像一切都天经地义，什么都从来如此：过去如此，现在如此，将来也如此，这个地方如此，其他地方也如此……这使我们的思维形成了一些误区：看问题片面，思想落后于现实，因循守旧，迷信权威，怕犯错误，习惯于常规思维。创造和发现总是打破思维常规的结果，而打破思维常规并不是惊天动地的事，它往往是从极细小的方面开始的。意大利航海家哥伦布发现美洲新大陆后，轰动了全世界。一次，西班牙女王为他举行庆祝宴会。会上，一位客人轻蔑地说："发现新大陆有什么了不起，那是客观存在的，只不过叫你碰上了。"哥伦布不动声色地顺手拿起一个鸡蛋说："请你把它立在桌子上。"那位先生摆来摆去怎么也不能立起来，哥伦布接过鸡蛋往桌上一碰，便稳稳地立起来了。那位先生说："这样把鸡蛋立起来也没有什么了不起。"哥伦布郑重地说："事情就是这样，有人发现得了，可有人就是发现不了，这就是差别。"

构思中，我们要善于发现思维盲点，勇于坚持自己的创见，加强自己的求异思维。

善于选择角度也是解构模式的方法之一。

思维模式是一个平面的框架，它需要特定角度的支撑。不同的角度往往会使思维显示独特的创造性，善于在比较中选择角度也是消解思维模式的好办法。

所谓角度，也就是我们观察、审视、研究、探讨客观事物的视点和视角。客观事物摆在我们面前，该怎样去认识它？这里有一个视点的问题，如一座山摆在我们面前，采取什么样的视点？是平视？是俯视？还是仰视？视点不同，这座山呈现在我们视野中的风貌也就不同。不同的视点引导出不同的视域，视点加视域，也就构成了我们所讲的角度。

角度可以分为物理视角和心理视角。物理意义上的视角，直观地在物理时空中呈现出来。如我们观察一座山，可从正面观察，也可从侧面观察；可以走近观察，也可以拉开距离观察；可平行观察，也可以选择俯视或仰视，这些角度的选择主要体现在空间位置上。是早上观察？还是晚上观察？是春天观察？还是冬天观察？是晴天观察？还是雨天观察？这些角度的选择主要体现在时间上。心理视角则主要是一种意识行为，它并不直接呈现于外部的物质世界，而是一种心理操作。同样以山为例，我们从内在的、心理的方面去选择视角，可以作宏观的、整体的研究，也可以作微观的、局部的研究；可以选择某一方面，如旅游观光，或文化的、历史的、地理的、经济的、生态环境的角度去认识它，这些角度的选择主要是一种意识行为，属心理操作。

一般说来，物理视角和心理视角是紧密联系在一起的，例如，任何一个空间视点的选择，不能不涉及我们的意识；而任何一个心理视角的选择，也不能与物理视角全然无关。

思考任何一种事物，都必须有视角。为什么这样说呢？因为任何一个客观对象，从它的外部来看，是一个混沌、整一的对象，就它内部来看，则是由多种要素、多个层面、多种联系、多种性质构成的统一体。我们要把握它的特征，研究它的本质和规律，就不可能停留在整一、混沌的直观上，必须取其一端，从某一个或几个方面入手，因此，在构思中确定自己的视角，既是必要的又是必需的。选择角度，实际上也就意味着选择突破口。突破口选对了，构思就可能创新。构思中选择角度，既体现在主题的提炼上，也表现在取材上。从哪个角度去选取题材？从哪个角度深入开掘？这是写作者必须考虑的问题。

§5　文思的启动

一、动机的含义与类型

恩格斯说："就个人来说，他的行动的一切动力，都一定要通过他的头脑，一定要转变为他的愿望和动机，才能使他行动起来。"[1]人的写作行为不是平白无故进行的，它之所以产生写作行为，有它的目的性。这种目的性表现在主体心理上，就是他的写作动机。

根据作者写作动机的针对性，可以把写作动机分为整体动机和具体动机。

所谓整体动机，是指作者对整个写作行为所持的目的。所谓具体动机，是指写作主体对某一篇某一部作品写作所产生的内心愿望。这两者既有联系又有区别。一般说来，作者平时的整体动机越强烈，越稳定，越持久，他产生具体动机的机会也就越多，而每一次的具体动

---

① 《马克思恩格斯选集》，人民出版社 1971 年版，第 4 卷，第 242 页。

机，又无不服从于作者的整体动机。这一节讨论的，主要是具体动机。

根据写作动机的需要性，通常将写作动机分为匮乏性动机和生长性动机。

马斯洛在《动机与人格》《人的潜能与价值》等著作中，曾把动机分为匮乏性动机和生长性动机。他认为，匮乏性动机仅仅是为了满足生存、安全、归属、爱、尊重等低级需要，这些动机是被动、压迫性的。生长性动机为的是满足主体认知、审美、实现自我潜能等高级需要，其动机是解放性的、主动性的。有人根据马斯洛的理论，认为匮乏性动机是人的一种异化，应予以彻底摒除，其实这些观点是不符合写作实际的。事实上，在写作活动中，匮乏性动机与生长性动机常常是融合在一起难以截然分开的。即使是十分愉快、自由的写作，主体总免不了对外在环境有某些期待；而匮乏性动机也往往包含着某些生长性动机的因素。对一般作者，其写作动机往往是匮乏性的，匮乏性动机往往是他写作的一种动力。例如很多人初学写作，希望得一个高分，希望得到老师好评，希望发表，希望赢得一些名誉甚至赚一点稿费，这些无可厚非。不过，需要指出的是，一个作者的写作动机，不能仅仅停留在匮乏性上。由匮乏性动机逐步向生长性动机升华应该是一个写作者的自觉追求。如果一个作者的写作活动仅仅是追名逐利、迎众媚俗，以获一些蝇头微利，蜗角虚名，他的写作能力就永远不可能得到大的提高，也一定写不出好的作品。

更多时候，人们据动机产生的自动性，将写作动机分为主动性动机和被动性动机。所谓主动性动机，是指作者在接受客观信息刺激时，自动产生的某种写作欲望。人生活在社会实践中，总是不断地从外界接受各种信息。这些信息对人大脑的刺激有强有弱，或经久难忘，或稍纵即逝。当信息激起人们较大的情感波澜时，就会产生写作的欲望。高尔基说："由于'令人苦恼的贫困生活'对我的压力，还因为我有这样多的印象，使得我'不能不写'。"[①]达尔文说："无论我观察到什么，都感受到一种想理解和说明一切的强烈愿望。"[②]这些都可以视为主动性动机。所谓被动性动机，指的是作者本人没有写作的愿望，但客观形势却需要他动笔。例如秘书奉命写总结，记者奉命写消息，学生按老师要求写命题作文等，都属于这种情况。

主动性动机往往产生于主体内部的愿望与要求，它是由内部需要所引起的一种心理上的不平衡。它往往表现为一种强烈的、勃发性的情绪冲动、情绪状态。情动于衷，不得不发。主动性动机是直接推动作者写作的一种情感性动力，通常又被人称为"写作冲动""感兴"，有时甚至将它称为灵感，例如曹禺说："有时候，我被一个人或一件事所震动，在心里激起一种想写的欲望，这大概就是所说的灵感吧。"[③]被动性动机是外界"强塞"给主体，它通常是外界"强加"给作者的一种指令。有时，它虽然不表现为外界的"指令"，看似产生于作者本人，但不是"情动于衷"的产物，不产生于主体的情绪冲动、情绪状态，不是由材料积累、情感积累、思想积累所引发出来的，而是出于一种理性的认识，是基于外部需要所产生的一种理性的愿望与要求，这类动机，也是被动性动机。

我们必须指出，对于写作来说，只有前者才是合乎逻辑的。心中有话要讲，不吐不快，这是写作的一种原生性动机。内心没有写作的欲望与要求，内心没有独特的感受与认识，"赶着鸭子上架"，"为赋新词强说愁"，不可能将文章真正写好。在平时，我们出于某种理性

① 高尔基：《谈谈我是怎样写作的》《高尔基论文学续集》，人民文学出版社 1979 年版。
② 《达尔文回忆录》，上海远东出版社 2001 年版。
③ 转引自吉林大学编《中国现代文学史》第 46 页，吉林人民出版社 1979 年版。

的目的或需要，如想成名，如参加升学考试，理性的睿智像神话中的魔杖支配得我们团团转，可正像大家所知道的，文人墨客在名利场上并没有写出杰出的文章和诗篇，缺乏情感止于理智的写作动机往往不能将作者推入真正的写作过程，只有"情动于衷"才是写作惟一的动力。因此，我们可以说，真正意义上的写作动机，是产生于主体材料积累、情感积累、思想积累基础上的，是植根于主体内在愿望与要求的，是一种情感性的推动力。那些被动性的动机，只有转化为主动性动机，才能引导作者真正进入写作。

主动性动机一般具有以下四个特点：

一是自觉性。主动性动机是自觉的，自动的，是像胎儿一样自自然然地生长出来的，而不是他人或自己强加的。它只能植根于已有积累的基础之上，只能产生于主体内在的愿望、要求。

二是情绪性。主动性动机，往往是从"情有所动"开始的，只有情感的介入，才能引发作者身心以赴的写作活动，才能淋漓尽致地激发作者的才情，才能写出具有真情实感的作品。巴金谈到他的创作，曾不止一次地说，假如没有那二十多年对自己家族中无数悲惨事件的观察和体验，如果不是因为自己心灵忍受着"爱与憎烈火的煎熬"，那就不会有《家》的创作。曹禺谈到他的戏剧创作时也说，他写《日出》是因为他看见了很多梦魇一般可怖的人事，他觉得身旁整日有一个催命鬼在催促他、折磨他，才使他拿起笔来。至于冷峻的鲁迅，他那不动声色的笔调似乎更多出自一种理性的洞察了，但他也曾强调过："创作须情感，至少得发热。"当代文艺理论家钱谷融曾这样概括："一个作家总是从他的内在要求出发来进行创作的，他的创作冲动首先总是来自社会现实在他内心所激起的感情的波澜上。这种感情的波澜，不但激动着他，逼迫着他，使他不能不提起笔来，而且他的作品的倾向，就决定于这种感情的波澜朝哪个方向奔涌的；他的作品的音调和力量，就决定于这种感情的波澜具有怎样的气势和多大的规模。"（转引自鲁枢元《创作心理研究》）这些论述大都是针对文学创作而言的。其实，就写作活动而言，不仅是文学创作，即便是非文学作品的写作，也离不开心灵的震颤与激动。朱光潜谈到说理文的写作时就曾指出："文章如说话……首先是说话人对所说的话不能毫无感情，其次是说话人对听众不能没有情感上的联系，爱或是恨，这些情感色彩都必须在声调口吻上流露出。这样的话才有意义，才能产生期待的效果。"[1]费尔巴哈谈到自己的写作体会也曾指出："只有在问题激起我的热情，引发我的灵感的时候，我才能讲演和写作。"[2]

三是目标性。写作冲动具有目标性。当写作冲动产生后，一般情况下作者心灵的深处已经比较明确地意识到自己即将进行的写作行为，将要完成什么任务，达到什么样的目的，同时，作者还感觉到了自己要写的具体内容，并朦胧地直观到了将要写作的文章的体裁图样，这样，就使作者写作行为具有目的性和选择性；另外，未来的文章图样又是一种诱惑，强化着写作冲动，激励着写作行为。而没有具体目标对象的动机，不能算真正的动机。例如，我们想写，但又不知道写什么，就谈不上主动性动机。

四是激励性。写作冲动产生后，作者可以维持、促进整个写作行为，以至于达到写作目的的完成。其中无论遇到多大的困难，也可能坚持下来。之所以有这种力量，是作者产生写作冲动时，就直觉到了这种写作活动、文章成品的意义，也直觉到了这次写作的活动的成功程度，于是他产生了强烈的自信心。正是这种自信心，使他产生了完成这次写作活动的主动

---

① 《朱光潜谈说理文》，《新闻业务》1962年第2期。
② 《费尔巴哈著作选》，商务印书馆1978版，下卷，第504页。

性、自觉性。

二、主动性动机的产生

主动性动机的产生是自自然然的，不能勉强，不能强加。那么，写作动机的形成，基于哪些条件呢？

（一）生活、知识的积累

写作冲动的形成，必须基于生活、知识的积累。否则，写作冲动就成了无本之木，无源之水。这里，我们可以以沈从文创作《边城》为例。1933 年夏，沈从文偕同夫人张兆和去崂山游玩，在一条名叫"九水"的溪水边，他们看到对岸有一位十五六岁的少女，穿一身孝服，先是在岸上焚烧了一堆纸钱，然后又从溪里拎起桶水向来时的方向走去。看着这位少女孤单羸弱的身影，沈从文忽然情不自禁地对张兆和说："我准备依照她写一个故事给你看。"产生了《边城》的写作冲动。一同出游，沈从文产生了写作冲动，张兆和却没有，这是为什么呢？其实，张兆和同样具备作家的修养，同时看到了这个少女。这只能从作家的生活积累、生活经历上找原因。沈从文从小生活在湘西，他从这位少女烧纸钱和取水的举动中，一下子想到了他家乡久已存在的一种"起水"的风俗。原来，在湘西，当家中长辈去世之后，做小辈的就要到就近的河里或井里取些水来，在死者的脸上、身上象征性的抹洗一遍，为死者洗去尘世污染的尘垢，祝愿他干干净净地进入西天净土。沈从文对湘西的风土人情特别熟悉，他从少女那孤单的身影，想到了湘西某些小溪渡口守船摆渡的人家常有的家庭格局：他们往往由一老一小组成，老人或是外公，或是祖父，小孩或是女儿，或是女儿死后留下的遗孤。他们命运凄惨，孤独无援，常由地方政府以社会救济的方式安排在渡口看守渡船。看到眼前这个孤单的孝服少女在溪边取水，沈从文不禁联想到好些相依为命的老人已经死去，一种悲悯感不禁油然而生。另外，沈从文从少女的"起水"事件，不禁联想到了自己。他从湘西走出来，到了城市闯荡，历尽种种人生的艰难。他认为自己能有事业与爱情的双丰收，除了自己顽强奋斗外，多亏了许多真挚善良的人们帮助，他正需要借助一个故事，唱一曲真诚、善良的颂歌。正因为有了上面诸多的因素，所以不由自主地产生了创作《边城》的写作动机。而张兆和没有相似或相关的生活，所以少女的"起水"事件未能激起她的创作欲望。

（二）生命意志的需求

写作动机的形成与"需要"密切相关，很多情况下，写作动机就是由"需要"引起的。例如，为了保存或交流信息，为了抒发或表达自己的思想感情，为了满足个人求知、好奇、创作等欲望，为了个人或社会的某种实际需要，都是引发写作动机的原因。倘若细加分析，"需要"可以分为"外部需要"和"内部需要"。"外部需要"是他人的需要、环境的需要、社会的需要。它不发自作者内心，往往以"客观要求"的形式表现出来。"内部需要"是发自作者内心的需要，它常常以"主观愿望"的形式表现出来。"外部需要"与"内部需要"是一对对立统一的矛盾。就其统一的方面看，"内部需要"不能完全脱离和忽视"外部需要"，"内部需要"通常就包容了"外部需要"。就其矛盾的方面看，他人的需要、环境的需要、社会的需要，有时也会与"内部需要"发生冲突、矛盾。"内在需要"是个体生命的动力，也是写作行为的动力。就写作动机的形式来看，它必须植根于个体"内在需要"的基础之上。否则，作者就可能敷衍塞责。即或勉强写成，也难以把文章写好。例如老师叫学生写一篇文章，学生全然没有兴趣，即算敷衍成篇，也只可能是一种"应付""凑数"。

(三)情感、情绪的积累

"内在需要"是产生写作动机的真正根源,但它并不是推动写作的直接动力。直接推动作者进入写作的是情感而不是"需要"。没有通过感情的浇灌和催发,"需要"之树结不出丰硕的写作之果。没有情感渗透、介入,生活、知识不能从"沉睡"中惊醒过来。没有情感的催发,作者的心智不能充分活跃起来。写作冲动的形成,完全可以看作是作者在为自己的情感寻找一个合适的对应物。作者的情绪、情感积累得越来越厚实,越来越强烈时,这种寻找活动就会越来越自觉,越来越敏捷。孙犁写《山地的回忆》,引发他创作冲动的,原本是生活中一件极不愉快的事:他到水边去洗脸,遇到一个非常泼辣的女人,两人吵了一架。那个女人不美,也不可爱。可是这件事竟神差鬼使一般萌发了孙犁的创作冲动,并写出了那个像山泉一般质朴可爱的山地少女的形象。否定性事物引发出作者追求美好事物的情感,作者情感在泼辣女子反面找到了它的对应物,于是,一篇优美的短篇小说就这样构成了。

还有海明威《老人与海》的写作可作例证。为什么海明威没有全景式地去写渔村、渔村众多的角色与命运?为什么海明威没有展开对老人一生的全景描写而仅仅写了老人与鲨鱼的搏斗?原因是,桑提亚哥这一老人,体现了作者信奉一辈子的人格追求与情感体验。当生活原型说到大鱼被吃时,像丢失了一个大钱包一样沮丧,甚至以后上法庭告海明威窃取了他的题材。而海明威在渔夫与海这一事件中"读"到的只是他自己的感情。在他看起来,有限个体在他的历史生涯中,大多是不能达到理想终点的,世界是一片布满风波、陷阱乃至死亡的泥泞,人的价值很少能体现在最高目标的圆满完成上,只能在不息奋斗中去高扬人格的威严。人是可以被打败的,但决不可能被战胜!从死神那儿拿回生命然后耸立在西方文坛上的海明威,对此有着难以数计的深切体验,他本人也就是这样一条硬汉子。于是,桑提亚哥便驾着一叶扁舟,在弥漫着亘古气息的大海上展开了他的故事:表面是讲老人追捕大鱼,实际上,作者是借渔夫的故事,在讲自己心灵的故事。海明威没有自己独特的人生体验,也就形成不了《老人与海》的写作动机,写不出这饮誉全球的作品。

需要注意的是,主动性动机往往表现为勃发性的情绪冲动。但激烈的、一次性的情绪冲动,不一定能够形成写作冲动。鲁迅曾指出:"我以为感情正烈的时候,不宜做诗,否则锋芒太露,能将诗美杀掉。"狄德罗也曾说过:"你是否趁你的朋友或爱人刚死的时候就做诗哀悼呢?不,谁趁这种时候去发挥诗才,谁就会倒霉。只有等激烈的哀痛已过去……"契诃夫在《论文学》中,一方面强调感情的作用,一方面又说:"要是你觉得自己像冰一样冷的时候,才可以坐下来写。"作家们的这些经验都表明,强烈的、一次性的情感、情绪,往往需要一个积累、酝酿、升华的过程。

成功的写作冲动,往往基于感情的铺垫与积累。以郭沫若写《凤凰涅槃》为例,郭沫若谈到这首诗,曾这样描述:"《凤凰涅槃》那首长诗是一天之中分两个时期写出来的,上半天在学校的课堂里听讲的时候,突然有诗兴袭来,便在抄本上东鳞西爪地写出了那诗的前半,在晚上行将就寝的时候,诗的后半的意趣又袭来了,伏在枕上用铅笔只是火速地写,全身都有点作寒作冷,连牙关都在打战。就那样把那奇怪的诗写出来了。"(《我的作诗的经过》)这首诗的写作看似横空而来。其实,在火山喷发般的感兴之下,也有着情感的孕育和积累,远不是作者描述的那般简单。它可以追溯到1916年去,那时,郭沫若由于国家没有出路民族没有出路自己又陷入了双重婚姻的困境,心中早已埋下了"民族的郁积"和"个人郁积"。这种"郁积"在他当年写的五言古诗中流露出来:"出门寻死去,孤月流中天。寒风冷我魂,摯恨摧吾肝。茫茫何所之,一步再三叹。画虎今不成,刍狗天地间。偷生实所苦,决死复何难,痴心念家国，忍复就人寰。归来入门首，吾爱泪执澜。"过了一年，他在另一首五言古诗中又写到："有生不是乐，常望早死好。"流露出他那难以排遣的痛苦心情。大约是 1918 年，他又利用新诗的形式写了《死的诱惑》："我有一把小刀，/倚在窗边向我笑。/她向我笑道：/沫若，你不用心焦。/你快来亲亲我的嘴儿，/我好替你除去许多烦恼。/……"1921 年 1 月 18 日，他给宗白华写信，这种情绪又一次涌现出来：

> 我现在很想如 Phoenix(注：古埃及神鸟，五百年集香木自焚而复活)一般，采些香木来，把我现在形骸烧毁了去，唱着哀哀切切的挽歌把他烧毁了去，从那冷净的灰里再生出一个"我"来！可是我怕终竟是个幻想罢了。

又过了两天，郭沫若终于写成了那首作为五四时期狂飙突进时代象征的《凤凰涅槃》。从这首诗的产生，我们可以看到，创作冲动的形成是离不开感情的积累、酝酿、升华的。情感的产生，往往伴随着铭心刻骨的记忆。这刻骨铭心的情感记忆，凝聚着保留下来，又参与和引发着下一次的情感活动，暗中为写作铺垫着产床，当感情积累到一定程度的时候，也就爆发为写作冲动。

（四）写作期待的强烈

现实生活中，人有七情六欲，因物应感。遇到满意的事，谁也免不了高兴。遇到倒霉的事，谁也免不了沮丧。但是，并不是所有的情感都是诗篇。一个商人为了一次倒霉的亏空可以捶胸顿足，一个老太太为了小孙子的早夭可以呼天叫地，但这还形成不了写作冲动。只有把写作当做自己的人生追求、人生乐趣，把写作当做自己事业的人，他在喜怒哀乐情动于衷的时候，才有可能产生写作的欲望与冲动。如果没有强烈的写作主体意识，感情的胶卷虽然一次又一次地投入拍摄，可总免不了跑光。叶圣陶说："我只觉得有了一个材料而不曾把它写下来的当儿，心里头好像负了债似的，时时刻刻会想到它，做别的工作也没有心路。于是只好提起笔来写。"①这对于非写作主体来说，是不可理解的，即或偶尔被赶上文墨场，他们也会如判了刑一般难受。在写作中，他们是体会不到"写"的乐趣与自我存在的，更不会主动产生写作动机。这就是说，形成了写作冲动，还必须有另外的一个条件：在作者的心中，必须有着强烈的"写作期待"。作者在潜意识与显意识里，有着对写作契机的一种盼望、企求。他的心中，必须储满了写的能量，时刻在寻找机会释放。写作对他来说，必须有着不同寻常的意义。这时候，他的心灵才会像一个启动的雷达，时时刻刻捕捉"写"的信息，只要某种信息一投入他那富于张力的心灵屏幕，便可以激发他强烈的写作冲动。

（五）客观外物的触发

写作冲动的形成，还与客观外物的触发、启迪相关。前苏联文艺理论家康·巴尔斯特夫斯基在《金蔷薇》中曾指出："构思的产生，和闪电的产生一样，有时需要轻微的刺激。"为什么需要一定的客观外物的刺激呢？这是因为，在写作冲动正式形成以前，在作者的内心，"写作期待"与"材料积累""思想积累""感情积累"常常处于一种混沌、混杂的状态，它们还没有统一起来。作者一方面是想写，想寻找一切写的契机与机会，对"写"充满了兴趣、愿望、积极性。可另一方面，他还不知从何处着手，储存在他内心的情感、知识、思想与他"想写"的欲望，还没有直接挂起钩来。这个时候，作者的情感、思想、知识还处于混沌、整一的状态，

---

① 《叶圣陶论创作》，上海文艺出版社 1982 年版，第 120 页。

还没有向某一点聚集、靠拢，它无法找到一个"突破口"喷薄而出。正像一个人守着一仓库粮食，他虽然饥肠辘辘，但一仓粮食，还不是一碗大米饭、一碗面条。在粮食与一碗米饭、一碗面条之间，还存在着一个"中介"，而外物的触发，恰好承担了中介这个作用，它唤醒作者头脑中某一方面的情感、思想、材料，使它们在某一瞬间，围绕某一点，全都"活"起来，全部"醒过来"——这个时候，作者抽象、笼统的想"写"的欲望，终于找到可以使劲的具体的着力点，写作冲动也就很自然地形成了。

关于这一点，作家王汶石曾有很好的论述。他说："作家在生活阅历中，积累了大大小小数也数不清的人和事，经历和积累了各种情感，产生和积累了丰富的生活思想……它们像燃料似的保存在作家的记忆里和感情里，就像石油贮存在仓库里一样，直到某一天，往往由于某一个偶然的机遇（比如听了一个报告，碰到某一个人和某人说的几句闲话，甚至于只是到了一个新的地方或旧地重游，等等），忽然得到启发（人们通常把这叫做灵感），它就像一支擦亮了的火柴投到石油库里，一切需要的生活记忆都燃烧起来，一切细节都照亮，忽然发亮，互不相关的事物，在一条红线上联系了起来，分散在各处的生活细节，向一个焦点上集中凝结，在联系和凝聚过程中，有的上前来，有的退后去，有的又消失，有的又出现，而且互相调换位置，有的从开头跑到末尾，有的从末尾跑到中腰……一篇文学作品就这样形成了。"①

外物的触发不但使作者的"库存"围绕某一点活跃起来，使作者的写作欲望找到了一个"支撑点""用力点"，而且它还形成了作者最初的"文章胚胎"，使作者的构思，基本上围绕这个胚胎展开。在写作实际中，外物触发的情形是十分微妙十分复杂的。它可能是某个人物、某件事情、某个景物、某个场面、某个细节、某一句话，它可以来自日常生活，也可能是来自阅读。这个触发物可能被作者写进文章，也可能不被写进文章。但它在某一点上唤醒了作者的有关积累，这"某一点"，实际上就构成了文章的最初胚胎，作者的构思，实际上就是从"这一点"上生发开去的。

形成主动性的写作冲动，离不开生活、知识的积累；情感、情绪的酝酿；生命意志的需求；写作期待的企盼；客观外物的触发。正是这五个基本条件综合作用、密切相契的那一瞬，形成了写作冲动。而被动性动机呢，它往往缺了其中某一个环节，它或是主观的愿望而没有知识、思想、情感的积累，或是由于外界的指令而没有内在的需求，如我们平时写作文，老师命了一个题，要我们写，我们心中实在没有写的冲动，这时候，要把作文写好，就必须弥补其中所缺的环节，把被动性动机转化为主动性动机。而把被动性动机转化为主动性动机，最关键就是调动自己的情感积累。

三、被动性动机的转换

对写作来说，只有主动性动机才是最理想的。但是，在写作实际中，在很多时候，很多情况下，很多文章的写作，并非发自我们内心，而是外界"强塞"给我们的。如，记者奉命写消息，秘书奉命拟公文，学生奉命写作文，都是如此。我们可以将这一类的写作，称作"受命启动"。

受命写作不是来自写作主体内部的需要，而是来自组织、机构、领导或他人的要求。其实，在很多时候，很多情况下，很多文章的写作并非发自我们内心的意愿，而是外界"强塞"给我们的。如，记者奉命写消息，秘书奉命拟公文，学生奉命写作文，都是如此。"受命启

---

① 王汶石：《答〈文学知识〉编辑部问》，《王汶石文集》，陕西人民出版社 2004 年版。

动"具有以下特点：（1）被动性。它或是来自外部的指派、要求，或是纯粹出自某种理性的需求。（2）时限性。它往往要求作者在限定的时间内完成。（3）规定性 。由于写作动机往往来自外部的指派或要求，其主旨、材料、体裁，甚至其中的某些观点，都是预先定好的，它必须按预先定好的调子去写，一般情况下不能轻易改动，有点像"带着镣铐跳舞"。

由于"受命启动"是在特定场合由某种外部需要引发的，它往往要求我们在没有准备或充分准备的前提下进入写作，并附带着种种要求，我们通常感到很恼火。但是，只要这种"外部要求"是合理的，我们就必须去完成。这里，必须根绝犹豫、徘徊，迅速投入，以保证在限定的时间内完成。与此同时，我们既不能漠视外部要求而自行其是，又不能完全消极被动地阐发外部的意图与要求。这里，就涉及到被动性动机转换的问题。

（一）"背景了解"

"受命启动"常常是在比较"尴尬""两难"的情境下开始的：一方面，自己对所要写的文章，在思想、情感、认识、材料上，并没有多少准备，感到"巧妇难为无米之炊"；另一方面，组织、机构、领导、他人对其写作又提出了许多具体要求，在绝大多数情况下，作者不能随意更改、发挥。要摆脱这种"二难境地"，迅速投入写作，首先要做的，就是"背景了解"。

"背景了解"是什么意思呢？"背景"指的是有关组织或个人提出某一写作要求的现实环境和历史情况。所谓"了解"，是指作者在较短的时间内，通过交谈或阅读，迅速了解有关单位或个人提出这一写作要求的现实环境及相关的历史情况。

"背景了解"包括下面的内容：（1）吃透上级的精神。如文秘写作，领导指派你草拟某一个文件，往往会提出一些具体的要求。但这些要求往往还是直观的、表征性的，隐含在这些要求下的领导意图，有时并没有直接说出来，它需要写作者细心地体会，只有真正了解了领导的意图，才能真正理解领导所提出的一些写作上的要求。（2）摸清下面的情况。仍以文秘写作为例，接受某一写作任务，把握领导的意图、精神后，还应了解下面的情况，看一看领导的意图、决定与下面的情况是否吻合。反过来，了解下面有关的情况后，也有助于我们更深一步了解领导的要求、意图。（3）了解写作的前提。文秘写作中，写某一个通知、决定，或写某一个请示、报告，还涉及到它的总的前提，得考虑党的方针政策、国家的法令法规，了解上级部门有关的规定，得考虑是否在职权范围之内。如果忽视了有关的前提，写作中就可能出现错误。例如，1988 年 9 月 14 日，某省物价局签发了一个《关于继续征收化肥、烧碱、黄磷、电石等产品电力建设资金的通知》。《通知》说："经请示省政府领导同意，为加快我省电力建设，促进国民经济的发展，对化肥（包括合成氨）、烧碱、黄磷、电石、铝锭、铁合金、统配煤等产品的电力建设资金，仍按省原规定继续征收，请遵照执行。"《通知》发出后，有关企业就拿出 1988 年 7 月 2 日国家物价局、国家计委、财政部、能源部联合签发的《关于几种产品免征电力建设资金的通知》来。有关企业单位问："国家物价局等单位联合签发的《通知》明确指出，经国务院批准，化肥（包括合成氨）、烧碱、黄磷、电石等四种产品生产用电免征电力建设资金，你们又搞一套规定，我们到底听谁的呢？"工作中出现如此疏漏，就因为有关撰稿人员没有了解写作前提。（4）熟悉有关的文字材料。文秘写作，有时还应熟悉已有的、有关的文字材料。例如，写一份总结，动手翻一翻去年的总结，就便于写出今年的特点。

以上是就文秘写作来说的。情况不同，作者"了解背景"的侧重点也不同。如我们平时遇到的"命题作文"，其"审题"也是一种"背景了解"。

对于"受命启动"来说，"背景了解"是十分重要的。通过"背景了解"，可以使我们迅速了解写作任务的重要性、合理性，决定我们思维的逻辑起点，促使我们由被动受命转化为主动投入。

（二）"进入状态"

演员上台，要进入演出状态，运动员上场，要进入竞技状态，老师上讲台，要进入讲课状态。做任何一件工作，想把它干好，都要进入状态。对于外部指派的写作任务，更是这样。对于"受命启动"来说，作者多处于比较被动的地位，要想完成写作任务，必须调整身心，使自己进入一种积极、主动的写作状态。

要进入状态，首先是要把那些"外部需要"转化为自己"内在的需要"。怎样转化呢？（1）充分认识指令的严肃性、重要性，激发自己对写作内容的兴趣。（2）充分调动相关的材料积累和感情积累。调动类似的、间接的积累，常常有助于我们走近写作对象，加强对写作对象的理解，从而真正地把握写作对象。（3）加强自己的事业心、责任感，将"客观要求"与"主观愿望""外部需要"与"内部需要"很好地统一起来。

加强自己的事业心、责任感，是化被动为主动的最好的办法。所谓的"事业心"，并不意味着每个人都去干一场轰轰烈烈的大事业。而是要求我们无论干什么，都把它看作自己分内的事，兢兢业业地干好。现实生活中的很多写作，其实都是一种"职业写作"，它往往与我们的本职工作相关，在我们的义务范围之内，干好它，既是对工作负责，也是对自己负责。如果消极应付，不负责任，既有损于工作，也有损于自己。

积极调动自己相关的思想积累、情感积累、材料积累，尤其是情感积累，是进入状态的关键。真正意义上的写作活动，是由主动性动机所引发所推动的，心中有话要讲，才能淋漓尽致地激发作者的才情，写出优秀的篇章。如果内心没有写的欲望和要求，全然是消极被动的应付，是决不可能写出好的文章的。只有将自己的情感充分调动起来，才可能产生"身心以赴"的写作。

§6　思路的展开

当作者产生写作冲动之后，他往往抓住自己的感受，将思路四面八方扩散开去，尽最大限度地调动自己的生活积累、知识积累、思想积累、情感积累："翻箱倒柜，把所有的储备，只要能用的都使用上来，哪怕并不是用在文字上。"①另一方面，它并不要求作者漫天铺开，平均用力，而是要把力用在"点"上，用在"刀刃"上。这中间，就有一个"放"和"收"的问题：一方面是尽可能地调动，将自己的心智、认识、积累全都调动出来，以至调动到"尽"的极处；"翻箱倒柜"，好像材料都用尽了；"耽思旁讯"，好像自己的心力都用尽了。另一方面，则是除繁去冗，有的东西用，有的东西不用，有的东西是不用而用，最后将自己的心智、才识、修养都凝聚到文章这个"点"上去，达到"万取一收"，"一以见万"。

"博"与"一"是相互依存，相互制约，相互为用的："博"，是写作主体赖以综合的基础和条件；而"一"，则是写作主体进行综合的目标和结果。"博"和"一"的矛盾运动，最后统一于"一"；"一"又以其自身折射出"博"。写作由此而生成。

写作构思其实就是这样一个多层次的递进的"纵""收"操作过程。第一层的"纵"和"收"，指向的是一个可能性空间，试以"跑的体验"这个作文题作些说明。

2005年高考语文（湖南卷）要求考生以"跑的体验"为话题，"自选角度，自拟标题，写一

---

① 茹志鹃：《漫谈我的创作经历》，湖南人民出版社1983年版。

篇不少于 800 字的记叙文或议论文"。引导语首先说："从一个人的成长来看，先要学会走，然后才是跑。"这句话实际上暗含了三层意思：一是暗引出"跑"的话题来；二是谈到了"跑"与"走"的关系；三是要求考生"从一个人的成长来看"，这就为考生审题、立意规定了一个大致的范围：命题要求我们写有关"成长"的话题。

引导语接着说："任谁都跑过——无论身体上的还是心灵上的，但跑的体验是不尽相同的。"这句话实际上也包涵了三层意思："任谁都跑过"，强调的是"你"一定有这样的经历，目的在于调动考生有关的生活体验；"无论身体上的还是心灵上的"，则进一步提醒考生，"跑"可以从身体和心灵两个方面理解；"但跑的体验是不尽相同的"，则强调考生应联系自己的生活实际，写出自己的特点来，而不要泛泛地去谈"跑"。联系前后文，"跑"的涵义，大致包括了"努力""追求""拼搏"等意思。

引导语接下来说："你或许有难忘的经历，或许有深切的感受，或许有独到的认识。"这是对上句——"跑的体验是不尽相同的"——进一步的说明。"经历"，强调的是过程；"感受"指的是由"感"而生发的"想"，由"感"而生发的"情"，更多地侧重于具体、生动的生活印象；"认识"，指的是基于实践基础之上的一种理性思考，侧重于"理"，它们直接对应了后面的文体要求。

引导语最后提出了话题和要求："请联系自己的生活实际，以'跑的体验'为话题，自选角度，自定立意，自拟标题，写一篇不少于 800 字的记叙文或议论文。"这段话，有这样几种含义：一是要求以"跑的体验"为话题；二是要求考生写自己的生活实际；三是要求考生自选角度；四是要求考生自拟题目；五是提出了字数和文体的要求。

引导语在引出"话题"之后，要求考生"自选角度"。

"自选角度"与"自定立意"有所不同："自定立意"说的是由考生自己确立文章主题；"自选角度"除这层意思，还包含了一个"切入点"的问题。

话题是开放的，考生写话题作文首先面临的就是一个"切入点"的问题。就这次话题作文来说，可以从以下方面切入：

① 可写身体意义上的"跑"，也可写心理意义上的"跑"（跑既是身体上的一种姿态，物理上的一种呈相；也是心理上的一种张力，精神上的一种"势能"）；

② 可集中写"跑"，也可写"跑"与"走"的关系（如我们平时所说的"路还没走稳，就想跑"；"不能慢吞吞地走，得有跑的拼劲"等）；

③ 可写"跑"的一种状态，也可写"跑"的过程（如："我一路跑来，一帆风顺"，"我一路跑来，跌跌撞撞"，"那是一场惊心动魄的百米冲刺"，"那是一场最能考验人的意志的马拉松"等）；

④ 可以写"跑"的精神，也可以写"跑"的内涵（如："为了心中的理想，我要像夸父追日一样，不计得失，永不放弃"，"当时我想，跑是追赶，是拼搏，没想到它竟成了一种可耻的逃避……"）；

⑤ 可以写关于"跑"的一段难忘的经历，也可以写"跑"的过程中的喜怒哀乐（如："那一天，我真不知道自己怎么能一口气跑了几十里路的"，"跑的过程始终是艰苦的，只是事后才能体会坚持的喜悦和自豪"）；

⑥ 可以写有关"跑"的教训，也可以写自己对"跑"的追求（如："我没想到，当时意气洋洋的我，竟亲自验证了那个老幼皆知的龟兔赛跑的寓言"，"每当我从电视中看到刘

翔跨栏那矫健的身影，心中就有一种冲刺的涌动）；
……

　　从上面的解析我们可以看到，在准确把握题意的基础上，首先得把思路四面八方扩散开去，只有扩散开，才有选择，有比较，才能"天地宽裕""游刃有余"。
　　打开思路的过程，其实就是充分调动自己生活积累、知识积累、思想积累、情感积累的过程，如果思路打不开，就会文思迟钝，思路闭塞。
　　思路打开之后，就是选择。选择的过程，则是使文章奔向新颖、深刻、不落俗套的过程。如果选择不当，文章就会平庸一般。很多初学者不懂得，往往拿到一个题目动笔就写，结果既没有调动，也没有选择，写出来的东西很局促。
　　随着我们的选择，接下来是进一步的"纵""收"。如我们写一篇"怀念"的文章，围绕着"怀念"，可以思绪万千：

　　　　我怀念那段无忧无虑的日子；
　　　　我怀念我的童年；
　　　　我怀念我的妈妈；
　　　　我怀念我的一位老师；
　　　　我怀念以前的社会风气；
　　　　我怀念童年的小伙伴；
　　　　我怀念那一次偶尔的相遇……

　　思路打开之后，如果我们想，写童年，写妈妈，写老师，实在是写得太多了，不易写出新意；写以前的社会风气和无忧无虑的日子又没有什么体会，写偶尔的相遇吧，倒是值得写一写。当我们在思想上确定自己写什么之后，则是更细致更深入更具体地"放""收"。如：

　　　　我们是怎样相遇的；
　　　　当时的天气；他的穿着，表情；我的印象；
　　　　我当时说了什么，他又说了什么；
　　　　我的怀疑、提防、小心翼翼；他的胸怀坦荡；
　　　　离别之后的思念；
　　　　有关的历史典故；
　　　　关于友谊的重新认识；
　　　　……

　　第二层级的"纵""收"，指向的是一个实质性的空间，在这个层级里，可能确定文章的命意和雏形，但依然是粗轮廓的，大致的。接下来的第三级"纵""收"，指向的则是一个意象性的空间，作者材料的调动就不能停留在粗轮廓的记忆上，而应尽可能的"细"。只有"细"，才能"挖出"有表现力的、动人的细节，才能使自己的表达具有血肉，具有特色。如果不能"细"，就会流于一般，没有特色和感染力。
　　每一次的"纵"，都是一次"紧急动员"，它要"翻箱倒柜"，把能够用的，有关的材料，毫无保留地一个不剩地"倒出来"。而每一次的"收"，则意味着精心地选择和比较。写议论性的文章，记叙性的文章，抒情性的文章，都是这样。

一、"纵收"的思维操作坐标

从上面的描述我们可以看到，所谓多层次递进的"纵收"，就是发散性思维与收敛性思维多层级的反复运用，它主要是通过作者联想来实现的。

联想是由一事物想到另一事物的心理过程，它是暂时神经联系的复呈，是客观事物普遍联系规律和大脑联结功能在心理活动中的反映。

联想是回忆的基础，又常常是想象的初级阶段，普通心理学总是把它放在记忆的范畴内加以论述，艺术心理学则把它归并到想象一块加以探讨。其实，在写作构思中，联想不一定表现为想象（如对有关资料、数据、概念的联想），回忆的过程也不等同于联想的过程。

联想是构思活动中一个重要的心理因素，直接关系到文思的迟钝敏捷，思路的闭塞开合，认识的正误深浅，文章的好坏优劣。构思中，作者总是通过联想，"观古今于须臾，抚四海为一瞬"，最大限度地调动自己有关的积累；同时，积极联想本身也是一种认识活动，它能帮助作者加深对材料的认识，深化作品的主旨。所以古人说，"诗人感物，联类不穷"，只有"迁想"，才能"妙得"。

联想是在作者感情催动之下进行的，与作者生活积累、知识积累、思想积累、情感积累密切相关。作者由此一事物而联想到其他事物，建立暂时的神经联系，更多地是与他的情感体验相关的。我们研究它的操作坐标，更多地也是为了调动作者的生活积累、知识积累、思想积累、情感积累。

（一）时空坐标

我们在"思维时空"一节曾谈到，写作思维的时空域也就体现为时间线轴上的长度、空间线轴上的广度。空间是一种横向的扩展，时间是一种纵向的延伸，在时间纵向延伸的线轴上，有"远古""过去""现在""将来"；在空间横向扩展的线轴上有"家园""国家""世界""宇宙"。因此，"纵""收"操作，首先就体现在时空坐标上：

```
          远 古
          过 去
家园 国家 世界 宇宙
──────────┼──────────▶
          现 在
          未 来
```

我们生活在时空的经验世界中，由时空接近而产生的联想是写作构思中最基本的联想。如李白的《登金陵凤凰台》："凤凰台上凤凰游，凤去台空江自流。吴宫花草埋幽径，晋代衣冠成古丘。"由凤去台空联想到吴宫花草、晋代衣冠，这是建立在空间接近上的联想。王维的诗："独在异乡为异客，每逢佳节倍思亲。遥知兄弟登高处，遍插茱萸少一人。"由特定时间而想起兄弟们特定的活动，是由时间接近产生的联想。崔护的诗："去年今日此门中，人面桃花相映红。人面不知何处去，桃花依旧笑春风。"这是由时间、空间接近而产生的联想。我们挖掘自己的生活积累，往往是在时空坐标上进行的，尽可能地廓大自己的时空域，是要点。

（二）关系坐标

由一事物而想到另一事物，肯定二事物之间存在着某种关系。这种关系，除时空关系外，还有点面、正反、抑扬、虚实、远近、开合、层递、因果、类比、类似、因果、部分与整体、个别与一般等关系，也可绘制成下图：

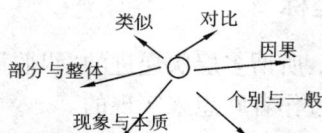

由甘蔗林想到青纱帐，由人情的温暖想到春夏秋冬，属于类似。写作活动中，主旨的提炼，材料的调集，比喻、象征、类比论证等手法的运用，往往离不开类似联想。通过类似联想，可以开掘事物的思想意义，增加事物的内涵、意蕴；可以使概念变得具体，抽象变得形象，艰深变得浅显，呆板变得生动。

客观事物总是相比较而存在的，有美必有丑，有善必有恶，有真必有假，有难必有易，有高必有矮，有长必有短，有大必有小，有轻必有重，有快必有慢，有强必有弱……当人们提到某一事物，极易想到它的反面。在写作中，把两件单独看来很平常的事物摆在一起，往往会产生震撼人心的力量，如臧克家的《有的人》。

写一篇文章，总不能就事论事，必须由个别想到一般，由局部想到整体；分析某一事物，总免不了由现象到本质，由原因到结果……多层级的"纵""收"，往往在关系坐标上进行，不过因不同的文章而有所侧重而已。如果写记叙抒情一类的文章，更多地会调动与自己情感相类、相似、相反的事物。试看舒婷的《祖国啊，我亲爱的祖国》中的一节：

> 我是你河边上破旧的老水车，
> 数百年来纺着疲惫的歌；
> 我是你额上熏黑的矿灯，
> 照你在历史的隧洞里蜗行摸索；
> 我是干瘪的稻穗，是失修的路基，
> 是淤滩上的驳船
> 把纤绳深深
> 勒进你的肩膀；
> ——祖国啊！

作者抒发的是她对祖国柔婉幽深的挚爱之情，同时又交织着她心中的郁积、痛苦、失望、叹息等复杂的情感，作者所选用的意象，就是对应于她复杂情感的两组意象。如果写一篇论文呢？一般则会在抽象的逻辑关系上展开。

（三）正反坐标

正反坐标是命题的两极，它不过是求同与求异灵活运用，也可以把它绘制成下图：

所谓正题联想，即围绕联想触发物所展开的联想。无论作者的思绪是奔向联想触发物相反、相近、相关、相似的方面，还是线性延伸、辐射展开，它的思路始终没有离开起始的联想触发物。例如，冰心的《笑》，用的是线性联想，秦牧的《社稷坛抒情》，用的是辐射联想，如果从他们的的联想触发物与联想触及物的关系看，都没有脱离原有触发物，都属于正题联想。

正题联想的好处是容易扣住中心，但由于它基本上是一种"循常思维"，如处理不好，容易失之于一般化。

反题联想与正题联想相反，作者常常从联想触发物的反面展开联想。如，联想触发物是"当兵吃亏"的有关言论，作者却从"当兵不怕吃亏"展开联想。这种方式不同于"对比联想"。它围绕着的中心不是最初的触发物，而是触发物的反面，并沿着这条联想线索不断生发下去，它比对比联想更加广泛，更加深远。例如鲁迅的《论睁了眼看》，文章开头写道：

> 虚先生所做的时事短评中，曾有一个这样的题目：《我们应该有正面看各方面的勇气》(《猛进》十九期)。诚然，必须敢于正视，这才可望敢想，敢说，敢作，敢当。倘使并正视而不敢，此外还能成什么气候。然而，不幸这一种勇气，是我们中国人最所缺乏的。

文章题目是"论睁了眼看"，说的是正视，按照一般构思，作者的思路应沿着"睁了眼"这一点生发下去。可是，作者下面联想到的却是：中国文人，对于社会人生向来就多没有正视的勇气，先既不敢"正视"，后便不能，最后，就自然不视不见了，万事闭上眼睛，聊以自欺，而且欺人，既"瞒"且"骗"。接着，作者又围绕着闭上眼"瞒"和"骗"展开四个方面的联想，这篇文章所展开的联想，便是典型的反题联想，它比对比联想要广泛深远得多。反题联想是一种求异思维，运用得好，往往显得新颖独特，显豁警人。运用得不好，容易游离中心，牵强附会。

(四)要素坐标

很多实用文的写作是围绕基本构成要素展开构思的，如消息的写作，就围绕着六个新闻要素和新闻背景展开；通知的写作，就围绕通知的缘由、事项、要求展开；总结的写作，也就围绕着基本情况、成绩与经验、问题与教训、今后的打算展开。我们也把它绘制成下图：

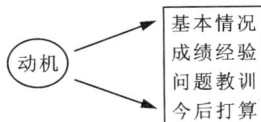

二、"纵收"的基本原则

多层级的、递进的"纵""收"，不仅是材料的调动，也涉及到主旨的提炼。构思的好坏，与作者的联想紧密相关。联想的原则，概而言之有两条。

首先，在构思中，要加强联想意识。

联想与作者平时的知识积累密切相关。没有知识积累，作者不可能凭空联想。除了知识积累，还要加强联想意识。自觉的联想意识，是迅速接通大脑暂时神经联系，迅速形成联想的基本条件。如果缺乏明确、自觉的联想意识，大脑处于消极平滞的状态，是不可能形成丰富活跃的联想的。我们平时写文章，想到一个"题目"，有哪些材料可以派上场，文章可以向哪些方面立意，应该往多处想，往深处想，往广处想，往细处想，想到不能再想出什么东西为止。虽然我们不一定把联想到的东西都写进文章，但这样的联想开阔了我们的思路，锻炼了我们的文思，为文章写作提供了多个角度和多个方面的选择，对主旨的提炼和材料的选择大有好处。如果泛泛地随便想一想就算了，文思既活跃不起来，写作起来也捉襟见肘。

其次，是要扣住题旨，努力追求联想的广度、深度、新颖度。

构思是否顺畅、开阔，与联想的广度有关。广，即面。有了面，联想才可能丰富，不至于仅仅是某个方面量的堆积。一个人联想的面广泛、开阔，他的文思也就活跃。如果联想不丰富，不开阔，他的文思也就板滞局促。构思中，在注重逐层深入的单向联想时，同时注意辐射联想，努力从不同角度展开联想，对于增强联想广度、调动生活积累、开掘主题思想，大有益处。

在构思中，在注重正题联想的同时，适当注意一下反题联想，可以有效地加强联想广度。

构思是否意深、旨远，与联想深度密切相关。深即深刻。于事物本质联系处展开联想，是获得深度的一种好办法。如吴祖光的散文：

> 在这次沿着没有人迹的山坡登上角山的鼓楼，放眼四望连绵无垠的长城遗址时，我突然想起了北京城里旧式的四合院。一户户的人家都把自己圈在一座院墙里面，修筑自家的小窝，有小一些的，有大一些的，有更大一些的，白天关门闭户，夜来壁垒森严，为了安全，围墙修得最好高一些，再高一些……而我现在看见的古代长城，何尝不就是四合院的扩大？

作者由连绵不断的长城，联想到北京的四合院，这样的联想，建立在事物内在本质联系上，含蓄地表达了作者的思想、认识，读来就觉得非常深刻。

构思是否别开生面，与联想的新颖度有关。作者的联想平庸一般，他的构思一般说来也就缺乏特色。他的联想新颖、独特，构思也就有了一个成功的基本条件。在构思中，加强创新意识，是获得联想新颖度的一个有效途径。

联想的一般规律告诉我们，联想活动常常是受制于作者的思想、意愿的。在联想活动中，如果作者刻意求新，有意识地创新，作者头脑中一些一般的、平庸的观念、印象，就相对地被抑制了，或是被作者主动淘汰了。如果作者没有自觉的创新意识，联想就难免平庸。写作是作者综合素质的体现，一方面，它需要作者尽可能地调动，将自己的心智、认识、积累全部调动出来，以至调动到"尽"的极处，"翻箱倒柜"，好像材料都用尽了；"耽思旁讯"，好像自己的心力都用尽了。另一方面，又要除繁削冗，有的材料用，有的材料不用，有的材料不用而用，最后将自己的心智、才识、修养都凝聚到文章这个点上去，达到"万取一收""一以见万"。如果不能充分调动自己的情感积累，是难以充分表现自己的才情与水平的。

§7　主旨的提炼

作者萌发写作动机之后：在主观愿望上，表现为一种想写的强烈冲动；在预定目标上，表现为想写成一篇优秀的文章。然而，在主观愿望和文章成品之间还存在着遥远的距离，还有若干个中间环节，不能一步跨过去，得一步一步地走。作者由主观愿望踏上文章制作的征途，第一个起始点是什么呢？是我们上面所讲的"某一点"：作者在外物的触发下，自己的思想积累、材料积累、情感积累在某一点上被激活了，从而形成了写作冲动——在写作冲动形成的那一瞬，他实际上已初步意识到了自己所要表达的东西。他或是想表达自己某个朦胧或清晰的见解与认识，或是想抒发某段难以忘怀的情感与体验，或是想报告某个新颖而有价值的信息，或是想叙说某一动人的故事与人物……几乎在同时，他也意识到了自己最合适的文体，并明白了这种文体对他的规范——接下来他所要做的是把自己纷繁的意念提炼为一个深刻而新颖的主题，把纷繁的材料整合为一个丰富的有机整体，把自己纷呈迭出的思绪梳理整合到自己所要写的文章图式中去。这个过程中，作者把握材料的精神实质，提炼出一个新颖深刻的主题来，是非常重要的。

一、主旨及相关的概念

所谓主旨，是指作者在说明问题、发表主张或反映社会生活现象时通过文章全部内容所表现出来的写作意图和基本思想。这个定义，包括了不同类型的文章主旨。人们对不同类型的文章主旨有不同的称法，如主题思想、中心思想、中心意思、中心论点、基本观点等。不同类型的文章表达主旨所借助的材料、方法各不相同，但必须有一个统摄全篇的"东西"，这个统摄全篇的东西，就是这篇文章的主旨。主旨实际上就是我们对材料的认识，包括感性的和理性的认识。

"主旨"这个概念，与我们平时所说的"主题思想"稍有不同。它比"主题思想"宽泛一些，既可以是主题思想，也可以是某种意念、意趣、情绪、思绪、感情、诗意、情致……这里没有用主题而用主旨，是因为它更符合文章的实际情况。例如朱自清的《绿》，它描绘的是温州"梅雨潭"迷人的景色，表达的是作者对祖国山水的热爱之情。作者对山水的爱恋之情虽然与"思想"有一定联系，但彼此还是有区别的。如果硬要把"情感"说成"思想"，显然不符合这篇文章的实际。又如，有些动态消息的主旨就是消息所报道的事实，如果硬要把"事实"说成"思想"，也不符合文章的实际。"主旨"这个定义，含有"最主要的东西"这个意思，在更多情况下，它表现为基本思想和写作意图。

主旨在不同类型的文章中，有不同的表现形态，在一般的议论文和一些叙事文中，它可能是中心思想、评价、判断。在抒情文和一些叙事文中，它可能是某种情感、情绪、感受。在说明文中，它可能是被说明的事物及其特征、功能。在文学文体中，它表现得含蓄些，往往具有多义性，可作多方面的理解，它往往要求厚重多元的主旨让读者品味，作者的倾向性"应当从场面和情节中自然而然地流露出来，而不应该把它特别地指点出来。"[1]"作者的见解愈隐蔽，对文学作品来说便愈好。"[2]厚重的主旨，含蓄的表达，也使主旨与材料之间呈现一种非直接对应的"张力"。在一般实用文体中，它往往表现得明确，具有确切性，主旨明确而单一，表达是直截明了，在主旨与材料之间，往往是直接对应的，什么样的主旨就用什么样的材料说明，分毫不爽。这种直接的"对应性"，甚至在文体构成的格式上就规定下来了。例如写份"起诉状"，"起诉状"一般由标题、当事人基本情况、请求事项、事实与理由、受状法院、落款与附件组成。其构成的款项及顺序，就直接对应于文章的主旨，不容作者有丝毫的游离。如果其中某一个材料不符合主旨的要求，整个文章也就不能成立。

文章的主旨，是通过文章全部内容所表现的，不是通过某个局部的内容所表达的。任何一篇文章的主旨都包含了作者的主观意图和材料的客观意义两个方面。在一般情况下，这二者是统一的、一致的。在特殊情况下，作者的写作意图与材料所表现的客观意义也可能不一致。例如曹雪芹的《红楼梦》，作者写作时带有"色空"观念，带有"忏悔"意识，但我们从《红

① 恩格斯：《致敏·考茨基》《马克思恩格斯选集》第4卷，人民出版社1972年版。
② 恩格斯：《致玛·哈克奈斯》《马克思恩格斯选集》第4卷，人民出版社1972年版。

楼梦》中所看到的，主要是反映了中国封建社会由盛而衰的必然趋势。

　　谈到主旨在文章中的作用，人们通常用两句话概括："主旨是灵魂，是统帅。""主旨是灵魂"，说的是主旨的价值作用。主旨的正确与否，深刻程度如何，往往是衡量文章好坏、判断文章价值高低的重要标准。因此，古往今来，人们都把主旨视为文章成功与否的决定性因素，非常重视文章主旨的提炼。"主旨是统帅"，说的是主旨对其他文章要素的统摄作用。一篇文章，是由主旨、材料、结构、表达方式、语言等要素构成的。主旨对于材料的取舍、结构的安排、表达方式的运用、语言的锤炼，起着决定的、制约的作用，在一篇文章中，主旨规范"总体"，制约"全局"，弥纶群言，贯通首尾。苏轼说："不得意，不可以用事。此作文之要也。"①程端礼说："作文，以主意为将军，转换开阖，如行军之必由将军号令。"②杜牧说："苟意不先立，止以文采词句绕前捧后，是言愈多而理愈乱。"③

　　主旨具有主观性、客观性、观念性、时代性。任何主旨，都不是凭空产生的，它都是从生活、客观材料中提炼而成的。这正像冶炼金属离不开矿石，提制石油离不开原油一样。它决不是外在的，游离于材料之外的东西，决不是人为地可以"贴"上去的东西，它必须与材料的本质意义相契合。主旨是作者从全部材料中提炼、开掘、概括出来的。材料摆在那里，还不等于主旨，它需要作者的理解、消化、提炼、开掘，即算是同一个材料，由于作者不同，思想相异，提炼的主旨也会不同，作者的思想、世界观，对主旨的提炼起着重要的"烛照"作用。主旨是作者对生活、对材料的一种认识，它是一种观念形态的东西，表现了作者对其所表现的事物的理性的认识和评价。没有认识的飞跃，没有思维的升华，就不可能有深刻的主旨。主旨又具有时代性，任何一篇文章，都是时代的产物，"如果里面没有今天社会围绕着转动着的那些问题，如果里面不写出我们今天需要的人物来，它在今天就不会有任何影响。"④即使是写历史题材，作者也要渗透进当代意识。主旨的价值、意义，很大程度也就表现在这一方面。

　　主旨的基本要求是正确、深刻、集中、新颖。正确，是指主旨要符合客观事物的真实情况，符合科学规律，能帮助人们正确认识客观世界，引导人们积极向上，顽强进取。主旨应该闪烁着正确的思想光辉，不应传播错误的思想，有人把写作当做一种纯粹的"自我表现"，根本不考虑文章的社会效果，那是不对的。主旨应该符合客观世界的真实情况，符合科学规律，经得起实践的检验。主旨要深刻，是在主旨正确基础上更进一步的要求。主旨要揭示事物的某些本质，反映事物的内在规律，不停留在对事物表面现象的罗列和叙述上。主旨要集中。一般性的文章，一般只宜有一个主旨，整篇文章要围绕一个中心展开，并且把它表达清楚、透彻。如果什么都想写，结果什么也没说清，行文散乱，不得要领。主旨新颖，是文章的生命。"文章最忌随人后，随人后处终后人"。立意平庸、一般、没有新意，就很难写出优秀之作。

　　提炼主旨，也就是在众多中提炼出一个单纯的主旨；在一般中提炼出一个新颖的主旨；在浅陋处提炼出一个深邃的主旨；在平凡处提炼出一个高远的主旨。

　　在实用写作中，主旨的提炼具有特殊性。

---

① 转引自葛立方《韵语阳秋》，上海古籍出版社1979年版。
② 程端礼：《程氏家塾读书分年日程》，黄山书社1992年版。
③ 杜牧：《樊川文集·答庄充书》，上海古籍出版社1978年版。
④ 果戈理语，见《果戈理散文选》，文艺出版社2005年版。

从时序上看，实用文提炼主旨有"预定"和"待定"之分：前种情况，主旨是预定的，从受命启动那一刻开始，主旨就预定好了，并不需要作者下多大功夫去提炼。作者所要做的工作，就是在思想上进一步明确主旨。例如，领导布置我们写一份"请示"，从领导指派那一刻开始，这"请示"的主旨就规定好了，并不需要我们做很多的提炼工作。还有一种情况，就是提出"写作任务"之后，这个"写作任务"还只是写作的一个初步目标。要实现这个目标，作者必须在材料采集的基础上，提炼出深刻的主旨来。例如，领导指派我们去采写某个重大典型，"采写典型"这个目标是指定好了的，至于采写过程中作者提炼出什么样的主旨，则需要做深入细致的采访研究工作。

从主旨的表现形态来看，实用文种类繁多，其主旨表现形态不一，需要根据不同的文体去提炼不同形态的主旨。如，刑事判决书的主旨是确认被告人有罪无罪，罪重罪轻，是否需要判处刑罚，以及怎样判处刑罚；行政判决书的主旨是确认行政机关是否履行其法定职责，是否侵权；起诉书的主旨是提起公诉，交付人民法院进行审判；合同的主旨是确定双方的权利和义务；广告的主旨是推销产品；科研论文的主旨是报告自己最新的研究成果；消息的主旨是报道新闻事实；通讯的主旨是挖掘新闻事实本身所蕴涵的思想意义。

从提炼的难易程度看，实用文提炼主旨的难易程度不一，有些实用文，其主旨的提炼是比较简单的。例如，写一则开会的通知，开会要注意的事项便是主旨。写一则征婚启事，征婚的目的就是主旨。写一份商调函，商调的事项就是主旨。这其中并不包含什么复杂的内容。而有些文种的写作，其主旨的提炼就比较复杂，像市场调查报告、市场预测报告、可行性研究报告、科研论文、新闻评论、通讯等，其主旨的提炼就得进行深入细致的研究。

在实用写作中，很大一部分实用文的主旨带有事务性，主要是围绕事务提出某个明确的主张、看法、认识、办法、措施、要求等，并直接涉及到事务的处理。

在实用写作中，还有很大一部分主旨的提炼带有专业性，只有从事这方面的专业人员才可能写，或只有懂得有关方面专业知识的人才能进行。试以广告的写作为例。广告词一般都很短，有的只有一两个句子，但也存在一个"主旨提炼"的问题：一种商品要出售，要告诉消费者的内容很多，诸如商品的名称、规格、性质、功用、主要原料、制作方法、效果、价格、制造者的经历和声誉、市场供求情况、同类竞争商品的状况、售后服务的情况、消费者的反映等，都在告诉之列，但撰写广告词时不能面面俱到，一则广告只宜突出某个方面的内容才能给消费者以难忘的印象。这就存在一个提炼主旨的问题。确立广告主旨，通常要从以下四个方面出发：（1）从商品本身特点出发。有的要在性质、功能上做文章，有的要在制造工艺上下功夫，商品不同，其说明的重点就应有别。（2）从商品的发展阶段出发。一种商品，往往要经历"创牌""竞争""保誉"三个阶段。"创牌"阶段，要着重宣传商品的特长、用途，引起可能消费者的注意，使之产生购买欲；"竞争"阶段，应侧重介绍商品与同类产品相较所具有的优点、长处；"保誉"阶段，要着重介绍用户的好评，权威机构的评定，宣传它的老牌、可靠。（3）从消费者的消费心理出发。消费者的心理，涉及到诸多内容，主要是他的需求心理，有的重在价廉物美，有的重在豪华攀比；有的重在灵巧方便，有的重在功能齐全；有的重在款式美观，有的重在信誉程度……做广告，应根据商品本身的特点及消费者的心理。（4）从广告的基本手段出发。广告有报刊广告、广播广告、电视广告、交通广告、户外广告、橱窗广告、陈列广告、灯光广告、音响广告、路牌广告、招贴广告、商标广告、模型广告等，各类广告使用的手段、载体、形式不同，其主旨的提炼也就有了区别。从这个例子可以看到，哪怕是写一则小小的广告，其中也涉及到许多专业方面的知识，其他如法律文书的写作、经济写作、科技写作，就更在不言之中了。

二、确立主旨的基本原则

（一）主旨的确立，必须以正确的思想为指导

文章是现实生活的反映。反映得正确与否、深刻与否，与作者的政治倾向、思想水平密切相关。政治倾向不同，思想水平不一，对事物、问题、情况的看法就会不同，就会有正误深浅之分。要确立好主旨，就必须以正确思想为指导，坚持用马克思主义的立场、观点、方法来分析、认识、评价客观事物。实用文的写作，还应从党和人民群众的根本利益出发，从国家的大政方针出发，从宏观、全局、整体的角度出发。党的路线、方针、政策，代表了全党全国人民的政治方向和根本利益。国家的法令法规，是我们事业取得胜利的根本保证。它们也是我们从事写作的根本依据和规范。实用文的写作，不能违背党的路线方针政策、国家的法令法规以及党和人民群众的根本利益。

（二）主旨的确立，必须从客观实际出发

主旨具有主观性，它是作者对现实生活、客观事物的看法和评价。在提炼主旨的过程中，作者的主观能动性起着非常重要的作用。但主旨又有它的客观制约性。它必须以客观事实为依据，深刻揭示客观事物的本质。如果脱离客观事物而任意拔高、臆造，文章就会违背客观实际，甚至发生错误。例如有一篇以"火柴"为题的文章，作者为了深化主旨，他从"火柴"平时懒洋洋地躺在盒子里无所事事，需要时又常常划不燃，认为它是一个尸位素餐的家伙，进而提到，像这样尸位素餐的家伙，应该从我们的队伍里，特别是干部队伍里剔除掉。作者的立意是好的，但从"火柴"引申出这样的主旨，就显得生硬、别扭。我们写火柴，可以由火柴联想火柴的历史，可以想到与火柴相关的生活，想到安徒生的童话，想到火柴生产质量不高的原因，想到"燃烧自己照亮别人"的精神……但恰恰不能把火柴与"尸位素餐"联系起来。因为这不是它的本质特征。主旨的提炼如果脱离了事物的具体规定性，就会显得生硬、造作、古怪、离奇，使人望而生厌。初学写作者，特别要注意从自己真实、深切感受到的事物出发，切忌脱离生活实际，闭门造车。

实用写作大多是用来指导工作实际、解决现实问题的。从宏观上讲，它的主旨的确立，不能脱离实际，违反客观规律。因为任何违背客观实际、违反客观规律的办法、措施、主张、看法、认识、要求，到头来都要受到客观实际的惩罚。从微观上讲，它的主旨的确立，必须建立在全部的、真实的材料上，而不是局部的、虚幻的材料上；它的主旨必须建立在"具体情况具体分析"上，而不能因为一般而忘了个别，因为普遍而忘了特殊。只有这样，它提炼的主旨才切实可行，具有社会价值。

（三）主旨的确立，必须符合现实需要，反映时代精神

主旨具有时代性，任何一个思想或观念，都离不开特定的时代。没有战国七雄的兼并，就不能产生像屈原《离骚》那样伟大的作品。没有"安史之乱"，就不能想象杜甫会写成"三吏三别"。没有封建社会盛极而衰无可挽回的崩溃，就不可能产生曹雪芹《红楼梦》那样的著作。没有狂风暴雨般的五四运动，也不可能诞生像鲁迅《狂人日记》那样不朽的篇章。作为观念形态的"主旨"和时代思潮、时代精神有着极其密切的关系。凡是好的、经得起时间检验的文章，无一不准确地反映了那个时代的精神，并对时代的前进产生积极影响。

主旨是时代的产物，是与当前的政治、经济、文化分不开的，与人民所关心的亟待解决的问题分不开的。主旨的时代精神往往在文章中公开地、直接地、鲜明地表现出来；也只有

反映时代精神的主旨，才有生命力。如果脱离了时代精神，文章也就失去了存在意义，更谈不上社会价值了，因此，我们写文章，应该站在时代的前列，敏锐地感应时代的脉搏，正视现实，直面人生，及时准确地提出并回答人们普遍关心的现实问题。实用写作多缘于需要，其主旨的确立是否符合现实的需要，也就成为写作的关键。

（四）主旨的确立要具有一定的创新意义，能给人们新的启迪

写作作为一种创造性的精神劳动，它应该具有一定的创造性。而文章的创造性，很大程度体现在主旨的独创性上。因此，提炼主旨时，应努力做到"见人所未见，发人所未发"，写出"人人心中有，个个笔下无"的意思来，给人以新的启迪与教育。

（五）主旨的确立，要精通、熟悉业务

在实用写作中，很多文章涉及到专业方面的内容。不熟悉法律，就很难从事法律文书的写作。不熟悉经济，就很难从事经济写作。写有关方面的文章，其主旨的提炼还要以扎实的专业知识作基础，不违背本专业的原理和常识。

三、提炼主旨的方法

提炼主旨，也就是形成对某一事物、材料、生活的认识，包括感性认识和理性认识。

对写作来说，纯客观的材料是不能写成文章的，它必须"心灵化"才能写进文章。材料积累到一定程度，解决了一个有东西可写的问题，但怎么写，朝哪个方向写，我们往往不甚了然。提炼主旨也就是解决朝什么方向写的问题。当我们从思想上把握和认识了事物的性质、问题的关键，形成了自己的观点与见解，各种材料才会围绕一个中心聚集起来，才可能凝聚成一个文章的胚胎，否则，材料就是一团散沙。

主旨的形成实际上是一个动态发展的过程。从最初萌发某个朦胧的思想到最后形成一个明确的主旨，作者往往把最初朦胧的思想深化了，或否定了，转移了。这个不断丰富、修正、深化自己认识的过程，是基于作者对材料"去粗取精、去伪存真、由表及里、由此及彼"的分析过程。作者提炼主旨，实际上就是对事物性质展开分析，并且在对事物性质的诸多认识中，选择、提炼出一个新颖的、独特的、深刻的、重要的主旨。

（一）基本方法

马正平谈立意思维，曾提出 10 种立意思维的操作技术：

"深刻"性立意思维操作技术（模式）——原因分析、背景分析；

"深远"性立意思维操作技术（模式）——功能分析；

"高远"性立意思维操作技术（模式）——超越性综合；

"高妙"性立意思维操作技术（模式）——自相似综合、他相似综合；

"奇特"性立意思维操作技术（模式）——角度变换、时机变换；

"生僻"性立意思维操作技术（模式）——结构分析；

"新颖"性立意思维操作技术（模式）——比较思维。

我并不完全同意他总结出来的这些技术，但认为，立意是离不开基本的分析的。分析是提炼主旨的基本方法，可以按一定的逻辑的格进行。如：

1. 矛盾分析

分析事物通常是从矛盾分析入手的。所谓矛盾分析，即揭示事物的内在矛盾，分析事物

内部各个方面、各个部分及其相互对立、相互依存、相互转化的关系，从对立统一的矛盾关系中去认识客观事物，揭示问题的实质。列宁曾经指出："统一物之分为两个部分以及对它矛盾着的部分的认识，是辩证法的实质。"①

2. 因果分析

因果分析也是常用的方法。客观事物的发生发展，总是置于严格的因果逻辑的链条之上的。一定的原因，总要引出一定的结果，一个结果，总是有它特定的原因。列宁曾指出："真正地认识原因，就是使我们的认识从现象的外在性深入到实体。"②

3. 历史分析

所谓历史分析，就是从事物的发展角度考虑问题。任何事物都不是凭空而来的，它都有一个发生发展的过程。考察事物时，不能忘记了基本的历史联系，要分析它的过去、现在和将来，只有从事物的产生、发展和消亡的过程中，才能揭示事物的本质，并预见事物的未来。

对事物做纵向研究时，通常要运用历史方法，按照时间顺序再现对象的整个发展过程，这样做的好处是，能够完整地再现事物发展的真实面貌，但是，"历史常常是跳跃式地和曲折地前进的，如果必须处处跟随着它，那就势必不仅会注意许多无关紧要的材料，而且也会打断思想进程"，这样，历史的方法也就需要逻辑方法的配合。

逻辑方法实际上就是历史的方法。恩格斯指出："实际上这种方式无非是历史的研究方式，不过摆脱了历史的形式以及起扰乱作用的偶然性而已。"这也就是说，逻辑方法同样是用来研究事物发展历史的，不过这种方法不像历史方法那样紧贴事物发展过程的表象和自然时序，而是对事物发展历史的表象作了理论上的抽象概括，并且着重揭示和描述事物发展的内在逻辑行程及其关系。恩格斯认为，运用逻辑方法其关键是："历史从哪里开始，思想的行程也应该从哪里开始，而思想进程的进一步发展不过是历史过程在抽象的、理论上前后一贯的形式的反映；这种反映是经过修正的，然而是按现实的历史过程本身的规律来修正的，这时，每一个要素可以在它完全成熟而具有典范形式的发展点上加以考察。"恩格斯指出："采用这个方法时，逻辑的发展完全不必限于纯抽象的领域。相反，它需要历史的例证，需要不断接触现实。"③这就是说，历史方法与逻辑方法并不是截然对立的，而是相辅相成、相互渗透、缺一不可的。逻辑的方法，它不能脱离历史的方法，只有在充分研究历史事实的基础上，逻辑的方法才能奏效。历史的方法同样也离不开逻辑的方法，只有借助逻辑的方法，才能正确地认识历史、反映历史。

4. 对比分析

对比分析是着眼于事物关系的分析法。世界上任何事物，都是相互联系、相互制约、相互影响着的。我们只有从事物的广泛联系中，才能正确地区分事物、认识事物。对比分析包括正反对比、前后对比、同类对比、非同类对比。进行对比分析，要围绕一定的关系和标准来进行，要抓事物的主要矛盾，要注意区别同中之异和异中之同。黑格尔说过，假如一个人能见出当下显而易见之异，譬如，能区别一支笔与一头骆驼，我们则不会说，这个人有了不起的聪明。同样另一方面，一个人能比较两个近似的东西，如橡树与槐树，或寺院与教堂，而知其相似，我们也不能说他有很高的比较力。我们所要求的，是要看出异中之同，或同中

---

① 《列宁全集》，人民出版社 1974 年版，第 38 卷，第 407 页。
② 《列宁全集》，人民出版社 1974 年版，第 38 卷，第 167 页。
③ 《马克思恩格斯选集》，人民出版社 1971 年版，第 2 卷，第 122、124 页。

之异。

5. 数量分析

数量分析能帮助我们抓住事物的主要方面、主要矛盾。毛泽东把数量分析叫做"胸中有数"，他曾指出："对情况和问题一定要注意到它们的数量方面，要有基本的数量分析。任何质量都表现为一定数量，没有数量也就没有质量。我们有许多同志至今不懂得注意事物的数量方面，不懂得注意基本的统计、主要的百分比，不懂得注意事物质量的数量界限，一切都是'胸中无数'，结果就不能不犯错误。"他说的是工作方法，但同样适用于写作。在写作实际中，有时候，我们进行了认真的数量分析，有时候，只是一个大致的估计，有时候，因为没有必要，就略过去了。但从整个思维过程来说，对事物作数量分析是很重要的，它可以帮助我们从整体上把握客观事物的本质。如涉及到数量分析，我们在资料整理阶段，就要做好统计工作，把有关的数据收集起来，并根据需要做统计、分析。

6. 类型分析

所谓类型分析，即对事物进行分门别类的分析研究。分类是在"比较"的基础上进行的。所谓"比较"，是在思想上把对象的个别部分、个别方面、个别特征加以对比，以确定它们的相同点、相异点及它们的关系。通过比较，按照事物的异同程度，对它们进行分门别类的处理，即"分类"。分类是科学研究的入门，每门科学都是对研究对象进行分类以后再分别进行专门研究的。任何事物，总是处于一定的关系和联系之中，有种可属有类可分。分类不仅有助于人们认识所划分的事物的一般属性及相互间的关系，而且还可以启发人们发现新事物，对不同事物有明确认识。在一次分类中，必须坚持同一个标准，不得同时使用两个或两个以上的标准；同时，应按层次分类，不能越级划分；分类后的各事物，界限应清楚，不能交叉、混同。

7. 功能分析

功能分析是对已有事物能产生或将要产生的作用、影响、意义所作的推断、前瞻和预见。它实际上依然是一种特殊的因果分析。

8. 系统分析

系统分析是一种立体、网络化的分析、认识事物的方法，它把事物看作一个系统，就其外部联系来说，它从属于一个更大的系统，就其内部来说，又可以分为若干个子系统。系统分析的基本原则包括：(1)整体性原则，把对象看作由各个组成部分构成的有机整体，"整体大于部分之和"；(2)动态性原则，系统只有在运动中，按照一定的规律进行整体与部分，部分与部分，整体与环境以及不同层次之间的信息、能量、物质的联系和交换，并在联系和交换中保持整体各部分的一定的关系，系统整体才能体现一定的系统质，达到一定的整体效用；(3)结构性原则，一切系统都有各种要素按照一定方式排列和组合起来的结构，系统质决定于结构，因此，我们要研究各要素组成，以及各要素是以什么方式结合起来的；(4)层次性原则，一个系统，对于高一级系统，是一个要素；一个要素对低一级要素来说，是一个系统，层次性原则就是要研究子系统与母系统之间层次叠加的辩证关系，从不同层次去考察对象；(5)相关性原则，任何系统都不可能是绝对封闭和静止的，它们总是存在于一定的环境之中，也总是与外界其他系统进行联系或交换，因此，要把对象投入到一个更大更高层次的系统中去考察。

此外，还有构成分析、结构分析、程度分析等。

在主旨的提炼中，诸多分析方法常常是综合运用的，如王晓明的论文《"乡下人"的文体和城里人的理想——论沈从文的小说创作》(原文载《文学评论》1988 年第 3 期),抓住作家内在的矛盾,发现了沈从文"文体"与"理想"之间的冲突。沈从文从乡下来,他的文体带着特有的质朴与清新,但又免不了城里人的世俗包围。"尽管他那样顽强地想要把握那种'乡下人'的混沌感受,自己却又一步步地努力要当一个城里人,这就势必会受到那城里人的牵制,最终还是对自己的审美情感产生了误解。因此,就在快要攀登上文体创造的山巅的时候,他又身不由己地从旁边的岔道上滑下来。"王晓明从矛盾分析入手,同时还运用了对比分析、因果分析、历史分析。

(二)具体方法

除常用的一些分析方法,提炼主旨还有一些具体的操作方法,兹介绍如下。

1. 大中取小,以小见大

这是取材的方法,也是提炼主旨的方法。所谓"大中取小"就是从比较大的政治、思想、社会背景中,选取最能反映事物或问题本质的某一个侧面作为"突破口"。这是提炼主旨一个很重要的技巧,如果心中没有全局,没有整体,没有社会发展、事物发展的总体趋势,作者是很难提炼出深刻有力的主旨来的。但仅仅盯住全局、整体、社会、人类,找不到"使力"的"突破口",主旨也会显得空泛乏力。所以,与此紧密相关的是"以小见大",作者在广阔的社会背景下选择某一个侧面作"突破口"之后,不忘了整体、全局,从这个局部、侧面深入开掘下去,从而提炼出具有普遍意义的含义,引申出含意深广的主旨,以反映全局。这是提炼主旨常用的方法,对于客观生活,我们必须有所选择,有所舍弃,有所剪裁,有所删节,当我们抓住最有特色,最有意味,最能打动人的某一点之后,把它放到一定的社会关系中去、放到一定的社会环境中去、放到一定的历史进程中去,这样它就具有了典型意义。

2. 依材取义,重点突破

一般说来,不同题材的文章其主旨的提炼有所侧重。

"写人"的文章,一般要着力对人物"思想"的开掘,努力寻找出支配人物言行举止的那种"思想境界"。只有寻找到了这种蕴涵在人物性格、气质、情感中的那种独特的"精神"来,它才能照亮人物,才能解释一切,支配一切,笼罩一切。

"记事"的文章,一般要着重于事件"意义"的探求,要在事件所具有的多方面的社会意义、思想意义中找出你认为最重要、最动人、最独特的"闪光点",通过它来照亮文章的一切。因为只有它,才能决定事件的主要性质,才能代表事件的本质。

"论理"的文章,一般要着力于矛盾的分析。要善于在众多的矛盾中抓住"取得支配地位"的主要矛盾,并把这个主要矛盾作为认识问题和解决问题的出发点,高屋建瓴,纲举目张地去分析问题,从中引出正确的认识。

"抒情"的文章,一般要着力于分析自己动情的缘由,只有明白了自己为什么动情,才能深化文章的思想意义。

"应用"的文章,它在已有事实、材料的基础上分析事物本身所包含的思想意义,提出自己的看法、认识、主张、办法、措施、要求等。

依材取义应紧扣事实,探究事实的真相,抓住事物的关键和特点。

3. 联想升华

运用联想来提炼主旨也是写作中常用的方法。如我们就"泉水"写一篇散文,依据自己的感受就可能形成以下的思路:

泉——生命之泉的长流不息；　　　泉——弱小者的坎坷追寻；

泉——纯洁一生的一尘不染；　　　泉——默默无声的无私奉献；

泉——曲意求全的柔弱；　　　　　泉——埋没深山百年无为的哀叹；

泉——坚忍不拔的千百次冲刺；　　泉——挤出罅隙的百年沧桑；

泉——一方泉水一方风景；　　　　泉——无所事事的漫不经心；

泉——晶莹剔透的象征；　　　　　泉——永不枯竭的生命；

泉——长久的内心压抑与痛苦；　　泉——在山清澈出山浑；

泉——美的流溢欢乐的跳动；　　　泉——琼浆、甘露、明眸与音乐；

泉——由浅薄流向深沉；　　　　　泉——大海单纯与深沉的预言；

泉——终归大海作波涛；　　　　　泉——且效飞瀑一时鸣，莫学山泉百年静……

4. 设疑提问，寻求解答

这是实用文提炼主旨的基本方法。在现实生活、现实工作中，遇到某些问题、某些疑难，觉得它有意义，于是在思想上把它作为一个问题提出来，然后寻找解决问题的途径、方法。像科技写作、法律文书的写作、文秘写作、新闻写作，很多文体就是从提出问题开始的。设疑提问，与我们的思想、知识、判断能力有关，有些问题，我们觉得它没有多大意思，有人却抓住它，写出很有意义的文章来。有些问题，我们觉得很重要，但写出来后往往显得平淡，没有多大意思，事后才觉得我们并没有把问题看准。出现这种情况，与我们的思想、学识、判断能力有着重要关系。

5. 反复比照，选准角度

从事物不同方面、不同属性出发，就有不同的角度，如"滥竽充数"这个故事，就涉及到南郭先生、乐队、齐宣王等几个方面：

就南郭先生来说，我们可能批评他不学无术、弄虚作假、自欺欺人，终于被淘汰，罪有应得；也可以肯定他的老实、不走后门、有自知之明，比起那些四处钻营的无耻之徒自有几分可爱之处；我们可以批判他的"混混主义"，也可以设想他以后的痛改前非……

就乐队来说，南郭先生能够在乐队长期混下去，既无人揭露事实的真相，也没有人帮助他，我们可以批评乐队的事不关己、麻木不仁；也可以批评南郭先生在这样的条件下未能抓住时机好好学习……

就齐宣王来说，我们可以批评他管理体制不严，用人缺乏考察；也可以批评他贪图享受，终日昏昏……

通过不同角度的思考，我们就有了很多思路，经过比较，选择新颖独到的思路，是写作构思常用的方法。

6. 逆向思考，独出机杼

这也是构思中常用的一种方法。人虽道之，我不避之，独辟蹊径，同中求异，开掘提炼，大胆创造，别树一帜，超而胜之。例如毛泽东的《卜算子·咏梅》，就是在陆游《卜算子·咏梅》的基础上"反其意而用之"。《红楼梦》第六十四回宝钗论写诗："做诗不论何题，只要善翻古人之意。若要随人脚踪走去，纵使字句精工，已落第二义，究竟算不得好诗。"

（三）根本方法

从根本上看，主旨的提炼，依赖于两个基本条件，一是材料的丰富、真实、全面。如果长期脱离生活实际，关在屋子里冥思苦想，是决不可能形成深刻、独特、具有一定现实意义的主旨来的。二是作者的见识，"认题立意，非识之高卓精审，无以中要"（刘熙载《艺概》）。因此，提炼主旨的根本方法，一是长期深入到现实生活中去，去探索生活的底蕴。二是加强政策、理论的学习，加强世界观和方法论的修养，不断提高自己的理论水平和认识能力。

四、主旨的确定

（一）还原事实，返观核查

主旨是从事实材料中提炼出来的。确定主旨阶段，为了确保主旨的科学、正确，作者往往将提炼的主旨与自己所掌握的材料联系起来进行核对，看自己的主旨是不是建立在事实的基础上，看主旨是否与材料对应契合，看主旨建立的基本事实是否有出入，以求立论的准确、科学。如，法律文书、经济文书的写作中，其主旨的确立，就要反复核对事实、数据，以防差错。

（二）多方辩难，补苴罅漏

通过多方辩难，使主旨更加严密、科学，也是实用写作确立主旨的基本方法。当作者确立某一主旨之后，为了防止疏漏、片面，从思想上提出各种有悖于主旨的可能性情况、观点，进行比较、研究，以检验主旨的可行性、科学性、针对性，使之科学、准确。如我们写毕业论文要进行答辩，也就是这个道理。

（三）科学实验，以求实证

这也是实用写作确立主旨的方法之一。当提出某一个明确的主张、看法、认识、办法、措施、要求之后，再做一遍实验，或进行小规模的"试点"，通过实践，以检验主旨的科学性。

§8 材料的运用

主题的提炼与材料的选择往往是同步的，它就像一辆车子的两个轮子，谁也离不开谁，不过因具体情况而有先后。一般在思路展开的时候，调动材料的时候，我们同时也在提炼主题，提炼主题的时候也在调动材料。这里所说的"舒华布实"，主要讲材料的选用。

虽然说，"意犹帅也，无帅之兵，谓之乌合"，但文章的感染力、说服力，主要还是来自材料。所以我们说，材料是写作的动力，提炼主旨的基础，也是文章的血肉。没有材料，任何文章都无法创制，任何写作热情都无法巩固，任何写作信心也无法树立。与此同时，材料越充分，写作越自由，材料品格越高，写出的文章越好。从这种意义上说，"材料"也就是作者的知识功底、生活功底、思想功底、文化功底，也就是作者的才气，才华，能量。材料的感染力、说服力，是其他不可取代的。材料的运用，要恰到好处，顾盼生姿。

一、材料及其相关的概念

所谓材料，是指作者用来提炼和表现主旨的事物和观念。

材料这个概念，是比较宽泛的，它包括比较具体的事实材料，也包括比较抽象概括的理论观念。写进文章中的固然是材料，没有写进作品中的也是材料。

不同类型的材料，人们还有些特殊称法。例如，议论文中的材料，人们往往将之称为论据。书面材料(不管是原始的,还是经过不同程度加工的;不管是自己加工的,还是属于他人加工过的),人们往往将之称为资料。文学创作中,未经过加工处理的原始材料,被称为素材。被作者加工、处理并写进文学作品中的材料,被称为题材。

不同类型的文章,对材料的要求也不一样。叙述性的文章,一般以感性材料为主,大多是具体、生动、典型、完整的生活图景。抒情性文章,也是感性材料,但它所取的材料,往往是最能发人深思的生活片断,一般没有完整的事件,比较简短,单纯。论说性的文章,一般以理性材料为主,大多是比较概括的事实根据和理论依据。即便是同一类型的文章,其体裁不同,取材也会各有侧重。以新闻、小说为例,小说取材不受时间限制,可以写现实生活,也可写历史题材,可以实录,也可以虚构。新闻则要报道正在发生或新近发生的事实,不能虚构。

材料的作用人们通常也用两句话概括:"材料是基础,是血肉。""材料是基础"是说主旨的确立,主旨的表达,离不开材料这个基础。"材料是血肉",是说文章的说服力、感染力,主要来自于材料。

在写作过程中,材料具有多义性、可塑性、主观性、客观性。

任何客观事物,都是由多种因素、各种侧面、多种层次构成的,都是在多种关系中实现自己的价值与意义的。从不同的角度、不同的侧面看,事物往往具有不同的思想意义。例如,同是一棵松树,我们如果从审美的角度看,从实用的角度看,从植物学的角度看,往往会得出不同的认识与评价。因此,写作中的材料,往往具有多义性,可以作多方面的理解。

写作中的材料,也最具可塑性。当作者萌发写作冲动之后,有关的材料,往往在作者的意识层面充分地活跃起来。它蜂拥而至,鱼龙混杂,有如翻滚而至的乌云,一时搅得作者"电闪雷鸣";有如挟沙裹泥的金沙,亟待作者去淘挖清洗;有如一匹桀骜不驯的野马,虽然极富活力,但还有待骑手的驯服。至于作者把它加工、提炼成什么样子,那只有作者自己知道。这里没有一成不变的模式。即便是相同的材料——例如,我们一同去采访,一同去游览,一同去参观,我们面对的材料是大致相同的——剪裁加工的结果,不会一模一样。

作者对材料剪裁加工的同时,又用自己的思想、感情、情趣把材料彻头彻尾地浸泡了一次。这个时候的材料,被作者真正地心灵化了;它不再是原始的、粗糙的、自然状态的观照物,而是作者精心熔铸的产品,它是"意"与"象"的融合,是主观与客观的统一,所以,任何材料,都表现出一定的主观性。

然而,材料尽管融入了作者的思想、感情、认识,经过了作者的加工与改造,但其客观性并没有因之消失,它本身所具有的客观意义也不会因为作者的主观评价、主观认识而失色。相反,材料本身往往具有相对的独立性。例如,有的作者写文章时,希望表达的是某一主旨,可我们从文章中感受到的,是另一主旨。这就说明,材料的客观意义,并不是作者的主观评价所能取代的,作者只能积极主动地去认识它的意义,而不能强"贴"给它某种意义。

材料的基本要求是贴切、新颖、真实、典型。

所谓贴切,是材料要符合主旨的需要,符合文体的规范。材料的客观意义,要与作者所表现的主旨有机地统一起来。不能材料是材料,主旨是主旨。如果两者游离、悖谬,就会破绽百出,浮辞满篇。不同的文章体裁,往往材料有其特定的规定。如果不符合文体的特定要求,就会文不对体,笑话百出。所谓新颖,是说材料要有新鲜感,要尽可能地选用那些最近发生、发现的,别人从来还没有用过的新鲜材料。即便别人用过,也要能提炼出新意来。如果人云亦云,陈陈因袭,就没有任何感染力,没有任何创造性。所谓真实,是指材料要符合客观实际，能准确反映客观事物的本质及其规律。对于一般纪实性的文章，其材料应该是生活中"实有"的，不能夸大，不能缩小，不能道听途说，不能移花接木，不能虚拟虚构。

对于一些文学文体，其材料可以虚构，可以"实录"。但它也必须以社会生活为基础来反映现实生活本质的真实。所谓典型，是指材料具有代表性和普遍意义，最能揭示事物的真实面貌和本质特征。在表现主旨时，能够以一当十，以少胜多。

当然，以上是就一般说的，落实到具体的文章，会有不同要求。如，对新闻写作来说，材料的新颖性和真实性摆到了第一位；对法律文书和经济文书来说，确凿无疑的事实数据摆到了第一位；对学术论文来说，翔实的论据摆到了第一位；对一般抒情叙事的文章来说，动人心魄的细节是必要的。

二、选材的基本原则

选材是在充分调动的基础上进行的，没有调动就没有选择。调动的材料要尽可能的"多"，尽可能的"细"。只有"多"才有选择，才有比较，才能"天地宽裕""游刃有余"。只有"细"，才能"挖出"有表现力的动人的细节，才能使自己的表达具有血肉，具有特色。如果思路放不开，就会感到没有东西可写。如果不能"细"，就会流于一般，没有特色和感染力。

要做好选材工作，应遵守一些基本的原则。

（一）从自己感受最深的生活入手

选材要从自己感受最深的生活入手，不要追奇逐怪，脱离自己的实际感受。布瓦洛在《诗艺》中告诫我们说："你们从事写作的人，在选材的时候，务必选你们力能胜任的题材，多多斟酌一下哪些是掮得起来的，哪些是掮不起来的。假如你选择的事件是在能力范围之内的，自然文辞流畅，条理分明。"歌德在和秘书爱克曼谈话中也指出："有许多事物你或许写得很好，而未充分研究和不熟悉的事件却不容易写得出色，即使写渔夫是成功的，而写猎人却容易失败。"[1]冈察洛夫谈到自己的创作体会时，则更加直截了当地指出："我只能写体验过的东西，我思考过和感觉过的东西。我清楚看见过和知道的东西。"[2]他们这些告诫和经验，实值得我们充分重视。如果选材脱离了我们力所能及的范围，脱离了我们的生活与感受，十有八九是要失败的。

（二）服从文体的规范

文体对于材料的要求是很严格的。新闻文体要求生活的真实，你就不可能虚构。议论性文体要求抽象、概括，你就不能拼命去挖掘细节。散文要求在平凡、琐屑中见精神、见情致，你就不能着意去编织一个起伏跌宕的故事情节。诗歌要用新颖、独特的意象去抒情，你就不能大段大段地引用资料。忽视文体对材料的规范，实际上也就脱离和违背了写作的法则和规律，写出的东西，势必非驴非马。

（三）力求内容的充实

任何一篇文章，哪怕是短短的几百个字，也应该力求内容的充实、丰富。单薄浅露、一览无余的文章，是谁也不愿意看的。

内容的充实、丰富，首先表现在材料的数量上。材料的数量要适当，如果数量太少，就会显出内容的贫瘠。例如，要论证某一个观点，孤零零地举出一个例证来，内容就会显得单

---

① 《歌德谈话录》，人民文学出版社 1978 年版。
② 冈察洛夫：《迟做总比不做好》，《西文古典作家谈文艺创作》，春风文艺出版社 1980 年版，第 422 页。

薄。又例如，你报道一则新闻事实，完全无视于新闻事实的背景，内容也会显得单薄。其次是材料的"质"。数量上去了，文章的内容不一定充实，有时候，为了说明某一个问题，或表现某一个人物，有人一下列举数十件材料来，读来还是觉得内容单薄。这是为什么呢？其中最主要的原因，就是只有数量的堆积，没有质的变化。倘若细心分析任何一篇文章，我们就会发现，所有文章的材料，大致有两类：一类是对比性的材料，一类是重复性的材料。所谓"重复"，是指结构、意蕴、性质相同或相近、相似的材料。所谓"对比"，是指情调、意蕴、性质相反、相异的材料，作者在文章中总是运用这两类不同性质的材料，表现作者所要传达的主旨的，如鲁迅的小说《故乡》，其选取的材料，就是将对比性的材料和重复性的材料交互组织在一起：

　　　　开头：现实中萧索、"悲凉"的"荒村"与记忆中"美丽的故乡"形成对比。
　　　　中间：儿时的蓝天、沙地，明月下的"小英雄"与眼前蜡脸、枯柴的"乞丐"形成对比；儿时无限欢乐、亲密无间的友谊与现在悲凉的心情和隔膜形成对比；瘦伶丁的"圆规"与当年的"豆腐西施"形成对比；闰土的善良、勤奋与杨二嫂的奸狡、勤奋形成对比。
　　　　结尾：新一辈与现实中的"我们"形成对比；新一辈与过去的"我们"形成重复与对比。

　　从中可以看出，作者始终不断地对萧索、悲凉的故乡及故乡人民的悲惨遭遇进行渲染（这些材料在性质上是"重复"的）。同时又不断用记忆中美丽的故乡及欢快的情调进行烘托（这些材料与现实中的材料在情调、色彩、意蕴上是相反、相异的）。作者将现实生活与过去生活的不断对比，又构成了表达上一次又一次的"重复"，最后统一、对照于结尾的"金色的梦"，从而产生了催人泪下、感人肺腑的艺术效果。这些材料就是在"对比"和"重复"的层次上使用的。

　　有些文章，则不一定使用"对比"性的材料，全部是同一性材料的反复抒写。例如冰心的《笑》，张天翼的《华威先生》，其材料在情调、色彩、意蕴上，基本上是"重复"的，但"重复"之中表现出"变化"，从这些例子可以看到，要使内容丰富起来，最好是交替运用"对比性"和"重复性"的材料。因为对比性材料的运用，使文章表现出不同的情调、色彩、意蕴，也就避免了内容的单一。如果使用"重复性"的材料，也一定要做到同中有异，不纯然是量的堆积，而有质的变化。如魏巍写的《谁是最可爱的人》，其使用的三个主要材料基本上是重复性的，都意在强调志愿军战士是我们最可亲可敬的人。但三个材料，在其意蕴上又同中有异，表现出变化。

　　要使内容丰富，还关系到材料的典型性。不同的材料，其"品位"是不同的，有的"含金量"高，有的"含金量"低，有的带有过多的杂质。如果将非典型性的材料塞进作品，其内容势必单薄、肤浅。例如，有一篇写数学家陈景润的文章，作者不去表现陈景润为科学献身的主导方面，却着重去写陈景润在生活中是如何怪僻、吝啬的，作者选用这方面的材料越多也就越见其浅陋。

　　（四）从客观实际出发

　　选择加工材料，要有科学求实的精神，要有公正的是非之心，要有一个写作者的良知。写一篇科研论文，当你面对浩瀚的资料，你不能只取"所需"，对那些与你观点不符而有价值的材料视而不见，听而不闻。你写一个人，这个人做了三件好事，十件坏事，或三件坏事，十件好事，你不能只凭主观的好恶，不顾基本事实，将一个好人写成坏人，将一个坏人写成好人。即便是虚构性的作品也是这样。鲁迅写《阿Q正传》，有人说鲁迅不该让阿Q走向"大团圆"。鲁迅回答说，阿Q走向"大团圆"，那是必然的，是迟早的事。托尔斯泰写《安娜·卡列尼娜》，有人说他不该让安娜走向卧轨自杀。托尔斯泰说，他主观上并不愿意安娜自杀，可是安娜除此之外，没有其他路可走，这是人物本身命运、性格所决定了的。大师们这种科学求实的精神，始终要从客观实际出发，要有科学求实的精神，是我们所要记取的。

三、材料的选择、加工、整理

作者调集材料之后，接着是选材。精选材料，是写好一篇文章的基本保证。

作者调集的材料必须多，真正写到文章中的材料则必须少。它必须"以少驭多"，像我们平时写调查报告、总结，写到文章中去的材料恐怕不到所掌握的材料的十分之一。如果不动心思，不懂"割爱"，就很难把选材工作做好。

选材：也就是在思想上判断材料的价值，决定哪些用，哪些舍。作者对材料的取舍，基本上是依据主旨对材料的要求进行的：与主旨紧密相关的材料用，与主旨无关的材料舍；新颖独特有表现力的材料用，一般性的材料舍；自己感受特别深、笔力能及的材料用，自己感受不深，笔力难以驾驭的材料舍；思想内涵比较深、意义比较大的材料用，内涵比较单薄的材料舍；有典型性的材料用，一般性的材料舍……虽然标准是明确的，但是，要真正选择好材料，却并非易事。因为标准毕竟不是一杆秤，称一称几斤几两就一目了然。材料本身所蕴涵的价值，还要靠作者深入细致的分析，还有待作者掂斤拨两的衡量。如果不动心思，思想懒惰，如果过分看重某一材料，舍不得"割爱"，就会让一般性的、与主旨无关的材料保留下来，以致让一个不太好的材料，弄坏了整篇文章。袁枚的《续诗品·割忍》曾道："叶多花蔽，词多语费。割之为佳，非忍不济。"

思想上初步决定哪些材料用哪些材料不用之后，接下来，作者要对材料作进一步的整理和加工。整理工作主要包括下面几个方面：

（一）剪裁

毫无疑问，作者不能把头脑中的材料"照搬"到文章中去，必须有所剪裁。所谓剪裁，是对材料的再一次取舍。例如，作者决定写某一事件。在通常情况下，他不可能将事件从头至尾一一铺述出来。这个材料的意义和精彩动人之处，往往包裹在整个事件之中，就像宝玉之藏于石，不经开凿，它的光辉和价值就很难显现。因此，作者处理这个材料时，就必须根据自己的命意所在，对这一事件进行截取。譬如说，写一场激动人心的球赛，他不可能将这场球从头到尾一一写出来，他只可能截取其中的几个片断，如开头的一个球，拼抢最激烈的一个球，决定胜负的一个球，然后通过这几个"点"把整个比赛表现出来。

（二）进一步核对事实

作者决定使用某些材料，往往会对这些材料的真实性作进一步的核实。例如新闻文体的写作，他会对事件的来龙去脉、时间地点、人名地名、数字细节作进一步的核实。论文写作，他会对自己将要引用的资料，如原文、出处作进一步的落实，以保证材料的准确性和说服力。

作者验证材料的方法很多，常用的有互证法、内证法、外证法。互证法是通过各种不同来源的材料相互印证，以辨别真伪和发现缺漏的方法。不同渠道提供的材料，不同方法获得的材料，有时完全一致，有时会大相径庭。把它们放在一起比较，就有可能发现问题。内证法是通过对材料本身逻辑关系的鉴定，来辨别材料真伪的方法。任何事物都有其自身的逻辑，如果材料本身不符合逻辑，其中必然有不对的地方。外证法则是根据他人的意见以判断材料的真实程度。

（三）均衡材料的使用，补充事实环节

作者决定使用这些材料后，会在思想上整体均衡一下这些材料，看看它们在哪些角度，哪些侧面表现了文章的主旨，看看它们有没有重复之处，看看它们有没有薄弱之处，看看还有没有重要的遗漏，以便加强、补充，使之"分量"适中，重点突出。如果作者确定使用某一材料，对材料某个具体环节还不甚了然，他就会通过进一步的调查、采访，以补充事实的细节，充实材料的内容。

（四）归纳与概括

选定材料之后，作者有时还会对材料进行归纳与概括。所谓概括，是指作者用比较扼要的语言，将事物的基本情况、基本过程，概要地介绍出来。使用某一材料，作者不可能事无巨细，平均用力，他或是要对某个片断作重点描写，或是对整个过程作概要介绍。例如，我们要展开对一部小说的评论，就不可能将小说的情节详细地叙述出来。写一份总结，也不可能对一年的工作、学习情况，作生动细致的描写。这个时候，就需要对材料进行综合、概括。

统计是概括的另一种形式，它是对材料的数据性说明。例如，我们就大学生的就业情况做一次调查，为了说明问题，就业顺利的，不顺利的，理想的，不理想的，对口的，不对口的……各占多少比例？主客观原因是什么？除了介绍典型事例，通常还要有数据统计。

（五）分类

更多时候，作者需要对材料进行分门别类的处理，常用的方法有"阶段法""方面法""内质法""观点统领法""项目分类法"。

按事物发展的阶段来整理材料，即"阶段法"。任何事物，都有一个发生发展的过程，按事物发展阶段来整理材料，清晰有序，能反映事物的发展。例如，我们研究某个作家的创作，通常就将其划分为几个不同的创作阶段。

按一个问题的几个方面来分类整理材料即"方面法"。如我们研究某部作品或某个作家的创作，通常要从题材、手法、人物、情节结构、主题等方面加以考察，按这些方面整理材料。

所谓"内质法"，即按材料本身的属性来分类。如我们研究小说这种文体，把小说划分为以情节为主的小说，以人物性格刻画为主的小说，以人物内心图景展示为主的小说，以环境、氛围刻画为主的小说，以揭示社会问题为主的小说，等等，即按属性来分类。

所谓"观点统领法"是以一个观点为统领，把资料中所有与观点相类的论点、论据等资料组成一个系列，使资料条理化的方法。

所谓"项目分类法"，即按资料的内容属性分项归纳，如把资料分为理论类、事实类、随想类等。

（六）综合虚构

综合虚构是文学文体处理、加工材料的一种基本方式。例如，果戈理写小说《外套》，是基于他听到的一个笑话：一个穷苦的小官吏，酷爱打鸟。他节衣缩食，积蓄了二百多卢布，买了一支很好的猎枪。可他第一次坐船出去打猎时，猎枪被茂密的芦苇挡入水中。小官吏十分痛心，回家便病倒在床上，再也爬不起来。后来幸亏同僚们凑钱买了一支猎枪送给他，才算救了他一命。果戈理把它写成小说时，并没有照搬这个材料，而是把猎枪改为了外套，使一件"奢侈品"成为一件生活必需品；把芦苇将枪挡入水中改为被劫；将小官吏的命运改为一个悲剧，从而使整个故事情节更真实，更深刻，更完整，更具有思想意义。综合虚构是最复杂的一种加工材料的方法。

在写作实际中，作者对材料的加工、整理，有时以文字的形式进行，有时只是在思想上进行。怎样运作，可根据实际情况而定。

§9　结构的安排

一、结构及其相关的概念

结构是指文章的布局安排，组织构造。作者提炼主旨、选择材料的同时，就会在头脑中根据主旨表达的需要和体裁的特点，依照客观事物的内部联系和发展规律，把所选用的材料有步骤、有主次地组织起来，将它们组成一个有机完整的整体，这个过程，通常称为"布局谋篇"。布局谋篇反映在文章中也就是文章的结构。

在构思阶段，作者对于材料的组织安排、结构布局，只能是大概的、粗线条的。他通常考虑的：从大的方面看，是采取什么样的结构形态，如逻辑结构、物理时空结构、心理时空结构、单线结构、复线结构、纵式结构、横式结构等；从细小一点的方面看，他要考虑文章分哪些部分，先讲什么，后讲什么，从哪里落笔开头，在哪里停笔收束，各部分靠什么来串联，哪些部分是重点，哪些部分次要一点，以及内容组织上的起伏变化。至于每字、每句、每一个自然段落的衔接承转，通常难以顾及。朱光潜谈到材料的组织安排时指出："苏东坡论文与可画竹，说他先有成竹在胸，然后铺纸濡毫，一挥而就。成竹在胸于是成了腹稿的佳话。这种方法似乎是理想的，实际上很不容易做到，我自己也尝试过，只是在极短篇幅中，像做一首绝句或律诗，我还可以把全篇完全在心里想好，如篇幅长了就很难。"原因之一是："我们的注意力和记忆力所能及的范围有一定的限度，把几千甚至几万字的文章都一字一句地记在心里，同时注意到每字每句每段的线索关联，并且还要一直向前思索，纵假定是可能，这种繁重的工作对于心力也未免是一种不必要的损耗。"①

尽管这种工作是大致的，粗线条的，但决不意味着这工作可有可无，也不意味着轻松易作。相反，对材料的组织安排，它既决定全局、举足轻重，也耗人心力、极端困难。歌德说："要费多大力，要用多大心思，才能使一个宏伟的整体安排停当，要有多大的能力和多么清静的生活环境，才能得心应手把这整体表现出来！如果你在整体上安排错了，一切力量就都白费了；还不仅此，在大规模的作品中你对于材料方面的某些细节如果掌握得不熟，整体也就会因而有缺陷，还是逃不了指责。"②俄国作家冈察洛夫说："单是一个结构，即大厦的构造，就足以耗尽作者的全部智力活动：思量和周密考虑参与主要任务的人物，他们彼此之间的关系，事件的安排和进程，人物的作用，还要留神地检查和批评有关真实不真实，欠缺或过分等等问题。总而言之——像喝干海水一样困难！"③我国当代优秀作家柳青在回答"你每次写作，感觉最困难的是在什么地方"这一问题时也认为："最困难的是结构；或者说组织矛盾。"④

---

① 《朱光潜美学文学论文选集·作文与运思》，湖南人民出版社1980年版。

② 《歌德谈话录》，人民文学出版社1978年版。

③ 冈察洛夫：《迟做总比不做好》，《西方古典作家谈文艺创作》，春风文艺出版社1980年版，第422页。

④ 柳青：《回答〈文艺学习〉编辑部的问题》，《文艺学习》1954年第5期。

结构（组织安排）的作用，主要表现在两个方面：一是作者整合材料的一种"形式"；一是作者传达材料的一种"叙述语言"。

作者选择加工材料之后，一大堆材料"堆"在那里，基本上是零乱的，游离的，相互之间缺乏紧密联系的。如果"东一榔头西一棒子"，再好的材料、再好的思想也会被湮没，要把它们组织成一篇完整的文章，就要让它们从"无序"走向"有序"。

值得每个写作者注意的是，"有序"这个概念，不同于我们一般意义上所说的"次序""顺序"。"有序"是一个庄严的、带有哲学意味的概念，它强调的是事物之间内在的、有机的、使事物之所以成为这一事物而不是其他事物的联系，而不是事物表层的联系（如空间联系、时间联系）。事物的内在联系是不能由人任意挪动、更换的，如果任意挪动、更换，就意味着改变整个事物的性质。而材料的组织安排、文章的结构布局，所追求的就是这种"有序性"。朱光潜说："一个艺术品，必须为完整的有机体，必须是一件有生命的东西。有生命的东西第一须有头有尾有中段，第二是头尾和中段各在必然的地位，第三是有一股生气贯注于全体，某一部分受影响，其余各部分不能麻木不仁。"①朱光潜所说的"头尾和中段各在必然的地位"，"有一股生气贯注于全体"，"某一部分受影响，其余各部分不能麻木不仁"，强调的就是这种有"有序性"。这种"有序性"是内有的，看不见摸不着的，但它又确实存在着。作者安排结构时，找到了这种"有序性"，分散、游离的材料就统一起来了，构成了一个"完整的生命"。如果没有找到这种"有序性"，材料就是散的。例如鲁迅的《故乡》，其材料是比较零散的，既涉及到过去，又涉及到现在，既写到"我"和"母亲"，又写了闰土、杨二嫂、宏儿等。这些材料在表层的联系并不是很紧密，但作者按照事物的内在联系（重复与对比）组织起来，就构成了一个有机的统一体。倘若改动其中任何一部分，如将开头故乡凄凉、萧索的景色改得明亮、美好，整个小说的有机性就被破坏了。

结构同时又是作者传达材料的一种"叙述语言"。作者先讲什么，后讲什么，重点说什么，简略说什么，用什么样的结构形态讲，这不仅仅是一个顺序问题、方式问题，这种"顺序""方式"本身，就有它的表意功能。例如，张洁的《爱是不能忘记的》，有意将一个完整的故事剪碎，而将其铺写为一段铭心刻骨的情感体验；曾国藩的幕僚将"臣屡战屡败"改为"臣屡败屡战"，其结构方式、结构顺序的改变，都含有作者没有明言的深意，含有作者对阅读效果的期待。

文章结构具有客观制约性、主观能动性和丰富多彩性。

说到底，结构是客观事物自身矛盾运动发生、发展、解决过程的一种表现。作家孙犁谈到文章的结构时指出："作品的结构不单是一个形式的问题，也是内容的问题。因为一篇作品既是描写一个事件，那事件本身就具备一个进行的规律，一个存在的规律。作者抓住这个规律，写出这个规律，使它鲜明，便是作品基本结构。"②

结构同时又是作者严密思路和种种创造力的综合反映。作者之所以要这样安排作品，而不那样安排作品，一方面固然反映了作者对客观事物本质及其内部联系的深刻认识，一方面是作者种种创造力和严密思路的综合反映。譬如，同样是记叙一件事，作者既可以从头一一道来，也可以利用倒叙和补叙，从结局和中间写起，还可以采用意识流手法，将事件的过程剪碎，按心理时空来叙述故事。作者对事件的表现，是能动的，积极的，而不是消极被动的。

① 朱光潜：《选择与安排》，《朱光潜美学文学论文选集》，湖南人民出版社1980年版。
② 孙犁：《文艺学习·谈结构》，作家出版社1964年版。

　　正因为以上两个特点，也就带来了结构的第三个特点，文章的结构总是丰富多样的。结构是客观事物矛盾运动的表现，是作者种种创造力和严密思路的综合反映，客观事物矛盾运动的复杂性与作者思路和创造力的种种不同，也就带来了文章结构的多样性。狄德罗曾指出："人们可以用同一主题和同样的人订出无数的布局。"①我国古代则拿下棋作比喻："每一局各有一格，然其中离合进退，与攻击应援，又多有变，不能拘初间一定之局。"②这些论述，都说明了结构的灵活多样，丰富多变，没有凝固的、一成不变的程式。

　　然而，仅仅看到结构的多样性、多变性又是不对的，同时我们还要认识到它有"一定之规"，有一些基本的结构形态。结构是文章的组织构造，从内容上看，它是各种材料的巧妙搭配；从语言形式方面看，它是字词句段的有机结合。不管你如何独出心裁地安排结构，各个材料之间要有内在联系，字词句段之间要符合文章本体的构成规律，如果离方遁圆，就不成规矩。

　　另外，尽管客观事物的矛盾运动是复杂多样的，作者的认识和创作才能是多样的，它们在复杂多样的形态中，总要表现出一定的、基本的规律。例如，任何事件，总要在一定的时间中展开；任何认识，总得有一个不断深入的过程；任何意识流动，总得有一定的客观依据。因而，作者在表现客观事物和思想认识时，势必表现出一些基本的"格局"，形成一些基本的结构形态。写作中，我们固然不能把这些基本的结构形式教条化，跟在它后面亦步亦趋，照搬不变。也不能完全否认这些基本的结构方式。相反，我们认识它、掌握它，也是对客观事物的规律及其联系的一种认识。离开了这些基本认识，我们安排结构时就会摸不着门道，更谈不上创造、变新。

　　还有，结构作为一种"叙述语言"，人们运用它时，势必考察到它的"实用价值"，人们总是在"实用价值"诸多可能性中，约定俗成地取其最大的"实用价值"。例如，写一份请示，我们固然可以用逻辑严密的论理结构，也可以采用委婉动人的抒情结构，但现实证明，采用一文一事的统一规范的公文格式，更符合现代公文处理的程序，因而，人们自动放弃了其他结构形式，而采取统一的、固定的、程式化的结构。实用写作采用程式化的结构，其原因也就在这里，这种程式化结构并没有漠视客观事物的发展规律，也没有丧失写作者的主观能动性。相反，它充分反映了客观事物的发展规律，它是集体写作智慧的一种表现。

　　不过话又说回来，那些人为规定的，不符合客观事物发展规律和人们认识规律的"固定模式"，倒是应该坚决摒弃的。例如封建统治者规定的应试八股文，死硬规定每篇文章必须写成八股：破题、承题、起讲、入手、起股、中股、后股、束股。甚至连每股讲什么，用多少字，都有"规定"，不得破格。写的内容又必须以朱熹的《四书章句集注》为准，口气要像"代圣贤立言"。这样僵死的、脱离现实生活的教条，应坚决摒弃。

　　关于结构的基本要求，人们通常用"完整""连贯""严谨""自然"八个字来概括。所谓完整，是指结构布局匀称饱满，头尾中段俱备，没有残缺不全、七零八落的弊端。所谓连贯，是指文章结构的各部分之间脉络贯通，格调一致，没有前后割裂，上下各异的毛病。所谓严谨，是指结构精严细密，无懈可击，没有颠三倒四、顾此失彼、挂一漏万、破绽百出的毛病。所谓自然，是指结构布局顺理成章，行止自然，没有牵强附会、生硬拼凑、刀砍斧削、过分雕琢的毛病。

---

①　狄德罗：《论戏剧艺术》，《西方文论选》（上卷），伍蠡甫、蒋孔阳编辑，上海译文出版社 1979 年版。
②　唐彪：《作文谱》，岳麓书社 1989 年版。

二、结构的原则

（一）正确反映客观事物的发展规律和内部联系

文章是现实生活和客观事物的反映。现实生活和客观事物不管多么曲折复杂、变化多端，它都有着自身的内在联系和内在规律。例如，拿一件事来说，它总有一个发生、发展的过程。拿一个"问题"来说，它总有其内部的矛盾和外部的联系，有它的成因、现状的发展，文章要正确地反映现实生活、客观事物，就不能忽视事物本身的发展规律和内在联系。反映到文章的结构上，就要依据客观事物的发展规律和内在联系安排结构。例如，我们尽可以把一个完整的事件剪碎，按意识流来组织，但叙述的结果必须让读者读懂事情的前因后果，如果让读者如坠云雾不知所云，也就没有正确反映客观事物的规律。

（二）服从主旨表达的需要

莫泊桑曾指出："要利用那最恰当的结构上的巧妙，把主要的事件突出表现出来，而对其他的事件则根据各自的重要性，把它们作深浅程度适当的浮雕，以便产生作者所要表现出来的特别真实所具有的深刻感觉。"莫泊桑所说，实际上是我们安排结构时要遵守的原则。

（三）要符合不同文体的要求

不同文体，对结构的要求是不同的。例如，诗歌分节分行，音乐性节奏感特别强；戏剧分场分幕，冲突特别集中，并且要控制好演出的时间；电影电视，要直接诉诸人们的视觉，全凭镜头画面的剪辑组接；小说，主要是通过情节发展来组织结构；公文，则有固定的、统一的格式……安排结构，不能不考虑文体的具体要求。

（四）应尽可能变化、出新

文章所表现的内容是丰富多彩、千差万别的；文章的作者，其思路，其创造力，也是千差万别、其异如面的。因此，除了一些有特殊要求的文体，绝大多数文体的结构，都应有所变化，不能墨守成规，一副面孔。结构上的新颖别致，也应作为结构安排的一条重要原则。

三、结构的基本技巧

作者安排结构，一方面是从大处着眼，考虑文章基本结构形态；一方面是从细处着手，考虑材料的具体安排。前者是一种宏观把握，后者是具体实施。就后者来说，通常认为要解决开头与结尾、层次与段落、过渡与照应、主次与节奏等问题。这些看法，又对又不对。说它对，是因为它把结构安排中要解决的主要问题提出来了；说它不太对，因为它说得太笼统，太绝对了，似乎在结构阶段要把这些问题都解决。事实上，结构安排是分两步走的：在构思阶段，它要解决的，是结构方面的一些主要问题，如层次、首尾、主次等；其他如段落、过渡、照应、节奏等问题，通常留待表达阶段处理。另外，构思阶段对结构作的安排，无论这些安排是精细的，还是大略性的，在表达阶段还要作一些具体的调整，并非一步就能到位。

（一）宏观上把握结构的基本形态

前面说了，安排结构，首先是从大处着眼，考虑文章基本结构形态。基本结构形态是对结构模式的大致描述，它"大体则有，定体则无"。说它"定体则无"，是因为落实到每一种基本结构形态，由于局部处理的不同，文章所负载的内容不同，又仪态万千，景象各异；与此同时，各种结构形态的相互渗透、综合运用也是存在的。说它"大体则有"，是因为这些结构形态在整体框架上表现出一定的、共同的特色。

作者安排结构时，通常要依据材料本身的特点、文体的规范、主旨表达的需要、个人写作的习惯与追求，从整体上决定采用哪一种结构形态。因此，了解一些基本的结构形态，对每一个习作者都是必需的。

常见的结构形态如下：

1. 时空结构

时空结构是按时间推移或空间变易为顺序来组织材料的结构形式，在实际运用中又衍化为四种形态：（1）按自然时序组织安排材料。如《我的一天》《记一次难忘的会见》《记一件难忘的事》这类文章。（2）按空间位置的变换来安排材料。如《人民英雄永垂不朽》《核舟记》《勋业永存，光照千秋——毛泽东、周恩来、刘少奇、朱德革命业绩纪念室巡礼》这类文章。（3）时空重叠。如写游记，用"移步换形"的手法来组织材料。在"移步换形"中，既有时间推移，又有空间的转换。（4）时空交叉。以时间为经、空间为纬，时间的纵向推进与空间的横向展开同时进行，如《为了六十一个阶级弟兄》。

2. 情节结构

情节结构是按情节的发生、发展来组织安排材料。情节结构是叙事性文学作品组织材料的基本方式。根据其情节线索的多寡，又有单线结构、复线（多线）结构的种种变化。情节结构也保留了时序推移、空间转换等特点，但它不同于时空结构：首先，情节强调的是事件之间的因果关系，虽然它也表现出一定的时间、空间顺序，重点却落到因果关系上；其次，它在情节的组织安排上，往往极尽腾挪、变化之能事，以造成强烈的艺术效果，而一般的时空结构，只求明晰、生动就行了；其三，采用情节结构，要处理的头绪、因素多，比一般的时空结构要显得纷繁、复杂。

3. 心理结构

心理结构是按作者或作品中人物的心理活动为轨迹来组织安排材料。因"心理活动"是一个"内涵"丰富的概念，在写作实践中，往往又衍化为以下的形态：（1）以作者思想认识的发展来组织材料，如《荔枝蜜》。（2）以情感抒发为线索，为抒情散文、抒情小说所常采用的方式，如冰心的《笑》。（3）以人物的意识流动为结构轴心，作者往往将完整的故事、事件剪碎，让它们从人物意识流动的心灵屏幕上闪现出来。

4. 蒙太奇结构

"蒙太奇"是法语 Momtage 的译音，原义指建筑上的结构和装配，借用到电影行业中，指镜头的剪辑、组接。电影制作中，按照一定的构思，把一个个镜头合乎逻辑地组接起来，使其产生连贯、对比、联想等作用，从而形成一部完整的影片。这种组接方法通常称"蒙太奇"，借用"蒙太奇"手法来组织材料，称蒙太奇结构，也有人将它称为镜头连缀式或镜头剪接式结构。蒙太奇结构通常有情节发展的线索，但它又不同于情节结构，它通常将情节过程分解为一个一个镜头感很强的"片断"，通过这些"片断"跳跃式的组接，来组织安排材料，交代情节发展。由于它在镜头与镜头、画面与画面、场景与场景、段落与段落之间，省略了很多过渡性的文字，情节推进明快，便于时空的转换，为读者所喜爱。报告文学、纪实文学、小说、散文等文体写作中，作者常采用这种结构。

5. 事理结构

按事物或事理之间逻辑关系安排的结构。由于事物之间的逻辑关系是很丰富的，因而在实际运用中，产生了种种不同的形态：① 总分 - 分总式。包括先总说后分说的"演绎式"，先分说后总说的"归纳式"，先总说后分说再总说的"演归式"，先分说后总说再分说的"归演式"等。这种结构方式多用于说理文，说明文、记叙文也常采用，如《谁是最可爱的人》《王崇伦抓豆腐》等，点面结合属这种结构方式的衍化。②并列式。文章各部分之间的关系是并列的，基本是没有先后、主次之分，如斯大林的《悼列宁》、毛泽东的《关于纠正党内错误思想》等。这种结构方式，议论文中多见。有些记叙文也用此方法结构，如一些集纳式通讯，其材料组织就没有主次先后之分。③递进式。文章各部分是逐层深入的，不能任意颠倒顺序，如毛泽东的《"友谊"，还是侵略》、鲁迅的《丧家的资本家的乏走狗》。递减式是递进式的一种变式，如消息写作中的"倒金字塔结构"，它依据材料的重要性，把最重要的材料安排在前面，然后依次递减，它的顺序也是不能任意颠倒的。④并列、递进综合式。文章各个部分的关系是并列的，在每个部分中，其关系又是并列的，或者反之。此外还有一般与个别、整体与部分、比较与对照、原因与结果、现象与本质等关系，兹不赘述。

6. 程式化结构

程式化结构是约定俗成的，或有关部门规定的，其行文款式有固定的、统一的规定，写作中不能随意改动。如公文、司法文书、经济文书、日常应用文、某些新闻文体，其结构都有一定的规定。实用写作大都采用程式化结构，初学者对这类结构形态尤其要注意。

对文学创作来说，还涉及到表层结构和深层结构这一对范畴。按叙事学的观点，文学作品包括深层结构和表层结构。表层结构指文学作品内容单元安排上的先后顺序，它关心的是内容安排上的时空、逻辑顺序，它是语法性表述结构，考虑的是如何有利于读者的阅读接受。深层结构是指文章内容单元非时间性的内在联系，它是作者传达主旨的一种潜在语言，服从的是文章所要传达的主旨、意蕴。如鲁迅先生的《药》，就表层结构来看，小说是以一明一暗两条情节线索交织着进行叙述的，就其深层结构来说，一方面是革命者为革命慷慨捐躯而不被大众理解，另一方面是愚昧者买人血馒头治病的荒诞行径却在麻木中延续；一方面是，革命者的血非但没有唤醒民众反而作了治不好病的人血馒头，另一方面，却是麻木愚昧的灵魂已到了非加治疗的紧迫状态。二者聚焦于辛亥革命之后中国农村的现实，从而深刻地反映了作品的主题。深层结构是文学创作应思考的问题。

（二）局部要处理几个基本环节

要着力要处理的是结构的层次、线索、首尾、主次等问题。

1. 总文理

所谓"总文理"，就是在思想上进一步明确自己所要传达的主旨，用"主旨"这条思想线，将所有的材料统摄起来，并根据主旨的需要，对材料作出主次、轻重、详略的安排，"驱万途于同归，贞百虑于一致，使众理虽繁，而无倒置之乖；群言虽多，而无棼丝之乱。"（刘勰《文心雕龙·附会》）

"总文理"主要是明确自己所要表现的主旨，对抒情性的作品来说，大多是一种朦胧的、感性的认识；对于实用性文章，则要梳理为清晰的理性认识。尤其是论文，通常涉及到中心论点和分论点之间的关系：各分论点之间不能出现交叉、重叠、纠缠，不能出现各分论点的主次倒置，不能出现疏漏和残缺；所有的分论点又都要统一到中心论点上去，不能出现游离，这些都要经过理性的认真梳理。

2. 理线索

所谓"理线索"，就是在思想上进一步理清文章的"走向"，并考虑这些"走向"的交织、穿插。

"线索"这个概念，平时用得最滥了，什么"时间线索""空间线索""人物线索""物体线索""思想线索""命意线索""结构线索""抒情线索""叙事线索""思辨线索""事理线索""题眼线索""兴味线索""语句线索""单线""复线""明线""暗线""主线""次线""接线""引线"等等，举不胜举，叫人眼花缭乱。使用这些概念，人们往往把"主题线"与"结构线"混淆了，如有人说："主题一经确定，反映这个主题的思想就应该像一条红线，或明或暗，若断若续，从头到底串在作品里，时刻让读者感到灵魂的跳动。"又有人说："思想像一根穿起了生活珍珠的线，没有这根线，珍珠只好散弃在地。"他们都把"主题思想"看成了"线索"。还有人认为，"线索"是相对记叙文而言的，论说性的文章没有"线索"，只有"脉络"，但解释这两个概念时，又把它们的内涵混同起来，如有人说，"所谓线索，就是贯穿文章全部材料的脉络"。又说，"所谓脉络，就是作者再现事物，进行叙述、论证时所留下的思想轨迹"。

把主题看作线索肯定是不对的，哪篇文章没有主题呢？如果把统摄全文的"主旨"看作行文的"线索"，也就取消了"线索"。否定论说性的文章没有线索是不对的，根据我们的经验，写实用文，譬如说，写一篇议论文，总得考虑先说什么，后说什么，再说什么，依据什么问题展开，如果没有一条行文的线索，整篇文章也就会松散无序。

"线索"究竟是什么呢？所谓线索，也就是行文的走向、次序和轨迹。一篇文章先说什么，后说什么，再说什么，有一个"走向"和"次序"，这些"走向"和"次序"联结起来，就表现出一定的"线路""轨迹"。把文章的"走向""次序""线路""轨迹"联系起来，也就是文章的"线索"。

线索总是表现出一定的"指向"和"轨迹"，把这个"指向"和"路线"清一清，也就是"理线索"。线路清楚，走向清晰，次序井然，也就是理清了文章的线索。

线索表现的是认识和事物发展的顺序，思路发展的顺序，一般说来，作者确定结构形态后，也就初步明确了文章的线索，但这是大致的、大概的、粗轮廓的，随着构思的深入，要把"线索"落到实处。比如说采用单线型的结构，他就要考虑是顺序而下，还是颠倒穿插。倘若决定采用颠倒穿插法，他还得考虑怎样一个颠倒穿插法。如果采用多线索结构，得考虑多条线的明暗主次、交织穿插、共同推进。对于一般实用性的、篇幅较短的文章，这个工作相对要简易一些。对于文学性的、篇幅巨大的文章，就非常艰巨，异常复杂。

3. 排次序

随着线索的清理，接着是"排次序"，把选择加工好的材料，安排在其必然的位置上。"排次序"实际上就是安排"层次"。

"层次"又叫"部分""意义段"，它是文章中相对独立完整的意义单位。一篇文章总是由若干个相对独立完整的材料构成的。这些相对独立完整的材料，是组成文章的意义单位，也就是文章构成的"层次"。

层次的安排，从表层看，是依据"线索"组织安排的。从深层看，是依据"主旨"的需要而安排的。如冰心的《笑》，作者要先写小孩子的笑，再写老妇人的笑，也表现了作者由童心而及母爱的认识层次。层次与层次之间，通常表现为重复、对比、递进、并列等四种关系。

安排层次，主次要分明，层次要清楚，不能把很多意思，纠杂在一个层次里。

层次既是作者思路展开的步骤，也是文章思路内容的表现次序，它要兼顾主旨、线索和客观事物的发展规律。从本质上看，层次安排，是客观事物发展的阶段性和思维发展的阶段性在文章中的反映。如我们记一件事，这件事有开头、发展、高潮、结局，我们把它写成文章，不管是将结局写到开头部分，还是按事件的发生顺序写下来，它都要反映出事物发展的阶段性。

4. 定主次

作者选择好了材料，这些材料，依据其负载的思想内涵、表达主旨的作用，有重要一些的，有次要一些的。作者总是把最重要的材料排在命意结穴之处，而对于其他材料，"则根据各自的重要性把它们作深浅程度适当的浮雕"①，以烘托、映衬主要材料。如朱自清的《背影》，作品的重点部分是浦口车站父子别离情景的描写，在此之前，作者还不惜笔墨写了祖母谢世，父亲失业，奔丧治丧，说不送又要送，运行李讨价还价，不放心托付茶房等。作者之所以这样安排，就是希望通过这样的远铺近垫，为重点部分的描写积蓄情感，让读者充分理解作者的写作意图，同时为主要部分充实内容，使读者明白旧社会知识分子的凄凉景况及世态人情，加大作品的思想容量。

§10　构思中的想象

一、想象的含义及类型

想象是指人脑对原有表象进行加工改造而建立新的形象的心理过程。说白了，就是用一幅一幅的图像展开思维。想象是从事文学创作必不可少的心理能力，别林斯基曾恳切地指出，无论丰富的思想内容也好，强烈的情感也好，忠实于自己的信仰也好，甚至高明绝伦的技巧也好，都不能帮助那些缺乏想象力的、不能通过形象来体现自己思想感情的人。只有创造的想象，才能构成诗人之所以有别于非诗人的特长。

想象总是形象的。阿·托尔斯泰说，他在酝酿彼得大帝的形象时，连彼得坎肩上的一点污痕都看见了。歌德说，他在想象中，能够看见树木的幼芽是怎样生长出来的。

一般根据想象的创造性，将其分为再造想象、创造想象。我认为，构思活动中，存在着再现想象、再造想象、创造想象、幻想等四类想象。

（一）再现想象

再现想象是写作构思中最常见、最普遍的一种想象，当我们参观游览了某个风景胜地，准备把胜地风光生动、形象地描绘出来的时候，当我们观看了一场激烈、精彩的球赛，准备把这场球赛报道出来的时候，当我们动笔追忆某一件难忘的往事，某一可亲可敬的人物的时候，我们进行的就是再现想象。

再现想象是以回忆为基础的。朱光潜在《文艺心理学·想象与灵感》中曾这样论述它："就字面讲，想象（imagination）就是在心眼中见到一种意象（image）。意象就是所知觉的事物在心中所印的影子。比如看见一匹马，心中就有一匹马的模样，它不在眼前时，我仍可以回想起它的模样如何，这是记忆，也就是想象。不过这种想象只是回想以往由知觉得来的意象，原来的意象如何，回想起来的意象也就如何，没有什么新创，所以它通常叫做'再现想象'。"现在，普通心理学不把它当做想象，把它列入记忆，放到"记忆"的有关章节去讨论，称它为"再现表象"。之所以这样处理，大概也是觉得它没有创造性，没有提供新的内容，像朱光潜，也就是这么认为的。

其实，写作构思中的"再现想象"，和日常回忆比较起来，是有着它鲜明的特点的。

首先，"再现想象"不满足于粗轮廓的回忆，它要求鲜明的形象性，它在细节的生动具体

① 莫泊桑：《"小说"》，《文艺理论译丛》1958 年第 3 期。

真切方面以及审美情趣的灌注方面，是任何日常回忆所不能比拟的。例如朱自清的《荷塘月色》，该是作者对月下散步的追忆吧，我们只要从中抽出任何一段描写，都可以看到"再现想象"与日常回忆的区别。

另外，"再现想象"也提供新的内容，具有创造性。同样以朱自清的散文为例，朱自清谈到《背影》的创作时说，父亲对他的好处很多，值得怀念的材料也很多，但他在《背影》中只写了离别那一回。从作品看，作者构思中的"回想"是异常生动的，不仅父亲的穿戴衣着历历在目，而且父亲的举动也如见如闻，这明显区别于日常的一般回忆。此外，作者没有一一推衍父亲对他的好处，也没有一一交代送别的过程，而是从"背影"这个独特、新颖的角度来写父子深情。这种"回想"为读者提供了一个独特的令人难以想象的角度，表现出它特有的智慧与创新，也显然不同于日常回忆。

意大利美学家维柯谈到想象时曾指出："想象不过是展开或复合的记忆。""记忆和想象是相同的……记忆有三个不同的方面：当它记住事物时，它是记忆；当它改变或模仿事物时，它是想象；当它使事物具有一种新的面貌，或是把事物摆在恰当的秩序和关系里，它是创造。"①朱光潜指出："艺术的意象有许多并不是综合的结果，只是在一种混乱的情境中把用得着的成分单提出来，把用不着的成分丢去，有时也能创造出很完美的意象，好比在一块顽石中雕出一座像一样。比如'长河落日圆''微风燕子斜''采菊东篱下，悠然见南山''风吹草低见牛羊'一类意象，全无联想的痕迹，却不失其为创造。它们都只凭想象作用，在一个混乱的情境中把和感情相协调的成分单提出来，造成一种新意象。单是选择有时已是创造。"②在写作构思时，"再现想象"必须对材料有所取舍，必须把一个一个"意象"单提出来，并且把它们"摆在恰当的秩序和关系里"，因此，它具有创造性。

我们认为，从写作心理的角度看，还是把"再现想象"作为一种想象类型为好。因为写作构思中的"形象性回忆"，是明显地不同于日常一般回忆的，把它归之于记忆，既难揭示它的规律、特点，还容易造成一种误解，好像写游记、回忆录一类的文章，就不需要想象了。这对于写作教学和写作学习，都是不利的。

（二）再造想象

再造想象是根据别人的叙述，或图表、图解、图形、文字、符号、标记等，将自己并未见过的事物，生动具体、如见如闻地表现出来的心理过程。再造想象是消息、通讯、报告文学、人物传记、工作总结、调查报告乃至说明文、议论文中最常使用的想象类型。根据历史资料写诗歌、小说、戏剧、电影，也需要运用再造想象。在写作过程中，直接感知的事物毕竟是有限的，大量的材料，常常要靠别人的介绍——包括口头的、书面的以及各种图样、图解、符号来获得。比如我们去采访一个人，主人公常常不在，甚至去世了；即使主人公还健在，他以前的生活经历，年轻时的风采、特点，我们也不可能一一去经历，只能根据别人的介绍，通过再造想象去悬想、忖度。有时，即便有比较丰富的材料，主人公的讲述也比较粗略，往往需要作者运用再造想象去复活。

再造想象有它的客观制约性，它所想象的，必须是现实生活中存在的，或确确实实发生过的；它所再现的生活画面，必须符合客观真实，对现实性生活中的事物能够对得上"号"，不能无中生有、凭空虚构，不能细节失真。它的再现的人物、事件、场景，必须符合现实生活

---

① 《形象思维资料汇编》，人民文学出版社 1980 年版，第 140 页，第 146 页。
② 朱光潜：《文艺心理学》，安徽教育出版社 2000 年版。

中的人物、事件、场景。

再造想象又具有它的主观能动性。它不仅能大胆创造自己所不曾见过的客观事物，而且在想象中，并不只是旁人叙述、介绍或图样、图解的简单复制，而是在词的作用下，用自己已有的生活经验、形象记忆、情绪记忆、知识积累，对客观事物做一定的加工改造，丰富补充。如理由谈到报告文学《痴情》的写作时，曾指出：

> 记录在采访本上的东西，常常是粗糙的、简单的、断裂的……以"虎丘"与"新月"两节为例，女主人公的原始叙述是简单扼要的。她说，这是她与画家的第二次见面，那天正是"三八"妇女节，她正在学校主持文艺节目。画家突然而至，邀她去虎丘玩玩。她去了，就在这天画家告知自己曾被划为右派，她听了没有动摇。那天他俩回城已经很晚了。
>
> "这次我们的关系就确定了。"她说。
>
> 我感叹道："做出这样的选择真不容易。为什么没有动摇？"
>
> 她说："因为他诚实，我更觉得他好。"
>
> 原来的交谈大体如此。幸亏作者多年前也去过虎丘，于是面对着一张虎丘的风光照片，极力唤醒当时的记忆，展开这一章节的描写。(《〈痴情〉书简》)

（三）创造想象

创造想象是根据预定目的，不依据现成描述，独立地创造新形象的心理过程，也就是我们平常所讲的"虚构"。在文学文体的创作中，无论是人物塑造，还是情节编织，都需要运用创造想象。

创造想象具有首创性、新颖性、独立性，它虽然以客观生活为基础，但它不是对客观生活某一个对象的复呈，它创造的形象，给人一种前所未有的、全新的感受。因此，创造想象比再现想象、再造想象更具有主动性，但它比再现想象、再造想象困难得多。

（四）幻想

幻想是创造想象的一种特殊形式，它也是有目的地、独立地在头脑中创造形象的过程，但它不同于一般的创造想象。幻想总是与个人的生活愿望相联系。人们在幻想中创造的形象，总是他所期望的，或向往企求的。创造想象所形成的形象，则不一定是与作者个人愿望联系着的。例如，作者的笔下，常常可以创造出他不喜欢的人物。

幻想又是指向未来的，远离现实的，它与目前的行动无直接关系，而是对未来活动的设想。一个人的幻想无论怎样清晰，都不能立刻去实行。如，我们可以幻想去火星旅行，但我们却不能立即办到，写作构思中的幻想，主要表现在诗歌、童话、科幻小说、科学幻想小品的写作中。

二、想象的原则与方法

想象要善于借助"常醒的理解力"和"灌注生气的情感"。

黑格尔谈到想象时，曾特别指出："艺术家一方面要求助于常醒的理解力，另一方面也要求助于深厚的心胸和灌注生气的情感。"①

---

① 黑格尔：《美学》第1卷，商务印书馆1978年版，第359页。

首先，想象离不开"常醒的理解力"。诗人作家"流连万象之际，沉吟视听之区"，能够借助想象的翅膀，上穷碧落，下竭黄泉，但并不是胡思乱想，混沌无序，而是有一条思考的线维系着它，如果离开了思考的线，想象就会像断线的风筝，虽然自由了，却只会漫无目的地随风飘荡，成为虚无缥缈的瞎想。

想象也离不开情感。陀思妥耶夫斯基谈到自己的创作时说："我同我的想象，同亲手塑造的人物共同生活着，好像他们是我的亲人，是实际活着的人；我热爱他们，与他们同欢乐，共悲愁，有时甚至为我的心地单纯的主人公洒下最真诚的眼泪。"狄更斯在《老古玩店》中写到女主人公的死时，好像是谋杀了自己的孩子，觉得"昏昏沉沉"。阿·托尔斯泰说他在长篇《两种生活》中描写那个将军的死，一连好多天都四肢无力，好像真的体验了一次死的情形一样。

"情瞳眬而弥鲜，物昭晰而互进"①，无动于衷的想象可以说是没有的。情感不但唤起想象，推动想象，帮助想象组织材料，是想象的动力，而且，它浸透着表象，使表象变形、扩大、鲜明、模糊，为形象灌注着生气。想象要运行得好，一方面要借助判断力，一方面要借助于情感。

想象的载体、材料、工具是表象。想象的基本形式是表象运动。想象的过程主要表现为表象的分解、比较、综合、推导。

（一）表象的分解

"分解"就是把头脑中储存的整体性表象，分解成部分性表象。"分解"是进行想象的第一步，作者必须根据写作的需要，把有关的表象从记忆里提取出来，才有可能进行想象。例如，范仲淹要描写洞庭湖的风光、景物，他首先必须根据别人的叙述或提示与自己的经验，从头脑中将湖的表象，春天的、秋天的、夏天的、冬天的、晴天的、雨天的……各种各样的表象提取出来，才有可能在头脑中展现洞庭湖的典型风光，如果不能从头脑中提出相关表象，作者就不可能展开想象。

自觉的表象分解非常重要。莫泊桑曾指出："艺术家选定了主题之后，就只能在充满了偶然的、琐碎的事件的生活中，采用对他的题材有用的具体特征的细节，而把其余的都抛在一边。"②没有自觉的表象分解，原始表象无论是多么深刻、准确，也难以反映事物的千姿百态。如，我们描写一场激烈的球赛，在思想上首先要将这场球分解为上半场、下半场，或第一个球，第二个球，第三个球……究竟是第一个球还是第二个球，是上半场还是下半场最精彩，最激烈，最能代表这场球呢？只有通过表象的分解才可能深刻把握事物，生动地再现这场球赛。

（二）表象的比较

将原始表象分解后，并不是马上进行综合，在综合之前，还要进行比较。比较就是在思想上将分解出来的个别部分或个别特征加以比较，以鉴别和确定它们的特色、异同、代表性以及意义，以决定取舍。高尔基说："想象是创造形象的文学技巧的最重要的手法之一。""想象要完成研究和选择材料的过程，并且最终地使这个材料形成活生生的、具有肯定或否定意义上的典型。"③所谓"要完成研究和选择材料的过程"，主要是通过表象比较来实现的。惟有

①　陆机：《文赋》，郭绍虞《中国历代文论选》(一)，上海古籍出版社 1979 年版。
②　莫泊桑：《"小说"》，《文艺理论译丛》1958 年第 3 期。
③　《高尔基论文学》，人民文学出版社 1978 年版。

通过比较，才可能舍弃偶然的、非本质的部分，抽取出本质的、必然性部分。我国著名作家蒋子龙在谈到乔厂长形象的塑造时，曾具体谈到构思中的表象比较，他说：

> 乔光朴在这篇小说里要唱重头戏。我对社会主义现代化的信心，对未来的信心，很大一部分要在他身上体现。但是又没有一个现成的模特儿供我借鉴，我不得不动用我材料仓库里的全部"干部档案"。我进工厂二十多年，先后接触过十几个厂长。我在住党校、出差、开会的时候又结识了不少厂级干部。我在脑子里像放电影一样把这些人都过了一遍，然后又把这些人放在一块进行比较。比来比去，有这么一个厂长引起了我的兴趣。他也是一个大企业的厂长，身上总是穿得干干净净，谈吐诙谐，多智，干什么事都不急，不上火，脑瓜聪明，搞生产也有办法，太邪门歪道的事自己不干，别人干他见了也不生气，有点玩世不恭，看破红尘的味道。他把工厂搞得也还不错。他是那种会生活，会工作，会处理关系的领导干部……可是，我现在设想的乔光朴，根本不是这样的人，他没有敢想、敢干、敢抓、敢管的气魄，也不会大刀阔斧地采取行动。现实生活和创作规律都逼使我不得不重新琢磨乔光朴的性格特征。这时，另一个我跟他多年交往的厂长在我心里活动起来了……这个厂长批评干部相当狠，尤其是对老同志，对青年干部则好得多。当时，哪个车间出了问题，车间主任怕挨批，都叫青年干部去汇报。他每天上班来，必定到各个主要车间去转一圈，从他嘴里听不到"研究""商量"一类的词，他说了的事就非得办到不可，什么问题反映到他那儿就算到头了。有时供应科搞不来材料，他就亲自出马去搞材料。有一次把这位厂长激怒了，他竟找到了周总理，请总理给批条子……他当厂长，就是全厂的第一把手，要求党委书记保证他的工作。他和老党委书记合作得很好。后来书记换了人，同新书记两个人搭不好班子，厂长找到市里，把书记硬给调走了。他就是这样一个厂长，身上有明显的优点，也有明显的缺点。在他身上还有许多这样的故事，全在我眼前活起来了。我感到我把乔光朴这个人物的内核抓住了，什么"下山"呀，"上任"呀，当"主角"呀，所有的情节也跟着活了。（蒋子龙《乔厂长上任记的生活账》）

从蒋子龙的经验之谈可以看到，在想象中，比较是很重要的，比较深入的程度，直接关系到形象的典型化。在现实生活中，本质的东西常常与非本质的东西混杂在一起，偶然的东西常常掩盖着必然性的东西。在想象中，只有将分解出来的各种属性、特征、部分、特点加以比较，才能有所取舍。

（三）表象的综合

将表象分解、比较后，便是表象综合。所谓综合，就是在思想上，把表象分解出来的部分或个别属性集中概括起来，使之成为一个完整的，活生生的形象。综合不是简单的"拼合"，而是一种"熔铸"，一种"化合"。想象的创造性，主要表现在综合阶段，"出类拔萃的画家和诗人是这样的人……他的想象力足以把这些分散的、美的事物，构思为新的、集中的和完全理想化的事物。"[1]

想象中，比较特殊的表象综合方式有粘合、夸张、典型化。

"粘合"是在想象中，把日常生活中本来不在一起的表象"粘合"在一起，以创造新的

---

[1]　福斯科洛：《〈论意大利语言〉序》。

形象。

"夸张"是指在表象综合中，有意将表象形态或数量加以扩大、缩小。

"典型化"是将同类表象中反复出现的本质特征"熔铸""综合"起来，形成一个崭新的形象，这个形象既突破了原来表象的束缚，又具有典型意义。韩少功谈到《西塑茅草地》的创作时，曾谈到表象的综合过程。他说：

> 前辈"风流人物"各色各样，其中有一种引起了我的注意。我当过知识青年，在我落户的地方不远，有一个国营农场。农场有个负责人，是部队转业干部，对手枪和绑腿有深厚的感情。他身先士卒，干劲冲天：大办农业流下了辛勤的汗水，对亲人下属也要求得十分严格。但他好几次晚上提枪出门，用"演习"的办法来考验下属的"阶级立场"。他看不惯青年男女的谈情说爱，有一次为了追捕一个"违禁"幽会的小伙子，竟一口气追了几里路远……结果很多干部，很多青年都怕他。我还访问过一些农场，足迹到了一个又一个"茅草地"。我发现很多农场都有一些老资格的革命战士。他们立志务农，比起那些贪恋沙发与卧车的人，他们是有朝气、有事业心的。但他们中间相当多的人曾经不懂得按客观经济规律办事。有个场长经常"剃着光头，打着赤膊"猛干，饿了就咬生红薯、生萝卜，但他不善管理，结果地上草比苗高，仓里果实霉损。农场发寒衣，还得靠他"老红军"的面子四处募捐求援。还有个场长，有钱大家用，有烟大家抽，对供给制和"大锅饭"很有兴趣。结果正是这种平均主义，使职工的积极性日趋低落……这些人就像代数中的"同类项"，鲜明地显示了共同点……它们像一个个音符飞出来，组成了一个完整的旋律；像一个个散点，逐渐连成了一道明晰的轨迹——于是，我就有了笔下的"张种田"。

从韩少功这段经验之谈可以看到，所谓典型化，即将同类表象中反复出现的那些本质特征进行重新组合，熔铸成一个活生生的、有血有肉的新形象。高尔基说："假如一个作家能从二十个到五十个以至几百个小店铺老板、官吏、工人中每个人的身上，把他们最有代表性的阶级特点、习惯、嗜好、姿势、信仰和谈吐等抽取出来，再把它们综合在一个小店老板、官吏、工人的身上，那么这个作家就能用这种手法创造出'典型'来——而这才是艺术。"①

在艺术构思中，"粘合""夸张"是浪漫主义、超现实主义作家所常采用的表象综合方式，因为他们通常要追求艺术"变形"。现实主义作家要按生活的本来样子表现生活，要表现典型性格，他所采用的表象综合方式是"典型化"。对于那些纪实性文章，作者进行表象综合时，主要是按生活原来的样子进行综合。他把有的表象单位保留下来，把有的表象单位加以舍弃；将有的表象单位突出，将有的表象单位淡化，按照一定的时空顺序将表象综合起来，为的是更鲜明、更生动、更具体、更准确地再现客观事物的形象。它的综合过程，不掺杂其他事物的表象。对于虚构性的文学作品，作者进行表象综合时，往往突破了原来事物的限制，他往往把不同对象的表象单位加以新的组合，创造一个客观现实不曾有的、与原来任何一个事物形象都不同的、新的事物形象。

（四）表象的推导

表象推导，是以表象形式所进行的，对于客观事物间接的、预见性的认识过程。现实中的事物，是联系着、运动着的。一个事件，从头到尾有一个发展变化过程。一个生活片断，

---

① 《高尔基论文学》，人民文学出版社 1978 年版。

一个人的某一行动，都有它的发展由来。任何事物，与其他事物都有千丝万缕的联系。表象推导是建立在客观事物联系基础上的，看见某个人眉开眼笑，我们马上会推测他有什么高兴事儿，依据经验所把握的客观事物的规律，可以推动表象的发展、运动。表象推导是整个想象活动中重要的一环。狄德罗在《论戏剧艺术》一文中指出："从某一假定现象出发，而把一系列的形象按照它们自然中必有的前后顺序思索出来，这就叫根据假设进行推理，或者叫做想象；按照你所选择的不同目标，你就是哲学家或诗人。"①高尔基说："无论是艺术家还是科学家，都必须具有想象和推测。想象和推测，可以补充在事实的连锁中不足和还没有发现的环节。"②在写作中，由于写作目的和写作个性不同，表象推导常常是依据不同逻辑进行的。例如，以抒情为主的文学创作，表象运动常常依据作者的情感逻辑展开。在论说性文体的写作中，作者的表象运动，常常依据论证的逻辑展开。在叙事性的文学作品中，作者的表象往往根据因果逻辑和性格逻辑展开。

三、表象运动的规范及动力

一般都把想象活动的展开看作表象的自觉运动，至于"表象"是怎样"自觉"运动的大多语焉不详。我认为："表象"是在文体与审美理想规范下由情感、理念、因果、性格等推动的自觉运动。作者一旦确定他写什么样的文体，他的整个想象活动，便在文体的整体规范下进行。

那些纪实性的文章，作者进行表象综合时，主要是按生活中的原有样子进行综合。他把有的表象保留下来，把有的表象单位加以舍弃，将有的表象单位突出，按照一定的时空顺序将表象综合起来，为的是更鲜明、更生动、更具体、更准确地再现客观事物的形象；它的综合过程，不掺杂其他事物的表象。对于那些虚构性的文学作品，作者进行表象综合时，往往突破了原来事物的限制，把不同对象的表象单位加以新的组合，创造一个客观现实不曾存在过，与原来任何一个事物形象都不相同的新的事物形象。如鲁迅笔下的祥林嫂，据专家们研究，至少是四个模特综合而成的：一个是寡妇单妈妈，她同一个男人同居，生怕到阴间被锯开分给两个男人；一个是看坟女人，她的小儿子在门口剥豆被马熊拖去吃了，悲伤得哭瞎了眼睛；一个是宝姊姊，从小许给山里，男家抢亲，她逃跑落水，被男家捞起劫走，但始终不肯屈服；一个是鲁迅的远房本家伯母的许多言语表情。

纪实性文章和文学创作在形象个性的追求上也不相同。实用性文章的表象综合，比较讲究形象的共性，如下面一段文章：

中农呢？他们的态度是游移的。他们想到革命对他们没有什么大的好处。他们锅里有米煮，没有人半夜敲门来讨账。他们也根据从来没有的道理，独自皱着眉头在那里想："农民协会果然立得起来么？""三民主义果然兴得起来么？"他们的结论是怕未必！他们认为这全决于天意："办农民协会，晓得天意顺不顺咧？"在第一时期内，农会的人拿了册子，进了中农的门，对着中农说道："请你们加入农民协会！"中农回答道："莫性急啦！"一直到第二时期，农民势力大盛，中农方加入农会。他们在农会表现比富农好，但暂时还不甚积极，他们还要看一看。农会争取中农入会，向他们多作解释工作，是完

---

① 狄德罗：《论戏剧艺术》，《西方文论选》(上卷)，伍蠡甫、蒋孔阳编辑，上海译文出版社 1979 年版。
② 高尔基：《我怎样学习写作》。

全必要的。

这一段文章选自毛泽东的《湖南农民运动考察报告》，作者对中农的形象的描述，其中虽然不乏形象的描写，但想象明显追求中农的一般性特征。至于文学创作，特别是叙事性文学创作，作者的想象则更趋向于个性化特征。像鲁迅笔下的阿Q，连他头上戴的帽子都是不能随便取代的。

除了文体，作者的想象，还受其审美理想的规范。

审美理想中，最明显的是作家喜欢采用的创作方法对想象的规范。采用浪漫主义创造方法，作者往往采用超现实形式来进行表象综合。如《西游记》中，孙悟空是人与猴的表象综合，白骨精是恶妇与骷髅的表象综合，猪八戒是人与猪的表象综合。现实主义作者要按生活的本来样子再现生活，则倾向于按照生活的本来面貌进行表象综合，像鲁迅笔下的祥林嫂、孔乙己，作者在想象过程中，虽然综合了许多个生活的原型，但综合的结果却都是生活中实有的形象。

作家的审美理想不止于创作方法，在文学创作中，即便同属现实主义作者，其美学追求不同，也导致了表象运动的不同特点。巴尔扎克是现实主义的鼻祖，他的人物如葛朗台身上，总是堆着过多的表象性的事实碎片，他津津于描写他鼻尖上的肉瘤、条纹背心、银扣短裤，精心于描写楼梯、烛台、地窖、金币，他还特别热衷于"场景"，为了推出葛朗台，他不惜花大量篇幅从外省等城市的市容写起，再写到其家居，破门，烂地板。福楼拜则简约得多，他往往将巴尔扎克拥塞在人物过道上的杂物扫得干干净净，表象明朗干净。至于司汤达，他对人物灵魂、热情的兴趣则远远胜过了对人物动作的兴趣，表象运动更倾向于人物的内心世界方面。如《红与黑》，他对人物动作的描写快如闪电，对人物内心世界的刻画却细腻、精确得惊人。他们在创作中所表现出来的不同特点，都表明了作家审美理想对想象运动的直接规范。

在文体、审美理想的直接规范下，作家表象运动的动力主要表现为情感、理念、因果、性格。

以抒情为主的文学创作，表象运动常常依据作者的情感逻辑进行。论说类文章的写作中，作者所进行的表象推导，完全是依据作者的论证逻辑而进行的。如鲁迅的《拿来主义》：

譬如罢，我们之中的一个穷青年，因为祖上的阴功（姑且让我这么说罢），得了一所大宅子，且不问他是骗来的，抢来的，或合法继承的，或是做了女婿换来的。那么，怎么办呢？我想，首先是不管三七二十一，"拿来"！但是，如果反对这宅子的旧主人，怕给他的东西染污了，徘徊不敢走进门，是孱头；勃然大怒，放一把火烧光，算是保存自己的清白，则是混蛋。不过因为原是羡慕这宅子的旧主人的，而这回接受一切，欣欣然的蹩进卧室，大吸剩下的鸦片，那当然更是废物。"拿来主义"者是全不这样的。

他占有，挑选。看见鱼翅，并不就抛在路上以显其"平民化"，只要有养料，也和朋友们像萝卜白菜一样的吃掉，只不用它来宴大宾；看见鸦片，也不当众摔在茅厕里，以见其彻底革命，只送到药房里去，以供治病之用，却不弄"出售存膏，售完即止"的玄虚。只有烟枪和烟灯，虽然形式和印度、波斯、阿拉伯的烟具都不同，确可算是一种国粹，倘使背着周游世界，一定会有人看，但我想，除了送一点进博物馆之外，其余的是大可以毁掉的了。还有一群姨太太，也大可以请她们各自走散为是，要不然，"拿来主义"怕未免有些危险。

这一段想象，明显地依据论证的逻辑展开。

在叙事文学的创作中，表象运动主要依据因果关系和性格逻辑展开。性格逻辑与因果逻辑相关又有区别。我们平时所说的因果逻辑，主要指由因到果或由果到因的比较明显、比较直接的因果链条，它是单线的、单纯的，由一定的因，往往能推导出明确的结果，里面并不包含很多很复杂的原因和变化，而人的性格往往是一个十分复杂的综合体，始终充满着各种各样的矛盾和斗争，往往因时而异，因人而异，瞬息万变，没有一成不变的模式和程序。比起那些单纯的因果关系，更具有人自身的丰富性和复杂性，更能见出一个人的性格特点。人物在一定条件下会怎么办，不会怎么办，更有其内在的规定性。人的内心是一个异常丰富的世界，充满着矛盾、冲突和危机，充满着微妙的心理过程和细节，要将人物真实地表现出来，凭单纯的因果推导是不够的，还必须从人物性格出发，通过设身处地的想象去描神写态。在构思活动中，作者须从不同的人物出发，从各种不同人物的感觉出发，去寻找不同层次各种人物的主体意识与情感意识，去寻找他们主体意识与情感意识的合理性，设身处地地体会他们的喜怒哀乐，具体地把握各种人物的思想，感情，言语，行动。契诃夫说："为了在七百行文字里描写偷马贼，我得随时按他的方式说话和思考，按他们的心理来感觉。"[①]老舍介绍说："我是一人班，独自扮演出许多人物，手舞足蹈，忽男忽女……我总是一面出着声儿，念念有词，一面落笔。比如说，我设想张三是一个心眼爽直的胖子，我即假拟着他的宽嗓门，放炮似的话直说。同样，我设想李四是个尖嗓的瘦子，专爱说刻薄话，挖苦人，我就提高了调门儿，细声细气地绕着弯子找厉害话说。这一胖一瘦若是争辩起来，胖子便越来越急，话也越短越有力，瘦子呢，调门儿大概越来越高，话也越来越尖酸，说来说去，胖子是面红耳赤，呼呼地喘气。而瘦子则脸上发白，话里添加了冷笑。"[②]想象中，只要作者真正地设身处地地体会他所描写的人物，人物性格成熟了，这时，人物表象便会按照他所特有的性格逻辑活动，这时创作便会进入一种新的境界。

§11　构思中的思维

一、思维的含义

这里说的思维，指的是我们平时所说的抽象思维。思维主要是用来完成理性认识任务的思维过程，它逐步舍弃了事物的感性特点，直接揭示事物的本质属性及规律性的联系。

思维具有抽象性，它用概念、判断、推理的形式进行思维。有时候，它也从具体、感性的事物出发，但思维过程中，它要逐步扬弃事物的感性特点，抽象、概括出事物的本质特征和规律性的联系，并把思维的结果用概念、判断的形式表现出来。

思维具有概括性。思维之所以能揭示事物的本质和内在规律性的关系，主要来自抽象和概括。概括是一切研究的起点，也是研究的目的。任何科学研究的目的，都在于概括出研究所获得的东西，把"事实"化为抽象的一般规律。

---

① 《契诃夫论学·致苏沃陵》，人民文学出版社 1959 年版。
② 老舍：《出口成章》，作家出版社 1964 年版，第 53 页。

思维具有间接性。思维凭借着知识经验，能对没有直接作用于感官的事物及其属性、联系加以反映；能对根本不能直接感知的事物及其属性进行反映；能借助前人的，以及旁人所总结的一些知识（包括事实、联系、概念、原理等）来解决自己所面临的问题，间接地反映客观事物。

思维具有问题性。思维产生于问题，又以解决问题为目的。思维的过程主要地体现在解决问题的活动中。写作构思中的思维，更是明确地指向自己所要解决的问题。

写作构思中的思维，主要表现为作者发现问题、提出问题、分析问题、解决问题的过程。

（一）发现问题

对一般理论性、议论性的文章，作者的写作总是从发现问题开始的。比如，我要写一篇"论骄傲"的文章，在思想上首先要给自己提出问题：我为什么要写这篇文章？要解决什么问题？是指明骄傲的危害，还是要说点别的？等等。问题是思维的起点，人类的思维总是沿提出问题和解决问题的过程进行的。大科学家爱因斯坦说："提出问题，往往比解决一个问题更重要，因为解决问题也许仅仅是一个数学上或实验上的技能而已，提出新的问题，新的可能性，从新的角度去看旧问题，却需要创造性的想象力，而且标志着科学的真正进步。"

能否发现问题，与一个人的知识有关。对某方面缺乏深入了解，即使提出了某个问题，往往也会显得肤浅。能否发现问题，与一个人强烈的求知欲望有关。没有强烈的求知欲望，对什么事都漠不关心，不以为然，很难发现问题。

能否发现问题，还与一个人的创造意识有关。创造意识强的人，往往不满足于对事物的通常解释，总喜欢对通常的解释提出某种疑问。他们遇到一个事物或一种现象，不论是初次接触，还是司空见惯，总喜欢刨根究底，进一步追问对象和现象的内部原因和本质。这种人，往往能在司空见惯的事物中发现问题，在别人不易发现问题的地方发现问题。创造意识不强的人总喜欢接受现成的知识和观点，喜欢以现有标准为标准，想问题办事情喜欢循规蹈矩、按部就班。这种人在一般情况下很难提出什么深刻的问题。有时即算提出问题，也往往是大家熟悉的一般性问题。

（二）提出问题

发现问题还只是思维的第一步。发现问题后，作者一般要在思想上把自己所发现的问题提出来，加以思考，以判断自己发现的问题有没有价值，值不值得进一步思考。在写作中，我们判断问题有没有价值，通常是围绕这么一些方面进行的：

> 是否为学习、生活、研究中的重要问题；
> 是否为人们所普遍关心的问题；
> 是否为社会所迫切需要解决的问题；
> 是否是有争议的问题；
> 是否为某一领域尚待开垦的问题；
> 是否为他人或前人说过的问题；
> 前人或他人对这一问题的解释是否有错误，有需要补充、纠正的地方；
> 我就这一问题能否提出一些新的见解、新的意见；
> 自己目前的条件能否解决这一问题……

分析、评价问题的过程，其实也是进一步发现问题、明确问题的过程。在写作实际中，怎样评价问题、确定问题是很重要的。它直接关系到文章的内容、文章的质量。能准确地提出某些重要的、有积极意义的问题，无疑为文章的写作打下了一个良好的基础。如果问题提得不妥当，没多大意义，往往会事倍功半，甚至劳而无功。

对问题的评价，同样涉及到作者的思想、知识、判断能力。有些问题，我们常常觉得它没有多大的意思，有人却能抓住它，写出很有意义的文章来。有些问题，我们觉得很重要，但写出来后，往往显得平淡，没有多大意思，事后才觉得自己并没有把问题看准。这种情况的出现，与我们的思想、学识、判断能力有着重要的关系。

（三）分析问题

在思想上明确所要解决的问题后，接下来就是分析问题。分析问题一般是这样进行的：

首先，围绕有关问题，搜集尽可能周全的材料，以防认识上的偏差。

接着，对材料进行分门别类的处理，去伪存真，去粗取精。

接下来，我们可能对材料进行一定的数量分析。数量分析是以整体为对象的。进行数量分析，可以抓住事物的主导方面、主要矛盾，可以找出事物内部的差异。在写作实际中，有时，我们进行了认真的数量分析；有时，只是一个大概估计。有时，因为没有必要，就略过去了。但从整个思维过程来说，对事物进行数量分析是很重要的，它可以帮助我们从整体上认清客观事物及问题的本质。

对事物进行一定的数量分析之后，接下来，便是对事物进行质的分析。质的分析不满足于量的概括和分析，它要求作者"由表及里"，"由此及彼"，深入到事物的内部及事物的联系中去揭示事物的本质，揭示事物间的本质联系。

在写作实际中，对事物的质的分析，一般是依据某些确定的逻辑程序展开的，每个思维环节之间都有一种确定的、可供分析的逻辑递进关系。例如：

就事物，分析其产生的原因；

就事物，分析其存在的意义、产生的影响；

就事物，分析其区别于其他事物的特征；

就事物，分析其发生、发展及其规律；

就事物，分析其内部构成的要素及其关系；

就事物，分析其主次；

就事物，分析其发展趋势；

就现象，分析其本质；

就偶然，分析其必然；

就局部，分析其整体；

就形式，分析其内容；

就某一行动，分析其动机、效果、经验、教训；

就多种方案，分析其最佳选择……

分析事物的过程，主要是由分析—比较—区别—抽象—概括—归纳—演绎组成的。其中最基本、最重要的方法是矛盾分析、因果分析、对比分析、历史分析等。

思维要解决的问题，其难易是不同的。对于难度小，容易解决的问题，在分析阶段，只要利用经验中有关的内容便可顺手解决了。对于难度大，不易解决的问题，仅凭现有的知识、经验是不能解决的，这就要求收集大量的材料，进行认真的分析、研究。

　　所谓分析，就是我们在思维活动中，把研究对象分解为各个组成部分、各个方面和各个要素，然后再分别地对它们加以研究和认识，从而揭示它们在整体中的性质与作用。

　　任何事物，都是由多个方面、多个部分、多个要素构成的。在一定的条件下，可以把事物分解为不同方面、不同部分、不同要素；而被分解的各个方面、部分、要素以及它们之间的关系，又从不同角度表现了事物的整体性。正是事物整体与部分之间的这种关系，使得分析方法的运用不仅成为可能而且十分必要。

　　分析必须从事物的整体深入到它的各个组成部分之中去，因此，在分析中，要注重分析构成事物整体的各种要素、各个方面和各种属性，注重分析事物发展的各个阶段及其特点。例如，我们研究某个作家，习惯上总是把这个作家的创作按时间分成几个阶段；我们研究某个作家的风格时，通常要考虑作家的思想、性格、心理、文化素养、表现技巧等诸多要素。

　　分析不是随意地将联系着的统一体加以任意地分解、机械地分割，而是要求从整体的联系中来认识局部。分析的任务不仅仅是把整体分解为它的组成部分，更重要的是透过现象抓住本质，通过偶然把握必然，通过局部把握整体。

　　分析最基本的职能就是深入事物的内部了解它的细节，搞清其内部结构、内部联系，抓住事物本质的东西。在分析的过程中，要着重弄清楚事物在运动变化过程中各个方面占何种地位，起何种作用，它们又以什么方式与其他方面发生怎么样的制约与转化。

　　要正确、全面地分析事物，不能只分析事物的一个方面，忽视另一个方面，不能只看到主要、肯定的一面，忽视了次要、否定的一面。不能孤立地强调某一个因素，而忽视了其他因素。

　　要正确、全面地分析事物，不能孤立、静止地分析，要把事物放在广泛、普遍的联系中来加以考察。关于这一点，列宁曾说过："在社会现象方面，没有比胡乱抽出一些个别事实和玩弄实例更普遍站不住脚的方法了。罗列一般例子是毫不费劲的，但这是没有任何意义的或者是完全起相反的作用，因为在具体的历史情况下，一切事情都有它个别的情况。如果从事实的全部总和，从事实的联系去掌握事实，那末，事实不仅是'胜于雄辩的东西'，而且是证据确凿的东西。如果不是从全部总和，不是从联系中去掌握事实，而是片段和随便挑出来的，那么事实就只能是一种儿戏，或者甚至连儿戏也不如。"①

　　分析还要具体。马克思主义的精髓和活的灵魂，就是对具体情况作具体分析。所谓具体分析，就是把事物放在特定的规定中去加以思考，充分揭示事物的内涵。不把事物放在特定的条件下加以思考，不去揭示事物的内涵，思想就很"抽象"。黑格尔在一篇文章中，曾生动形象地说明这个意义上的"抽象"。他写道，在市场上，一个顾客对一个女商贩说你的鸡蛋是臭的，那个女商贩突然恼火起来，破口大骂——你才是臭的呢，你浑身都发出臭气，你们一家，你的娘家的人都是臭烘烘的……黑格尔说，这个女贩就是在抽象地思考问题。她抓住一个臭的概念，把它不加限制地绝对化，把它无限度地加以发挥，结果便把这个概念的具体内容（由臭鸡蛋的争论引起的对人品质的论断）抽空了，丰富复杂的生活被抽象为一个空疏的属性——"臭"，结果什么问题也说明不了。其实，这位顾客及其亲属，每个人都有各自具体的品格、特点，本当加以具体地区别。这种笼统的、不加分析的思考犯了黑格尔所说的"抽象"地思维的毛病。从辩证法的角度看，"抽象"地思维是绝对化的、形而上学的，也是内涵贫乏

---

　　① 《列宁全集》，人民出版社 1974 年版，第 23 卷，第 279 页。

的，它必然得不出正确的认识。因此，我们在分析问题时，不要将我们的思维停留在空泛、笼统的水平上，要把问题放在一定的、具体的条件之下进行思考，要对具体问题进行具体分析。

另外，分析还要注意抓住事物的本质，抓住事物的主导方面，不能主次不分，好恶不分，把事物的本质特征湮没在一般特征之中。

（四）解决问题

随着对问题逐步深入的分析，问题也就解决了，但分析问题与解决问题还是有所侧重的，前者主要以分析、比较、区别、演绎为主，后者以抽象、综合、归纳、概括为主。解决问题阶段，要注意抽象、概括、归纳、综合的准确性。如果提出解决问题的措施、办法，则要注意其针对性、可行性。

二、写作构思中要注意的事项

（一）不要用证明代替了分析

学生习作中一个普遍的现象，就是用证明代替了分析。这主要反映在一般议论文的写作中，很多人写议论文，都是从某个现成的观点出发，去寻找正反两个方面的例子印证观点，很少对论题进行分析。例如写"论毅力"这个题目，其思路一般是这样的：

> 做任何事都要有毅力（提出论点）；
> 没有毅力任何事都办不成（举例）；
> 有毅力就能成功（举例）；
> 所以我们要有毅力。

在这一类文章中，我们很难找到作者分析问题思考问题的痕迹，他所做的工作，似乎就是为命题中所包含的某个观点寻找正反两个方面可以直接印证的例子，然后把它们串联起来。这种对命题不做任何分析，用证明取代分析的做法是很不好的，是极有害的。

首先，对命题不做具体分析，"抽象"地理解问题，容易犯形而上学的毛病，容易造成认识上的片面性。如"论毅力"这个命题，其中确实含有"做事要有毅力"这层意思。但这个观点是有一定限制的。不是说，干任何事，只要有毅力就能成功。要获得成功，除了要有毅力，还要有正确的方法、坚定的信念、必要的知识以及主客观方面其他的条件。如果我们对事物不做具体分析，只是为事物简单地寻找例证，就容易忽视获得成功的其他方面的因素，把一个正确的命题引向形而上学。这样做还隐藏着一种危险，如果在思维过程中，只寻找那些能说明观点的材料，对那些不能说明观点的材料或与观点相反的材料，视而不见，听而不闻，极容易使自己的思维脱离现实生活，滑入绝对化、片面化的泥坑。

用证明代替分析的最大危害，容易造成思维的惰性，养成不动脑筋的习惯。任何一个正确的认识，都来源于对事物的正确分析、概括。如果仅仅从现成的观点出发，去寻找说明观点的例证，头脑中往往省去了分析事物、认识事物的过程。他在寻找例证的过程中，虽然也要动一点心思，但这点心思，不过是将材料与观点简单地对应起来，他的思维并没有真正启动。这样做，久而久之，势必养成思维的惰性，不利于独立思维能力的形成。

（二）思维要具体

在马克思主义看来，世界上任何事物都有它的特殊性，有着它内在的、外在的规定性。

世界上任何事物的发生、发展，都有它自身的或外在的条件。如果脱离了事物内在和外在的规定性去思考问题，就不可能深刻地认识事物，因此，马克思主义活的灵魂，就是具体问题具体分析。但习作中很多同学没有掌握这个原则和方法。

首先是不懂得把事物放在一定的、具体的条件下来思考，例如我们前面说的"论毅力"之类的文章写作，很多同学就不懂得把它放在具体的、一定的条件下来思考。

其次是不懂得对事物本身展开具体的分析。例如，谈到某个商店服务态度差时，很多同学就会笼统地说这个商店服务态度差，不再作深入分析：这个商店服务态度差是偶然的，还是一贯的，是多数服务员态度差，还是个别？是主观方面的原因，还是客观方面的原因？……停留在一般现象的描述上，不对事物作具体的分析，笼统抽象地思考问题，往往造成了思想认识上的肤浅。还有很多同学，甚至不懂得怎样进行分析。1990年高考作文出的一段材料，说的是一对孪生小姑娘走进玫瑰园，不久，一个小姑娘跑来对母亲说，这里是个坏地方，每朵花下都有刺。而另一个小姑娘则说，这里是个好地方，每丛刺上都有花。命题要求考生就第一个小姑娘的说法，联系生活实际，自选角度，自拟题目，展开议论。这个题目按理说是不太难，但很多考生拿到题目却不知从何说起。为什么会出现这种情况？关键是很多同学习惯了证明，现在要求他分析小姑娘的话对不对，并要求他从中提炼出自己的观点来，他就手足无措了。时隔五年，1995年的高考作文，也是一个类似的题目。命题提供了一首寓言诗《鸟的评说》，"麻雀说燕子/是怕冷的懦夫/燕子说黄鹂/徒有一身美丽的装束/黄鹂说百灵/声音悦耳动机不纯/百灵说最无原则的/要算鹦鹉/鹦鹉说喜鹊/生就一副奴颜媚骨/喜鹊说苍鹰好高骛远/苍鹰说麻雀寸光鼠目……"命题要求考生根据《鸟的评说》自选角度，自拟题目，联系生活实际，展开议论。很多考生拿到题目后，根本不对诗里所描述的生活现象进行分析，只是从诗中抽出某一句话作论点，然后找有关的材料印证观点。这说明，在习作中，不懂得进行具体分析，是一个比较普遍的现象。

（三）不要将日常概念带进思维

概念、判断、推理是思维的基本形式，所谓抽象思维，即运用概念、判断、推理等基本形式，去认识客观事物，揭示事物的本质特征及本质联系。在概念、判断、推理这三种基本形式中，概念又是最重要的。因为判断、推理只不过是概念的推衍：概念与概念的联系，构成了判断；判断与判断的联系，便构成了推理。

概念不是生动的直观，它是人脑对客观事物本质特征的反映形式，概念所反映的事物的范围，即概念的外延；概念所揭示的事物的本质，即概念的内涵。

在思维活动中，掌握概念是很重要的。因为概念的凝结体，又是思维细胞、思维活动的起点。在现实生活中，研究一个问题，常常是从基本概念开始的，把最基本、最重要的概念的内涵、外延搞清楚了，往往就能使问题得以确立。不然，认识就无法深入，停留在笼统模糊的状态。譬如本书，就是从"写作行为"这个基本概念入手的。

在人的认识过程中，思维始终离不开概念。人的思维过程，可以说是由已知概念去探求未知概念的过程。如果概念不清楚，不明确，认识也就无法深入。

我们平时所见到的概念有两类，一类是日常生活概念，一类是科学概念。这两类概念的形成过程及科学性是不同的。前者不是通过专门的教学科研获得的，是在日常交际和经验积累的过程中形成的，后者是意识到的、系统的，是在教学或科研中有计划的条件下获得的。日常生活概念受狭隘的知识经验范围的限制，常常有错误的东西。科学概念超越了狭隘的知识经验的限制，它的内涵一般是明确的、精确化的。我们思维时，要注意界定概念的内涵与外延，不要将日常概念带入思维。概念要明确、统一，不能模糊其词，前后不一。否则，容易带来思维的含混与错误。试看下面的例文：

> 绘画作品从自我出发的形式观念，造成了一种共时变化的形式类聚与生存性的增强，对自我意识的逆反心理，以及人类自卑感的反向心理，产生了共时的变化，达到自我精神的升华，并及内心现象。对形象价值的尊重，诸如佛罗伦萨的灵感的癌变，视觉旋律的归位，取得可变以意的律动。三维思维的朦胧反馈，实体动态的进取，必将留政意念的阶越，表达一个多元的、自主的、信息反差的世界。

像这段文字，作者生造了许多概念，却又没有任何实质性内容，这就毫无意义。

（四）要加强理论修养

就大多数的习作来看，思维上的欠缺，主要源于理论修养上的欠缺。我在写作教学中发现，凡是那些思维能力比较强、理论文章写得好的同学，无一不是读过一些思想理论著作、理论修养比较好的。相反，有些同学理论思维比较差，写不好理论性文章，主要原因就是平时不喜欢读理论著作。我曾辅导过这类同学读理论著作，他们竟说："书上的每个字都认得，就是读不懂它的意思。"这种差异很大程度上说明了理论修养对于思维能力的意义。

目前写作学界比较强调思维训练，这自然有意义，但思维能力的提高不是一天两天的事，它是长期的，日积月累的，我们不能寄希望于课堂上的几次训练就能解决多大的问题。另外，思维技巧的训练还只是一个技术的问题，思维除了技巧还需要理论的前提，理论的高度和深度，理论的胸怀和视野，理论的眼光和头脑，这些都不是思维技巧所能代替的。恩格斯谈到思维能力时曾说，"一个民族想要站在科学的最高峰，就一刻也不能没有理论的思维"，"但理论的思维仅仅是一种天赋的能力，这种能力必须加以发展和锻炼，除了学习以往的哲学，直到现在还没有别的手段。"[①]

阅读理论性著作，只要是认真地阅读，我们总要在思想上理清作者的思路，看看作者是怎样表述的，他的逻辑是怎么样展开的，他有一些什么观点，他的思想、观点与现实材料统一不统一，他的思想、观点科学不科学，有何现实意义。这个认真阅读的过程，其实也就是一种很好的思维训练过程。在阅读过程中，我们不但把他的思维过程在我们头脑里评审性地操演了一遍，而且，在操演的同时也在改造着我们的大脑，提高了我们大脑的思维机能。

问题不仅仅于此。理论著作的阅读不仅仅是思维形式的操演，更重要的是我们在批判性地接受着它的思想内容。在阅读时，我们总要对作者的思想、立场、观点、主张进行认识、理解、评价。我们或是部分地肯定它、接受它，或是全部否定它、批判它；这个认识、理解、评价的过程，不仅仅是识别真伪、判断是非、表明臧否，而且每一认识、理解、评价的过程，都使我们站到了一个新的理论高度，加强了我们观察问题、认识问题的理论修养，加强了我们观察事物、分析事物的眼光、胸襟和方法，而这一点，是单纯的思维训练无法实现的。

---

① 恩格斯：《自然辩证法》人民出版社 1971 年版，第 24 页。

§12 构思的成熟定型

一、成熟定型的含义

随着构思的深入，作者的思维由开放走向收敛，作者的印象由混杂走向清晰，在心目中，会逐渐孕育起一个文章的"胎儿"。这个时候，就可以称为成熟定型。成熟定型的基本标志是：(1)作者通过活跃的思维已将分散、零星、片断的材料整合为一个有机的整体；(2)作者通过题材表面形态已深入把握了其精髓、实质，找到了一以贯之的"东西"；(3)已基本上明确了文章的轮廓和内容，用"泥沙""砖瓦""钢筋""木材"搭起了"大厦"的框架，并大多用提纲的形式固定下来；(4)已经初步明确文章所提供的新意，无论是新的观念、新的形象、新的信息、新的角度、新的方法，总是提供了一点新的东西。

二、构思成熟的自我评估

随着文章的构思定型，作者会进行一定的评估。通过评估，激发下一阶段的表达激情，或是对文章构思作进一步的调整、修改。感受评估主要是一种价值判定。感受评估的价值形态是多种多样的。如，审美价值、伦理价值、宗教价值、科学价值、法律价值、政治价值、创造价值等。大致说来，它可以分为"真""善""美""利"四大范畴。文章是不是真实、深刻，有所发现，有所创造，这是"真"的判定。一般说来，虚伪、肤浅、矫揉造作、人云亦云的东西，作者会自我否定，另求新的突破。文章是不是符合人们的道德规范，是不是有好的社会效果，这是"善"的判定。如果不符合人们的道德规范，不能产生好的社会效果，作者也会自行否定，另求突破。文章除了"真""善"，还要有其"美"。人总是按照"美"的形式和规律从事写作的。文章不美，自己也不愿意拿出去。美包括内容上的，也包括形式上的。构思的巧妙，布局的完美，形象的感人，情感的优美，风格的崇高，意境的深远……通通在"美"的判断之内。"利"的价值通常也在感受评估之内。"利"涉及到个人的荣誉和经济利益，也涉及到大局、集体、社会的需要。不符合"利"的价值标准，通常会被作者视为"不合时宜"而自行放弃。对文章的自我评估，通常是几种价值同时涌现或先后涌现的，它是一种整体的、感性的价值判定。一般情况下，这几种价值判定是统一的。在特殊情况下，则可能产生错位。另外，价值观念往往是因人而异，因时代的发展而发展的。因此，价值判断，决定于作者个人的修养、水平，它是一种人格的控制。

三、构思失败的原因

不能在心中把自己的构思肯定下来，顺利转入下一个阶段的表达，都可看作构思的失败。构思失败的原因牵涉到方方面面，最常见的原因有：①作者认识到正在进行的构思意义不大，因而主动放弃。例如鲁迅构思了一部关于杨贵妃的历史小说，并且到华清池实地考察了。后来，严酷的现实斗争需要立即作出反响和抗争，他的注意力被吸引到更有意义的杂文上去了，这一构思未能完成。②未能有所突破。当作者发现自己的构思不能提供比同时代作者或自己以前写的作品更新更重要的东西，因而主动放弃。③学识水平与能力不够，难以驾驭。④构思中的文章，与自己的创作风格、创作手法不一致。例如，一个悲剧作家，拿了一个喜剧题材，构思就很难深入下去。⑤违背了题材的制约性。例如，拿了一个速写的题材，偏要拉成一部长篇小说。⑥缺乏生活体验。例如，鲁迅曾构思过一部反映红军长征的长篇小说，并多方搜集素材，还和红军高级将领长谈过，但因无法考察、体验，始终未能动笔。⑦未能找到一种"联系"、一座"桥梁"。王蒙在总结某些构思之所以无效时曾说："多数情况下，问题在于你还没有找到一种联系，一座桥梁。我说的是把你在一瞬间的强烈感受与你一生相联系起来的那座桥梁，这是现实与经验之间的一座桥梁，又是理想和现实之间的一座桥梁，这是现实和理性、和思考、和民族的与人类的悠久深厚博大的文化传统相联结的一座桥梁。"①王蒙所说的"联系""桥梁"指什么呢？它内涵丰富，难以具体指实，它有时是感情抒发的"突破口"，有时是一条贯穿全部事件的思想线，有时可能是一种闪光的思想，有时是表现内容的艺术方式……它因人而异，因每一次的写作而异。但无疑，这个"联系"，这个"桥梁"是使散乱走向整一，使肤浅走向深邃起决定作用的东西，它能把作者的情感体验与客观生活联结起来，并且把它们共同引渡到作品中去。(8)感兴打破，无法再续。任何构思，它与特定的触发、特定的场景、特定的心境相关，构思前，一般还要经过一段时间的情绪酝酿。彼时彼地的特定场景特定心境一旦被破坏，就很难将构思继续下去。即算硬着头皮"续"下去，那也是另外一个构思了。

以上列举了构思失败的一些原因，主要引自朱伯石先生主编的《现代写作学》。需要注意的是，构思总是充满各种各样的困难和疑惑，不要轻易判定构思的失败，也不要轻易放弃构思。有些构思虽然一时写不成文章，但过了一段时间，甚至过了几年，写起来又很顺畅了。百折不回的意志，是保证构思成功的关键，很多优秀的作品，都是在"绝处"逢生的。

【思考与练习】

1. 试述构思的含义及特点。
2. 试述"召唤结构"与"写作决策"的含义。
3. 试述写作的"思维时空"与"思维方式"问题。
4. "思维模式"的建构与消解。
5. 试述主动性动机的获得。
6. 试述被动性动机的转换。
7. 试述被动写作的"背景了解"和"进入状态"。
8. 试述展开思路的"多层联想"。
9. 试述主旨的含义、特点、作用、要求、提炼原则。
10. 试述提炼主旨的基本方法、具体方法、根本方法。
11. 试述材料的含义、特点、作用、要求、选择原则。
12. 试述材料加工一般包括了哪些环节。
13. 试述结构的含义、特点、作用、要求、安排原则。
14. 试述结构安排的基本技巧。
15. 试述构思中的想象。
16. 试述构思中的思维。
17. 试述构思成熟定型的基本含义。

---

① 《王蒙谈创作》，中国文艺联合出版公司1983年版，第66页。

18. 请谈谈下面这篇散文在文章、构思、选材、表达上的特点。

道士塔
余秋雨

　　莫高窟大门外，有一条河，过河有一溜空地，高高低低建着几座僧人圆寂塔。塔呈圆形，状近葫芦，外敷白色。从几座坍弛的来看，塔心竖一木桩，四周由黄泥塑成，基座垒以青砖。历来住持莫高窟的僧侣都不富裕，从这里也可找见证明。夕阳西下，朔风凛冽，这个破落的塔群更显得悲凉。

　　有一座塔，由于修建年代较近，保存得较为完整。塔身有碑文，移步读去，猛然一惊，它的主人，竟然就是那个王圆箓！

　　历史已有记载，他是敦煌石窟的罪人。

　　我见过他的照片，穿着土布棉衣，目光呆滞，畏畏缩缩，是那个时代到处可以遇见的一个中国平民。他原是湖北麻城的农民，逃荒到甘肃，做了道士。几经转折，不幸由他当了莫高窟的家，把持着中国古代最灿烂的文化。他从外国冒险家手里接过极少的钱财，让他们把难以计数的敦煌文物一箱箱运走。今天，敦煌研究院的专家们只得一次次屈辱地从外国博物馆买取敦煌文献的微缩胶卷，叹息一声，走到放大机前。

　　完全可以把愤怒的洪水向他倾泄。但是，他太卑微，太渺小，太愚昧，最大的倾泄也只是对牛弹琴，换得一个漠然的表情。让他这具无知的躯体全然肩起这笔文化重债，连我们也会觉得无聊。

　　这是一个巨大的民族悲剧。王道士只是这出悲剧中错步上前的小丑。一位年轻诗人写道，那天傍晚，当冒险家斯坦因装满箱子的一队牛车正要启程，他回头看了一眼西天凄艳的晚霞。那里，一个古老民族的伤口在滴血。

　　真不知道一个堂堂佛教圣地，怎么会让一个道士来看管。中国的文官都到哪里去了，他们滔滔的奏折怎么从不提一句敦煌的事由？

　　其时已是20世纪初年，欧美的艺术家正在酝酿着新世纪的突破。罗丹正在他的工作室里雕塑，雷诺阿、德加、塞尚已处于创作晚期，马奈早就展出过他的《草地上的午餐》。他们中有人已向东方艺术投来歆美的目光，而敦煌艺术，正在王道士手上。

　　王道士每天起得很早，喜欢到洞窟里转转，就像一个老农，看看他的宅院。他对洞窟里的壁画有点不满，暗乎乎的，看着有点眼花。亮堂一点多好呢，他找了两个帮手，拎来一桶石灰。草扎的刷子装上一个长把，在石灰桶里蘸一蘸，开始他的粉刷。第一遍石灰刷得太薄，五颜六色还隐隐显现，农民做事就讲个认真，他再细细刷上第二遍。这儿空气干燥，一会儿石灰已经干透。什么也没有了，唐代的笑容，宋代的衣冠，洞中成了一片净白。道士擦了一把汗憨厚地一笑，顺便打听了一下石灰的市价。他算来算去，觉得暂时没有必要把更多的洞窟刷白，就刷这几个吧，他达观地放下了刷把。

　　当几面洞壁全都刷白，中座的塑雕就显得过分惹眼。在一个干干净净的农舍里，她们婀娜的体态过于招摇，她们柔美的浅笑有点尴尬。道士想起了自己的身份，一个道士，何不在这里搞上几个天师、灵宫菩萨？他吩咐帮手去借几个铁锤，让原先几座塑雕委曲一下。事情干得不赖，才几下，婀娜的体态变成碎片，柔美的浅笑变成了泥巴。听说邻村有几个泥匠，请了来，拌点泥，开始堆塑他的天师和灵宫。泥匠说从没干过这种活计，道士安慰道，不妨，有那点意思就成。于是，像顽童堆造雪人，这里是鼻子，这里是手脚，总算也能稳稳坐住。行了，再拿石灰，把它们刷白。画一双眼，还有胡子，像模像样。道士吐了一口气，谢过几个泥匠，再作下一步筹划。

今天我走进这几个洞窟，对着惨白的墙壁、惨白的怪像，脑中也是一片惨白。我几乎不会言动，眼前直晃动着那些刷把和铁锤。"住手！"我在心底痛苦地呼喊，只见王道士转过脸来，满眼困惑不解。是啊，他在整理他的宅院，闲人何必喧哗？我甚至想向他跪下，低声求他："请等一等，等一等……"但是等什么呢？我脑中依然一片惨白。

1900年5月26日清晨，王道士依然早起，辛辛苦苦地清除着一个洞窟中的积沙。没想到墙壁一震，裂开一条缝，里边似乎还有一个隐藏的洞穴。王道士有点奇怪，急忙把洞穴打开，嗬，满满实实一洞的古物！

王道士完全不能明白，这天早晨，他打开了一扇轰动世界的门户。一门永久性的学问，将靠着这个洞穴建立。无数才华横溢的学者，将为这个洞穴耗尽终生。中国的荣耀和耻辱，将由这个洞穴吞吐。

现在，他正衔着旱烟管，扒在洞窟里随手捡翻。他当然看不懂这些东西，只觉得事情有点蹊跷。为何正好我在这儿时墙壁裂缝了呢？或许是神对我的酬劳。趁下次到县城，捡了几个经卷给县长看看，顺便说说这桩奇事。

县长是个文官，稍稍掂出了事情的分量。不久甘肃学台叶炽昌也知道了，他是金石学家，懂得洞窟的价值，建议藩台把这些文物运到省城保管。但是东西很多，运费不低，官僚们又犹豫了。只有王道士一次次随手取一点出来的文物，在官场上送来送去。

中国是穷。但只要看看这些官僚豪华的生活排场，就知道绝不会穷到筹不出这笔运费。中国官员也不是都没有学问，他们也已在窗明几净的书房里翻动出土经卷，推测着书写朝代了。但他们没有那副赤肠，下个决心，把祖国的遗产好好保护一下。他们文雅地摸着胡须，吩咐手下："什么时候，叫那个道士再送几件来！"已得的几件，包装一下，算是送给哪位京官的生日礼品。

就在这时，欧美的学者、汉学家、考古家、冒险家，却不远万里，风餐露宿，朝敦煌赶来。他们愿意变卖掉自己的全部财产，充作偷运一两件文物回去的路费。他们愿意吃苦，愿意冒着葬身沙漠的危险，甚至作好了被打、被杀的准备，朝这个刚刚打开的洞窟赶来。他们在沙漠里燃起了股股炊烟，而中国官员的客厅里，也正茶香缕缕。

没有任何关卡，没有任何手续，外国人直接走到了那个洞窟跟前。洞窟砌了一道砖、上了一把锁，钥匙挂在王道士的裤腰带上。外国人未免有点遗憾，他们万里冲刺的最后一站，没有遇到森严的文物保护官邸，没有碰见冷漠的博物馆馆长，甚至没有遇到看守和门卫，一切的一切，竟是这个肮脏的土道士。他们只得幽默地耸耸肩。

略略交谈几句，就知道了道士的品位。原先设想好的种种方案纯属多余，道士要的只是一笔最轻松的小买卖。就像用两枚针换一只鸡，一颗纽扣换一篮青菜。要详细地复述这笔交换帐，也许我的笔会不太沉稳，我只能简略地说：1905年10月，俄国人勃奥鲁切夫用一点点随身带着的俄国商品，换取了一大批文书经卷；1907年5月，匈牙利人斯坦因用一叠子银元换取了24大箱经卷、5箱织绢和绘画；1908年7月，法国人伯希和又用少量银元换去了10大车、6000多卷写本和画卷；1911年10月，日本人吉川小一郎和橘瑞超用难以想象的低价换取了300多卷写本和两尊唐塑；1914年，斯坦因第二次又来，仍用一点银元换去了5大箱、600多卷经卷……

道士也有过犹豫，怕这样会得罪了神。解除这种犹豫十分简单，那个斯坦因就哄他说，自己十分崇拜唐僧，这次是倒溯着唐僧的脚印，从印度到中国取经来了。好，既然是洋唐僧，那就取走吧，王道士爽快地打开了门。这里不用任何外交辞令，只需要几句现编的童话。

一箱子，又一箱子。一大车，又一大车。都装好了，扎紧了。吁——，车队出发了。

没有走向省城，因为老爷早就说过，没有运费。好吧，那就运到伦敦，运到巴黎，运到彼得堡，运到东京。

王道士频频点头，深深鞠躬，还送出一程。他恭敬地称斯坦因为"司大人讳代诺"，称伯希和为"贝大人讳希和"。他的口袋里有了一些沉甸甸的银元，这是平常化缘时很难得到的。他依依惜别，感谢司大人、贝大人的"布施"。车队已经驶远，他还站在路口。沙漠上，两道深深的车辙。

斯坦因他们回到国外，受到了热烈的欢迎。他们的学术报告和探险报告，时时激起如雷的掌声。他们的叙述中常常提到古怪的王道士，让外国听众感到，从这么一个蠢人手中抢救出这笔遗产，是多么重要。他们不断暗示，是他们的长途跋涉，使敦煌文献从黑暗走向光明。

他们都是富有实干精神的学者，在学术上，我可以佩服他们。但是，他们的论述中遗忘了一些极基本的前提。出来辩驳为时已晚，我心头只是浮现出一个当代中国青年的几行诗句，那是他写给火烧圆明园的额尔金勋爵的：

我好恨

恨我没早生一个世纪

使我能与你对视着站立在

阴森幽暗的古堡

晨光微露的旷野

要么我拾起你扔下的白手套

要么你接住我甩过去的剑

要么你我各乘一匹战马

远远离开连天的帅旗

离开如云的战阵

决胜负于城下

对于这批学者，这些诗句或许太硬。但我确实想用这种方式，拦住他们的车队。对视着，站立在沙漠里。他们会说，你们无力研究；那么好，先找一个地方，坐下来，比比学问高低。什么都成，就是不能这么悄悄地运走祖先给我们的遗赠。

我不禁又叹息了，要是车队果真被我拦下来了，然后怎么办呢？我只得送缴当时的京城，运费姑且不计。但当时，洞窟文献不是确也有一批送京的吗？其情景是，没装木箱，只用席子乱捆，沿途官员伸手进去就取走一把，在哪儿歇脚又得留下几捆，结果，到京城时已零零落落，不成样子。

偌大的中国，竟存不下几卷经文！比之于被官员大量糟践的情景，我有时甚至想狠心说一句：宁肯存放在伦敦博物馆里！这句话终究说得不太舒心。被我拦住的车队，究竟应该驶向哪里？这里也难，那里也难，我只能让它停驻在沙漠里，然后大哭一场。

我好恨！

不止是我在恨。敦煌研究院的专家们，比我恨得还狠。他们不愿意抒发感情，只是铁板着脸，一钻几十年，研究敦煌文献。文献的胶卷可以从外国买来，越是屈辱越是加紧钻研。

我去时，一次敦煌学国际学术讨论会正在莫高窟举行。几天会罢，一位日本学者用沉重的声调作了一个说明："我想纠正一个过去的说法。这几年的成果已经表明，敦煌在中国，敦煌学也在中国！"

中国的专家没有太大的激动，他们默默地离开了会场，走过王道士的圆寂塔前。

第六章　写作表达论

【学习提示】本章内容较多，其中"表达的含义与特点"，"开笔定调""情境性运思""语段性运思""修辞性运思""表达方式""修改润色"是表达的基本知识基本技巧，"写作语言""写作文本""汉文字的特点与母语思维""文体与语体""语感与文采"是专题性的探讨，教师可结合学生实际有所选择。

§1　"写作语言"

语言是写作最为重要的载体之一，刘勰在《文心雕龙》中说："气以实志，志以定言，吐纳英华，莫非性情。"对写作来说，文字就是才情、禀赋、气质，一篇文章如果失去了语言的魅力，就如一朵花失去了清香。

人生活在一个语言的世界，他依赖于语言而独立地生存。语言不是障碍我们生存的异己之物，更不是遮蔽我们行为、认识的屏障，而是沟通我们与对象世界的通道，是人的心灵、情感、智慧、欲望、视野的形式化；同时又是一种文化功能。人的思维模式和文化心理主要是依靠语言传递下来的。当我们从前人那里学习语言的时候，也学到了一种思维模式和对世界万物的评价。

一、"语言"与"言语"

现代著名语言学家索绪尔认为，传统语言学笼统地谈论语言，忽略了语言固有的二重性。语言既是音响印象又是发音器官的动作，既是音响与发音的复合单体又是与观念结合而形成的生理与心理的复合体，既有个人的一面又有社会的一面，既包含了一个既定的系统又包含一种演变。当我们忽略语言的二重性，"语言学的对象就像是乱七八糟的一堆离奇古怪、彼此毫无联系的东西"。他认为，解决上述混乱惟一的办法，就是对复杂的语言现象作出清晰的区分。于是，他把语言（langue）具体划分为"语言结构"（langue，又译作语言）和"言语"（parole），前者指语言集团言语的总模式，后者则指特定语境下个人的说话活动。

索绪尔指出，二者的差异是很明显的：

　　（1）"语言结构"指的是从一代人传到另一代人的语言系统，包括语法、句法和词汇，而言语则是指说话人可能说的或是理解的全部内容；
　　（2）"语言结构"具有社会约定俗成的特点，而"言语"则是个人的说话；
　　（3）"语言结构"是一种"代码"（code），而"言语"则是一种信息（message）。

索绪尔又指出，语言结构与言语是"紧密相联而且互为前提的：要言语为人所理解，并产生它的一切效果，必须有语言结构；但是要使语言结构能够建立，也必须有言语。从历史上看，言语的事实总是在前的……语言结构既是言语的工具，又是言语的产物。但是这一切并不妨碍它们是两种绝对不同的东西。"①从索绪尔的看法可以看到，作为个人的言语行为，它虽然依赖语言结构的作用，具有不容忽视的社会语言特性，但总是呈现出个人的、异质的、活跃的、不稳定的特点。

进入 20 世纪，人们对语言本质及语言学研究的方法提出了全新的见解。索绪尔对现代语言学理论的贡献主要是他所提出的符号的人为任意性、意义由符号之间的差异决定等观点。在传统语言观看来，人是意义的主宰，人使用语言来表达自己的意思；语言符号与语言意义之间的关系，则是一种自然的、一一对应的关系；语言是意义的载体，语言是"透明"的，透过语言，它背后的意义一目了然。索绪尔与传统的语言观针锋相对。他认为，凡是语言符号，都由物质部分(能指)和观念部分(所指)构成：前者在口语中表现为含有特定的声音，在书面语言中则表现为含有特定意义的书面记号；而后者，不是物，而是那个物的观念——当一个声音发出，或一个记号写出时呈现在使用者头脑中的观念。他指出，在一个语言系统中，能指和所指的关系完全是人为规定的、约定俗成的。他在《普通语言学教程》中把语言符号的这种人为性称作语言学的"第一定律"。由此可以推断的是，语言意义是由符号的差异所决定的，没有差异也就没有意义。他所讲的差异，既指不同发音、不同书写记号之间物质性的区别，也指互为前提的观念之间的区别，如，没有丑就没有美，没有上就没有下。

索绪尔的理论在相当长的时间里仅仅是一种语言学理论，影响仅限于语言学。到了 20世纪 60 年代，索绪尔结构主义语言学的概念与理论原则才作为一种新的认知范式和方法论被其他学科模仿，或渗透到其他学科，从而使包括哲学在内的整个人文学科出现了一个"语言学转向"。法兰克福学派的第二代领袖人物哈贝马斯在《语言学转向》中指出：

> 20 世纪人文科学领域最重大的事件，就是所谓的语言学转向……语言学转向是人文科学领域迄今为止发生的最深刻、最激进的范式转换。由于这一转换，自古希腊时代以来的人文科学基础遭到了严重怀疑，人们把握世界的方式发生了根本变化。

哈贝马斯所讲的"范式转换"，指自索绪尔开始，人们把握世界的方式由"在场"走向了"不在场"。卡勒指出，索绪尔以"不在场"来界定自我和事物属性的做法对于传统的"在场形而上学"不啻是一记重击。

由"语言学转向"带来的哲学基础的变化和研究思路的调整给文艺学观念的变化和理论的发展带来了重大影响，人们开始强调，艺术的目的既不在于模仿自然的在场性，也不在于表现精神的在场性，而是要冲破和超越在场性的界限，指向在场之外的一切东西，指向不在场的、隐蔽的和在场的、显现的东西相结合的想象空间。现代文艺学开始把语言置于本体的地位，关注语言对作家生活体验、艺术感知和形象塑造的制约，关注语言在文学本体构成中的作用，文艺学研究的许多观点都是从语言学角度提出来的。如巴赫金的"对话理论"，英伽登的"文本层面构成理论"，结构主义的叙事学，以及文学符号学，文学阐释学等，无不建立在现代语言学理论的基础上。文艺学对文学作品语言形式主义的研究，经俄国形式主义文论的"材料诗学"，英美新批评的语义学分析、文体学批评，结构主义的叙事学理论，已发展为一套行之有效的文本分析技巧和分析工具。这些技术性很强的分析手段和阐释工具，对文学研究的学术化进程发挥了相当重要的作用。在这一背景下，文艺学对语言的认识为我们理解

---

① 索绪尔：《普通语言学教程》，商务印书馆 1980 年版，第 41 页。

写作语言提供了重要的启示，其中有两点最值得我们注意：

一是自古希腊开始，一直到 20 世纪初，西方文学界一直认为，语言主要是一种表情达意的工具，意义是文学中是最重要的因素，与意义相比，语言是次要的。也就是说，是意义决定语言而不是语言决定意义；是先有意义而后才有语言；是有什么样的意义才要求与之相适用的语言，语言诚然重要，但它的重要性仅仅在于表达意义，表达一经实现，语言本身就变得不那么重要了。这种语言观，把语言视为简单的工具，忽视了它与人的存在方式的关系，认为语言的作用就是固定现成的意义，忽视了语言本身的意味。进入 20 世纪，人们对语言开始有了新的认识，英国学者伊格尔曾这样描述：

> 从索绪尔和维特根斯坦直到当代文学理论，20 世纪的"语言学革命"的特征即在于承认，意义不仅是某种以语言"表达"或"反映"的东西；意义其实是被语言创造出来的东西。我们并不是先有意义或经验，然后再着手为之穿上词语；我们能够拥有意义和经验仅仅是因为我们拥有一种语言以容纳经验。而且，这就意味着，我们作为个人的经验归根结底是社会性的；因为根本不可能有私人语言这种东西，想象一种语言就是想象一种完整的社会生活。（伊格尔顿：《二十世纪西方文学理论》，陕西师范大学出版社 1986 年版，第 77 页。）

这也就是说，对于文学创作来说，并不是先有了文学（意义）然后才用语言使之物化。从本质上说，文学就是由语言构成的，是在语言中生成的。在文学中，语言并不是简单或次要的工具，而是创造意义的东西。文学中的语言既能再现社会现实状况，又能再现社会的语言状况；人创造了语言，反过来他又受到语言的制约——人生活在语言之中，他不能离开语言而直接面对客体——语言成了客体之外的另一种现实，成了人和客体之间的惟一中介。语言不仅仅是交际的工具，同时也是人类的家园、人类存在的依据，"想象一种语言就是想象一种完整的社会生活"。

但是，我们需要注意的是，这是就语言本质特征而说的，这并不意味着就否认语言所具有的工具性，也不意味着只要在纸上涂抹上一些字句也就有了意义（内容）。在写作中，时常还会有那些言不及义的空话、套话，而那些空话、套话，则是我们在写作中应极力避免的。

二是在传统语言观看来，意义是主导的，语言是次要的，语言的重要性就在于它能传达意义。语言似乎是"透明"物体，它可以使人窥见意义，但自身什么也没有。当意义一旦获得，它就失去了存在的意义。这也就是著名的"得意忘言"说。在现代语言观看来，语言在文学中具有双重功能，它既表达意义又构成意义的一部分；它在表达意义的同时也使自身显示出意义，它是一种"有意味的形式"。美国语言学家萨丕尔指出：

> 每一个语言本身都是一种集体的表达艺术。其中隐藏着一些审美因素——语音的、节奏的象征、形态——是不能和任何别的语言全部共有的……艺术家必须利用自己本土语言美的资源。（萨丕尔：《语言论》，商务印书馆 1985 年版，第 201 页。）

当代作家汪曾祺就这样指出：

> 语言不只是一种形式，一种手段，应该提到内容的高度来认识……语言不是外部的

东西，它是和内容（思想）同时存在、不可剥离的。语言不像橘子皮一样，可以剥下来，扔掉。世界上没有没有语言的思想，也没有没有思想的语言。往往有这样的说法：这篇小说写得不错，就是语言差一点。我认为这种说法是不能成立的。我们不能说这首曲子不错，就是旋律和节奏差一点；这张画画得不错，就是色彩和线条差一点；这篇小说不错，就是语言差一点。语言是小说的本体，不是附加的，可有可无的。从这个意义上说，写小说就是写语言。小说使读者受到感染，小说的魅力之所在，首先是小说的语言。小说的语言是浸透了内容的，浸透了作者的思想的。我们有时看一篇小说，看了三行，就看不下去了，因为语言太粗糙。语言粗糙就是内容的粗糙。（汪曾祺：《汪曾祺文集·文论卷》，江苏文艺出版社1993年版，第2页。）

对语言的重视的确加强了语言的表现力，但应强调的是，语言文字本身的意味，是建立在它所表现的充实的内容基础之上的，如果文章本身没有实实在在的内容，所谓语言文字本身的意味也就成了一句空话。这也就是"皮之不存，毛将焉附"的道理。

二、口语与书面语言

虽然我们平时说，写作就是"写话"，只要把心中的"话"写出来，就是写作。但这个意义上的"写话"与我们平时"讲话"是有区别的。我们平时说话主要运用的是口头语言，而写作运用的是书面语言。书面语言与口头语言紧密相关，但并不完全等同，它是口头语言的提纯，它的词汇比口语更加丰富，它的句式更富于变化，它更讲究修饰，也更为规范。

那些专业性很强的实用文章，往往要大量使用专业语言。试看下面这段文章：

古代美学是古代审美意识残缺和封闭两个基本特性的理论概括，而作为中国古代美学的两个最高范畴，兴象和意境分别以各自的体系展示了这两大特征。儒家美学偏重审美残缺或外象意欲，道家美学则偏重审美封闭和内向认知。这两种倾向所包含的胶合、排斥和暗转三种功能，形成对美学现象进程的强烈干扰和制动。在中国美学从古代向现代变革这种宏观背景之上，朱光潜和宗白华以主客对应或物我同构为共同的思想基础，分别代表现代主观论美学，论证着艺术形式和情感动力这两个基本方面。前者强调艺术形式或审美意向克服审美残缺，后者强调生命活力或深层体验克服审美封闭。他们一个是日神主醒，讲意象观照；一个是酒神主醉，讲情感涌动。这就形成了互补。面对古代美学，这种互补形成突围的合力；面对现代美学的未来，这种互补又从一个重要的方面揭示出现代美学的理论课题和发展趋向。（邹华：《突围的合力——朱光潜、宗白华美学的互补》。）

这段文字是美学论文，从中可以看到，构成论文语言的核心，不是人们日常生活中的词汇，而是有关专业的名词、概念、术语。

那些描写日常生活的文章，与"说话"也有区别，试看下段文章：

"雅舍"最宜月夜——地势较高，得月较先。看山头吐月，红盘乍涌，一霎间，清光四射，天空皎洁，四野无声，微闻犬吠，座客无不悄然！舍前有两株梨树，等到月升中天，清光从树间筛洒而下，地上阴影斑斓，此时尤为幽绝。直到兴阑人散，归房就寝，月光仍然逼进窗来，助我凄凉。细雨蒙蒙之际，"雅舍"亦复有趣。推窗展望，俨然米氏章法，若云若雾，一片弥漫。但若大雨滂沱，我就又惶悚不安了，屋顶湿印到处都有，起初如碗大，俄而扩大如盆，继则滴水不绝，终乃屋顶灰泥突然崩裂，如奇葩初绽，砉然一声而泥水下注，此刻满室狼藉，抢救无及。此种经验，已数见不鲜。（梁实秋：《雅舍》）

　　作者写的是日常生活起居，但作者的用词遣句却比日常口语有着明显的区别，假如我们在日常生活中也这样交谈，那就变成了一个"怪人"。

　　我们强调写作语言是一种书面语言，并不是说写作就不用口头语汇。人民群众口头，有着许多新鲜活泼的语言，如果运用得好，可以使文章具有生活气息，增强文章的艺术表现力。鲁迅就主张"从活人的嘴上，采取有生命的词汇，搬到纸上来"。写作语言也保留了许多口语词汇，如朱自清《春》中的"赶趟儿""甜味儿""桃儿、杏儿、梨儿""杂样儿"等，既有京腔味儿，也有一种亲切的调皮劲儿。但是，口语必须经过提炼，韩愈在《送孟东野序》中曾指出："人声之精者为言，文辞之于言，又其精也。"在他看来，写作语言是精而又精的，所谓精而又精，也就是经过提炼的语言。一些局限性比较大的方言土语——如湖南华容地区的土话，把结过婚的妇女叫"姑娘"（说"我的姑娘"意即"我的媳妇"），把父亲叫做"爷"，把祖父叫做"爹"，把蚕豆叫做"豌豆"，把苍蝇叫做"蚊子"——是不能进入文章的。至于写作语言所具有严密的或艺术化的结构，则是口语所不具有的。

　　口语和书面语虽然同属人们用以交流的外部语言，但二者并不完全是一回事。一个人生下来，只要生活在正常的生活环境而语言器官又没有缺陷，用不着经过专门训练，都能学会说话，而对于写作来说，如没有经过专门的训练，几乎就不能动笔。

　　口语基本上是以"句"为单位，可借助环境省略，可想到哪说到哪，可随时补充、纠正自己说过的话，可允许有必要的冗余度。口语不一定规范，有时使用一些方言土语可增加交流的乡土情、亲切感。口语有着现场信息交流的对象和环境，有着刻不容缓的即兴发挥的现场实际需要，为了让听众对某些内容留下深刻的印象，可允许有较大的重复和苟简，可有比较大的冗余度和比较多的成分省略，它不可能像书面语言那样字斟句酌、严密推敲。书面语也保留、吸收了口语中精粹、生动的成分，但它又是经过提炼和规范的语言。它以"篇"为单位。书面语言要求逻辑性、严密性、艺术性、规范化。建立在文字基础之上的书面语言克服了口语的随意性和易逝性，向着逻辑严密、内蕴丰富、语言精练、结构多变、语汇丰富的方向不断发展，它的用语要求规范化。

　　严肃的作家，是很注意口语与书面语区别的。像列宁，当《苏维埃政权的成就——困难》这篇讲话需要整理成文字发表时，他曾亲自动手"费了不少气力来修改"，并很严肃地写了一篇短跋。在这个跋里，每段文章都向那些想发表他讲话记录的同志提出恳切的请求，"绝不要依赖我的讲话记录"，"绝不要发表我的讲话记录"，"我的讲话记录，不论是速记记录或是别人的什么记录，没有一个是令人满意的"。他郑重地宣告："宁可要一篇好的讲话报道，也不要一篇坏的讲话记录。"

　　对于写作来说，仅仅是从口语中吸取营养是远远不够的。文章要写得好，我们必须去积累书面语言材料，必须反复地品味各种词语的含义、作用、使用方法，必须反复揣摩各种词语的色彩、分寸、表达效果，必须在反复的实践中去熟悉语言运用的各种规则，必须在具体的语境中去体会词句的组合、词序的变化、句式的选择。语言工具的运用不仅仅是一个技巧的问题，它更依赖于思维的质量。不从思维艺术的根本上提高语言表达能力，所谓提高也就只是一句空话。

三、"文学语言"和"实用语言"

"文学语言"有狭义与广义之分。广义的文学语言，是指经过加工和规范化的共同语，又称"标准语"，包括文学作品、科学著作、论文和报刊杂志上用的书面语。狭义的文学语言，指文学创作所使用的语言。

写作分为两类：文学写作和实用写作。文学写作运用的是文学语言，实用写作使用的是实用语言。它们之间有什么不同，这在20世纪以前是无法回答的。在此之前，人们对写作语言的认识基本上处于一种自在状态，传统理论总是试图用形象性、情感性、音乐性等特征来区分它们，但界限总是划不清楚。20世纪初，随着俄国形式主义的出现，才把文学语言和实用语言（一般语言）区别开来。俄国形式主义文论家什克洛夫斯基把二者比喻为"步行"和"跳舞"。"步行"有一定的目的，对于"步行"谁也不会注意脚步是怎么走的，它是不太注重形式美的行为，而"跳舞是一套动作，这套动作本身就是目的"，它要创造出无数的变化和花样来。具体地说，文学语言具有以下三个特征，实用语言与之相反。

（一）文学语言具有内指性，实用语言具有外指性

就文学活动而言，人们面对的是艺术世界和现实世界两个世界：艺术世界作为一个虚构的世界，它与现实世界的逻辑是不同的。因此，文学语言是内指性语言，它只指向文本的艺术世界，不必符合现实生活的逻辑。它表现的是艺术的真实，服从的是一种诗意的、情感的逻辑。如李白的诗句"君不见，高堂明镜悲白发，朝如青丝暮成雪"，它写的并不是生活中的实事，也不符合现实生活的逻辑，我们也不要求它经受现实生活的检验。实用语言则是外指性语言，它指向语言符号之外的现实世界，必须符合现实生活的逻辑，经得起现实生活的检验。如消息的写作，它所涉及的新闻要素和细节就必须经得起现实生活的检验。

（二）文学语言具有丰富的心理蕴涵，实用语言则求语意明确单一

人类的语言符号一般具有指称和表现两种功能。实用语言侧重于它的指称功能。这类语言，随着人类语言的不断发展，越来越走向抽象，其指称功能大大增强，其表现功能则由于与人的感情生活、实际语境分离而逐渐削弱。与之相反，文学语言则始终注意发挥语言的表现功能，语言中往往蕴涵着作者丰富的知觉、情感、想象、暗示等心理体验，比实用语言具有心理蕴涵。如，在文学语言中，像"花""鸟""春天"这类词语，表面上与普通语言没有什么区别，但实际中却被赋予了不同寻常的心理内涵。像雪莱的诗句："如果冬天来了，春天还会远吗？"这里的"冬天"和"春天"，既包涵普通语言所指的季节与气候，同时也暗指暂时的黑暗与美好的前景，并被诗人那种希望、乐观、神往、憧憬的情绪所浸透，具有丰富的心理蕴涵。而实用写作所运用的语言，往往具有社会所公认的确切不移的明确内涵。

（三）文学语言讲究不断的创新，实用语言则要求规范

普通语言作为"日常交换意见的器具"是一种常规化的语言，它强调的是实用性功能。它以规范化的语言和确切不移的语义以确保实用功能的实现。文学语言则是一种审美性的语言，为了实现其审美功能它必须不断地创新。对此，俄国形式主义者曾提出著名的"陌生化"理论。俄国形式主义者所讲的"陌生化"是相对"自动化"和"常规化"而言的。所谓"自动化"语言，是指那些为人们熟悉不过、不再能引起人们的审美注意的语言。所谓"常规化"，是一种大众的、符合语法常规的语言。

在语言意义作用的两极，一极是以代码的常规为前提的，接近这一极的是科学语言；另

一极则是以突破常规为前提的，接近这一极的是诗的语言；处于中间状态的则是日常语言。诗的语言，文学的语言，它为了最大限度实现其美学功能，往往需要打破日常语言的既定代码，在新的符号形式与符号内容的联结上创造出新的意蕴。如，我们说"第一个用花来形容女子的是天才"，因为就第一个来说，"花"是一个创造性的符号，它超越了旧的符号代码，与新的对象联结起来，对女子的"美丽""娇嫩""芬芳""青春"有着具体而特殊的感受。如果用多了，人们习以为常了，再也不能引发人们的审美注意了，这些语言看似生动，实则由于陈旧而成了干巴巴的符号，这也就是语言的"自动化""常规化"。俄国形式主义者认为，对于文学创作来说，作家必须采用"陌生化"手法，把普通语言加工成陌生的、扭曲的、对读者具有"阻拒性"的语言以增加读者的感知难度，延长读者的感知时间，从而获得更强的审美效果。他们所说的具有"阻拒性"的语言，往往是打破语法常规的语言，甚至是人们难以理解的语言，但却是更能引发读者审美注意的语言。试看下面的诗句：

> 地下室餐厅里早点盘子咯咯响，
> 顺着人们走过的街道两旁，
> 我感到女佣们潮湿的灵魂
> 在大门口绝望地发芽。
>
> 一阵黄色的雾向我掷来
> 街后面人们的歪脸，
> 从穿着溅污泥的裙子的过路人那里
> 撕下来一个空洞的微笑，它在空中飘荡，
> 朝屋顶那条水平线消失了。（艾略特：《窗前晨景》）

这里运用的就是所谓的"陌生化"手法，它是超常规的，甚至是让人费解的。"灵魂""潮湿"，"绝望地发芽"，"黄色的雾"被"掷来"，"空洞的微笑"被"撕下"——这些意象，都超出常规，不能依常情去理解。

再看下面的句子：

> 蒋氏干瘦发黑的胴体在诞生生命的前后变得丰硕美丽，像一株被日光放大的野菊花尽情燃烧……狗崽光着脚耸起肩膀在枫杨树的黄泥大道上匆匆奔走，四处萤火流，枯草与树叶在夜风里低空飞行，黑黝黝无限伸展的稻田回旋着神秘潜流，浮起狗崽轻盈的身子像浮起一条逃亡的小鱼。（苏童：《一九三四年的逃亡》）

蒋氏干瘦发黑的身体怎么会像被日光放大的野菊花？狗崽的身体怎么会像一条逃亡的小鱼？在这里，作者通过超常的语词搭配，把一种很复杂、很细腻的感觉非常新颖、非常生动地传达出来，所使用的也就是"陌生化"手法。

常规语法要求语言正确，陌生化手法则要求产生"审美效果"；前者是外在的，后者是内在的；前者要符合语法、逻辑，后者往往显出大胆与乖戾，超出常情与逻辑。文学创作，它往往要运用一些超常手法来求得最佳效果。

值得注意的是，"陌生化"手法不能滥用，不能盲目地模仿，更不能把它运用到实用写作

上去。法国当代美学家让·科恩在《诗歌语言的结构》一书中，曾对散文与诗歌的"异常"语言(指不符合一般语法习惯的语言)作过定量统计，结果发现，诗歌为23.6%，散文为8%，与"合法"手段比起来，"违法"手段在散文中的数量是微乎其微的。俄国形式主义者失之偏颇之处，就在于把"陌生化"强调得过了头。对于习作者来说，还是应该从规范的语言入手，打好自己的文字基础。好的语言，不走极端，新颖而并不晦涩。贺拉斯在《诗艺》中指出："如果安排得巧妙，家喻户晓的字便会取得新义，能表达得尽善尽美。"

实用语言都是中规中矩的语言，不藻饰，不曲折，不绕圈子，不讲套话，直截了当，干脆利落，直白晓畅，朴实无华，实实在在，平易近人，力图用最少的文字，把意思表达清楚。像公文，它以说明为主，语言庄重、准确、简洁，用词准确、逻辑严密，一是一、二是二，不拖泥带水，不拐弯抹角，不用描写和抒情。

实用写作往往是一种专业性写作，其中涉及很多行业用语，如经济文书中所使用的"成本""利润""税率""预算""决算""赤字""滞纳金""流动资金"；诉讼文书中的"原告""被告""案由""裁决"等，作者必须通过有关专业训练，在准确了解这些术语的前提下正确使用。在长期的写作实践中，由于行业、内容、对象等因素的制约，实用文还逐渐形成了一些习惯性用语。这些用语，言简意赅，各司其职，是从事实用写作必须掌握的，没掌握就写不好这类文章。实用写作还常运用辅助书面语。辅助书面语属人工语言符号系统，包括图形、表格、符号、公式等。辅助书面语的直观性强，能够浓缩信息、简化表达，较文字表达更方便、更简洁、更直观、更明确，有文字不可替代的作用。

四、语言的风格美

语言风格不等同于创作风格，创作风格涵括了其他因素，如题材的选择，主题的提炼，结构的安排，创作方法的运用，作家的创作个性等，而语言风格主要表现在语言的运用上。如，文字的精练简洁，可能形成明晰谐洁之美；词藻丰富华美，可能形成繁缛浓丽之美；多用长句，可能形成浩瀚流转之美；多用短句，可能形成精悍紧凑之美；多用点古文，可能形成简古之美；多用口语，可能形成自由活泼之美；多用偶句，可能形成工整凝练之美；多用散句，可能形成流动之美；多用排比，可能形成一泻千里的气势之美；多用反复，可能产生一唱三叹之美……

陈望道在《修辞学发凡》中曾把语言风格分为四组八种：

> 由内容和形式的比例，分为简约和繁丰；
> 由气象的刚强和柔和，分为刚健和柔婉；
> 由于话里词藻的多少，分为平淡与绚丽；
> 由于检点功夫的多少，分为谨严和疏放。

童庆炳先生在《文体与文体的创作》一书中则把风格分为八组十六种：

> 简洁——丰赡；平淡——绚丽；
> 刚健——柔婉；雄浑——隽永；
> 潇洒——谨严；典雅——荒诞；
> 清明——朦胧；庄重——幽默。

我们这里纯从语言出发，就词汇的选择及语句的运用将语言风格分为以下六组十二种：

（一）质朴美与绚丽美

质朴之美，用最质朴的语言，老老实实地写，不事雕琢，洗尽铅华，是一种本色之美。质朴是行文的基本功。老舍曾语重心长地告诫初学者："要老老实实先把话写清楚了，然后再求生动。要少用修辞，非到不用不可的时候才用……要知道，不用任何形容，只是清清楚楚写下来的文章，而且写得好，就是最大的本事，真正的功夫。"质朴之美也是行文的一种境界，大巧若拙，辞浅义深。质朴之美并非不重文采，不重词藻，不需要炼义、炼形、炼声，它与词汇贫乏、语言苍白并不是同一回事。它追求的是一种朴素之美。朴素美是语言运用中一个极高的境界，按高尔基的说法："真实和朴素是亲姊妹。"

绚丽之美，词修藻饰，色彩浓艳，华词丽句，艳而不浮，富丽堂皇，文气袭人，是一种华丽之美。

（二）洗练美与缜密美

洗练之美，以少胜多，长话短说，沙里淘金，既精且简，精气内涵，字约意丰。堆砌词藻，语意重复，啰嗦臃肿，废话连篇是文章的大病。契诃夫认为，写得有才气，也就是写得简练。刘勰在《文心雕龙》中说："句有可削，足见其疏；字不得减，乃知其密。"刘知几在《史通·叙事》篇中说："文约而事丰，此述作之尤美者也。"刘大櫆在《论文偶记》中说："文贵简。凡文笔老则简，意真则简，辞切则简，味淡则简，气蕴则简，品贵则简，故简为文章尽境。"为了达到这样的境界，就要像法捷耶夫所说的："作家面前摆着词汇、概念的汪洋大海；表现任何一个思想、形象，需要十个、十五个、二十个字眼……但选择哪些字眼恰恰正是极端正确地表达你所看见的和想要说出的呢？"这就需要"培养自己善于寻找能够引起读者必要的情绪、必要的心境的节奏、词汇、语句。"并如鲁迅所说："竭力将可有可无的字、句、段删去；毫不可惜。"

缜密之美，纵横反复，如织蛛网，精密细腻，千丝万缕，全面、细致、周到而又不失之于臃肿、琐碎、杂沓。

（三）典雅美与通俗美

"典雅"之美，用的多是雅致的书面语汇和书面句式，有时甚至融会了一些文言词语，不用俗语、土语、俚语、方言，语言中显出高雅之致，含英咀华之功。"通俗"之美则用的是日常生活用语，一看就懂，一听就明白。试看下面的例句：

> 长长河滩上，不久即有了小小两个黑点；又慢慢晃动慢慢放大。在那黑点移动过的地方，逶迤了两行深深浅浅歪歪趔趔的足印，酒盅似的，盈满了阳光，盈满了从堤上飘逸过来的野花的芳香。（何立伟：《白色鸟》）
>
> 张三从小就在这条弄堂里长大，这条弄堂张三是很熟悉的。张三小的时候弄堂好像比现在要大一些，现在人大了，弄堂反而小下去了。张三是喜欢这条弄堂的。（陈村：《一天》）

前则是典雅隽永的书面语，后则是通俗而富于生活气息的口语。不同的语汇就使语言呈现不同的美学特色。典雅之词，不能故作高深，不能生硬，不能生吞活剥地使用某些文言词语。用大白话，用通俗的话来写，同样需要锤炼。老舍就曾说过："我的文章写得那样白、那样俗，好像毫不费力，那不定改了多少遍！有时候一千多字要写两三天。"①

（四）含蓄美与直白美

"含蓄"之美，含而不露，引而不发，意则期多，字唯求少，言在耳目之内，情寄八荒之表，文近而旨远，辞成而义深，句中有余味，篇中有余意。但含蓄并不等于晦涩、含糊、不知所云。"直白"之美，言明意显，不隐不藏，直陈其事，明明白白，直截了当，不兜圈子，一就是一，二就是二，明白如话，但不是白开水。在一般的实用文中，为了实现其实用功效，大多采用"直白"之文。鲁迅曾言及"直白"的好处："玄同之文，即颇汪洋，而少含蓄，使读者览之了解无所疑惑，故于表白意见，反为相宜，效力亦复很大。"②

（五）庄重美与风趣美

庄重之美，语气沉稳，句速适中，不用俗词俗语，给人端庄稳重之感。风趣之美，语多机智幽默，句式灵活多变，用词生动活泼。

（六）刚健美与柔婉美

刚健之美，语言铿锵有力，多用排比、铺陈的手法，内容充实，感情充沛。柔婉之美，语调缠绵，语意回环反复。

实用写作，它的语体风格是庄重、直白、质朴、洗练。文学写作，则显得丰富多彩。初学者平时宜多加品味。

五、语言的形式美

语言的形式美主要包括：

（一）语音上的和谐美与节奏美

音节匀称，声调和谐，构成了语音上的和谐美。音节匀称是为了读起来顺口，声调和谐是为了抑扬有致。试看下例：

> 一张白纸，没有负担，好写最新最美的文字，好画最新最美的画图。（毛泽东：《介绍一个合作社》）

这段话音节匀称，读来顺口；文句中"画图"一词，是"图画"的颠倒，之所以这样改，是为了让它与上面"文字"一词平仄相协，让四个句子最末"纸""担""字""图"四个字"仄、平、仄、平"顿挫有致。老舍曾指出："即使写散文，平仄的排列也应该考究。'张三李四'好听，'张三王八'就不好听。前者是二平二仄，有起有落；后者四字（按京音读）皆平，缺乏抑扬。"③

（二）语形上的整一美与参差美

运用组织匀均的整句，给读者听觉、视觉等方面以整齐匀称的美感，谓之整一美。整一美是运用对偶、排比、铺排等修辞手法形成的，其形式整齐匀称，音调和谐动人。如下面的例句：

---

① 老舍：《出口成章》，作家出版社 1964 年版，第 64 页。
② 鲁迅：《两地书·一二》。
③ 老舍：《出口成章》，作家出版社 1964 年版，第 64 页。

　　　　到那时，欢歌将代替了悲叹，笑脸将代替了哭脸，智慧将代替了愚昧，友爱将代替了仇杀，生之快乐将代替了死亡悲哀，明媚的花园，将代替了凄凉的荒地。（方志敏：《可爱的中国》）

再看：

　　　　当初，白蛇娘娘压在塔底下，法海禅师躲在蟹壳里。现在却只有这位老禅师独自静坐了，非到螃蟹断种的那天为止出不来。莫非他造塔的时候，竟没有想到塔是终究要倒的么？活该。（鲁迅：《论雷峰塔的倒掉》）

　　长句严详周密，委婉细腻；短句明快活泼，简洁有力，长短交织，相得益彰。这段文字长短参差不一，错落有致，特别是最后一个"活该"，简洁有力地表现了感情的跌宕，构成了语言的参差美。

（三）语意上的对比美与回环美

　　回环是前后的掩映，对比是语义的强调，如果恰到好处，语言就呈现对比美和回环美。试看下面的例句：

　　　　我平素想，能够不为势力所屈，反抗一广有羽翼的校长的学生，无论如何，总该是有些桀骜锋利的，但她却常常微笑着，态度很温和。待到偏安于宗帽胡同，赁屋授课之后，她才始来听我的讲义，于是见面的回数就较多了，也还是始终微笑着，态度很温和。（鲁迅：《纪念刘和珍君》）

　　文中两个"常常（始终）微笑着，态度很温和"，构成了回环反复美，把刘和珍性格中温柔娴静的一面刻画得分外动人。再看：

　　　　这是秋了！长年盘结在心头的乡愁，忽地就浮动起来，像蚕，吐出万缕千条紧紧地缠绕着我。缠绕着我，无日无夜，绵绵密密的细丝，把我网进遥遥远远的北方。遥遥远远的北方，展开一片壮丽的秋景。（郭枫：《我想念你，北方》）

　　"缠绕着我"与"遥遥远远"的连环似反复句法使整个语段环环相扣，绵密紧凑，形式上就仿佛织成了细针密线的"乡愁之网"，从而把作者心中思念故乡的千般愁绪、万般苦恋，烘托得缠缠绵绵，回肠荡气。

§2　"写作文本"

一、"文本"的含义

　　"文本"也是写作重要的载体之一。

　　"文本"一词，来自英文 text，又译作"本文""正文""语篇"。

　　"文本"指的是文章语言组织的实际运用形态，它是依据一定语言衔接、语义连贯规则而构成的语言整体。它是由一系列语句组成的结合体，如果离开了实际语言形态，也就无所谓文本。

"文本"必须表达某种相对完整的意义,如意义残缺不全,不能称为文本而只是一堆语言的胡乱堆砌。

"文本"指的是有待读者阅读的写作成品。如经过读者阅读,则称为"文章"或"作品"。

提出"文本"这个概念并区别于平时所说的"作品""文章",主要是强调写作成品的语言特性。我们知道,进入阅读,读者对文本的解读就加入了自己的理解与创造,在探索作者原意的同时读者还可以发现许多新的意义空间,而"文本"作为一个专用概念,它所注重、强调的是作品本身的语言构造,强调作者是通过怎么样的语言组织赋予作品以意义的。

二、中外对"文本"的认识

"文本"是一个由表及里的多层次结构,中西文论史上都有人对此作过论述。

中国古代,《周易·系辞》在探讨哲学思想的表达问题时,曾提出了"言、象、意"三个要素,后三国时期的著名经学家王弼在对《周易》进行诠释时作了更为明确的阐述:

> 夫象者,出意者也。言者明象者也。尽意莫若象,尽象莫若言。言生于象,故可寻言以观象;象生于意,故可寻象以观意。意以象尽,象以言著。故言者,所以明象,得象而忘言;象者,所以存意,得意而忘象。犹蹄者所以在兔,得兔而忘蹄;筌者所以在鱼,得鱼而忘筌也。(王弼:《周易略例·明象》,《周易正义》,上海古籍出版社1989年版。)

在王弼看来,"言、象、意"是一个由表及里的审美层次结构,人们首先接触到的是"言",接着窥见的是"象",最后才能体会到"象"所表现的"意",这三个因素由表及里缺一不可,而最终目的则是"意"。

至清,桐城派文论家刘大櫆和姚鼐师徒进而把文本分为"粗"与"精"两个层面。刘大櫆在《论文偶记》中指出:

> 神气者,文之最精处也;音节者,文稍粗处也;字句者文之最粗处也。然论文而至于字句,则文之能事尽矣。盖音节者,神气之迹也;字句者,音节之矩也。神气不可见,于音节见之,以字句准之。

刘大櫆的弟子姚鼐在《古文辞类纂》中进一步发挥刘大櫆的思想说:

> 凡文体类十三,而所以为文者八,曰神、理、气、味、格、律、声、色。神、理、气、味者,文之精也;格、律、声、色者,文之粗也。然苟舍其粗,则精者亦胡以寓意焉。学者之于古人,必始而遇其粗,中而遇其精,终而御其精者而遗其粗者。

姚鼐把"精"与"粗"加以具体化,并认为,读者阅读文本时,必须"由粗而精",才能通过"有形"把握"无形",无疑这是很精到的认识。

在西方,意大利诗人但丁最早提出,诗具有四种意义:字面意义、譬喻意义、道德意义和奥秘意义。字面意义是词语本身具有的意义,譬喻意义是以寓言形式隐藏着的意义,道德意义是需要从文本中细心探求所获得的道德教益,奥秘意义则是从精神上加以阐明的神圣意义。在但丁看来，后三者虽然重要，在文本中居核心地位，起决定性作用，但字面意义决不是可有可无的，"因为其他意义都蕴涵在它里面，离开了它，其他的意义，特别是譬喻意义，便不可能理解，显得荒唐无稽。"①但丁的思想与桐城派古文家的认识大体相似。德国美学家黑格尔就艺术作品提出了"外在形态"和"内在意蕴"的新认识。他认为："遇到一件艺术作品，我们首先见到的是它直接呈现给我们的东西，然后再追究它的意蕴和内容。"他把"直接呈现给我们的东西"称做"外在形态"，把"外在形态"所指引的"内在的东西"称做"意蕴"。他认为，作品的"外在形态"是有价值的，但这种价值在于它能够像符号或寓言那样"代表另一种东西"。② 黑格尔强调的是意蕴，并不看重作品的"外在形态"。到了 20 世纪，对文学文本的层面作了有突破意义的划分的是波兰现象学派理论家英伽登，他在《文学的艺术作品》一书中把文本分为五个层面：

(1) 字音及其高一级语音组合，这是文学文本最基本的层面，它是由语音素材来传达的携带可能意义的语音组织，它超越语音素材和个人的阅读经验，具有恒定不变的特性；

(2) 意义单元，它是由字音及其高一级组合所传达的意义组织，它是文学文本的核心层面，与其他层面相互依存，但又规定着它们；

(3) 多层图式化面貌，是由意义单元的大致略图，包含若干"未定点"，有待读者去具体化；

(4) 再现的客体，即所谓"观点"的层面，它是通过虚假现实而生成的世界；

(5) 英伽登又补充说，某些文学文本，还可能存在着"形而上特质"，如崇高、悲剧性、恐怖、震惊、玄奥、丑恶、神圣和悲悯等。这种特质并不属于文学文本必有的层面构造，仅在"伟大的作品"中出现。

英伽登的"层次"说把内容和形式融为一体，五个层面相互沟通，互为条件，层层深入，产生了广泛而深远的影响。

三、本书对"文本"的界定

我们要探讨的"写作文本"既包括了文学文本也包括了实用文本。因此，我们不能照搬中国古代或西方的理论，只能在比较中来确立我们的认识。

从上面的简介中我们可以看到，桐城派、但丁、黑格尔对文学文本的认识是比较接近的：他们都把文本分为"有形"与"无形""外在形态"与"内在意蕴"两个层面。在他们之中，黑格尔强调的是内在意蕴，对"外在形态"并不重视，与之相反，但丁和桐城派的古文家虽然也强调内在意蕴，但他们并不轻视外在形式的作用，而把外在形式看作内在意蕴存在的基础，尤其是桐城派古文家，他们对文本的外在形式和内在意蕴的分析更为具体：对内在意蕴，他们分出"神、理、气、味"四个要素；对外在形式，他们分出"格、律、声、色"四个要素。他们除了强调从外在形式入手去把握作品的内在意蕴，同时还强调读者应细心地品味文章的"格、律、声、色"。可以说，中国古代的文论家，对文章读写有着丰富而细腻的感受，他们建立在

---

① 转引自《欧美古典作家论现实主义和浪漫主义》(一)，中国社会科学出版社 1980 年版，第 89 页。

② 黑格尔：《美学》第 1 卷，商务印书馆 1978 年版，第 24 页。

读写实践之上的层面理论，既具辩证精神，又比较符合文章读写实际。但他们也有局限性：（1）他们没有像但丁那样强调文本的"字面意义"而仅仅强调的是字面的形式；（2）他们所讲的"神、理、气、味、格、律、声、色"，除"格、律、声"三个要素比较好把握，其他都是包含个体审美感受的具象性概念，不便于今天的读者把握。

《周易》和王弼的认识颇具辩证法，特别是他们关于"尽意莫若象"的论述曾被人们广泛引用。但他们的认识局限于古代独特的哲学层面，而且他们谈的"象"指的是古人用以象征自然现象和人事变化的一套符号，并不专指文学形象。因此，在他们的论述中是先有"象"而后才有"意"。对于一般文章来说，语象的建立是必须通过语义来实现的；就我们的经验来说，更准确的描述应该是先透过字面了解词义，再通过词义形成形象，然后通过形象去把握意蕴，才比较符合写作文本的实际。

英伽登的层面说，其广泛的影响远胜于前者，但也有缺陷：（1）他所说的"观点的层面"和"形而上性质的层面"分开来比较困难，表达也不够明白；（2）他没有揭示各个层面的基本特征，也未能区别、比较文学作品和一般的实用文章。

考虑以上种种，我们将"写作文本"划分为"语音""语义""语象""语蕴"四个不同层面，下面分而述之。

§3　文本的语音层

文本的文字符号虽为视觉形式，但"内在耳朵可以像外在的耳朵一样准确地接受印象。对于多数人，印刷文字代表声音而不是形式"。[①]

音韵的和谐流畅能构成语言的音韵美，音韵美不仅能够悦耳、悦心，而且还是语义的一种"回声"。它是实实在在的诱导性、规范性审美信息，有着重要的表达情感的功能。

中国古代曾将音韵与作者的个性联系起来，如李贽在《焚书·卷三·读律肤说》中说：

> 盖声色之来，发乎情性，由乎自然……故性格清彻者音调自然宣畅，性格舒缓者音调自然疏缓，旷达者自然浩荡，雄迈者自然壮烈，沉郁者自然悲酸，古怪者自然奇绝，有是格，便有是调，皆情韵自然之谓也。莫不有情，莫不有性，而可以一律求之哉！

语言的概念义，是人们理性提纯的结果，它在不同语言的对译中不会有很大的损耗，而语言的语音形式往往是语言的特殊性所在，它内在地规定了一种文字的能指形式，像语言的节奏、韵律、语调等，以及词语所携带的情感色彩，都是附加在语义上的一层毛茸茸的衍生物，活生生地表现了人们对生活的感悟，同时也是一种文化和历史的积淀。南帆在《小说艺术模式的革命》中曾有一大段论及小说语言的语音：

> 叙述语言是小说艺术风格的有机组成部分。除了叙事绘状之外，小说还将在叙述过程中时时溢出特定的情调。经由小说文体的中介把握内容，人们所得到的将是一种"语言化的感觉"。这时，叙述语言的情调必将内在地融化成感觉的一个因素。所以，小说的叙述语言不仅作为媒介确切地重塑了作家心目中的形象体系，而且还在高低、起伏、

---

① 博因顿：《阅读的步骤》，转引自苏珊·朗格《情感与形式》第 322 页"注释"。

轻重、长短的语调中不无模糊地涌动着作家的情绪、态度、心境。与之相应，人们从一个个方块字组成的句子中也不仅接受了清晰可见的形象本身，而且还从长短错落语句中进入一种语言氛围。难言的感受，拂过的情绪，心照不宣的默契，微妙的弦外之音，甚至一个民族文化与历史的某些片断——这一切都像沼泽地上的雾气一样无声无息地升起、弥漫。叙述语言这些效果一旦转化为"语言化的感觉"，也就意味着人们的感觉将和某种情绪互相挟带着发生。所以，小说叙述语言无所不在地渲染着形象体系的色泽，从而细细密密地改变着人们的审美情感趋向。可以设想，鲁迅倘若以《阿Q正传》的语调叙述《伤逝》，小说的整体将在人们心目中变质。

南帆进一步指出：

> 一些理论已经发现：一种事实并非仅有一种与之对应的语言陈述。许多时候，语言符号与对象之间的吻合决不像两个齿轮一般紧密无间。小说叙述语言中往往充满了弹性。在明确的语义核心周围，还有一圈不明确的情感意义场——后者在很大程度上是语调形成的。同样是一种否定，一个斩钉截铁的"不"同感叹口气之后的"不行"在情感色彩方面的意义却迥然不同。在语义不变的前提下，不同的情感可能性产生不同的叙述语言语调。这也许是种种非语言交际——如有声而非语言性动作的副语言、面部表情、手势甚至身势语——遗留于书面语中的残迹。然而，一旦领悟这个事实，作家则将倒过来加以利用：通过不同的语调以获得不同审美情感反应。
>
> 让我们带着这种见解重新回忆一下：张承志那汹涌的长句后面是否躁动着一片灼热的情感？阿城那不动声色的长话短说是否隐含些许人生的超脱旷达？李杭育那揶揄、戏谑、幽默后面是否着意突出葛川江文化中的乐天气质？或者，王安忆的语调从少女式的清纯转到《舞台小世界》《小鲍庄》那种随意甚至大智若愚，这是否使人们感到一种世事洞明与人情练达呢……（南帆：《小说艺术模式的革命》，三联书店1987年版，第26页。）

南帆这番论述，我认为对我们理解语音独特的表意功能是很有帮助的。语言的节奏、韵律、语调以及词语所携带的情感色彩，都是附加在语义上的一层毛茸茸的衍生物，活生生地表现了人们对生活的感悟，同时也是一种文化和历史的积淀。文本的语音层，细分又包括声韵、节奏、语调。

一、声韵

声韵，又称声律、音律、韵律。它是通过汉字之间声母与韵母润饰和协调而形成的一种语音美。现代写作，对声韵美的追求不像古代诗歌乃至文言文那样严格了，但并不是不讲声韵美。朱光潜说："既然是文章，无论古今中外，都离不掉声音节奏。古文和语体文的不同，不在声音节奏的有无，而在声音节奏形式化程度的大小。"他认为，现代"语体文的声音节奏就是日常语言的自然流露，不主故常"，"如果讲究得好，我相信语体文比古文的声音节奏应该更生动，更有味"（朱光潜《艺文杂谈》，安徽人民出版社1981年版，第82页）。梁实秋也说："散文不押韵，但是平仄还是不能完全不顾的，虽然没有一定的规则可循"（梁实秋《雅舍小品·散文的朗诵》）。

在汉语写作中，一般通过"双声""叠韵""叠音""叠字""平仄""押韵"来形成语言的声韵美。如冰心的《笑》，就是通过大量的双声词、叠韵词、叠音词，如"缭乱""仿佛""树梢""千点""苦雨""葡萄""站住""侵人""墙上""绿树""渐渐""隐隐""闪闪烁烁""微微""默默""慢慢""滑滑""潺潺""飘飘漾漾"等，使文本具有"大珠小珠落玉盘"的韵律美。

二、语调

语调是作者通过话语语气所表现出来的他对于文章内容、材料的一种情绪、情调，它是语气与情调的有机统一。优秀之作，总是有着自己的语调的，如鲁迅的小说，《狂人日记》是一种激愤的语调；《在酒楼上》是一种酸辛的语调；《祝福》是一种沉痛的语调；《故乡》是一种压抑、忧郁的语调；《白光》是一种冷嘲的语调；《伤逝》是一种怆恸的语调；《阿Q正传》是一种亦庄亦谐的语调。像马尔克斯《百年孤独》，小说开头的第一句话是："许多年之后，面对行刑队，奥雷良诺·布恩地亚上校将会回想起，他父亲带他去见识冰块的那个遥远的下午。"作者通过小说第一句话就确立了整部小说瞻前顾后的开阔感，以及拉美民族特有的孤独感、神秘感，它的开头就是它的结尾，小说时间是一个容量很大的圆圈。

语调的核心是情绪，是作者对于自己所要表达内容所持的情绪。把这个情绪找到了，语调也就出来了。如果找不准情绪，语调出不来，写作也就无法进行下去。

语调不仅引带着全篇，生发着全篇，统摄着全篇，让后面的内容按这个调子自自然然"流"出来，而且它还调动着读者相应的情绪，引导着读者对文本的理解。我们试看鲁迅《在酒楼上》的开头：

> 我从北地向东南旅行，绕道访问了我的家乡，就到了S城。这城离我的故乡不过三十里，坐了小船，小半天可到，我曾在这里的学校里当过一年教员。深冬雪后，风景凄清，懒散和怀旧的心绪联结起来，我竟暂寓在S城的洛思旅馆里了；这旅馆是先前所没有的。城圈本不大，寻访了几个本来以为可以会见的旧同事，一个也不在，早不知散到哪里去了；经过学校的门口，也改换了名称和模样，于是我很生疏。不到两个时辰，我的意兴早已索然，颇悔此来为多事了。

就小说的内容而言，作者大可从"我"与吕纬甫在酒楼意外相遇写起，但作者迂回曲折的行文却绝非多余，作者沉郁、迟缓、压抑的语调也就直接关系到我们对故事情节的解读。佘树森指出："小说的文字，是一种讲故事的调子；诗歌的语言，是一种歌唱（音乐）的调子；而散文的笔墨，则是一种'谈话'的调子。"[1]不同文体往往也有着不同的语调，同一种文体也有不同的语调。

三、节奏

节奏是文章语言有规律的交替及在时间上结合的一定的秩序。清代散文家刘大櫆认为："文章最要节奏，譬之管弦繁奏中，必有希声窈渺处。"[2]当代作家紫春华指出："作家在写作

---

① 佘树森：《中国现当代散文研究》，北京大学出版社1993年版，第130页。
② 刘大櫆：《论文偶记》，人民文学出版社1958年版。

时，竭力避免平淡无奇的语言，从节奏感上给读者以美的感受，也是作品取得成功的重要一环。"①

人体体内各器官及神经系统都是按一定的节律活动的，像脑电波、肠胃蠕动、心脏搏动及自律神经活动都具有一定的节奏。文章的语言节奏作用于人的听觉器官和听觉神经，能够对人体的内在节奏产生影响，从而激发人体内在所储存的潜能，使人进入相应的情绪状态。

节奏还具有一定的传达情感的作用，20世纪20年代，有人曾选用290种名曲，先后对2万多人加以测试，结果发现每种乐曲都能引起听众的情绪变化，其强弱则与被试者欣赏能力的高低成正比，而方向则由音乐的性质而定。

节奏特有的审美功能是我们不能忽视的。试看下面的例句：

> 小草偷偷地从土里钻出来，嫩嫩的，绿绿的，园子里、田野里，瞧去，一大片一大片满是的，坐着、躺着，打两个滚，踢几脚球，赛几趟跑，捉几回迷藏，风轻悄悄的，草软绵绵的。（朱自清：《春》）

这段话，不仅把小草生长的情态、质地、颜色、质感生动形象地写出来了，而且，其轻快的节奏也表达了作者对春天到来的喜悦之情。这样的节奏如果移之于论文、公文，就会不伦不类。

优秀写作文本，对节奏的追求是非常自觉的。如贾谊的《过秦论》，就是一篇骏马注坡、滚珠走盘般的快文，作者通过大量的排比、极力的铺叙，把秦国那种睥睨一世、不可压倒的气势推到顶点，然后笔锋一转，大量铺排，一气蝉联，痛快淋漓，摧枯拉朽式地把秦国灭亡的惨痛教训揭示出来，其节奏就具有无可替代的功用。

朱光潜认为："节奏是声音在大致相等的时间段落里所生的起伏"，"起伏可以在长短、高低、轻重三方面见出。"②钱谷融认为："中国文学的音节，基于平仄与声韵者少，基于停顿与句子之长短者多。"③何立伟曾举汪曾祺的小说为例：

> 倘把汪先生的一些看似既白且赘的语言如"过了一个湖。好大一个湖！""接生耽误不得，这是两条人命的事。"改为"过了好大一个湖！""接生是两条人命的事，耽误不得。"则如涧石在而泉源涸，回环的文气便消失殆尽了。

§4　文体的语义层

作者在文稿上写上一个一个的字，一个一个的句子，总要表达出一定的意思。文本的"字意"统一于"句意"，"句意"统一于"篇意"，文本的表意，在精确与模糊、清晰与晦涩、鲜明与朦胧、明快与深沉、朴直与含蓄、详实与简约之间，会呈现不同的美学风格，有着不同的特点，我们这里仅讨论多义与单义，主观之义与客观之义以及与一些相关的语境问题。

---

① 紫春华：《谈散文语言的节奏美》，引自《修辞学论文集》第1集，福建人民出版社1983年版。
② 朱光潜：《诗论》，安徽教育出版社1997年版，第139页。
③ 钱谷融：《论节奏》，《文艺理论研究》1994年第6期。

一、"线性语言"与"面性语言"

古代将语言分为"显言"和"隐言"两个部分，线性的语言属"显言"，它具有很高的清晰度，什么都交代得清清楚楚。面性的语言属"隐言"，它往往话里有话，具有多重含义。前者是一种实用语言，后者是一种文学语言。实用写作必须使用线性语言，文学创作则根据作家的创作个性而选择。试看下面的例文：

> 李双双是我们人民公社孙庄大队孙喜旺的爱人，今年二十七岁年纪。在人民公社和大跃进以前，村里很少有人知道她叫"双双"，因为她年纪轻轻的就拉巴了两三个孩子。在高级社的时候，很少能上地做几回活，逢上麦秋忙天，就是做上几十个劳动日，也都上在喜旺的工折上。（李准：《李双双小传》）

这是一种高清晰度的语言，在这样的语言里，作家传达的信息是单纯的、单一的，不存在任何歧义，也不会有任何微言大义留待读者去挖掘。再看下面的例文：

> 我心事重重地走进狭窄的江苏路，车流和人流曲折奔来。路旁的平房软弱地趴下，废墟瓦砾遍地。
> 隐隐嗅到死亡之气。
> 暮春的阳光照着灰色的街，照着服饰斑斓的女人。婴儿的前额泛着金色。行道树挺拔茂盛又不失新绿。路旁缺乏肃立的废物箱。（陈村：《死》）

路旁的平房为什么是"软弱地趴下"？江苏路上何以"废墟瓦砾遍地"？那里怎么又能嗅到"死亡之气"？"路边缺乏肃立的废物箱"？显然，在作者的叙述中，不仅仅是交代事实，同时也掺杂着人物复杂的内心感受，具有多层含义。这需要读者反复品味，并且不是一句话两句话就可以说得明白。

二、"主观话语"和"客观话语"

托多洛夫在《叙事作为话语》中把言语分为"主观性话语"与"客观性话语"："任何话语，既是陈述的产物，又是陈述的行为。它作为陈述物时，与陈述的对象有关，因此是客观的；它作为陈述的行为时，同这一行为的主体有关，因此保持着主观的体态，因为它在每种情况下都表示一个由这个主体完成的行为。任何句子都呈现这两种体态，但程度不同；某些词类以传达这种主观性为惟一的功能，其他词类首先涉及客观的现实。"[1]

法国现实主义大师福楼拜是这样教莫泊桑写小说的：

> 当你走过一个坐在自己店门前的杂货商面前，走过一个吸着烟斗的看门人面前……请你给我描绘一下这个杂货商和这个看门人，他们的姿态，他们整个的身体外貌，要用画家那样的手腕传出他们全部的精神本质，使我不至于把他们和任何别的杂货商人，任何别的看门人混同起来。

---

[1]　转引自王先霈主编的《文学批评术语词典》，上海文艺出版社 1999 年版，第 234 页。

不论人家所说的事情是什么，只有一个字可以表现它，一个动词可以使它生动，一个形容词可以限定它的性质。因此，我们得寻找着，直到发现了这个字，这个动词和形容词才止，决不要安于"大致可以"，决不要为着躲避困难求援一些诈伪的字句——即使是巧妙的诈伪也不行——而求援一些戏谑的语言。

当代作家张承志却这样描述他心目中的小说语言：

也许一篇小说应该是这样的：句子和段落构成了多层多角的空间，在支架上和空白间潜隐着作者的感受和认识。勇敢和回避、呐喊和难言，旗帜般的象征，心血斑斑的披沥。它精致、宏大、机警的安排和失控的倾诉堆于一纸，在深刻和真情的支柱下跳着一个活的魂。当词汇变成了泥土砖石，源源砌上作品的建筑时，汉语开始闪烁起不可思议的光。情感和心境像水一样，使一个个词汇变化了原来的印象，浸泡在一派新鲜的含义里。勇敢的突破制造了新词，牢牢嵌上了非它不可的那个位置；深沉的体会又发掘了旧义，使最普通的常用字突然亮起了一种朴素又强烈的本质之辉。

客观性的话语，重在对客观事物的准确描摹，主观性的话语，重在传达作者的主观感受。前者的语言往往是规范化的，后者的语言往往突破常规语法、词性，如："东北天空抖了一个血红的闪电，一道残缺的杏黄色阳光，从浓云中，嘶叫着射向道路。"[①]"弦乐队像一群昏天黑地扑过来的幽灵一样语无伦次地呻吟着。大提琴突然悲哀地反复唱起一句古老的歌谣，质朴得无与伦比，哀伤得如泣如诉。把刚才人们听到森森作品引起的激动全扭成了一种歪七歪八的痛苦。好像大提琴这个魔鬼正紧抱泥土翻来滚去，把听众搅得神智不安。"[②]作者超常规的词语搭配，着意强调的是作者的主观感受，在这种超常的词语搭配中，我们看到了作者主观感觉对于客观事物的重构。

一般说来，实用文章用的都是客观性话语，而文学创作则可以在二者之间根据个人的审美趣味进行选择。

三、语境

语义可以是精确的，单义的，也可能是含蓄的，多义的；可以是客观的，也可以是主观化的，它们的实现却取决于语境。但它们都毫无例外地统一于语境。语境的作用是非常大的，"没有语境，就没有语言"。

语境指语言环境，又称情景或情境，它是语言中各级单位在语言体系中出现的环境，包括影响语言使用的各种因素。通常将语境分为符号语境和非符号语境，直接语境和间接语境，大语境和小语境，内部语境和外部语境等。为简略起见，我们把语境分为内部语境和外部语境。

外部语境，指的是文本生成的语言环境，主要指作者写作时的特定环境。作者写作，总是在一定的语言环境下进行的，外部语境对作者的语言表达有着直接的制约。理解文本的语义，首先得顾及它产生的外部语境。例如，对下级作报告，就不同于向上级请示；私人之间

① 莫言：《红高粱》，《红高粱家族》，解放军文艺出版社 1987 年版。
② 刘索拉：《你别无选择》，作家出版社 1992 年版。

通信，就不同于公函的公事公办；写新闻报道，就要考虑党在某一阶段的中心工作；写学术论文，就不同于写科普文章。特定的语境总是制约着作者的表达。又例如，在言论自由政治开明的时候，作者大多能畅所欲言无所顾忌；在文化专制的时候，作者的表达就可能隐晦曲折、欲言又止。要读懂文本的语义，通常要考虑文本的外部语境。

内部语境是就文本各语言单位的构成而言的，又可分为情景语境和上下文语境。情景语境是就文本整体说的，上下文语境是就文本局部而言的。语境对语言的作用主要表现为以下几点：（1）使词语获得特殊的意义，使语义具体化；（2）使语词情感化，使它具有特定的情感意义；（3）影响句子的生成和变化，句子的变化总是依据情景语境和上下文语境而实现的；（4）特定的语境使语言生出言外之意弦外之响，产生"反义""转义""语义强化""语义弱化"等不同变化。

§5　文本的语象层

文本并不是图画，除了字符看不到直接的图像，但由"语义"可以唤起相应的图像。

通常认为，"语象"只属于文学作品，其实这是一种误解。非文学性的实用文章中也有语象，例如，我们读一篇消息、通讯，一篇调查报告，一篇论文，一篇公文，都可能在脑海中浮现出相应的语象，只不过语象的鲜明程度与文学文本不同。

试看下面的例文：

> 据资料介绍，日本丰田汽车工业公司每年要用一千至二千亿日元进行设备更新。汽车每变一次型，就要对部分设备进行更新。因此，日本汽车业大部分设备往往尚未达到大修阶段，就因产品变更型号而改造了。

> 原来的货币所有者，现今变成了资本家，他昂首走在前头；劳动所有者，跟在他的后头。一个笑眯眯，雄赳赳，专心于事业；另一个却是畏缩不前，好像是把自己的皮运到市场去，没有什么期待，只期待着刮似的。

前则例文引自通讯，它在介绍有关信息时也能唤起我们的形象感，不过这种形象感比较概括。后则例文引自马克思的《资本论》，生动的比喻，形象化的描写，把资本家的高傲、奸诈、威势以及劳动者的悲惨、苦难逼真地描绘出来，给人如见如闻的感受。实用文的语象有时也能给人美感，但美感不是它的目的，或者说不是它的主要目的，它服从的是它的实用目的，为的是说明某个问题，提供某种信息，通常不会融合成一个完整的、审美化艺术化的画面，更不会去营造深层意蕴，它通常纳入了文章的逻辑结构之中。试看下面的文字：

> 在文学的历史长河，象征作为一种把握世界的方式，既古老悠久，又充满了年轻的现代气息。象征，最早是属于诗的；而诗，也因象征的融贯与普遍运用而强化了自身的表情达意的生命力。但象征艺术，并没有拘谨地栖息在诗的那一块狭小的土地上。可以说，由于象征艺术的渗透和扩张，以致我们在小说这样的文学样式中，也感觉到了诗的某种特质的客观存在。特别是在现阶段的小说领域，伴随着结构形态与表现方式的日益开放化，诗化的倾向已经成为一种值得注意的文学现象，而这一现象的出现，不仅卓有

成效地丰富了小说的思想容量与传达途径，而且充分印证了创作界的小说观念的微妙变化与审美趣味的提高。（周政保：《象征：小说艺术的诗化倾向》，《上海文学》1985 年第 3 期。）

由于作者将抽象的概念转换为一种形象化的论述，这段文字读来文采斐然，但它阐述的是事理，而不是审美形象，服从的是论证逻辑，而不是文学形象通常所遵循的情感逻辑。在新闻作品中，特别是通讯中，作品所提供的形象更具有生活实感，更生动形象，但它与文学作品也有区别。通讯中所提供的生活画面，主要是报道信息，它是从新闻价值的角度着眼的，往往是单向度的，而文学作品语象所包含的内容则是立体化的，具有生活全部丰富性和复杂性的内涵丰富的画面，以让人想象和回味。

在文学文本中，作家用语言描绘的是一个艺术的形象世界，这个形象世界处于文本表层结构与深层结构的中间地带，是极为重要的中间层面：一方面，它制约着表层结构的处理，它要通过形象的营建，去表达作品深层的意蕴；另一方面，它关系到作品的深层结构，它要通过作品的深层结构去营建更为丰富的意蕴，给读者以丰富的想象空间，让读者调动自己的生活经验和审美体验去想象、去补充、去创造。

在实用文本中，作者通常通过比喻、描述、形容和直书其事的方式创造出来，它可以是局部的，不必融合成一整体，但要顾及文体的规范，顾及文章整体风格上的统一。

§6　文本的语蕴层

语蕴又称意蕴，语蕴是就文学文本而言的，实用文一般谈不上什么语蕴。

语蕴包含了我们平时所说的主题但又不止于主题，它比作品直接呈现给我们的东西更深远、更内在。它部分来自于我们的理性概括，但更多时候包含了许多只可意会不可言传的感知因素。它是深厚的、耐人寻味的，具有可以反复品味的性质。它表现为一定历史内容、某种哲学意味，也包括作者通过作品形式与内容所表现出来的作家个人的审美追求、审美情致、审美智慧、创作个性、机智幽默等有意味的审美因素。

黑格尔最先提出"意蕴"这一重要审美范畴。他在《美学》第一卷中指出，就一件艺术作品来说：首先是它直接呈现给我们的东西；然后才是它的意蕴。直接呈现给我们的东西是一种外在的东西，但它的作用不只是代表它自己，而是为了表现一种更内在的东西（意蕴），"意蕴总是比直接显现的形象更为深远的一种东西"。他指出：形象不是文本的最终目的，它的用处是表现意蕴。在中国古代文论中，也有过类似的论述。如刘勰在《文心雕龙·隐秀》中指出，文本可以分为内外两个层次："情在词外曰隐，状溢目前曰秀。"他同时还指出，"隐也者，文外之重旨者也"，"隐以复意为工"，文学作品应该"义主文外，秘响旁通，伏采潜发"，如"川渎之韫珠玉"，含蓄而无垠。

人类的语言符号具有指称和表现两大功能，一般的口头语言，侧重于运用它的指称功能，文学语言则始终注意发挥它的表现功能，它的一些词语，表面上看与口头语言没有什么区别，却比口头语言更具心理蕴涵性，往往蕴涵了作家丰富的知觉、情感、想象、暗示，被赋予了不同寻常的心理内涵。语蕴是语言所含的意蕴，它隐藏在语言的深层，不由语言直接呈现出来，这就使"表面含义和实际含义之间产生了语言空间，同时也取消了话语的线性。"①运用"有来历"的文言、成语、古典诗词，往往可以加深语蕴，如冰心的许多文章，多从旧体诗词脱胎而来，细细揣摩，就能让人体会到唐诗宋词的韵味。除了这些富于联想义的词语，作品的"设色"以及运用一些富于隐喻义或象征义的词汇，也可以加深加浓语蕴。试看下面的例文：

> 三只孤鸟，不知从何处来，也不知到何处去，在海天茫茫，暮色凄凉之时，与我们这两个孤客，偶然有此一遇，便又从此天涯。山石海潮，千古如此。（陈衡哲《再游北戴河》）

"在场"的表层语义，无非是指两个人见到了三只鸟而已。作者因何要这么颠来倒去地"卖关子"呢？为了深层的语蕴：作者以两个"孤"字——"孤鸟""孤客"——显示了低回不已同病相怜之意；不用"远离"而用"天涯"——让人想起"同是天涯沦落人""断肠人在天涯"的感伤意境；"海潮"——则让人产生"海上明月共潮生"的苍凉廓大之慨；而四、五、六言的整齐句式读来，也有一种回还往复的情韵，这大致相当于中国古代文论中所说的"情""理""意""韵""趣""味""情韵""气韵""韵致""兴趣""兴味"等多种审美因素。

词汇直指的意义是明显确实的，可载之字典；其联想义、象征义等则是"由于语言文字的历史或背景的衬托"，或是"由于语言文字的上下或左右的包晕"而产生的"辞的意味"。② 就文学作品来说，语蕴主要靠语象生成。"尽意莫若象"，作者往往通过"笔法的暗示"和"材料的暗示"，构造"亦此亦彼""似而不似"的语象，营建富有内蕴的语象，拓展多重、多层语蕴。

§7　汉文字的特点及母语思维

我们一直在讨论汉语写作，就不能不提到汉文字的特点及母语思维。有过英语学习经验的人一定知道，它对写作的影响是如何深刻。

一、汉文字的特点

语言文字是一种符号。所谓符号，即任何可以拿来有意义地代替另一事物的东西。人是能进行符号活动的动物，人就生活在各种符号世界之中。人的语言、表情、手势、姿态、服饰、礼仪、艺术等都是符号。其中最基本的是语言符号，最复杂的是艺术符号。"写作语言"兼具语言符号和艺术符号的特点，具有比较全面的符号功能。

就一般符号而言，它包括以下一些重要特征：（1）替代性。它采用甲事物以代表乙事物，不仅意味着可以把一个复杂的事物以简便的形式表现出来，而且意味着人们就此能够抓住或把握这一事物。人类对世界的把握，是以创造出一个符号世界为标志的。（2）意义性。符号世界与现实世界的重要区别就在于它同时是一个意义世界。符号表示的世界，是人感受到生存其间并与自身建立有联系的世界，它依据人与对象之间的关系，赋予对象以一定的人的意义，尤其是情感上的意义。（3）概括性。动物采用一一对应的记号方式，也能与个别事物建

---

① 转引自王先霈等编写的《文学批评术语词典》，上海文艺出版社1999年版，第230页。
② 陈望道：《修辞学发凡》，上海教育出版社1997年版，第229页。

立起简单的关系。人类使用符号方式，却可以形成知识、科学与艺术的系统范畴。（4）结构性。符号形式可以超越具体的表象和感觉，依赖一定的语法规则进行判断、推理和组合，借以形成有序的系统。一个人从咿呀学语到基本掌握本民族的语言，也就意味着掌握了世界的秩序，而这种秩序是由既成的语言体系安排好的，个人无法随意改变符号及代码的规定性。（5）创造性。人不仅需要巩固和维持已有的文化体系，而且需要不断地运用新符号有效地把握新事物，把新的意义和价值纳入秩序化的世界中去。

写作是运用文字符号进行的。汉语写作是运用汉字这种记录语言的书写符号系统进行的。因此，谈及汉语写作，也就涉及到汉文字的特点。

（一）汉字的具象性

汉字是一种象形文字，它是由图形记事符号演变而来。作为一种记录语音的符号，它具有一般符号所具有的抽象性，它离开了事物具体的形态、色彩而独立存在，在表现客观事物时，不可能将客观事物具体地"画"出来，只能通过特定的符号将事物暗示出来；但作为一种象形文学，比起表音文字又具有一定的具象性。中国古代的文字，许多象形字"指事绘形""以神状态"，和今天的抽象派画画差不多。随着时代的发展，今天的汉字已经很难看到原初状态的"象形"了，但作为文化积淀，这种具象性在民族文化心理结构中依然被保存下来。所以，当我们今天读到写到一些汉字时，常常还能在心里浮现出该事物的表象。由此便产生了与之相关的两个特点：传情达意的延展性和表意方面的模糊性。

汉字在传情达意方面具有延展性。作为一种象形文字，它作用于读者的心理，往往能唤起读者相关的视觉、听觉、嗅觉、味觉、运动觉，从而产生绘声绘色、穷形尽相的诸种功能。如："灼灼状桃花之鲜"，"漉漉拟雨雪之状"，"喈喈逐黄鸟之鸣"，"嘤嘤学草虫之韵"，就给人以生动形象的感觉。

汉字是字体形状与词义直接联系的文字体系。由于这一特点，在写作和阅读中，汉字的许多词语，往往是一个圆融的意象，需要读者去心领神会，由于各人领悟不同，所得也就有所差异。如桐城派所说的"神""理""气""味"，究竟指什么，各人所得就不同。

（二）字义的变易性

汉语词汇，在上古，单音节的词居多，到现代，复音词多。华夏文化，数千年的历史，随着事物的新旧更替和演变，汉语的词汇也在不断丰富，但汉字的总数并没有增多。许慎作《说文解字》，正篆9353个，重文1163个，与今天《现代汉语词典》所收字数并没有太大的差别。常用汉字总的基数可以说没有大的变化，但在具体运用中却变化无穷，例如，"柳暗花明"这个词，就其本意来说，无非是指两种植物不同的色彩、形态，如果续上三个字，"柳暗花明又一村"，则表现为"一种全新的境界"，如果调换一下次序，改为"又一村柳暗花明"，则又反映一个地方的景色很美了。因为文字是抽象的、变易的，我们要特别注意语境的需要，不能顾此失彼，错乱颠倒；因为文字具有延展性，能锲入读者的心理，因此，我们不能随手填塞，要尽可能地调动读者的思维和感官；因为文字具有序列性，我们不能把字词任意地堆砌起来，要特别注意它表意的脉络和轨迹。可以说，遣词造句的一切技巧，都是在文字这几个基本特点上展开的。汉字这一特点，给人们创造性地运用语言提供了极大方便，人们往往通过词序的变动和字词的不同组合，赋予汉字以丰富而细腻的语义。

（三）汉字的音乐性

汉语言是极富音乐美的语言。中国古代诗词歌赋发达，及至古文也十分注重声音节奏，像清代桐城派的古文家，就特别注重揣摩文章的声韵节奏。与诗歌相比，散体语言"音韵可以不管，对偶也可以不问"，只求"辞能达意""言之成文"即可，[1]但优美的散体语言并不放弃音韵美。如："看你，隔着淡淡的花香"这一句，作者将状语倒置，便生出一张一弛的语言韵律美来。当代美学家朱光潜先生曾满怀深情地描述文章的声音节奏之美：

> 领悟文字的声音节奏，是一件极有趣的事。普通人以为这要靠耳朵灵敏，因为声音要用耳朵听才生感觉。就我个人的经验来说，耳朵固然重要，但是还不如周身肌肉。朗读音调铿锵、节奏流畅的文章，周身筋肉仿佛作同样有节奏的运动；紧张或是舒缓，都产生出极愉快的感觉。如果音调节奏上有毛病，我的周身筋肉都感觉局促不安，好像厨子刮锅烟似的。我自己在作文时，如果碰上兴会，筋肉方面也仿佛在奏乐，在跑马，在荡舟，想停也停不住。如果意兴不佳，思路枯涩，这种内在筋肉节奏就不存在，尽管费力写，写出来的文章总是吱咯吱咯的，像没有调好的弦子。我因此深信声音节奏对于文章是第一件要事。（朱光潜：《艺文杂谈》。）

朱光潜先生认为"声音节奏对于文章是第一件要事"，汪曾祺则从汉字本身的特点指出："中国语言因为有调，即四声，所以特别富于音乐性。"[2]

二、母语思维

语言不仅仅是交际的工具，同时也是人类的家园、人类存在的依据。人创造了语言，反过来又受到语言的制约。语言成了客体之外的另一种现实，它是人和客体之间的惟一中介。人生活在语言之中，他不能离开语言而直接面对客体。从这一点看，我们的写作离不开母语，写作思维也就是一种母语思维。研究和总结我们运用母语进行写作是一件非常有意思的事，它至少有利于我们更为深刻地理解汉语写作。刘海涛在《文体创作中的母语思维》中对此作了非常有意义的探索。他指出，无论叙事性话语、抒情性话语，还是议论性话语，母语思维的本质特征和结构要素都在它们的生成过程发生显在或潜在的影响，母语思维中的"象性原则""并置原则""对偶原则""殿后原则"能导致汉语文本独特的语言结构和形式要素。我同意他的观点，再补充三条原则（"铺排原则""凝练原则""协律原则"）加以综合论述，以期引起人们对此的关注。

（一）"象性原则"

艺术家石虎在他的论文中指出，汉字不仅仅是思维的符号，它的亚文字图式符号所具有的趋象性，潜藏汉民族的思维方式和诗意本源，字象是汉字的灵魂，汉字字象的思维意义是绝对的。[3]徐通锵先生则把母语思维的特性具体概括为"比类取象"和"援物比类"的"两点论"思维方式，他指出，这一思维方式广泛渗透于各个领域，明显地不同于印欧语言的"三段式"。"古典文学中的比、兴就是这种方式的一种具体表现"。"在类与象这两个点之间建立联想，用比喻、例证的方法来说明事物的性质，以达到尽意的目的。"[4]他们这种见解可以说是非常精到的。

---

①　郁达夫：《中国新文学大系·散文二集·导言》。
②　汪曾祺：《汪曾祺文集·文论卷》，江苏文艺出版社 1993 年版，第 2 页。
③　石虎：《论字思维·字象篇》，《诗探索》1997 年第 1 辑，中国社会科学出版社，第 129 页。
④　徐通锵：《语言论》，东北师范大学出版社 1997 年版，第 49 页。

汉字具有世界上其他语言所不具备的象形、指事、会意等用字造字功能，这种以视、形为基础的文字与西方以听、声为基础的拼音文字不同，它的一个字往往可以代表、概括、象征生活中的某一具体事物，我们在运用这些文字进行思维和表达时不仅能感觉到这些文字的意义，同时在心中还能浮现出相应的表象，催发出汉语话语的意象化特征。刘海涛举出的例证是赵鑫珊的散文《偶然……》。在这篇散文中，当赵鑫珊述说到在改革开放之初不敢大胆发表自己情志的人生困窘时勾勒了一个"仆人"的意象："1980 年我还不会、也不敢登台独唱。这就像一个当了二十多年听差的仆人，他看到沙发也不会想到坐，因为他站惯了，站着成了他的第二天性。"当赵先生叙说到自己要为心目中的课题无怨无悔毕其一生时又描述了一个"寡妇"的意象："我的后半生是为这个课题而活着的，就像一个寡妇为她的独生儿子而活着，所以才去替别人当保姆，做清洁工，带孩子……"刘海涛指出，无论散文式的还是小说式的叙述话语，汉语作家一般都能在母语思维"象性原则"的制约下自觉不自觉地创造一种比喻式的叙述文体。优秀的汉语作家，他们对现实生活都能形成自己独特的艺术感受和艺术体验，并能通过比喻式的叙述文体充分发挥和体现自己的感受和体验；越是有才华、有个性的汉语作家，他们比喻式的叙述文体就越有特色。其实，不只是作家，不只是文学创作，在一般文章的写作中也会呈现这一特点。

（二）"并置原则"

在汉语写作中，我们经常可以看到"叠言""叠句""叠章"的语言形式，作者通过"并置"的语句，创造意象纷呈、语义丰满、语势张扬的叙述话语。试看下面的文句：

> 诚信是一个明净的窗口，将自己的内心敞露在大家的面前；诚信是一把钥匙，打开别人对你可能产生的种种疑虑；诚信是一首动人的歌，你唱我唱，把我们大家的心联系在一起；诚信是一份最好的礼物，献给亲人和朋友，让生活更甜蜜，让人间更美满。
>
> 诚信是一轮金赤朗耀的圆月，惟有与高处的皎洁对视，才能沉淀出对待生活的真正态度；诚信是一枚凝重的砝码，放上它，生命摇摆不定，天平立即稳稳地倾向一端；诚信是高山之巅的水，能够洗尽浮华，洗尽躁动，洗尽虚诈，留下启悟心灵的妙谛。

这是从高考作文中选的两段文句，从这些文句不难看到，母语思维中的象性原则不仅能使许多作者无师自通地创造完整或不完整的象形性的叙述话语，同时，这些文句往往还是以"并置"的方式展开，它们通过并置的句式不仅有声有色地强化了文意，同时还把文意展示为一个细腻、立体的意脉网络，见出才华和文采。

（三）"对偶原则"

"对偶"其实也是一种"并置"，它不过在并置的基础上强调词性、词义的相反相成。中国古代把世界看作阴阳二气交感互动的哲学思维，非常深刻地影响着汉民族的生存方式和对偶性思维。表现在写作上，最典型的就是骈体文和近体诗的写作，它们都要求对仗，并形成了严格的规范。这种规范后来甚至在蒙学教材中给固定下来。试看《幼学琼林》中的一节：

> 混沌初开，乾坤始奠。气之轻清上浮者为天，气之重浊下凝者为地。日月五星，谓之七政；天地与人，谓之三才。日为众阳之宗，月为太阴之象。

启功曾指出，骈偶是汉语的基因。有语言学家指出，奇偶是汉语之魂。这是有道理的。

这种对偶句式积淀在民族文化心理结构中，在写作中我们有了上句往往下意识地就带出下一句来，像孙绍振在《文学创作论》中所举蔡其矫写诗的经过。蔡其矫到福建大竹岚自然保护区，首先被雨雾中大竹岚的自然景色迷住了，他抓住自己的感受写出了这样的句子："泼水在天空凝固。"——这里写的是竹林上挂满了露珠。写完这一句之后，诗人感到要有所变化，前一句是自下而上，下一句应该相反，于是又写了"碧绿快滴下露珠"；接下来他又在光和形上渲染了两句："光明颤动在末梢，又像喷泉又像雾。"写到这里，形式感又提醒他，上面一连四句都是静态的景物描写，再这样描绘下去缺乏变化，会显得单调，于是他努力超越眼前所见，又写出了超视觉的、具有理性色彩的两句："希望就在这一刻复活，来自失望的坟墓。"我并不认为这样的诗句就特别精彩，但诗人的自述确实印证了我们类似的感受。

（四）"殿后原则"

许多语言学家都指出，印欧语言是以动词为重点的，汉语则以名词为重点。我们可以看到，在英语中，动词具有核心和聚焦的功能，句子的其他成分——名词和名词形态，形容词和形容词修饰成分，宾语短语和介词短语都要一一与它匹配、协调；英语通常是在动词和名词构成"主谓"主干之后，再一层层、一步步生出它的各种语言模块。汉语则是以名词作为句子的主脑和结构核心的。有实验报告指出，对汉语文本语句的阅读理解不能接触到个别动词就立即进行，必须采用暂时储存的方式，留待词组或句尾出现名词时才能开始整理。这是因为，汉字词义的模糊性，使我们必须根据前后文提供的语境来理解文本，而汉语言中最重要的信息往往出现在最后一句话或最后一个词上。

刘海涛指出，"中心词殿后"在西方印欧语言中虽然同样存在，但由于汉语词性的模糊性使得"中心词殿后"在汉语写作中更为突出、更为重要。对于母语思维的"殿后原则"，刘海涛举出了南帆论著中的一些语句：

> 代码的分析将充分暴露社会文化对于躯体的种种预设和假定。
> 叙事意味着话语对于实在的一种简化，一种排列，同时也包含着一种解释。
> 叙事呈现的对象已经失去了启封之前的纯真。
> 他们之间的出场机会并不平均，作家的生花妙笔并未对他们一视同仁。
> 双方的权势才能在配合之中发挥得淋漓尽致。
> 他们之间的生动与被动依然泾渭分明。
> 他们更习惯于随遇而安，知足常乐。

刘海涛指出，在这些语句中，南帆总把句子中最重要的动词、形容词、名词词组以及成语稳稳地放到了句尾，这些中心词的殿后，在语义上给人以丰赡、繁复、鲜明之感；在语音上给人以干脆、响亮、毫不拖泥带水之感；当句尾的中心词刷亮本句所有的形态，给人以一种豁然开朗、茅塞顿开的阅读快感。其实，这种"殿后原则"，随便打开任何一本书我们都可以看到，南帆只不过把这种"殿后"作了强化的、并置的、富于个性特点的处理。

（五）"铺排原则"

我认为，汉文本的写作还有一种"铺排原则"，这种"铺排"，我们从孟子的散文、《战国策》中纵横家的游说、李斯的《谏逐客书》之中可以找到一条清晰的线索，至汉赋则发展到极致。这一特点渗透到其他文体的写作，在现代写作中时时可以看到它的踪影。试看：

　　　渐渐地，一个人了，骑着我的"黑马"心里慢慢地响起一支唱给自己的歌。没有歌词，没有头尾，只要一上路，歌就辽阔地响起。这时候，我才知道，我要走的路太多，要驮的东西太重，要追的月亮太圆，太阳太亮。这时候才知道，没有诗情画意的日子不是坏日子；缺少柔情蜜意的日子不是苦日子；一无所有的日子不是穷日子！只是忘不了他曾给予的那些纯净如水的日子……（苏叶：《车辚辚马萧萧》）

（六）"凝练原则"

汉文本的写作是非常讲究凝练的。中国人讲究"炼字""炼句""炼段""炼篇""炼意"，讲究"推敲"，讲究"增之一字而不可，删之一字而不得"，这"源自汉语的单音节字"。林语堂先生曾指出：

　　　这种极端的单音节性造就了极为凝练的风格，在口语中很难模仿，因为那要冒不被理解的危险，但它却造就了中国文学的美。于是我们有了每行七个章节的诗律，每一行即可包括英语白韵诗两行的内容，这种效果在英语或任何一种口语中都是绝难想象的。无论是在诗歌里还是在散文中，这种词语的凝练造就了一种特别的风格，其中每个字、每个音节都经过反复斟酌，体现了最微妙的语音价值，且意味无穷。如同那些一丝不苟的诗人，中国的散文作家对每一个音节也都谨慎小心。这种洗练风格的娴熟运用意味着词语选择上的炉火纯青。先是在文学传统上青睐文绉绉的词语而后成为一种社会传统，最后变成中国人的心理习惯。（林语堂：《中国人》，学林出版社1994年版，第222页。）

（七）"声律原则"

与凝练原则相关的是它的"声律原则"。林语堂曾指出："汉语具有分明的四声，且缺乏末尾的辅音，读来声调铿锵，洪亮可唱，殊非那些缺乏四声的语言可比拟。"[1]

在汉语中，声律对诗自不用说，对散文创作也有非常大的影响。朱光潜先生指出：

　　　从前人做古文，对声音节奏却也很讲究。朱子说："韩退之、苏允明作文，敝一生之精力，皆从古人声响处学。"韩退之自己也说："气盛则言之短长，声之高下，皆宜。"清朝"桐城派"文家学古文，特重朗诵，用意就在揣摩声音节奏。刘海峰谈文，说："学者求神气而得之音节，求音节而得之字句，思过半矣。"姚姬传甚至谓："文章之精妙不出字句声色之间，舍此便无可窥寻。"（朱光潜：《艺文杂谈》，安徽人民出版社1981年版，第80页。）

不仅古文讲究声律，在现代文的写作中，人们依然有着执著的追求。如当代作家汪曾祺就主张写小说应该有一个贯穿全篇的节奏。汪曾祺在自己的创作中就表现了这一追求。试看他《受戒》中的句子：

　　　芦花才吐新穗。紫灰色的芦穗，发着银光，软软的，滑溜溜的，像一串丝线。有的地方结了蒲棒，通红的，像一枝一枝小蜡烛。红浮萍，紫浮萍。长脚蚊子，水蜘蛛。野

────────────

[1]　林语堂：《中国人》，学林出版社1994年版，第242页。

菱角开着四瓣的小白花。惊起一只青桩(一种水鸟)，擦着芦穗，扑鲁扑鲁飞远了。

这段语句，时快时慢，长短参差，回环婉转，清新明丽，读来就特别富于音乐美。

梁实秋曾指出："字的声音，句的长短，实在都是艺术上所不可忽略的问题。譬如仄声的字容易表示悲苦的情绪，响亮的声音容易显出欢乐的神情，长的句子表示温和弛缓，短的句子代表强硬急迫的态度，在修辞学的范围以内，有许多的地方都是散文的艺术家所应当注意的。"①

三、方言与文言

方言与文言无疑是母语思维中一个重要的问题，也是文学创作中开掘本土文化的一个重要的资源。美国语言学家爱德华·萨丕尔指出：

对我们来说，语言不止是思想交流的系统而已。它是一件看不见的外衣，披挂在我们的精神上，预先决定了精神的一切符号表达的形式。

每一种语言都有它鲜明的特点，所以一切文学的内在的形式限制和可能性——从来不会和另外一种文学完全一样。用一种语言的形式和质料形成的文学，总带着它的模子的色彩和线条。

每一种语言本身都是一种集体的表达艺术。其中隐藏着一些审美因素——语言的、节奏的、象征的、形态的——是不能和别的语言全部共有的。

最伟大的文学家，莎士比亚们和海涅们，下意识地懂得如何把深藏的直觉剪裁得适合日常语言的本地格调，他们一点也不勉强。②

方言作为一个地区历史文化的产物，它与民俗民情是相互渗透的，或者干脆说它们就是同一个东西。运用方言可以增强作品的生活气息，强化作品的地域色彩，营造独特的地域氛围，表达复杂的生活体验，乃至形成自己的风格。

张卫中在《新时期小说的流变与中国传统文化》一书中指出："方言这个概念的外延比人们想象的要大得多。首先它就是母语，它承载了一个人从儿时就积累起来的对世界的那种认识、感受和情感体验；作为一种语言形式，它也不是仅仅体现在几个方言词上，除此而外，它还包含由语法和语音形式涵养而成的那种语调和语气；特别需要指出的是：方言往往会孕育出作家的一种特殊的语感；而后者属于语言中那种较深层次的东西，它们会在作家的语言转型中比较多地保存下来。因此作家在实现语言转型时，他们还是会把较多的东西带到另一种语言中。当然作家如果再有意识地汲取和借鉴，他们在母语方言中就能得到更多的东西。"

但问题并非如此简单。王安忆在给复旦大学的学生作讲座时曾专门分析到韩少功《爸爸爸》的语言。她认为："这篇小说的很多情节，是以人物对话来表现，人物对话则是操着当时当地人的口语进行。""这种原型化语言的优势，它可使活生生的场面跃然而出。《爸爸爸》是风土化语言使用于小说的典型，也是一部比较成熟的作品。但我们大约已经看到了它的局限

① 梁实秋：《论散文》，《新月》第 1 卷第 8 期，1928 年。
② 萨丕尔：《语言论》，商务印书馆 1985 年版，第 198 页。

性，就是说风土化的语言需要一个大的前提，一个经验的准备，要对它的环境有相当的了解，才能很好地领悟它。如对它一无所知，你就一点看不懂，全错过了它。"的确，如果把生活中的方言照搬进作品，对于交流是一个极大的障碍。中国有七大方言区，不同方言之间的差别不仅表现在语音上，而且也有词汇和语法上的区别，有些词语在方言之间甚至是无法互译的。有人就曾感叹："对历史语言学家来说，汉语更像一个语系，而不像有几种方言的单一语言，汉语方言的复杂程度很像欧洲的罗马语系。""打个比方，北京话和广州话之间的差异，同意大利语和法语之间的差异一般大；海南岛的闽语和西安话之间的差异，同西班牙语和罗马尼亚语之间的差异一般大。"①

　　这样，写作者也就面临着一大难题："完全使用自己从幼年就习得的方言母语——这是一种真正的母语，它可以使作家对生活、社会的感受最大限度地表现出来——但是采用这种方略，作家可能遭到操其他方言读者的拒绝，即便是北京作家不加选择地使用方言，也会给其他方言区的读者造成困难；另一种选择是完全使用汉民族的共同话即普通话，但这样也有问题，主要就是南方作家被迫放弃自幼习得的语言，使自己积淀在方言母语中对世界最初、最原始的感受在创作中受到阻滞，他们在创作之前就受到了一次剥夺。"②

　　由于方言有碍于读者的接受，许多作家不得不放弃自己的方言而向普通话靠拢。老作家吴祖缃曾谈及："自己是皖南人，自小会本地土话。平时说惯了这种土话，觉不出什么，但与现行的白话文比较起来一想，就发现它可惊的丰富与活泼。"他又说："我过去运用方言来写小说的勇气，即是对话中所采用的，也是数经推敲，估量着读者一定可以懂得的几个词儿或是成语之类而已。"③

　　但也有作家努力把自己对方言母语的感受融化到普通话中去。如余华，他谈到《许三观卖血记》的创作时说："记得我写到一万多字时，突然发现人物的对话成了叙述的基调，于是我必须重视对话了，因为这时候的对话承担了双重的责任，一方面是人物的发言，另一方面又是叙述前进时的旋律和节奏。"经过一番探索，他终于找到了解决的办法，"让那些标准的汉语词汇在越剧的唱腔里跳跃，于是标准的汉语就会洋溢出我们浙江的气息"。他总结说："我在中国能够成为一位作家，很大程度上得益于我在语言上妥协的才华。我知道自己已经失去了语言的故乡，幸运的是我并没有失去故乡的形象和成长的经验，汉语自身的灵活性帮助了我，让我将南方的节奏和南方的气氛注入到北方的语言中，于是异乡的语言开始使故乡的形象栩栩如生了。这正是语言的美妙之处，同时也是自下而上之道。"④张卫中认为，余华的做法是非常有意义的，这标志着一种"方言的自觉"——它既不是简单地摒弃，也不是简单地不加选择地照搬，这说明作家在开发方言上有了更为自觉的意识。

　　韩少功在运用方言上也取得了相当的成就，他为读者奉献了一部相当成熟的《马桥词典》。韩少功在《马桥词典·后记》中谈到，1988年他移居海南，有一天上街买菜，当他用普通话和当地人交谈时，竟发现当地渔民说到鱼时只能说出"大鱼""海鱼"这两个词。海南拥有全国最大的海域，人们从事渔业的历史也非常悠久，当地语言中关于鱼的词汇也非常丰富，但他们转换为普通话时却失语了，这给韩少功以极大的震动。他说："这使我想起了自己

---

①　罗杰瑞：《汉语概说》，语文出版社1995年版，第1页。
②　张卫中：《新时期小说的流变与中国传统文化》，学林出版社2000年版，第265页。
③　吴祖缃：《文字永远追不上语言》，北京大学出版社1997年版。
④　余华：《我能否相信自己》，人民日报出版社1998年版，第142页。

的家乡。我多年来一直学习普通话。我明白这是必要的，是我被邻居、同事、售货员、警察、官员接受的必需，是我与电视、报纸沟通的必需，是我进入现代的必需。我在菜市场买鱼的经历，只是突然使我震惊：我已经普通话化了。这同时意味着，我记忆的故乡也普通话化了，正在一天天被异生的语言滤洗——它在这种滤洗之下，正在变成简单的'大鱼'和'海鱼'，简略而粗糙，正在译语的沙漠里一点点干枯。"然而他又说："这并不是说故乡不可谈论。不，它还可以以普通话谈论，也可以用越语、粤语、闽语、藏语、维语以及各种外国语来谈论，但是用京胡拉出来的《命运交响曲》还是《命运交响曲》吗？一只已经离开了土地的苹果，一只已经被蒸熟了腌制了的苹果，还算不算一只苹果？"韩少功不愿意用京胡拉《命运交响曲》，甚至也不愿意像余华那样让普通话的词汇"在越剧的唱腔里跳跃"，他经过自己的创造、铺垫，巧妙地把读者引入一个土语方言的世界，最终是相当完美地表现了方言本身的魅力。南帆曾这样评价《马桥词典》："《马桥词典》提交了一批马桥人的词汇，这立即隐藏了分裂和冲突的紧张。种种符号并不是中立的，公正不倚的；特定的价值体系、判断尺度潜在地凝固在符号之中，因此，符号的命名同时也包含了价值的定位。在这个意义上，马桥的词汇与普通话之间的歧异并不是通过规范发音或统一书写所能解决的。这毋宁说是两种生活观念的分歧。"①

文言虽在两千多年前就与口语分离，但作为书面语它却一直被使用着。汪曾祺说："文言和白话的界限是不好划的。'一路秋山红叶，红圃黄花，不觉到了济南地界'，是文言，还是白话？只要我们说的是中国话，恐怕就摆脱不了一定的文言的句子。"②张中行也指出："文言和现代汉语虽然差别很大，却又有拉不断扯不断的关系。一方面，两者同源异流，现代汉语不管怎样发展变化，总不能不保留一些幼儿时期的面貌，因而与文言总会有这样那样的相似之点（表现在词汇和句法方面）。另一方面，两千年来，能写作的人表情达意，惯于用文言，这表达习惯的水流不能不渗入当时通用的口语中，因而历代相传，到现代汉语，仍不能不掺杂相当数量的文言成分。此外，还有不少人认为，专从表达方面着眼，文言的财富比现代汉语雄厚，现代汉语想增加表达能力，应该到文言那里吸收营养；少数人甚至认为，如果不能吸收，现代汉语就写不到上好的程度。"③

新时期以来，许多小说家都有意识地向文言开掘，不仅有意识地运用文言词句，而且吸收其神韵，锻造出精美的文体语言。如贾平凹，小说的语言多文白兼糅，像《商州初录·棣花》："这地方自出了韩举人、李拳脚之后，便普遍重文崇武，男人都长得白白净净，武而不粗，文而不酸，女人皆有水色，要么雍容丰满，要么素净苗条，绝无粗短黑红和枯瘦干瘪之相。"文言词句的运用，使小说的叙述平添许多的意韵。

孙犁晚年的作品，"就像清风朗月，一切都变得明净自然，任何感情的纠葛也没有，什么迷惘和失望也消失了"。④ 他的短篇小说《亡人逸事》，实际上是一篇悼亡之作，作者写了自己与妻子"天作之合"的婚姻、妻子一生的劳苦、自己在夫妻情分上的歉疚之后，这样写道："过去，青春两地，一别数年，求一梦而不得。今老年孤处，四壁生寒，却几乎每夜梦见她，想摆脱也做不到。按照迷信的说法，这可能是地下相会之期，已经不远了。"孙犁的语言看似极白、极淡，但却是返璞归真之后的平淡，它滤去了一切浮躁之气，显示出世事洞明、人情练达

---

① 南帆：《〈马桥词典〉：敞开与囚禁》，《当代作家评论》1996 年第 5 期。
② 《小说文体研究》，中国社会科学出版社 1988 年版，第 9 页。
③ 《张中行作品集》，第 1 卷，中国社会科学出版社 1995 年版，第 3 页。
④ 《芸斋小说》，人民日报出版社 1990 年版，第 151 页。

之后的纯熟与老道，简洁明净的文言，使汉语呈现出本身的质感。

汪曾祺的小说语言也颇得文言的神韵，他很少追求对对象外部特征的精确再现，而是抓住自己的感受，写出事物最主要的特征，将更多的内容留待读者意会。如他的《故人往事·收字纸的老人》，作者先从旧时代"敬惜字纸"写起，然后写到一位以收集字纸、焚烧字纸为生的老人的生活，然后写道："他挨家收字纸，逢年过节，大家小户都会送他一点钱，端午节，有人家送他几个粽子；八月节几个月饼；年下，给他二升米，一方腊肉。老白粗茶淡饭，怡然自得。化纸之后，关门独坐，门外长流水，日长如小年。"这类简洁传神的句子，可谓深得文言的精髓。

阿城、何立伟在遣词造句上更是刻意地追求诗意，试看他们的作品：

> 峭壁上不甚长草，石头生铁般锈着。一块巨石和百十块大石头，昏死在峡壁根，一动不动。巨石上伏两只四脚蛇，眼睛眨也不眨，只偶然吐一下舌蕊子，与石头们赛呆。（阿城：《遍地风流》）

> 忽然感觉背后站得有人，同时惊闻一股花香；转脑壳即看到极妩媚极灿烂一朵微笑。那上下牙齿又白又细如珍珠。（何立伟：《小城无故事》）

像引文中的"锈""昏死""赛呆""一朵微笑"，都表现出古典诗词炼意的特点。何立伟自己就表白说："中国历代的文人多有文字游戏癖，若不从消极处看，实在也就算不得什么坏事情。古典律诗中的平仄对仗，很难说不是于严肃与严格处，含得有若干游戏的成分。这样游戏的积极结果，也就成就了汉文字的种种的形式美与表现力，实在近于一种语言的实验。"[1]

借鉴、吸收文言，实际上是作者在艺术气质上与民族文化的一种对话与交流，是作者对传统审美情趣、思维方式的一种认同，是作者对中国本土文化的一种认同、开掘，是作者经过多年的修炼、涵养而成的。语言不仅是交际的工具，也是文化的载体。鲁枢元曾指出："语言是从古至今的人类生命之流。人在语言中接受、选择传统，人又在对传统的理解、阐释中显示自身，传统通过语言进入人的血脉肺腑化为现实人生。"[2]王一川指出："这种语言并非单纯的技法，而是文艺领域依托着深厚的古典宇宙观和美学精神的基本表现方式。这种古典宇宙观和美学精神主要表现为自无而有、虚中见实、以形写神、以少总多、气韵生动等原则，是中国古代文化的核心的东西。"[3]

§8　"语体"与"文体"

在写作学研究中，绕不过"语体"和"文体"，所以我们这里略花些笔墨来讨论这个问题。

一、西方的"语体学""文体学"概念

在英文中，style 一词涵义颇多，既可以译作"语体"又可以译作"文体"。它包括语言和风

---

[1] 《小说文体研究》，中国社会科学出版社 1988 年版，第 39 页。
[2] 鲁枢元：《超越语言》，中国社会科学出版社 1990 年版，第 228 页。
[3] 王一川：《中国形象诗学》，三联书店 1998 年版，第 90 页。

格两方面的意思，既可指某一时代的文风，又可指某一作家使用语言的习惯；既可指某一作品的语言特色，又可指某种体裁的语言特点。

西方的"语体学""文体学"是一门既古老又年轻的学科。说它"古老"，因为它是在西方传统修辞学的基础上发展起来的。说它年轻，是因为一直到20世纪初人们才开始运用现代语言学的原则和方法来探讨文体问题。

远在公元前5世纪，古希腊的演说家和诡辩学家把修辞视为演讲艺术。那时的人认为，一个人的学识才华，主要体现在他当众演说的能力上。因此，研究和学习修辞就成了正规教育一个重要的部分。到了公元前4世纪，修辞学已被列为古希腊学校的一门必修课。古希腊著名的哲学家苏格拉底、柏拉图、亚里士多德，都先后对修辞作过精辟的论述。亚里士多德所著的《修辞学》，至今仍不失其光彩。当时研究的重点虽然是"演讲术"，但依然涉及到语言运用的原则和技巧。后来西方学者把重点转向了"作文法"，并把修辞与文学批评结合起来，它着重分析作家的文学风格，研究代表作品风格的语言变体。到现代，西方的"文体学"则不限于对作家作品的分析批评，开始运用现代语言学理论研究各类文体的语言变体。由于它是在传统的修辞学的基础上发展起来的，所以，stylistics 这个词，既可译为"语体学""文体学"，又可译作"风格学""修辞学"。

从上面简单的勾勒可以看到，西方所讲的"语体""文体"，涵括了风格、修辞、文学批评、作文法等内涵，其中涉及的"修辞"不同于我们平时所说的修辞，而是包括了作家作品的语言风格。其中所讲的"作文法"，也不是我们所讲的"写作学"，而是研究如何在适当的场合使用适当的语言，使语言交际具备最佳的表达效果（其中包括对语音、词汇、语法的掌握，对各种语言成分所具有的文体功能的了解与鉴赏）。它所讲的"文体"，也不是我们平时所说的文章体裁，而是指各种语言成分的文体功能。它所讲的如何在适当的场合使用最适当的语言以达到最佳的表达效果，则与我们讲的"语言合体律"内涵基本相同。

二、我们所讲的"语体"和"文体"

在写作学中，"语体"和"文体"并不是同一个概念。"语体"指的是语言组织形态所表现出来的"类"的风貌与特点，有时也指语言风格。

"语体"实际上是具有不同特点的"类"的语言板块。

"语体"是由字、词、句、段所组成的、具有特定表意功能的、在语言形式上具有鲜明特色的有机整体，它是在语言运用和组合中所表现出来的在风格、特点上的一种"类"的风貌。通常我们把"语体"分为口头语体和书面语体。口头语体用词通俗活泼，词语简短而省略成分较多，较多地保留了日常交谈的特点，对交际的环境依赖性比较强。书面语体则用词庄重文雅，句式较长并淡化了具体的交谈语境，可以独立地表达明确的思想。如果细分下去，口头语体又可分为交谈体、演讲体、朗诵体、广播体、台词体；书面语体则可分为文艺体、政论体、科技体、事务体等。

一般说来，特定的语体是服从于特定的文体的。如，我们写文学作品，通常要运用艺术语体，写公文，要运用事务语体。又如，一般的科技说明文、实用说明文，要求用平实的手法对事物作条分缕析的说明，而科学小品则可以运用文艺的笔调，通过形容、比喻等描写手法，对事物作形象化的解说。但这又不是绝对的，语体在表情达意上也有着相对的独立性。如，我们有时也运用事务语体来写小说，用交谈语体来写论文，其中的关键，是看所用的语体能否胜任文体所需的整体表意功能。如果主体能胜任文体所需要的整体表意功能，可视为

"言语合体"，如果不能胜任，文体语体不能协调一致、有机结合，就会犯"文不得体"的毛病。

在中国，"语体"一词也用来描述作家的语言风格。如我们平时所说的"鲁迅体""朱自清体""冰心体""杨朔体"，指的就是作家的语言风格。

作家在运用语言上，往往有着独特的个性追求，这就形成了他独特的语体。按别林斯基的说法，这种意义上的"文体"，是作者才能本身，是思想的浮雕，它表现着作者整个的人，作者的主体人格精神。王安忆对阿城《棋王》的语言特点曾作过精彩的分析，从中可以看出作者的语言个性：

在这部中篇小说里，完全没有风土化的语言，也完全没有时代感的语言，换句话说，它所用的是语言中最基本的成分，以动词为多。张纬说过一句话，我以为非常对。他说，动词是语言的骨头。照这个说法，《棋王》就是用骨头搭起来的，也就是用最基本的材料支撑起来的。它极少用比喻，我只看到用了一两句，"铁"，"像铁一样"，"刀子似的"。形容词则是最基本的形容词，比方说"小""大""粗""细"。成语基本上不用，用了一个"大名鼎鼎"，是以调侃的口吻："他简直是大名鼎鼎"，仅用了一次。总之，它的语言都是平白朴实的语言，是用最为简单最无含义因而便是最抽象的语言……

《棋王》开头就是这么一句："车站是乱得不能再乱，成千上万的人都在说话。"说"乱"的程度是"不能再乱"，"乱"的状态呢，是"成千上万的人都在说话"，并没有"乱成一锅粥"，"吵得震耳欲聋"这类的比喻和形容。"我"一上车就碰到个王一生，要拉他下棋。乱成这样子的情况下，"我"下了一会自然不想下了，说："我不下了，这是什么时候！"王一生听了这话，似乎醒悟了什么，"身子软下去，不再说话"。他用了"软"字，这本是个形容词，但他是作了动词用，"软下去"，能感觉这人是塌下去了，沮丧下去了。阿城描写任何状态都是用动词，直接描写状态。然后，车终于开了，大家坐定了，心情也平静下来，接着下棋了。一开始王一生的对手还挺有把握，几步下来后，"对方出了小汗"，大小的"小"，但你已明白，对手有些顶不住了，在使劲呢。再然后大家在火车上开始互相介绍情况了，别人向王一生介绍"我"的情况，说家里怎么怎么惨，他这样写："我的同学就添油加醋地叙了我一番。"你们会发现阿城用字用词非常结实，他非常善于挖掘汉字的潜力，而像王朔、韩少功笔下的那些具有现成意义具体意义的词，他一律不用。

王一生有两个特点：一是棋下得好，二是重视吃。他在火车上专心下棋，一旦听到那边有发盒饭的饭盒丁当声，他一下子就显得很紧张的样子，闭上眼睛，"嘴巴紧紧收着"，还是用一个动词，"收着"，他脸部肌肉紧绷的样子便出现了，省去了许多形容。等他吃饱饭了，水也喝过了，又聊了些吃饭的事，"我"主动提出下棋，"他一下子高兴起来，紧一紧手脸"，这句话说得很奇怪，"紧一紧手脸"，这"紧一紧"的动作似乎很抽象，不得要领，但你会感觉到他显然是把自己抖擞了一下，收缩了一下，进入了一种竞技的状态……

阿城的叙述是以动词为基础建设的，动词是语言中最没有个性特征，最没有感情色彩，最没有表情的，而正是这样，它才可能被最大限度地使用。就像一块砖可用于各种建筑，一座屋顶则只能适用于某一幢房子。阿城热爱用实在的动词来形容奥妙的状态，他形容抽烟的那种心旷神怡，"他支起肩深吸进去，慢慢地吐出来，浑身荡一下，说：'真不错。'""荡"是个动词，可在这儿，"浑身荡一下"是个什么状态呢？并不是身体的摇晃而是令人感觉到那烟在身体里面走了一遭。他用实词描绘了一个很虚的状态。这一段里，没有一个虚词，都是简单的，写实的词，"支起肩膀"，"深吸进去"，"荡一下"，"笑了"，"说：'真不错。'"这里的语言全是一种普遍性的语言，就只是一些公认的字和词，结构起来，却又不是我们常见的形态了……

　　曾经听阿城说过，他说他用的词绝对是在常用词里的，他的用词绝对不超过一个扫盲标准的用词量。而越是这样具体的词汇，就越是具有创造的能量，它的含义越少，它对事物的限制也越少，就像"一"可被所有的数目除尽，而能够除尽"九"的数目就有限了……

　　他们搞了条蛇，把蛇杀了，开始蒸蛇，大家都等在旁边看，蒸好了，锅盖一揭，一大团蒸汽就冒出来，"大家并不缩头，慢慢看清了，都叫一声好"。他没有写烟雾怎么散掉，只是说"慢慢看清了"。天黑了，房间里点起了油灯，他写，"我点起油灯，立刻四壁都是人影子"。前边说过，他用的形容词都是最基本的，但是运用相当宽泛，也是挖掘潜力的。大家上街，中午猛吃一顿，吃得油水特足，晚上便"细细吃了一顿面食"，"细细"两字包括了从容、耐心、津津有味的享受的样子。阿城就是用这些最常见，最多见的词描写任何一种特别的情景。

　　作为一位优秀的小说家，王安忆对语言非常敏感，通过她的分析，我们不难看出作家在语言方面的个性追求。作为一个写作者，经常研究一下著名作家的语体，对提高自己的语言表达能力是大有益处的。

§9　"语感"与"文采"

　　对表达来说，学习和掌握一些语言常识是非常有必要的，一个人如果对词类、词性、句子成分一点也不明白，要把文章写好也是不可能的。但是，语言学的知识并不能直接指导我们的写作，只能沉淀到我们意识深处变成"语感"，才能有效地控制我们的表达。否则，它只能是我们表达时的一种障碍。谁都知道，写作时，我们不可能一边写一边考虑句子的成分，划分主语、谓语、状语、宾语、定语、补语；即便有所划分也是到了文章修改阶段。如果一边写一边想着语法方面的问题，会把我们的"感兴"破坏殆尽。所以说，下笔的那一瞬，靠的是语感，要提高书面语言的表达能力，也必须形成语感。

一、语感

　　所谓语感也就是对语言的一种直觉和敏感。有人曾这样定义："语感是思维并不直接参与作用的由无意识替代的在感觉层面进行言语活动的能力。它表现为对作用于人的言语作品的内在反应能力，即听和看（读）的能力；也表现为因表达个人情意的需要和适应社会交际的需要而在感觉层面直接生成言语作品的能力，即说和写的能力。"总之，语感是一种个体的语文修养，它是个体在长期规范的语言环境中逐步养成的一种具有浓厚经验色彩的能比较直接迅速地感悟和运用语言文字的能力。

　　语感是语言能力综合素质的反映，它含有很强的文化因素和对语言惯例（convention）的认知。当学习者对目标语的语言接触（language exposure）达到某一设定的变量时（因个人而异），量变便引起质变，即获得这种能力——语感。

　　从语感对象看，语感的对象是言语。言语在反映客观事物时，除了在内容上力求准确外，还要考虑音律上的和谐与优美，注意言语的附带义，如言语的形象色彩、感情色彩及态度色彩等。这种附带义和音韵美，即是言语美的表现。正如宗白华先生说的："诗的形式的凭借是文字，而文字能具有两种作用：（1）音乐的作用，文字中可以听出音乐式的节奏与协和；（2）绘画的作用，文字中可以表现出空间的形象与影色。"①语感正是在言语的音韵和意义的直接感染下，在内心呈现出一个感性的具体形象，从而产生美感效应。

从生成过程来看，语感是主体丰富的生活经验和文化素养在语言环境中得以物化，从而产生出一个"独立自足的意象"。在这个"意象"中，主体的本质力量（语文感受力）得到肯定，在物化过程中"享受了个人的生命表现"的乐趣，获得了一种自我满足的愉悦。如读到《白雪歌》中"北风卷地白草折，胡天八月即飞雪"的诗句，就仿佛看到了疾风席卷大地的情景和大雪纷飞随风飘舞的情状，又仿佛听到了激荡于耳际的狂风的怒吼声，这种感受的获得，是丰富活跃的想象与联想能力的确证，自然也就伴生了自我实现的愉悦——美感。

从语感的心理因素看，语感包含了想象、情感等美感要素。语感虽说是一瞬间的感觉，但毫无疑问地说，它也是在语言实践中多种心理功能协调深化的结果。产生语感的外在物质材料是言语；生成语感的内在精神材料是记忆、联想和想象。如，《我爱故乡的杨梅》："细雨如丝，一棵棵杨梅树贪婪地吮吸着春天的甘露，它们伸展着四季长绿的枝条。一片片狭长的叶子在雨雾中欢笑着。"我们可以抓住"贪婪""吮吸""欢笑"几个词语将春雨中的杨梅树想象成一个饥渴的婴儿，在母亲轻柔的抚摸和温暖的怀抱里，饱吸甘甜的乳汁以及那种急迫的动作和欢快舒畅的情绪……想象过程中，我们就可以获得一种强烈的情绪满足，一种审美意义上的愉悦。

一个人表达的好坏，很多时候取决于他的语感。所谓语感，也就是对语言的一种直觉和敏感。它是不假思索的感性的判断，是一种具有理性积淀的感性判断，是一种一眼望去就知道应该如此的判断。它能区分微妙的区别，于微妙处见出精彩。语感主要体现在对"词义""节奏""文采""韵味"以及语言形式美、风格美的一种直观体悟上。

对"词义"的敏感，包括了用词的准确、精练和感情色彩方面。金圣叹评《水浒》曾写下大量有关的评语。从这些评语可看到他对语言的敏感。如第4回，写小霸王醉入销金帐，鲁智深坐在帐内听得，"忍住笑，不作一声"，金称道："七字无数情景。"第11回，写泼皮牛二要试杨志的宝刀，"便去州桥下香椒铺里，讨了二十文当三钱"。金批道："讨字妙，活泼皮。平日耪恼街坊无数事只此一字写尽。"第52回，写戴宗和李逵同去请公孙胜，公孙胜不肯出来相见，李逵入得门内大叫一声"着个出来"。金称赞道："四字中，已画出火杂杂板斧之势矣。读之觉纸上有声甚厉。"为了语言准确，金圣叹甚至自己动手修改旧本《水浒》的语言。如第36回，有一段描写："一只快船，飞也似从上水头急溜下来。"金批道："古本急溜二字便写出船到之速，俗本改作摇将，谬以千里。"第64回，写"张顺悄悄开了房门，趱到厨下，见一把厨刀油晃晃放在灶上"。金批道："油晃晃只三字，便活写出娼妓人家厨下，俗本误作明晃晃，便少却多少色泽，且与下文口卷不合也。"

"节奏"也是语感中一个重要的构成部分，句子是否写得通顺流畅基本上取决于节奏感。节奏感强的人，句子具有韵律感；节奏感不强，句子就会写得佶屈聱牙，疙疙瘩瘩。看下面的例句：

---

① 宗白华：《美学散步·新诗略谈》，上海人民出版社1981年版。

决策自古有之，诸葛亮作《隆中对》而三分天下，朱元璋采纳"广积粮、高筑墙、缓称霸"的建议而创立了明朝，孙膑为田忌赛马献策而战胜了齐威王，这都是名传千古、脍炙人口的实例。

　　这段话读起来总觉得别扭，原因是：作者运用三个"而"字句试图产生排偶的效果，但由于句子长短不一未能达到排偶的整齐；其中"孙膑"一句在时间上应该置前，作者却放到了最后，读起来就"不顺"，这是作者节奏感不强的缘故。陈望道在《修辞学发凡》中指出，"辞的音调"可分为"象征的"和"装饰的"两种，"象征的音调，都同语言文字的内里相顺应，可以辅助语言文字所有的意味和情趣；装饰的音调则同语辞的内容并没有什么必然的联系，只为使得语辞能够适口悦耳，听起来有音乐的风味，所以讲究它。"①
　　再看一篇习作：

　　10 月 11 日，大陆摇滚歌星崔健在长举行个人演唱会。笔者久仰摇滚王盛名，只可惜缘悭一面，未得谋面，却未料近日因偶得机遇，笔者不仅不以领略了崔健的风采，还得到了他的亲笔签名。
　　10 月 9 日，我到华天大酒店预购演唱会入场券，在酒店大厅内巧遇崔健。他那独具特色的外貌和打扮不难令人一眼看出他的身份：紧抿的嘴唇，略突的双眼，一头乱发和不加整理的衣着。摇滚王行色匆匆，我眼见机不可失，匆忙中取出学生证叫道："崔健，签个名吧。"崔健点头用其特别的摇滚嗓音说："可以。"随后接过学生证，签上了飘洒俊逸的"崔健"二字。
　　崔健以其一首粗犷豪放的《一无所有》成名。随后他和他的 ADO 摇滚乐队在中国流行乐坛大放异彩，声名日盛，崔健更是脱颖而出，成为大陆最受欢迎的摇滚歌星，并曾有个人捐助亚运会 20 万的壮举。
　　崔健和他的 ADO 摇流乐队每至一处演出，都必能引起轰动效应，这次是他首次来长演出。

　　这篇习作，粗粗看去也还过得去，但语感强的人一眼就可以发现，他把消息和通讯的笔调混杂在一起，语言还不精练，有些句子不是可以删去，就应调整顺序。
　　语感具有直觉性、敏捷性、整体性、联想性、体验性和审美性，其中最值得强调的是它的体验性、审美性。叶圣陶说过："要求语感的锐敏，不能单从语言文字上揣摩，而要把生活经验联系到语言文字上去。"如，《荷塘月色》中的"袅娜"一词，按词典，作"柔软细长"解，如果联系翩翩起舞的少女的苗条体态、迎风婆娑摆动的杨柳枝、神话中仙子的飘带等，"袅娜"便有了具体、生动、真切的语感。夏丏尊先生说：

　　在语感敏锐的人心里，"赤"不但只解作红色，"夜"不但只解作昼的反对吧。"田园"不但只解作种菜的地方，"春雨"不但只解作春天的雨吧。见到"新绿"二字，就会感到希望焕然的造化之工、少年的气概等等说不尽的情趣。见到"落叶"二字，就会感到无常、寂寥等说不尽的诗味吧。真的生活在此，真的文学也在此。（夏丏尊：《我在国文科

---

①　陈望道：《修辞学发凡》，上海教育出版社 1997 年版。

教授上最近的一信念——传染语感于学生》,《旧文重谈》,华东师大出版社 2007 年版。）

夏先生这段话可让我们清晰地认识到,语感是对语言文字的意义和情味,对语言文字所传达的思想,情操的敏锐感受力,是读者将自己的生活经验,情感体验融合到语言文字上去理解、想象、抒怀的结果。

语感不是与生俱来的,它必须通过多读、多写、多听、多说,完成语言惯例的认知内化过程才能获得。大家主张,在琅琅书声中涵咏品味、感悟融通;而"悟",是在充分感知的基础上,在思维、想象、情感等心智活动的参与下,对语言材料的内涵及语言组织形式的深层把握,使主体的"神"与客体的"神"融为一体,达到"物我交融"的境界。

叶圣陶曾强调指出:"语言文字的训练,最要紧的是训练语感。多读作品,多训练语感,必将渐能驾驭文字。"吕叔湘先生更是明确主张:"语文教学的首要任务是培养学生各方面的语感。要提高我们的书面表达能力,非得培养语感不可。"

二、文采

"文采"本指错综艳丽的色彩,用于文辞,是指经过修饰、富于美感的书面语言。虽说下笔时全凭语感,不过,在语感中又会有对文采的追求。文采可以增强文章的表现力和感染力。孔子说:"言之无文,行而不远。"

文采不是什么神秘之物,凭直觉就可以感知的,它大致包括以下几个方面:一是辞藻美;二是音韵美;三是句式美;.四是修辞之美;五是意蕴美。秦牧说:"形象的描绘,美妙的比喻,和谐的节奏,铿锵的声调,以及简洁、清晰、凝练、活泼等因素,都是可以增强文字给人的优美之感的。"可看作对文采的阐释。

辞藻的丰富、生动、敷色、传神,应该说是文采的基础。我们看朱自清是如何描写"桨声灯影里的秦淮河"的:

> 夜幕垂垂地下来时,大小船上都点起灯火。从两重玻璃里映出那辐射着的黄黄的散光,反晕出一片朦胧的烟霭,透过这烟雾,在黯黯的水波里又逗起缕缕的明漪。

短短的两句话,作者通过"垂垂地""黄黄的""朦胧的""黯黯的"等感觉化词语,使得"夜幕""散光""烟霭""水波"融入了主体梦幻般的幽情,词汇的丰富、贴切、运用自如,就见出文采。

音韵美也在文采之列,我们平时就讲究声情并茂。

汉语每个音节的声调有高低升降的差别。普通话的声调共有四种。按传统的习惯分为阴平、阳平、上声、去声。其中,阴平和阳平为平声字,上声和去声为仄声字。在行文时,若能遵循声调配合的一般原则,讲究平仄相重(相同)和相拗(相反),就可使文章音韵和谐,读起来顺口,听起来悦耳,产生一种抑扬顿挫的音乐美。试看下面的文字:

> 皎月当空,清辉满地,或倚窗,或伏几,或辗转床褥,常常会涌起一股或浓或淡的乡思。(刘棣华:《月是故乡明》)

这段文字运用了近体诗创作中必用的平仄规律,使文章情文并茂,音义兼美。"皎月"是仄声，"当空"是平声，"清辉"是平声，"满地"是仄声，平仄相应相协，形成了"仄仄平平，平平仄仄"的回环美。又如"或倚窗"是仄仄平，"或伏几"是仄平平，同中有异，变化多端，创造出了一种音乐美。

句式的差参变化也是有文采的表现。古人写文章很讲究句式。刘勰在《文心雕龙·章句》中说："若夫笔句无常，而字有条数，四字密而不促，六字格而非缓。或变之以三五，盖应机之权节也。"包世臣在《文谱》中说："凝重多出于偶，流美多出于奇，虽骈必有奇以振其气，虽散必有偶以植其骨，仪厥错综，致为微妙。"李涂在《文章精义》中说："文字须要数行齐整处，须有数行不齐整处。"他们都强调句式的变化。句式单一，显得呆板。如果一文之中，有骈有散，有长有短，长短互变，整散互转，陈述句、疑问句、感叹句、祈使句各有其妙，主动句和被动句、肯定句和否定句各展风采，形成摇曳多姿之势，就能给人以生动活泼之感。

试看下文：

> 我看见西子浣纱的涟漪，望见貂蝉戏水的波澜，听到红拂袖水的誓言，闻到虞姬临江的哀叹。水边的女人，永远带着那一份无悔，保持着那永不失去真彩的灵动。于是我想到了你——黛玉。水做成了女人，宝玉如是说。你就如那一池流过沁芳闸的活水，带着灵动，淌入了贾府。于是，一泉清流被你演绎到了极致。水边，你写下了《葬花吟》；水边，你赋出了《唐多令》。提锄揽篮，收一方落红；扶柳洒泪，送一池飘絮。也许，你又感怀身世了，面对那池清流，你想到了"逝者如斯"；看到了随波而去的落红，你想到了"花自飘零水自流"。水成了你感情的承载，载着水做的女人的眼泪，流向远方……（《水边的女人》）

这篇高考作文，句式灵活多变、内涵丰富，读起来感到文采斐然。

文采最重要的方面是文句有意蕴。所谓"有意蕴"，也就是在漂亮的文词之下有着实实在在的内容。《全国高考考试大纲（语文）》曾对"文采"有过明确的规定：所谓有文采包括"词语生动，句式灵活，善于运用修辞手法，文句有意蕴"。我认为，"有意蕴"这个规定，是很科学的。

真正的"文采"，是建立在我们对事物的认识的深刻上的。试看下面的句子：

> 诚信不是金钱，但千金难买季布一诺；
> 诚信不是美貌，但它使狡诈的郑秀黯然失色；
> 诚信不是知识，但胜过张仪的学富五车。

粗看，过得去，仔细一推敲，就漏洞百出，它们之间根本就不存在可比性。这原因，就是作者根本没在认识上下工夫，只在字句上作文章。

真正的"文采"，是建立在充实内容之上的，而不是徒具语言的空壳。

试看下面的文章：

绚丽的开一朵花

> 它是一杯醇香的美酒，李白曾醉生梦死在它的怀抱里。
> 它是一幅连绵不绝的画卷，苏轼曾挥洒自如的一片天地。

它是一汪碧绿的湖漾，将我轻轻卷入它青翠的涟漪，我的心灵为之净化。

它是一扇窗，让我看到了外面多彩的世界。

它是一把火，点燃了我智慧的火花。

自从认识了它，脑海里不再一片空白，我的眼睛里闪射出异样的光彩，我的言语中透着精彩。

它带领我走进李白的浪漫天地，看到了东坡的豪放气概，感受到杜甫的爱国情怀，领悟到五柳先生闲情悠哉，体会到李清照的缠绵凄婉。无边的寂寞，在这里找到了知音；无眠的夜晚，在这里觅到了朋伴；流浪的心，在这里寻到了归宿。

它是一首高歌，唱出我心中的无限情怀，默默撷取它的一些精髓，填上曾经的空缺，回味过往的履痕。

它是大自然的一份美丽，在风里听出白昼之声，感觉天籁的不同凡响；在雨里听出夜幕的私语，仿佛清水里的一声叮咚。

它是一片草地，我愿做其中的一棵草，虽小，却能增添色彩。

它是一片花园，我愿做争妍斗艳中的一朵，虽小，却能装饰大地。

它无言。我却感受到它传授的每一个花粉。芬芳是它的赋予，快乐是它的渲染，自由是它的圣地。

我是一朵花，一朵正开往它神秘殿堂的花——羞怯怯地，含苞欲放。我坚信，我将开出一朵绚丽多彩的花，带着它的芬芳，它的快乐，它的自由，开遍世界的每个角落。

它是谁？它就是我热爱的——语文。

文章除了一些花哨、混乱的比喻和很费力码上的辞藻外，很难令人把握文中的抒情线索和实在的内容，仅第7自然段可算作作者学习语文的心得，真是个“七宝楼台，拆开全不成片段”。这样的文风，是最要不得的。讲究文采，首先，要根据文体和文章所表达的内容，为文章定下一个总的基调，比如是优美的抒情，还是朴素的记叙，是机智幽默的夹叙夹议，还是严肃庄重的思考。只有统一于全文的调子，才谈得上文采。如果只是在个别句子上下功夫，徒见杂驳。其二，不能脱离内容片面地追求文采，如果脱离内容，挖空心思地玩弄词藻，装腔作势地粉饰语言，就会显得矫揉造作，难以动人。亚里士多德说过：“太华丽的词藻会使‘性格’和‘思想’模糊不清。”真正的“文采”是建立在语言的基本功之上的。对于初学者，首先要把句子写通顺，要讲究语法与逻辑，尽力做到简洁与精练，然后再求文采。

§10　词的运用

一切文本的写作都要落实到字、词、句，其中词语的选用是基础之中的基础。

如何运用词汇，人们曾提出过一些基本原则。英国词典编纂家福勒兄弟在其《标准英语》中曾提出五条标准：(1)能用人们熟悉的词，就不用牵强的词；(2)能用表示具体形象的词达意，就不用表示抽象概念的词；(3)能用单个的词，就不用许多个词；(4)能用短词、简单词，就不用长词、大词；(5)能用盎格鲁撒克逊词，就不用拉丁词。这虽然是就日常应用文体说的，但依然有普遍的适应性。此外，斯威夫特说的“把恰当的词用在恰当的地方”无疑也是一个最基本的原则。但词语的运用还涉及到一系列的问题。

一、"定体选词"

文各有体，不同的文体，担负着不同的功能，要实现它的功能，就必须采用与之相应的语言，定体然后才能成篇。譬如新闻文体，其用词造句布局谋篇与文学文体就有所不同，新闻文体要实现其传播新闻的目的，其用语平实、质朴无华。它不用或少用形容词，不用深奥的词，不用错综复杂的变化句式，不用渲染、夸张等文学修辞手法，是"不施粉黛"的本色语言，它以平实的叙述为基础，虽然间或有一点描写、议论，也很有节制。它以平实的语言确保其新闻的真实性，其中不包括任何"欣赏"的成分，也不会去追求艺术效果，而文学写作则与之相反。

写作思维是一种文体思维。对于一个训练有素的作者来说，语汇的运用是在文体的规范下进行的。或者说，作者的文体感主要是通过词汇来体现的，例如，我们写一个会议纪要，就不能写成："在整个会议期间，天气晴朗，风和日丽，群情激昂，歌声不断，充分显示了会议圆满成功的气氛。"又例如，《中共中央关于接收宋庆龄同志为中国共产党正式党员的决定》中有这样一段话："她一贯是共产党最亲密的战友，是中国各族人民包括台湾同胞和海外侨胞衷心敬爱的领袖之一，是爱国主义民主主义国际主义和共产主义的伟大战士，是保卫世界和平事业的久经考验的前驱，是全体中国少年儿童慈爱的祖母。"——我们不能把其中的"祖母"一词改为"奶奶"，口语、方言和俗语入公文，就破坏了它的庄重性。语汇要靠平时积累，表达时则要服从文体的规范。

二、中心词展布

当我们心中萌发出某一写作冲动，这一冲动在绝大多数情况下表现为一个"意象实体"，这个"意象实体"是一个混沌体，既包含我们的情感、意愿，也包含我们所感受到、意识到的部分材料；同时还可能包含一个大体的、朦胧的文章样式。当内心情感激活我们的语言机制，在我们意识层面便会浮现出相应的语言。

如果细心体察我们自己内心的语言活动，可以发现，我们构思中的语言活动，如语言学家所揭示的那样，是以内部语言的方式进行的。特别是我们文思风发、手中的笔远远赶不上思考的速度时，我们更能发现构思似乎就是以"三级跳远"的方式进行的。在这个"跳"的过程中，最先浮现在我们意识里的是几块"踏脚石"——几个基本的中心词语，只是到了落笔的那一瞬，我们才把它扩展为一个完整的、带修饰性的句子。这有点近似于我们上小学初学写作的情景。老师要我们写上学的情景，最早浮现在我们头脑中的句子是："开学了，我背着书包上学校。"老师接着启发我们："你背着书包有什么动作呢？"于是我们把它改为："上学了，我背着书包蹦蹦跳跳上学校。"老师又启发我们："当时的景色是怎么样呢？"我们又把句子改为："上学了，我背着书包蹦蹦跳跳上学校，太阳公公见我眯眯笑。"

这当然是一个被极度夸张了的例子，随着我们写作能力的提高，这种扩展和修饰并不会像上面所说的那样机械，泾渭分明，而是在一瞬间完成的，但我们从中还是可以看出，句子的生成是分两个层面进行的：首先，它以中心词为主干展开；接下来是以修饰语加以扩展；中心词是句子的"主干"，修饰词是句子的"展布"，二者都依靠词语的选择，句子的内涵却主要在修饰词。

试看下例：

　　偷税，是指纳税人有意违反税法规定，伪造、涂改、销毁账册、票据或记账凭证，虚列、多报成本、费用，隐瞒、少报应纳税的所得额或收额，逃避纳税或骗回已纳税款等违法行为。

　　抗税，是指纳税人违反税法规定，拒不办理纳税申报和提供纳税证明文件、单据、凭证；拒绝接受税务机关对财务、会计和纳税情况进行检查；拒不依法缴纳税款、罚金等违法行为。

这两段文字，分别对"偷税""抗税"作了周密的解说。对于文句来说，中心词是它要说明的对象，修饰词则是它的实质性内容。在中心明确的前提下，修饰语的准确、周密、丰赡和精练对于文句来说是至关重要的。没有修饰和修饰过度，都是写作应该避免的，试看下面的例句：

　　在葡萄园里，妇女们正在剪葡萄。

这个句子，意思虽明确，但缺乏修饰和界定，不能生动、具体地再现客观事物。再看：

　　在一望无际的如花似锦的葡萄园里，一群不断发出银铃般笑声、打扮得花枝招展像新娘子一样的青年妇女，双手灵巧地剪着惹人喜爱的、红如玛瑙、绿如翡翠、晶莹莹的像紫玉、圆溜溜像珍珠般的各种各样的又大又圆、又香又甜、又芬芳又美丽的葡萄。

由于修饰、界定过分，把一个具有诗情画意的劳动场面给破坏了。句的修饰、界定，要从事物最主要的特征出发。过分简陋和过分的繁复，都不足以表现事物的特征。契诃夫也举例说：

　　"人坐在草地上"，我写起来很明白，容易懂，不必花费注意力；假如相反的，我写成："一个高高的、胸脯窄狭、身材适中、长着草红胡子的人，在绿色的、被行人的脚踏平了的草地上，怯生生向四面害怕地望着坐"，要看明白就不容易，放在脑中觉得沉重，不能立刻形成想象，而文艺是应该立刻形成想象的。

句的修饰、界定，又是以人的认识为准的。再看下面的例句：

　　小蜜蜂嗡嗡地哼着愉快的曲调，尽情地采集着花粉。你看它，一会儿从紫粉的荆穗飞到黄莹莹的枣花上，一会儿又从枣花飞向洁白的梨花。

这里作者似乎为我们描绘了一幅色彩斑斓的图画，但细加琢磨就会发现，这三种花的花期并不完全重合，这幅"画"实际上是不存在的。修饰语的展布，还依赖我们对事物确切的把握。高尔基在《本刊的宗旨》中指出：

　　真正的语言艺术总是非常纯朴，生动如画，而且几乎是肉体可以感触到的。应该写得能使读者看到语言所描写的东西就像看到了可以触摸的实体一样。

只有作家本人非常熟悉他所描写的东西的时候，才可能掌握这样的技巧。如果他写得不够朴素和清楚，这就是说他本人还没有看清楚他所写的东西。如果他写得过分奇巧，这就是说他写得不够真诚。如果他写得啰里啰嗦，这也说明他本人不大了解自己所说的东西。

三、"变化整一"

我们在文章构成的规律一节曾提到，"整一变化"是文章构成的一条基本规律。

刘大櫆在《论文偶记》中给文章下定义是："文者，变之谓也。"他又指出，一篇文章应该"一篇之中段段变，一段之中句句变。神变、气变、境变、音节变、字句变。"马正平所提出的"文章自生长理论"认为，文章各个部分的展开，实际上是对文章功能信息变换尺度的不断重复。他们实际上从形式和内容两个方面，对文本构造作了规律性的阐述。

我们曾强调，文章本体的意义固然在于它的整体表意功能，但又不止于它的整体表意功能。甚至可以说，文章本体的意义更在于它显示整体表意功能的过程与技巧，在于它展现过程的感染力、说服力，在于它展示过程的艺术性和巧妙性。一个文本，如果没有变化，那就枯燥乏味得很。但是，文章的变化又是以整一为条件的，字要统一于句，句要统一于段，段要统一于篇，才能构筑成一篇完整的文章。

中国人讲究"炼字""炼句""炼段""炼篇"，"炼字"统一于"炼句"，"炼句"统一于"炼段"，"炼段"又是统一于"炼篇"的。钱钟书在《谈艺录》中指出，古人所谓"安排一字有神"，用意"不尽在于字面之选择新警，而复在于句中之位置贴适"，"倘用某字，固足以见巧出奇，而入句不能适馆如归，却似生客阗座，或金屑入眼，于是乎虽爱必捐，别求朋合。盖非就字以选字，乃就章句而选字"。试看下例：

> 钟声响动时，绕着塔顶尖，摩着塔顶天，穿着塔顶去，有时一只两只，有时三只四只，有时五只六只，蜷着爪往地面瞧的'饿老鹰'，撑开了它们灰苍苍的大翅膀没挂恋似的在盘旋，在半空中浮着，在晚风中泅着，仿佛是按着塔院钟的波荡来练习圆舞似的。（徐志摩《想飞》）

当我们赞叹"绕""摩""穿""蜷""撑""浮""泅"等动词用得生动活泼的时候，决不只是就字论字，而是因为它们与相应的名词搭配组合得天衣无缝，逼真地刻画了客观事物的形象。譬如说"在半空中浮着，在晚风中泅着"两句："半空""晚风"两词，因与"浮着""泅着"的组合而增殖了一种如水的质感；而"浮着""泅着"两词，则因与"半空""晚风"的搭配增殖了一种空灵飘逸的神；而"在"字，也因组合生出"饿老鹰"徘徊于太空晚风中的空间立体感。

老舍说："字没有高低贵贱之分，全看用得恰当与否。连着用几个伟大，并不足使文章伟大。一个很俗的字，正如一个很雅的字，用在恰当的地方便起好作用。"[1]

再看下面的句子：

> 你坐在船上，应该是游山的态度，看看四周物色，随处可见的山，岸旁的乌桕，河边的红蓼和白萍，渔舍，各式各样的桥，困倦的时候睡在舱中拿出随笔来看，或者冲一碗

---

① 老舍：《出口成章》，作家出版社 1964 年版。

清茶喝喝。（周作人《乌篷船》）

这段文句并没有什么华词丽句，但每一句都情景兼到，真切灵活地道出了作者平和冲淡的特殊人生态度。郁达夫评之曰："初看似乎散漫支离，过于繁琐！但仔细一读，却觉得他的漫谈，句句含有分量，一篇之中，少一句就不对，一句之中，易一字也不可，读完之后，还想翻转来从头再读的。"[①]

§11　句的运用

文本虽然以词为基本构成单位，但却是以一个一个的句子说话。

张传真说："写作的词语操作应该主要解决如下的问题：（1）对于一个简单的意思，用什么语词，用什么句式才是恰当的；（2）语言之流如何起笔，起笔之后又如何接续；（3）对于一个复杂的意思（包含分支系统），写作语言如何有条不紊地表达；（4）如何用语言反映出表达的轻重，等等。"[②]我对此颇有同感。在已有的写作理论中，与词语操作有关的命题是"表达方式"和"结构"，此外还有古代所说的"炼字""炼句"，其实，这些命题并没有解决"句子是如何生成的"。这里我们继续这个话题讨论。

一、"意脉牵引"

刘勰论章句："启行之辞，逆萌中篇之意；绝笔之言，追媵前句之旨。"句子之间总是前后关联的。其关联又是通过"意"来实现的句子"意脉"的牵引。

"意脉"是句子前后内容之间的联系，它或以时间为序，或以空间为序，或以联想为序，或以逻辑为序，或以感情的抒发为序……句子与句子之间正是通过"意脉"构成整体，否则则会支离破碎。一般说来，在实用写作中，"意脉"都比较"实"，从一点走向另一点，我们可以找到一条清晰的、"一步一个脚印"的轨迹；文学创作中，"意脉的流动"则在虚虚实实之间。

二、"句的行走"

句的生成受"意脉"的牵引。"句的行走"也就包括"句意流走"和"句意延宕"两个方面。所谓"句意流走"，即作者交代的意思是不断向前推进的，它像一条河流，或是迂回流走，或是奔腾向前。所谓"句意延宕"，即作者交代的意思并没有急速地向前推进，而是复沓不前。试看汪曾祺《八月骄阳》中的句子：

> 张百顺把螺蛳送回家。回来，那个人还在长椅上坐着，望着湖水。
> 柳树上知了叫得非常欢势。天越热，它们叫得越欢。赛着叫。整个太平湖全归它们了。
> 张百顺回家吃了中饭。回来，那个人还在椅子上坐着，望着湖水。
> 粉蝶儿、黄蝶儿乱飞。忽上，忽下。忽起，忽落。黄蝴蝶，白蝴蝶。白蝴蝶，黄蝴蝶……

① 郁达夫：《〈中国新文学大系·散文二集〉导言》。
② 张传真、王永贵：《21世纪：用操作的观点看写作理论》，2000年中国写作学会年会论文。

　　天黑了。张百顺要回家了。那个人还在椅子上坐着，望着湖水。

　　蛐蛐、油葫芦叫成一片。还有金铃子、野茉莉散发着一阵一阵的清香。一条大鱼跃出了水面，欻的一声，又没到水里。星星出来了。

　　这里，作者借太平湖公园看门人的眼光写了老舍投湖之前的情景。带着重号的句子交代了事件的进程，"句意"是"流走"的；而没有加着重号的词语，"句意"则驻足不前，但它又不是可有可无，作者在常人大加铺排泼墨如水之处，淡淡地写了这么几句，那知了、蛐蛐、蝴蝶、油葫芦，既是写景衬情，也是某种象征，也许还暗示了庄子的典故，作者借助这种艺术处理，着重写了生者眼中的死者，写了生者对死者的评价，读来震撼人心。如果仅仅是交代事情过程，绝没有这样的效果。从这些句子我们可以看到，"句意流走"与"句意延宕"是同样需要的。"句意流走"的功能是交代，"句意延宕"的功能是渲染。就文章表达来说，如果急匆匆地忙于交代，文章就没有感染力；如果是一味地渲染，文意就会显得板滞和繁缛。文笔的主次轻重详略，虽说依据文章的主题而定，但行文之际却全靠作者直觉的把握。

三、"句的长度"

　　句有长句、短句、单句、复合句，都涉及句的长度。

　　短句的特点是明朗，长句的特点是整饬。单句的特点是简洁，复合句的特点是负荷量大，蕴涵丰富。论文为了论证的周密，通常运用长句。试看下例：

　　　　作为检验真理的标准，就不能到主观领域去寻找，不能到理论领域去寻找，思想、理论自身不能成为检验自身是否符合客观实际的标准，正如在法律上原告讲的是否属实，不能以他自己的起诉为标准一样，必须具有把人的思想和客观世界联系起来的特性，否则就无检验。人的社会实践是改造客观世界的活动，是主观见之于客观的东西。实践具有把思想和客观实际联系起来的特性。因此，正是实践，也只有实践，才能完成检验真理的任务。（《实践是检验真理的惟一标准》）

　　文学创作多用短句，试看汪曾祺《受戒》结尾的一段：

　　　　划了一气，小英子说："你不要当方丈！"

　　　　"好，不当。"

　　　　"你也不要当沙弥尾！"又划了一气，看见那一片芦花荡子了。

　　　　小英子忽然把桨放下，走到船尾，趴在明子的耳朵旁边，小声地说：

　　　　"我给你当老婆，你要不要？"

　　　　明子眼睛鼓得大大的。

　　　　"你说话呀！"

　　　　明子说："嗯。"

　　　　"什么叫'嗯'呀！要不要，要不要？"

　　　　明子大声地说："要！"

　　　　"你喊什么！"

　　　　明子小声说："要——！"

"快点划!"

英子跳到中舱,两只桨飞快地划起来,划进了芦花荡。

芦花才吐新穗。紫灰色的芦穗,发着银光,软软的,滑溜溜的,像一串丝线。有的地方结了蒲棒,通红的,像一枝一枝小蜡烛。红浮萍,紫浮萍。长脚蚊子,水蜘蛛。野菱角开着四瓣的小白花。惊起一只青桩(一种水鸟),擦着芦穗,扑鲁扑鲁飞远了。

这样的用语简洁朴实,生动如画,符合一般读者的审美习惯。但也有一些作家喜欢用长句,我们看陈村的《一天》:

……走出石头路要许多时光,张三的脚底板一痛一痛的。张三知道,走出石头路就不会这样痛的。张三就这样一痛一痛地走出石头路。等到走到柏油路上,脚底板真的不那么痛了……

作者采用平庸重复的语言,迟缓沉重的节奏,毫无意义的细节铺陈,从语言形式本身给人以单调、乏味和沉闷的感受,而这正是张三无聊、困顿人生的真实写照。

再看北村的《构思》:

他开始讲述他的构思慢慢地讲述仿佛在述说一个遥远的梦幻已经消逝了的记忆从干裂的喉咙深处深深流出于是竖琴又开始轻轻地诉说从你内心深处缓缓地拉出的大提琴接着又是梵阿玲无比美妙的音色与远处低低的潮声融贯在一起来了来了你听到圆号在吹出来了你听那是小号小号清越音色你陶醉了在一种彻底的梦幻之中。

作者为了给读者一种身临其境的感觉,采用了不加标点极长句式,作者通过长句,把一种很复杂、很细腻的感觉非常生动地传达出来。

有人运用统计学的方法,对鲁迅、茅盾、赵树理、杨沫等作家的作品作过抽样调查,结果发现这些小说的每句的字数平均在 11~14 个字之间;而分别从《中国社会科学》《中国语文》和《中国史研究》等刊物上抽样调查的结果,论文每句的平均字数在 20~28 个之间,其简单句仅占其20%左右。(乔全生《试论文艺语言和科技语言的风格异同》,《山西大学学报》1985年第 1 期)

长句结构复杂,容量大,便于描写人物复杂曲折的心理活动和描述连续性的动作,但它在充分表现人物思想感情的同时,也有冗赘之嫌。如福纳克,可称得上运用长句的典范,在他的作品中,长句比比皆是,他正是通过那些紧凑的,环环相扣的复杂句子,展示人物活跃的,泉涌般的奇思怪想,并使其文体显得艰涩朦胧,独具一格,但他的冗赘也遭到人们的非议。

短句直达、明快,但它容量小,有时候就难以表达复杂细腻的事物,如海明威,他把短句发展到了前所未有的程度。英国作家赫·欧·贝茨评论说,海明威以谁也不曾有过的勇气,把英语中附着于文学的乱毛剪了个干干净净,他删除了解释、探讨,甚至于议论,砍掉了一切花花绿绿的比喻,清除了一切古老、神圣、毫无生气的文章俗套;直到最后,通过疏疏落落、经过锤炼的文字，我们眼前才豁然开朗，能有所见。[1] 但也有人认为，他电报式的短句，不便于表现广阔复杂的生活。

小说家热衷于长句，除了时尚和创作个性方面的原因，与语言形式本身有关。胡平在《叙事文学感染力研究》中曾以孙浩的《蓝钗》为例：

> 我又随意扫了她一眼，那只人情味挺浓的黛绿色肉蝇仍然一如既往地停在她裸露的胸前。苍翠幽深的山谷闷热难耐，四周的树木蒸发出黏糊糊炙人的白色气浪，蝉没精打采地鸣着一片混混浊浊的阳光。

胡平认为，这段话倘若按照简洁化的要求也可改为："我看了她一眼，那只黛绿色的、人情味挺浓的肉蝇，依旧挂在她胸前。"但比原作少了许多意味。他得出的结论是：

> ……由一个单句转为一个复句，复句又分断为几个分句。应该考虑到：（1）空间形态上，分句长短不一，参差不齐；长句则掩饰了词与词、词组与词组、分句与分句的差异，使它们平均排列在同一句子中，带有一种整齐统一的美感。（2）意义组合上，分句结构比较简单，信息分散；长句成分比较错综，信息密集。而分散的信息和密集的信息给人的感受是不相同的，密集的信息显然有追逐变化的动势，易于形成复杂、朦胧的美感。即从引例来看，这种特点已略见一斑。
>
> 既然长句带有某种华贵气息，一些作家有偏爱也就在所难免。在长句中无标点长句更推向极端，有如："空气剧烈震荡声波急切奔来没任何声音静静如戈壁，而气息中没有任何气味舌面被蚀去味蕾眼睛空洞映不进影像大幕般的皮肤空空垂挂。"惯常把这种特长句解释为意识或情绪流动的复印，其实它也造就了令人目眩的效果，使普通的句子复杂化、混浊化，以期引起读者特别的注意——无疑，其中必定有部分作者故弄玄虚……
> （胡平：《叙事文学感染力研究》，百花文艺出版社1995年版，第180页）

四、"句的变异"

在语言学教程里，我们看到的是一些常规的句式——语言学家把句子的成分划分为主语、谓语、宾语、定语、状语、补语——虽然不是每个句子都有这六个成分，但要保证其基本的完整。至于一些省略句、独词句，通常把它看作特例。

在文学创作中，省略句子主要成分的特殊句式（包括无主句、独词句等）却大量涌现。首先，这缘于表达生活情境的需要。在日常对话中，人物往往有着一定的交流情境，可以借助语境省略对方已知的一些信息，只讲对方需要了解的一些东西，如果拘泥句子的完整，反倒丧失了生活的气息。其次，作家刻画人物心理活动，往往也采用了大量不完整的句式。在很多作家看来，人物的语言特别是人物的意识活动，往往是以不完整句式出现的。此外，许多作家在强化自己主观感受的同时，往往突破常规，通过异质、矛盾的词语搭配，创造种种新奇的意象。如何立伟《白色鸟》中的句子："河堤上或红或黄野花开遍了，一盏一盏如歌的灿烂。"这类异质搭配就较好地体现了作者特定的心理感受和独特的审美情趣。

---

[1]　赫·欧·贝茨：《海明威的文体风格》，《海明威研究》，中国社会科学出版社1985年版，第135页。

五、"句的连接"

汪曾祺曾指出："语言的美不在一个一个的句子，而在句与句之间的关系。包世臣论王羲之字，看来参差不齐，但如老翁携带幼孙，顾盼有情，痛痒相关。好的语言正当如此。语言像树，枝干内部液汁流转，一枝摇，百枝摇。语言像水，是不能切割的。"①

语句之间的连接包括语义连接、语形连接和文法连接。

语义连接是内容上的连接，即我们前面说过的"意贯言接"。试看下面的例句：

"中午巷中人少，孩子可以隔巷道打羽毛球。黄昏来了，巷中就一派悠闲：老头去喂鸟儿，小伙去养鱼，女人最喜育花。"（贾平凹《五味巷》）——时间秩序；

"曲曲折折的荷塘上面，弥望的是田田的叶子。叶子出水很高，像亭亭的舞女的裙。层层的叶子中间，零星地点缀着些白花。"（朱自清《荷塘月色》）——空间秩序；

"它们高低宏细疾徐作歌，仿佛曾经过乐师的精心训练，所以这样的无可批评，踌躇满志。"（叶圣陶《没有秋虫的地方》）——因果秩序。

"语义连接"常以时空、因果、并列、递进、情绪、意识流动等关系连接起来。以"意绪流动"连接显得"杂乱"一些，但作者的思绪还是清晰可辨的。

在实用文中，"意脉"比较"实"；在文学创作中，"意脉"比较"虚"：诗歌服从的是情感的逻辑，跳跃性比较大，语言凝练跳荡；散文由于"大可随便"，行文走笔"常行于所当行，常止于不可不止"，既保持着无拘无束的潇洒之姿，又有着前呼后应的顾盼之容，具有一种行云流水般的流畅；小说遵循着时空关系和因果关系，但由于意识流、蒙太奇、大量非情节因素的拥入，它不会像实用写作那样"步步为营""一步一个脚印"；在心态小说中，小说语言的编配是由某种意绪所推动的，句与句、句群与句群之间是非连续性的、跳脱的，中间省去了许多连缀性的、诠释性的词语，作者使用这样的语言，主要是为了真实地再现人物心理活动的过程。

"语形连接"主要通过明晰可见的关联词语来实现。如表示"转折""递进""并列""总分"等关联词语来联络。关联词语是一种"路标"，它通过外在的语言标志把各句之间的关系显豁地提示了出来，叫读者不要"误入歧途"。如实用文喜欢用"因为……所以""虽然……但是"以显示逻辑的严密性。关联词语的作用一是为了提挈自己的思路，二是为了读者阅读理解的方便。其实，只要"意脉"清晰，有些关联词语是可以省略的。

语形连接是文章的有形网络，它表现在文章的表层结构上，通过关联词语实现。语意连接是语义上的关联，也就是内容上的联系，它是文章的无形网络，存在于文章的深层结构之中，它使文章的句子、句群、段落有机地组织起来。在文章写作中，这二者是相互作用，相互联系的，形成了以下四种情况：

（1）无语义连接和语形连接；

（2）无语义连接、有语形连接；

（3）有语义和语形上的连接；

（4）有语义连接、无语形上的连接。

① 汪曾祺：《自报家门》，《作家》1988 年第 7 期。

　　第一种情况只能是杂乱的堆砌，不能构成文章。第二种情况，从实质说，也不能构成文章。在写作中，有些人很注意语形上的连接，用了很多关联词句，但忽视了语义上的连接，写出来的东西混杂、紊乱，不能形成文章。第三种情况是文章中最常见的现象，作者既注意了语义连接，也注意了语形上的连接，写出的文章结构严密，语气连贯。第四种情况是现代写作中越来越多见的一种现象，为了加快文章的节奏和增加文章的容量，作者除繁拔冗，有意省去过渡性的词汇、句子、段落，只追求语义（内容）上的连接。这种文章表面无衔接，层次与段落之间具有很大的跳跃性，实际上是有机统一的。这就是古人所讲的"言不接而意接"。

　　"文法连接"是修饰性的强调修辞效果的连接。古人谈写作，认为"字有字法"，"句有句法"，"篇有篇法"，"章有章法"，强调的是"法"的修辞效果。

　　看下面的例句：

　　　　沿着荷塘，是一条曲折的小煤屑路。这是一条幽僻的路；白天也少人走，夜晚更加寂寞。荷塘四面，长着许多树，蓊蓊郁郁的。（朱自清《荷塘月色》）

　　按句意，似乎可以写成"沿着荷塘，是一条曲折幽僻少人走动的小煤屑路，荷塘四面长着许多蓊蓊郁郁的树"，但作者从自己的感受着眼，改变了语序，造成了一种悠长的韵味。

　　再看下面的例句：

　　　　你不妨摇曳着一头的蓬草，不妨纵容你满腮的苔藓。（徐志摩《翡冷翠山居闲话》）

　　"一头"与"蓬草""满腮"与"苔藓"的"违法"搭配，不仅在于形象地刻画人的头发、胡子的外形，而且赋予了一种活的生命力，同时也拉近了人与自然的距离，体现了二者之间的亲和力。杜夫海纳在《美学与哲学》中指出："词摆脱了常用规则，互相结合起来，组成最意想不到的形式。同时，意义也变了，它不再是通过词让人理解的东西，而是在词上形成的东西……这是一种不确定的而又急迫的意义。人们不能掌握它，但可以感受它的丰富性。"

§12　表达的含义与特点

一、表达的含义

　　构思好了，将这个构思，用语言文字完美地、充分地表达出来，使之成为具体的文章，这个行为过程，我们称之为表达。

二、表达的特点

（一）表达与构思并非一一对应，它们之间充满了矛盾

　　表达与构思并非一一对应，它们之间充满了种种令人困惑的矛盾。有时候，文章写成了，远比原来的构思好，有时候，作者则感到词不达意，言难传情。刘勰曾感叹过，"方其搦

翰，气倍辞前；暨乎成篇，半折心始"，"意言征实而难巧。"①。俄国的陀斯妥耶夫斯基、法国的罗曼·罗兰等大作家也曾感叹说，自己想的，远比自己写的要好。像福楼拜，可以说是一位文辞造诣极高而又讲究文辞的作家了，可他对着自己的文稿，也懊丧地说："写出这样的东西来，真该打自己的嘴巴！"

（二）表达既是一个传达的过程，又是一个再创造的过程

任何一个作家，无论他的构思是多么详细，在动笔之前，也不可能把要写的一切细节都预先想好；即便什么都想好了，如果写的过程仅仅是把原有的构思"搬出来"，也不可能真正写好。"写"的过程，不仅仅是一个"复制""翻印"的过程，更主要的是一个充满激情、充满灵性的再创造过程，它需要作者调动自己一切的情感、体验、心智，全身心地投入。它需要最迅速、最直接、最准确的捕捉与表现。如果把表达看作一个呆板的制作过程，没有创造，没有激情，写出来的东西势必缺乏感人的力量、灵气。当代作家王蒙曾深有体会地指出："构思得差不多了，靠写。写，不仅仅是把想好的东西记录下来，固定下来。写，是创造的最重要的阶段。正是在写的过程中，你的思维活动、感情活动、内心活动才空前活跃起来。你写的一行一行的字把你带入了你所要写的那个世界，你好像看到了你写的人物，你好像经历了他们所要经历的事情，你的分析和判断、追忆和联想、痛苦和欢乐、爱和憎、痛和痒、寻求和向往，一句话，从你的头脑、你的神经，到你的感官，正是在写作的过程中，将会怎样地活跃起来啊！只有这样的活跃，才是文思的保证，才是写出栩栩如生的保证，才是写得下去的保证。"②

（三）表达既是一种外在行为，又是一种心理行为

表达既要"想"又要"写"。"写"的好坏全凭"想"的出色。关于表达，以前我们较多地强调了书面文字的组织，而忽视了它的心理展开过程。本章里我们提出了"运思"这一概念：一方面我们将它与传统意义上的"构思"区别开来；另一方面，我们希望通过它，强调"写"的动作之下所蕴涵的心理行为，以便更好地掌握表达。

（四）表达从始至终都追求着内容与形式的完美统一

从始至终都追求着内容与形式的完美统一，其基本要求可概括为"意贯""言接""得体""整一""称物""达意""适读""致用"。"意贯"：一篇文章，不论它的内容的单纯、复杂，"立意"必须一以贯之，"内容"必须是一个有机整体，不能散漫、游离。"言接"：一篇文章，无论其长短，它都是由一个个的字、词、句构造而成的。这些字、词、句，必须根据文章所要表达的内容，按照约定俗成的语言规范，有序衔接起来。不能无视于语言法则，无视于内容表达，将语言胡乱地堆砌在一起，使人不知所云。"得体"：各种文体，在"主旨提炼""材料选择""结构安排""表达方式""语言运用"方面，都有不同的要求。各种文体，在其反映生活、传情达意方面，都有不同的应用范围。所谓"得体"，即所选择的文章体裁应适宜；文中的各要素要符合文体的特定要求。"整一"：内容与形式要统一，材料与主旨要统一，局部与整体要统一，语体与文体要统一，前后与首尾要统一……全篇应构成一个和谐有机的整体。"称物"：不论议论、抒情、描写、说明、纪实，还是虚构、整体、局部、内容、形式，文章都应该真实而深刻地反映现实生活，符合客观事理。"达意"：文章是从心灵"流"出来的，无论表达的含蓄、明朗，作者所要传达的意向、意脉、意思要清楚，不能戴着一层"面纱"，如雾中看花，使

---

① 刘勰：《文心雕龙·神思》，中华书局 1980 年版。
② 王蒙：《漫话小说创作》，上海文艺出版社 1983 年版，第 128 页。

人难明究竟。"适读"：文章是写给人看的，不同的文章，其读者群尽管不同，但都应该便于读者阅读。叶圣陶说过："一切所谓文章的法则，目的无非是便利读者。"①任何文章的写作，都应该尊重读者，便利读者的阅读、理解，不能故作高深，故弄玄虚，故意写得让别人看不懂。"致用"：不论是实用性的文章，还是审美性的文章，其内容形式都应该对社会生活、社会实践有着积极的作用。"为世用者，百篇无害，不为世用者，一章无补。"②

三、表达的基本环节

进入表达阶段，作者着重要处理的工作包括"开笔定调""情境性运思""语段性运思""修辞性运思""修改润色"等，下面依次展开。

§13　表达的开笔定调

一、开笔定调的含义及意义

文章构思好了，是否能够马上就进入表达呢？不一定。有时候，上手很快，一下就找准了感觉，一气呵成。有时候，却疙疙瘩瘩，一连开了十几个"头"，就是写不下去。要顺利地进入表达，找到"开头"很重要。所以人们总是感叹，"开笔难"，"开头难"。

"开头难"难在什么地方呢？难就难在作者一落笔，就要选准切入的角度和文章的"基调"，并且将两者很好地协调起来。

开笔，首先要选好"切入角度"。一般说来，在进入表达之前，作者对文章未来模样，心中一般都有一个轮廓，一个整体的安排。这个整体安排虽然谈不上非常细密，但它在作者心中却是一个多维的存在，要把它传达出来，作者就遇到了一个从什么角度什么层面切入的问题。必须选择一个最佳的"视点"，否则，内心意象图景就无法确定，写作传达就无法进行。当然，传达过程中，"视点"是不断变化的，随着表达的展开，作者内心的图景可以随物婉转，移步换形，不断变换呈现面，但就开笔的特定瞬间来说，角度必须是确定的。特别是开头部分，这个"角度"起着"逻辑聚焦"的作用，任何一个"角度"都可能带来"景深"的变化。如，记一次登山的集体活动，从什么地方"切入"？是从听到这个消息开始？从出发前的集合开始？从前一天的筹划准备开始？还是从登山途中的某一个景点开始？从登山回来的感想开始？每一个角度的变换，都可能带来材料上明暗深浅浓淡配合的变化，带来文章韵味上的变化。开头切入的"角度"，不仅仅是表达上的起点，而且它还蕴涵了、浓缩了整个文章的可能性信息，没有找准角度，也就意味着作者的表达偏离了原有的构思，"焦距"对得不准，写下去，就会感到难以措手。

除了"角度"就是文章的"调子"。文章有一定的"调子"。王蒙说："小说是有一定调子的。调子本身使它能够吸引人。有了这个调子以后，写出来的作品才不平凡。"(《王蒙谈创作》)列夫·托尔斯泰称赞莫泊桑的小说《她的一生》时说："这一切就是复杂多彩的生活本身，但还不仅止于这一切都写得生动美妙；而是在一切之中有着一个衷心的感人的音调。"陀斯妥耶夫斯基在写作《恶魔》时不断提示自己说："主要的是，这小说要有特殊的语调。"可见，

① 叶圣陶：《国文百八课·文话十七》，人民教育出版社1987年版。
② 王充：《论衡》，上海人民出版社1974年版。

作家们是如何重视文章的"调子"的。

文章的"调子"，又称作"语气""语调""情调""色调""基调"等，它是作者通过话语语气所表现出来的他对于文章内容、材料的一种情绪、情调。它是文章内容上的情调和话语上的语气的有机统一。优秀之作，总是有着自己的调子的。如鲁迅的小说，《狂人日记》是一种激愤的调子，《在酒楼上》是一种辛酸的调子，《祝福》是一种沉痛的调子，《故乡》是一种压抑、忧郁的调子，《白光》是一种冷嘲的调子，《伤逝》是一种怆恻的调子，《阿Q正传》是一种亦庄亦谐的调子。

成功的传达都有一种语调、情调。因此，进入表达阶段，一落笔，就必须找准文章的"调子"，让开头部分的"语气""情调"能够统摄全篇、引带全篇、生发全篇，让后面的内容能够照这个"调子"自动流出来，没有任何牵强和别扭。

"调子"的核心是情绪，是作者对于自己所要表达的内容所持的情绪。把这个"情绪"找到了，"语调"也就出来了，作者也就能较好地进入传达了。如果找不到自己的情绪，"语调"出不来，传达也无法进行下去。关于这一点，作家高晓声曾有很好的说明，他说："情绪很重要。有句套话叫'酒逢知己千杯少，话不投机半句多'。写小说也是如此。如果情绪不对头，就写不下去。你是什么样的情绪，你就会有什么样的语言，而一连串什么样的语言，就决定一篇作品的意境。如果你是深沉的情绪，就会有一串表现深沉情绪的语言流出来，那么，作品的意境也必然是深沉的。你是欢快的情绪，那就会有欢快的语言……给作品定调子，如果掌握不住自己的情绪，调子就定不下来，你就会不知所措，就觉得无话可说，每写一个词，每写一个细节，都是事务主义，无可奈何，好像写不写它都无所谓，甚至越写越窝囊，以至于写不下去。如果情绪定了，每写一个字的时候都会感到有味，就有信心，容易写成功。"①他又说："情绪不定绝不勉强写。如《陈奂生上城》上来两句'漏斗户主陈奂生，今日悠悠上城来'，就定了欢快的情绪。如果没有这种情绪，那陈奂生身上那么多的事写他干什么，一定会琐碎得写不下去。写周华英求职，第一次开头一句是她走在公路上……写到这里就写不下去了，因为这话没有把我的情绪表达出来。后来改为她踟蹰在公路上……情绪就出来了。调子定下来了，也就写下去了。"②

实用写作的开头带有比较固定的程序：或是概括全文的主要内容、中心观点；或是介绍有关对象的基本情况；或是交代行文的目的、根据、意义，以引起读者的注意，常使用的开头有"撮要式"和"缘由式"。所谓"撮要式"，即在开头部分，简要介绍有关对象的情况，或概述文章的基本内容和中心观点。所谓"缘由式"开头，即在开头部分，先简要地交代行文的目的、根据、意义，以引起读者注意。

实用写作的开头不讲究艺术性，但不能不讲"语调"，如果用幽默风趣的笔调写这类文章，就会不伦不类。

二、开笔定调的方法与要求

"开笔"要找准"切入点"和"调子"，不然表达就无法进行下去。"切入点"也就是从何处落笔，譬如，你打算写一篇《陈奂生上城》，第一部分你准备写陈奂生走在上城的路上，从何处落笔呢？从他在家里写起？从他迈出家门写起？从临近城里写起？这是颇费思量的。"开

① 高晓声：《创作谈》，花城出版社1981年版。
② 高晓声：《生活·目的与技巧》，《创作谈》，花城出版社1981年版。

头切入"一般与文章的主旨紧密相关，如果开笔写了很多，总觉得"言不及义""啰啰嗦嗦""不对劲儿"，那就是"切入点"游离了文章的中心、重点。这时，不妨在思想上做一个实验，把前面可有可无的字句都删去，删到不能再删的地方，一般也就是文章的"切入点"。

解决了"切入点"，接着是找文章的"调子"。"调子"比"切入点"更难确定。有人问高尔基："什么对你比较困难呢，作品的开头、结尾、中间？"高尔基回答说："最难的是开始，就是第一句话，如同在音乐上一样，全曲的音调都是它给予的，平常得好久地去寻找它。"①

"调子"的外在表征是"语气"，内在实质是"情绪"，每一种语气，如平和、严峻、欢快、悲哀、幽默、讽刺、热情、冷淡、精确、随意、压抑、忧伤、明快、凝重、悲观、乐观等语气之下，无不蕴涵着作者相应的感情、情绪。作者的情绪是孕育而成的，作者通过构思，通盘考虑好了自己要传达的内容，对文章内容有着自己的情感体验和情感态度。当他转入下一步表达时，便会考虑采用什么样的情感态度，来传达自己所要传达的文章内容：是明快，还是含蓄；是赞叹，还是反讽；是悲哀，还是欢乐。这个明确的过程，决定两个方面的因素：一方面是文章，一方面是作者。文章的内容与体裁，往往决定了作者传达时所持的情调：悲哀的事件，作者一般不会采用欢快的调子。严肃的话题，作者大概也不会去谈笑风生。公文的严整，不会同于新闻的明快。演讲的热情，不会同于外交辞令的灵活。情书的缠绵，不会同于总结的简朴。另外，作家各有各的"路数"，各有各的追求。把祥林嫂的身世让老舍或巴金来写，那基调肯定又得为之一变。也就是说，明确自己传达的情绪基调，是作者与文章两者之间的谐调，这情绪是自己真切感受到的，符合自己个性追求的，同时又是符合文章内容、文体规范的。

明确到自己所传达的情绪，接下来便是词话化：动笔写下一个能体现自己情绪的话语胚胎。这时，作者的情绪基调，也就表现为话语的"语气"。"语气"通常表现在两个方面：

一是话语关系。无论什么文章，都是一番话语。那么，这番话语由"谁"讲出来呢？"讲话者"与读者是什么样的话语关系呢？"讲话人"与文章中人物是什么关系呢？这是开笔时作者要明确的。文章开笔，必须设计一个"话语者"，让文章的全部内容或部分内容从"他"口里讲出来。这个"话语者"，可以是作者本人，也可以不是。可以出现在文章中，也可以不出现在文章中。确定的"话语者"不同，文章开笔的第一句话的语气就不同。例如，都德《最后一课》选择了小法郎士作"叙述"人，作者就必须模拟小法郎士的口气来写。作者决定"话语者"直接进入作品，或是不直接进入作品，决定让"他"与读者直接交谈，还是让他隐身幕后，也会使语气产生变化。所以，文章开笔的词语化，首先必须明确话语关系。话语关系所接触到的问题，实际上就是叙述者、叙述视点、叙述人称等问题。

二是话语节奏。"语气"还表现在话语"节奏"上。"话语节奏"表现为语言的轻重、缓急、强弱、高低、长短。不同的"话语节奏"——高、低、缓、急——既是语气的一种表征，也是一种情调。例如，"漏斗户主陈奂生，今日悠悠上城来"，轻快的节奏，表现出欢欣喜悦的情绪。"她踽踽地走在路上"，滞重的节奏表现出犹豫徘徊、心事重重的情调。

"开笔定调"是整个表达阶段的逻辑起点。好的"开笔"，应该与整个文章是一种相似的全息关系。这种全息关系不是具体内容上的全息，而是神韵、性质、意图、语气、情调上的全息。有一次，马尔克斯的朋友问马尔克斯："一般来说，你非常注意全书的首句，你曾对我说过，有时第一句话比写作全书还要费时间，为什么呢？"马尔克斯回答说："因为第一句话有

① 高尔基：《我的创作经验》，人民文学出版社 1979 年版。

可能成为文章的基础，在某种意义上，决定着全书的风格和结构，甚至它的长短。""开笔定调"说起来复杂，写的时候全凭"感觉"。"感觉"对头，写起来就顺畅。没有"感觉"，写起来就会"举步维艰"。

§14　表达的情境性运思

一、情境性运思的含义

当"开笔"写下文章的第一句、第一节、第一段之后，作者很自然地会沉浸到自己所要传达的内容中去，与自己所构想的艺术世界学术世界融为一体，情到意到，神到兴到，物我一体，物我无碍，顺势展开文章的具体内容。对于叙事性作品，作者通常是将自己化作笔下的人或物，让人或物自动地活起来。激情澎湃的浪漫主义作家乔治·桑曾以诗一样的语言，描写她在写作过程中的内心体验。她说：

> 我有时逃开自我，仿佛变成一棵植物，我觉得自己是草，是飞鸟，是树顶，是云，是流水，是天地相接的那一条水平线，觉得自己是这种颜色或那种形体，瞬息万变，去来无碍。我时而走，时而飞，时而潜，时而吸露。我向着太阳开花，或栖在叶背安眠。天鹅飞举时我也飞举，蜥蜴跳跃时我也跳跃，萤火和星光闪耀时我也闪耀。总而言之，我所栖息的天地仿佛全由我自己伸张出来。

严谨的现实主义作家，被人称为文坛苦行僧的福楼拜，也曾充满欢乐地说：

> 写书时把自己完全忘去，创造什么人物就过什么人物的生活，真是一件快事。比如我今天就同时是丈夫和妻子，是情人和他的娇头，我骑马在一个树林里游行，当着秋天的薄暮，满树都是黄叶，我觉得自己就是马，就是风，就是他们俩的甜蜜的情话，就是使他们填满情波的眼睛眯着的太阳。（转引自朱光潜《文艺心理学》）

对于一般的实用性文章，作者往往设身处地地进入与读者直接交流的情境。如朱光潜在谈说理文的写作时，就曾指出："文章如说话……首先是说话人对所说的话不能毫无感情，其次是说话人对听众不能没有感情上的联系，爱或是恨。这些情感色彩都必然在声调口吻中流露出。这样的话才有意义，才能产生期待的效果。"[①]

作者不但体验着自己所要表现的内容，体验着潜在的交流情境，同时还体验着自己的写作。福楼拜经常为几天写不成一段话而呼天抢地："我要吃多少苦，我的上帝！多少劳瘁和灰心。"一方面，又为自己笔下的文字而心醉神迷："有些句子在我心中粘着，像是乐曲似地缭绕着我，令人是痛苦又是喜爱它的。"曹禺用几年时间构思剧本《雷雨》，到执笔时他的感觉也是那样幸福："这时候写戏真是一种快乐。那半年之内我简直不知过的是什么日子，是天堂还是地狱。这可能和打仗一样，指挥员把一切都部署好，知己知彼，稳操胜算，就可以去抽烟了。剩下的不过是人物性格有时要改一改，结构多少要变一变，大架子不会再动了。创

---

① 《朱光潜谈说理文》，《新闻业务》1962 年 2 期。

作是非常艰苦的事，但也是一种愉快，而不能是受罪。"①我们说的情境性运思，也就是指作者对于文章内容所作的这种因情困境的展开。

二、情境性运思的特点

（一）情境性运思充满灵性、激情和细节化

一个作者，他的构思无论怎样的详细，始终都只能是轮廓性的，他不可能将每一个细节都设计好。可一进入表达阶段，一切内容一切细节都得具体起来。正是从这一层意思，歌德向爱克曼谈到正在创作的《浮士德》时说："纲要固然是现成的，只是最难的事还没有做，在完成写作的过程中，一切都要碰运气……例如浮士德央求阴间皇后把海伦交给他，该说些什么样的话，才能使阴间皇后自己也感动流泪！这一切是不容易做到的，多半要碰运气，几乎要全靠下笔时一瞬间的心情和精力。"②

进入情境性运思，与注意力有关。只有把注意力高度集中在要思考或想象的问题上，思维的翅膀才能在心灵的王国尽情地飞翔。进入情境性思维，与作者的心境有关。没有好的心境和精神状态，作者的心智难以集中。狄德罗写《一家之主》时正陷于恶势力对其私生子的围剿。他心绪纷烦，进展很慢。他愤怒地指出："当你不能摆脱忧伤之际，你如何能使自己蜕变为不同的人物？当烦恼叫你老惦记着现实，你如何达到忘我的境界？"③但进入情境性运思，最关键的还是情感的投入和体验。高尔基曾说："感情丰富是达到顺利写作的最好手段。"④出自毅力和理智努力的注意无论怎样的坚韧，总是容易疲劳。只有情感的投入，才可能使得一切生动、兴味盎然起来。离开了情感这个因素，作者的才思便难以飞动，整个表达过程也就会成为枯燥乏味的负担。

情境性运思充满了灵性与智慧，它既遵循着作者的原有构思，但又不是"按图索骥"。它随时都有"临场发挥""即兴表演"。它的"临场发挥""即兴表演"往往显得光彩夺目，灵气动人，显得生机勃勃。

（二）情境性运思充满了创造性

与上面特点相关的是它的创造性。如果真正成功地展开了情境性运思，作者的表达一定可以进入一个新的境界。有过一定写作经验的人都有这样的体验：当写作入"神"入"境"了，心中的意象会一个一个地纷呈迭出，漂亮的词句会飞珠迸玉一般地飞溅不息，思想的潮水会一路欢歌不止，手中的笔会不停地挥洒，这时候，窗外的阳光和吵闹似乎不存在了，时空和空间似乎不存在了，甚至忘了吃饭、睡觉。当自己完全沉浸在这样一种出神入化的境界，精言妙语层出不穷，奇思异想纷呈迭出，有时候，甚至连自己也惊叹不已，为什么竟能写下如此漂亮的字句。沉浸到情境性运思中去，文章会有如天助，许多意想不到的妙笔，会不知不觉地冒出来。普希金写《叶甫盖尼·奥涅金》，万没想到年轻纯洁初恋受挫的塔吉亚娜最后会嫁给老将军。法捷耶夫写《毁灭》，美谛克意外地从作者预定的自杀命运下逃了开去。巴金写《秋》，起初并没想到淑贞会自杀，打算在她十五岁的时候把她嫁出去，可写到第三十九章时，淑贞竟投向了那口水井。郭沫若写《屈原》，本打算写屈原的一生，结果只写了一天。阿

---

① 曹禺：《〈雷雨〉的写作情况和经过》。
② 《歌德谈话录》，人民大学出版社1978年版。
③ 狄德罗：《论戏剧性》，载《文艺理论译丛》1958年第2期。
④ 高尔基：《致沙勃连柯史》（1901）。

·托尔斯泰曾感叹说，自己写得最顺手的时候，不知道人物五分钟后会说什么。作者进入情境性运思，情感和情境就好像具有了自动性。王蒙说："当进入创作境界后，就像演员进入角色一样，他会有一些下意识的体验、动作、即兴表演，而作家，也会有许多周密计划之外无法预期的，随着感情的波浪和笔尖的驰骋的体验产生，这就是所谓神来之笔。"①

（三）情境性运思具有自觉性和非自觉性

沉浸到一定的情境性运思中去，写作往往具有了一种匪夷所思的非自觉性，人物、情节、思想、字句好像是自动涌出来的，好像不是作者在写，而是一篇文章、一部作品在汩汩地流出来。作者的心灵，成了一个浑然天成的完整结构，潜藏着巨大的能量。它常常表现出一种不由意志主宰、自然喷涌的定势和倾向，它容不得芜杂，容不得肢解，容不得任何外加的东西。

情境性运思的发生、发展、强化、高潮、衰退、消散，不是人的意志和理念完全控制得了的。一个作家，他不能像按电钮一样下令自己进行情境性思维。但它也不是完全不自觉的。一方面，作者总是有意识地进入角色、进入氛围、进入情境，有意识地激动起来，让自己的心理之流自然而然地流走；另一方面，理智仍然警觉地凝视着、调节着。巴金谈到《秋》的创作时说："我应该说，虚构那些事情，那些场面，并不十分困难。因为那些人物在我的小说里生活了几年，他们已经能够按照他们的脾气，按照他们的生活方式行动了。所以我常常说是他们自己在生活，不是我在写他们。"但作者并没有因此而丧失了他理性的调节和判断。他写觉新是以他大哥作模特的。他大哥是一房的管家，他见这一房人入不敷出，坐吃山空，自己又因病失业，于是瞒着别人做所谓"贴现"的投机生意，把全部家产作为赌注押上，结果搞得这一家彻底破产。在这种情况下，他再没有勇气活下去，只好走上自杀的道路。但作者在小说里并没有安排觉新自杀。因为作者感到："高家比我们李家有钱，《秋》结束的时候，觉民已毕业，可以靠自己生活。此外高家大房也只有觉民、觉新、淑华、翠环几个人。即使他们放不下太太，少爷的架子，每月开支也不会入不敷出。觉新在商业场被焚以后虽然失掉工作，还可以靠遗产过活。他用不着做投机生意，更不会去干'孤注一掷'的冒险事情。公馆卖掉搬到新屋以后，觉新反而觉得生活倒比以前愉快。他在家看书过着安静的日子，根本不愿自杀。"从作家这段自述可以看到，进入情境性运思后，一方面，"人物""情节""场景"会自动地"流"出来；另一方面，作者也在机警地判断着、选择着，就像科林伍德所讲，作者创作时，是一心两用，"同时做两件事：想象并且知道他是在想。"②

（四）情境性运思具有连贯性和整一性

沉浸到情境性运思中去，也就意味着在一定的心理时空中生活，心理时空有一定的连贯性与完整性，如果打破了这种连贯性与完整性，情境就被破坏了，情境性运思也就中断了。鲁迅在《我怎么做起小说来》一文中，曾谈到他的切身体会："一口气写下去，这人物就逐渐活动起来，尽了他的任务。但倘有什么分心的事情来一打岔，放下许久之后再来写，性格也许就变了样，情景也会如先前所预想的不同起来。例如我做的《不周山》，原意是在描写性的发动与创造，以至于衰亡的，而中途去看报章，见了一位道学的批评家攻击情诗的文章，心里很不以为然，于是小说里就有个小人物跑到女娲的两腿之间来，不但不必有，而且将结构的宏大给破坏了。"鲁迅说的这种情况，其实我们也经历过。写某一篇东西，写得正顺手，如

---

① 王蒙：《当你拿起笔……》，北京出版社 1981 年版。
② 引自朱狄《当代西方美学》，人民出版社 1984 年版，第 74 页。

果这时让其他事给打扰了一下，待干完其他事再来写文章，文章的情境与味道已经变了许多，有时甚至根本写不下去。因此，有经验的作家，总是竭力维护写作情境的完整性、连贯性，讲究凝神结想，一气呵成。契诃夫谈到他的创作时说："我想不起我有哪一篇小说是用一天以上的工夫写成的。"（《给格利果罗维奇》）巴尔扎克的小说，更像一股泉流，绵绵不断地涌出来。他谈到自己的创作时说："听我告诉您，《路合艾利家族的秘密》是我一夜工夫写成的；您将来读到的时候，就请记住这一点吧。《老姑娘》是三个夜晚写成的。《珍珠碎了》总算结束，《该死的孩子》是在我身心痛苦的几个钟头之内写成的……《无神论者的弥撒》和《法奇诺·卡耐》也是这样写出来的；我在萨舍，用了三天功夫，写成《幻灭》开头的一百页。"①至于稍长或长篇的作品，写的时候虽然免不了停停写写，作者们也很注意将思维连接起来，使自己的思维统一于整一的写作情境之中。像海明威，他一大早走到写字台前，动手时，总是先读一遍已经写好的部分。如果是小说，他就从头读起；除非手稿积累得太多了，一时无法读完。但他至少也得读已写好的最后两三章，然后才展开他的故事。

三、情境性运思的方法

情境性运思在表达阶段起着非常重要的作用，直接关系到表达的成效。它使"写"变得异常生动起来。它是写活人物、环境，调整、丰富原有构思的重要环节。不能展开有声有色的情境性运思，也就不可能有有声有色的文字表达。

展开情境性运思，要确立好文章的开头，尽可能地调动自己的情感，设身处地地进入境界。文章的开头部分，是文章的胚芽，后续部分都是由它"生长"出来的。开笔部分，作者的语气语调，材料的色彩情调，语言的节奏风格，作者与读者的时空关系，对后续部分做了整体色调的规定。如果开笔部分没有写好，后面也就难以深入。

展开情境性运思，还要设身处地地展开想象。表达，在很多时候就是在虚拟的感觉情境中进行表演。老舍曾介绍他的写作经验说："我总是一面出着声儿，念念有词，一面落笔。比如说，我设想张三是个心眼爽直的胖子，我即假拟着他的宽嗓门，放炮似地话直说。同样地，我设想李四是个尖嗓门的瘦子，专爱说刻薄话，挖苦人，我就提高了调门儿，细声细气地绕着弯子找厉害话说。这一胖一瘦若是争辩起来，胖子便越来越急，话也越短越有力。瘦子呢，调门儿大概便会越来越高，话也越来越尖酸，说来说去，胖子是面红耳赤，呼呼地喘气，而瘦子则脸上发白，话里添加了冷笑。"如果没有设身处地的想象，没有情感的调动与体验，情境性运思也无法展开。

§15　表达的语段性运思

一、语段性运思的含义

作者一边"想"，一边"写"，随着情境性运思的展开，他会采用与之相应的语段将它记写下来。这也就是我们说的语段性运思。

以前谈表达，总习惯作静态的解析，认为文章是由字词句段构成的——许多许多的字词，按"主""谓""宾"的语法模式，构成了一个一个的句；许多句，按照"承接""递进""因

---

① 巴尔扎克：《致韩斯卡夫人》，《巴尔扎克论文艺》，人民文学出版社2003年版。

果""条件""目的""假设""转折""选择"等关系，构成了句组、语段；许多句组、语段，按其内容上的联系，构成了段落、层次；许多段落、层次，按照"起""承""转""合"的结构模式，组成了文章。这样的分析自然不错，但也不太符合文章表达的实际。就我们大多数人的经验来说，尽管文章是一个"字"一个"字"地写，但写的时候通常并不考虑"主""谓""宾"，也不考虑句子的"递进""并列""转折"等，而是"率意而为"，依"情境性运思"展开。

　　表达阶段表意的基本单位其实不是字、不是词、不是句，也不是段落，而是内容相对完整的一个一个的语段。这些语段，是由作者所要传达的内容所生发的。比如说，要写一篇登山的文章，打算从乘车写起，随着思路的展开，相应的语段也就出现了：开始是概要地介绍将要登的山，接下来是乘车前行的场面，接着是下车后欢呼雀跃的场面，接着是第一个登山的最佳景点，接着是同学们打闹嬉笑的穿插……作者的语段是"应景而生""随境而成"的，有什么样的"情境"，也就有什么样的"语段"，"情境"运行到哪里，与之相应的语段也就会跟它运行到哪里。依据"语段"负载的内容，也就有了"叙述性语段""描写性语段""议论性语段""抒情性语段""说明性语段"等，如，为论证某个问题或说明某一事物，由此产生的语段也就是"议论性语段""说明性语段"。这些"语段"，也就是平时所说的"表达方式"。

　　"表达方式"是由表达目的、表达内容自自然然地"生长"出来的。脱离内容，脱离情境性运思的"表达方式"是不存在的。如果这样来理解"表达方式"，也就好掌握了。不过，"表达方式"既是目的，也是手段；既是内容，也是形式。一方面，它是由情境性运思自自然然地"生长"出来的。另一方面，作为"手段""形式"，也就有了它自身的特点、要求。如果对这些特点、要求谙熟于心，对表达是有利的（"表达方式"涉及的内容较多，我们留待下面章节去讨论）。

二、语段性运思的特点

（一）语段性运思是内部语言向外部语言转化的过程

　　20世纪50年代末，西方语言学爆发了所谓的"乔姆斯基革命"。这场革命，以美国语言学家乔姆斯基的《语法结构》（1957）一书的出版为标志。乔姆斯基理论的核心是"转换生成语法"，他对语言的先天机制、语言的深层结构、语言的生成过程作了合乎逻辑的阐释。他认为，人进行言语活动时，先是以内部形式在心理深层平面中形成书面语言雏形，然后通过人脑特有的转换装置转化为言语表层平面上能被他人所理解的具有交际作用的言语形式，也就是由一个压缩的、简要的、只有自己才明白的思想，向展开的、具有规范语法结构的言语表达的表层转化。转化到表层的就是我们所能理解的外部语言形式。乔姆斯基提出了"语言能力"与"语言行为"两个重要概念。在乔看来，"语言能力"主要是一种对语法规则的把握能力。他把潜在的句子成分之间的内在语法规则称作语言的深层结构，他认为这些深层结构是一些定型的、定性的，普遍存在着的关系结构或语法模式，从这些基本的语法结构中，可以转换生发出无限的言语现象，他把这里生出的言语现象称为语言的表层结构。深层结构属"语言能力"，表层结构属"语言行为"。他指出，语言的生理生发过程就是由"语言能力"向"语言行为"的转化过程，其中转换规则有"替换""省略""添加""移位"等。

　　乔姆斯基强调的是一种固有的、相同的、先天的言语机制。到了20世纪70年代，前苏联著名学者A·P·鲁利亚从神经心理学的大量临床观测入手，将言语的生成过程概括为：（1）起始于某种表达或交流的动机、欲望、总的意向；（2）出现一种语汇稀少、句法关系松散、结构残缺，但却黏附着丰富心理表象、充满生殖活力的内部语言；（3）形成深层句法结构；

（4）扩展为以表层句法结构为基础的外部语言。鲁利亚吸收了乔姆斯基的某些研究成果，但他与乔姆斯基的理论体系不同，他强调的是一种变化的、个体的、社会实践中发生的动机和意向，他更重视言语的主题性、情景性，强调言语交流和运用的功能。尽管乔姆斯基与鲁利亚的着重点不同，但有一点是共同的，人的言语生成的过程，是由内部语言向外部语言转化的过程。在这个转化过程中，语言表达的优劣高下，一方面取决于言语主体深层心理结构的丰富；一方面取决于主体将深层结构转换成表层结构的能力。

表达的完美总是与语言的丰富程度密切相关，词汇丰富，构思易于深入，表达也易于趋向完美。如果语言贫乏，就很难准确地表情达意。解放前，有人推行《基本英语》，认为只要记熟850个单词，便可以用英语说话了。世事纷繁复杂，850个单词怎么适应现实生活的需要呢？推行者认为，不要紧，如果没有这一个单词，就用相关的词语代替。比如说，"泪"，可以说成"眼里出来的水"；"葱"，可以说成"让眼里出水的白色根"；"胡须"，可以说成"长在脸上的毛"；如果请理发师刮胡须，可以说成"请拿去脸上的毛"……这当然只能是一个笑话，其结果是不言而喻的。如果词汇贫乏，无论怎样地机智百出，也会捉襟见肘，无法表达自己的意思。优秀的作家，总是殚精竭虑地丰富着自己的语言材料。

有了丰富的语言材料，还要懂得巧妙地运用。内部语言是个人进行思考时使用的言语，是自己对自己发出的言语，不是同别人交流的语言。它具有三个特征：（1）发音器官的隐蔽性，当一个人默默思考问题时，有着言语器官肌肉组织的微弱活动；（2）词语的暗示性，它们是以发音的基本动作表示出来的，具有难以捉摸的特点；（3）语言的残缺性，它的言语不连贯，残缺不全，极度简化，是以压缩方式表达的意义组合。要将这种词汇稀少、句法松散、结构残缺、只有自己才懂的语言转化为明晰的、合乎语法规则且别人能懂的语言，也就涉及到作者运用语言的能力。

（二）语段性运思是一个心手相应的过程

"说话"只管说就行了，用不着用纸用笔把它记下来，即便不认得字也照"说"无妨。"写文章"却必须边想边写，心手相应，必须认得"字"，能熟练"书写"，不然就无法从事写作。

中国的汉字，据有关专家统计，大约有六万多个。这个数量是相当惊人的，但要我们一一都认得不太可能，也没有必要。实际上，我们经常运用的也就是三四千字。有人做过统计，《毛泽东选集》1至4卷，一共才用了2981个字。偌大一部《红楼梦》，所使用的汉字也不过4200多个。也就是说，一个人要是掌握了三四千个汉字，也就能顺利地从事写作。

然而，要真正从"音""形""义"三个方面准确地把握三四千个汉字也颇不容易。汉字中，形近、音近、义近的字很多，它们之间的差别很细微，要准确地认读它，要正确地书写它，实属不易，有人读了十几年书，进大学了，还"即""既"不分，"刺""剌"不辨，把"炙"写成"灸"，把"育"写成"盲"，把"寒暄"写成"寒喧"，把"唾手可得"写成"垂手可得"，"己""已""巳"不会区别，"戊""戌""戍"不知读音……不能准确地把握汉语言文字符号，也就不能准确地表达自己的思想。

除了准确地认读，准确地"书写"，还得非常熟练地"书写"。语段性运思中的文字书写，几乎是熟练得不假思索、随手而成的。在写作的过程中，谁要是还一笔一划地想着文字的笔画、笔顺，就很难顺利地写出文章，"心"与"手"相应，"想"与"写"同步，要像影之随形，才能较好地从事写作。没有经过这方面的特殊训练，写起来就很困难。

即使能熟练地书写，书写与运思之间也还存在着矛盾：写作这种特殊的脑力劳动，往往要求思维的连贯性，最理想的境界是"一气呵成"。而我们的书写速度却常常赶不上思维的速度，落在思想的后头。有时候我们思如泉涌，手中的笔却如蚂蚁爬行，新鲜的文思一闪而过，记下的却是零散、片断的残渣，构思与表达常常大相径庭。因而对写作来说，表达时不能过分地拘泥于书写、文字。如果过分地拘泥书写、文字，有时会把新鲜活泼的文思破坏殆尽。有经验的作者，往往追求书写速度与思路尽可能的一致。作家贾平凹介绍他写《满月儿》的经过时说：

> 当时，我跑到村外泾河边的树阴下，一口气写下去。我是那样激动，似乎我的本家姐姐、我的爱人，和我以前接触过的那些女同学、女朋友，全站在面前，我心里十分急，语句往出涌，笔都来不及写，字写得十分潦草。我没敢中断，写到后部分，语言一时搭配不起来，我便不管语言的修饰，胡乱地用一些话先代替着，一直把心里想好的整个小说写完了。

鲁迅在《致叶紫》的信中也谈道：

> 以后应该立定格局之后，一直写下去，不管修辞，也不要回头看。等到成后，搁它几天，然后再来复看，删去若干，改换几字。在创作的途中，一面练字，真要把感觉打断的。我翻译时，倘想不到适当的字，就把这字空起来，仍翻译下去，这字待稍暇时再想。否则，能够因为一个字，停到大半天。

从作家们的创作经验看，写时一气呵成，写后再作精心修改，这确实是解决"心""手"之间矛盾的一个好办法。

（三）语段性运思是认识不断深入的过程

人们通常不会把"语段生成"与"认识深入"联系起来。一般认为"认识"是构思阶段的事，"文字表达"不过是将"构思""认识"物化而已。这认识是不对的。早在魏晋，刘勰就曾深刻地认识到"言""意"之间的区别，认为"意翻空而易奇，言征实而难巧"。[①]

一切构思，无论怎样精密细致，总是轮廓性的，它不可能把一切细节、一切字句都预先构想好。它总是意念性的，不可能像物质对象那样可摸可触，可见可闻。而表达，无论是怎样的表达，作者一旦拿起笔来，一切就要求具体了：它不能满足于轮廓性，必须细节化；不能只凭"意会"，必须"征实"。构思一旦形诸文字，其瑕疵、毛病就显得格外显眼起来——有时，构思时觉得一切都想好了，及待动笔，却发现其中某一个"关节"未通。有时，觉得构思逻辑严密，无懈可击，及待动笔，却发现漏洞百出。有时，觉得某个细节是神来之笔，及待动笔，却发现它是大可不必的一个赘疣……作者表达的过程，实际上也就是一个认识不断深入的过程。以托尔斯泰写《复活》为例。当他 1887 年 6 月听到友人讲述女犯人罗萨丽亚·奥尼的奇特经历时，马上就产生了强烈的创作冲动，感到"一切都很清楚而且妙极了""照它原样"写下来就行。他很快写出初稿，但却失败了。他发现那个传奇故事激起的感情冲动蒙混了他，不得不推倒重新构思。1889 年 12 月，他在日记中写到，"柯尼的故事的外表形式我脑子里已经清楚了，应该从开庭写起。这就便于暴露司法机关的伪善以及表现他的正义要求"，但事实上并没有多少进展。1895 年 11 月 5 日，他在日记中又写道："散步时我很清楚地理解

---

① 刘勰：《文心雕龙·神思》，中华书局 1980 年版。

到，为什么我的小说《复活》没有走上正路。开头就是虚伪的，这一点，在构思描写儿童的故事《谁是对的?》当儿，我理解到应该从农民的生活开始写起，他们是主体，是正面人物，而别的东西是影子，是反面的东西，关于《复活》也是如此。应当从她开始，想马上动笔。"他兴致勃勃地写了一段时间，又搁下了。他在日记中总结说："柯尼的故事不是产生在我自己的心里，因此显得棘手。"又经过两年的酝酿，他对自己构思的聂赫留朵夫决定要娶卡秋莎的情节仍然不满，感到难以下笔。在 1897 年 1 月 5 日的日记中，他又写道："一切都虚假，杜撰，拙劣"，"很难修改已经写坏了的东西。要修改就必须：描写他和她的感情和生活。对她——肯定而严肃，对他——否定而嘲笑。看来我未必会完成这本书。一切都已经弄得很糟"。直到 1898 年下半年，经过 11 年反复的修改和构思，托尔斯泰重写《复活》，才最后完成了这一部巨著。从托尔斯泰的创作过程可以看到，构思的好坏固然关系到表达，而表达的具体实施又进一步深化了构思。

三、语段性运思的方法

语段性运思维系着两头：一头是作者的"想"，"情境性运思"，一头是作者的"写"，"书写行为"。要使"书写行为"跟上思维的速度，一方面是平时书写技能技巧的训练，一方面也可采用速记速写的一些特殊的方法。

§16 表达的修辞性运思

一、修辞性运思的含义

随着情境性运思的展开，作者一方面是采用相应的语段将构思物质化、符号化；另一方面，他还希望写得好一点，生动一点，精彩一点，能将内容与形式完美地统一起来。作者在技巧与思想上所做的种种努力，我们称之为修辞性运思。修辞性运思是以追求效果为目的的运思。作者在表达中，总是尽可能地调动一切手段、一切因素以增强文章的表意效果。"修辞性运思"这个概念比语言学讲的"修辞"要宽泛一些，它涉及到篇章、语体、语段、词句、修辞格等方面。

（一）"篇章修辞"

文章虽然是一个字一个字地写，一个语段一个语段地写，但它始终是以整体为目的的。任何文章，无论以何种形式出现，它都必须是一个有机的整体。因此，作者的修辞，首先表现在篇章的整体上，在表达阶段，他通常要考虑整体的均衡、变化，前后的照应、过渡，段落的划分、标示，首尾的融合、圆通。

一篇文章总是由若干部分（层次）构成的。在通常情况下，开头部分、结尾部分的篇幅要小一点，中间各部分的篇幅要大一些，才构成形式上的和谐、均衡，反之，开头结尾大，中间篇幅小，文章写出来就不成模样。而中间诸部分，既要有变化，也要求均衡。如果一部分篇幅特别大，一部分篇幅特别小，其比例也就失去了均衡美。

"文如看山喜不平"，如果文章呆板，缺少变化，就不吸引人。文章的节奏变化，主要是通过两方面表现出来的：一是语言上的轻重、缓急、强弱、高低、长短所带来的（这属于语言的技巧）；一是内容组织安排上带来的，内容上的节奏变化，从整体上决定了文章的节奏。因此，作者在力求均衡的基础上，"兴波澜""布疏密""设开合"等技巧就应运而生。

1.“兴波澜”

指有意造成各个层次内容之间的起伏变化。如，有意将一个事件的发展顺序颠倒，有意将几个线索交织进行，有意将内容上的张与弛、正与反、抑与扬、虚与实、喜与哀、动与静、曲与直、隐与显、庄与谐交织穿插，都属“兴波澜”的内容。

2.“布疏密”

指文字表达方面的详尽细密、简略概括，也指内容安排上密集、空疏。这两个方面是紧密联系在一起的，文章不能一味的“密”，也不能一味的“疏”，而要疏密交替，疏密结合。如果从头至尾，意象密集，叙说细致，就会显得啰嗦、死板。如果从头至尾，内容空疏，叙说空泛，就像一杯白开水，淡而无味。

3.“设开合”

指结构上的“承转”。紧承上文，紧扣上文，这是“合”。有时有意扯开点，扯远点，甚至扯到相反的事物上去，这是“开”。文章既要放得“开”，又要“收”得拢，“世间文字断无句句着题，句句不着题之理，其法在于离合相生”。句句相承，就会显得特别拘谨、死板。如果一味地离，一味地放，就会游离而失其所。古人谈文章，总喜欢讲“起、承、转、合”，认为“转”则生，不“转”则死，讲的就是这个道理。

4.“圆首尾”

一般说来，文章的开头，不管你采用什么方法开头，只要是合理的、合适的，它总是包含了整个文章生长的“胚芽”，后面的文章，总是从它自然而然的生长出来的。文章的结尾，如文学作品“临去秋波那一转”的审美效果，实用文章的“质朴、致用”，只要是合理的、合适的结尾，总浓缩了、包含了整个文章的信息。开头领起全文，定下基调，结尾则要完足文意，收束全篇，把首尾统一起来，整个文章也就成了一个有机的整体。

5.“总文眼”

这里说的“文眼”不是狭义的散文文眼，而是指文章构思命意的“结穴”。好的文章，不管作者用了多少材料，用了什么样的结构手法，文章各个部分总是投射、凝聚到某一个“点”上去。如果各个部分不能投射于、凝聚于某一“点”，整个文章就是散的。这个“点”是什么呢？是文章中的核心部分。所谓“总文眼”，就是行文时强化文章的核心部分，并让其他部分附丽于这一个“点”，烘托、映衬这个点。“点”明确了，文章的焦点也就明确了，纲举目张、尊卑就序。

6.“合涯际”

“合涯际”就是把文章中看似游离、散乱的部分导入文章的整体，使之成为文章一个有机的、不可分割的部分。如庄子的《逍遥游》，文章开头说鲲，接着说鹏，说斥鷃、学鸠，这几个材料看似毫无联系，作者用“此大小之辨也”一下就把分散的材料统一起来了。文章要放得开、收得拢，全在于作者“合涯际”的功夫。为了使文章各个部分“衔接”“连贯”，作者也就常常采用“过渡”“照应”等技巧。“过渡”和“照应”是文章贯通的微观问题，较少发生在文章设计、构思的宏观阶段，属表达阶段修辞性运思的内容。

当文章前后两个层次或上下两个段落之间出现“转折”或“空隙”，像隔着一条“河”，为了使前后衔接、上下沟通、转折自如，就需要“过渡”。一般说来，由一层意思转换为另一层意思，由一种表达方式转换为另一种表达方式，为了使读者明白前后的“承”“转”，需要过渡。所谓“过渡”，即对文章两个相邻结构单位之间“裂痕”进行缝合、衔接。

“过渡”很大意义上是为读者所想的，它好像在两个结构单位之间架设桥梁，摆设渡船，为的是让读者阅读时顺利通过两个结构单位之间的裂缝、转折。过渡的方法有两种，一种是有迹过渡，一种是无迹过渡。"有迹过渡"是有迹可求的，它一般通过"过渡词""过渡句""过渡段""空行""小标题""序数"等方法实现。"无迹过渡"是无迹可求的，在两个裂缝较大的结构单位之间不插入任何过渡性的词语、句子、段落，让它按照自身的逻辑实现联接。如周振武的《巨兽》（载《上海文学》1982 年 2 月号），小说讲的是两代人、两种命运、两种事态、两种人情的故事：过去父亲被"巨兽"吃掉，现在儿子终于战胜了"巨兽"。作者把过去与现在两代人的故事交织穿插在一起，中间省去了过渡性的词语、段落，属"无迹过渡"。"无迹过渡"我们以前谈得不多，其实它也是文章写作中最常用的写法之一。德国接受美学学者伊瑟尔就曾指出，文学本文的各层结构中，都存在着许多"空白"，"情节线索突然被打断，或按照预料之外的方向发展，一般故事集中于某一个别人物上，紧接着就续上一段有关新的角色的唐突介绍"，这就造成了情节上的中断与"空白"。这种"空白"是一种寻求缺失连接的"无言邀请"，有待于读者在阅读过程中填补、充实。① 伊瑟尔所说的"空白"实际上就是我们所说的"无迹过渡"。无迹过渡从文章表层看不到我们通常所说的过渡词语、句子、段落，两个结构单位之间留有较大的"空白"，但这些"空白"仍有效地执行着过渡的任务，使文章形成一个有机整体。有迹过渡与无迹过渡都是文章贯通的常用手法。一般说来，有迹过渡往往使文章显得严谨、文气贯通。无迹过渡则使文章显得简洁明快、空灵跳脱。在写作中，一般交互使用而各有侧重。如果没有侧重地交互使用，文章风格就显得不统一。运用"过渡"，关键是对读者阅读心理和阅读水平的把握。有时候，我们觉得有必要用些交代，使文字顺利过渡，但读者觉得你多此一举，行文啰嗦。有时候，我们觉得自己的思维层次很清楚，略去了一些过渡性的字句，而读者又觉得把握不住你的思维层次，这都是没有把握读者阅读水平所致。

　　所谓"照应"，是指文章前后内容上的关照呼应。文章写到后面，对前面曾提到、涉及到的内容加以解释、重现、再述，都是照应。在记事性的文章中，照应常常是与伏笔联系在一起的，往往前有伏笔，后才有照应。李渔在《闲情偶记》中指出："每编一折，必须前顾数折，后顾数折；顾前者欲其照应，顾后者欲其埋伏。"毛宗岗在《三国演义》评点中指出："《三国》一书，有隔年下种，先时伏着之妙。善圃者投种于地待时而发。善弈者下一闲着于数十着之前，而其应在数十着之后。文章叙事法亦犹是已。"他们都是将伏笔与照应放在一起讲的。"照应"是就文章内容而言，"照应"的本质是同一材料的多次重复。多次重复可以使某种材料得到渲染、强调，使文章前后内容显示内在的联系。和"过渡"一样，"照应"也分明和暗，或者说有迹和无迹两种。明的照应，是指文章写到后面，作者对文章前面出现过的某一事物，作出相应的解说、发挥，或指出其含义，或指出其下落。如《故乡》中，"我"和"母亲"决定，凡是不必搬的东西，全都送给闰土，让他自己去挑选。结果那天下午，闰土只挑选了两条长桌，四个椅子，一副香炉和灯台，一杆台秤。临近结尾，作者写道：

　　　　我想到希望，忽然害怕起来了。闰土要香炉和灯台的时候，我还暗地里笑他，以为他总是崇拜偶像，什么时候都不忘却。现在我所谓希望，不也是我自己手制的偶像么？只是他的愿望切近，我的希望茫远罢了。

　　这一段照应，就是明的照应，作者是以特别的文字加以解说、发挥的。在议论文中，有

---

　　①　伊瑟尔：《本文与读者的交互作用》，湖南文艺出版社 1991 年版。

时一个事物或论点前面已经提到，到了后面又需要继续说明、讨论，作者用"前面说过"，"前面谈到"等字样来照应，也属有迹照应。无迹照应是不需要作者以文字对前面提到的事物做特别的解释说明的，它是材料自身的照应。例如茹志鹃的《百合花》，前面几次写通讯员衣服被门挂破了，后面写新媳妇为牺牲了的小通讯员缝补衣服，就是暗的照应，作者并没有做特别的解释、说明。写好暗的照应，关键是布置好伏笔。莫泊桑的小说《项链》末尾写到佛来思夫人说她那条项链是假的，顶多值五百法郎，真是平地惊雷。但细想想，它又巧妙地照应了前文：当玛蒂尔德向她借那串项链时，她回答"当然可以"，如果这项链价值三万六千法郎，她会答得那么爽快吗？当玛蒂尔德千辛万苦凑够钱把钻石项链还给她时，小说写"佛来思夫人没有打开盒子"，如果她借出的是钻石项链，她能不打开看看吗？后来，当玛蒂尔德说买了一条钻石项链赔她时，她万分感动，这说明，她可能十年之间都没有看那项链一眼。由于作者伏笔巧妙，后面的照应也就水到渠成。清人汪尧峰说得好："应者何？应其所伏也。且伏笔苟使人知，亦不称妙。无意阅过，当是闲笔，后经点眼，才知是有用者。武林九溪十八涧之水，何尝一派现出溪光？偶经一处，骇为明绮绝底，然不知泉水之所来者。及见细草纤绵之中，根下伏流，静细无声，方觉前溪实与此溪相联。"（《与陈霭公论文书》）照应显示的，是文章的内在联系。只要是一篇完整的文章，不可能没有照应。但并非处处都要照应。要选命意之所在、结构之关键处照应。传统写作是特别讲究照应的，一般要求，前面提到的，后面要有着落；后面说到的，前面要有交代，讲究有始必有终，有因必有果。契诃夫有一句名言，如果第一幕墙壁上挂了一枝猎枪，到了剧终，你就必须让主人公开枪。也就是说，文中不能有闲笔，要前呼后应。现代小说创作中，有人认为，客观事物是复杂的，不一定都严格地拴在线性的因果链上，如果墙上挂了一枝猎枪，也可能不开枪。他们追求事物的或然性，认为这样可以更深刻地反映客观自然。因此，他们在创作中不太讲究照应，人物和事件常常突然而来，突然而去，没有传统小说的前后呼应，形成一种开放性的结构，作为一种美学追求，自然是可以试一试的。但对大多数习作者来说，还是应学习和掌握照应这种技巧。

7. 段落上的划分、标示也属修辞性运思的范围

段落是从视觉方面而言的结构单位。它是体现文章层次的外部形式，具有"换行空两格另起"的明显标志。段落为的是表现作者思维中的某一转折、间歇，清晰地反映出文章的内在层次、节奏。为的是使文章眉清目秀，便于读者阅读理解，在段落停顿时思索、回味。为的是强调重点，加强印象，传达感情色彩。

有经验的作者，总是在行文时尽量制造段落在视觉上的优势，以达到最佳的表达效果。

（二）语词修辞

"语言是思想的直接现实。"在感知阶段，它作为"事物"的象征符号，帮助我们在头脑中储存各种感知信息；在构思阶段，它以活跃、流动、不定型的内部形式，帮助我们在心灵中组合、凝聚、再生各种写作信息；在表达阶段，它直接充当了文章的载体。好的语言，应该准确、精练、生动、形象、和谐、畅达，符合文体要求，并且有一定的形式美。

所谓语言准确，是指用语能准确地表达需要表达的内容。准确不准确，是不能离开具体的语言环境和它所传达的内容来讲的。语言准确，必须根据传达的内容和上下语境，选用最恰当、最准确的词，正确区分词语的感情色彩；同时，在造句上，不出现成分残缺、搭配不当等毛病。

所谓精练，是指用语没有可有可无的话，含蓄隽永，言简意赅，不啰嗦、不重复、不拖泥带水。要做到精练，要尽可能地删繁就简、力避堆砌。

所谓生动，是指用语不干瘪、不呆板，新鲜活泼，具有感染力。语言生动，要善于选用含义具体并且有形象感的词语，善于选用绘声绘色的描绘性词语，善于运用各种修辞手法，善于再现叙述人的语气、情感和神态；同时，要注意词汇的丰富和句式的变化。

所谓自然，是指用语出自内心，不矫揉造作，不虚情假意，不讲空话、假话、套话，不堆砌词藻，不生造词语，不故意雕琢。初学写作的人，总希望把文章写得"漂亮"一点，用许多不必要的修饰来涂抹装点作品，结果适得其反。所谓和谐，是指用语从词到句，从句到段，从段到篇，都浑然天成，和谐一致，是优美的抒情，还是朴素的记叙？是欢快活泼，还是幽默风趣？是严肃深沉，还是犀利冷峻，要有一个整体的"风貌"。如果用词、用句、用段不一致，就会驳杂而难以成篇。所谓畅达，是指文辞流畅，读来琅琅上口，不疙疙瘩瘩，佶屈聱牙。

除了在表情达意上的准确、精练、生动、自然、和谐、畅达，在不因辞害义的前提下，语言还应追求一定的形式美。这些都属语言修辞的内容。修辞是提高语言表达效果的技巧。为了更好地表达思想、感情，人们总是根据具体的语言环境，综合运用语文知识，选择、调整、安排最恰当的语言形式，以求产生最好的表达效果。这种运用语言的技巧，就是修辞。

修辞与逻辑、语法有着十分密切的关系。从语言实践看，同样一个语句，往往是逻辑、语法、修辞三者相互为用的：从思维方法看，属逻辑问题；从语言结构看，是语法问题；从表达效果看，是修辞问题。

通常，人们将修辞分为两大类：消极修辞和积极修辞。消极修辞是以说明事理令人理解为目的的修辞，偏重于说明问题的性质、意义等，"使当时要表达的表达得极明白，没有丝毫的模糊，也没有丝毫的歧解"（陈望道《修辞学发凡》）。积极修辞是以表达情感、体验令人感受为目的的修辞，侧重于说明情景，传达情感，使人获得形象生动、如临其境的感受。消极修辞追求的是意义明白，积极修辞在保证意义明白的前提下，还要力求生动。文学写作多运用积极修辞，实用写作主要是运用消极修辞。实用写作"求真""致用"，其遣词造句力求表达得明白、准确、没有歧义。在运用修辞手法时要注意以下几点：（1）实用文是完全写实的文体，不包含欣赏成分，无需追求艺术魅力，不用夸饰和虚构，不用铺陈和渲染，没有细腻的描写，不用"倩影""婵娟""暮霭""垂柳""涟漪""旖旎""芳馨""踯躅"一类的描绘性词语，少用借代、拟人、夸张、拈连、映衬、顶针、双关、反复、回环之类的修辞手法，少用"呼告"之类的方式来抒情。（2）实用文的语体比较庄重，除新闻一类的文体，通常不用方言口语和俗语。像生活中常见的"啊""咦""哎"一类的感叹词，"天啦""我的妈呀"之类的插说语，是不用的。（3）实用文行文，以"辞达"为原则，只要明白、准确地传达了所要表达的意思，就不必再行修饰。如果脱离了这个规范，就是不得体。语词修辞通常包括以下的内容：

1. 用词精当

善于根据内容表达的需要，在众多的同义词、近义词中选用最确切的词语，以准确地表现事物的特征及作者的思想感情。如鲁迅在《头发的故事》中描写北洋军阀统治时期北京"双十节"挂旗时的情景：

早晨，警察到门，吩咐道："挂旗！""是，挂旗！"各家大半懒洋洋地踱出一个国民来，撅起一块斑驳陆离的洋布。

作者用了"踱"而不是"走"，用了"撅"而不是"挂"，用了"洋布"而不是"国旗"，无论形状动作还是感情色彩，都表现得十分准确。

词有词性，不同词性之间有其特定的组合规律。使用时要辨析词性，注意不同词性的组合规律。试看下面的句子：

> 被告与原告经常吵架，致使夫妻感情裂痕。
> 该犯竟意图强奸该女青年，其罪行有极其的危险性。
> 他多次提出不合理的要求，阻碍问题的顺利解决。
> 该犯罪行极大，性质严重。
> 男方称：女方如能改变对公婆的态度，对夫妻关系就能得到改善。

这些句子，未能辨清词性，语言运用就出现了毛病。

2. 褒贬得当

词语中同义词、近义词比较多。这些词语不但意义上有细微的区别，感情色彩也不一样。例如，"坚定""坚决""固执""顽强""顽固"这五个词，都是形容词，都有认定某种方向而不肯更改、回头的意思，但它们又有意义上和感情色彩上的区别："坚定"和"坚决"是褒义词，"坚定"一般用以表示立场、意志的不可动摇；"坚决"则表示态度、行动方面的不犹豫；"固执"和"顽固"是贬义词，意指死死抱住错误的信念或沿着错误的道路不改变，但"固执"一般指坚持己见，不肯变通；"顽固"指思想保守，死不进步；"顽强"则是一个中性词，既可用于好的方面，如"他很顽强，从不向困难低头"，也可用于坏的方面，如"敌人很顽强，但还是被我们消灭了"。运用词语时，不仅要注意词义的差别，还应注意它们的感情色彩。否则，就会闹出笑话，差之毫厘，失之千里。

3. 指代明确

使用代词，指代明确，不产生歧义。试看下面的句子：

> 被告王×、李×蒙骗张×、赵×，企图把他们拉入盗窃集团，参与他们的犯罪活动。
> 女方曾多次提出离婚，男方不同意。于是女方提出，如不离婚，双方要有和好的愿望，主动搞好夫妻关系。此后男方虽有所改变，但对此心怀不满。

这些句子，就犯了指代不明的毛病。

4. 语义鲜明

语义鲜明，不含混不清、模棱两可。试看下面的句子：

> 凡本校职工，每学期请事假五天以上者，不发全勤奖；五天以下者，发给一半的全勤奖。
> 上级下达的各项经济任务，我厂已基本上全部完成了。
> 目前我厂困难较多，主要是产品畅销不佳。
> 王×应付因治伤用去的医药费150元。

以上句子，语义含混不清。在实用写作中，我们还经常可以看到一些模棱两可、语义含混的词语，如"大致可以""似有不妥""根据我们不成熟的意见""据不完全可靠的判断""推测如此""大约""也许"等等，这些损害文意的词语，是实用写作中所忌讳的。

5. 分寸准确

用词要有分寸，一是一，二是二，不能把重大的事情说得很随便，也不能把琐屑的问题说得冠冕堂皇。在实用写作中，对问题的分析，对道理的阐述，对办法的拟定，对成绩的肯定，都要讲究分寸。例如，一种产品刚研制出来，就不能说成"批量生产"；一项工程刚刚完成一半，不能说成"基本完成"；一项活动有多数人参加，不能说成"普遍参加"；一件工作失误，不能说成"严重罪行"。用语讲分寸，还涉及到表分寸词语的使用。表分寸的词语，有时间、范围、数量、程度、条件、主次等方面的区别，层次比较多。例如，表数量的有"全部""绝大多数""大多数""多数""半数""少数""极少数""个别"等；表程度、范围的有"基本上""大体上""普遍""有所""比较""非常""特别""尤其""很"……使用时应根据情况斟酌使用，不能不加区别拿来就用。

6. 用词精当

用词精当，不生造，不堆砌，试看下面的句子：

> 王×一贯打架斗事。
> 有这种错误思想的只是极少数几个同志。
> 我们的工作距离党的要求还有很大距离。
> 和他谈心是一种愉悦生命的绝好机会，萦绕心间澄净的梦想，一直孕育着这样一种精神，充盈我的生活头脑与灵魂之间……

这些句子，有些词是不必要的重复，有些词是生造，有些词是堆砌。

7. 用语生动

用语要生动，要善于启用丰富的词汇，不能总是几个词倒来倒去。试看鲁迅《华盖集·忽然想到》一文中一段文字：

> 我们目下的当务之急是：一要生存，二是温饱，三要发展。苟有阻碍这前途者，无论是古是今，是人是鬼，是《三坟》《五典》，百宋千元，天球河图，金人玉佛，祖传丸散，秘制膏丹，全都踏倒他。

其词语的丰富，意思的精到，是很值得我们学习和体会的。

8. 锤炼词声

运用词语，除了考虑词义的准确、生动、凝练外，还应考虑词语的音调，尽可能做到声情并茂。音调的锤炼，要注意音节的整齐匀称，要注意声调的平仄相间，要注意韵脚的自然和谐，善于运用单音节、多音节和双声叠韵词。试看茅盾《联系实际，学习鲁迅》中的一段：

> 但鲁迅杂文的艺术手法，仍然是回黄转绿，掩映多姿。他的六百多篇在百万字的杂文，包罗万有，有匕首、投枪，也还有振聋发聩的木铎，有悠然发人深思的静夜钟声，也有繁弦急管的纵情歌唱。

这段文字，两相对应的地方，注意平仄的相对相间，读来抑扬顿挫，流畅悦耳。

（三）句的修辞

词要流衍为句。词的意义，只有在句中才能实现。除了"炼字""炼词"，还要"炼句"。"炼句"包括两个方面的内容：一是句子的构成，一是句式的调配。

1. 句的组成

一个一个的词，要按有序衔接规律，组合成一个一个的句子。句的组成，既要符合事理，符合逻辑，又要符合语法规律。在句子组成中，主要解决的有搭配得当、词序得当、修饰得当、没有多余、没有残缺等问题。一般的句子，通常是按"主—谓—宾"的结构模式组成的，在特定语境下，有些成分可以省略，如果该省略的没省略，句子就不够精练。如果不该省略的地方省略了，成分就残缺，语义就不明确。句子的成分搭配要得当。搭配得当包括两个方面，一是语义上的合情理，一是语用上的合语法。如果搭配不当，读来疙疙瘩瘩，就不合情理，也不合语法规则。语句与语句之间，意思要衔接、连贯，不能脱节。如果语义不衔接，就会语义不明或产生误解。遣词造句，要逻辑严密，不能出现自相矛盾的现象，不能弄错句子之间的逻辑关系。如果自相矛盾或弄错上下句之间的关系，就会带来表述上的错误。句子要简洁，不要出现杂糅、赘余等毛病。如果将几个句子杂糅在一个句子里，读来就文气既不顺，表述也不明确。试看下面的句子：

迎着扑面而来的春风，望着随风飘拂的柳枝，又勾起了我对往事的回忆。

产品质量低、用户服务差的问题，在一些企业中还存在着。

在审理过程中，被告交代了以上盗窃罪行，并追回部分赃物。

我国棉花的生产，长期不能自给。

在学习中，我们首先要有求知的热望，然后要有踏踏实实、一丝不苟的学习态度。

该犯贪污受贿，证据确凿，但认罪态度十分恶劣。

张×把现场勘查的情况向局长作了详细汇报，马上召集会议研究侦破计划。

从去年九月开始，他们彼此互相往来，曾多次在一间录像厅处会面。

党的三中全会提出了加强社会主义法制的号召后，颁布实施了刑法、刑事诉讼法，又迅速修改并颁布了婚姻法。

现原告以婚后感情不和，被告常为家庭经济琐事找岔子吵嘴打架，又不听劝告，多次丢下小孩不管，自己搬回娘家去住，去年又告我离婚，使夫妻感情完全破裂，现已分居两年多了，今后再无法生活下去等理由，向本院提出起诉。

以上句子，犯了这样那样的毛病。写文章，必须具有一定的语法知识。如果缺乏基本的语法知识，写出的话不符合语法规则，就难以叫人明白你的意思。

2. 句的调配

句有陈述句、反诘句、祈使句、感叹句、主动句、被动句、倒装句、肯定句、否定句。选用陈述句、反诘句、祈使句、感叹句，可以表示不同的语气。选用主动句、被动句、倒装句、肯定句、否定句，可以巧妙地说明和强调表达的重点。句有长句、短句、整句、散句。短句简洁、明快、有力，长句严密、舒缓、细致。整句匀称、工整、声音和谐、气势贯通，散句丰富、灵活、自由。不同句式有其不同的功能。如果选择多种句式，灵活搭配，交错使用，语言就会多彩多姿。试看徐迟《哥德巴赫猜想》中的一段：

只见一个一个的场景，闪来闪去，风驰电掣，惊天动地。一台一台的戏剧，排演出来，喜怒哀乐，淋漓尽致！悲欢离合，动人心肺。一个一个的人物，登上场了。有的折戟沉沙，死有余辜；四大家庭，红楼一梦；有的昙花一现，萎谢得好快啊。乃有青松翠柏，虽死犹生，重于泰山，浩气长存！有的是英雄豪杰，人杰地灵，干将莫邪，千锤百炼，拂钟无声，削铁如泥。一页一页的历史写出来了，大是大非，终于有了无私的公论。肯定——否定——否定之否定。化妆不经久要剥落，被诬的终究要昭雪。种子播下去，就有收割的一天，播什么，收什么。

作者寓变化于整齐之中，读来琅琅上口，很有气势。一般说来，写作中，不宜一味地使用整句。如果全部使用整句，行文就不够自然，也影响意思的表达。不宜一味地使用短句，如果全部使用短句，会影响到表达的周密。不宜一味地使用长句，如果不顾需要一味地使用长句，读来晦涩沉闷，不够简明。试看下面的例子：

只要老师一转身，那个叫秀的不知天高地厚长着一副男孩子相的女孩就不分场合不分时间见缝插针拼命似的捣鼓着我的肩膀我的手臂我的书我的笔记，我只好被动地无可奈何地坐着任她侵略所有能引起她兴趣的东西，但却再也无法坦然迎视老师那已微怒的双眸，只好把头越垂越低，如果水泥地板上有一条缝的话，我早就钻进去再也不出来了。

上面长句，如适当地化短，读起来会清爽、利落得多。

（四）修辞格

19世纪，俄国有个叫纳德松的诗人说过一句非常奇特的话："世上没有比语言的痛苦更强烈的痛苦。"这话的意思是，人在自己的意思无法表达出来时，他的痛苦是无法形容的。这话是相当有道理的，我们平时可以看到，有些哑巴无法表达自己的意思时，就痛苦得不得了。

只要是真正自觉而不是马虎的写作，人总是能感到语言痛苦的。这是因为，由内部语言向外部语言转化的过程，本身充满了不相对应的矛盾：内部语言的句法简单、结构残缺、词汇量少而又语义浑然，位处深层而且黏附心理表象，这些特点决定了转换成外部语言的困难。另外，对于文学创作来说，作者要表现的是具体的社会生活和丰富的内心世界，这些东西不可能像数学公式那样清晰。像作者运思中的记忆表象，审美意象，以及复杂的情绪体验，往往只可意会，难以言传，不能用语言把它"画"下来，因而也就增加了表达的困难。

人的精神活动与言语活动并非一一对应，这一现象，已为大多数心理学家、语言学家所肯定，并部分为科学实验所证实。德国诗人比特丘夫说："说出来的思想是谎言。"黑格尔甚至提出："不能用语言表达人们所想的东西。"这些话都道出了语言与思维的矛盾。但是，语言与思维除了矛盾的一面，毕竟也有统一的一面。语言文字在人类符号活动中，它又是传情达意最有力的"工具"。语言痛苦既是干扰写作的阻力，也是促进写作语言的动力。只要意识到言不达意的痛苦，我们就可以调动一切手段去加以克服。比如，用现成的话难以表达我们心中的意思，就可以想办法用比喻、夸张的方法来表达；有些话不便直说，就可以考虑用反话、双关——通过积极的努力，使我们的表达趋向完美。各种各样修辞格的运用，便是使我们的表达趋于完美的重要手段。例如，比喻、比拟、夸张，可以使所表达的人和事更加鲜明；对仗、排比，可以增强文章的气势；顶针、拈连、反复等，既可增强文章的节奏感，又能使语言丰富多彩。

修辞的内容丰富，现代修辞学一般将它分为词语修辞、句式修辞、篇章修辞、语体修辞和修辞格。比较常见的修辞格有比喻、比拟、借代、夸张、拈连、移就、反复、排比、映衬、顶针、回环、对偶、飞白、双关、反语、婉曲、易色、曲释、仿拟等。我们前面曾谈到，自汉赋、六朝骈文以来，铺陈、排比、对仗这类手法就积淀到民族文化的心理结构之中，几乎构成了我们下意识的修辞操作，这里我们不再多说。

（五）套板反应

套板反应是表达阶段一种特殊的心理。

什么是"套板反应"呢？"套板反应"指的是语言的生成不是来自作者的心灵深层，而是来自作者的记忆。当我们描写某一客观事物时，有关的"现成话"便会随之而来。这种弊病被国外的文论家称之为"套板反应"。如要写节日的市场，就会涌出这样的套话：街道上车水马龙，十分繁忙；商店中人来人往，熙熙攘攘；货架上的货物，琳琅满目，应有尽有；人们都穿上节日的盛装，锣鼓喧天，鞭炮齐鸣，张灯结彩……从书面言语生成过程来考察，这样的套话不是来自心理深层，而是来自作者的记忆之中，只要从记忆中唤出写在纸上就可以了。这样的语言是不符合书面语言生成规律的，是不动心思的懒惰的表现。书面语言虽然用的是共义性的词语和规范的句法结构，但表现的却是作者独具的思想认识和情感，它是发自作者内心深处的，是有个人独创意义的语言，因此，写作过程中，警惕"套板反应"，克服"套板反应"，是提高文字表达能力的一个有效途径。

"套板反应"对一般写作来说是必须克服的，但对某些特定文体的写作，如公文写作，如运用得好，也可能提高表达的效果。像公文这类文体，写作时必须遵守一定的格式，有着大家惯用的词语和句式：如开头，常常用到这样的介词结构：

　　　　为了更好地贯彻执行国务院国发（200×）××号文件精神，根据地方有关部门要求，现将×××××的现行有关标准规定编发给你们，请参照执行。

又如行文中常常用到的一些约定俗成的称谓用语、经办用语、引叙用语、期请用语、回复用语、结尾用语……如果我们记熟了，使用时信手拈来，写作也就顺畅得多。

二、修辞性运思的特点

（一）任何修辞手段，都必须服从内容表达的需要

陈望道在《修辞学发凡》中曾指出："修辞以适应题旨情境为第一义，不应是仅仅语辞的修辞，更不应是离开情感的修辞。"这可视为修辞性运思的一大原则和规律。

一切修辞手段的运用，都必须以内容表达为先决条件。如果脱离内容为修辞而修辞，不是堆砌词藻，就是滥用辞格，因辞害义。初学者往往不懂得这个道理，总想把文章写美点，为修辞而修辞，结果反而影响了表达效果。

（二）任何修辞手段，总是基于对内容的深刻认识

修辞手段的恰当运用，总是基于作者对表现对象深刻、具体的认识。例如鲁迅为白莽《孩儿塔》所作序中的一段文字：

　　　　这《孩儿塔》的出世并非要和现在一般的诗人争一日之长，是别有一种意义在。这是东方的微光，林中的响箭，是冬末的萌芽，是进军的第一步，是对于前驱者爱的大纛，也

是对摧残者憎的丰碑。

这是一段有口皆碑的博喻，作者对《孩儿塔》的意义、影响、作用、性质、内容分别做了具体、生动、形象的说明。如果对事物没有具体、深刻的认识，人为地拼凑一些比喻，就决然达不到这样的表达效果。

（三）任何修辞手段，都必须服从主旨表达的需要

作者一切修辞手段的运用，都是为了主旨表达的需要。无论作者要表达的内容是如何丰富、复杂，他要传达的主旨始终必须是明确的，它构成了作者运思的中心，一切句子、一切手段，都从它生发出来，一切与主旨无关的句子、手段，都将被压制、节制、淘汰。对于训练有素的作者，是非常懂得这个道理的，写作中一旦发现语言、技巧背离了主旨的规范，就会立刻控制住奔马的缰绳，将它拉回正道。但初学者往往不懂得这个道理，常常行文不扣题意，修辞不顾主旨，以至于下笔千言，离题万里。

三、修辞性运思的方法

表达阶段的修辞性运思，涉及到篇章修辞、语体修辞、语段修辞、句式修辞、词语修辞、修辞格等各个方面，落实到各个方面，又有不同的内容，不同的方法、手段。但从整体看，无论是篇章、语体、语段、句式、词语还是修辞格，都是通过"畸格""常格""变格"三者之间的成功变换实现的。所谓"畸格"，是指表达不符合篇章规律、语言规律。所谓"常格"，是指表达符合一般常规的语言规律、篇章规律。所谓"变格"，是指表达看似突破了一般常规，实际上又符合情理的修辞手段。例如用事务语体写小说，就是一种"变格"。消除"畸格"，使之成为"常格"和"变格"，这是修辞性运思的基本方法。例如，将"红旗将随着太阳照遍全球"改作"红旗将随着太阳红遍全球"，就是将"畸格"改为"常格"，将"春风又到江南岸"改为"春风又绿江南岸"，是将"常格"改为"变格"。写作实践中，为了更有效地表达，也常常将"常格"改为更合适的"常格"，将"变格"改为更合适的"变格"，无论是篇章、语体、语段、句式、词语，都可作如是观。

§17　表达方式

随着情境性运思的展开，作者便采用相应的语段将它们记写下来——这些语段，或是描写性的，或是议论性的，或是叙述性的，或是说明性的，这也就是平时说的"表达方式"。

表达方式是构成文章的要素之一，是作者运用语言反映客观事物和主观情思的方法和手段。采用何种表达方式，取决于文章的写作目的、表现对象的特征。客观事物和主观情感需要什么样的表达方式，什么样的表达方式也就会应运而生——但作为作者反映客观事物的一种手段和方法，表达方式又具有自身的特点、规律和要求，明白这些特点、要求、规律，会有利于我们的表达。

一、叙述

（一）叙述的含义

叙述是对事物发展过程（包括人物经历、出身）的交代和陈述。它是使用频率最高，最基本的一种表达方式。记叙性文章介绍人物经历、事件经过，议论性文章提供事实论据，说明

性文章介绍对象发生发展演变过程，实用类文章介绍工作情况、工作进程都离不开叙述。在记叙性文章中，它往往与描写粘合在一起，难以截然分开。

要将事实过程交代清楚，势必涉及到人物、事件、时间、地点、原因、结果等要素，因而这些要素被称为叙述要素。叙述要素是把事件来龙去脉交代清楚的基本条件。

叙述人称指作者叙述的观察点、立足点。如果以当事人的口吻叙述所历、所见、所闻，就叫第一人称叙述。采用第一人称叙述，有真实亲切之感，但不能写"我"活动范围以外的人和事。以局外人的身份、口吻叙述事件经过、人物经历，是第三人称叙述。采用第三人称叙述，可以不受时间、空间、生理、心理等因素的限制，但不及第一人称那样真实、亲切。

（二）叙述的种类

可分为具体叙述和概括叙述。概括叙述，是对人物事件简括的介绍，只求给读者一个概要的印象。具体叙述是对人物事件详尽的介绍，它力求给人切实生动的印象。这两种类型，是根据叙述的"详尽""简括"而划分的。究竟到什么样的程度才算"详尽"，到什么样的程度才算"简括"，实在没有一个量化的标准，像具体叙述，有时就很难与描写区别开来。这两种叙述类型的划分尽管不甚科学，但在实际写作中还很管用，像概括叙述，它不仅在论说文、说明文、事务文书中经常使用，而且也是很重要的一种能力，如读一大叠材料，读一大本小说，要将内容概括叙述出来还颇不容易。至于具体叙述，则是写记叙类文章的基本功，如果没掌握具体叙述，写出来的文章就会干巴巴的。

（三）叙述的方式

顺叙。按照人物经历或事件发生发展的先后顺序进行的叙述叫顺叙。顺叙的好处是有头有尾、条理清楚、次序井然、明白晓畅。局限是易流于罗列，易写成流水账。顺叙要注意处理好详略、主次、轻重变化。

倒叙。把事件的结局或事件中最突出的片断提到前面来叙述，叫倒叙。倒叙有利于制造悬念，吸引读者。但注意不要"故弄玄虚"。对一些时间跨度小、情节单纯的事件，不宜采用倒叙。

插叙。插叙是在主要事件的叙述过程中插进另外有关事件的叙述。从事件的发展看，插叙有"断"又有"续"。叙述到一定时候停下来，插入其他事件，这是"断"。插叙完了其他事，再接着原来的话头说，这是"续"。从插叙的内容看，如插入的内容较多，则影响到结构，就成为一种叫做"横云断岭"的结构技巧，如《水浒》在第一打、第二打祝家庄之后，插入解珍解宝争虎，孙立孙新劫狱。插叙是使叙述生出变化、生出波澜的一种方法，如小说《红楼梦》，其中用得最多的就是插叙。使用插叙，不要喧宾夺主，模糊了主要情节的发展。

补叙。在叙述中或叙述的末尾，对情况或事件做某些解释、说明或交待，称补叙。补叙在很多时候也是一种"插叙"，不过，它叙述的不是正在发生的事，而是事后的一种交待，或对有关情况的说明。补叙可以补充、丰富、深化原叙述，使之更为严谨、细密、圆合，具有立体感。补叙应紧扣前文，文字简洁。

分叙。对同时发生的多件事进行分别的、平列的叙述叫"平叙"，又称"分叙"。传统说法即"花开两朵，各表一枝"。分叙便于叙述纷繁复杂同时并进的事，使用时要注意交代好事情发生发展的起讫时间。

谈到叙述，常常涉及叙事学中的一些理论和技巧，如"叙述者""叙述方式""叙述视角"等问题。现代叙事学中的"叙述"是包括"描写"在内的广义的"叙述"，属小说美学、小说理论的范畴，这里从略。

（四）叙述的要求

叙述的基本要求是，记叙的要素要交代明白；叙述的线索要交代清楚；叙述的详略要处理得当；叙述要尽可能的生动、波澜起伏。特别是叙事文体，其叙事节奏，主要由"叙述"来推动，作者行文，要掌握好结构上的"开合"、文字上的"疏密"、内容上的"张弛""抑扬""正反""动静""隐显""虚实"等。

二、描写

（一）描写的含义

描写是把客观事物具体形状、情态描绘出来，再现给读者的一种表达方式，它重在形状情态的再现、刻画，经常与叙述结合在一起使用。

（二）描写的种类

依据描写的对象，通常把描写分为人物描写、环境描写、场面描写、细节描写四类。

1. 人物描写

对人物所作的描写，称人物描写。又可以分为肖像描写、行动描写、语言描写、心理描写。在文章中，这些描写是综合进行的。作为一种手段、方法，它们又各有自己的特点、要求。

肖像描写是对人物外部形态——容貌、体态、神情、衣饰的描写。成功的肖像描写，是理解人物的钥匙，是文章不可分割的内容。像阿Q头上的破毡帽，孔乙己身上的破长衫，赵七爷蓄着的那条光滑乌黑的大辫，都不是可有可无的。可以一开始就对人物肖像做一个比较全面、完整的描绘，如托尔斯泰笔下的玛丝洛娃；也可以分多次完成，如鲁迅笔下的阿Q：在阿Q跟人口角时，他的癞疮疤块块通红，才让人知道他头上长了一头癞头疮；在跟王胡比赛捉虱子时，因为他放在嘴里咬得不如王胡响，才写出他生了一副厚嘴唇。肖像描写，要从生活实际出发，不能脸谱化、模式化；要抓住主要特征，不要巨细无遗，面面俱到；不光要写"形"，更要写"神"，要通过肖像的刻画揭示出人物的身份、性格、遭遇，不要为肖像描写而肖像描写。

行动描写是对人物行为、举止、动作的描绘，又称动作描写。动作描写是刻画人物的主要手段。写小说，写剧本，要让人物"动"起来，"活"起来，就离不开行动描写。黑格尔曾指出："能把个人的性格、思想和目的最清楚地表现出来的是动作，人的最深刻方面只有通过动作才能见诸实现。"（《美学》）人物的动作主要体现在"做什么"和"怎么做"两个方面。动作描写要具体，要抓主要特征，写出动作的情态，不能笼统；要注意揭示人物的思想、性格、生活、命运，揭示人物动作的内在依据，不要为写动作而写动作。习作中，有些同学没有动作找动作，总是让人物去抽烟，喝水，动作写了不少，可没有什么社会内容，也看不出人物的性格，这是不可取的。

言语描写，即对人物语言进行的描写。言语描写包括人物对话和人物独白（自言自语）。"言为心声"，好的、出色的语言描写，不仅能交代故事情节，渲染环境气氛，而且还能再现人物动作情态，揭示人物的思想性格。鲁迅在《〈穷人〉小引》中很推崇俄国作家陀斯妥耶夫斯基的言语描写技巧，说他写人物"几乎无须描写外貌，只要以语气、声音，就不独将他们的思想和感情，更是面目和身体也表示着"。他在《看书琐记》中又指出："《水浒》和《红楼梦》的有些地方，是能使读者由说话看出人物来的……如果删除了不必要之点，只摘出各人的有特色的谈话来，我想，就可以使别人从谈话里推见每个说话的人物……作者用对话来表现人物的时候，恐怕在他自己的心目中，是存在着这人物的模样的，于是传给读者，使读者的心目中也形成了这个人物的模样。"写人物语言要符合人物身份、职业、文化程度、经历，反映出人物的性格特征；要个性化；要符合讲话的环境。人物讲话，"三句话不离本行"，往往与自己从事的职业相关。"大老粗"讲不出文绉绉的话语，没有见过世面的人也很难让他见多识广。重病缠身不宜让他长篇大论，性急人也很难慢慢吞吞。写人物的对话、独白，要因人因事因时因地而异，不能千人一面，千人一腔。人物的语言，可以分为直接转述和间接转述两类。赵毅衡在《小说中的转述语》一文中，以开阔的视野，通过对中西小说的比较，对中国小说中的转述语现象作了探讨。他对中国小说中的转述语形式作了如下的分类：

> 直接引语式：他犹豫了一下。他对自己说："我看来搞错了。"
> 副型 A：他犹豫了一下。"我看来搞错了。"
> 副型 B：他犹豫了一下。我看来搞错了，他对自己说。（有引导语，但无引号）
> 间接引语式：他犹豫了一下。他对自己说他看来搞错了。
> 直接自由式：他犹豫了一下。我看来搞错了。（无引导句，无引号）
> 间接自由式：他犹豫了一下。他看来搞错了。（无引导句）

赵毅衡在分类后指出："直接转述语中的语汇、用辞、口气等应当符合说话人的身份（即章学诚说的'为文之质，期于适如其人之言'），而间接转述语中的语汇、用辞、口气在很大程度上是叙述加工后的混合式。"申丹在赵先生研究的基础上指出："在研究中，我们发现汉语中存在着一些西方语言中不可能出现的直接式与间接式的'两可型'。"[①]如：

> 他犹豫了一下。（我/他）看来搞错了。
> 他犹豫了一下。（我/他）看来搞错了，他对自己说。

申丹认为："中国文学中这样的'两可型'具有其独特的双重优点。因为没有时态与人称的变化，它们能和叙述语言融为一体（间接式的优点），同时它们又具有（无引号的）直接式才有的几乎不受叙述干扰的直接性和生动性。"如果说，直接转述强调的是人物语言的个性化，间接转述给读者的则是一种想象的艺术空间，它更耐人寻味。试看下面的例句：

> 鲍小姐扑向一个半秃顶，戴大眼镜的黑胖子的怀里，这就是她所说跟（我/他）自己相像的未婚夫！（我/他）自己就像他？……
> 鸿渐忙伸手到大褂口袋里去摸演讲稿子，只摸个空，慌得一身冷汗。（他）想糟了！糟了！（我/他）怎么会把要紧东西遗失？（我/他）从家里出来时，明明搁在大褂袋里的。

这两段均引自钱钟书的《围城》，如果我们把所转述的人物语言的人称改为"我"或"他"，不仅叙事观点改变了，而且由于"坐实"反而失去一种想象的空间。

心理描写是对人物内心世界和思想活动的描绘、展示。可以分为直接描写和间接描写。直接描写通常有"描述""形容""剖析"三种形式。"描述"以"他想""他心里寻思"领起，或用

---

① 申丹：《叙述学与小说文体学研究》，北京大学出版社 1998 年版，第 353 页。

"内心独白"的方式直接再现人物的思想活动过程。"形容"则是由作者出面，运用各种修辞手法来描述人物的心情心境，如"他好像喝了蜜糖似的，心里甜滋滋的"，"他肝胆寸裂，五内如焚"。"心理剖析"则是由作者从旁对人物心理进行介绍、分析与评说。如《阿 Q 正传》中对阿 Q 的"男女之大防"的心理揭示："他的学说是：凡尼姑，一定与和尚私通，一个女人在外面走，一定想引诱野男人，一男一女在那里讲话，一定要有勾当了。为惩治他们起见，所以他往往怒目而视，或者大声讲几句'诛心'话；或者在冷僻处，便从后面掷一块小石头。"又如《红楼梦》第 32 回，作者对林黛玉心理的一段描写：

> 黛玉听了这话，不觉又惊又喜，又叹又悲。所喜者：果然自己眼力不错，素日认他是个知己，果然是个知己。所惊者：他在人前一片私心称扬于我，其亲热厚密，竟不避嫌疑。所叹者：你既为我的知己，自然我亦可为你的知己，既你我为知己，又何必有"金玉"之论呢？既有"金玉"之论，也该你我有之，又何必来一宝钗呢？所悲者：父母早逝，虽有铭心刻骨之言，无人为我主张，况近日老觉神思恍惚，病已渐成……我虽为你知己，但恐不能久待，你纵为我的知己，奈我薄命何——想到此间，不禁泪又下来了。

这些描写是由作者从旁介绍、剖析、评说的。

间接心理描写，往往通过人物的"对话""自言自语"、面部表情、动作、梦境、幻觉和景物描写等，将人物的心理活动暗示出来。如《水浒》第 20 回，写宋江将招文袋遗落在阎婆惜房内，阎婆惜意外地发现了晁盖给宋江的信，便忍不住自言自语地唠叨起来：

> 好呀！我只道"吊桶落在井里"，原来也有"井落在吊桶里"。我正要和张三两个做夫妻，单单只多你这厮，今日也撞在我手……且不要慌，老娘慢慢地消遣你。

这一段语言描写，是人物内心世界的真实流露；一个"慌"字，把阎婆惜抓到宋江把柄时的紧张、兴奋心理披露无遗；而"消遣"二字，则表现了阎婆惜极其冷酷、残忍，蓄意捉弄人的心理。从小说艺术的发展来看，托尔斯泰的"心灵辩证法"，意识流小说的"意识流手法"，标志着心理描写的不断发展。

2. 景物描写

景物描写又叫环境描写。它是对自然景物、活动场所、陈设布置的描写。

任何人物、事件，都生活在或发生在具体的环境之中。如果忽视了环境描写，人物、事件就好像生活在发生在真空中一样，文章也就失去了应有的感染力。人物活动的环境，包括社会环境和自然环境。前者指一定历史时间的社会制度、政治结构、经济形态、文化状态、风俗礼仪及在其基础上产生的时代氛围。后者指人物活动的具体场所，包括自然景物、活动场所、陈设布置的描写。社会环境是由人的社会活动和社会关系组成的，它往往由文章的整体内容凸现，并非取决于某一段的描写。自然环境与社会环境既有联系，又有区别。成功的自然环境描写，包括自然风光、活动场所、陈设布置，如果处理得好，能表现特定的社会环境。如果处理得不好，也就不一定能反映社会环境内容；而社会环境的描写显然不止于自然环境。自然环境描写常用来交代人物活动的空间，事件发生的背景；用来抒发感情，渲染气氛；用来传达某种寓意，象征某种事物。好的景物描写，它与人物、事件总是水乳交融的，它不仅是杰出的风景画，也是优秀的风俗画；它不仅有力地表现着人物、事件、主题，而且本身具有独特的审美意义。像曹雪芹笔下的大观园，沈从文笔下的边城，都是杰出风景画、风俗画，都是文章中不可切割分解的有机部分，都具有相对独立的审美意义。

在茫茫宇宙中，人与自然、社会与自然的关系，既是同一的又是对立的。一方面，人作为自然之物，它的存在深深地依赖于自然，它们是合一的；另一方面，它与自然的合一，又不是盲目的纯任自然，它要在自身类本质的驱使下发挥主体意志，把握自然、征服自然、改造自然，从而"制天命而用之"，使自然为自己更深刻地发展和完善服务。

3. 场面描写

场面描写是对一定场合下众多人物活动情景的描写。场面描写既要写"物"，又要写"人"；既要突出整体，又要兼顾个别。有人把它归之于景物描写，是不合适的。

人生活在社会中，不能总是一个人呆着，总免不了与他人交往。有了三两个人物的活动，也就构成了"场面"，像运动场面、劳动场面、集市场面、集会场面、游行场面、舞会场面、闲谈争吵场面、婚丧礼仪场面……都是常遇到的。屠格涅夫在形成自己现实主义的文学观和美学观之后，曾拟有一个"情节单"，这是一张类似于为练习现实主义手法而拟定的提纲性的东西，其中包括：（1）停泊帆桨大船的港湾或者是市区某个偏僻角落。（2）塞纳街详情。据此可写两三篇文章。（3）戈罗霍夫大街上的某幢大楼等。（4）彼得堡夜景（马车夫等）。（5）托尔库契书市等。（6）阿普拉克斯客栈。（7）涅瓦河上的急流（当时的谈话）。（8）俄国小客店内幕。（9）工人众多的某个工厂（茹可沃的歌手等）。（10）涅瓦大街，街上游客，他们的面貌，车上的谈话等。屠格涅夫试图通过这些场面描写的练习，从而开始他的现实主义创作。场面描写是写记叙类文体的基本功。场面描写通常要运用多种表达方式综合进行。场面描写要有中心，有层次，要点面结合，既有全场的鸟瞰，又有个别人事的特写镜头。

4. 细节描写

细节描写是着意于事物细微末节的描写。细节描写是写作中很重要的一种表达方式，它对于主旨表达、性格刻画、情节组织、结构安排、环境交代，都有着很重要的意义。人们谈到"细节描写"这个概念时，往往持比较宽泛的理解。首先是细节描写不一定是"描写"，也包含了"叙述"。例如写孔乙己掉文，"多乎哉，不多也！"是一个细节；写孔乙己是"惟一穿着长衫而站着喝酒的人"，也是一个细节，前者是描写，后者是叙述。但通常我们还是称之为"细节描写"。其次是"细微末节"的界定。阿Q忌讳说"光"，说"亮"一类的词，这是一个细节。阿Q临死还不觉悟，画押时惟一担心的是"圈"没有画好，这也是一个细节。前者是典型的细微末节，后者则是一个小小的情节片断。另外还有典型的细节和一般细节的区别。一篇文章，要生动地刻画人物，再现事物，势必要从细处着笔。例如，写一个人的肖像，就要涉及到容貌、姿势、衣饰、精神等方面的细微末节。这些细节，通常属一般性的细节描写。典型细节，则是指文章中特别显眼、特别具有表现力的核心细节。我们平时说，"陈奂生坐沙发这个细节真好，一下把陈奂生写活了"。作家们常说："只要有两三个细节，我就能把一个人物写活。"——这些说法，指的就是典型细节。因此有人定义说，所谓细节描写，就是指抓住事物最具典型性的细微末节加以着意描写，以传情达意的一种方法。

典型细节在写作中具有重要意义，它在性格刻画、心理描写、环境揭示、情节发展、结构安排、主旨表现等方面，都有重要的意义。写文章，要是心中装有几个典型细节，写作起来就有了几分把握。一般细节，对写作也是很重要的。真实、生动、具体的细节，是构成记叙文的细胞。离开了具体的细节描写，人物、情节也就会显得干巴巴的。文学文体、新闻文体，对细节描写的要求是不同的，前者要求艺术的真实，后者要求新闻的真实。但都要求具体、生动、准确，于细微处见精神。细节描写，要靠平时的观察、积累。平时不注意细节观察，一动笔就容易出错。作家们说"情节好编，细节难找"，说的就是这个道理。

（三）描写的方式

最常见的方式有白描、细描、正面描写、侧面描写。

白描是一种不尚修饰、重在传神的描写方式。它以洗练、质朴的文字，勾画事物的主要特征，寥寥几笔就能"穷形尽相"。"白描"本是中国画的传统技法，它着重于人和事物本身的描绘，黑线勾勒，不着颜色，没有背景，古代叫"白画"。后人将这一技法借用到文章描写中来，称之为白描。白描没有浓烈的色彩，少用形容词修饰语，它抓住事物的主要特征，寥寥几笔，就能把事物再现于读者面前。白描是一种尽可能"省俭"的写法，最主要的特点是抓住特征，避免浮夸。所以鲁迅将之概括为"有真意，去粉饰，少做作，勿卖弄"（《作文秘诀》）。像朱自清的散文《背影》用的就是白描。细描又称工笔。它用细致入微的笔触和较为浓重的色彩对描写对象作精雕细刻的、类似工笔画的描摹，于"精细处见精神"。如朱自清的《荷塘月色》用的就是细描。白描与细描，主要是风格特点、美学追求上的不同，其间并没有高下雅俗之别，只要运用得好，都是可取的。

正面描写又称直接描写，它是对描写对象正面的、直接的描写。正面描写是一种基本的描写方式。我们要再现某个人物或事件，不可能绕开要表现的人物、事件，总得对人物作正面的、直接的描写。如果总是绕开要表现的人物、事件，文章的内容就会显得空。对描写对象作正面的、直接的描写是一种"攻坚战"，不能有半点"投机取巧"，它需要雄健的笔力和对对象的准确的了解。侧面描写又称间接描写。它不对事物作正面的描写，而是通过对其他事物的描写来表现这一事物。它是一种"言在彼而意在此"的描写方式。如汉乐府《陌上桑》对"行者""少年""锄者""犁者"的种种描写，它的着意点不在于表现"行者"或"少年"，而是要表现出罗敷的美貌。侧面描写是一种很巧妙的描写方式，它的哲学基础建立在事物的广泛联系性上，正如刘熙载所说："山之精神写不出，以烟霞写之；春之精神写不出，以草树写之。"它能够留下广阔的想象空间，收到一石双鸟的艺术效果。

（四）描写的要求

描写的基本要求，简而言之是"目的明确""抓住特征""形神兼备"。不能为描写而描写，不能泛泛描写。写事物，不能光写"形"，还要写"神"，"神形兼备"。

三、议论

（一）议论的含义

议论，就是对客观事物进行评论，以表明自己的观点与态度。作为一种表达方式，议论与议论文的区别是明显的，前者是手段，后者是一种文体。但二者又是紧密相关的，议论文最主要的表达方式，就是议论。正因为"议论"与"议论文"有着密切的关系，人们谈到"议论"，往往把它与"议论文"等同起来，认为"议论"具有"论点""论据""论证"三个要素，这其实是不准确的。一段比较完整的议论，它也许具有论点、论据、论证；比较零散的议论，则不一定具有论点、论据、论证了。另外，议论文中的论据，多以"概括叙述"出之，并非"议论"这一表达方式可以蔽之。

（二）议论的种类

根据议论的抽象程度，可以将议论分为抽象议论和具象议论。抽象议论是议论文最常用的表达方式，它通过概念、判断、推理来进行议论，要求概念准确、逻辑严密，具有很强的抽象性。具象议论是记叙类文体最常用的表达方式，它通过一个一个生动具体的形象来进行议论，理与象合，形象生动。如：

> 真的猛士，敢于直面惨淡的人生，敢于正视淋漓的鲜血。（鲁迅《记念刘和珍君》）
>
> 我想：希望是本无所谓有，无所谓无的。这正如地上的路；其实地上本没有路，走的人多了，也便成了路。（鲁迅《故乡》）
>
> 人生的道路虽然漫长，但紧要处常常只有几步。特别是当人年轻的时候。（柳青《创业史》）
>
> 我们走进门，一个青皮后生满脸堆笑，赶出来欢迎。他是新郎邹麦秋，农业社的保管员。他生得矮矮墩墩，眉清目秀，好多人都说他老实，但也有少数人说他不老实，那理由是新娘很漂亮，而漂亮的姑娘，据说是不爱老实的男人的。谁知道呢？看看新娘子再说。（周立波《山那边人家》）

以上的议论，有的完整，具有论点、论据、论证；有的不完整，没有论据、论证。最后一段议论，作者无意提出什么论点，也谈不上什么论据、论证，诙谐风趣的议论，旨在赋予生活一种欢乐的调子。它们都是通过形象来议论的，情理相生，事议结合，显得很生动。

（三）议论的方式

记叙性文体，其议论有直接间接之分。直接议论，是由作者直接站出来发表主张、看法。间接议论，是通过作品中的人物进行议论。

议论文中的议论，通常将其分为立论和驳论两类。立论是一种直接的正面的证明，即作者以充足的论据，直接从正面来证明自己的观点。驳论是一种间接的侧面的证明，它往往通过反驳别人的议论，从而建立自己的论点。立论、驳论最常运用的论证方法有归纳法、演绎法、类比法、例证法、引证法、对比法等。

归纳法，是在论证过程中，由若干个别事物推出一个一般性或共同性结论的论证方法。归纳法是由个别到一般。使用归纳法，归纳要尽可能全面，不要以偏概全，也不要犯简单枚举的错误。

演绎法，是在论证过程中，由普遍性的前提，推论出一个个别性结论的论证方法。演绎法是由一般到个别。运用演绎法，大前提要正确，推理要符合逻辑。

类比法，是利用事物间的相同属性或相似点，进行比较、对照，由个别推出个别的论证方法。运用类比法，用于比较的类似点，必须是事物的本质属性；被类比的事物，必须不含有与结论相矛盾的性质。

例证法，是举出典型事例作论据，用来证明自己的观点。例证法说服力强，因为"事实胜于雄辩"。但举例证明要从整体出发，不能任意抽取某一个事实，颠倒黑白，混淆是非。

引证法，即引用有关的权威性的论述，或有关的科学上的公理、定理、名言警句来证明论点。引用可以直接摘引原话原文，也可间接援引大意。使用引证法，引用要准确，不能歪曲原意；引用要适宜，能说明自己的观点；引用不宜过多，否则会淹没自己的论述。

驳论最常运用的论证方法则有"反驳论点""反驳论据""反驳论证"。

反驳论点，即针对论敌的错误观点、荒谬命题加以反驳。反驳论点又分直接反驳和间接反驳。直接反驳直接指出敌论的荒谬。间接反驳则"绕个弯子"来批判敌论的荒谬。间接反驳最常用的方法有反证法、归谬法。反证法是根据排中律，先证明与敌论相对立的观点是正确的,从而证明敌论的错误。归谬法是将论敌的论点作合乎逻辑的引申,使其露出马脚,暴露谬误,从而驳倒敌论。

反驳论据,即对论敌的论据进行批驳,揭露出它的虚假性。这是一种"釜底抽薪"的驳论方法,对于那些专靠虚假事实、事理支撑论点的文章,特别有力。

反驳论证,即指出论敌论点与论据之间存在着逻辑矛盾,从而达到推翻对方论点的错误。

驳论常常是从反驳论点、反驳论据、反驳论证三方面入手的,因此,它们是驳论所特有的常用方法。需要注意的是:反驳论据,反驳论证具有或然性,驳倒了敌论的论据、论证,不一定就证明敌论是错误的。反驳论点则具有必然性。充分揭示敌论论点的荒谬、错误,就把敌论彻底驳倒了。

(四)议论的要求

议论的要求大致有二:其一,议论要准确。议论是对某一问题或某一事件进行分析、评论,发表自己的看法,表示自己的立场、观点、态度,如果观点不正确,议论也就失去了本身的价值。其二,议论要恰当。作者应根据不同文体,正确使用议论。议论文的议论,要求概念准确、判断正确、论证严密、讲究逻辑性。而记叙文中的议论,则不能太多,同时还要与描写、记叙、抒情紧密结合,议论要精辟、形象、富于感情色彩。如果不注意这些,抽象说理,长篇大论,就会破坏作品的形象性,甚至丧失作品的感染力。

四、抒情

(一)抒情的含义

抒情就是抒发和表现作者的感情。"文章不是无情物",各类文章都离不开感情的抒发,但各类文章对抒情的要求是不同的,就其频率来说,诗歌散文运用最多,小说、戏剧次之,至于议论文、说明文及实用类文体,则较少运用;就其运用方式说,诗歌、散文、小说、戏剧,常借助于"事""景""物""理"来抒情,议论文和说明文则将抒情融入观点的阐发和事物的解说之中。

(二)抒情的方式

抒情可以分为直接抒情和间接抒情。直接抒情是作者直接的、公开的感情抒发,作者将自己内心强烈的感情不加掩饰地倾泻出来,显得真切朴实,震撼人心。间接抒情是结合描写、记叙、议论的抒情,感情的抒发,借助于事件的记叙,景物的描写,道理的议论,往往显得含蓄蕴藉,耐人寻味。间接抒情,大致又可以分为即事抒情,借景抒情,托物言志,依附于理。

即事抒情,也就是通过叙述来抒情。这种抒情,往往情由事起,事由情转,叙述不求完整,带有强烈的感情色彩。

借景抒情,也就是通过描写来抒情,它往往通过对景物的描写,委婉含蓄地传达出自己的感情。它的抒写,往往染有作者的感情色彩,形象具有比拟性、象征性,诗情画意很浓。

托物言志,作者把所要抒发的思想感情寄寓于某一物体之中,通过对这一物体的描写来抒发。刘勰说:"咏吟所发,志维深远;体物为妙,功在密附。"运用托物言志的手法,"志"要深远,"物"要贴切,由比入兴,开拓意境。不能"物""志"分离,或产生抒发自己的思想感情,而忽视了对"物"的描写。

依附于理的抒情,也就是通过议论来抒情。这种抒情,不需要交代论据,不需要进行论证,只要用充满感情的文字,摆出自己对客观事物的看法、评价就行了,情理相生。

间接抒情的运用，一般比直接抒情多，其效果也比直接抒情好。因为人的感情，无论喜怒哀乐悲恐惊讶都是抽象的。直接抒发，往往显得抽象、空泛，不容易打动人。而间接抒情，它可以把抽象的感情客观化、具体化、形象化，可以将感情渗透在"理""事""景""物"中，让人再体验、再理解、再认识。而直接抒情，如果不是在充实的内容基础上，不是在事件的高潮处、动人处抒发，就会流于空泛，使人觉得矫揉造作，难以接受。当然，这两种抒情方式，也是不可偏废的，采用哪种方式，要根据表现的对象而定。

（三）抒情的要求

情感是人对现实关系的一种态度体验，它与人的信念、观点、习惯、态度、生活方式密切相关。诗人感物，虽然"远在他的理智把它判明之前，就加以捕捉，加以表现"（杜勃罗溜波夫），但是，纯粹的情感活动是不可能洞察生活的真谛的，必须与作者的睿智结合起来，才能对生活作出深邃的概括。古罗马郎加纳斯指出："那些巨大的激烈情感，如果没有理智的控制而任其为自己盲目、轻率的冲动所操纵，那就会像一只没有压舱石而漂流不定的船那样陷入危险。它们每每需要鞭子，但也需要缰绳。"中国古代文论中也有这方面的论述，如王国维在《人间词话》中强调"诗人对宇宙人生，须入乎其内，又须出乎其外"，讲的也是作者不要为一时的感情所左右，要冷静地分析自己的感情。情感是有力度、深度和厚度的，别林斯基说："任何诗人之所以伟大，是因为他的痛苦和幸福的根子深深地伸进了社会和历史的土壤里。"感情的抒发，要真实、健康。情感虚假、不健康，会令人觉得面目可憎。情感的抒发，要服从主旨表现的需要，该抒发的时候抒发，不要滥用，特别是直接抒情，习作者应多加限制，不要一动笔就"啊啊"地抒发一通。

五、说明

（一）说明的含义

说明是用简明扼要的文字，把事物的形状、性质、特征、构造、功用、成因、演变等解说清楚的一种表达方式。你不知道，我客观、公正、准确地告诉你，这就是说明。

说明不仅是说明文最主要的表达方式，也是其他文类常用的表达方式，如消息中的注释性背景材料，论说文中的概念解释，应用文中的情况交代，散文、游记中的风物介绍，小说中对人物出身、社会关系的交代，剧本中的舞台提示，诗歌前的小序或题记，都需要运用说明这一表达方式。

"说明"的对象，既可以是抽象的事理，也可以是具体的事物。纯粹的说明文字，与记叙、描写、议论的区别是明显的：（1）记叙、描写、议论重在生动性、形象性、析理性，而说明重在科学性、知识性、告知性；（2）说明的目的是告诉读者某种知识，记叙、描写、议论的目的是左右人们的思想、感情和观念；（3）说明必须尊重客观实际，不能感情用事，记叙、描写、议论，其感情往往溢于言表；（4）说明以"实用"为尚，具有朴素、通俗、简洁、明确的朴实之美，记叙、描写、议论，则多藻饰和文采。

（二）说明的种类

最常见的说明，有定义说明、诠解说明、分类说明、分解说明、举例说明、引用说明、比较说明、比喻说明、数字说明、图表说明。

定义说明是用简明、准确的语言，把一事物区别于其它事物的本质属性概括出来，给读者一个明确的概念。如，"词是能够独立运用的最小的语言单位"，就是给词下定义。定义说明通过层层限制，既要为被说明事物划定一个范围和界限（外延），又要指明事物的本质特点

（内涵）。定义说明不能"同语反复"，也不能用比喻形式、否定形式，它是一种比较严密比较科学的说明方法。

诠解说明，是对事物状况、性质、特征、成因等所作的比较具体的解说。诠解说明不像定义说明那样抽象、概括，它比较详细、具体。通常情况下，要详细、具体地说明一个事物，仅靠下定义还不够，还需要对定义作进一步的解释和解说。对事物所作的比较详细、具体的说明，便是诠解说明。例如下面这段关于"诗话"的说明：

> 它是一种以"漫谈"的形式评论诗歌、诗人和诗派的著述。它是我国古代诗歌评论的主要形式之一，就其所论及的内容来说，从诗歌的艺术成就，作者的评价到声律的研究，故事考证以及诗人的轶闻趣事等，凡与诗歌创作有关的事物无所不包。我国的诗话写作之风盛行于宋代，最早的一部诗话一般认为是宋代文人欧阳修所撰的《六一诗话》……

这段文字，第一句用的是定义说明，第二句以下，便是诠解说明。诠解说明详细、具体，便于读者接受、理解。就其文字来说，不及定义说明那样凝练周密。运用诠解说明，要抓住要领，言简意明，不能东拉西扯，含混不清。

分类说明，是按照一定的标准，把被说明对象分成不同的类别，一类一类加以解说。分类说明能把复杂的事物解说得头绪清楚、层次分明，能帮助人们掌握被说明事物的各个特点，对被说明的事物有一个具体而又概括的了解。使用分类说明，分类标准要一致。如果分类标准不一致，就会造成逻辑上的混乱。

分解说明，是将同一事物分解为不同构成因素、不同构成侧面，而加以分别解说的一种方法。例如，对某一药品，可以对它的性质、成分、功能、用途、用法、注意事项加以分别的说明。对某一文学流派，可以对它的名称、形成过程、哲学基础、艺术特征加以分别的说明。使用分解说明，各构成因素、各构成侧面之间不能交叉混杂，相互包容。

举例说明，是通过列举实际事例来说明事物特征、解释抽象事理或深奥科学知识的一种说明方法，它能使得抽象、复杂的事物、事理，变得具体、通俗易懂。举例说明有典型举例法和列举法两种。茅以升在《没有不能造的桥》一文中，以福建泉州的"洛阳桥"、河北赵县的"赵州桥"、四川泸定县的"泸定桥"为典型的例子，说明我国古桥中的"梁桥""拱桥""吊桥"，便是使用典型举例法。欧阳采薇在《中国故宫博物院珍藏的名画》一文中，列举《洛神赋图》《游春图》《千里江山图》《潇湘图》《潇湘奇观图》《秋柳双鸦图》等名画，加以分别说明，使读者对故宫绘画珍品有个大概的了解，用的是列举法。举例说明选例要具体、生动、真实、典型，不能用没有共性的特殊例子以偏概全。

引用说明是摘引有关典籍、名言、文献、科研成果、诗歌、谚语、传说等来说明事物的一种方法。它能增强说明的说服力和权威性，充实说明的内容。使用引用说明，引用的材料要贴切、正确，必要时要注明出处。

比较说明，是通过事物或事理之间的比较来说明事物、事理的一种方法。比较说明可同类相比，也可异类相比；可以是同一事物的前后相比，也可以是两种性质完全不同的事物间的比较（后两种又称对比说明）。比较说明有时是为了显示事物的特征，有的是为了使读者易于接受。例如，《景泰蓝的制作》把掐丝与刺绣相比，目的就是让读者明白掐丝工作的精细。使用比较说明，要注意用读者比较熟悉的事物来比较不太熟悉的事物。只有这样，才能收到事半功倍的效果。

比喻说明，是通过打比方，用人们常见的、熟知的事物，来说明不太常见、不太熟悉的事物。其特点是把比较复杂的事物或抽象的事理，说得浅显易懂、具体形象、简洁生动。例如，说"太阳是太阳系中的中心天体，是一颗恒星。其体积是地球的130万倍"，这样说还比较抽象，如果打比方"假若太阳是一个足球的话，那么我们居住的地球连个绿豆粒大都没有"，就显得生动具体了。使用比喻说明，不能夸张，不宜使用暗喻、借喻。

数字说明，是用具体数字说明事物、事理本质特征的方法，其作用是具体、准确，可有效地增强说明的精确性、可信性。使用数字说明，数字要准确可信，同时要与文字说明相结合。

图表说明，是借助插图、表格、照片来说明事物的方法。其作用是能够把包含了多种要素的复杂事物、事理解说清楚，收到形象、直观、一目了然的作用。如《现代汉语》中的"发音器官示意图"，即图表说明。使用图表说明，应从文章实际需要出发，并做到图文和谐。

（三）说明的要求

说明要注意内容上的科学性、客观性、准确性，要注意语言上的简洁、明确、朴素、通俗。不能想当然，感情用事，不能掺进"个人的感情呀，绘声绘色的描摹呀这一套"（叶圣陶《文章例话》）。

§18　表达的修改润色

一、修改润色的含义

这里说的修改是狭义的修改，亦即完稿之后对文稿的进一步斟酌、完善。

修改润色是提高文章质量的一个重要环节，也是表达阶段不可或缺的一个环节。"文章是客观事物的反映"，客观事物是复杂的，人们对它的认识不可能"一劳永逸"、"一气呵成"，必须对它进行反复的、深入的研究，认识才不至于肤浅、粗疏。"语言是思想的直接现实"，在"言"与"意"的转化过程中，"意翻空而易奇，言征实而难巧"，难免有"言不逮意"的地方，不经过进一步的修改，就难免粗糙、讹错。

修改既是对自我形象的珍重爱惜，也是一种良好的作风，同时也是提高写作能力的一个重要的途径。

二、修改的内容

修改主要涉及四个方面的内容：（1）调整主题——把错误的改正确；把消极的改积极；把模糊的改鲜明；把肤浅的改深刻；把漫无边际的改集中；把违背事实的改切实；把偏颇、极端的改得有分寸……主旨调整是修改中的大手术，往往要引起文章的大变大动。如果主旨有严重缺陷，修修补补无济于事，就应毫不犹豫地把文章舍弃，重写。（2）调整材料——把臃肿处改精当；把单薄处改厚实；把散乱处改集中；把失实处改准确；把游离处改贴切；把抽象处改具体；把平淡处改生动；把陈旧处改新颖；把矛盾处改一致；把多余处删除……材料是形成文章、表现主旨的基础。如果手头的材料不够，要重新采集，不要勉强凑合、将就。（3）调整结构——把混乱的层次划清楚；把不合理的段落安排妥当；把上下不衔接的改连贯；把重轻倒置、详略不当的改适宜；把缺乏照应的地方改周密；把臃肿的地方改清爽；把不协调的地方改协调……调整结构，主要是从整体上把握文章的表达效果，以求严谨、完整、自然、生动。（4）推敲语言——把笼统的改明晰；把含混的改清楚；把残缺的改完整；把生僻的改晓畅；把累赘的改精练；把沉闷的改生动；把抽象的改形象……语言的推敲，虽是修改程序中的最后一环，但很重要。有时，一字、一词、一个标点的改动，都会直接影响到文章的内容，修改时要特别审慎。

三、修改的原则和方法

修改的原则概括起来有两条：（1）从整体出发。修改时要从大处入手，先整体，后局部；先大处，后小处；先思想，后材料；先内容，后形式；由大及小地修改。（2）把握好原作精神，知道它的"长""短""优""劣"，把原作的"神采""气韵"凸现出来，把它存在的毛病、瑕疵改掉。修改的方法，概括说来就是"增""删""改""调"四字。"增"，就是增加、补充。"删"，就是删除，抹去。"改"，就是更改、变动。"调"，就是调动字、词、句、段的次序。凡思想上、材料上、文字上有疏漏不全之处，均需增补。凡思想上、材料上、段落结构上、文字表达上显得多余、重复、累赘、啰嗦的地方，都必须删削。凡内容、文字在表述上有毛病，不正确、不全面、不周严、不妥帖的地方，即须改动。"调"是在原有内容，原有文字表述范围内的一种"自我调节"，它可以使重点突出、层次分明。修改过程，是综合运用"增""删""改""调"四法的。修改时，应根据文章实际情况灵活运用。"删"是作品修改的一个重要方法，它可以突出重点，分清主次，精练文字。经典作家都重视"删"在修改中的作用。列夫·托尔斯泰甚至认为"删"比"增"更重要。他说："任何出色的补充也不能像删节作品那样大大改善作品。"古人也说："善改者不如善删，善取者不如善舍。"不仅要句中删字、段中删句、篇中删段、集中删篇，而且要"作时删意，未作时删题"。"删"要舍得"割爱"。鲁迅曾不止一次地告诫我们："写完后至少看两遍，竭力将可有可无的字、句、段删去，毫不可惜。"（《答北斗杂志社问》）

四、校对

修改的最后一环是校对。在写作实际中，许多文章写成后要印行发表。在印行发表之前，通常要由作者校阅一两次。这是把握文章质量的最后一道"防线"，千万马虎不得。一篇文章，写得很好，如果在印刷中出现了许多错误，甚至把文章弄得面目全非，不仅令人心痛，而且还会给工作带来不可估量的损失。

校对是十分严肃、十分细致的工作。做好校对工作，决不是一件轻而易举的事。校对者必须具有相当的文化知识和理论水平，熟悉设计和排版上的技术规则，掌握一定的校对技能，并且还要懂得相关的一些科学知识。更重要的是，要有高度的责任心，有一丝不苟、细致耐心的工作作风。

作者自校，有他的优势，也有他的局限。其优势是，文章是作者自己写的，他对文章的立意、构思、文字、表述都十分熟悉，对文章所涉及到的一些专业知识都在行，容易发现校样上的错误。其局限是，一般的作者，缺乏专职校对人员的校对技能，不太熟悉设计和排版上的技术规则，另外，由于作者对文章的内容太熟悉了，校对中"一目十行"，往往会出现一些视而不见的"盲点"。

作者自校，通常要注意以下的内容：（1）内容、文字。校对中进一步发现内容和文字上存在的毛病，进而改正。在公文写作中，业经机关领导人审核并签发、正式会议讨论通过或经上级机关审核批准的文稿，具有正式公文的法定效用，如需改动，经原审核人同意并复审。（2）格式。在文面上，实用文往往有特定的格式要求，校对中应注意校样上的格式是否符合要求，其中包括：文章标题的排列是否大方、美观？标题与正文之间是否留有恰当的空白？

每段文字是否提行空两格另起？排版是否随意割裂或合并了原稿中的段落？文中的序码是否统一、正确？文中的注释部分是否统一、规范？原文的层次是否在文面上清晰地体现出来，等等。（3）标点符号。标点符号是书面语言不可缺少的辅助工具，标点符号的错用、漏用，往往会带来文意上的混乱、歧义。起草文章时，应正确使用标点。在校对阶段，要认真校核标点，不可错用、混用、漏用。（4）错字。错字有两种情况，一是原稿上是对的，打字员由于种种原因打错了；一是原稿上写错了，打字员因错就错地打上去。这两种情况都要改正。一般说来，一些字形近似的字容易出错，如把"遣"打作"遗"，把"灰"打作"灭"，把"刺"打作"剌"，把"孤"打作"弧"，把"短"打作"矩"等。一些常用词也容易"想当然"地出错，如把"生产"打作"产生"，把"反正"打作"正反"，把"棘手"打作"辣手"，把"相形见绌"打作"相形见拙"。（5）掉字和多字。漏排和多排也是不允许的。有时漏排或多排的不是一二个字，而是一个整句，甚至是一段。校对时要特别注意。（6）错体字。统一用简化字，就不能夹杂繁体字；统一用繁体就不能夹杂简化字；已废用的异体字不能继续使用；未统一的异体字如"安装"与"按装""一霎时"与"一刹时""名副其实"与"名符其实"等，在一篇文章或一部著作中也应统一，否则得当作错体字看待。无论是汉字、阿拉伯数字或标点符号，在设计指定的一种体式中不能夹用其他体式。（7）名词和体例。校对时，应注意名词、体例的前后统一，尽量消除分歧。（8）空白和距离。校对时，还要从整个版面出发，看看字间、行间、段间的距离是否匀称，标题、图表、正文之间的空白是否恰当。过于稀疏的表格应缩小，有关的版图不要远离版面的中心。作者付印前，应兼顾内容与形式，既看到整体又看到枝节，注意力应遍及全部校样，包括封面、目录、版本记录、附录、索引、插图序码、封面、扉页、版本记录上的书名、作者名等。

校对的基本方法有对校法。对校法是由一个人单独进行的校对。校对时，将原稿放在左边，校样放在右边，先看原稿，后对校样。校对时，可用左手食指指着原稿上要校对的文字，右手握笔顺着校样上相应的字句移动，遇到要改动的地方，便用文字或校对符号在校样上作出标志或说明。对校法的优点是能够在原稿和校样上接连两次阅读同样的文字，便于仔细核对。缺点是，校对者边看原稿边看校样，头部不断地摆动，易于疲劳。如果校对时间过长，则容易产生视觉上的错乱。

使用对校法，原稿和校样要保持适当的位置和距离，以便校对者的眼光能够在比较省力的条件下来回移动；校对中，应以词和短句为单位；为确保校对的精确，有时还可加入默念。

校对工作是一种脑、手、眼并用，有时还兼用口、耳的工作。校对时，校对者既要阅读原稿，又要阅读校样；既要根据原稿正确无误地找出校样上的错误，又要注意原稿遗留下来的缺点。这样的阅读，就其目的和技术性来说，是和一般阅读不同的。校对时，应充分注意校对这一特点，不要将"校对"混同于一般"阅读"。

【思考与练习】

1. 试述口语和书面语的区别。
2. 试述实用语言和文学语言的区别。
3. 试述写作文本的含义及其构成层面。
4. 试述语本的基本含义。
5. 试述语感的文采的含义。

6. 试述词的运用和句的运用。

7. 试述表达的含义和特点。

8. 试述开笔定调的含义及方法。

9. 试述情景性运思的含义特点和方法。

10. 试述语段性运思的含义特点和方法。

11. 试述修辞性运思的含义特点和方法。

12. 试述修改润色的含义和方法。

13. 如果你对母语思维感兴趣，请搜集资料，写一篇研究报告。

14. 读下面的文章，请你谈谈对文采的认识。

文采也有力量
朱国良

记得以前读《共产党宣言》时，对开卷之句"一个幽灵，共产主义的幽灵，在欧洲游荡"印象极深，直到如今还能熟背。这是哲理与形象的生动组合，是思想和文采的绝妙搭配。马克思、恩格斯向旧世界挑战的时候，就是这样从容不迫，诗情洋溢。这给我们以启示：文采也有力量，作报告、写文章都应当努力做到既有思想又有文采，使人不但得到教益，而且受到感染。

我们开展工作，离不开宣传群众、动员群众，需要把道理讲清楚，把要求说明白。宣传思想战线的同志肩负着"用科学的理论武装人，用正确的舆论引导人，用高尚的精神塑造人，用优秀的作品鼓舞人"的崇高使命，更应当努力为广大人民群众提供丰富多样、质量上乘的精神食粮。为达到这一目的，就需要不断提高做群众工作的水平，掌握宣传思想工作的艺术。语言风格正是一个人理论水平、行为方式和文化素养的体现，文采则是语言文字闪射出的熠熠光芒。古人云：言而无文，行之不远。文采，对于讲话和文章而言，不是可有可无的点缀，而是不可缺少的追求。没有文采的东西，往往会拒人于千里之外，导致事倍功半甚至事与愿违的后果。文采是一种自然的声音，如泉石流韵、林籁鸟鸣，可以让人受到滋养和熏陶；是一种思想的表达，郁然内里、焕然外观，能够使人得到教益和启迪。

也许有人会说：文采只是一种形式，何必非要为此劳神费力不可。宣传动员群众，把任务、要求说明白即可，用不着"语不惊人死不休"；理论学术文章，有观点、有内容更重要，不一定"开卷别有沧桑感""总见笔墨逞风流"。这是有一定道理的。思想和文采的关系就是内容和形式的关系，内容决定形式，形式服务于内容。但是，好的内容需要好的形式来表现，形式能够反作用于内容。文采不是高谈阔论，不是华丽辞藻，而是服务于内容需要的最佳形式。我们提倡注重文采，并不是咬文嚼字、忽视内容，更不是以辞害义、哗众取宠，而是更好地运用和发挥形式的作用，使所要表达的内容更好地为人理解和接受。文采的力量就蕴涵于对内容的生动诠释中，贯穿于与受众的平等交流中。一个好的思想，一个新的观点，如果有了一定的文采，无疑作用会更大，效果会更好。

文采有力量，劝君莫小视。辉煌全唐诗，崔护仅有小诗一首；浩瀚千古文，王羲之只有短文一篇。而崔护之诗、王羲之之文所以能传诵百代、光耀千秋，是与它们文采斐然分不开的。如果说这是文艺方面的例子的话，那么许多古今中外的事实则可以让我们从更广的意义上领略文采的力量。读毛泽东同志的著作，屡见其中唐诗、宋词、汉文章光芒闪烁，即使像《别了，司徒雷登》这样的政论文，也是生动、泼辣、有趣的。读列宁的文章，如《欧仁·鲍狄埃》，总觉其落笔之际一往情深；他使用的"天上的云雀不如手中的麻雀""坚冰已经打破，航路已经开通，道路已经指明"等警句式语言，令人回味无穷。达尔文的宏论巨著《物种起源》，内容虽然高深，文字却很有一番竹外桃花、斜阳疏影的酽酽趣味。李时珍的医药经典《本草纲目》，目的本在实用，其中却时有典故纵横穿插，哲理激情渲染烘托，读来何其快哉。

由此想到"三贴近"。贴近实际、贴近生活、贴近群众，是做好宣传思想工作和群众工作应当坚持的重要原则，也是应当努力追求的一种境界。做到"三贴近"，离不开研究主体和受众、内容和形式的关系，强调思想是重要的，注重文采也是必要的。文采并非文学的专利。作报告、写文章借助于文采，可以使思想表达更深刻、更生动，可以使思想的灵魂乘着文采的翅膀飞得更高、更远，进而达到宣传群众、动员群众、教育群众的目的，因而是值得人们下功夫去追求的。

（选自《人民日报》2004 年 2 月 5 日 第九版）

再版后记

在前一版的后记中我曾这样写道："倘若从 1980 年前后算起，现代写作学在艰难的跋涉中走过了二十几个年头。考其得失，教材编写是影响学科建设的一个重要原因。为了狭隘的课堂教学，我们通常不得不掐头去尾地讲一讲主题、题材、结构之类，这对学科建设和写作教学都不利。一方面，教学中，大学生不得不一次又一次地去重复中学学过的知识，致使大学写作教学长期停留在中学的层面上。另一方面，写作学已有的科研成果也无法让社会了解、接受、关心，甚至连从事写作教研的同行也感到隔膜。为此，我想把我心中的现代写作学勾勒出来，即便失之偏颇也算了却了一个心愿。"

说实话，写这些的时候，我心里多少有些悲哀。我从 1982 年开始从事写作教学和研究，20 多年过去了，我所了解的写作教学大多还停留在 20 多年前。所幸的是，近几年，全国高校写作教学呈现出可喜的变化，随着教学与科研的深入，绝大多数高校已不满足于主题、题材、结构等基础知识的介绍或中学作文的简单重复了；一些综合性的大学，还开设了写作学硕士点，甚至博士点，写作教学已逐步摆脱随意性，走向学科化、体系化。

写作学的建设经历了一代又一代人的努力，在我，就亲身感受了我的老师辈，我老师的老师辈，以及我的同行们是怎样艰难探索的。因此，在我原有的勾勒中，就不能不涉及他们的研究成果，但由于自己见闻有限，难免挂一漏万。如有疏漏，并非有意。倘若涉及，也非我掠美。如评论失当，则属自己学识不逮。至于行文中提及自己的一些研究成果，则是从学科建设着眼。

此书出版之后，受到用书单位的厚爱，得到写作学界的好评，并被教育部列为"十一五规划教材"。此次修订，我对个别章节作了修改，并在每章前加了个"学习提示"，每章后加了个"思考与练习"，力图把全书主干部分凸现出来，并保持它的丰富性。我一直认为，仅仅从操作技术着眼，是无法真正揭示写作行为的内涵的；偏向单向训练的写作教学，也缺乏科学依据。写作除了它的操作性还有它的人文性；除了它的科学理性还有写作者的个性与激情；除了它的规范性还有写作主体生生不息的创作追求。我们不能片面地强调它的操作性而排斥其他，更不能要求一切写作理论都是可操作的。不过，我要说明的是，理论的东西，只有真正理解它，并融化到自己的意识中去，才能形成一种直觉，才能真正有效地指导我们的写作。对写作学来说，毕竟理论本身不是目的，加强学理为的是更有效地指导我们的写作学习。

谨将此书献给写作学界的师长、同仁，献给一切热爱写作和关心写作学建设的人们！

陈果安

2008 年 1 月 18 日于橘子洲头